Français
Littérature
NOUVEAU PROGRAMME

CLASSES
DES
LYCÉES

Christophe Desaintghislain
Christian Morisset
Patrice Rosenberg
Françoise Toulze
Patrick Wald Lasowski

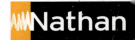

Pour la présente édition :
Coordination éditoriale : Christine Asin
Édition : Sylvie Hano
Coordination artistique : Évelyn Audureau
Couverture, conception et réalisation : Killiwatch
Maquette, conception et mise en page : Killiwatch, Dany Mourain, Alinéa, Nord Compo
Lecture/Correction : Nathalie Rachline, Jean Pencreac'h
Fabrication : Maria Pauliat
© Nathan, 25 avenue Pierre de Coubertin 75013 Paris, 2011.
ISBN 978-2-09-161663-6

PRÉSENTATION

Manuel unique, conçu pour accompagner l'étude du français au lycée, cette anthologie met en place les objets d'étude de Seconde et de Première et donne les repères littéraires indispensables à la préparation à l'examen. Jusqu'à la réussite au baccalauréat, c'est l'ouvrage de référence sur lequel chaque élève peut, à tout moment, s'appuyer.

● **Une organisation chronologique.** Siècle après siècle, le livre renforce l'acquisition et la maîtrise des repères chronologiques qui font si souvent défaut. Chaque texte est donc à la fois rattaché à un objet d'étude, replacé dans son contexte historique et situé par rapport au mouvement dominant de la période. Chaque chapitre attire également l'attention sur un événement qui a marqué l'histoire d'un genre littéraire. En liaison avec l'histoire des arts, il propose des analyses de tableaux célèbres et représentatifs.

● **Les grandes œuvres de la littérature.** Les textes ont été choisis pour l'intérêt qu'ils suscitent dès la première lecture. Mais ils sont aussi représentatifs de l'auteur et du mouvement auquel ils appartiennent. L'ouvrage rassemble ainsi les pages les plus saisissantes de notre histoire littéraire et tisse le réseau des références communes, y compris européennes, que la classe de français invite à connaître et à partager.

● Une iconographie agréable et rigoureuse répond aux exigences du programme et accompagne la présentation des périodes et des mouvements. Elle compose une véritable galerie de chefs-d'oeuvre qui accompagnent les textes et permet de comprendre l'évolution des goûts et des sensibilités.

● **La maîtrise des objets d'étude.** Ils sont définis et abordés de façon systématique tout au long du manuel. Chaque extrait est directement rattaché à un objet d'étude de Seconde ou de Première. Une notion (culturelle, esthétique, rhétorique) est présentée et appliquée à l'étude du passage, facilitant l'entraînement à l'analyse exigée à l'écrit et à l'oral.

Ainsi conçu, le manuel permet de construire de multiples séquences riches et variées, qui sont présentées en début d'ouvrage. Il respecte la liberté pédagogique de chaque enseignant.

● **La préparation au bac.** Des sujets de devoirs pour la Seconde et la Première facilitent la préparation au baccalauréat. Un cahier de méthodes met en place les compétences à maîtriser en vue de l'épreuve. Placé en fin d'ouvrage, il guide le candidat dans son travail écrit ou oral.

SOMMAIRE
GÉNÉRAL

L'Antiquité
750 av JC / 500 ap JC

▌ **CONTEXTE HISTORIQUE**
Les origines de la littérature — 20

● **Homère** — 22
L'Iliade — 23
L'Odyssée — 24

● **Sappho** — 26
Poèmes — 26
« À une aimée » — 26

Lecture d'image
Portrait d'une jeune fille — 27

● **Sophocle** — 28
Antigone — 28

● **Lucrèce** — 30
De la nature — 30

● **Virgile** — 32
L'Énéide — 32

● **Horace** — 34
Odes et Épodes — 34

● **Ovide** — 36
Les Métamorphoses — 36

● **Sénèque** — 38
Lettre à Lucilius — 38

Le Moyen Âge
500 / 1500

▌ **CONTEXTE HISTORIQUE**
L'univers de la féodalité — 44

REPÈRES *littéraires*
Objet d'étude
Écriture poétique et quête du sens
au Moyen Âge (1re) — 46

● **Turold** — 48
La Chanson de Roland — 48

● **Guillaume d'Aquitaine** — 50
Ab la dolchor del temps novel... — 50

● **Chrétien de Troyes** — 52
Yvain ou le Chevalier au lion — 52

▌ **ÉVÉNEMENT *littéraire*** — 54
La naissance du roman au XIIe siècle

● **Pierre de Saint-Cloud** — 56
Le Roman de Renart — 56

● **Béroul** — 58
Tristan et Yseut — 58

● **Marie de France** — 60
Ysopet — 60
« Le corbeau et le renard » — 60

HISTOIRE des Arts — 62

● **Les fabliaux** — 64
Le prudhomme qui sauva son compère — 64

● **Charles d'Orléans** — 66
Ballades et rondeaux — 66
« Le temps a laissé son manteau... » — 66
« En regardant vers le pays de France » — 67

● **Villon** — 68
Le Testament — 69
« Ballade des dames du temps jadis » — 69
« Ballade des pendus » — 70

Lecture d'image
Bruegel l'Ancien, *Le triomphe de la mort* — 71

SUJET DU BAC — 72

Objet d'étude 1re **Écriture poétique et quête
du sens, du Moyen Âge à nos jours** — 72

Le XVIe siècle
1500 / 1600

▌ **CONTEXTE HISTORIQUE**
Le temps de la Renaissance — 76

REPÈRES *littéraires*
Objet d'étude
L'écriture poétique et la quête du sens
à la Renaissance (1re) — 78

La question de l'Homme dans l'argumentation
à la Renaissance (1re) — 80

Renaissance et humanisme (1re L) — 82

● **Marot** — 84
L'Adolescence clémentine — 84
« Rondeau parfait à ses amis après sa délivrance » — 84
« De celui qui est demeuré, et s'amie
s'en est allée » — 85

● **Rabelais** — 86
Pantagruel — 88

Lecture d'image
Rosso Fiorentino, *L'Ignorance chassée* — 89

- **Rabelais** — 90
Gargantua — 90
« L'étude de Gargantua selon les règles... » — 90
« Comment Gargantua fut éduqué
   par Ponocrates... » — 91

- **Du Bellay** — 92
Les Antiquités de Rome — 92
« Comme on passe en été... » — 92
« Comme le champ semé... » — 93
Les Regrets — 94
« Je ne veux point fouiller... » — 94
« France, mère des arts... » — 94
« Heureux qui, comme Ulysse... » — 95

ÉVÉNEMENT *littéraire* — 96
Manifeste de la nouvelle poésie française

- **Ronsard** — 98
Les Amours — 99
Continuation des Amours — 100
Second Livre des Amours — 101
Sonnets pour Hélène — 102

Lecture d'image
Anonyme français, *Bal à la cour des Valois* — 103

- **Labé** — 104
Œuvres — 104
« Ô beaux yeux bruns... » — 104
« Je vis, je meurs... » — 105
« Ne reprenez... » — 105

HISTOIRE des Arts — 106

- **Montaigne** — 108
Essais — 109
« De l'institution des enfants » — 109
« De la vanité » — 110
« De l'expérience » — 111

- **D'Aubigné** — 112
Les Tragiques — 112
« Vengeances » — 112
« Jugement » — 113

SUJET DU BAC

Objet d'étude 1re **Écriture poétique et
quête du sens, du Moyen Âge à nos jours** — 114

Le XVIIe siècle
1600 1700

CONTEXTE HISTORIQUE
L'âge classique — 118

REPÈRES *littéraires*
Objet d'étude
Le personnage de roman au XVIIe siècle (1re) — 120
La tragédie et la comédie classique (2nde) — 122
**Le texte théâtral et sa représentation
au XVIIe siècle (1re)** — 124
**L'écriture poétique et la quête du sens
au XVIIe siècle (1re)** — 126
**Les genres et les formes de l'argumentation
au XVIIe siècle (2nde)** — 128
**La question de l'Homme dans l'argumentation
au XVIIe siècle (1re)** — 130

- **Malherbe** — 132
Les Muses ralliées — 132
« Dessein de quitter une dame qui ne le contentait
   que de promesse » — 132
Délices — 133
« Sonnet » — 133
Parnasse — 134
« Prière pour le roi allant en Limousin » — 134

Lecture d'image
Rubens, *Allégorie de la Paix* — 135

- **Viau** — 136
Œuvres — 136
« Élégie à une dame » — 136
« Stances » — 137

- **Sorel** — 138
Histoire comique de Francion — 138

- **Saint-Amant** — 140
Œuvres — 140
« La solitude » — 140
« Le fumeur » — 141

- **Corneille** — 142
L'Illusion comique — 143
Le Cid — 144

ÉVÉNEMENT *littéraire* — 146
Corneille et la querelle du *Cid*

- **Corneille** — 148
Horace — 148
Cinna — 149

- **Pascal** — 150
Pensées — 151
« Imagination » — 151

5

« Divertissement » 152
« Le roseau pensant » 153

- **Molière** 154
L'École des femmes 156
Tartuffe 157
Dom Juan 158
Le Misanthrope 160
L'Avare 161

- **La Fontaine** 162
Fables 163
« Le Chêne et le Roseau » 163
« La Mort et le Bûcheron » 164

Lecture d'image
Le Nain, *Famille de paysans dans un intérieur* 165

- **La Fontaine**
« Les animaux malades de la peste » 166

- **La Rochefoucauld** 168
Réflexions ou Sentences et maximes morales 168

HISTOIRE des Arts 170

- **Racine** 172
Andromaque 173
Britannicus 174
Bérénice 175
Phèdre 176

- **Boileau** 178
Satires 178

ÉVÉNEMENT *littéraire* 180
Boileau et la querelle des Anciens et des Modernes

- **Bossuet** 182
Oraison funèbre d'Henriette d'Angleterre 182
Traité de la concupiscence 184

Lecture d'image
Le Lorrain, *Port maritime à l'aube* 185

- **Madame de Sévigné** 186
Lettre à Madame de Grignan 186

- **Madame de Lafayette** 188
La Princesse de Clèves 188

- **La Bruyère** 192
Les Caractères ou mœurs de ce siècle 192
« Giton » 192
« Phédon » 193

SUJET VERS LE BAC

Objet d'étude 2nde La tragédie et la comédie au XVIIe siècle : le classicisme 194

SUJET DU BAC

Objet d'étude 1re La question de l'Homme dans les genres de l'argumentation du XVIe siècle à nos jours 196

Le XVIIIe siècle 1700 1800

CONTEXTE HISTORIQUE
Le siècle des Lumières 200

REPÈRES *littéraires*

Objet d'étude

Le personnage de roman au siècle des Lumières (1re) 202

Le texte théâtral et sa représentation au siècle des Lumières (1re) 204

L'écriture poétique et la quête du sens au XVIIIe siècle (1re) 206

Les genres et les formes de l'argumentation au siècle des Lumières (2nde) 208

La question de l'homme dans l'argumentation au siècle des Lumières (1re) 210

- **Lesage** 212
Gil Blas de Santillane 212

- **Montesquieu** 214
Éloge de la Sincérité 215
Lettres persanes 216
De l'esprit des Lois 217

- **Marivaux** 218
La Surprise de l'amour 218
Le Jeu de l'amour et du hasard 220

Lecture d'image
Jean-Baptiste Oudry, *Comédiens italiens dans un parc* 221

- **Prévost** 222
Manon Lescaut 222

- **Diderot** 224
Encyclopédie 225
« Autorité politique » 225

ÉVÉNEMENT *littéraire* 226
Diderot et l'aventure de l'encyclopédie

- **Diderot**
Salon de 1761 228

Lecture d'image
Jean-Baptiste Greuze, *L'Accordée du village* 229

- **Diderot** 224
Jacques le Fataliste 230
Supplément au voyage de Bougainville 231

- **Voltaire** 232
Poème sur le désastre de Lisbonne 234
Candide 235

■ ÉVÉNEMENT *littéraire* — 236

Voltaire et l'affaire Calas

● **Voltaire**
Traité sur la tolérance — 238
Dictionnaire philosophique — 239
« Fanatisme » — 239

● **Rousseau** — 240
Discours sur l'origine de l'inégalité
  parmi les hommes — 241
Lettre à d'Alembert sur les spectacles — 242
La Nouvelle Héloïse — 243
Du contrat social — 244
Les Confessions — 245

HISTOIRE des Arts — 246

● **Beaumarchais** — 248
Le Barbier de Séville — 248
Le Mariage de Figaro — 250

● **Choderlos de Laclos** — 252
Les Liaisons dangereuses — 252
« Lettre LXXXI » — 252
« Lettre CXXV » — 254

Lecture d'image
Jean-Honoré Fragonard, *Les Âges de l'amour* — 255

● **Bernardin de Saint-Pierre** — 256
Paul et Virginie — 256

● **Olympe de Gouges** — 258
Déclaration des droits de la femme
  et de la citoyenne — 258

● **Condorcet** — 260
Esquisse d'un tableau historique des progrès
  de l'esprit humain — 260

● **Chénier** — 262
Odes — 262
« La jeune captive » — 262

SUJET VERS LE BAC

Objet d'étude 2nde Genres et formes
de l'argumentation : XVIIe et XVIIIe siècles — 264

SUJET DU BAC

Objet d'étude 1re La question de l'Homme
dans les genres de l'argumentation
du XVIe siècle à nos jours — 266

Le XIXe siècle 1800 1900

■ CONTEXTE HISTORIQUE
La marche du progrès — 270

REPÈRES *littéraires*

Objet d'étude
Réalisme et naturalisme (2nde) — 272
Le personnage de roman au XIXe siècle (1re) — 274
**Le texte théâtral et sa représentation
au XIXe siècle (1re)** — 276
**La poésie, du romantisme
au symbolisme (2nde)** — 278
**L'écriture poétique et la quête du sens
au XIXe siècle (1re)** — 280
**La question de l'homme dans l'argumentation
au XIXe siècle (1re)** — 282

● **Chateaubriand** — 284
René — 285
Mémoires d'outre-tombe — 286

Lecture d'image
Caspar David Friedrich, *Les Âges de la vie* — 287

● **Madame de Staël** — 288
Corinne — 289

● **Lamartine** — 290
Méditations poétiques — 290
« Le lac » — 290

● **Hugo** — 292
Les Orientales — 294
« Clair de lune » — 294

Lecture d'image
Eugène Delacroix, *Femmes d'Alger
dans leur appartement* — 295

● **Hugo** — 296
Hernani — 296

■ ÉVÉNEMENT *littéraire* — 298

La bataille d'Hernani

● **Hugo**
Discours à l'Assemblée — 300
« Discours sur la peine de mort » — 300
« Discours sur la misère » — 301
Les Châtiments — 302
« Chanson » — 302
Les Contemplations — 303
« Demain, dès l'aube… » — 303
Les Misérables — 304
La Légende des siècles — 306
« La conscience » — 306

7

- **Balzac** — 308
Avant-propos de la *Comédie humaine* — 309
Les Chouans — 310
Sarrasine — 311
Le Père Goriot — 312
César Birotteau — 314
La Cousine Bette — 315

- **Mérimée** — 316
Mateo Falcone — 316

- **Stendhal** — 318
Le Rouge et le Noir — 318
La Chartreuse de Parme — 320
Lucien Leuwen — 322

- **Nerval** — 324
Odelettes — 324
« Fantaisie » — 325
« Une allée du Luxembourg » — 325

- **Musset** — 326
Les Caprices de Marianne — 326
La Nuit de décembre — 328

HISTOIRE des *Arts* — 330

- **Sue** — 332
Les Mystères de Paris — 332

- **Dumas** — 334
Les Trois Mousquetaires — 334
Le Comte de Monte-Cristo — 336

- **Sand** — 338
François le Champi — 338

- **Labiche** — 340
Un chapeau de paille d'Italie — 340

- **Barbey d'Aurevilly** — 342
L'Ensorcelée — 342

- **Baudelaire** — 344
Les Fleurs du mal — 345
« Spleen » — 345
« Parfum exotique » — 346
« L'albatros » — 347

■ ÉVÉNEMENT *littéraire* — 348

Baudelaire et le procès des *Fleurs du mal*

- **Baudelaire** — 350
Le Peintre de la vie moderne — 350

Lecture d'image
Constantin Guys, *Dans la rue* — 351

- **Flaubert** — 352
Madame Bovary — 353
L'Éducation sentimentale — 356
Bouvard et Pécuchet — 357

- **Leconte de Lisle** — 358
Poèmes barbares — 358
« Le rêve du jaguar » — 358

« Le sommeil de Leïlah » — 358

- **Les frères Goncourt** — 360
Germinie Lacerteux — 360

- **Verlaine** — 362
Poèmes saturniens — 362
« Soleils couchants » — 363
« Mon rêve familier » — 363
Fêtes galantes — 364
« Colloque sentimental » — 364
Romances sans paroles — 365

- **Lautréamont** — 366
Les Chants de Maldoror — 366

- **Rimbaud** — 368
Poésies — 368
« Le dormeur du val » — 368
« Roman » — 370
« Au Cabaret-Vert » — 372
Illuminations — 373
« Aube » — 373

- **Zola** — 374
Préface de *La Fortune des Rougon* — 375
L'Assommoir — 376
Germinal — 378

Lecture d'image
Jules Adler, *La Grève au Creusot* — 379

- **Zola** — 380
La Bête humaine — 380
« J'accuse ! » — 381

- **Maupassant** — 382
Boule de suif — 383
Une partie de campagne — 384

Lecture d'image
Claude Monet, *Baigneurs à la Grenouillère* — 385

- **Maupassant** — 386
Bel-Ami — 386
Pierre et Jean — 387

- **Mallarmé** — 388
Poésies — 388
« Apparition » — 388
« Brise marine » — 389

- **Jarry** — 390
Ubu Roi — 391

SUJET VERS LE BAC

Objet d'étude 2nde Le roman et la nouvelle
au XIXe siècle : réalisme et naturalisme — 392

SUJET DU BAC

Objet d'étude 1re Le personnage de roman
du XVIIe siècle jusqu'à nos jours — 394

Le XXᵉ siècle

1900 2000

■ **CONTEXTE HISTORIQUE**
Le temps des ruptures — 400

REPÈRES *littéraires*

Objet d'étude

Le personnage de roman au XXᵉ siècle (1ʳᵉ) — 402

Le texte théâtral et sa représentation
au XXᵉ siècle (1ʳᵉ) — 404

La poésie, de l'avant-garde au surréalisme
(2ⁿᵈᵉ) — 406

L'écriture poétique et la quête du sens
au XXᵉ siècle (1ʳᵉ) — 408

La question de l'homme dans l'argumentation
au XXᵉ siècle (1ʳᵉ) — 410

Les réécritures du XVIIᵉ siècle jusqu'à nos jours
(1ʳᵉ L) — 412

● **Proust** — 414
Pastiches et mélanges — 416
Du côté de chez Swann — 417

● **Apollinaire** — 420
Alcools — 420
« Le pont Mirabeau » — 420
« Zone » — 422

Lecture d'image
**Pablo Picasso, *Bouteille de Vieux-Marc,
verre et journal*** — 423

● **Apollinaire** — 424
Calligrammes — 424

● **Cendrars** — 426
Prose du Transsibérien — 426

● **Alain-Fournier** — 428
Le Grand Meaulnes — 428

● **Valéry** — 430
Album de vers anciens — 430
La Crise de l'esprit — 432

Lecture d'image
**Félix Vallotton, *Le Cimetière de
Châlons-sur-Marne*** — 433

● **Breton** — 434
Manifeste du surréalisme — 434
Clair de terre — 436

● **Éluard** — 438
Mourir de ne pas mourir — 438
« L'amoureuse » — 438
« Le jeu de construction » — 439
Capitale de la douleur — 440

Lecture d'image
Man Ray, *Noire et blanche* — 441

● **Gide** — 442
Les Faux-Monnayeurs — 442

● **Claudel** — 444
Le Soulier de satin — 444

● **Michaux** — 446
Mes propriétés — 446
« Emportez-moi » — 446
La nuit remue — 447
« Icebergs » — 447

● **Mauriac** — 448
Le Nœud de vipères — 448

● **Céline** — 450
Voyage au bout de la nuit — 450
Mort à crédit — 452

● **Simenon** — 454
L'Affaire Saint-Fiacre — 454

● **Colette** — 456
La Chatte — 456

● **Giraudoux** — 458
La guerre de Troie n'aura pas lieu — 458
Électre — 460

● **Malraux** — 462
L'Espoir — 462

■ **ÉVÉNEMENT *littéraire*** — 464

Malraux et l'engagement des écrivains

● **Camus** — 466
L'Étranger — 466
La Peste — 468
Les Justes — 469

● **Sartre** — 470
Huis clos — 470
Situations III — 472

Lecture d'image
**Richard Estes, *34ᵗʰ Street Manhattan,
looking East*** — 473

● **Anouilh** — 474
Antigone — 474

● **Aragon** — 476
La Diane française — 476
« Elsa au miroir » — 476

● **Senghor** — 478
Chants d'ombre — 478

HISTOIRE *des* Arts — 480

● **Prévert** — 482
Paroles — 482
« Familiale » — 482

9

- **Queneau** — 484
  Exercices de style — 484
  L'Instant fatal — 486
  Zazie dans le métro — 487

- **Char** — 488
  Fureur et Mystère — 488
  « La Sorgue » — 488

- **Giono** — 490
  Le Hussard sur le toit — 490

- **Gracq** — 492
  Le Rivage des Syrtes — 492

- **Ionesco** — 494
  La Cantatrice chauve, anti-pièce — 494
  Le roi se meurt — 496

- **Beckett** — 498
  En attendant Godot — 498
  Fin de partie — 500

- **Robbe-Grillet** — 502
  Les Gommes — 502
  La Jalousie — 504

Lecture d'image
Daniel Spoerri, *Repas hongrois, tableau-piège* — 505

- **Butor** — 506
  La Modification — 506

- **Duras** — 508
  Moderato Cantabile — 508

- **Simon** — 510
  La Route des Flandres — 510

- **Ponge** — 512
  Le Grand Recueil — 512
  « Le lézard » — 512

- **Beauvoir** — 514
  La Force des choses — 514

- **Césaire** — 516
  Une saison au Congo — 516

- **Jaccottet** — 518
  Airs — 518
  « Une aigrette rose » — 518
  « Oiseaux » — 519
  « Pommes éparses » — 519
  « Arbres » — 519

- **Tournier** — 520
  Le Roi des Aulnes — 520

- **Chraïbi** — 522
  La Civilisation, ma Mère !... — 522

- **Modiano** — 524
  Rue des Boutiques obscures — 524

ÉVÉNEMENT *littéraire* — 526
Les prix littéraires

- **Perec** — 528
  La Vie mode d'emploi — 528

- **Grumberg** — 530
  L'Atelier — 530

- **Le Clézio** — 532
  Désert — 532
  Dans la forêt des paradoxes — 534

Lecture d'image
Rachel Whiteread, *Sans titre (histoire)* — 535

- **Koltès** — 536
  Quai Ouest — 536
  Combat de nègre et de chiens — 538

- **Michon** — 540
  Vies minuscules — 540

HISTOIRE des Arts — 542

- **Ben Jelloun** — 544
  L'Enfant de sable — 544

- **Vivaner** — 546
  L'Émission de télévision — 546

- **Reza** — 548
  « Art » — 548

Lecture d'image
Pierre Soulages, *Peinture* — 551

- **Djebar** — 552
  Vaste est la prison — 552

- **Echenoz** — 554
  Je m'en vais — 554

- **Houellebecq** — 556
  La Carte et le Territoire — 556

SUJET VERS LE BAC

Objet d'étude 2nde La poésie du XIXe au XXe siècle : du romantisme au surréalisme — 558

SUJET DU BAC

Objet d'étude 1re L Les réécritures, du XVIIe siècle jusqu'à nos jours — 560

SOMMAIRE

OBJETS D'ÉTUDE ET SÉQUENCES DE TRAVAIL EN CLASSE DE *SECONDE*

Le roman et la nouvelle au XIXᵉ siècle : réalisme et naturalisme

■ Séquence 1

Le mouvement réaliste

Balzac, Avant-propos de *La Comédie humaine*	309
Balzac, *Sarrasine*	311
Stendhal, *Lucien Leuwen*	322
Sand, *François le champi*	338
Flaubert, *Madame Bovary*	353
Maupassant, *Une partie de campagne*	384

Lecture d'image
Claude Monet, *Baigneurs à la Grenouillère* 385

■ Séquence 2

Le héros réaliste et l'apprentissage du monde

Stendhal, *La Chartreuse de Parme*	320
Balzac, *César Birotteau*	314
Hugo, *Les Misérables*	304
Flaubert, *L'Éducation sentimentale*	356
Maupassant, *Bel-Ami*	386

Lecture d'image
Napoléon à la bataille de Waterloo 321

■ Séquence 3

Du réalisme au naturalisme : les thèmes du roman

Balzac, *Sarrasine*	311
Dumas, *Le Comte de Monte-Cristo*	336
Barbey d'Aurevilly, *L'Ensorcelée*	343
Goncourt, *Germinie Lacerteux*	360
Zola, *L'Assommoir*	376

■ Séquence 4

Du réalisme au naturalisme : les formes du récit

Balzac, *Les Chouans*	310
Mérimée, *Mateo Falcone*	316
Sue, *Les Mystères de Paris*	332
Sand, *François le champi*	338
Maupassant, *Une partie de campagne*	384

Lecture d'image
Degas, *Femmes à la terrasse d'un café* 371

■ Séquence 5

Le mouvement naturaliste

Goncourt, *Germinie Lacerteux*	360
Zola, Préface de *La Fortune des Rougon*	375
Zola, *La Bête humaine*	380
Maupassant, *Bel-Ami*	386
Maupassant, Préface de *Pierre et Jean*	387

Lecture d'image
Claude Monet, *Le Pont de l'Europe à la gare Saint-Lazare* 268

■ Séquence 6

Réalisme, naturalisme, effets de réel

Balzac, *César Birotteau*	314
Flaubert, *Madame Bovary*	353
Goncourt, *Germinie Lacerteux*	360
Zola, *L'Assommoir*	376

Lecture d'images
L'architecture du XIXᵉ siècle 331

■ Séquence 7

Le naturalisme et l'analyse des milieux sociaux

Zola, Préface de *La Fortune des Rougon*	375
Zola, *L'Assommoir*	376
Zola, *Germinal*	378
Maupassant, *Boule de Suif*	383

Lecture d'image
Jules Adler, *La Grève au Creusot* 379

La tragédie et la comédie au XVIIᵉ siècle : le classicisme

■ Séquence 1

Le conflit tragique dans le théâtre du XVIIᵉ siècle

Corneille, *Le Cid*	144
Corneille, *Horace*	148
Molière, *Dom Juan*	158
Racine, *Andromaque*	173
Racine, *Phèdre*	176

Lecture d'images
Mises en scène de *Dom Juan* 159

11

■ Séquence 2

La comédie et les exigences du classicisme

La querelle du *Cid*   146
Corneille, *L'Illusion comique*   143
Molière, *L'École des femmes*   156
Molière, *Le Misanthrope*   160
Molière, *L'Avare*   161

■ Séquence 3

Les personnages féminins dans le théâtre du XVIIe siècle

Sophocle, *Antigone*   28
Molière, *L'École des femmes*   156
Molière, *Le Misanthrope*   160
Racine, *Andromaque*   173
Racine, *Bérénice*   175

■ Séquence 4

L'expression du sentiment amoureux dans le théâtre classique

Corneille, *Le Cid*   144
Molière, *L'École des femmes*   156
Molière, *Le Misanthrope*   160
Racine, *Bérénice*   175
Racine, *Phèdre*   176

■ Séquence 5

Qu'est-ce qu'un héros de tragédie ?

Corneille, *Horace*   148
Corneille, *Cinna*   149
Molière, *Dom Juan*   158
Racine, *Britannicus*   174

■ Séquence 6

La comédie classique et la dénonciation des vices

Corneille, *L'Illusion comique*   143
Molière, *Tartuffe*   157
Molière, *Dom Juan*   158
Molière, *Le Misanthrope*   160
Molière, *L'Avare*   161

■ Séquence 7

La tragédie classique et la tentation de la poésie

Corneille, *Le Cid*   144
Corneille, *Cinna*   149
Racine, *Bérénice*   175
Racine, *Phèdre*   176

La poésie du XIXe au XXe siècle : du romantisme au surréalisme

■ Séquence 1

Le romantisme et le renouveau du lyrisme

Lamartine, « Le lac »   290
Hugo, « Clair de lune »   294
Nerval, « Fantaisie »   324
Musset, « La nuit de décembre »   328

Lecture d'image
Friedrich, *Les Âges de la vie*   287

■ Séquence 2

Les poètes de la modernité

Baudelaire, « Spleen »   345
Baudelaire, « L'albatros »   347
Lautréamont, *Les Chants de Maldoror*   366
Rimbaud, « Roman »   370

Lecture d'image
Guys, *Dans la rue*   351

■ Séquence 3

Le paysage symboliste

Verlaine, « Soleils couchants »   362
Verlaine, « Colloque sentimental »   364
Rimbaud, « Aube »   373
Mallarmé, « Brise marine »   389

Lecture d'image
Puvis de Chavannes, fresque   279

■ Séquence 4

Les créations de l'Avant-garde

Apollinaire, « Le pont Mirabeau »   420
Apollinaire, « Zone »   422
Apollinaire, « La petite auto »   424
Cendrars, *Prose du Transsibérien*   426

Lecture d'image
Picasso, *Bouteille de Vieux-Marc, verre et journal*   423

■ Séquence 5

L'univers du surréalisme

Lautréamont, *Les Chants de Maldoror*   366
Breton, *Manifeste du surréalisme*   434
Breton, *Clair de Terre*   436
Eluard, « L'amoureuse »   438

Lecture d'image
Man Ray, *Noire et blanche*   441

Séquence 6

L'évolution des formes du XIXᵉ au XXᵉ siècle

Lamartine, « Le lac »	290
Nerval, *Odelettes*	324
Baudelaire, « Parfum exotique »	346
Leconte de Lisle, *Poèmes barbares*	358
Rimbaud, « Aube »	373
Eluard, *Capitale de la douleur*	440

Lecture d'image

Magritte, *Éloge de la dialectique* 443

Séquence 7

L'expression des sentiments

Hugo, « Demain, dès l'aube... »	303
Nerval, « Une allée du Luxembourg »	324
Musset, « Nuit de décembre »	328
Verlaine, « Colloque sentimental »	364
Rimbaud, « Le dormeur du val »	369
Apollinaire, « Le pont Mirabeau »	420

Genres et formes de l'argumentation : XVIIᵉ et XVIIIᵉ siècles

Séquence 1

Les enjeux de l'argumentation

Pascal, *Pensées*	151
La Fontaine, « La Mort et le Bûcheron »	164
La Bruyère, « Giton »	192
Voltaire, *Traité sur la tolérance*	238
Olympes de Gouges, *Déclaration des droits de la femme*	258

Lecture d'image

Rubens, *Allégorie de la Paix* 135

Séquence 2

La logique du discours

Sorel, *Histoire comique de Francion*	138
Pascal, *Pensées*	151
La Fontaine, « Les animaux malades de la peste »	166
Montesquieu, *Éloge de la sincérité*	215
Diderot, *Encyclopédie*	225

Séquence 3

L'éloquence et l'appel à l'émotion

Bossuet, *Oraison funèbre d'Henriette d'Angleterre*	182
Diderot, *Supplément au voyage de Bougainville*	231

Voltaire, *Poème sur le désastre de Lisbonne*	234
Rousseau, *Les Confessions*	245

Lecture d'image

Greuze, *L'Accordée de village* 229

Séquence 4

Les formes de l'argumentation directe

Pascal, *Pensées*	151
La Rochefoucauld, *Sentences et maximes morales*	168
Montesquieu, *Éloge de la sincérité*	215
Rousseau, *Discours sur l'origine de l'inégalité*	241

Séquence 5

Les formes de l'argumentation indirecte

Sorel, *Histoire comique de Francion*	138
La Fontaine, « Le chêne et le roseau »	163
Montesquieu, *Lettres persanes*	216
Voltaire, *Candide*	235
Beaumarchais, *Le Mariage de Figaro*	250

Lecture d'image

Charles Le Brun, *L'Entrée d'Alexandre le Grand dans Babylone* 171

Séquence 6

La critique des mœurs au XVIIᵉ siècle

Molière, *Tartuffe*	157
La Fontaine, « Les animaux malades de la peste »	166
Boileau, *Satires*	178
La Bruyère, *Les Caractères*	192

Séquence 7

La réflexion politique au siècle des Lumières

Montesquieu, *De l'esprit des Lois*	217
Diderot, *Encyclopédie*	225
Rousseau, *Du contrat social*	244
Olympe de Gouges, *Déclaration des droits de la femme*	258
Condorcet, *Esquisse des progrès de l'esprit humain*	260

Lecture d'image

Duplessis, *Le Triomphe de Voltaire* 233

OBJETS D'ÉTUDE ET SÉQUENCES DE TRAVAIL EN CLASSE DE *PREMIÈRE*

Le personnage de roman du XVIIᵉ siècle à nos jours

■ Séquence 1

Les métamorphoses du personnage de roman

Chrétien de Troyes, *Yvain ou le Chevalier au lion*	52
Rabelais, *Pantagruel*	88
Sorel, *Histoire comique de Francion*	138
Diderot, *Jacques le fataliste*	230
Balzac, *Le Père Goriot*	312
Modiano, *Rue des Boutiques obscures*	524

■ Séquence 2

Portraits de personnages

Choderlos de Laclos, *Les Liaisons dangereuses*	252
Flaubert, *Bouvard et Pécuchet*	357
Maupassant, *Bel-Ami*	386
Alain-Fournier, *Le Grand Meaulnes*	428
Perec, *La Vie mode d'emploi*	528

Lecture d'image

Mathieu Le Nain, *Le Concert*	116

■ Séquence 3

Les héros amoureux

Béroul, *Tristan et Yseut*	58
Madame de Lafayette, *La Princesse de Clèves*	188
Prévost, *Manon Lescaut*	222
Rousseau, *La Nouvelle Héloïse*	243
Bernardin de Saint-Pierre, *Paul et Virginie*	256
Madame de Staël, *Corinne*	289

Lecture d'images

Anonyme, *Bal à la cour des Valois*	103
Fragonard, *Les Âges de l'amour*	255

■ Séquence 4

Le héros romantique

Chateaubriand, *René*	285
Madame de Staël, *Corinne*	289
Stendhal, *Le Rouge et le Noir*	319

Lecture d'image

Caspar-David Friedrich, *Le voyageur au-dessus de la mer de nuages*	278

■ Séquence 5

Le héros dans l'épreuve

Lesage, *Gil Blas de Santillane*	212
Stendhal, *La Chartreuse de Parme*	320
Zola, *L'Assommoir*	376
Céline, *Voyage au bout de la nuit*	450
Simenon, *L'Affaire Saint-Fiacre*	454
Camus, *La Peste*	468
Le Clézio, *Désert*	532

■ Séquence 6

Le récit à la première personne : regards sur le monde

Montesquieu, *Lettres persanes*	216
Prévost, *Manon Lescaut*	222
Balzac, *Sarrasine*	311
Proust, *Du côté de chez Swann*	417
Chraïbi, *La Civilisation, ma Mère !...*	522
Houellebecq, *La Carte et le Territoire*	556

■ Séquence 7

Figures de l'anti-héros

Diderot, *Jacques le fataliste*	230
Flaubert, *Bouvard et Pécuchet*	357
Camus, *L'Étranger*	466
Michon, *Vies minuscules*	540

Lecture d'image

Spoerri, *Repas hongrois, tableau-piège*	505

Le texte théâtral et sa représentation du XVIIᵉ siècle à nos jours

■ Séquence 1

La mise en scène du langage humain : du monologue au dialogue

Corneille, *Le Cid*	144
Molière, *L'Avare*	161
Marivaux, *Le Jeu de l'amour et du hasard*	220
Hugo, *Hernani*	296
Giraudoux, *Électre*	460
Ionesco, *La Cantatrice chauve*	494

■ Séquence 2

La représentation théâtrale et le goût du scandale

Molière, *Dom Juan*	158
Beaumarchais, *Le Mariage de Figaro*	250
Jarry, *Ubu roi*	390
Ionesco, *La Cantatrice chauve*	494

■ Séquence 3

Le théâtre et la représentation de la violence

Racine, *Britannicus*	174
Beaumarchais, *Le Mariage de Figaro*	250
Camus, *Les Justes*	469
Grumberg, *L'Atelier*	530
Koltès, *Combat de nègre et de chiens*	538
Vinaver, *L'émission de télévision*	546

■ Séquence 4

La représentation théâtrale et l'émotion comique

Corneille, *L'Illusion comique*	143
Molière, *Le Misanthrope*	160
Marivaux, *Le Jeu de l'amour et du hasard*	220
Labiche, *Un chapeau de paille d'Italie*	340
Reza, « Art »	548

Lecture d'image

Oudry, Comédiens italiens dans un parc	221

■ Séquence 5

La représentation théâtrale du sentiment amoureux

Molière, *L'École des femmes*	156
Racine, *Bérénice*	175
Marivaux, *La Surprise de l'amour*	218
Hugo, *Hernani*	296
Claudel, *Le Soulier de satin*	444

■ Séquence 6

La représentation du tragique dans le théâtre contemporain

Jarry, *Ubu roi*	390
Giraudoux, *La guerre de Troie n'aura pas lieu*	458
Sartre, *Huis clos*	470
Anouilh, *Antigone*	474
Ionesco, *Le roi se meurt*	496
Beckett, *Fin de partie*	500

■ Séquence 7

La représentation théâtrale et les formes de l'argumentation

Corneille, *Le Cid*	144
Molière, *Dom Juan*	158
Giraudoux, *La guerre de Troie n'aura pas lieu*	458
Camus, *Les Justes*	469
Grumberg, *L'Atelier*	530

Écriture poétique et quête du sens, du Moyen Âge à nos jours

■ Séquence 1

Continuités et ruptures de l'écriture poétique

Turold, *La Chanson de Roland*	48
Ronsard, *Les Amours*	99
Baudelaire, « Spleen »	345
Rimbaud, « Aube »	373
Cendrars, *Prose du Transsibérien*	426
Jaccottet, *Airs*	518

Lecture d'image

Les frères Limbourg, Les très riches heures du duc de Berry	42

■ Séquence 2

Poésie et résistances

D'Aubigné, *Les Tragiques*	112
Hugo, *Les Châtiments*	302
Aragon, *La Diane française*	476

Lecture d'image

Prévert, Les Règles de la guerre	483

■ Séquence 3

La plainte mélancolique

Villon, *Ballade des pendus*	70
Du Bellay, *Les Regrets*	94
Chénier, « La jeune captive»	262
Hugo, « Demain, dès l'aube... »	303
Verlaine, « Mon rêve familier »	363

Lecture d'image

Bruegel l'Ancien, *Le Triomphe de la mort*	71

■ Séquence 4

Figures du poète

Charles d'Orléans, « En regardant vers le pays de France »	67
Marot, *L'adolescence clémentine*	84
Malherbe, *Les Muses ralliées*	132
Musset, *Nuit de décembre*	328
Baudelaire, « L'albatros »	347
Michaux, « Emportez-moi »	446

■ Séquence 5

La poésie et l'exploration du monde

Charles d'Orléans, « Le temps a laissé son manteau...»	66
Ronsard, *Continuation des Amours*	100
Saint-Amant, « La solitude »	140
Hugo, *La Légende des siècles*	306

Rimbaud, « Au Cabaret-Vert » 372
Char, *Fureur et Mystère* 488

Lecture d'image
Le Lorrain, *Port maritime à l'aube* 185

■ **Séquence 6**

La poésie et les jeux sur le langage

Marot, « De celui, qui est demeuré… » 85
Leconte de Lisle, « Le rêve du jaguar » 358
Valéry, « La fileuse » 430
Eluard, « Le jeu de construction » 438
Ponge, « Le lézard » 512

Lecture d'image
Le maniérisme 107

■ **Séquence 7**

Poésie du souvenir et du temps qui passe

Villon, « Ballade des dames du temps jadis » 69
Ronsard, *Sonnet pour Hélène* 102
La Fontaine, « La Mort et le Bûcheron » 164
Verlaine, « Colloque sentimental » 364
Apollinaire, « Le Pont Mirabeau » 420
Michaux, « Icebergs » 447

Lecture d'image
Le Nain, *Famille de paysans dans un intérieur* 165

La question de l'Homme dans les genres de l'argumentation du XVIᵉ siècle à nos jours

■ **Séquence 1**

L'essai et la confrontation des idées

Montaigne, *Essais* 111
Pascal, *Pensées* 153
Diderot, *Encyclopédie* 225
Rousseau, *Du contrat social* 244
Condorcet, *Esquisse d'un tableau historique
des progrès de l'esprit humain* 260
Valéry, *La Crise de l'esprit* 432

Lecture d'images
Vallotton, *Le Cimetière de Châlon-sur-Marne* 433
Gromaire, *La Guerre* 400

■ **Séquence 2**

Argumentation et polémique

Montaigne, *Essais* 109
Boileau, *Satires* 178
La Bruyère, *Les Caractères* 192
Voltaire, *Dictionnaire philosophique* 239
Sartre, *Situation III* 472

Lecture d'image
Huber, *Le Dîner des philosophes* 227

■ **Séquence 3**

Les luttes contre l'injustice

D'Aubigné, *Les Tragiques* 113
Voltaire, *Traité sur la tolérance* 238
Beaumarchais, *Le Mariage de Figaro* 250
Hugo, *Discours à l'Assemblée* 300
Zola, « J'accuse ! » 381

Lecture d'image
Prévert, *Les Règles de la guerre* 483

■ **Séquence 4**

Interrogations littéraires et esthétiques

Corneille et la querelle du *Cid* 146
Diderot, *Salon de 1761* 228
Rousseau, *Lettre sur les spectacles* 242
Baudelaire, *Le Peintre de la vie moderne* 350
Reza, « *Art* » 548

Lecture d'image
Soulages, *Peinture* 551
Kandinsky, *Jaune-Rouge* 480

■ **Séquence 5**

Réflexions sur la nature humaine

Sénèque, *Lettres à Luculius* 38
Pascal, *Pensées* 153
La Rochefoucauld, *Sentences
et Maximes morales* 168
Montesquieu, *Éloge de la sincérité* 214
Rousseau, *Les Confessions* 245
Sartre, *Huis clos* 470

Lecture d'image
Bruegel l'Ancien, *Le Triomphe de la mort* 71

■ **Séquence 6**

L'homme face à la société

La Bruyère, *Les Caractères* 192
Montesquieu, *De l'esprit des lois* 217
Hugo, *Discours sur la peine de mort* 300
Le Clézio, *Dans la forêt des paradoxes* 534

Lecture d'image
Estes, *34ᵗʰ Street Manhattan looking East* 473

■ **Séquence 7**

La femme en questions

Virgile, *L'Enéide* 32
Madame de Sévigné, *Lettres* 186
Madame de Lafayette, *La Princesse de Clèves* 188
Olympe de Gouges, *Déclaration des droits de
la femme et de la citoyenne* 258
Beauvoir, *La Force des choses* 514
Djebar, *Vaste est la prison* 552

Lecture d'images
Delacroix, *Femmes d'Alger dans leur appartement* 295
Matisse, *Odalisque assise* 553

■ 16

OBJETS D'ÉTUDE ET SÉQUENCES DE TRAVAIL EN CLASSE DE *PREMIÈRE L*

Vers un espace culturel européen : Renaissance et humanisme

■ Séquence 1

Le mouvement humaniste

Rabelais, *Pantagruel*	88
Rabelais, *Gargantua*	90
Du Bellay, « France, mère des arts… »	94
Montaigne, *Essais*	109

Lecture d'image
Rosso Fiorentino, *L'Ignorance chassée*	89

■ Séquence 2

L'humanisme et la Pléiade

Manifeste de la nouvelle poésie française	96
Du Bellay, *Les Antiquités de Rome*	92
Du Bellay, *Les Regrets*	94
Ronsard, *Les Amours*	99
Ronsard, *Sonnets pour Hélène*	102

Lecture d'image
Anonyme, *Bal à la cour des Valois*	103

Les réécritures du XVIIe siècle jusqu'à nos jours

■ Séquence 1

La réécriture des mythes de l'Antiquité

Sophocle, *Antigone*	28
Racine, *Phèdre*	176
Giraudoux, *La guerre de Troie n'aura pas lieu*	458
Giraudoux, *Électre*	460
Anouilh, *Antigone*	474

■ Séquence 2

De l'imitation au détournement

Marie de France, *Isopet*	60
La Fontaine, *Fables*	163
La Bruyère, *Les Caractères*	192
Jarry, *Ubu roi*	390
Proust, *Pastiches et mélanges*	416

Lecture d'image
Whiteread, *Sans titre*	535

Les Noces de Mars et de Vénus, fresque de la maison de Marcus Lucretius Frontone, à Pompéi, Ier siècle après J.-C.

750 av. J.-C.
500 ap. J.-C.

L'Antiquité

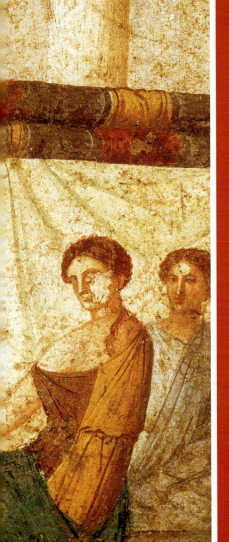

Depuis qu'elle est apparue, il y a plus de dix siècles, la littérature française a entretenu un dialogue privilégié avec les mythes et les créations que nous a laissées l'antiquité gréco-romaine. Sans ce lien avec les chefs-d'œuvre de poésie, de théâtre, de philosophie, constamment étudiés, souvent imités, parfois rejetés, notre littérature ne serait pas ce qu'elle est devenue aujourd'hui.

CONTEXTE HISTORIQUE

Les origines de la littérature

C'est dans la littérature antique que se situe l'origine de notre littérature. Apprivoisant les cultures phénicienne, égyptienne, orientale, étrusque et carthaginoise, Athènes et Rome ont fait rayonner la philosophie, les sciences, les arts dans tous les pays qu'ils avaient soumis.

Les monuments de l'Acropole d'Athènes élevés au Ve siècle avant J.-C.

L'HISTOIRE

Des cités grecques à l'Empire romain

▶ **D'une longue série de guerres** contre les Perses émerge la cité d'Athènes qui s'impose au Ve siècle avant J.-C. Ce siècle d'or voit Périclès consolider la cité, la démocratie et la justice et fleurir les arts et les lettres. Cependant, affaiblie par les guerres entre cités rivales, Sparte et Thèbes, la Grèce est conquise par la Macédoine. La Macédoine en 197 puis la Grèce en 146 avant J.-C., tombent au pouvoir de Rome.

▶ **Rome, fondée en −753 selon la légende**, a subi le joug des rois avant d'établir, en −509, la République. Elle conquiert tour à tour l'Italie, l'Afrique du Nord, l'Espagne, la Gaule, la Grèce, la Macédoine, l'Angleterre. Transformée en Empire en 31 avant J.-C., la puissance romaine fait régner la paix et la prospérité pendant plus de deux siècles. Séparé en 395 de l'Empire romain d'Orient, l'Empire romain d'Occident s'effondre en 476 sous la pression des invasions barbares.

LES SCIENCES

L'harmonie du monde

▶ **Les sciences ne se distinguent pas de la philosophie** dans l'Antiquité. Ainsi, l'astronomie fonde l'explication des phénomènes physiques sur la perfection du monde. L'univers divin, clos et immortel, est un monde de figures et de mouvements parfaits dont la Terre occupe le centre et dont le moteur est un dieu assimilé à la raison. Seul Épicure affirme le caractère mortel de l'âme et du monde. Ces théories des Anciens sur la structure de l'univers, plus philosophiques que scientifiques, domineront la pensée durant près de vingt siècles et ne seront abandonnées qu'au XVIIe siècle.

Pythagore (570-480 avant J.-C.), mathématicien et philosophe grec.

▶ **Les astronomes** de l'Antiquité ont cependant opéré des calculs que l'astronomie moderne a souvent confirmés. Et la géométrie et la physique enseignent encore les découvertes de Thalès, Pythagore, Euclide, Archimède. En développant l'anatomie, la dissection, le diagnostic et surtout la théorie des quatre humeurs (héritée de la *Physique* d'Aristote), Hippocrate fait de la médecine une science à part entière. Il fonde l'éthique médicale avec l'institution du « serment d'Hippocrate ». Grands compilateurs, les Romains comme Vitruve, Pline l'Ancien ou Sénèque transmettent la science grecque sans la renouveler.

Esclave travaillant dans une mine, poterie du ve siècle avant J.-C.

LA SOCIÉTÉ

Les citoyens et les esclaves

▶ **Les principes de liberté et d'égalité** entre les hommes étaient ignorés par les sociétés antiques. La démocratie athénienne et la République romaine accordaient des droits aux hommes libres, mais ces droits étaient déniés aux femmes, aux étrangers et aux esclaves. Or, en Grèce comme à Rome, un homme sur trois est un esclave, à la merci d'un maître qui a sur lui droit de vie et de mort. Les immenses marchés aux esclaves sont approvisionnés par les guerres incessantes et la piraterie, parfois par l'endettement personnel. Employés le plus souvent dans l'agriculture et pour les tâches de maison, les esclaves pouvaient aussi être précepteurs, médecins, comptables, intendants, scribes. Leur mérite leur vaut souvent d'être affranchis. Sous l'Empire, un nombre grandissant d'affranchis deviennent fonctionnaires provinciaux. L'existence d'une main-d'œuvre servile sans coût réel a probablement entraîné la stagnation des techniques et du développement industriel. Parmi les hommes libres, le fossé entre riches et pauvres, entre faibles et puissants était compensé par des réseaux de clientélisme où la puissance des riches se mesurait au nombre de leurs protégés.

LA CULTURE

Les jeux et les arts

▶ **Les cités et les hommes sont liés aux dieux** par un pacte, en Grèce comme à Rome : chaque dieu patronne un secteur d'activité et réclame des hommages pour accorder ses faveurs. Processions, sacrifices, prières, jeux sportifs, littéraires et théâtraux mobilisent toute la cité et durent plusieurs jours. À Athènes, les concours de théâtre célèbrent Dionysos. Les jeux Olympiques sont consacrés à Zeus. À Rome, chaque quartier, chaque activité honore le dieu dont on attend la protection.

▶ **Liés aussi à la religion, les arts** connaissent en Grèce un développement exceptionnel : sculptures qui ornent les tombes et les temples, temples dont l'architecture sera imitée pendant des siècles dans toute l'Europe, peintures malheureusement perdues. Les Romains, devenus maîtres de la Grèce, propagent cette culture qu'ils admirent : pas d'éducation véritable sans l'indispensable voyage en Grèce. Les Romains, à leur tour, développent l'architecture civile et politique ; les thermes, les aqueducs, les arcs de triomphe, les villas somptueuses ont laissé dans tous les pays qu'ils ont conquis des traces qui, aujourd'hui encore, nous font rêver.

750 av. J.-C.
▼
500 ap. J.-C.

L'Aurige, le conducteur de char, sculpture de bronze de Delphes, vers 470 avant J.-C.

Les masques du théâtre antique.

Homère

▶ **Homère**
▶ Né au IXe ou VIIIe siècle avant J.-C.
▶ Décédé au VIIIe siècle avant J.-C.

Homère est le nom d'un poète auquel la tradition, dès les premiers temps de la Grèce, a attribué la création de l'*Iliade* et de l'*Odyssée*. Il aurait vécu vers le VIIIe siècle avant J.-C. et serait originaire d'Asie Mineure, mais plusieurs villes se disputent sa naissance. Aède, c'est-à-dire conteur et chanteur professionnel, le poète va d'un pays à l'autre, anime les banquets et les fêtes. On le suppose aveugle comme l'aède qui parle à la première personne dans l'*Odyssée*. La cohérence, l'unité, la richesse des vingt-quatre mille vers des deux récits héroïques de l'*Iliade* et de l'*Odyssée* imposent d'imaginer un poète de génie, capable de rassembler toute la matière épique de récits antérieurs. Pendant deux siècles, les récits sont enrichis par des improvisateurs, qu'on appellera les « Homérides », descendants d'Homère. Pisistrate, tyran d'Athènes qui fonde la première bibliothèque publique, est à l'origine d'une nouvelle édition d'Homère, établie par de grands savants. Le texte que nous lisons aujourd'hui a été définitivement fixé au IIIe siècle avant J.-C.

ŒUVRES PRINCIPALES

On attribue à Homère deux épopées, l'*Iliade* et l'*Odyssée* et des odes ou hymnes à divers dieux et déesses (dont un à Apollon).

▶ La naissance de la poésie épique

● **L'*Iliade*, une épopée guerrière.** L'*Iliade* évoque les héros grecs, les Achéens, partis à la conquête de l'opulente ville de Troie, aussi nommée Ilion. Ces héros se disputent Hélène, épouse du Grec Ménélas, enlevée par le beau Troyen Pâris. Le poète célèbre les héros des deux camps : hors du commun mais saisissants de vérité, émouvants dans leurs souffrances, magnifiques dans leurs exploits, comiques parfois dans leurs ruses ou leurs incohérences. Mais bientôt, ils sombrent dans le carnage et l'ivresse insensée de la mort. Dans le ciel se mêlent les fumées des tombeaux ennemis. Le poème, qui exalte l'héroïsme, en montre aussi la tristesse tragique.

● **L'*Odyssée*, le chant du difficile retour.** Ce poème chante les aventures et les épreuves qui marquent le retour dans sa patrie, après la guerre, d'Ulysse (*Odusseus*), le plus rusé des chefs grecs. Achille, Agamemnon, Ajax sont morts. Ulysse est encore vivant mais il n'est plus personne : inconnu, étranger dans toutes les terres et îles où il aborde. L'*Odyssée* affirme la nécessaire liaison entre l'identité et l'appartenance à une patrie : Ulysse retrouve, à Ithaque, son nom, son pouvoir, sa famille (son épouse, son fils et son père). Il peut instaurer la paix avec les familles des prétendants de sa femme qu'il a massacrés, reconquérir son statut.

Dans l'*Iliade*, le prince troyen Énée blessé est soigné grâce à la protection de sa mère, la déesse Aphrodite.

▶ La première œuvre littéraire

Les poèmes d'Homère ont joué un rôle considérable. Les pédagogues les faisaient apprendre à leurs élèves dès leur plus jeune âge. Les poètes les imitaient, les transposaient, les philosophes les critiquaient mais tous s'y référaient. Son œuvre est un inépuisable réservoir de récits, d'images, de situations, de formules qui permettent à chacun de réfléchir au courage, à la violence, à l'amour, à la présence des dieux, au sens que chaque mortel tente de donner à son existence. L'œuvre forge les plus grands mythes grecs qui seront sans cesse réécrits. Des siècles nous séparent de ces héros, pourtant, à peine en a-t-on lu quelques vers que l'on est touché par la fraîcheur intacte de ces chants.

L'Antiquité

GENRE La poésie épique

Vers 750 avant J.-C.

L'Iliade

Pour venger la mort de son ami Patrocle, tué par le prince troyen Hector, Achille, le plus vaillant des Grecs, accepte de retourner au combat. Hector, refusant de se replier derrière les remparts, affronte Achille en combat singulier.

Comme l'étoile qui s'avance, entourée des autres étoiles, au plein cœur de la nuit, comme l'Étoile du soir, la plus belle qui ait sa place au firmament, ainsi luit la pique acérée qu'Achille brandit dans sa droite, méditant la perte du divin Hector et cherchant des yeux, sur sa belle chair, où elle offrira le moins de résistance. Tout le reste de son corps est
5 protégé par ses armes de bronze, les belles armes dont il a dépouillé le puissant Patrocle[1] après l'avoir tué. Un seul point se laisse voir, celui où la clavicule sépare l'épaule du cou, de la gorge. C'est là que la vie se laisse détruire au plus vite, c'est là que le divin Achille pousse sa javeline contre Hector en pleine ardeur. La pointe va tout droit à travers le cou délicat. La lourde pique de bronze ne perce pas cependant la trachée : il peut ainsi répondre et dire
10 quelques mots. Et cependant qu'il s'écroule dans la poussière, le divin Achille triomphe :

« Hector, tu croyais peut-être, quand tu dépouillais Patrocle, qu'il ne t'en coûterait rien ; tu n'avais cure de moi : j'étais si loin ! Pauvre sot !... Mais, à l'écart, près des nefs creuses, un défenseur – bien plus brave – était resté en arrière : moi, moi qui viens de te rompre les genoux, et les chiens, les oiseaux te mettront en pièces outrageusement,
15 tandis qu'à lui les Achéens[2] rendront les honneurs funèbres. »

D'une voix défaillante, Hector au casque étincelant répond :

« Je t'en supplie, par ta vie, par tes genoux, par tes parents, ne laisse pas les chiens me dévorer près des nefs achéennes ; accepte bronze et or à ta suffisance ; accepte les présents que t'offriront mon père et ma digne mère ; rends-leur mon corps à ramener chez moi,
20 afin que les Troyens et femmes des Troyens au mort que je serai donnent sa part de feu. »

Achille aux pieds rapides vers lui lève un œil sombre et dit :

« Non, chien, ne me supplie ni par mes genoux ni par mes parents. Aussi vrai que je voudrais voir ma colère et mon cœur m'induire à couper ton corps pour le dévorer tout cru, après ce que tu m'as fait, nul n'écartera les chiens de ta tête, quand même on m'amè-
25 nerait, on me pèserait ici dix ou vingt fois ta rançon, en m'en promettant davantage encore ; non, quand bien même Priam le Dardanide[3] ferait dans la balance mettre ton pesant d'or ; non, quoi qu'on fasse, ta digne mère ne te placera pas sur un lit funèbre, pour pleurer celui qu'elle a mis au monde, et les chiens, les oiseaux te dévoreront tout entier. »

Homère, *Iliade*, vers 750 avant J.-C.,
traduction P. Mazon, Éd. Les Belles Lettres.

---

1. Patrocle :
compagnon d'armes d'Achille.

2. Achéens :
les Grecs.

3. Priam le Dardanide :
le roi de Troie, descendant de Dardanos, le fondateur, de Troie ; père d'Hector.

---

750 av. J.-C.
▼
500 ap. J.-C.

Analyse et confrontation

1. Quel contraste organise le portrait d'Hector ?

2. Quelle phrase justifie le dialogue des deux héros ?

3. Comment se marque la fragilité des deux héros ?

4. En quoi peut-on dire que la grandeur héroïque d'Achille et d'Hector se retrouve dans les héros de Corneille, Curiace et Horace (p. 148) ?

5. Quel rôle joue le dialogue dans cette scène de combat ?

Notion

Les premiers héros épiques

Le héros épique révèle sa valeur dans le combat singulier, épreuve suprême où sa vie est en jeu. Le combat réunit les ennemis qui s'affrontent : cette fraternité héroïque annonce les héros de Corneille, les personnages de *La Légende des siècles* de Victor Hugo et on la retrouve au XXe siècle dans les romans de Malraux ou de Giono.

23

Homère

GENRE La poésie épique

Vers 700 avant J.-C.

L'Odyssée

Après la prise de la ville de Troie, Ulysse erre pendant dix ans sur la mer Méditerranée : il échappe au Cyclope, à Circé, aux sirènes, séjourne chez les morts… Enfin, il parvient à regagner son île d'Ithaque. Déguisé en mendiant, il se fait reconnaître de son porcher et de son fils Télémaque. Ayant tué les prétendants qui veulent épouser sa femme Pénélope, il l'informe de son retour. Pénélope reste prudemment incrédule. Quand, finalement, on lui fait rencontrer Ulysse, elle réclame de le retrouver seul à seule. Alors, Ulysse retire ses haillons, se lave. La déesse Athéna intervient pour lui attribuer la beauté d'un dieu.

Ulysse au grand cœur était entré chez lui ; le baignant, le frottant d'huile, son intendante Eurynomé l'avait revêtu d'une robe et d'une belle écharpe ; sur sa tête, Athéna[1] répandait la beauté ; on voit l'artiste habile, instruit par Héphaestos[2] et Pallas Athéna de toutes leurs recettes, nieller[3], or sur argent, un chef-d'œuvre de grâce : c'est ainsi
5 qu'Athéna, sur sa tête et son buste, faisait couler la grâce ; sortant de la baignoire, il rentra tout pareil d'allure aux Immortels.

En face de sa femme, il reprit le fauteuil qu'il venait de quitter et lui tint ce discours :

ULYSSE. – Malheureuse ! jamais, en une faible femme, les dieux, les habitants des manoirs de l'Olympe[4], n'ont mis un cœur plus sec… C'est bien !… Nourrice, à toi de me
10 dresser un lit ; j'irai dormir tout seul ; car, en place de cœur, elle n'a que du fer.

La plus sage des femmes, Pénélope, reprit :

PÉNÉLOPE. – Non ! malheureux ! je n'ai ni mépris ni dédain ; je reprends tout mon calme et reconnais en toi celui qui, loin d'Ithaque, partit un jour sur son navire aux longues rames. Obéis, Euryclée[5] ! et va dans notre chambre aux solides murailles nous
15 préparer le lit que ses mains avaient fait ; dresse les bois du cadre et mets-y le coucher, les feutres, les toisons, avec les draps moirés !

C'était là sa façon d'éprouver son époux. Mais Ulysse indigné méconnut le dessein de sa fidèle épouse :

ULYSSE. – Ô femme, as-tu bien dit ce mot qui me torture ?… Qui donc a déplacé mon
20 lit ? le plus habile n'aurait pas réussi sans le secours d'un dieu qui, rien qu'à le vouloir, l'aurait changé de place. Mais il n'est homme en vie, fût-il plein de jeunesse, qui l'eût roulé sans peine. La façon de ce lit, c'était mon grand secret ! C'est moi seul, qui l'avais fabriqué sans un aide. Au milieu de l'enceinte, un rejet d'olivier éployait son feuillage ; il était vigoureux et son gros fût avait l'épaisseur d'un pilier : je construisis, autour, en
25 blocs appareillés, les murs de notre chambre ; je la couvris d'un toit et, quand je l'eus munie d'une porte aux panneaux de bois plein, sans fissure, c'est alors seulement que, de cet olivier coupant la frondaison, je donnai tous mes soins à équarrir le fût jusques à la racine, puis, l'ayant bien poli et dressé au cordeau, je le pris pour montant où cheviller le reste ; à ce premier montant, j'appuyai tout le lit dont j'achevais le cadre ;
30 quand je l'eus incrusté d'or, d'argent et d'ivoire, j'y tendis des courroies d'un cuir rouge éclatant… Voilà notre secret !… la preuve te suffit ?… Je voudrais donc savoir, femme, si notre lit est toujours en sa place ou si, pour le tirer ailleurs, on a coupé le tronc de l'olivier.

Il disait : Pénélope sentait se dérober ses genoux et son cœur ; elle avait reconnu les
35 signes évidents que lui donnait Ulysse ; pleurant et s'élançant vers lui et lui jetant les bras autour du cou et le baisant au front, son Ulysse, elle dit :

PÉNÉLOPE. – Ulysse, excuse-moi !… toujours je t'ai connu le plus sage des hommes ! Nous comblant de chagrins, les dieux n'ont pas voulu nous laisser l'un à l'autre à jouir du bel âge et parvenir ensemble au seuil de la vieillesse !… Mais aujourd'hui, pardonne

---

1. Athéna, surnommée aussi Pallas, déesse grecque qui personnifie l'intelligence et protège Ulysse.
2. Héphaestos : chez les Grecs, dieu du feu et des forgerons.
3. nieller : incruster d'émail noir.
4. Olympe : pour les Grecs, lieu de séjour des dieux.
5. Euryclée : servante d'Ulysse et de Pénélope.

24

L'Antiquité

40 et sois sans amertume si, du premier abord, je ne t'ai pas fêté ! Dans le fond de mon cœur, veillait toujours la crainte qu'un homme ne me vînt abuser par ses contes ; il est tant de méchants qui ne songent qu'aux ruses ! Ah ! la fille de Zeus, Hélène l'Argienne[6], n'eût pas donné son lit à l'homme de là-bas, si elle eût soupçonné que les fils d'Achaïe[7], comme d'autres Arès[8], s'en iraient la reprendre, la rendre à son foyer, au pays de ses
45 pères ; mais un dieu la poussa vers cette œuvre de honte ! son cœur auparavant n'avait pas résolu cette faute maudite, qui fut, pour nous aussi, cause de tant de maux ! Mais tu m'as convaincue ! la preuve est sans réplique ! tel est bien notre lit ! en dehors de nous deux, il n'est à le connaître que la seule Aktoris, celle des chambrières, que, pour venir ici, mon père me donna. C'est elle qui gardait l'entrée de notre chambre aux épaisses
50 murailles… Tu vois : mon cœur se rend, quelque cruel qu'il soit ! »

Mais Ulysse, à ces mots, pris d'un plus vif besoin de sangloter, pleurait. Il tenait dans ses bras la femme de son cœur, sa fidèle compagne !

Elle est douce, la terre, aux vœux des naufragés, dont Poséidon[9] en mer, sous l'assaut de la vague et du vent, a brisé le solide navire : ils sont là, quelques-uns qui, nageant
55 vers la terre, émergent de l'écume ; tout leur corps est plaqué de salure marine ; bonheur ! ils prennent pied ! ils ont fui le désastre !… La vue de son époux lui semblait aussi douce : ses bras blancs ne pouvaient s'arracher à ce cou.

L'Aurore aux doigts de roses les eût trouvés pleurant, sans l'idée qu'Athéna, la déesse aux yeux pers, eut d'allonger la nuit qui recouvrait le monde : elle retint l'Aurore aux
60 bords de l'Océan, près de son trône d'or, en lui faisant défense de mettre sous le joug pour éclairer les hommes, ses rapides chevaux Lampos et Phaéton, les poulains de l'Aurore.

Homère, *Odyssée*, chant XXIII, vers 700 avant J.-C., traduction V. Bérard, Éd. Armand Colin.

6. Hélène l'Argienne : Hélène, fille de Zeus et de Léda. Le Troyen Pâris, en l'enlevant à son mari Ménélas d'Argos, provoque la guerre de Troie.

7. Achaïe : région de Grèce où se sont établis les Achéens, les Grecs.

8. Arès : dieu grec de la guerre, aimé d'Aphrodite.

9. Poséidon : dieu grec de la mer.

750 av. J.-C.
▼
500 ap. J.-C.

Ulysse, attaché au mât de son navire, résiste au chant des sirènes (détail d'une mosaïque romaine).

Analyse et confrontation

1. De quelle façon interviennent les dieux ?

2. Comment Pénélope s'assure-t-elle de l'identité d'Ulysse ?

3. Pourquoi Ulysse se met-il à sangloter ?

4. Comment se manifeste l'amour que les deux époux éprouvent l'un pour l'autre ?

5. Pourquoi le bonheur d'Ulysse fait-il rêver Du Bellay (p. 95) ?

Notion
Les premières héroïnes féminines

Homère ne chante pas seulement la gloire des héros. Il accorde une place essentielle aux figures féminines comme la douloureuse Hélène, ou Hécube, la mère d'Hector. Dans l'*Iliade*, il évoque l'amour qui unit Andromaque à son mari Hector. Dans l'*Odyssée*, Pénélope est un modèle de fidélité et d'intelligence. Au XVIIe siècle, Andromaque a inspiré Racine, et l'on retrouve la grandeur de Pénélope dans les héroïnes de Corneille : Sabine dans *Horace* et Pauline dans *Polyeucte*.

Sappho

▶ Sappho

▶ Née dans l'île de Lesbos, en Grèce, à la fin du VIIe siècle avant J.-C.

▶ Décédée au VIe siècle avant J.-C.

Née dans l'île de Lesbos, où l'on cultive poésie et musique, Sappho est mariée très jeune à un mari qui disparaît, semble-t-il, rapidement et dont elle a un enfant. Cette excellente musicienne, « aux tresses de violette, au sourire de miel », selon le poète Alcée, se consacre à la poésie, qui la rend vite célèbre. On dit que Platon l'appela la « dixième Muse ». Elle dirige la Maison des Muses où elle apprend la musique, la danse, la poésie à des jeunes filles de bonne famille. Exilée sans doute pour des raisons politiques, elle vit une dizaine d'années en Sicile avant de revenir mourir parmi les siens.

ŒUVRES PRINCIPALES

Auteur d'odes, de chants nuptiaux et peut-être d'épigrammes.

La naissance de la poésie lyrique

Des neuf livres de poèmes lyriques comprenant des élégies, des épigrammes, des chants nuptiaux dont parlent les Anciens ne nous sont parvenus que des fragments souvent très courts. Pourtant, même privés de la musique qui les accompagnait, ils suffisent à faire entendre la voix de la passion la plus brûlante. Rien ne compte que l'intensité d'un désir qui bouleverse l'être entier et fait la saveur unique de la vie.

GENRE La poésie lyrique

Vers 580 avant J.-C.

À une aimée

Parce qu'ils disent la violence du trouble amoureux, ces quelques fragments ont traversé les âges. Ils résonnent, par exemple dans la *Phèdre* de Racine, qui dit en voyant l'être aimé :

« Mes yeux ne voyaient plus, je ne pouvais parler,
Je sentis tout mon corps et transir et brûler. »

Il me paraît, celui là-bas, égal aux dieux, qui face à toi est assis, et tout près écoute ta voix suave et ton rire charmeur qui a frappé mon cœur d'effroi, dans ma poitrine ; tant il est vrai que si peu que je te regarde, alors il ne m'est plus possible de parler, pas même une parole ; mais voici que ma langue se brise, et que subtil aussitôt sous ma peau court
5 le feu ; dans mes yeux il n'y a plus un seul regard, mes oreilles bourdonnent ; la sueur coule sur moi ; le tremblement me saisit toute ; je suis plus verte que la prairie ; et je semble presque morte ; mais il faut tout endurer puisque...

Sappho, *Poèmes*, fragment 31, vers 580 avant J.-C., traduction J. Pigeaud, Éd. Payot et Rivages, 2004.

Analyse et confrontation

1. Quelle place occupent l'être aimé et l'amoureuse ?
2. Comment est décrite la puissance du désir ?
3. Comparez l'expression du désir amoureux dans le fragment de Sappho et dans la déclaration de Phèdre (voir p. 176).

L'Antiquité

L'émotion de la fresque

Portrait d'une jeune fille

Une incroyable quantité de fresques a été retrouvée dans les ruines de Pompéi, cette petite ville de province détruite par l'éruption du Vésuve, le 24 août 79. Grâce à ces villas merveilleusement décorées, on peut entrevoir la place de la peinture dans l'Antiquité.

Portrait d'une jeune fille, dit de Sappho, Ier siècle après J.-C., fresque, Musée archéologique national de Naples.

750 av. J.-C. ▼ 500 ap. J.-C.

Un détail concret donne vie à l'image : la jeune femme tient de petites tablettes de bois garnies de cire, sur laquelle on écrit avec un stylet.

À partir de la verticale du stylet, des courbes soulignent l'élégance du modèle : boucles s'échappant d'une fine résille, anneaux d'or, plissé des étoffes, délicatesse des doigts.

Le dessin des lèvres où flotte comme l'ombre d'un sourire, la gravité du regard perdu dans les songes, la main suspendue qui s'apprête à écrire donnent à ce portrait une mystérieuse présence.

Lecture d'image

1. Dans quelle direction se porte le regard du personnage ? Quel effet cela produit-il ?

2. En quoi le jeu des couleurs contribue-t-il à la qualité de l'évocation ?

3. Quelle image de la femme donnent le poème et le tableau ?

La peinture antique

Les grands peintres grecs comme Zeuxis (Ve siècle) ou Appelle (IVe siècle) ne nous sont connus que par les textes ou par des copies. Peignant à la cire sur du bois ou à fresque sur des murs enduits de mortier frais, les peintres antiques se souciaient de la ressemblance et de l'expression et avaient atteint un rare degré de raffinement.

Sophocle

▶ **Sophocle**

▶ Né à Colone, près d'Athènes, vers 495 avant J.-C.

▶ Décédé à Athènes vers 406 avant J.-C.

Né dans la petite ville de Colone, célèbre centre religieux proche d'Athènes, Sophocle a vécu la victoire des Athéniens sur les Perses. Il connaît les débuts et l'apogée du siècle de Périclès, la grande période du classicisme grec, dont il est un des créateurs les plus puissants. Les cent vingt-trois pièces qu'il présente aux concours dramatiques sont souvent couronnées : il triomphe même du grand Eschyle. Dans cette Athènes brillante où il peut côtoyer Périclès et croiser le jeune Socrate, il mène une vie heureuse, entouré d'amis, apprécié de tous, se consacrant au théâtre jusqu'à sa mort, à quatre-vingt-dix ans.

ŒUVRES PRINCIPALES

Théâtre
Ajax, *Antigone*, *Électre*, *Œdipe roi*, *Les Trachiniennes*, *Philoctète*, *Œdipe à Colone*.

Les origines de la tragédie

Après Eschyle, qui, selon Aristote, donne le premier rôle au dialogue, Sophocle amène la tragédie grecque à son point de perfection. C'est lui qui porte à trois le nombre des acteurs. Il anime l'action, ménageant attente et brusques surprises, soulignant la complexité des caractères et des situations. Ses héros affrontent avec courage le destin qui les frappe et défendent envers et contre tout les valeurs qui les animent. Les plus terribles tragédies célèbrent ainsi la grandeur fragile des êtres humains.

GENRE Le théâtre tragique

Antigone

Le roi de Thèbes, Créon, a interdit, sous peine de mort, de donner une sépulture à Polynice qui a combattu contre sa patrie. Antigone s'élève contre une telle décision qui empêcherait son frère d'accéder au royaume des morts et enterre son frère. Arrêtée, elle affronte son oncle, Créon.

CRÉON
Ainsi tu as osé passer outre à ma loi ?

ANTIGONE
Oui, car ce n'est pas Zeus qui l'avait proclamée ! ce n'est pas la Justice, assise aux côtés des dieux infernaux ; non, ce ne sont pas là les lois qu'ils ont jamais fixées aux hommes, et je ne pensais pas que tes défenses à toi fussent assez puissantes pour permettre à un
5 mortel de passer outre à d'autres lois, aux lois non écrites, inébranlables, des dieux ! Elles ne datent, celles-là, ni d'aujourd'hui ni d'hier, et nul ne sait le jour où elles ont paru. Ces lois-là, pouvais-je donc, par crainte de qui que ce fût, m'exposer à leur vengeance chez les dieux ? Que je dusse mourir, ne le savais-je pas ? et cela, quand bien même tu n'aurais rien défendu. Mais mourir avant l'heure, je le dis bien haut, pour
10 moi, c'est tout profit : lorsqu'on vit comme moi, au milieu de malheurs sans nombre, comment ne pas trouver de profit à mourir ? Subir la mort, pour moi n'est pas une souffrance. C'en eût été une, au contraire, si j'avais toléré que le corps d'un fils de ma mère n'eût pas, après sa mort, obtenu un tombeau. De cela, oui, j'eusse souffert ; de ceci je ne

L'Antiquité

souffre pas. Je te paraîs sans doute agir comme une folle. Mais le fou pourrait bien être
15 celui qui me traite de folle.

LE CORYPHÉE[1]

Ah ! qu'elle est bien sa fille ! la fille intraitable d'un père intraitable. Elle n'a jamais appris à céder aux coups du sort.

CRÉON

Oui, mais sache bien, toi, que ces volontés si dures sont celles justement qui sont aussi le plus vite brisées. Il en est pour elles comme pour le fer, qui, longuement passé au feu,
20 cuit et recuit, se fend et éclate encore plus aisément. Ne voit-on pas un simple bout de frein se rendre maître d'un cheval emporté ? Non, on n'a pas le droit de faire le fier, lorsque l'on est aux mains des autres. Cette fille a déjà montré son insolence en passant outre à des lois établies ; et, le crime une fois commis, c'est une insolence nouvelle que de s'en vanter et de ricaner. Désormais, ce n'est plus moi, mais c'est elle qui est
25 l'homme, si elle doit s'assurer impunément un tel triomphe. Eh bien ! non. Qu'elle soit née de ma sœur[2], qu'elle soit encore plus proche de moi que tous ceux qui peuvent ici se réclamer du Zeus de notre maison, il n'importe : ni elle ni sa sœur[3] n'échapperont à une mort infâme. Oui, celle-là aussi, je l'accuse d'avoir été sa complice pour ensevelir le mort. (*À ses esclaves.*) Appelez-la-moi. Je l'ai vue dans la maison tout à l'heure, effarée,
30 ne se dominant plus. C'est la règle : ils sont toujours les premiers à dénoncer leur four-berie, ceux qui manœuvrent sournoisement dans l'ombre. (*Se retournant vers Antigone.*) Ce qui ne veut pas dire que j'aie moins d'horreur pour le criminel saisi sur le fait qui prétend se parer encore de son crime.

ANTIGONE

Tu me tiens dans tes mains : veux-tu plus que ma mort ?

CRÉON

35 Nullement : avec elle, j'ai tout ce que je veux.

ANTIGONE

Alors pourquoi tarder ? Pas un mot de toi qui me plaise, et j'espère qu'aucun ne me plaira jamais. Et, de même, ceux dont j'use, ne sont-ils pas faits pour te déplaire ? Pou-vais-je cependant gagner plus noble gloire que celle d'avoir mis mon frère au tombeau ? Et c'est bien ce à quoi tous ceux que tu vois là applaudiraient aussi, si la peur ne devait
40 leur fermer la bouche. Mais c'est – entre beaucoup d'autres – l'avantage de la tyrannie qu'elle a le droit de dire et faire absolument ce qu'elle veut.

Sophocle, *Antigone*, 442 avant J.-C., traduction P. Mazon,
Éd. Les Belles Lettres.

---

1. **le Coryphée :** celui qui dirige le chœur.
2. **ma sœur :** Jocaste, mère et épouse d'Œdipe.
3. **sa sœur :** Ismène, fille de Jocaste et d'Œdipe, sœur d'Antigone

---

750 av. J.-C.
▾
500 ap. J.-C.

Analyse et confrontation

1. D'où vient le courage d'Antigone ?

2. Antigone a-t-elle raison d'accuser Créon de tyrannie ?

3. Antigone risque sa vie au nom d'une loi supérieure. En quoi est-elle différente de l'Électre de Giraudoux (p. 460) ?

Notion

La première héroïne tragique

En affrontant lucidement une mort terrifiante, la jeune Antigone résiste aux ordres de celui qu'elle considère comme un tyran. Elle affirme que d'autres valeurs donnent sens à sa vie. Sa figure altière ne cesse d'inspirer les poètes et les dramaturges : Rotrou, au XVIIe siècle, Hölderlin, au XIXe, Cocteau, Brecht et Anouilh, au XXe.

Lucrèce

▶ **Titus Lucretius Carus**
▶ Né à Rome vers 98 avant J.-C.
▶ Décédé à Rome vers 55 avant J.-C.

Sans doute de famille noble, Lucrèce n'a pourtant jamais entrepris de carrière politique. On ne connaît de lui que son œuvre, le *De natura rerum*, « De la nature », dédié à son ami Memmius, grand personnage cultivé, inconnu par ailleurs. Le projet de Lucrèce est grandiose : rendre accessible en latin la philosophie du Grec Épicure, elle-même inspirée de celle de Démocrite. Dans une période de grave crise politique et morale, Lucrèce veut aider ses contemporains en les invitant à renoncer aux passions destructrices, aux peurs irrationnelles qui empêchent d'atteindre à la paix de l'âme. Il aurait composé son œuvre dans des intervalles de lucidité et se serait donné la mort.

ŒUVRES PRINCIPALES

Poésie
De la nature, poème en six livres.

La sagesse épicurienne

Écrite en vers, *De la nature* est une épopée de la connaissance dont le héros est Épicure, philosophe grec qui, le premier, a expliqué la nature matérielle et mortelle de l'âme et du monde. Tout ce qui existe est une combinaison d'éléments indivisibles et éternels : les atomes. Les dieux n'interviennent ni dans la création ni dans la destruction des choses. Cette épopée raconte la lutte victorieuse contre deux monstres qui oppriment la vie humaine : la peur des dieux et celle de la mort, engendrées par l'ignorance. En libérant l'homme des passions et des superstitions, Épicure ouvre aux mortels la voie d'une existence heureuse.

GENRE La poésie

Vers 55 avant J.-C.

De la nature

L'hymne à Vénus, vibrante invocation placée à l'ouverture de l'œuvre, célèbre la force qui pousse les êtres à s'unir alors que la guerre les divise. Lucrèce définit ensuite la vraie nature de cette paix heureuse que l'homme peut atteindre par le développement des connaissances qui l'éloigneront des fausses valeurs.

LIVRE I

Invocation à Vénus

Mère des fils d'Énée, joie des hommes et des dieux, bienfaisante Vénus, c'est par toi que, sous les astres glissant dans le ciel, se peuplent les mers chargées de navires et les terres couvertes de moissons ; c'est par toi que les êtres de toute espèce sont conçus, naissent et voient la lumière du soleil ; c'est toi, déesse, qui, par ta seule approche, fais
5 fuir les vents et les nuages du ciel ; c'est pour toi que la terre richement ornée enfante les douces fleurs, pour toi que sourit la surface de la mer et que, dans le ciel apaisé, se répand une lumière éclatante. Dès que reparaît la beauté des jours printaniers, dès que le souffle fécond du zéphyre[1] reprend sa liberté et sa force, aussitôt les oiseaux du ciel te célèbrent, déesse, célèbrent ta venue, sentant dans leur cœur ta puissance. Alors les

1. **zéphyre :** vent d'ouest.

L'Antiquité

10 bêtes sauvages bondissent dans les grasses prairies et traversent les fleuves impétueux :
chacune, captivée par ta grâce, te suit amoureusement partout où tu la mènes. Enfin
dans les mers, sur les monts, dans les rivières torrentielles, dans les retraites feuillues
des oiseaux, dans les plaines verdoyantes, tu jettes au cœur de tous les animaux le riant
amour, pour que dans leur passion ils propagent leurs espèces respectives. Puisque seule
15 tu gouvernes la nature, que sans toi rien ne vient à la divine lumière du jour, rien ne
naît de doux ni d'aimable, c'est toi que je veux pour compagne en écrivant ces vers que
je compose sur la nature, pour mon cher Memmius ; toujours en toutes choses, tu l'as
orné des dons les plus brillants.

LIVRE II

Il est doux, quand la mer est furieuse, quand les vents soulèvent les flots, d'être à
20 terre et de contempler le grand péril que courent les autres, non pas qu'il y ait un plaisir
bien charmant à voir souffrir quelqu'un, mais parce que l'on aime à se rendre compte
des maux qu'on évite soi-même. Il est doux aussi de regarder les grandes batailles qui
se déroulent dans la plaine, sans avoir part au danger. Mais rien n'est plus doux que
d'être bien établi dans les asiles qu'a élevés la sereine doctrine des sages. De là, on peut
25 voir à ses pieds les profanes qui errent çà et là, cherchant au hasard la vraie route de la
vie, luttant d'intelligence, rivalisant de noblesse, s'efforçant nuit et jour par un travail
acharné de parvenir au sommet et de s'emparer du pouvoir.

Pauvres esprits humains ! cœurs aveugles ! dans quelles ténèbres, dans quels périls
on passe ce peu de temps qu'est la vie ! Faut-il donc ne pas voir que les cris de la nature
30 ne réclament que ceci : pas de douleur pour le corps, et pour l'âme, des impressions
agréables, sans soucis et sans craintes. Or le corps a besoin de fort peu de choses pour
être débarrassé de douleur, et même pour trouver sous ses pas de nombreuses jouissances. La nature n'exige par elle-même rien de bien raffiné : point de statues dorées
dans les palais pour tenir dans leurs mains des torches allumées qui éclairent les festins
35 nocturnes ; point de maison où brille l'éclat de l'or et de l'argent ; point de salles lam-
brissées et dorées où retentisse le son de la cithare ; mais, couché dans l'intimité sur
l'herbe tendre, le long d'un ruisseau, à l'ombre d'un arbre élevé, on n'a pas besoin de
grands frais pour se recréer et se soigner, surtout quand le temps est souriant, et que la
belle saison parsème de fleurs les prairies verdoyantes.

Lucrèce, *De la nature*, vers 55 avant J.-C.,
traduction R. Pichon, 1909.

750 av.
J.-C.
▼
500 ap.
J.-C.

Analyse et confrontation

1. Relevez les termes qui expliquent que Vénus soit qualifiée de « bienfaisante ».

2. La douceur qu'évoque le poète au début du livre II est-elle égoïste ?

3. Pourquoi Lucrèce a-t-il placé cette invocation à Vénus en tête de son poème philosophique ?

4. Pourquoi peut-on dire que la leçon épicurienne se retrouve dans le dernier essai de Montaigne (p. 111) ?

Notion

Le premier poème matérialiste

En apprenant qu'il est mortel, que rien ne survit après la mort, pas même l'âme, l'homme se libère de la peur de la mort et de la crainte des dieux. Épicure nommait « ataraxie », littéralement « absence de trouble », cette paix délicieuse. Parce qu'il formule cette sagesse matérialiste, Lucrèce nourrit à la Renaissance les méditations de Ronsard et de Montaigne ; au XVIIe, il inspire Molière et les écrivains libertins. Au XXe siècle, Francis Ponge salue la force provocatrice de ce chef-d'œuvre de poésie.

Virgile

▶ **Publius Vergilius Maro**
▶ Né près de Mantoue en 70 avant J.-C.
▶ Décédé à Brindes en 19 avant J.-C.

D'origine modeste, le jeune Virgile reçoit une solide formation en rhétorique et en philosophie. Encouragé par Pollion, ami des lettres et fondateur de la première bibliothèque romaine, puis par Mécène, protecteur des artistes, il se tourne vers la poésie. Il devient célèbre grâce aux *Bucoliques*, poème qui évoque la situation des paysans. Dans un poème ambitieux sur l'agriculture, les *Géorgiques*, il fait l'éloge du travail humain. Il entreprend ensuite une vaste épopée historique sur les origines troyennes de Rome, l'*Énéide*. Il meurt à cinquante-quatre ans avant d'avoir pu mettre la dernière main à ce nouveau chef-d'œuvre impatiemment attendu.

ŒUVRES PRINCIPALES

Poésie
Les *Bucoliques*, poème pastoral en dix chants ; les *Géorgiques*, poème didactique en quatre chants l'*Énéide*, poème épique en douze chants.

Le poète de l'Empire romain

Dans les *Bucoliques* et les *Géorgiques*, Virgile ne cesse d'appeler de ses vœux un monde apaisé, transformé par l'inventivité du travail humain. Dans l'*Énéide*, il célèbre l'origine glorieuse de Rome, placée par les dieux au cœur du Latium latin, et destinée à dominer et unifier l'Orient et l'Occident. Faire de Rome l'héritière de la légendaire ville de Troie, c'était s'inspirer d'Homère pour proposer aux Romains une autre vision de leur cité et de leur histoire. Le poète appelle ainsi à réconcilier les dieux et les hommes, à en finir avec les guerres, à fonder la paix d'un empire protégé par les dieux.

GENRE La poésie épique

L'Énéide

19 avant J.-C.

L'*Énéide* raconte les aventures d'Énée, prince troyen qui fuit Troie en flammes, ravagée par les Grecs. Par la volonté de Jupiter, il doit porter en Italie les dieux du foyer, les Pénates, pour fonder une nouvelle Troie. Accueilli à Carthage par la reine Didon, il devient son amant. Mais Jupiter lui rappelle sa mission et Énée reprend la mer sans donner d'explication à Didon. Ivre de douleur en voyant s'éloigner les vaisseaux troyens, la reine de Carthage se donne la mort.

Elle dit et son âme flottante et bouleversée cherche à en finir le plus vite avec l'odieuse lumière. Alors elle s'adresse brièvement à Barcé, la nourrice de Sychée[1], car la cendre funèbre de la sienne était restée dans la vieille patrie : « Chère nourrice, va chercher ma sœur Anna[2] : dis-lui qu'elle se hâte de verser sur elle l'eau lustrale et qu'elle
5 amène les victimes avec les offrandes expiatoires qui me sont prescrites. Qu'elle vienne ; et toi-même ceins ton front d'une pieuse bandelette. Je veux achever le sacrifice à Jupiter Stygien[3], dont j'ai commencé les apprêts selon les rites, et mettre un terme à mes chagrins en livrant aux flammes le bûcher du Dardanien[4]. » À ces mots, la nourrice s'empresse ; et elle hâtait son pas de vieille femme.
10 Aussitôt, frémissante, farouche de sa terrible résolution, Didon, des lueurs sanglantes dans les yeux, les joues tremblantes et marbrées, pâle de sa mort prochaine, se précipite à l'intérieur de son palais, gravit d'un élan désespéré les hauts degrés du

1. Sychée : premier époux de Didon, tué par son frère Pygmalion.
2. Anna : Didon cherche à éloigner sa nourrice et à retarder la venue de sa sœur Anna (elle doit préparer un sacrifice de purification, « eau lustrale »), afin d'avoir le temps de se donner la mort.

L'Antiquité

3. Jupiter Stygien : le Jupiter du Styx désigne Pluton, le dieu des Enfers.

4. Dardanien : Énée est le descendant de Dardanos, fondateur de Troie. Didon a placé sur un bûcher les souvenirs d'Énée : le lit de leurs amours, ses vêtements, son épée et son image.

5. Ilion : Troie.

6. Renommée : la rumeur de la terrible nouvelle.

7. bacchante : prêtresse de Bacchus, prise de folie ; la métaphore suggère comment la terrible nouvelle se répand.

bûcher et tire l'épée du Dardanien. Ah, ce n'était pas pour cet usage qu'il lui en avait fait présent ! Elle a regardé les vêtements d'Ilion[5] et la couche si familière ; elle a donné un instant aux larmes et au rêve ; puis elle s'est jetée sur le lit et elle prononce ces dernières paroles : « Vêtements qui me furent chers tant que les destins et la divinité le permirent, recevez mon âme et libérez-moi de mes souffrances. J'ai fini de vivre ; j'ai accompli la route que m'avait tracée la fortune. C'est une grande ombre qui maintenant va descendre sous la terre. J'ai fondé une ville magnifique ; j'ai vu mes remparts ; j'ai vengé mon mari et puni le crime de mon frère. Heureuse, hélas, trop heureuse si seulement les vaisseaux dardaniens n'avaient jamais touché nos rivages ! » Elle dit, et collant ses lèvres sur le lit : « Je mourrai sans vengeance ; mais mourons. Il m'est doux d'aller ainsi, oui même ainsi, chez les Ombres. Que de la haute mer le cruel Dardanien repaisse ses yeux des flammes de mon bûcher et qu'il emporte avec lui le mauvais présage de ma mort. »

Elle parlait encore que ses femmes voient l'infortunée s'affaisser sous le fer mortel et le sang écumer sur l'épée et ses mains en être éclaboussées. Un cri monte sous les voûtes du palais ; et la Renommée[6] fait la bacchante[7] dans la ville frappée de terreur. Toutes les maisons retentissent de lamentations, de gémissements et du hurlement des femmes. L'air résonne de clameurs aussi lugubres que si tout Carthage ou l'antique ville de Tyr s'écroulait sous l'irruption des ennemis et que si les flammes furieuses déferlaient sur les toits des hommes et des dieux.

Virgile, *Énéide*, chant IV, 19 avant J.-C., traduction A. Bellessort, Éd. Les Belles Lettres.

750 av. J.-C.
▼
500 ap. J.-C.

Le poète Virgile inspiré par les muses Clio et Melpomène.

Analyse et confrontation

1. Relevez les gestes qui font de la mort de Didon une cérémonie.

2. Par quelles remarques et quelles comparaisons le poète fait-il sentir l'horreur de la mort ?

3. Par quelles paroles la reine donne-t-elle un sens à sa mort ?

4. Le personnage de la reine Didon vous semble-t-il plus proche d'Hermione (voir p. 173) ou de Bérénice (voir p. 175) ?

Notion

Le thème de la reine abandonnée

La mort de Didon annonce la guerre qui opposera Rome à Carthage, cette ville opulente qui résistait à la domination romaine. La postérité retient surtout l'image de la femme abandonnée qui se tue pour échapper à la douleur de l'abandon et du mépris. La reine hante les romans du Moyen Âge, les poèmes de Dante et de Pétrarque, les opéras de Purcell et de Berlioz, l'œuvre de Balzac. On entend les accents de sa douleur à travers les héroïnes de Racine – autres princesses, autres femmes abandonnées.

33

Horace

▶ **Quintus Horatius Flaccus**
▶ Né à Venouse, dans le sud de l'Italie, en 65 avant J.-C.
▶ Décédé en Sabine, dans le centre de l'Italie, en 8 avant J.-C.

Le père d'Horace, esclave affranchi, mais assez riche (il était receveur des enchères), lui donne une bonne éducation à Rome puis à Athènes. Le jeune homme fait une courte carrière militaire, mais, à son retour de campagne, il se retrouve ruiné. À la mort de son père, il est présenté par Virgile à Mécène, qui lui offre une propriété en Sabine, dans le centre de l'Italie, et le présente à Octave, futur empereur. Il se rallie au nouveau régime et célèbre la paix et la politique d'Auguste, puis il renonce à toute fonction officielle. Après avoir écrit des *Satires*, en 41, il se consacre à la poésie lyrique : *Épodes*, *Odes* et *Épîtres*, dans lesquelles il traite de sujets moraux, politiques et littéraires, sur un ton léger et parfois élevé. Retiré en Sabine, il meurt en sage.

ŒUVRE PRINCIPALE

Poésie
Épodes, *Satires*, *Odes* et *Épodes*, *Épîtres*.

La diversité de la poésie lyrique

En puisant à deux traditions distinctes, le lyrisme solennel, sévère et puissant d'un Pindare et le lyrisme plus familier d'Alcée ou de Sappho, Horace a ouvert, avec les *Odes*, de nouvelles voies à la poésie. Le retour à la strophe de quatre vers lui permet de varier les tons et les thèmes pour aborder tous les aspects de l'existence humaine. La conscience aiguë de la fragilité de la vie appelle à saisir les plaisirs les plus fugaces avec ce courage souriant que sa poésie nous invite à partager. L'art poétique est un art de vivre.

GENRE **La poésie lyrique**

30-20 avant J.-C.

Odes

L'ode est un poème destiné à être chanté, qui exprime un état d'âme mélancolique ou gai, amer ou exalté. Horace exhorte les destinataires de ces chants à une sagesse mesurée, prônant l'*aurea mediocritas*, le sens précieux de la mesure, qui suppose lucidité et finesse.

Ne recherche point, toi, – il est sacrilège de le savoir, – quelle fin, Leuconoé[1], les dieux ont marquée pour moi, marquée pour toi, et n'interroge pas les calculs babyloniens[2]. Comme il vaut mieux subir tout ce qui pourra être ! Que Jupiter t'accorde plus d'un hiver, ou que celui-ci soit le dernier, qui, maintenant, brise la mer tyrrhénienne
5 contre l'obstacle des falaises rongées, sois sage, filtre tes vins, et, puisque nous durons peu, retranche les longs espoirs. Pendant que nous parlons, voilà que le temps jaloux a fui : cueille le jour, sans te fier le moins du monde au lendemain.

Odes, I, XI.

Souviens-toi de conserver ton âme égale dans les aspérités du sort et non moins éloignée, dans la prospérité, d'une joie insolente, ô Dellius[3], toi qui dois mourir, que tu
10 aies toujours vécu dans la tristesse ou que, les jours de fête, couché à l'écart sur le gazon, tu aies fait ton bonheur d'un Falerne[4] de marque réservée.

1. **Leuconoé :** destinataire de cette ode.
2. **calculs babyloniens :** calculs des astrologues.
3. **Dellius :** destinataire de cette ode.
4. **Falerne :** nom d'un vin célèbre.

34

L'Antiquité

À quelle fin le pin immense et le blanc peuplier aiment-ils à associer l'ombre hospitalière de leurs branches ? Pourquoi l'onde fugitive bondit-elle avec effort dans le lit sinueux du ruisseau ?

15 Là, commande qu'on apporte les vins, les parfums, les fleurs trop brèves de l'aimable rosier, tant que le permettent ta condition, ton âge et les fils noirs des trois sœurs[5].

Tu quitteras les pacages réunis par tes achats, et ta maison, et ta villa que baigne le Tibre jaune, tu les quitteras, et, des richesses accumulées si haut, un héritier sera le maître.

20 Qu'on soit riche et remontant à l'antique Inachus[6], ou bien pauvre et d'origine infime, nulle différence pour qui n'a qu'un délai sous le ciel, victime promise à l'impitoyable Orcus[7].

Tous, nous sommes poussés au même lieu ; pour tous, notre lot est agité dans l'urne, il en sortira ou plus tôt ou plus tard et nous fera monter dans la barque[8] pour l'éternel
25 exil.

Odes, II, III.

La bonne direction dans la vie, Licinius[9], c'est de ne pas pousser toujours vers la haute mer, c'est aussi de n'aller point, dans une horreur prudente des tempêtes, serrer de trop près le rivage peu sûr.

30 Quiconque élit la médiocrité toute d'or[10] a la sécurité, qui le garde des laideurs sordides d'un toit délabré, la modération, qui le garde d'un palais sujet à l'envie.

Les vents agitent plus fréquemment le pin immense, les tours élevées croulent d'une chute plus pesante, les éclairs frappent le sommet des monts.

Il espère dans l'adversité, dans la prospérité il redoute le sort contraire, le cœur bien préparé. Jupiter ramène les difformes hivers, c'est lui aussi qui les chasse. Si le présent
35 est mauvais, il n'est pas dit que l'avenir le sera. Parfois Apollon réveille sur la cithare sa Muse silencieuse, et il ne tend pas toujours son arc.

Dans les moments difficiles, montre-toi courageux et fort : mais tu auras aussi la sagesse de réduire tes voiles trop gonflées par un vent favorable.

Horace, *Odes et Épodes*, II, X, 30-20 avant J.-C.,
traduction F. Villeneuve, Éd. Les Belles Lettres.

5. les trois sœurs : les Parques, divinités qui filent, dévident et coupent le fil de la vie humaine.

6. Inachus : métaphore pour désigner un noble ; Inachus était le premier roi d'Argos.

7. Orcus : nom populaire donné par les Romains au dieu de la mort.

8. la barque : celle du passeur des Enfers, Charon.

9. Licinius : destinataire de cette ode.

10. médiocrité toute d'or : *aurea mediocritas*, modération, sens de la mesure aussi précieux que l'or.

750 av. J.-C.
500 ap. J.-C.

Analyse et confrontation

1. Distinguez le thème de chacun de ces trois poèmes.

2. Dans chaque poème, quelles images évoquent les vicissitudes de l'existence humaine ?

3. Quels sont les bonheurs auxquels nous invite le poète ?

4. Comment le poète justifie-t-il l'éloge de la médiocrité ?

5. Comparez de quelle façon le thème d'Horace du *carpe diem* se retrouve dans les sonnets de Ronsard (« Je vous envoie », p. 100) et de Rimbaud (« Au cabaret-vert », p. 372).

Notion

Le thème du *carpe diem*

La formule *carpe diem*, littéralement « cueille le jour », appelle à savourer l'instant présent sans se soucier du futur. Horace néglige le matérialisme de Démocrite, d'Épicure et de Lucrèce, mais il invite à la recherche des plaisirs et des douceurs de la vie. Le thème du *carpe diem* inspire, au XVIe siècle, Ronsard, mais aussi Montaigne. Appel au plaisir ou mélancolie devant la fuite du temps, le *carpe diem* est également chanté par Prévert ou Queneau, au XXe siècle.

35

Ovide

▶ **Publius Ovidius Naso**
▶ Né à Sulmona, dans les Abruzzes, en 43 avant J.-C.
▶ Décédé à Tomes, en 17 après J.-C.

D'origine modeste, Ovide renonce très vite à une carrière d'avocat pour se consacrer à son œuvre de poète et à la vie mondaine. Ses premières œuvres sont des élégies amoureuses où l'érudition mythologique se mêle à des frivolités audacieuses. Vers quarante ans, il se consacre à une immense œuvre épique, *Les Métamorphoses*, recueil de deux cent trente et un récits mythologiques. Puis, pour des raisons restées obscures, il est exilé par l'empereur Auguste sur les bords de la mer Noire. Deux grands poèmes, *Les Tristes* et *Les Pontiques*, expriment sa souffrance et sa révolte. Malgré ses supplices, il mourra dans ce lieu lointain et hostile.

ŒUVRES PRINCIPALES

Poésie amoureuse
Les Amours, Les Héroïdes, L'Art d'aimer, Les Remèdes d'amour, Les Cosmétiques.

Poésie épique et didactique
Les Métamorphoses (quinze chants), *Les Fastes* (six chants).

Poésie élégiaque
Les Tristes (cinq livres), *Les Pontiques* (quatre livres).

Ovide et le chant des mythologies

Dans son vaste poème de plus de douze mille vers, *Les Métamorphoses*, Ovide rassemble toutes les légendes, venues de Grèce, de Rome ou de contrées plus lointaines, qui racontent comment des êtres humains ont été transformés en fleurs, en bêtes, en constellations. L'art du poète sait rendre bouleversant ce passage mythique de l'humain au divin, au végétal ou à l'animal, qui abolit les frontières où nous enferme la vie ordinaire. Ovide a ainsi composé un vaste répertoire de récits et de personnages qui ont fasciné les poètes comme Dante et Boccace, les écrivains comme Chrétien de Troyes ou Montaigne, les peintres comme Poussin ou Picasso, les musiciens comme Monteverdi ou Gluck.

GENRE La poésie

Les Métamorphoses

Vers 2 avant J.-C.

Le poète mythique Orphée vient de perdre son épouse Eurydice, mortellement piquée par un serpent le jour de leurs noces. Utilisant la puissance magique de son chant, il réussit à franchir le seuil des Enfers et adresse sa supplique aux dieux souterrains.

« Par ces lieux pleins d'épouvante, par cet immense Chaos, par ce vaste et silencieux royaume, je vous en conjure, défaites la trame, trop tôt terminée, du destin d'Eurydice. Il n'est rien qui ne vous soit dû ; après une courte halte, un peu plus tard, un peu plus tôt, nous nous hâtons vers le même séjour. C'est ici que nous tendons tous ; ici est notre
5 dernière demeure ; c'est vous qui régnez le plus longtemps sur le genre humain. Elle aussi, quand, mûre pour la tombe, elle aura accompli une existence d'une juste mesure, elle sera soumise à vos lois ; je ne demande pas un don, mais un usufruit. Si les destins me refusent cette faveur pour mon épouse, je suis résolu à ne point revenir sur mes pas ; réjouissez-vous de nous voir succomber tous les deux. »

1. **les ombres exsangues :** les ombres pâles des morts.
2. **Tantale :** ayant offensé les dieux, il fut condamné à voir reculer sans cesse l'eau et les fruits qu'il voulait saisir.
3. **Ixion :** il fut condamné à tourner sans cesse sur une roue enflammée.

L'Antiquité

4. le foie de leur victime : Tityos ou Prométhée furent tous deux condamnés à avoir le foie dévoré par deux vautours.

5. les petites-filles de Bélus : les cinquante Danaïdes condamnées à remplir d'eau un tonneau sans fond.

6. Sisyphe : roi cruel condamné à rouler en haut d'une pente une pierre qui retombe sans cesse.

7. les Euménides : les bienveillantes, nom donné par antiphrase aux Érinyes, ou Furies chargées de poursuivre les criminels.

8. Rhodope : mont de Thrace, terre d'origine d'Orphée.

9. l'Averne : entrée mythique des Enfers, pour les Romains.

10. le chien des Enfers : Cerbère, chien à triple gueule qui flatte ceux qui entrent aux Enfers mais dévore ceux qui tentent d'en sortir.

10   Tandis qu'il exhalait ces plaintes, qu'il accompagnait en faisant vibrer les cordes, les ombres exsangues[1] pleuraient ; Tantale[2] cessa de poursuivre l'eau fugitive ; la roue d'Ixion[3] s'arrêta ; les oiseaux oublièrent de déchirer le foie de leur victime[4] ; les petites-filles de Bélus[5] laissèrent là leurs urnes et toi, Sisyphe[6], tu t'assis sur ton rocher. Alors pour la première fois des larmes mouillèrent, dit-on, les joues des

15   Euménides[7], vaincues par ces accents ; ni l'épouse du souverain, ni le dieu qui gouverne les enfers ne peuvent résister à une telle prière ; ils appellent Eurydice ; elle était là, parmi les ombres récemment arrivées ; elle s'avance, d'un pas que ralentissait sa blessure. Orphée du Rhodope[8] obtient qu'elle lui soit rendue, à la condition qu'il ne jettera pas les yeux derrière lui, avant d'être sorti des vallées de l'Averne[9] ;

20   sinon, la faveur sera sans effet. Ils prennent, au milieu d'un profond silence, un sentier en pente, escarpé, obscur, enveloppé d'un épais brouillard. Ils n'étaient pas loin d'atteindre la surface de la terre, ils touchaient au bord, lorsque, craignant qu'Eurydice ne lui échappe et impatient de la voir, son amoureux époux tourne

25   les yeux et aussitôt elle est entraînée en arrière ; elle tend les bras elle cherche son étreinte et veut l'étreindre elle-même ; l'infortunée ne saisit que l'air impalpable. En mourant pour la seconde fois elle ne se plaint pas de son époux (de quoi

30   en effet se plaindrait-elle sinon d'être aimée ?) ; elle lui adresse un adieu suprême, qui déjà ne peut qu'à peine parvenir jusqu'à ses oreilles et elle retombe à l'abîme d'où elle sortait.

    En voyant la mort lui ravir pour la se-

35   conde fois son épouse, Orphée resta saisi comme celui qui vit avec effroi les trois têtes du chien des Enfers[10], dont celle du milieu portait des chaînes.

Ovide, *Les Métamorphoses*, vers 2 avant J.-C., traduction G. Lafaye, Éd. Les Belles Lettres.

750 av. J.-C.
▼
500 ap. J.-C.

Orphée jouant de la lyre.
Musée archéologique de Naples.

Analyse et confrontation

1. Comment sont évoqués les Enfers et ses habitants ?

2. Comment Orphée justifie-t-il sa demande ?

3. Quels effets produit le chant d'Orphée ?

4. Quelles expressions rendent saisissantes l'apparition et la disparition d'Eurydice ?

5. Comparez de quelle façon est présenté l'enfer par Ovide et l'enfer par Jean-Paul Sartre dans *Huis clos* (voir p. 470).

Notion

Le mythe d'Orphée

Le mythe d'Orphée lie deux thèmes fascinants : l'amour et la poésie. Orphée aime Eurydice au point de risquer la mort pour la retrouver, et c'est par amour qu'il tourne trop tôt les yeux vers elle et qu'il la perd. Orphée célèbre aussi les pouvoirs de la poésie qui séduit les forces infernales et repousse la mort elle-même. C'est la puissance mystérieuse de la poésie qu'évoquent un poète comme Nerval, un peintre comme Gustave Moreau, un cinéaste comme Jean Cocteau.

Sénèque

▶ Lucius Annaeus Seneca
▶ Né à Cordoue vers 4 avant J.-C.
▶ Décédé à Rome en 65 après J.-C.

Fils de Sénèque le Rhéteur, le jeune Sénèque fait de solides études à Rome, où il entend les cours de célèbres philosophes stoïciens et pythagoriciens. Après avoir fait l'expérience d'une vie sobre et ascétique, il retrouve la bonne société et les milieux littéraires. En 41, il est, pour d'obscurs motifs, exilé en Corse. En 49, Agrippine, nouvelle épouse de l'empereur Claude, le rappelle. Elle lui confie l'éducation de son fils, le futur empereur Néron. Des années plus tard, Sénèque assistera, impuissant, parfois complice, aux crimes de son « élève ». Tout en menant une vie luxueuse, il prône la morale ascétique des stoïciens. Compromis dans la conjuration de Pison hostile à Néron, il est contraint au suicide.

ŒUVRES PRINCIPALES

Traité philosophique
De la colère, *De la clémence*, *De la vie heureuse*, *De la tranquillité de l'âme*, *De la providence*.

Tragédie
Hercule furieux, *Médée*, *Phèdre*, *Œdipe*.

Lettre
Lettres à Lucilius.

La sagesse stoïcienne

Pour les Épicuriens, l'univers est matériel et mortel, infini et voué au hasard, étranger aux dieux. Les Stoïciens, eux, construisent un monde éternel et divin, unique, clos et fini, harmonieux et rationnel, régi par les astres, c'est-à-dire les dieux. Vivre selon la nature ne consiste pas à s'abandonner à ses instincts, mais à vivre selon la raison qui organise l'univers. Pour cela, on peut et on doit se rendre indifférent à tout ce qui affecte la sensibilité.

GENRE L'argumentation

64 après J.-C.

Lettres à Lucilius

Les cent vingt-quatre « lettres morales » ont été écrites entre 63 et 64, pour le jeune Lucilius, gouverneur en Sicile, cultivé et séduit par la philosophie épicurienne. Sénèque entreprend de le « convertir » au stoïcisme. Partant d'expériences vécues, de situations réelles, il mène pas à pas le lecteur à la découverte de la plus haute sagesse, la « vertu », par laquelle l'âme victorieuse prend le pas sur le corps, c'est-à-dire sur les passions.

    Pour subvenir à la nature, la nature suffit. Or, le luxe est entré en conflit avec la nature, le luxe qui chaque jour s'aiguillonne lui-même, grandit dans la suite incessante des siècles et fait de l'intelligence une auxiliaire de nos vices. Il s'est porté d'abord vers le superflu, puis vers le pernicieux, pour livrer finalement l'âme au corps et la vouer
5 au service de ses vils appétits. Toutes ces industries, qui entretiennent dans la cité une circulation intensive ou le bruit, travaillent pour le compte du corps. Tout ce que jadis on lui fournissait comme à un esclave, à présent on le lui apprête comme à un roi. Voilà pourquoi vous rencontrez ici des ateliers de tissage, ici d'autres de métallurgie, ici des distilleries de parfums, ici des écoles techniques de danses voluptueuses, de chants
10 voluptueux aux modulations efféminées : tant nous sommes loin de cette modération naturelle, qui borne le désir à s'outiller du nécessaire. Maintenant, c'est se classer parmi les rustres et les misérables, que de vouloir simplement ce qui suffit.

Lettres à Lucilius, lettre 90 (extrait).

Ne remettons rien au futur. Réglons nos comptes avec la vie jour par jour. Le vice principal de la vie, c'est qu'elle n'a jamais rien d'achevé, c'est qu'au jour le jour l'on en renvoie une partie à plus tard. Celui qui a su chaque jour mettre à sa vie la dernière main n'a pas besoin du temps. Or, de ce besoin naît, avec la peur de l'avenir, cette soif d'avenir qui ronge l'âme. Condition singulièrement misérable, que de se demander au sujet de ce qui vient, où cela doit aboutir. « Que durera, quel sera le reste de mon existence ? » Voilà ce que suppute la pensée, dans le réseau d'inconstantes terreurs où elle s'agite. Quel moyen aurons-nous d'échapper à ce roulis vertigineux ? un seul : ne pas laisser son existence pointer de l'avant, la ramener sur elle-même. Si l'on dépend de l'avenir, c'est faute de savoir exploiter le présent. Lorsque j'ai satisfait, au contraire, à tout ce que je me devais ; lorsque ma pensée bien assise connaît qu'entre un jour et un siècle il n'y a nulle différence, elle contemple de haut la série entière des jours et des événements à venir et ne fait que se rire, dans ses méditations, de la chaîne des temps. En effet, en quoi des hasards mobiles et variables pourront-ils déconcerter un homme qui demeure stable en face de l'instabilité ?

Ainsi, donc, mon cher Lucilius, hâte-toi de vivre et compte chaque journée pour une vie distincte. L'homme qui s'est donné cette armature, celui qui a vécu chaque jour sa vie complète, possède la sécurité ; mais qui a l'espoir comme raison de vivre voit le présent lui échapper d'heure en heure. Alors entre en lui, avec l'appétit de la durée, ce sentiment si misérable qui rend toutes choses si misérables : la peur de la mort.

Sénèque, *Lettres à Lucilius*, lettre 101 (extrait), 64 après J.-C., traduction H. Noblot, Éd. Les Belles Lettres.

Conversation entre philosophes. Mosaïque de Pompéi.

Analyse et confrontation

1. Par quelle opposition le luxe est-il défini ?

2. Distinguez par quelles étapes progresse le goût du luxe.

3. Quels termes décrivent, dans la lettre 101, notre rapport au temps ?

4. Comment peut-on résister à la peur de la mort ?

5. Comment et pourquoi s'opposent vie luxueuse et vie heureuse pour Sénèque et pour Rousseau (voir p. 243) ?

6. Dans quelle mesure peut-on dire que l'idéal stoïcien se retrouve dans les personnages de Corneille, Horace (p. 148) et Cinna (p. 149) ?

Notion

L'idéal stoïcien et la question de l'homme

La vertu qui seule permet la vie heureuse est un idéal difficile à atteindre : le sage, pour se détourner des passions, des vains désirs de luxe et de puissance, doit s'entraîner sans cesse. C'est au prix de cette ascèse qu'il peut connaître les lois de l'univers, contempler, émerveillé, sa beauté et accéder au vrai bonheur. Cette tension exigeante revit dans les poèmes de Vigny, au XIXe siècle, et dans le théâtre de Montherlant, au XXe.

Saint Augustin

▶ **Aurelius Augustinus**
▶ Né à Thagaste, en Afrique romaine, en 354.
▶ Décédé à Hippone, aujourd'hui Annaba, le 28 août 430.

Fils d'un père païen et d'une mère chrétienne, Monique, le jeune Augustin étudie en Afrique, où il goûte à tous les plaisirs de la vie. Il enseigne la rhétorique à Carthage, à Rome, à Milan. C'est là que la prédication de l'évêque saint Ambroise le conduit à se convertir. Élu prêtre d'Hippone en Afrique, il en devient l'évêque en 396. Pendant trente-quatre ans, Augustin mène une vie d'une rigueur monacale : il se dépense sans compter pour administrer son diocèse, réformer son clergé, lutter contre les hérésies. Quand des agresseurs venus du Nord, les Vandales, assiègent sa ville, il refuse de la quitter, soutenant les assiégés, soignant les blessés jusqu'à son dernier souffle.

ŒUVRES PRINCIPALES

Sermons et lettres
Il nous en reste sept cents.

Autobiographie
Les Confessions (vers 400).

Traité philosophique
La Cité de Dieu (413-426).

La foi en l'homme

Auteur d'une œuvre considérable où brillent tout à la fois la virtuosité de l'écrivain, la finesse du philosophe, l'énergie du militant et la ferveur du croyant, Augustin s'est fondé sur son expérience la plus intime pour élaborer une pensée qui continue de nous interroger. L'être humain fait l'épreuve d'une faiblesse essentielle : séduit par l'attrait du mal, il ne peut, par ses propres forces, accéder au bien. Seule la grâce divine l'aide à tourner sa volonté vers le bien mais cette action reste toujours fragile : l'homme doit constamment participer à cette présence en lui de Dieu, source et but de tout bonheur.

GENRE L'argumentation

Les Confessions

Vers 400

Dans *Les Confessions*, saint Augustin se propose de raconter comment il a été amené à se convertir au christianisme. Le récit évoque son enfance turbulente, sa jeunesse passionnée et s'arrête à la mort de sa mère, sainte Monique. En évoquant ses faiblesses et ses erreurs, il proclame aussi sa confiance en la grâce divine. « Les treize livres de mes *Confessions*, écrit-il, louent le Dieu juste et bon de mes maux et de mes biens, ils élèvent vers Dieu l'intelligence et le cœur de l'homme. »

Augustin s'accuse d'un larcin

Certes votre loi, Seigneur, condamne le larcin, une loi gravée dans le cœur des hommes, et que leur iniquité même n'abolit pas. Quel voleur accepte qu'on le vole ? Le riche n'admet pas l'excuse de l'indigence. Eh bien ! moi, j'ai voulu voler, et j'ai volé sans que la misère m'y poussât, rien que par insuffisance et mépris du sentiment de justice,
5 par excès d'iniquité. Car j'ai volé ce que je possédais en abondance et de meilleure sorte. Ce n'est pas de l'objet convoité par mon vol que je voulais jouir, mais du vol même et du péché.

Il y avait dans le voisinage de notre vigne un poirier chargé de fruits qui n'avaient rien de tentant, ni la beauté ni la saveur. En pleine nuit (selon notre exécrable habitude

L'Antiquité

10 nous avions prolongé jusque-là nos jeux sur les places), nous nous en allâmes, une bande de mauvais garçons, secouer cet arbre et en emporter les fruits. Nous en fîmes un énorme butin, non pour nous en régaler, mais pour le jeter aux porcs. Sans doute nous en mangeâmes un peu, mais notre seul plaisir fut d'avoir commis un acte défendu.

Voilà mon cœur, ô Dieu, voilà mon cœur dont vous avez eu pitié au fond de l'abîme.
15 Qu'il vous dise maintenant, ce cœur que voilà, ce qu'il cherchait dans cet abîme, pour faire le mal sans raison, sans autre raison de le faire que sa malice même. Malice honteuse, et je l'ai aimée ; j'ai aimé ma propre perte ; j'ai aimé ma chute ; non l'objet qui me faisait choir, mais ma chute même, je l'ai aimée. Ô laideur de l'âme qui abandonnait votre soutien pour sa ruine, et ne convoitait dans l'infamie que l'infamie elle-même.

Les Confessions, livre II, chapitre IV.

Qu'est-ce que Dieu ?

20 Qu'est-ce donc que ce Dieu ? J'ai interrogé la terre et elle m'a dit : « Je ne suis point Dieu. » Tout ce qui s'y rencontre m'a fait le même aveu. J'ai interrogé la mer et ses abîmes, les êtres vivants qui s'y meuvent et ils m'ont répondu : « Nous ne sommes pas ton Dieu ; cherche au-dessus de nous. » J'ai interrogé les vents qui soufflent, et le nom de l'air avec ses habitants m'a dit : « Anaximène[1] se trompe et je ne suis point Dieu. »
25 J'ai interrogé le ciel, le soleil, la lune et les étoiles : « Nous ne sommes pas davantage le Dieu que tu cherches », m'ont-ils déclaré. Et j'ai dit à tous les êtres qui assaillent les portes de mes sens : « Entretenez-moi de mon Dieu, puisque vous ne l'êtes point, dites-moi quelque chose de lui. » Ils m'ont crié d'une voix éclatante : « C'est Lui qui nous a créés. » Pour les interroger je n'avais qu'à les contempler, et leur réponse, c'était leur
30 beauté.

Alors je me suis tourné vers moi-même et je me suis dit : « Mais toi, qui es-tu ? » Et j'ai répondu : « Un homme. » Pour me servir j'ai un corps et une âme ; l'un appartient au monde extérieur, l'autre est au-dedans de moi. À laquelle de ces deux parts de moi-même aurais-je dû demander de me faire connaître mon Dieu, ce Dieu que j'avais déjà
35 cherché avec mon corps depuis la terre jusqu'au ciel, aussi loin que je pouvais envoyer les rayons de mes yeux, ces messagers ? Mais meilleure est la part intérieure de moi-même.

Saint Augustin, *Les Confessions,* livre II, chapitre V, vers 400,
traduction J. Trabucco, Éd. Garnier-Flammarion, 1964.

---

1. Anaximène : philosophe grec du VIe siècle avant J.-C., qui faisait de l'air le principe de toute chose.

750 av. J.-C.
▼
500 ap. J.-C.

Analyse et confrontation

1. Relevez dans les deux textes les indices du dialogue.

2. Pourquoi le vol est-il injustifiable ?

3. Que révèle cet incident ?

4. Quelle réponse saint Augustin donne-t-il à la question : « Qu'est-ce que Dieu ? » ?

5. Quelle image de l'être humain donnent ces deux passages des *Confessions* ?

6. Comparez ce que découvre saint Augustin dans l'épisode du larcin et ce que Racine montre à travers le personnage de Néron (voir p. 174).

Notion

Le christianisme et la question de l'homme

La pensée de saint Augustin met au jour la faiblesse de l'être humain qui se détourne sans cesse de Dieu et qui ne peut, à lui seul, atteindre la vérité et le bonheur auquel il aspire. Cet antihumanisme imprègne tout le classicisme français et se manifeste chez des auteurs aussi profanes que Molière ou La Fontaine. Au XXe siècle, on le retrouve dans les romans de Mauriac mais aussi, par le biais de Pascal, dans ceux de Giono.

Les Très Riches Heures de Jean de France, duc de Berry, « le mois de janvier », les frères Limbourg, entre 1413 et 1416.

500
1500

Le Moyen Âge

Des chansons de geste à la poésie courtoise, des romans de chevalerie aux fabliaux, la littérature du Moyen Âge participe à la vitalité d'un monde en effervescence malgré les guerres et les famines. Le temps des cathédrales est celui des fêtes tandis que les ballades et les rondeaux expriment l'amour ou l'angoisse des hommes.

CONTEXTE HISTORIQUE

Le Moyen Âge

L'univers de la féodalité

Couvrant une période de dix siècles, le Moyen Âge s'étend de la chute de l'Empire romain, au Vᵉ siècle, jusqu'à la Renaissance, à la fin du XVᵉ siècle. Il voit l'installation progressive du pouvoir royal et la mise en place des trois ordres qui fondent le monde médiéval : la noblesse, le clergé et le tiers état. C'est dans cette période que se mettent en place les fondements de la culture européenne.

▶ **Les rois de France**, comme Hugues Capet, Philippe-Auguste, saint Louis ou Philippe le Bel, parviennent peu à peu à faire reconnaître leur autorité sur un territoire toujours plus vaste. Aux huit croisades qui ont pour but de délivrer le tombeau du Christ à Jérusalem, de 1096 à 1270, succède une « guerre de Cent Ans » entre la France et l'Angleterre de 1337 à 1453. Les populations connaissent alors l'insécurité et la misère, de même que la peste et la famine.

LES SCIENCES

Le temps des bâtisseurs

▶ **L'agriculture est au fondement de la société médiévale.** Le développement des moulins à eau et de la charrue, l'utilisation du fer et l'essor de la métallurgie permettent l'augmentation progressive des rendements.

▶ **C'est dans le domaine de l'architecture que les créations sont les plus éblouissantes.** L'art roman, au XIᵉ siècle, puis l'art gothique, au siècle suivant, sont mis au service de la religion. D'immenses cathédrales ornées de vitraux, de sculptures et de peintures frappent les esprits par leur beauté rayonnante, comme celles de Paris, de Chartres et de Rouen.

Siège de Château-Gaillard par les troupes de Charles VII, en 1449, miniature extraite des *Vigiles de Charles VII* par Martial d'Auvergne, vers 1484

L'HISTOIRE

▶ **La chute de l'Empire romain**, au Vᵉ siècle, bouleverse l'Europe, qui entre dans une période de déchirements et de guerres incessantes. Cependant, en l'an 800, Charlemagne, roi des Francs, est couronné empereur. Le partage de son empire donne naissance aux différentes nations européennes, sur lesquelles pèse l'autorité du pape, garant de la chrétienté.

Pierre de Crescens (1230-1321), *Livre des profits champêtres. Fauchage et défrichement*, 1305-1306, miniature extraite du *Rustican* ou *Livre des prouffits champestres et ruraux*.

LA SOCIÉTÉ

La féodalité

▶ **Le pouvoir royal s'appuie sur la toute-puissance de l'Église** et fonde peu à peu l'unité du royaume, grâce au système féodal qui établit les liens entre le seigneur et ses vassaux. La société se divise alors entre les chevaliers, qui combattent, les clercs, qui prient, les paysans et les bourgeois, qui travaillent.

Rue marchande au Moyen Âge, 1450-1499, miniature extraite du Livre du gouvernement des Rois et des Princes.

▶ **L'apogée du monde médiéval** se situe au XIIIe siècle. La prospérité se fonde sur le développement des villes, le dynamisme des grandes foires et le développement des échanges commerciaux. La France devient le pays le plus peuplé de la chrétienté. Cependant, le royaume connaît encore des calamités, comme les grandes pestes, tandis que les paysans organisent régulièrement des jacqueries, émeutes paysannes, pour contester les excès du pouvoir féodal.

LA CULTURE

Du parchemin au livre imprimé

▶ **À la langue latine succède progressivement l'utilisation du français.** En 842, *Les Serments de Strasbourg* sont ainsi le premier texte connu écrit en roman, l'ancêtre du français moderne. Chaque région possède son propre patois, mais deux grandes langues romanes se constituent, désignées par la manière de dire « oui » : la langue d'oïl au nord, la langue d'oc au sud.

▶ **La littérature est essentiellement orale,** chantée par les troubadours et les trouvères, de château en château. Les écrits religieux, les textes de l'Antiquité, les romans de chevalerie sont reproduits à la main par des copistes, sur des parchemins richement enluminés.

▶ **En 1440, l'invention de l'imprimerie** permet enfin la diffusion du livre. La vie intellectuelle est alors animée par l'enseignement prodigué par les universités qui forment un réseau de savoir à travers toute l'Europe.

500 ▶ 1500

Gaston Phébus (1331-1391), *Le Livre de chasse*, miniature réalisée par l'atelier du Bréviaire de Bedford.

Le Moyen Âge

45

REPÈRES littéraires

OBJET D'ÉTUDE *PREMIÈRE*

Écriture poétique et quête du sens, du Moyen Âge à nos jours

L'écriture poétique et la quête du sens au Moyen Âge

Jusqu'au XIIIe siècle, toute la littérature est essentiellement versifiée. Le vers est ainsi utilisé à la fois dans les textes narratifs, comme les premiers romans, mais aussi dans des textes d'inspiration épique ou lyrique, comme la chanson de geste ou les autres formes poétiques naissantes. La poésie apparaît ainsi comme une manière originale d'explorer le monde et les sentiments humains.

Trouvère, lettrine d'un manuscrit du XIIIe siècle.

La poésie et la chanson courtoise

Dans le sud de la France, à la fin du XIe siècle, des poètes inventent un art nouveau. Les troubadours, en langue d'oc, puis les trouvères, en langue d'oïl, créent une poésie courtoise raffinée, indissociable de la musique. Les grands seigneurs eux-mêmes, comme Guillaume IX d'Aquitaine, s'illustrent dans l'art de la poésie.

La *canso*, le chant du poète, s'élève dans la grande salle des châteaux seigneuriaux, portée par la voix qui s'accompagne de la harpe et de la cithare. En donnant un sens au monde et à la vie, la poésie contribue ainsi à développer un idéal de civilisation.

Le mariage de Renaud de Montauban, héros, avec ses trois frères, de la chanson de geste *Les quatre fils Aymon*. Leurs aventures illustrent les valeurs de la chevalerie.

L'épopée et le récit en vers

Lointains héritiers des mimes de l'Antiquité romaine, les jongleurs sont les interprètes attitrés des chansons de geste : c'est ainsi qu'on appelle les longs poèmes qui font revivre les exploits légendaires des grands guerriers, comme Charlemagne et son neveu Roland.

À travers la régularité des vers, l'épopée possède un rythme envoûtant dont les répétitions et les effets de symétrie entraînent l'admiration du public pour un univers dans lequel le Bien triomphe du Mal au terme d'affrontements intenses et violents.

Le Moyen Âge

La *Dame sur son balcon* évoque le voyage et la rencontre amoureuse du Chevalier errant, écrit par Thomas II de Saluces.

▶ **ŒUVRES À CONSULTER**
La Chanson de Roland → p. 48
Guillaume d'Aquitaine : *Poésie* → p. 50
Charles d'Orléans : *Ballades et rondeaux* → p. 66
Villon : *Le Testament* → p. 69
Villon : *La Ballade des pendus* → p. 70

L'essor du lyrisme poétique

Progressivement, les poètes explorent leurs sentiments qu'ils expriment directement dans leurs vers. Ils disent ainsi leurs chagrins d'amour et leurs espérances, mais aussi la douleur de l'exil, comme Charles d'Orléans dans ses poèmes.

Cette dimension intime de la poésie lyrique conduit à l'affirmation de plus en plus présente d'un moi personnel qui s'appuie sur ses propres expériences de la vie et de la mort. François Villon, dans ses ballades, fait partager sa mélancolie devant le temps qui passe et sa pitié devant ceux qui souffrent.

Les formes poétiques du Moyen Âge

Quelques formes poétiques dominent parmi la richesse des chansons et poèmes du Moyen Âge. Elles se retrouveront dans les siècles suivants.

• **La ballade** est composée de trois strophes suivies d'un envoi, c'est-à-dire d'une adresse au dédicataire (celui, ou celle pour qui on écrit le poème). Le nombre de vers de chaque strophe est égal au nombre de syllabes de chaque vers (« strophes carrées »). Le dernier vers de chaque strophe constitue le refrain. Exemple : *La Ballade des pendus*, de François Villon.

La cour décrite dans le *Roman de la violette* raconte la beauté, la fidélité mais aussi la trahison.

500 ▼ 1500

• **Le rondeau** est composé de trois strophes : un quintil, un quatrain puis un sizain. Le refrain est présenté au premier puis repris à la fin des deux strophes suivantes. Exemple : *Les rondeaux* de Charles d'Orléans.

• **La fable** est inspirée des textes du Grec Ésope et du Romain Phèdre, qui mettaient en scène des animaux pour en tirer des leçons à l'usage des hommes. Au Moyen Âge, de nouvelles versions de ces fables, versifiées, sont rassemblées dans des recueils appelés « ysopets ». Exemple : les *Fables* de Marie de France

47

La Chanson de Roland

▶ Attribuée sans certitude à Turoldus (Turold ou Théroulde), dont le nom figure au dernier vers du poème.

▶ Composée vers 1100.

On ignore qui est l'auteur de *La Chanson de Roland*, mais celle-ci a certainement été précédée par de nombreux récits contribuant à répandre la légende de l'empereur Charlemagne. *La Chanson de Roland* est la plus ancienne et la plus illustre des chansons de geste. Elle raconte les guerres menées en Espagne par Charlemagne, au VIIIe siècle. Son épisode le plus célèbre, la bataille de Roncevaux, transforme une simple défaite des armées de l'empereur, le 15 août 778, en un moment épique. La *Chanson de Roland* exalte les valeurs de la chevalerie et de la chrétienté en lutte contre les Sarrasins. Ce sont les « jongleurs » qui, de ville en ville, de château en château, récitent le poème en s'accompagnant de la vielle, lui ajoutant à chaque fois de nouveaux vers improvisés. Le texte lui-même a pu être écrit par plusieurs auteurs rassemblant des « chansons » plus courtes en un seul long poème.

La chanson de geste, poème épique

Le mot « geste » vient du latin *gesta* qui signifie « les choses accomplies, les exploits ». La geste est ainsi le récit des faits d'armes glorieux d'un roi ou de sa famille. Rivalisant avec les poèmes épiques de l'Antiquité comme l'*Iliade* d'Homère, la chanson de geste est un long poème narratif composé de laisses, c'est-à-dire de strophes de longueur irrégulière qui utilisent le décasyllabe. Les personnages animés de passions extrêmes expriment l'affrontement du Bien et du Mal. Aux moments de joie et d'enthousiasme succède l'expression de l'angoisse et du désespoir, aux victoires triomphales s'opposent la défaite et la résignation devant la mort. L'action dramatique fait se suivre une série de tableaux, sur le modèle des vitraux des cathédrales gothiques. Les deux chansons de geste les plus célèbres sont *La Chanson de Roland* et *La Chanson de Guillaume*, toutes deux anonymes.

OBJET D'ÉTUDE 1re — Écriture poétique et quête du sens → voir p. 46

La Chanson de Roland

Vers 1100

Trois siècles après les campagnes militaires de Charlemagne, l'épopée de *La Chanson de Roland* fait le récit exalté des victoires de l'empereur. Mais le moment le plus intense du poème rapporte la trahison de Ganelon qui conduit à la défaite sanglante de Roncevaux : Roland souffle en vain dans son cor pour prévenir l'empereur et l'appeler à son secours.

Li quens Rollant ad la buche sanglente.	Le comte Roland a la bouche en sang.
De sun cervel rumput en est li temples.	De son cerveau la tempe est rompue.
L'olifan sunet a dulor e a peine.	Il sonne l'olifant[1] avec douleur et peine.
Karles l'oït e ses Franceis l'entendent.	Charles l'entend et les Français l'écoutent.
5 Ço dist li reis : « Cel corn ad lunge aleine ! »	Le roi dit : « Ce cor a longue haleine ! »

Le duc Naimes répond : « Un baron[2] y met toute sa peine.
Il livre bataille, c'est ma conviction.
Celui-là l'a trahi qui vous demande de ne rien faire.
Armez-vous, lancez votre cri de guerre.
10 Et secourez votre noble maison[3].
Vous entendez bien que Roland se lamente. »

1. olifant : cor d'ivoire que portent les chevaliers.
2. baron : grand seigneur.
3. maison : l'ensemble des personnes au service de l'empereur.

48

Le Moyen Âge

L'empereur a fait sonner ses cors.
Les Français mettent pied à terre et s'arment
De cuirasses, de casques, d'épées ornées d'or.
15 Ils ont de beaux boucliers, des épieux grands et forts
Et des étendards blancs, vermeils et bleus.
Sur les destriers montent tous les barons de l'armée.
Ils piquent fort des éperons tant que durent les cols.
Il n'en est pas un qui ne dise à l'autre :
20 « Si nous voyions Roland avant qu'il ne fût mort,
Avec lui nous donnerions de grands coups. »
Mais à quoi bon ? Ils ont en effet trop tardé.

C'est l'après-midi d'un jour éclatant.
Au soleil brillent les armures,
25 Les cuirasses et les casques flamboient,
Et les boucliers ornés de fleurs,
Et les épieux, et les étendards dorés.
L'empereur chevauche furieusement,
Et les Français chagrins et courroucés⁴.
30 Il n'en est pas un qui ne pleure amèrement,
Pour Roland ils sont tout angoissés.
Le roi fait prendre le comte Ganelon
Et le remet aux cuisiniers de sa maison.
Il appelle leur premier chef, Begon :
35 « Garde-le-moi bien comme le félon qu'il est !
Tous mes proches, il les a trahis. »

4. courroucés :
en colère.

> *La Chanson de Roland*, attribuée au clerc Turold, vers 1100,
> traduction J. Dufournet, Éd. GF-Flammarion, 1993.

500
▼
1500

Observation

1. Confrontez les vers écrits en ancien français avec leur traduction. Repérez quelques points communs et quelques différences. Que constatez-vous ?

2. Quels sont les personnages présents ou évoqués par le texte ? Quelle qualité ou quel défaut chacun incarne-t-il ?

3. Des vers 12 à 27 quelle image la chanson de geste donne-t-elle de l'armée de Charlemagne ? Quels sont les champs lexicaux dominants ?

Analyse

4. Commentez l'intervention du narrateur au vers 22.

5. Repérez, dans les cinq premiers vers, le jeu des assonances. Quelles différences constatez-vous avec le système des rimes qui sera mis en place ensuite ?

Vers le commentaire. Montrez dans un paragraphe rédigé en quoi *La Chanson de Roland* est une épopée qui utilise les procédés de l'amplification.

Notion

L'épopée et l'exaltation du courage

L'épopée est un long poème qui chante les qualités physiques et morales de héros légendaires qui, à travers leurs exploits, accomplissent un destin collectif. Le style épique utilise pour cela les procédés de l'amplification : métaphores, hyperboles et accumulations.

49

Guillaume d'Aquitaine

▶ **Guillaume IX, duc d'Aquitaine et comte de Poitiers**
▶ Né le 22 octobre 1071.
▶ Décédé en 1127.

Neuvième duc d'Aquitaine, Guillaume est l'un des plus grands seigneurs du royaume : il possède un domaine plus étendu que celui du roi de France. En 1101, il part pour la croisade avec une armée de 30 000 hommes. L'expédition est un désastre. De retour à Poitiers en 1102, Guillaume mène la lutte contre ses vassaux en révolte. Il part de nouveau en guerre en Espagne, au secours du roi d'Aragon.

Autour de lui, le duc d'Aquitaine réunit une cour princière qui rivalise avec l'influence de l'Église et il désespère sa femme par ses conquêtes féminines. Il apparaît à ses contemporains comme un prince brouillon et cynique, comme un grand seigneur débauché. Cependant, esprit riche et paradoxal, c'est le premier poète qui chante l'amour en français. C'est en effet à Guillaume IX que la courtoisie doit sa conception de l'amour et de la femme, qui influencera toute la culture européenne.

ŒUVRES PRINCIPALES

Poésie
Les Chansons de Guillaume IX, duc d'Aquitaine.

Guillaume IX, le premier troubadour

Le troubadour est « celui qui trouve » (*trobar* en langue d'oc), qui invente un nouveau langage. Guillaume IX est le premier poète français qui développe la conception courtoise de l'amour. Ses chansons passent de l'expression d'un amour sensuel à une exaltation idéalisée de la femme, symbole de la beauté divine. On conserve de lui onze poèmes : six sont des poèmes gaillards, parfois obscènes ; quatre autres expriment une respectueuse adoration pour la femme aimée ; le onzième est un adieu mélancolique au monde. L'amour courtois consiste dans une spiritualisation de l'amour, dans un culte fervent de la « dame », qui exige de l'amant qu'il la serve, sans l'espoir d'être un jour exaucé. Poète, l'amant se contente ainsi d'exprimer sa passion dans des chansons qu'il compose à la gloire de sa dame.

OBJET D'ÉTUDE 1re Écriture poétique et quête du sens ➔ voir p. 46

Poésies

Grand seigneur, puissant militaire, comte de Poitiers et duc d'Aquitaine, Guillaume IX est aussi le premier troubadour connu. Il exprime dans ses poèmes l'idéal de la courtoisie et la délicatesse de la « fin'amor », c'est-à-dire l'amour pur et raffiné, porté à son plus haut degré de perfection.

Ab la dolchor del temps novel

Ab la dolchor del temps novel
Foillo li bosc, et li aucel
Chanton chascus en lor lati
Segon lo vers del novel chan ;
5 Adonc esta ben c'om s'aisi
D'acho don hom a plus talan.

À la douceur de la saison nouvelle,
Feuillent[1] les bois, et les oiseaux
Chantent chacun dans son jargon
Sur les couplets du nouveau chant ;
Il est donc bien qu'on se procure
Ce dont l'homme a le plus envie.

De là d'où vient tout mon bonheur,
Je ne vois messager ni lettre :

1. **feuillent :** se garnissent de feuilles.

50

Le Moyen Âge

Mon cœur n'en dort et n'en rit pas,
10 Et je n'ose avancer d'un pas
Jusqu'à bien savoir si la fin
Est ainsi que je le demande.

Notre amour se comporte ainsi
Que la branche de l'aubépine
15 Dressée sur l'arbre, tremblante,
La nuit, à la pluie et au gel,
Jusqu'au matin où le soleil s'épand
Sur la feuille verte au rameau.

Je me rappelle encore un matin,
20 Où nous arrêtâmes la guerre ;
Elle me fit un don si grand,
Son amour entier, son anneau :
Dieu me laisse encore vivre tant
Que j'aie mes mains sous son manteau !

25 Ai-je souci que leur jargon,
Me coupe de mon Bon Voisin[2] ?
Je sais comment vont les paroles,
Le bref discours qui se propage.
Certains autres se vantent d'amour ?
30 Nous, nous avons pièce et couteau[3].

Guillaume IX d'Aquitaine,
Ab la dolchor del temps novel…,
vers 1100, traduction G. Gros, Éd. Gallimard.

2. mon Bon Voisin : image qui désigne la dame aimée.
3. pièce et couteau : ce qu'il faut pour manger.

500
▼
1500

Observation

1. Quel est le thème principal de chaque strophe ? Étudiez attentivement la progression du poème.

2. À travers quelles périphrases le troubadour désigne-t-il sa « dame » ?

3. Quelle est la fonction de la première strophe ? Quels thèmes met-elle en place, qui se retrouvent dans la suite du poème ?

4. Retrouvez la présence du champ lexical du discours dans la dernière strophe. Comment s'explique cette présence ?

Analyse

5. Analysez l'image développée dans la troisième strophe du poème.

6. Étudiez le jeu des pronoms dans le poème. En quoi ce jeu l'inscrit-il dans le registre lyrique ?

7. Retrouvez les caractéristiques de la chanson dans ce texte.

Vers la dissertation. Montrez, dans un paragraphe illustré de quelques exemples, comment la poésie courtoise s'impose comme le genre littéraire privilégié pour la célébration du sentiment amoureux.

Notion

La chanson courtoise

La chanson apparaît à la fin du XIe siècle. C'est un poème de cinq ou six strophes qui utilise des vers de huit syllabes. Destinée à être chantée, accompagnée d'un instrument de musique, l'écriture poétique exalte l'amour de l'amant pour sa dame. La chanson courtoise met ainsi en place les thèmes et les procédés du lyrisme amoureux.

Chrétien de Troyes

▶ Chrétien, surnommé Chrétien de Troyes
▶ Né vers 1135.
▶ Décédé vers 1183.

Chrétien de Troyes entre dans la vie littéraire vers 1158 par des traductions du poète latin Ovide et des poèmes lyriques, avant de se consacrer au roman. L'écrivain se nomme lui-même « Chrétien de Troyes » dans son œuvre. Clerc, attaché à la cour de Champagne, il joue un rôle essentiel dans la diffusion de l'esprit courtois. Placé au carrefour d'importantes routes commerciales, Troyes est alors un symbole de la renaissance culturelle. Amateurs des arts, le comte et la comtesse de Champagne favorisent l'épanouissement d'une culture aristocratique. Marie de Champagne commande ainsi à Chrétien *Le Chevalier à la charrette*. En 1182, le romancier passe au service du comte Philippe de Flandres et lui dédie son dernier roman, *Perceval ou le Conte du Graal,* inachevé.

ŒUVRES PRINCIPALES

Romans
Érec et Énide (vers 1170), *Cligès* (vers 1176), *Yvain ou le Chevalier au lion* (vers 1180), *Lancelot ou le Chevalier à la charrette* (vers 1180), *Perceval ou le Conte du Gr* (vers 1185).

Les origines du personnage de roman

Considéré comme le premier romancier de la littérature française, Chrétien de Troyes reprend les légendes celtiques des chevaliers de la Table ronde et les transpose dans la société de son temps. Écrits en vers, ses cinq romans, *Érec et Énide*, *Cligès*, *Lancelot*, *Yvain*, *Perceval*, racontent le destin du chevalier : quittant le monde de la cour, celui-ci entre dans un univers étrange et menaçant ; les épreuves qu'il traverse sont l'occasion de se connaître lui-même, de découvrir l'amour, de donner un sens à sa vie. En développant ainsi la psychologie de ses héros, Chrétien de Troyes invente les premiers personnages du roman moderne.

GENRE Le roman

Yvain ou le Chevalier au lion

Devant la cour du roi Arthur, le chevalier Calogrenant raconte son échec dans une aventure merveilleuse. Yvain décide alors de la tenter à son tour. Armé de pied en cap, il s'engage dans la forêt de Brocéliande et rencontre un « vilain », c'est-à-dire un paysan, avec qui il engage un dialogue.

> « *Et tu me redevroies dire*
> *quiex hom tu es, et que tu quiers.*
> *– Je sui, fet il, uns chevaliers*
> *qui quier ce que trover ne puis ;*
> *assez ai quis, et rien ne truis.* »

« Mais toi, à ton tour, dis-moi donc quelle espèce d'homme tu es et ce que tu cherches.
– Je suis, comme tu vois, un chevalier qui cherche sans pouvoir trouver ; ma quête a été longue et elle est restée vaine.
5   – Et que voudrais-tu trouver ?
– L'aventure, pour éprouver ma vaillance et mon courage. Je te demande donc et te prie instamment de m'indiquer, si tu en connais, quelque aventure et quelque prodige.

Le Moyen Âge

– Pour cela, dit-il, il faudra t'en passer : je ne connais rien en fait d'aventure, et jamais je n'en ai entendu parler. Mais si tu voulais aller près d'ici jusqu'à une
10 fontaine, tu n'en reviendrais pas sans peine, à moins de lui rendre son dû. À deux pas tu trouveras tout de suite un sentier qui t'y mènera. Va tout droit devant toi, si tu ne veux pas gaspiller tes pas, car tu pourrais vite t'égarer : il ne manque pas d'autres chemins. Tu verras la fontaine qui bouillonne, bien qu'elle soit plus froide que le marbre, et l'ombrage le plus bel arbre que jamais Nature ait pu créer. En tout
15 temps persiste son feuillage car nul hiver ne l'en peut priver. Il y pend un bassin de fer, au bout d'une chaîne si longue qu'elle descend jusque dans la fontaine. Près de la fontaine tu trouveras un bloc de pierre, de quel aspect tu le verras ; je ne saurais te le décrire, car jamais je n'en vis de tel ; et, de l'autre côté, une chapelle, petite mais très belle. Si avec le bassin tu veux prendre de l'eau et la répandre sur la pierre,
20 alors tu verras une telle tempête que dans ce bois ne restera nulle bête, chevreuil ni cerf, ni daim ni sanglier, même les oiseaux s'en échapperont ; car tu verras tomber la foudre, les arbres se briser, la pluie s'abattre, mêlée de tonnerre et d'éclairs, avec une telle violence que, si tu peux y échapper sans grand dommage ni sans peine, tu auras meilleure chance que nul chevalier qui y soit jamais allé. »

25 Je quittai le vilain dès qu'il m'eut indiqué le chemin. Peut-être était-il tierce[1] passée et l'on pouvait approcher de midi lorsque j'aperçus l'arbre et la fontaine. Je sais bien, quant à l'arbre, que c'était le plus beau pin qui jamais eût grandi sur terre. À mon avis, jamais il n'eût plu assez fort pour qu'une seule goutte d'eau le traversât, mais dessus glissait la pluie tout entière. À l'arbre je vis pendre le bassin : il était de
30 l'or le plus fin qui ait encore jamais été à vendre en nulle foire. Quant à la fontaine, vous pouvez m'en croire, elle bouillonnait comme de l'eau chaude. La pierre était d'une seule émeraude, évidée comme un vase, soutenue par quatre rubis plus flamboyants et plus vermeils que n'est le matin au soleil quand il paraît à l'orient ; sur ma conscience, je ne vous mens pas d'un seul mot.

35 Je décidai de voir le prodige de la tempête et de l'orage et je fis là une folie : j'y aurais renoncé volontiers, si j'avais pu, dès l'instant même où, avec l'eau du bassin, j'eus arrosé la pierre creusée. Mais j'en versai trop, je le crains ; car alors je vis dans le ciel de telles déchirures que de plus de quatorze points les éclairs me frappaient les yeux et les nuées[2], tout pêle-mêle, jetaient pluie, neige et grêle. La tempête était
40 si terrible et si violente que cent fois je crus être tué par la foudre qui tombait autour de moi et par les arbres qui se brisaient.

Chrétien de Troyes, *Yvain ou le Chevalier au lion*, vers 1180, traduction en prose C. Buridant et J. Trotin, Honoré Champion, 1972.

1. tierce : neuf heures du matin.
2. les nuées : les nuages.

500 ▾ 1500

Notion

Observation

1. Retrouvez les étapes de cet épisode. Pourquoi peut-on parler de « quête » ?

2. En quoi la rencontre d'Yvain et du vilain est-elle déterminante pour la suite du récit ?

Analyse

3. Confrontez l'attitude du chevalier et celle du vilain, montrez ce qui les oppose.

4. Étudiez la description de la fontaine. Montrez l'importance des images.

5. Relevez l'ensemble des situations, des termes et des images qui renvoient à l'univers du merveilleux. Selon vous, comment expliquer cette dimension du récit ?

Recherche documentaire. Recherchez sur Internet quels sont les personnages du roman de chevalerie associés à la cour du légendaire roi Arthur. Présentez votre recherche sous forme de fiche, en détaillant les caractéristiques principales de chaque personnage.

La quête du chevalier

Dans les romans du Moyen Âge, le chevalier traverse une série d'épreuves, à la recherche d'un être, d'un objet ou d'un idéal. Les lieux qu'il découvre, les êtres qu'il rencontre, les obstacles qu'il lève révèlent ses qualités physiques ou morales. C'est ainsi que le héros apprend à se connaître lui-même et accomplit son destin.

ÉVÉNEMENT littéraire

La naissance du roman

XIIe siècle

Au début du XIIIe siècle apparaît le premier roman en prose, il raconte les aventures de Lancelot du Lac. Amour, aventures, rebondissements, le genre romanesque peut désormais se développer, jusqu'à s'imposer, au XIXe siècle, comme le genre dominant de la littérature française.

Chronologie de la naissance du roman

- **VIIIe siècle.** Les évêques, réunis au concile de Tours, demandent aux prêtres de prononcer leurs sermons dans la langue du peuple, la langue romane, plutôt qu'en latin.
- **14 février 842.** Rédaction en langue romane du *Serment de Strasbourg* entre Charles le Chauve et Louis le Germanique, petits-fils de Charlemagne.
- **1040.** Le poème de la *Vie de saint Alexis*, considéré comme la première œuvre littéraire française, est rédigé en langue romane.
- **1155.** Robert Wace écrit en vers le *Roman de Brut*, d'inspiration celtique, qui met en scène la cour du roi Arthur.
- **1179.** Chrétien de Troyes écrit, en octosyllabes, *Lancelot ou le Chevalier à la charrette*.
- **1220-1230.** Rédaction du cycle de *Lancelot*, premier grand roman écrit en prose, qui comporte plus de 3 000 pages.

Maître de Jouvenel, *Jean de Meung écrivant*, 1460, enluminure extraite du *Roman de la rose* de Guillaume de Loris et Jean de Meung.

Lancelot du Lac, l'apparition du Saint-Graal aux chevaliers de la Table ronde, 1400-1499, miniature.

■ Écrire en latin ou en français ?

Tout au long du Moyen Âge, le latin est la langue de l'Église et des clercs. Cependant, parallèlement, une nouvelle langue s'impose. C'est ainsi que le premier texte connu écrit en roman apparaît au IXe siècle. En effet, le *Serment de Strasbourg*, qui scelle une alliance entre les petits-fils de Charlemagne, n'est pas rédigé en latin *(lingua latina)*, mais dans la langue vulgaire des pays du Nord, issue du latin parlé par les soldats et les commerçants romains : la *lingua romana*. Désormais, des sermons, des actes officiels, des chansons de geste, des vies de saints seront écrits en roman pour être compris du plus grand nombre.

Le Moyen Âge

Scène de bataille, miniature sur vélin illustrant l'histoire de Lancelot du Lac.

■ Les débuts du genre romanesque

Le mot roman désigne peu à peu un récit d'imagination en vers, écrit en langue romane. À partir du XIIe siècle, les premiers romans français adaptent des œuvres de l'Antiquité, comme le *Roman d'Alexandre*, qui raconte la vie de l'empereur Alexandre en vers de douze syllabes, qu'on appelle depuis des « alexandrins ». Ces romans font appel au merveilleux et donnent une place considérable à l'amour. À la même époque, des romanciers s'inspirent de légendes celtiques qui mettent en scène le roi Arthur et les chevaliers de la Table ronde, comme le *Roman de Brut* de Robert Wace. Très vite, le monde des chevaliers devient alors le cadre privilégié des romans médiévaux.

■ Un romancier de génie : Chrétien de Troyes

Les cinq romans de Chrétien de Troyes, tous écrits en octosyllabes, donnent à l'amour et à l'aventure une place privilégiée. Le récit évoque le destin d'un personnage engagé dans une aventure unique à travers laquelle il découvre sa personnalité, tout en affrontant le monde et les autres. Roman d'initiation, roman d'aventures, roman d'amour : Chrétien de Troyes s'impose comme le véritable inventeur du genre romanesque. Il donne une dimension psychologique à ses personnages, souvent confrontés à des situations réalistes, à travers lesquelles le romancier dresse un tableau de son époque.

■ Le premier roman en prose

L'influence de Chrétien de Troyes est considérable. Après lui, au début du XIIIe siècle, des auteurs anonymes poursuivent le conte du Graal, que Chrétien avait laissé inachevé. On retrouve les personnages de la cour du roi Arthur, et particulièrement Lancelot, à qui un cycle romanesque est consacré. Ces œuvres sont désormais écrites en prose. Les caractéristiques du roman sont alors réunies : une œuvre de fiction en prose qui raconte les aventures d'un personnage hors du commun, dans lequel les sentiments, et en particulier l'amour, jouent un rôle considérable. Le roman moderne est né.

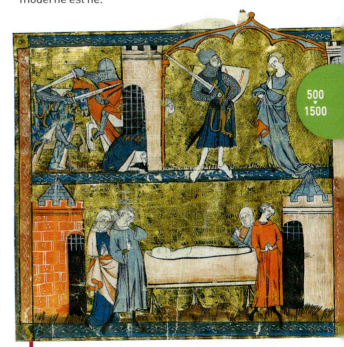

500
1500

Combat en duel entre l'amant et le mari, la mort du mari, l'amant et l'amante, 1200-1299, miniature illustrant *Yvain ou le Chevalier au lion* (1177) de Chrétien de Troyes.

■ Le dynamisme du genre romanesque

Le roman de chevalerie triomphe à partir du XIIe siècle. On considère alors comme « romanesques » les récits qui mêlent l'aventure et le sentiment amoureux. Jusqu'au XVIIe siècle, le roman historique, le roman précieux et le roman d'analyse font écho à cette conception, tandis que de nombreux auteurs, de François Rabelais à Charles Sorel, développent une représentation réaliste du monde.

Comprendre l'essentiel

1. Quelles sont les raisons qui ont conduit au passage du latin au français ?

2. Quelles sont les deux sources d'inspiration des premiers romans ?

3. Quels sont les traits caractéristiques du genre romanesque fixés au XIIIe siècle ?

Le Roman de Renart

▶ **Pierre de Saint-Cloud, suivi d'une vingtaine d'autres auteurs, presque tous anonymes**

▶ **Composé de 1174 à 1177, pour les premières aventures, puis jusqu'à la fin du XIIIe siècle pour leur continuation**

Dans l'Europe médiévale, les récits qui mettent en scène des animaux connaissent un grand succès. Leur univers représente celui des hommes, dont ils donnent une image satirique et burlesque. Le soir, à la veillée, dans la salle des fêtes du château, le ménestrel raconte ainsi les aventures d'un rusé goupil, appelé Renart. C'est Pierre de Saint-Cloud qui, s'inspirant d'un poème écrit en latin en 1152, *Ysengrimus*, rédige en langue romane les premiers exploits de Renart vers 1170. Le succès du *Roman de Renart* est tel que le mot « goupil » est peu à peu abandonné au profit de « renard » pour désigner l'animal lui-même. Aussitôt, de nombreux auteurs, continuateurs ou imitateurs, poursuivent l'œuvre. Vingt-sept « branches » sont ainsi écrites, inventant de nouvelles aventures à Renart et à sa femme Ermeline, au loup Ysengrin, à Brun l'ours, à Noble le lion, à Tibert le chat ou à Grimbert le blaireau.

Le personnage satirique

Reprenant la tradition satirique des fabulistes de l'Antiquité, *Le Roman de Renart* constitue une parodie de la société féodale et des valeurs de la courtoisie. À travers ses ruses et ses querelles, Renart tourne en dérision le pouvoir royal, l'Église et la chevalerie. Les péripéties, qui suscitent le rire, conduisent à la dénonciation de l'hypocrisie, de l'avarice, de la jalousie et de la méchanceté. En décrivant les préoccupations des paysans, liées aux soucis de la chasse et de la récolte, aux maladies et à la mort, *Le Roman de Renart* utilise un langage cru et souvent obscène, opposé au raffinement de l'amour courtois. Il marque ainsi la naissance du personnage satirique.

GENRE Le roman

Le Roman de Renart

Vers 1174 1177

Les aventures de Renart sont faites de ruses, de fourberies et de querelles. La société médiévale apparaît dans le récit, l'univers des villages et des paysans, dont la vie est rythmée par le retour des saisons et des fêtes. On retrouve ainsi les gestes quotidiens, les préoccupations liées à la chasse, à la pêche et aux moissons.

Ce fu un pou devant Noël
Que l'en mettoit bacons en sel.
Li ciex fu clers et estelez
Et li viviers fu si gelez
Ou Ysengrin devoit peschier,
Qu'en poïst par desus treschier…

C'était un peu avant Noël à l'époque où l'on sale les jambons. Le ciel était clair et étoilé. L'étang où Ysengrin devait pêcher était si gelé qu'on aurait pu y danser la farandole. Il n'y avait qu'un trou que les paysans avaient fait pour y mener chaque soir leur bétail se changer les idées et boire. Ils y avaient laissé un seau. Renart cou-
5 rut jusque-là ventre à terre et se retourna vers son compère[1] :

1. **compère** : complice, compagnon.

Le Moyen Âge

« Seigneur, dit-il, approchez-vous. C'est ici que se trouve la foule des poissons, et l'instrument avec lequel nous pêchons anguilles, barbeaux et autres beaux poissons.

– Frère Renart, dit Ysengrin, prenez-le donc par un bout et attachez-le-moi solidement à la queue. »

10 Renart prend le seau qu'il lui attache à la queue du mieux qu'il peut.

« Frère, dit-il, vous devez maintenant rester bien sage, sans bouger, pour que les poissons viennent. »

Là-dessus, il s'est élancé près d'un buisson, le museau entre les pattes, de façon à surveiller le loup. Voici Ysengrin sur la glace et le seau dans l'eau, rempli de glaçons

15 à ras bord. L'eau commence à geler, à emprisonner le seau fixé à la queue ; bientôt il déborde de glaçons. La queue est gelée dans l'eau, puis scellée à la glace. Ysengrin, dans l'espoir de se soulever et de tirer le seau vers lui, s'y essaie à plusieurs reprises. Désemparé, inquiet, il se décide à appeler Renart, d'autant qu'il ne peut plus échapper aux regards : l'aube blanchissait déjà l'horizon.

20 Renart relève la tête, ouvre les yeux, regarde autour de lui :

« Frère, dit-il, laissez donc votre ouvrage. Partons, mon très cher ami. Nous avons pris beaucoup de poissons. »

Et Ysengrin lui crie :

« Renart, il y en a trop. J'en ai pris plus que je ne saurais le dire. »

25 Renart se mit à rire et lui dit carrément :

« On perd tout à vouloir tout gagner. »

La nuit s'achève, l'aube paraît. C'est le matin et le soleil se lève. Les sentiers sont blancs de neige. Monseigneur Constant des Granges, un châtelain cossu, qui demeurait à côté de l'étang, s'était levé, avec toute sa maisonnée, de fort joyeuse

30 humeur. Au son du cor, il rassemble ses chiens ; il fait seller son cheval ; ses compagnons poussent des cris et des clameurs. À ce bruit, Renart détale et court se cacher dans sa tanière. Mais Ysengrin reste en fâcheuse posture : il tire, il tire de toutes ses forces ; il risque même de s'arracher la peau. S'il veut s'en sortir, il lui faut sacrifier sa queue.

Pierre de Saint-Cloud, *Le Roman de Renart*, vers 1174-1177,
traduction en prose J. Dufournet, Éd. Garnier-Flammarion, 1985.

500 ▼ 1500

Observation

1. Recherchez toutes les indications qui montrent la vie quotidienne des paysans.

2. Relevez les indications données sur le cadre temporel du récit. Quelle atmosphère contribuent-elles à créer ?

3. Retrouvez les étapes du récit. Quelle leçon le lecteur doit-il en tirer ? À quel moment Renart tire-t-il lui-même une « moralité » de l'aventure ?

Analyse

4. Comment le personnage de Renart s'impose-t-il comme le moteur du récit ?

5. Étudiez ce qui fait de Renart et d'Ysengrin deux animaux à l'image de l'homme.

Vers l'écriture d'invention. Une semaine plus tard, Ysengrin rencontre Renart et se plaint de son attitude. Imaginez le dialogue des deux compères.

Notion

Le récit, les animaux et les hommes

Dans *Le Roman de Renart*, comme souvent dans la fable, le récit attribue aux animaux des qualités et des défauts humains, inspirés par leurs traits caractéristiques. Il touche ainsi un vaste public, qui retrouve dans le texte son univers familier. Il le rend aussi plus accessible à la moralité qui se dégage du récit.

Tristan et Yseut

▶ Béroul
▶ Composé vers 1170.

L'amour fatal de Tristan et Yseut prend naissance dans les légendes celtiques. Dès le XIIe siècle, les conteurs irlandais racontent à un public fasciné l'histoire du philtre d'amour qui enchaîne les amants l'un à l'autre. Les ménestrels répandent à leur tour ce récit, qui hante l'imagination des poètes.
Vers 1170, un conteur d'origine normande, Béroul, écrit l'histoire de Tristan et Yseut. Il ne reste que des fragments de son texte, environ 4 500 vers. Mais on retrouve dans l'Europe entière – en Espagne, en Italie, en Angleterre, en Allemagne ou en Norvège – d'autres fragments de récits reprenant la même légende. Thomas d'Angleterre rédige un *Tristan*, également en vers, à la même époque que Béroul. Par la suite, le XIIIe siècle voit se multiplier les épisodes secondaires du récit, dans de nouvelles versions de la légende. Un premier *Tristan* en prose apparaît en 1230.

Tristan et Yseut, personnages mythiques

Après avoir vaincu le géant Morholt, Tristan est chargé de conduire Yseut la Blonde auprès du roi Marc qui doit l'épouser. Mais, pendant le voyage, il boit avec la jeune fille le philtre d'amour prévu pour les futurs époux. Dès lors, les deux jeunes gens se retrouvent intimement liés par une passion absolue et irrésistible. Dénoncés, poursuivis, ils fuient dans la forêt. De nombreux épisodes, appartenant aux différentes versions de la légende, montrent Yseut livrée par le roi Marc aux lépreux ou Tristan déguisé en fou. Toutes ces versions s'achèvent par le décès des deux amants. La mort les réunit à jamais : de leur tombe naissent deux arbres dont les branches s'entrelacent inextricablement. La légende inspire écrivains, peintres et musiciens. Au XIXe siècle, les romantiques reprendront le mythe pour lui donner une vie nouvelle.

GENRE Le roman

Tristan et Yseut

Vers 1170

Recherchés par le roi Marc et ses chevaliers, Tristan et Yseut ont trouvé refuge dans la forêt du Morois. Ils y vivent misérablement de la chasse, obligés de changer de refuge chaque jour. C'est ainsi qu'ils font la rencontre de l'ermite Ogrin, à qui ils exposent les souffrances qu'ils endurent.

> *En l'ermitage frere Ogrin*
> *Vindrent un jour, par aventure.*
> *Aspre vie meinent et dure :*
> *Tant s'entrainent de bone amor*
> *L'un por l'autre ne sent dolor.*
> *Li hermite Tristan connut,*
> *Sor sa potence apoié fu ;*
> *Aresne le, oiez comment...*

Un jour, ils arrivent par hasard à l'ermitage[1] de frère Ogrin. La vie qu'ils mènent est dure et pénible mais leur amour mutuel fait que, grâce à l'autre, aucun des deux ne souffre. L'ermite, appuyé sur son bâton, reconnut Tristan ; il l'interpelle, écoutez comment :

1. **ermitage** : lieu écarté et solitaire où vit un ermite.

Le Moyen Âge

2. la Cornouaille : région à la pointe sud-ouest de l'Angleterre.

3. marcs : monnaie du royaume.

4. pénitence : punition.

5. l'Écriture : la Bible.

6. Otran : roi légendaire de Nîmes ; le royaume d'Otran représentait la richesse.

5
« Sire Tristan, toute la Cornouaille[2] s'est engagée solennellement. Celui qui vous livrera au roi recevra sans faute cent marcs[3] de récompense. Tous les barons de ce pays ont donc juré au roi, la main dans celle de Marc, de vous livrer à lui, mort ou vif. »

Ogrin ajoute avec bonté : « Par ma foi, Tristan, Dieu pardonne les péchés de
10 celui qui se repent, à condition qu'il ait la foi et qu'il se confesse. »

Tristan lui dit : « Par ma foi, seigneur, elle m'aime en toute bonne foi mais vous ne comprenez pas pourquoi. Si elle m'aime, c'est la potion qui en est la cause. Je ne peux pas me séparer d'elle, ni elle de moi, je dois vous l'avouer. »

Ogrin lui dit : « Comment peut-on sauver un homme mort ? Il est bien mort
15 celui qui persiste dans le péché ; s'il ne se repent pas lui-même, personne ne peut faire remise à un pécheur de sa pénitence[4] ; accomplis ta pénitence ! »

L'ermite Ogrin prolonge son sermon et leur conseille de se repentir. Il leur cite à plusieurs reprises le témoignage de l'Écriture[5]. Avec insistance, il leur rappelle l'obligation de se séparer. Il dit à Tristan d'une voix émue :

20 « Que vas-tu faire ? Réfléchis !

– Sire, j'aime Yseut éperdument, au point d'en perdre le sommeil. Ma décision est irrévocable : j'aime mieux vivre comme un mendiant avec elle, me nourrir d'herbes et de glands, plutôt que de posséder le royaume d'Otran[6]. Ne me demandez pas de la quitter car, vraiment, c'est impossible. »

25 Au pied de l'ermite, Yseut éclate en sanglots. À plusieurs reprises, son visage change de couleur. Elle l'implore d'avoir pitié d'elle :

« Sire, par le Dieu tout-puissant, il ne m'aime et je ne l'aime qu'à cause d'un breuvage que j'ai bu et qu'il a bu. Voilà notre péché ! C'est pour cela que le roi nous a chassés. »

30 L'ermite lui répond aussitôt :

« À Dieu vat ! Que Dieu qui créa le monde vous accorde un repentir bien sincère ! »

Béroul, *Tristan et Yseut*, vers 1170,
traduction en prose Ph. Walter, Le Livre de Poche.

500
▼
1500

Observation

1. Observez les premiers vers du roman. Dans quel vers l'oralité du récit médiéval apparaît-elle ?

2. Comment chacun des personnages est-il décrit dans ce passage ? Quels traits de caractère montrent-ils ?

3. Comment Tristan et Yseut expliquent-ils leur amour ?

4. Relevez l'ensemble des références à la religion. En quoi reflètent-elles la réalité du monde médiéval ?

Analyse

5. Retrouvez les caractéristiques du roman de chevalerie dans le texte.

6. En quoi le destin pathétique de Tristan et Yseut provoque-t-il la pitié ?

Recherche documentaire. De nombreux romanciers, dramaturges, cinéastes ont repris le thème des amants maudits. Retrouvez et présentez brièvement quelques-uns de ces couples mythiques.

Notion

Le roman en vers

Au Moyen Âge, le roman désigne un récit d'imagination en langue romane et non plus en latin. Le texte est alors écrit le plus souvent en vers de huit syllabes. En effet, l'octosyllabe à rimes plates (ou suivies) permet de restituer la vivacité du récit, mais aussi de s'inscrire dans la mémoire des ménestrels chargés de réciter le roman.

Marie de France

▶ **Marie de France**
▶ Née et décédée au XIIe siècle.

On ne connaît presque rien de la vie de Marie de France, sinon qu'elle a vécu dans la seconde moitié du XIIe siècle. Sa vie est liée à celle d'Aliénor d'Aquitaine qui, tour à tour reine de France puis d'Angleterre, exerce une influence culturelle et politique considérable. Petite-fille du troubadour Guillaume d'Aquitaine, Aliénor a rassemblé autour d'elle une cour élégante et raffinée qui répand les valeurs de l'amour courtois en France comme en Angleterre. Marie de France, d'origine noble, fait partie de cette cour brillante. Première poétesse de la littérature française, elle réécrit dans ses *Lais*, qui sont de brefs poèmes narratifs, les vieilles légendes de Bretagne. Le *Lai du chèvrefeuille* reprend ainsi un épisode du mythe de Tristan et Yseut. Vers 1170, elle s'inspire du poète grec Ésope et du poète latin Phèdre pour écrire en roman un recueil de fables intitulé *Ysopet*. Les fables de Marie de France seront lues durant tout le Moyen Âge.

La fable, patrimoine culturel de l'Europe

Les fables du Moyen Âge sont des imitations latines des œuvres du poète grec Esope. De nombreux recueils, qu'on appelle « ysopets », circulent et servent de modèles aux troubadours, qui s'en inspirent pour créer à leur tour de nouveaux récits à travers toute l'Europe. Marie de France compose plus de cent fables en vers de huit syllabes, parmi lesquelles « Le Corbeau et le Renard ». Ces courts récit en vers dénoncent les défauts des êtres humains à travers l'évocation des animaux. Cinq siècles plus tard, Jean de La Fontaine mènera à son apogée cette réécriture des textes antiques.

OBJET D'ÉTUDE 1re L | **Les réécritures** → voir p. 46

La fable du corbeau et du renard, d'abord écrite par Ésope, est reprise par Phèdre, par Marie de France, et enfin par Jean de La Fontaine. Chaque version permet d'observer la permanence d'une moralité réaffirmée à chaque époque.

Vers 1170

« Le corbeau et le renard »

Issi avint e bien puet estre
que par devant une fenestre,
ki en une despense fu
vola uns cors, si a veü
furmarges ki ci dedenz esteient
e sur une cleie giseient.

Il arriva, et c'est bien vrai,
Que passant devant la fenêtre
Qui était celle d'une remise,
Vola un corbeau. Il vit ainsi
5 Les fromages qui s'y trouvaient
Et s'étalaient sur une claie[1].

Il en prit un, et se sauva.
Un renard vint, le rencontra.
Du fromage, il eut grand désir
10 De pouvoir en manger sa part.
Par ruse, il voulut essayer

1. **claie** : planche faite de lattes entrecroisées.

Le Moyen Âge

De tromper le corbeau.
« Ah ! Seigneur Dieu, dit le goupil,
Que cet oiseau semble gentil !
15 Il n'y pas au monde un tel oiseau !
Jamais mes yeux n'en virent un si beau !
Si son chant était comme son corps,
Il vaudrait plus que l'or le plus fin ! »
Le corbeau s'entend si bien louer
20 Qu'il n'a aucun égal au monde,
Qu'il décide qu'il chantera :
Ainsi, il mériterait sa louange.
Il ouvrit son bec, et commença :
Le fromage lui échappa.
25 À terre, il le laissa tomber,
Et le renard put s'en emparer.
Puis il n'eut plus cure de son chant,
Car il avait assouvi son désir du fromage.

C'est la leçon des orgueilleux
30 Qui sont avides de récompenses :
Par la flatterie et le mensonge,
On peut leur en servir à souhait.
Ils dilapident leurs biens follement
Pour la fausse louange des gens.

Marie de France, « Le corbeau et le renard »,
Ysopet, vers 1170.

500
▼
1500

La fable d'Ésope

Un corbeau déroba un morceau de viande et alla se percher sur un arbre. Un renard, l'ayant aperçu, voulut se rendre maître du morceau. Posté au pied de l'arbre, il se mit à louer la beauté et la grâce du corbeau : « À qui mieux qu'à toi convient-il d'être roi ? En vérité tu le serais, si tu avais de la voix. » Le corbeau, voulant lui 5 montrer qu'il n'en était pas dépourvu, laissa tomber la viande et poussa de grands cris. L'autre se précipita, s'empara de la viande et dit : « Ô corbeau, si tu avais aussi de l'intelligence, il ne te manquerait rien pour être le roi de tous les animaux. »
Avis au sot.

Ésope, *Fables*, ve siècle av. J.-C.,
traduction C. Terreaux, Éd. Arléa.

Notion

La pédagogie de la fable

La fable transmet à celui qui l'écoute les valeurs communes de la société, lui donne des leçons qui l'aident à mieux comprendre les comportements, bons ou mauvais, de ceux qui l'entourent. Le récit y trouve ainsi une dimension exemplaire qui traverse les siècles.

Observation

1. Comparez la forme des deux fables. Quelle différence essentielle constatez-vous ?

2. Confrontez les deux récits. Comment la fable a-t-elle évolué ?

3. Quel défaut des hommes chaque fable met-elle en évidence ? Comment s'explique le fait qu'elles ne visent pas les mêmes défauts ?

Analyse

4. Quelles caractéristiques psychologiques les deux animaux présentent-ils dans chaque texte ?

5. Montrez comment la fable du Moyen Âge enrichit celle de l'Antiquité.

Comparer des textes. Comparez ces deux versions avec celle de La Fontaine. Quelle est celle que vous préférez ? Justifiez votre jugement.

des Arts / L'art au Moyen Âge

HISTOIRE

L'Europe médiévale est profondément chrétienne. Les récits et les mystères de la foi constituent une culture partagée, qui concerne tous les hommes. L'architecture, la peinture, la sculpture, la musique expriment le désir de sacré et l'élévation vers Dieu. Les artistes, le plus souvent anonymes, sont d'abord au service de la communauté, de ses joies, de ses craintes et de ses aspirations.

Dans la chanson de geste ou la poésie courtoise à la fin du XIe siècle, le récitant, jongleur ou troubadour, s'accompagne le plus souvent d'une vielle ou d'un rebec, un ancêtre du violon.

■ La création d'un nouvel art musical

À partir de la fin du VIIe siècle, dans les monastères, les offices religieux comportent des moments musicaux. Le chant grégorien, inspiré par la réforme liturgique du pape Grégoire Ier (mort en 604), est d'abord monodique, c'est-à-dire que les chanteurs s'expriment à l'unisson ou à l'octave. Au XIIe siècle apparaissent des chants à deux voix, puis, au début du XIIIe siècle, le compositeur Français Pérotin utilise trois et quatre voix à Notre-Dame de Paris. Il ouvre l'art musical à une riche polyphonie, influençant ainsi durablement la création musicale occidentale.

■ Le « mystère » : un spectacle public

À partir du XIe siècle, la croissance urbaine est accompagnée d'un art du spectacle qui ne cesse de s'enrichir. D'abord simple illustration d'un épisode biblique à l'intention des fidèles, le spectacle sort de l'église pour occuper la place publique. À la fin du Moyen Âge, le « mystère » met en scène les grands moments de l'histoire biblique, en une imposante représentation qui peut s'étaler sur plusieurs jours. Le thème religieux des mystères n'interdit pas les intermèdes comiques qui s'appuient sur une tradition populaire festive. Ainsi naît la farce, une courte pièce qui représente les tromperies, les ruses et les désirs inavouables des paysans, bourgeois ou moines.

Ce décor du *Mystère de la Passion* de Valenciennes montre l'un des derniers spectacles de ce genre. La scène, immense, comporte plusieurs lieux : paradis, temple (à gauche), lac, enfer (à droite). Dans chaque décor se déroulent les différents moments de l'histoire du Christ.
Mystère de la Passion, de Valenciennes, 1547.

■ 62

Le Moyen Âge

L'ARCHITECTURE, élévation vers le divin

L'art médiéval occidental trouve son inspiration dans la Bible et la vie des saints. L'architecture religieuse affirme une croyance commune dans une vie spirituelle qui adoucit la dureté de la vie terrestre.

▶ La sobre puissance de l'architecture romane

Le démantèlement de l'Empire de Charlemagne à la fin du IXe siècle débouche sur un morcellement politique. Dans ce monde essentiellement rural, les monastères et les églises expriment une inspiration commune malgré des différences régionales. C'est la naissance de l'art roman, expression utilisée pour caractériser les formes esthétiques qui trouvent leur apogée aux XIe et XIIe siècles. Le terme « roman » s'appuie en effet sur l'usage de l'arc en plein cintre, inspiré de la voûte « romaine ».

La nef de l'Abbaye Sainte-Foy de Conques (fin XIe siècle-début XIIe siècle). Les hautes colonnes, dépouillées, supportent des arcs en plein-cintre et une voûte en berceau.

▶ Les somptueuses lumières de l'architecture gothique

À l'art roman, on oppose le style « ogival » ou gothique qui se déploie du milieu du XIIe siècle à la fin du Moyen Âge. Il se caractérise notamment par l'usage de la croisée d'ogives et de l'arc brisé. Le gothique accompagne la renaissance des villes. Expression de la puissance municipale, les cathédrales montent vers le ciel et font entrer la lumière à travers de somptueux vitraux. Cette course à l'élévation culmine avec la cathédrale de Beauvais dont la hauteur sous voûtes atteint presque 50 mètres. Les artistes privilégient ensuite le raffinement au grandiose : le gothique rayonnant se développe au XIVe siècle, puis le gothique flamboyant au siècle suivant.

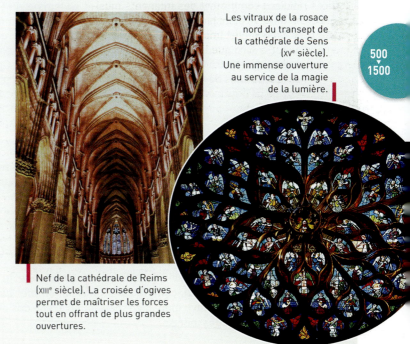

Les vitraux de la rosace nord du transept de la cathédrale de Sens (XVe siècle). Une immense ouverture au service de la magie de la lumière.

500 ▾ 1500

Nef de la cathédrale de Reims (XIIIe siècle). La croisée d'ogives permet de maîtriser les forces tout en offrant de plus grandes ouvertures.

Perspective

Le Moyen Âge, une source de l'imaginaire artistique depuis le XIXe siècle

À partir de la Renaissance, la période médiévale est méprisée. Au XIXe siècle, on assiste à un regain d'intérêt pour le Moyen Âge, les Romantiques le valorisent. Le roman, le théâtre, mais aussi l'architecture y trouvent alors de nouvelles sources de création. En 1820, Walter Scott écrit un roman historique, *Ivanhoé*, dont l'action se déroule pendant la troisième croisade. En 1831, Victor Hugo évoque la fin du XVe siècle dans *Notre-Dame de Paris*. L'architecte Viollet-le-Duc souligne la rationalité des constructions médiévales, dont l'esthétique est pour lui indissociable de la fonction structurelle. Cette idée nourrit l'architecture moderne jusqu'à nos jours.

Illustration de *Notre-Dame de Paris* par Merson, 1881.

Les fabliaux

▶ **Garin, Rutebeuf, Bodel,** parmi les auteurs qui sont identifiés.

▶ Composés entre le XIIe et le XIVe siècle.

On ignore qui est l'auteur du fabliau *Le prudhomme qui sauva son compère*. Le texte fait partie des cent cinquante fabliaux dont on a conservé les manuscrits. Écrits entre 1160 et 1340, les fabliaux sont de petits récits burlesques dont la plupart des auteurs sont demeurés anonymes. Presque tous sont des « jongleurs » de profession, allant de ville en ville chanter leurs récits, ou des ménestrels attachés au service d'une famille noble qu'ils doivent divertir. Quelques fabliaux cependant sont l'œuvre de poètes connus, comme Rutebeuf ou Jean Bodel. Ils s'adressent à des publics très variés : grands seigneurs écoutant les jongleurs dans la salle des fêtes du château, bourgeois réunis autour d'un banquet ou badauds circulant au milieu des tréteaux de la foire.

Le fabliau, ancêtre de la nouvelle réaliste

« Conte à rire » en vers, le fabliau est un texte narratif bref écrit en octosyllabes à rimes plates qui raconte une histoire plaisante ou burlesque. Des personnages types peuplent l'univers des fabliaux. On y retrouve le paysan avare et sa femme rusée, le prêtre gourmand ou le moine paillard, le clerc habile à tromper, le naïf sans cesse berné... À l'opposé de la littérature courtoise, le fabliau multiplie les traits satiriques et les références à la vie quotidienne du Moyen Âge. Écrit pour faire rire, il n'hésite pas devant la grossièreté du langage et des situations, dressant le portrait critique de la société de son temps. On retrouvera plus tard l'atmosphère du fabliau dans de nombreuses nouvelles réalistes du XIXe siècle, et notamment les contes normands de Guy de Maupassant ou d'Octave Mirbeau.

GENRE Le roman

XIIIe siècle

Le prudhomme qui sauva son compère

Proche de la vie quotidienne au Moyen Âge, le fabliau s'inspire de situations familières. Il peut ainsi, comme dans *Le prudhomme[1] qui sauva son compère*, faire le récit d'une séance du tribunal, en mettant en scène des plaideurs qui s'affrontent sous les regards de juges indécis.

1. prudhomme : homme sage, avisé

Un jour un pêcheur s'en allait en mer pour tendre ses filets. Regardant devant lui il vit un homme près de se noyer. Il était vaillant et agile ; il bondit, saisit un grappin et le lance, mais par malchance il frappe l'autre en plein visage et lui plante un crochet dans l'œil. Il le tire dans son bateau, cesse de tendre ses filets, regagne la
5   terre aussitôt, le fait porter dans sa maison, de son mieux le sert et le soigne jusqu'à ce qu'il soit rétabli.

Plus tard, l'autre de s'aviser que perdre un œil est un grand dommage. « Ce vilain m'a éborgné et ne m'a pas dédommagé. Je vais contre lui porter plainte : il en aura mal et ennui. » Il s'en va donc se plaindre au maire qui lui fixe un jour pour
10   l'affaire.

Le Moyen Âge

Les deux parties, ce jour venu, comparaissent devant les juges. Celui qu'on avait éborgné parla le premier, c'était juste.

« Seigneurs, dit-il, je porte plainte contre cet homme qui naguère me harponnant de son grappin m'a crevé l'œil : je suis lésé. Je veux qu'on m'en fasse justice ;
15 c'est là tout ce que je demande et n'ai rien à dire de plus. »

L'autre répond sans plus attendre :

« Seigneurs, je lui ai crevé l'œil et je ne puis le contester ; mais je voudrais que vous sachiez comment la chose s'est passée : voyez si vous m'en donnez tort. Il était en danger de mort, allait se noyer dans la mer ; mais ne voulant pas qu'il périsse,
20 vite, je lui portais secours. Je l'ai frappé de mon grappin, mais cela, c'était pour son bien : ainsi je lui sauvai la vie. Je ne sais que vous dire encore ; mais, pour Dieu, faites-moi justice. »

Les juges demeuraient perplexes, hésitant à trancher l'affaire, quand un bouffon[2] qui était là leur dit : « Pourquoi hésitez-vous ? Celui qui parla le premier, qu'on
25 le remette dans la mer, là où le grappin l'a frappé et s'il arrive à s'en tirer, l'autre devra l'indemniser. C'est une sentence équitable. »

Alors, tous à la fois s'écrient : « Bien dit ! La cause est entendue. » Et le jugement fut rendu. Quant au plaignant, ayant appris qu'il serait remis dans la mer pour grelotter dans l'eau glacée, il estima qu'il ne saurait l'accepter pour tout l'or du monde.
30 Aussi retira-t-il sa plainte ; et même beaucoup le blâmèrent.

Aussi, je vous le dis tout franc : rendre service à un perfide, c'est là vraiment perdre son temps. Sauvez du gibet un larron[3] qui vient de commettre un méfait, jamais il ne vous aimera et bien plus, il vous haïra. Jamais méchant ne saura gré à celui qui l'a obligé : il s'en moque, oublie aussitôt et serait même disposé à lui nuire
35 et à le léser s'il avait un jour le dessus.

Anonyme, *Le prudhomme qui sauva son compère*,
XIIIe siècle, traduction G. Rouger, Éd. Gallimard.

2. bouffon : homme moqueur, insolent.
3. larron : voleur, brigand.

500 ▸ 1500

Observation

1. Retrouvez les cinq étapes du schéma narratif du récit constitué par le fabliau.

2. Retrouvez, dans le dialogue au tribunal, la thèse défendue par chacune des parties.

3. Quelles sont les valeurs qui s'opposent à travers le comportement des deux personnages ?

4. À travers quels détails le fabliau met-il en place un cadre réaliste ?

Analyse

5. Montrez, à travers l'étude du dialogue, comment le fabliau provoque le rire du lecteur.

6. Quelle leçon le dernier paragraphe tire-t-il du récit ? Pourquoi peut-on parler d'« apologue » ?

Comparer des textes. Recherchez la nouvelle de Guy de Maupassant intitulée « Tribunaux rustiques ». Expliquez comment l'écrivain naturaliste y recrée l'atmosphère du fabliau.

Notion

L'apologue

Sous la forme d'un fabliau, d'une fable ou d'une parabole, l'apologue a pour but d'instruire le lecteur. Il s'agit pour l'auteur de tirer une morale du récit, de faire une satire sociale et de dénoncer les travers des hommes et de leurs comportements. Le rire est ainsi mis au service de l'éducation.

Charles d'Orléans

▶ **Charles d'Orléans**
▶ Né à Paris le 24 novembre 1394.
▶ Décédé à Amboise le 5 janvier 1465.

Petit-fils de roi, Charles d'Orléans passe son enfance au centre des luttes qui opposent le clan des ducs d'Orléans à ceux de Bourgogne, en pleine guerre de Cent Ans. Il a treize ans quand son père est assassiné sur l'ordre de son cousin, le duc de Bourgogne. Sa mère meurt l'année suivante. Chef de parti, réputé pour sa bravoure, il mène à seize ans la vie pleine de dangers des camps de soldats. En 1415, Charles d'Orléans est fait prisonnier par les Anglais à la bataille d'Azincourt. Sa détention dure vingt-cinq ans. Libéré en 1440 contre une énorme rançon, il épouse la très jeune Marie de Clèves, âgée de quatorze ans, qui lui donne plusieurs enfants, dont le futur roi de France, Louis XII. Dans son château de Blois, il reçoit les écrivains de son temps, comme François Villon. Il rassemble ses poèmes dans un volume avant de mourir, en 1465.

ŒUVRES PRINCIPALES

Auteur de plus de cent ballades, de plus de cent cinquante chansons et de plusieurs centaines de rondeaux.

La poésie de l'exil

« Je suis celui au cœur vêtu de noir », écrit Charles d'Orléans. Très vite marqué par la violence, les deuils et le chagrin, il trouve refuge dans la poésie à laquelle il confie ses angoisses et ses inquiétudes. C'est au cours de son exil en Angleterre qu'il écrit ses *Ballades*. Il y exprime l'amour courtois pour sa dame, la nostalgie du doux « pays de France » et l'amertume d'apprendre la mort de ceux dont il est séparé. À son retour en France, dans son château de Blois, Charles d'Orléans aime se retirer dans la solitude. Ses rondeaux, ballades, chansons et complaintes sont l'expression mélancolique d'un moi inquiet qui fait de lui, avec François Villon, le plus grand poète du Moyen Âge.

OBJET D'ÉTUDE 1re Écriture poétique et quête du sens ➔ voir p. 46

Ballades et rondeaux
1450 – 1465

Poète d'inspiration courtoise, Charles d'Orléans compose essentiellement des rondeaux et des ballades. Il y exprime la douleur de la captivité, la mélancolie du temps qui passe et la nostalgie du pays natal.

Le temps a laissé son manteau…

Le temps a laissié son manteau
De vent, de froidure et de pluye,
Et s'est vestu de broderye,
De soleil luyant, cler et beau.

5   Il n'y a bête, ni oiseau
    Qui en son jargon[1] ne chante ou crie :
    Le temps a laissé son manteau
    De vent, de froidure et de pluie.

    Rivière, fontaine et ruisseau
10 Portent, en livrée[2] jolie,
    Gouttes d'argent d'orfèvrerie,
    Chacun s'habille de nouveau
    Le temps a laissé son manteau.

Le temps a laissé son manteau
De vent, de froidure et de pluie,
Et s'est vêtu de broderie,
De soleil luisant, clair et beau.

1. **jargon** : langage.
2. **livrée** : habit.

Le Moyen Âge

En regardant vers le pays de France

En regardant vers le païs de France,	En regardant vers le pays de France,
Un jour m'avint, a Dovre sur la mer,	Un jour m'advint, à Douvres sur la mer,
Qu'il me souvint de la doulce plaisance	Qu'il me souvint du doux plaisir
Que souloye oudit pays trouver.	Que je trouvais dans ce pays.
5 *Si commençay de cuer a souspirer,*	Ainsi mon cœur se mit à soupirer,
Combien certes que grant bien me faisoit	Encore que cela me fît grand bien
De voir France que mon cueur amer doit.	De voir la France que mon cœur doit aimer.

Je m'avisai que c'était par ignorance
Que je gardais de tels soupirs au fond du cœur,
10 Vu que je vois que commence la voie de la paix
Qui peut donner tous les biens.
Alors je changeai en réconfort mon souci.
Et mon cœur cependant jamais ne se lassait
De voir la France que mon cœur doit aimer.

15 Je chargeai alors sur la nef[1] d'Espérance
Tous mes souhaits en les priant d'aller
Au-delà de la mer, sans retard,
Et de me recommander à la France.
Que Dieu nous donne bonne paix sans tarder !
20 Qu'il en soit ainsi, et j'aurai le loisir
De voir la France que mon cœur doit aimer.

La Paix est un trésor qu'on ne peut trop louer.
Je hais la Guerre, je ne dois point l'estimer ;
À tort ou à raison, Elle m'a longtemps empêché
25 De voir la France que mon cœur doit aimer !

Charles d'Orléans, *Ballades et rondeaux*,
vers 1450-1465, orthographe modernisée.

1. la nef : le navire.

500 ▾ 1500

Observation

1. Retrouvez les caractéristiques de la ballade et du rondeau dans ces poèmes.

2. Quel thème principal chaque poème développe-t-il ? Quels messages le poète qui observe le monde qui l'entoure délivre-t-il au lecteur ?

3. Confrontez les deux poèmes en vous attachant à montrer leur opposition de ton et de forme.

4. Repérez et expliquez les sentiments contraires qu'éprouve le poète dans la première strophe du deuxième poème.

Analyse

5. Analysez la métaphore filée qui se développe tout au long du rondeau (p. 66). Qu'est-ce qui la justifie ?

6. Dans la ballade p. 67, repérez les allégories caractéristiques de l'univers de la littérature courtoise. Comment s'explique leur présence ?

Vers le commentaire. Dans un paragraphe argumenté et appuyé d'exemples, montrez comment cette poésie est comme une méditation sur l'univers et le sens qu'on peut lui donner.

Notion

Le rondeau et la ballade

Le rondeau est composé de deux quatrains et d'un quintil, écrits en vers de huit ou dix syllabes. Constitué des deux premiers vers, le refrain revient à la fin de la deuxième strophe, puis, réduit à un seul vers, à la fin du poème. La ballade se compose de trois strophes de huit octosyllabes ou de dix décasyllabes, suivies d'un envoi en forme de quatrain ou de quintil. Le refrain termine chaque strophe.

Villon

▶ **François de Montcorbier**
Pseudonyme : Villon

▶ Né à Paris en 1432.
▶ Décédé à Paris après 1463, à une date inconnue.

Orphelin de père, François de Montcorbier est recueilli, à l'âge de huit ans, par Guillaume de Villon, chanoine d'une église de Paris. Grâce à son « plus que père », dont il prend le nom, le jeune Villon poursuit des études au Quartier latin, dont il connaît les moindres ruelles. Il est reçu bachelier en 1449, puis licencié et maître ès arts de l'université de Paris en 1452. Destiné à une carrière de clerc, Villon tue un prêtre au cours d'une bagarre le 5 juin 1455. Il doit fuir et revient à Paris après avoir obtenu la levée des poursuites. La nuit de Noël 1456, il vole cinq cents écus d'or, en compagnie de quatre complices. De nouveau, il quitte Paris pour quatre années d'errance. On le trouve ainsi en compagnie des Coquillards, une bande de malfaiteurs, ou au château de Blois auprès du duc d'Orléans, ou encore en prison, à Meung-sur-Loire. De retour à Paris l'année suivante, Villon est de nouveau emprisonné à la suite d'une rixe au cours de laquelle un notaire est blessé. Condamné à « être pendu et étranglé », le poète fait appel et sa peine est commuée en bannissement. Villon quitte une dernière fois Paris, sans que l'on sache ce qu'il est devenu.

ŒUVRES PRINCIPALES

Poésie
Le Lais (1456),
Le Testament (1461-1462),
Épître à mes amis, *La Ballade des pendus* (vers 1460).

▶ L'œuvre de François Villon

● **La poésie satirique :** *Le Lais.* Long poème de 320 octosyllabes, répartis en 40 strophes de huit vers, *Le Lais*, c'est-à-dire *Le Legs*, est une œuvre satirique écrite en 1456-1457. Dans ce *Petit Testament*, Villon annonce son intention de quitter Paris et lègue ironiquement ses « biens » – mèches de cheveux, vieux souliers, coquille d'œuf – à ses amis, aux mendiants et aux religieuses.

● **La poésie lyrique :** *Le Testament.* Composé d'un long poème, dans lequel sont insérés des ballades et des rondeaux, *Le Testament* est écrit par Villon après son emprisonnement à Meung, en 1461.
La première partie exprime avec émotion son angoisse devant la mort, la mélancolie du temps qui passe et des amours enfuies.
La seconde partie reprend le principe du legs, à travers des dispositions conformes à celles d'un véritable testament.

● **La poésie tragique :** *La Ballade des pendus.* Parmi les autres poèmes de Villon, *L'Épitaphe Villon*, appelée *La Ballade des pendus*, apparaît comme son chef-d'œuvre. En 1463, alors qu'il est condamné à la pendaison, Villon fait parler ceux qui ont été exécutés et qui expriment leurs regrets en demandant pitié à Dieu. La description saisissante des cadavres livrés aux corbeaux suscite la compassion du lecteur.

▶ Le tragique de l'existence

À la charnière du Moyen Âge et de la Renaissance, François Villon apparaît comme le premier poète moderne. En effet, s'il perpétue la tradition de la poésie médiévale, à travers les formes fixes de la ballade et du rondeau, du legs et du testament, Villon crée une œuvre personnelle qui annonce les thèmes de la poésie moderne. Inspiré par sa propre expérience de mauvais garçon qui fréquente les brigands et les filles de joie, plusieurs fois emprisonné puis condamné à mort, Villon exprime la dimension tragique de la condition humaine. Son œuvre explore la fuite du temps et la hantise de la mort en mêlant le comique et le tragique, le réalisme macabre et le lyrisme pathétique.

Gravure illustrant le poème de Villon, dans une édition de la fin du XVe siècle.

Le Moyen Âge

OBJET D'ÉTUDE 1ʳᵉ **Écriture poétique et quête du sens** → voir p. 46

1456 1457

Le Testament

L'angoisse de la mort se retrouve dans les poèmes qui composent *Le Testament*. Villon évoque le souvenir des femmes illustres pour méditer sur la fuite du temps.

Ballade des dames du temps jadis

Dictes-moy où, n'en quel pays,
Est Flora, la belle Romaine ;
Archipiada, ne Thaïs,
Qui fut sa cousine germaine ;
5 *Echo, parlant quand bruyt on maine*
Dessus rivière ou sus estan,
Qui beauté eut trop plus qu'humaine ?
Mais où sont les neiges d'antan !

Dites-moi où, en quel pays,
Est Flora la belle Romaine ;
Archipiade, ou bien Thaïs,
Qui fut sa cousine germaine ;
Écho[1], parlant quand bruit on mène
Sur la rivière ou sur l'étang,
Qui eut beauté bien plus qu'humaine ?
Mais où sont les neiges d'antan !

Où est la très sage Héloïse,
10 Pour qui fut châtré et puis moine
Pierre Abélard à Saint-Denis ?
Pour son amour eut cet essoine[2].
Semblablement, où est la reine[3]
Qui commanda que Buridan
15 Fût jeté en un sac en Seine ?
Mais où sont les neiges d'antan !

La reine Blanche comme un lys,
Qui chantait à voix de sirène,
Berthe au grand pied, Béatrice, Alice ;
20 Harembourges, qui tint le Maine,
Et Jeanne, la bonne Lorraine,
Qu'Anglais brûlèrent à Rouen ;
Où sont-ils, où, Vierge souveraine ?
Mais où sont les neiges d'antan ?

25 Prince, n'enquérez de semaine
Où elles sont, ni de cet an,
Qu'à ce refrain ne vous ramène[4] :
Mais où sont les neiges d'antan !

François Villon, « Ballade des dames du temps jadis »,
Le Testament, 1456-1457, orthographe modernisée.

1. Écho : la nymphe Écho, aimée d'Apollon.

2. essoine : épreuve, outrage.

3. reine : Marguerite de Bourgogne, qui fit assassiner son amant.

4. ramène : ne demandez pas, ni cette semaine ni cette année, où elles sont, sans qu'à ce refrain je ne vous ramène.

500 1500

Observation

1. Retrouvez les caractéristiques de la ballade (voir page 67) dans le poème.

2. Repérez l'ensemble des personnages. Quel effet produit cette énumération ?

Analyse

3. Étudiez le rôle joué par le refrain. Pourquoi peut-on parler de lyrisme mélancolique ?

4. Analysez le système énonciatif que l'envoi met en place. Justifiez la rupture du système énonciatif avec les premières strophes du poème.

Comparer un poème et une chanson.
Recherchez la version chantée par Georges Brassens du poème de François Villon. Expliquez comment le chanteur met en valeur le rythme des vers par sa diction.

Notion

L'envoi

L'envoi est constitué par la dernière strophe d'une ballade. Il prend la forme d'un quatrain ou d'un quintil qui permet à l'auteur de rendre hommage à quelqu'un, souvent un roi ou un grand seigneur, à qui il s'adresse directement aux derniers vers du poème.

69

Villon

OBJET D'ÉTUDE 1ʳᵉ **Écriture poétique et quête du sens** → voir p. 46

Vers 1460

La Ballade des pendus

La Ballade des pendus a probablement été écrite au moment où Villon lui-même était condamné à mort. Avec émotion, le poète cherche à inspirer la compassion.

> Frères humains qui après nous vivez,
> N'ayez les cœurs contre nous endurcis,
> Car, si pitié de nous pauvres avez,
> Dieu en aura plus tôt de vous mercis[1].
> 5 Vous nous voyez ici pendus cinq, six :
> Quant à la chair, que trop avons nourrie,
> Elle est à présent dévorée et pourrie,
> Et nous, les os, devenons cendre et poudre.
> Que de notre mal personne ne rie ;
> 10 Mais priez Dieu qu'Il veuille tous nous absoudre !
>
> Si, frères, vous clamons[2], pas n'en devez
> Avoir dédain, quoique fûmes occis[3]
> Par justice. Toutefois, vous savez
> Que tous hommes n'ont pas bon sens rassis[4] ;
> 15 Excusez-nous, puisque nous sommes transsis[5],
> Envers le fils de la Vierge Marie,
> Que sa grâce ne soit pour nous tarie,
> Nous préservant de l'infernale foudre.
> Nous sommes morts, âme ne nous harie[6] ;
> 20 Mais priez Dieu qu'Il veuille tous nous absoudre !
>
> La pluie nous a lessivés et lavés,
> Et le soleil desséchés et noircis ;
> Pies, corbeaux, nous ont les yeux creusés,
> Et arraché la barbe et les sourcils.
> 25 Jamais nul temps nous ne sommes assis ;
> Ici, et là, comme le vent varie,
> À son plaisir sans cesse nous charrie,
> Plus becquetés d'oiseaux que dés à coudre.
> Ne soyez donc de notre confrérie ;
> 30 Mais priez Dieu qu'Il veuille tous nous absoudre !
>
> Prince Jésus, qui sur tous a maîtrise,
> Garde qu'Enfer n'ait sur nous seigneurie :
> À lui n'ayons que faire ni que souldre[7].
> Hommes, ici n'a point de moquerie ;
> 35 Mais priez Dieu qu'Il veuille tous nous absoudre !

François Villon, *La Ballade des pendus*,
vers 1460, orthographe modernisée.

1. mercis : pitié.

2. clamons : implorons, supplions.

3. occis : tués, mis à mort.

4. n'ont pas bon sens rassis : ne sont pas tous raisonnables.

5. transsis : morts, trépassés.

6. âme ne nous harie : que personne ne nous insulte, ne nous tourmente.

7. souldre : qu'avec lui nous n'ayons rien à faire ni comptes à rendre.

Observation

1. Par quels termes les destinataires du texte sont-ils désignés ? Qui s'adresse à eux ? Comment comprendre cet appel ?

2. Relevez et classez le lexique décrivant le corps des pendus. Quel est l'effet recherché ?

3. À quelles craintes les sentiments religieux sont-ils liés ?

Analyse

4. Étudiez les procédés qui provoquent la pitié du lecteur.

5. Comparez l'envoi avec celui des *Dames du temps jadis* (page 69).

6. De quelle manière le poète rend-il ses destinataires sensibles à la détresse des hommes ?

Le Moyen Âge

Le spectacle de la mort

Bruegel l'Ancien, *Le Triomphe de la mort*

Un siècle après Villon, Bruegel évoque également le thème de la mort, une mort universelle qui frappe humbles et puissants. C'est en effet une multitude que *la Faucheuse* entraîne sans répit et sans pitié, rappelant la triste condition des hommes.

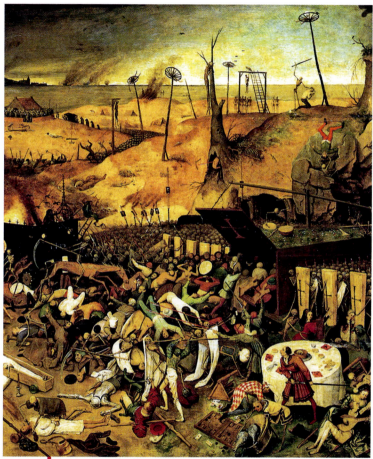

La mort est représentée par une armée de squelettes qui massacrent les vivants, avec la faux, symbole de la mort.

500 ▼ 1500

En écho à *La Ballade des pendus* de Villon, un gibet expose les corps des suppliciés.

Bruegel l'Ancien, *Le Triomphe de la mort*, vers 1562, huile sur bois, (détail).

Lecture d'image

1. Comment Bruegel rappelle-t-il ici la vanité des plaisirs de la vie face à la mort ?

2. Devant les hommes affolés, quels détails soulignent la dimension sonore de ce triomphe de la mort ?

3. En étudiant le thème de la mort dans le poème de Villon et dans le tableau de Bruegel, expliquez comment chacun exprime la dimension tragique de la condition humaine.

La représentation de la mort

À partir du XIVe siècle et la peste noire de 1348, on assiste à une dramatisation de l'image de la mort. Le goût du macabre, la reproduction du corps décomposé, l'évocation de l'effroi des vivants enseignent la vanité des plaisirs de l'existence et la crainte de la damnation éternelle.

71

SUJET DU BAC *Toutes séries*

OBJET D'ÉTUDE 1re ▶ **Écriture poétique et quête du sens, du Moyen Âge à nos jours**

TEXTES

Texte A : Clément Marot, « À un poète ignorant », *L'Adolescence clémentine*, 1532.
Texte B : Victor Hugo, « Fonction du poète » (extrait), *Les Rayons et les Ombres*, 1840.
Texte C : Arthur Rimbaud, *Lettre à Paul Demeny*, dite « Lettre du voyant », 15 mai 1871.

Texte A

À un poète ignorant

Qu'on mène aux champs ce coquardeau[1],
Lequel gâte (quand il compose)
Raison, mesure, texte et glose[2],
Soit en ballade ou en rondeau.

Il n'a cervelle ni cerveau.
C'est pourquoi si haut crier j'ose :
« Qu'on mène aux champs ce coquardeau. »

S'il veut rien faire[3] de nouveau,
Qu'il œuvre hardiment en prose
(J'entends s'il en sait quelque chose) :
Car en rime ce n'est qu'un veau,
    Qu'on mène aux champs.

Clément Marot, « À un poète ignorant »,
L'Adolescence clémentine, 1532.

1. **coquardeau** : sot, vaniteux.
2. **glose** : commentaire, explication.
3. **rien faire** : faire quelque chose.

Texte B

Fonction du poète

Dieu le veut, dans les temps contraires[1],
Chacun travaille et chacun sert.
Malheur à qui dit à ses frères :
Je retourne dans le désert !
Malheur à qui prend ses sandales
Quand les haines et les scandales
Tourmentent le peuple agité !
Honte au penseur qui se mutile
Et s'en va, chanteur inutile,
Par la porte de la cité !

Le poète en des jours impies[2]
Vient préparer des jours meilleurs.
Il est l'homme des utopies[3],
Les pieds ici, les yeux ailleurs.
C'est lui qui sur toutes les têtes,
En tout temps, pareil aux prophètes,
Dans sa main, où tout peut tenir,
Doit, qu'on l'insulte ou qu'on le loue,
Comme une torche qu'il secoue,
Faire flamboyer l'avenir !

Il voit, quand les peuples végètent !
Ses rêves, toujours pleins d'amour,
Sont faits des ombres que lui jettent
Les choses qui seront un jour.
On le raille[4]. Qu'importe ! Il pense.
Plus d'une âme inscrit en silence
Ce que la foule n'entend pas.
Il plaint ses contempteurs[5] frivoles ;
Et maint faux sage à ses paroles
Rit tout haut et songe tout bas !

Victor Hugo, « Fonction du poète »,
Les Rayons et les Ombres, 1840.

1. **contraires** : difficiles.
2. **impies** : sans foi, sans respect pour la religion.
3. **utopies** : mondes meilleurs.
4. **on le raille** : on se moque de lui.
5. **ses contempteurs** : ceux qui le méprisent.

Le Moyen Âge

Texte C

Lettre du voyant

Dans cette lettre adressée au poète Paul Demeny, Arthur Rimbaud définit sa conception de la poésie. Ce texte célèbre est connu sous le nom de « Lettre du voyant ».

La première étude de l'homme qui veut être poète est sa propre connaissance, entière ; il cherche son âme, il l'inspecte, il la tente, l'apprend. Dès qu'il la sait, il doit la cultiver ; cela semble simple : en tout cerveau s'accomplit un développement naturel ; tant d'*égoïstes* se proclament auteurs ; il en est bien d'autres qui s'attribuent leur progrès intellectuel ! [...]

Je *dis* qu'il faut être *voyant*, se faire *voyant*.

Le Poète se fait *voyant* par un long, immense et raisonné *dérèglement de tous les sens*. Toutes les formes d'amour, de souffrance, de folie ; il cherche lui-même, il épuise en lui tous les poisons, pour n'en garder que les quintessences. Ineffable torture où il a besoin de toute la foi, de toute la force surhumaine, où il devient entre tous le grand malade, le grand criminel, le grand maudit, – et le suprême Savant – car il arrive à *l'inconnu* ! [...]

Donc le poète est vraiment voleur de feu. Il est chargé de l'humanité, des *animaux* même ; il devra faire sentir, palper, écouter ses inventions ; si ce qu'il rapporte de *là-bas* a forme, il donne forme : si c'est informe, il donne de l'informe. Trouver une langue…

Arthur Rimbaud, *Lettre à Paul Demeny*, 15 mai 1871.

500
▼
1500

❶ Vous répondrez aux questions suivantes (4 points).

1. Quelle vision du poète expriment ces trois textes ?

2. Quelles remarques pouvez-vous faire sur la composition des textes A et B ?

❷ Vous traiterez au choix un des sujets suivants (16 points).

1. Commentaire
Vous commenterez le poème de Victor Hugo.

2. Dissertation
« La première étude de l'homme qui veut être poète est sa propre connaissance, entière », affirme Rimbaud. Vous discuterez cette conception de la poésie en vous appuyant sur le corpus et sur vos connaissances.

3. Invention
Vous rédigerez une réponse à la lettre de Rimbaud, dans laquelle vous soulignerez l'importance pour la poésie d'explorer le monde et la société, tout autant que soi. Vous illustrerez votre argumentation par des exemples précis du corpus et d'auteurs ou de poèmes que vous avez étudiés.

Zuccaro Taddeo (1529-1566), *François I*[er], *Charles Quint et le cardinal Farnèse à Paris*, 1562, fresque du palais Farnèse.

1500 1600

Le XVIe siècle

La Renaissance invente un monde nouveau. Protégés par les rois, comme François Ier, les lettres et les arts chantent un hymne à la vie. Le rire de Rabelais, la sensibilité de Ronsard, la sagesse de Montaigne, la passion de la connaissance des érudits et des savants contribuent à mettre l'Homme, libre et épanoui, au centre de l'univers.

CONTEXTE HISTORIQUE

Le temps de la Renaissance

Au XVe siècle naît le monde moderne. Espagnols, Portugais, Français découvrent des territoires inconnus ; la diffusion des livres imprimés change le rapport à l'autorité. Les sciences et les techniques évoluent : l'Homme sent qu'il peut construire un monde plus humain.

Étienne Leblanc, *François Ier à la bataille de Marignan*, miniature extraite des *Discours de Cicéron*, 1526.

L'HISTOIRE

Un royaume en guerre

▶ **Le pouvoir du roi de France**, dont nul ne conteste la légitimité, s'exerce sur le royaume le plus vaste de l'Europe occidentale grâce à une administration de plus en plus efficace. Mais toujours tentés par l'Italie, François Ier puis Henri II se lancent contre l'Espagne dans des guerres continuelles, meurtrières et coûteuses qui ne s'achèvent qu'en 1559 avec la paix du Cateau-Cambresis.

▶ **C'est la question religieuse** qui déchire alors la France. Dans les premières années de son règne, François Ier apparaît comme un prince moderne qui soutient les idées nouvelles. Mais lorsqu'en 1534 des écrits hostiles à la célébration de la messe sont placardés jusque sur la porte de la chambre royale, il persécute brutalement les réformés, les futurs protestants. Le fossé se creuse alors tragiquement entre catholiques et protestants et, à partir de 1562, éclatent des guerres civiles qui mettent le pays à feu et à sang. La nuit de la Saint-Barthélemy, du 23 au 24 août 1572, les chefs protestants réunis à Paris sont sauvagement massacrés. La paix ne revient qu'en 1598 : Henri IV, converti au catholicisme, proclame l'édit de Nantes qui accorde aux protestants sécurité et liberté de culte.

LES SCIENCES

La difficile naissance de l'esprit scientifique

▶ **Les humanistes commencent à observer la réalité** pour en dégager des lois comme le montrent les manuscrits de Léonard de Vinci. Les savants de la Renaissance ont cependant souvent du mal à se distinguer des alchimistes. On continue à prêter aux astres des sentiments humains. Peu à peu, pourtant, certains savants remettent en cause les théories des Anciens qu'ils éditent et étudient avec passion.

▶ **Si chimie et physique ne progressent pas**, les foyers humanistes, à Padoue, à Bologne, à Bâle, à Lyon, ont permis des avancées considérables en chirurgie, en cartographie, en astronomie.

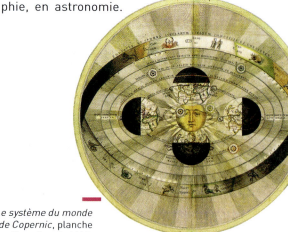

Le système du monde de Copernic, planche d'un atlas de 1661.

André Vésale est un des premiers à pratiquer la dissection du corps humain et Michel Servet fait progresser l'étude de la circulation sanguine. En 1543, Copernic s'appuie sur des calculs mathématiques pour affirmer que la Terre tourne autour du Soleil. Les savants doivent rester prudents. Copernic a ainsi attendu trente ans pour publier son traité et, en 1553, Servet meurt sur le bûcher à l'instigation de Calvin.

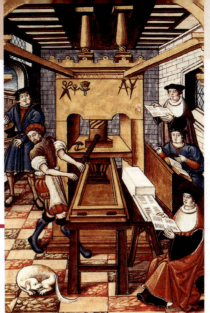

Une imprimerie au XVIe siècle, miniature extraite des *Chants royaux*, vers 1520.

LA SOCIÉTÉ

L'aggravation des inégalités

Du monde féodal au monde moderne, l'évolution est lente. La société de la Renaissance reste une société chrétienne, divisée en corporations qui ont chacune leurs privilèges et leurs devoirs, inégalement distribués. Chaque ordre a sa hiérarchie qui n'exclut pas une relative mobilité. L'aristocratie reste la classe dominante ; elle subit certes de nombreuses transformations. Un roturier peut devenir noble par une lettre royale, accordée avec parcimonie, ou par une charge anoblissante, ou par son mode de vie. Dans tous les cas, il faut disposer d'une jolie fortune.

demeures, et les pauvres sous-alimentés qui sont tenus de plus en plus à l'écart. Le raffinement de la culture humaniste a pu ainsi marginaliser les milieux populaires.

LA CULTURE

Les succès du livre imprimé

▶ **Le succès du livre imprimé** est l'événement majeur. Les caractères mobiles, apparus vers 1450 dans les ateliers de Gutenberg, ont été mis au point vers 1500. Les imprimeries fleurissent dans toute l'Europe : à Venise, chez Alde Manuce, à Anvers, chez Christophe Plantin, et atteignent Mexico et Lima. De 1450 à 1500, 15 millions d'exemplaires sortent des presses et de 1500 à 1600, cent cinquante millions de titres sont imprimés ! Des ouvrages pieux sont ainsi diffusés, puis des classiques grecs et latins dans des éditions de plus en plus rigoureuses, enfin des ouvrages en langue nationale. La découverte des œuvres antiques appelle en effet les traductions et contribue au développement du français.

Bal à la Cour d'Henri III, peinture à l'huile, XVIe siècle.

▶ **Les rois, les princes, les grands seigneurs** aiment s'entourer d'artistes et d'écrivains qui contribuent à leur prestige. Ainsi, on fait appel aux artistes et aux poètes pour contribuer aux fastueuses entrées royales : lorsque le Roi visite une ville de son royaume, on fête sa présence par des processions, des poèmes, des scènes de théâtre. Les héros de la mythologie antique, remis à la mode par les humanistes, deviennent des symboles du pouvoir royal. Et pour prolonger l'événement, on imprime des *Relations* et des *Livrets*.

▶ **Les nouveaux nobles**, plus âpres au gain, sont plus durs avec les paysans dont la situation empire. Il existe cependant une grande différence entre riche paysan qui collecte l'impôt et le journalier qui doit faire plusieurs métiers pour survivre. D'une façon générale, l'écart se creuse entre les riches luxueusement vêtus, grassement nourris, qui font la fête entre eux dans leurs élégantes

REPÈRES littéraires

OBJET D'ÉTUDE *PREMIÈRE*

Écriture poétique et quête du sens, du Moyen Âge à nos jours

L'écriture poétique et la quête du sens à la Renaissance

La rupture que la Renaissance a voulu opérer avec le Moyen Âge se manifeste avec un éclat particulier dans le domaine de la poésie. S'appuyant sur la relecture des auteurs anciens et les nouveautés de la poésie italienne, sensible à tous les débats qui déchirent le royaume, passant de la philosophie à l'expérience la plus familière, l'écriture poétique s'affirme comme un moyen d'expression irremplaçable.

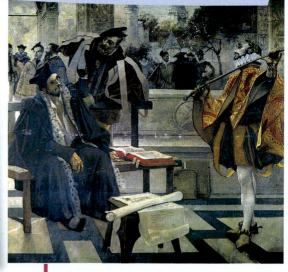

Dorat, le professeur érudit de Ronsard et de Du Bellay.

La poésie lyrique

En 1549, les jeunes poètes de La Pléiade, dont Du Bellay se fait le porte parole, imposent avec fracas une nouvelle conception de la poésie, imprégnée des conceptions néo-platoniciennes : elle n'est pas jeu de mots, divertissement artificiel, mais l'expression la plus exigeante d'une vérité. Véritable messager des dieux, le poète inspiré est pris par la « fureur », qui le conduit par degrés à la contemplation du monde. Fondées sur une lecture approfondie des mythes antiques, les Odes, les Hymnes de Ronsard ne s'adressent qu'à un public savant : la langue poétique qui s'offre à de multiples lectures n'a rien de commun avec la langue ordinaire.

Ce concert dans un jardin exprime le goût d'une société raffinée.

Les voix du renouveau

Les combinaisons complexes, raffinées mais artificielles, des grands rhétoriqueurs laissent place à des œuvres plus singulières qui donnent une nouvelle orientation à l'écriture poétique. S'il ne rompt pas avec les formes de la poésie médiévale dont il joue avec virtuosité, Clément Marot fait partager à son lecteur les incidents plaisants ou douloureux dont est tissée sa vie vagabonde. À Lyon, s'inspirant de l'Italie toute proche, les sonnets attribués à Louise Labé font vibrer la voix d'une femme passionnée. Dans les psaumes traduits par Marot, comme dans les poèmes religieux de Marguerite de Navarre s'affirme une exigence nouvelle : la sincérité.

Une édition de 1562 des œuvres de Du Bellay, auteur « angevin ».

Le XVIe siècle

Cassandre Salviati, aimée et célébrée par Ronsard.

Le lyrisme personnel

Sans rien renier de leurs ambitions, les jeunes poètes de la Pléiade sentent vite le besoin de renouer le contact avec le public. Trois ans après s'être inspiré de Pétrarque, Du Bellay se moque des poètes qui imitent Pétrarque. Ronsard adresse des poèmes d'amour à Marie et, tout en s'inspirant des poèmes antiques, prône le « doux style bas » qui peut toucher directement le public de la cour. Tandis que Ronsard corrige ses œuvres pour les rendre plus claires, plus directes, Du Bellay fait de ses poèmes qu'il appelle « papiers journaux » le moment d'une confidence où le poète livre ses sentiments les plus profonds. La poésie appelle chacun à méditer sur le temps qui passe, la fragilité des êtres, le douloureux bonheur d'aimer.

Trois femmes debout dessinées par un peintre italien.

Un plat en faïence, dessiné par Bernard Palissy, représentant le printemps.

ŒUVRES À CONSULTER

Du Bellay : *Les Antiquités de Rome* → p. 92
Du Bellay : *Les Regrets* → p. 94
Ronsard : *Continuation des amours* → p. 100
Ronsard : *Second Livre des Amours* → p. 101
Ronsard : *Sonnets pour Hélène* → p. 102
Labé : *Œuvres* → p. 104
D'Aubigné : *Les Tragiques* → p. 112

1500 ▼ 1600

La poésie engagée

La poésie n'échappe pas à la violence qui déchire le pays et toute la chrétienté. Ronsard se fait le défenseur du pouvoir royal et de l'orthodoxie catholique. Dans les *Discours des Misères de ce temps*, le poète dénonce une hérésie qui met la France en danger, ce qui suscite des pamphlets auxquels Ronsard répond avec l'énergie qui lui est propre. Dans *Les Tragiques*, le poète protestant d'Aubigné fond dans un seul chef-d'œuvre toutes les modulations possibles : tour à tour railleuse, tragique, épique, mystique, la poésie y déploie avec une véhémence inoubliable cette parole qui emporte vers la vérité, celle-là même que les poètes de la Pléiade appelaient de leurs vœux.

Les fêtes de la Renaissance, comme ici ce bal sous Henri IV.

Les massacres épouvantables de la Saint-Barthélemy.

79

REPÈRES littéraires

OBJET D'ÉTUDE PREMIÈRE
La question de l'Homme dans les genres de l'argumentation du XVIe siècle à nos jours

La question de l'Homme dans l'argumentation à la Renaissance

Un livre d'instruction religieuse destiné aux enfants.

La diffusion de l'imprimerie, la relecture des textes antiques, la découverte de nouveaux continents ont conduit le XVIe siècle à poser en termes neufs la question de l'Homme. Être humaniste, n'est-ce pas avoir confiance en l'homme ? Mais dans les romans de Rabelais, les écrits d'Érasme, ou les *Essais* de Montaigne, cette confiance n'est jamais aveugle.

L'homme et Dieu

Grâce aux progrès de l'imprimerie, le croyant peut avoir accès directement aux textes sacrés : les éditions de la Bible se multiplient dans toute l'Europe. La religion traditionnelle, avec les messes, les confessions, les jeûnes, semble se limiter à des rites vides de sens. Érasme, avec les évangélistes, comme Rabelais, appelle le croyant à s'adresser

La confiance en l'homme

S'appuyant sur la lecture et l'interprétation des philosophes grecs, en particulier Platon, les humanistes célèbrent l'autonomie de l'être humain. Dans son essai « De la Dignité de l'homme », Pic de la Mirandole affirme qu'« on ne peut rien voir de plus admirable que l'homme ». Par la médiation de l'amour et de la connaissance, l'homme peut accéder à la vérité divine. L'homme ne peut cependant déployer toutes les qualités inhérentes à sa nature, sans un effort constant et approfondi. C'est pourquoi les humanistes se passionnent pour les questions de l'enseignement. Il s'agit certes de diffuser les connaissances mais aussi de développer un nouvel usage de la raison qui permette à chacun de devenir meilleur : exigence éthique et méthode pédagogique sont étroitement liées. Les humanistes savent à quel point il est difficile de devenir un être humain.

Jean Bourdichon représente Anne de Bretagne agenouillée, en prière.

Saint Jérôme lisant, étudiant, dans le silence et la solitude.

Le XVIᵉ siècle

directement et méthodiquement à Dieu. Ainsi Gargantua prie-t-il le Créateur, « le glorifiant de sa bonté immense ». Mais il y a loin de la foi de Rabelais qui appelle à vivre joyeux à la doctrine calviniste de la Prédestination selon laquelle Dieu « ordonne les uns à vie éternelle, les autres à éternelle damnation ». Le scepticisme de Montaigne le conduit à placer Dieu si loin de l'homme qu'il ouvre la voie aux libertins du siècle suivant.

La vie de la foi chrétienne au milieu d'un intérieur flamand.

L'homme et le Nouveau Monde

En quelques années, les Européens découvrent tous les territoires accessibles à des marins, et se trouvent confrontés à des sociétés qu'ils n'avaient pas imaginées et qui leur donnent une tout autre image de l'humanité. Si les conquérants portugais et espagnols s'imposent par la violence, en tuant, en volant, en asservissant, la découverte de ce nouveau monde conduit à s'interroger sur la diversité des hommes et des sociétés. On s'affronte pour savoir comment les convertir, par une vertu exemplaire ou par la force, mais on trouve évident de devoir les convertir. Montaigne est un des rares à les trouver sociables et raisonnables : sa rencontre avec trois hommes du Nouveau Monde est l'occasion de remettre en cause les habitudes et les injustices du monde qui se dit civilisé.

Une caravelle à la découverte de nouveaux mondes.

> ### ŒUVRES À CONSULTER
> Rabelais : *Gargantua* → p. 90
> Montaigne : *Essais* → p. 109

Habitants des Antilles vus par les premiers explorateurs.

L'homme dans la cité

Pendant tout le XVIᵉ siècle, l'Europe, et la France en particulier, est déchirée par des guerres continuelles. C'est pourquoi la question du pouvoir est au cœur des réflexions des humanistes. Ils rêvent d'un prince chrétien qui mettrait le royaume sur la voie de la paix et de la liberté. On tente de définir les conditions d'une guerre juste pour condamner et éviter les guerres de conquête. Érasme plaide pour que la paix soit choisie à tout prix. Rabelais dans *Gargantua* rappelle que le vainqueur doit respecter le vaincu. Mais Machiavel dans *Le Prince* montre la nécessité de la force tandis que la Boétie dénonce la servitude volontaire par laquelle les sujets renoncent à leur liberté. La question politique est ainsi au cœur de la question de l'homme.

Erasme de Rotterdam, l'un des grands humanistes de la Renaissance.

Le roi Henri IV avec son panache blanc à la bataille d'Arques.

1500
1600

REPÈRES littéraires

OBJET D'ÉTUDE *PREMIÈRE L*

Vers un espace culturel européen : Renaissance et humanisme

Renaissance et humanisme

Dès la fin du XVe siècle, un puissant mouvement intellectuel mené par des savants passionnés se répand à travers toute l'Europe. L'humanisme place l'homme au centre des préoccupations politiques et morales. Il affirme sa confiance dans l'épanouissement d'une culture européenne commune à travers la circulation des idées et des formes artistiques.

La soif de savoir

La relecture des textes antiques, associée à la soif de savoir qui caractérisent le mouvement humaniste, marquent la fin du Moyen Âge et le début de la Renaissance. Les écrivains, les juristes, les savants reviennent à l'étude du grec et du latin pour redécouvrir les grands auteurs de l'Antiquité, dont l'Église avait donné une fausse image. L'étude scientifique des textes de l'Antiquité, ou « humanités », devient ainsi le fondement de l'humanisme.

▬ La découverte passionnée du corps humain dans les dessins de Léonard de Vinci.

▬ Protecteur des arts, François Ier, à qui un admirateur offre un livre.

La découverte de l'imprimerie permet de rendre la Bible accessible à tous, mais aussi de diffuser les connaissances nouvelles, regroupées au sein de grandes bibliothèques. L'essor des mathématiques et de l'astronomie, les progrès de la médecine renouvellent la perception de l'univers et contribuent au changement des mentalités. Les grands voyageurs, comme le Portugais Magellan ou l'Italien Christophe Colomb, ouvrent la voie à de multiples expéditions qui permettent de dessiner la carte du monde.

Christophe Colomb découvre les Antilles en 1492.

Un nouveau cadran solaire pour la navigation.

Le XVIe siècle

Un dictionnaire du latin, qui permet la lecture des textes antiques.

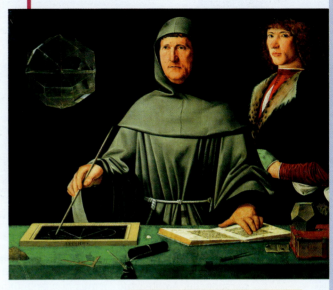

L'astronome établit le système des planètes.

La place centrale de l'homme

L'humanisme place l'homme au centre de toutes ses préoccupations. En développant ses qualités physiques et intellectuelles, l'homme peut connaître l'épanouissement d'une existence libre. Les humanistes créent ainsi une forme nouvelle d'éducation qui allie le goût de l'étude et celui de la curiosité. À leurs yeux, l'éducation rend l'individu meilleur et lui permet d'accéder à une forme de sagesse qui doit guider les puissants vers un idéal de paix et de prospérité.

À l'angoisse de la mort, présente à travers les épidémies, les guerres et les famines, les humanistes opposent une vision optimiste de l'existence. Ils célèbrent la satisfaction des sens : les vertus morales sont inséparables des plaisirs physiques.

▶ **ŒUVRE À CONSULTER**
Rabelais : *Pantagruel* → p. 88

1500 ▼ 1600

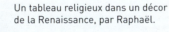

Un tableau religieux dans un décor de la Renaissance, par Raphaël.

Une culture européenne commune

Principal foyer de la renaissance des arts, l'Italie est le berceau d'une esthétique nouvelle. La peinture, la sculpture, l'architecture, la poésie développent un idéal d'élégance et d'harmonie. L'humanisme est d'abord un mouvement européen. Il se développe à travers l'échange et la circulation des hommes et des idées. Les écrivains et les savants correspondent à travers toute l'Europe en latin, la langue commune héritée de l'Antiquité. De grandes villes européennes deviennent des centres de l'humanisme, dans lesquels se rencontrent écrivains, artistes et mécènes de la Renaissance.

Guillaume Budé, l'écrivain humaniste au milieu des livres.

La grâce d'un ange peint par Raphaël.

83

Marot

▶ **Clément Marot**
▶ Né à Cahors à la fin de l'année 1496.
▶ Mort à Turin en septembre 1544.

Élevé par un père lui-même poète, Clément Marot est rapidement introduit à la cour où il plaît par d'amusants poèmes de circonstances. Mais, proche des évangélistes soupçonnés d'être partisans de Luther, il est parfois imprudent et plusieurs fois emprisonné. En 1535, il doit s'exiler en Navarre, puis à Ferrare et à Venise. Admis à rentrer en France après avoir abjuré son luthérianisme en 1536, il triomphe à la cour par des œuvres variées, des épîtres, des élégies, des coqs-à-l'âne, des traductions qui montrent la diversité de ses talents. De nouveau inquiété, il se réfugie en 1542 à Genève puis à Turin, où il meurt sans avoir pu revenir en France.

ŒUVRES PRINCIPALES

Poésie
L'Adolescence clémentine (1532), *L'Enfer* (1539).

Traduction de la Bible
Les Psaumes (1541).

Marot et l'humour en poésie

Sans renier l'héritage des grands poètes du Moyen Âge qui lui font aimer les jeux sur les mots, les rimes équivoques, les ballades, Marot a su faire de la poésie l'occasion d'une expression personnelle. Amateur de formes brèves, jouant des mots de tous les jours, il fait de chaque incident de sa vie – maladie, emprisonnement, exil, amour – le prétexte d'une lettre, d'un appel, d'une plainte, d'un remerciement. Chaque poème devient ainsi une action où il engage une part de sa vie et une confidence où il se montre à la fois désinvolte et inquiet. De là cette impression d'élégance et de naturel qui séduira les poètes classiques.

OBJET D'ÉTUDE 1re **Écriture poétique et quête du sens** ➜ voir p. 78

1532 L'Adolescence clémentine

La forme contraignante du rondeau permet à Marot d'évoquer avec le sourire des événements pénibles : son séjour en prison, l'éloignement de son amie.

Rondeau parfait à ses amis après sa délivrance

En liberté maintenant me promène,
Mais en prison pourtant je fus cloué :
Voilà comment Fortune[1] me démène[2].
C'est bien, et mal. Dieu soit de tout loué.

5   Les Envieux ont dit que de Noé[3]
N'en sortirais : que la Mort les emmène !
Malgré leurs dents le nœud est dénoué.
En liberté maintenant me promène.

Pourtant, si j'ai fâché la Cour romaine,
10   Entre méchants ne fus oncq[4] alloué[5].
Des bien famés[6] j'ai hanté[7] le domaine ;
Mais en prison pourtant je fus cloué.

---

1. Fortune : déesse qui préside aux hasards de la vie.
2. démène : traite.
3. de Noé : avant Noël.
4. oncq : jamais.
5. alloué : admis, accordé.
6. bien famés : qui ont bonne réputation.
7. hanté : fréquenté.

84

Le XVIᵉ siècle

Car aussitôt que fus désavoué
De celle-là qui me fut tant humaine,
15 Bientôt après à saint Pris[8] fus voué :
Voilà comment Fortune me démène.

J'eus à Paris prison fort inhumaine,
À Chartres fus doucement encloué ;
Maintenant vais où mon plaisir me mène.
20 C'est bien, et mal. Dieu soit de tout loué.

Au fort[9], Amis, c'est à vous bien joué,
Quand votre main hors du parc me ramène.
Écrit et fait d'un cœur bien enjoué,
Le premier jour de la verte Semaine[10],
25   En liberté.

Clément Marot, *L'Adolescence clémentine*,
rondeau LXVII, 1532.

8. saint Pris : jeu de mots sur saint Prix, martyr, patron des prisonniers.
9. Au fort : après tout.
10. verte Semaine : première semaine de mai.

De celui qui est demeuré, et s'amie s'en est allée

Tout à part soi est mélancolieux
Le tien servant, qui s'éloigne des lieux,
Là où l'on veut chanter, danser et rire :
Seul en sa chambre il va ses pleurs écrire,
5 Et n'est possible à lui de faire mieux.

Car quand il pleut, et le Soleil des Cieux
Ne reluit point, tout homme est soucieux,
Et toute bête en son creux se retire
        Tout à part soi.

10 Or maintenant pleut larmes de mes yeux,
Et toi, qui est mon Soleil gracieux,
M'as délaissé en l'ombre de martyre :
Pour ses raisons, loin des autres me tire,
Que mon ennui ne leur soit ennuyeux
15   Tout à part soi

Clément Marot, *L'Adolescence clémentine*,
rondeau XLVIII, 1532.

1500
▼
1600

Observation

1. Comment le « rondeau parfait » est-il composé ?

2. Relevez dans le « rondeau parfait » les verbes de mouvement : à quels mots s'opposent-ils ?

3. Dans le rondeau « De celui qui est demeuré », relevez les trois mots mis en valeur par une diérèse (une syllabe compte pour deux).

Analyse

4. Comment le poète fait-il sentir le bonheur d'être libre ?

5. Analyser l'humour de Marot dans les deux poèmes.

Vers le commentaire. Vous comparerez les deux rondeaux de Marot en étudiant la composition des poèmes, le rôle des images et l'humour du poète.

Notion

La poésie et l'humour

Si l'ironie se veut souvent cinglante, l'humour ne cherche pas à blesser : il présente les événements les plus douloureux avec une sorte de détachement qui amène parfois le poète à sourire de lui-même et des malheurs qui l'accablent. Il donne alors sa couleur propre à l'émotion poétique.

Rabelais

▶ **François Rabelais**
▶ Né près de Chinon, vers 1483.
▶ Décédé à Paris le 9 avril 1553.

On ne sait à quel âge François Rabelais, sans doute fils d'un avocat, est entré chez les Franciscains, moines mendiants proches des milieux populaires, facilement irrespectueux. Ils ne semblent pas favorables à l'humanisme, mais Rabelais connaît le grec et correspond avec le grand humaniste Guillaume Budé. En 1524, se passionnant pour la médecine, il quitte les Franciscains, à qui ce domaine était interdit, pour les Bénédictins. Après des études à Montpellier, il est nommé médecin en 1532 à Lyon. La même année, il publie *Pantagruel*, qu'il prolonge par *Gargantua* en 1534. Ces ouvrages sont condamnés par la Sorbonne mais Rabelais est protégé par de puissants personnages : Jean du Bellay, évêque de Paris puis cardinal, et son frère Guillaume, gouverneur du Piémont. À plusieurs reprises, en 1532, 1536, 1547, Rabelais séjourne à Rome. Médecin personnel et sans doute secrétaire du cardinal, il participe de près aux intrigues diplomatiques où se joue le sort de l'Europe.

En 1546, le roi François Ier autorise la parution du *Tiers Livre* mais la faculté catholique de la Sorbonne condamne immédiatement ce nouvel épisode des aventures de Pantagruel. Si Rabelais est amené par prudence à se réfugier à Metz, il continue à écrire et, fort de l'appui du roi dont il défend la politique, il publie en 1548 une première version du *Quart Livre* dont l'édition définitive paraît en 1552. De nouveau condamné par la Sorbonne, Rabelais est aussi devenu la cible du protestant Calvin. C'est en fidèle chrétien qu'il meurt avant d'avoir pu achever le *Cinquième Livre* qui ne paraît qu'en 1562.

ŒUVRES PRINCIPALES

Romans
Pantagruel (1532), *Gargantua* (1534), *Tiers Livre* (1546), *Quart Livre* (1552), *Cinquième Livre* (1564, ouvrage posthume attribué à Rabelais).

Portrait de Rabelais exécuté au XVIIe siècle

▶ L'œuvre de Rabelais

Rabelais a publié des ouvrages érudits, des traductions de médecins grecs, des récits, mais c'est le cycle romanesque de *Pantagruel* qui le révèle comme un écrivain hors pair.

● ***Pantagruel* et la parodie de la littérature épique.** Inspiré par de populaires histoires de géants, Rabelais s'amuse à évoquer la jeunesse de Pantagruel qui fait le tour des plus célèbres universités avant d'atteindre Paris où il rencontre Panurge, un farceur capable de tout dont il fait son ami. L'essentiel est ce climat de carnaval où tous les thèmes sérieux se retrouvent mis à distance : l'homme et ses langages, ses savoirs, son corps sont présentés dans tous leurs états ; tous les tabous semblent levés le temps d'une fête qui s'adresse à tous les publics.

● ***Gargantua* et le manifeste de l'humanisme.** Rabelais profite du succès de *Pantagruel* pour évoquer le père de celui-ci, le géant Gargantua. Les épisodes attendus – naissance, enfance, éducation, exploits du héros – sont couronnés par la splendide fiction de l'abbaye de Thélème. De façon plus systématique que dans *Pantagruel*, Rabelais semble défendre les positions des humanistes évangélistes mais le rire ne perd pas ses droits : l'école parfaite, la guerre juste, le couvent de la liberté sont présentés avec humour. Aucun idéal n'est à prendre absolument au sérieux.

● **Le *Tiers Livre* et l'enquête parodique.** Panurge hésite à se marier. Il consulte un poète, un

Gravure illustrant *Les Songes drolatiques de Pantagruel*, 1565.

précepteur, un médecin, un théologien, un juge, un muet sans parvenir à une réponse décisive. Le livre s'achève par l'éloge du pantégruélion, plante merveilleuse qui donne « certaine gaieté d'esprit confite en mépris des choses fortuites ». Ces dialogues pleins de verve invitent à écouter les autres pour fuir l'égoïsme et à rire de ce que nous croyons savoir.

Une scène burlesque et familière, comme on en trouve dans l'œuvre de Rabelais : Pierre Bruegel le Jeune, *L'Arracheur de dents* (détail), XVIᵉ siècle.

Illustration de Gustave Doré (1832-1883). Pantagruel, Panurge et frère Jean au milieu de la tempête.

▶ Le rire de Rabelais

Le roman de Rabelais a suscité des interprétations contradictoires : est-ce l'ouvrage d'un farceur, d'un incroyant, d'un chrétien fervent, d'un philosophe obscur ? Sans doute est-il tout cela à la fois, mais l'essentiel n'est-il pas d'être emporté par la force d'un rire qui nous fait voir notre bêtise ? Avec une verve étourdissante qui brasse tous les langages, les plus savants comme les plus orduriers, qui joue avec les sens, la saveur, les sonorités des mots, Rabelais se moque de nos certitudes et laisse chacun libre d'y trouver, comme il veut, son bonheur. Il combat ceux qu'il appelle des « agélastes », des gens qui ne rient pas, qui ne savent qu'aboyer, qui croient détenir la vérité et sèment la mort sans sourciller. Aussi le rire de Rabelais est-il un signe de joie, un appel à vivre : rire fraternel qui donne l'envie non « de prendre et de recevoir mais de distribuer et de donner ».

● **Le *Quart Livre* et le voyage initiatique.** *Pantagruel* et ses amis embarquent en quête du « mot de la Bouteille ». Cette croisière les conduira, après une terrible tempête, chez les Papefigues (les protestants) et les Papimanes (les catholiques). Ils pourront enfin saluer Messer Gaster (l'estomac, notre maître à tous). Au cours de cette longue errance menée par un écrivain au faîte de son art, le rire se fait plus noir, l'ironie plus amère. Les contours compliqués de la bêtise humaine, sa sournoise violence, son increvable résistance rendent difficile un rire pourtant de plus en plus nécessaire.

● **Le *Cinquième Livre*.** Ce dernier épisode, publié longtemps après la mort de Rabelais, permet à *Pantagruel* et ses amis de connaître enfin l'oracle de la Dive Bouteille : c'est *Trinc*, qui signifie « buvez ». Si dans le vin « est vérité cachée », c'est à chacun de trouver cette vérité : « Soyez vous-mêmes interprètes de votre entreprise. »

La chambre de François Rabelais à Chinon.

Rabelais

OBJET D'ÉTUDE 1ʳᵉ | **Renaissance et humanisme** → voir p. 82

1532 | Pantagruel

Gargantua écrit à son fils Pantagruel, étudiant à Paris, pour l'inciter à travailler avec passion. Il doit mettre pleinement à profit cette époque qui, dans tous les domaines, a rendu les sciences accessibles à tous. Jamais ni en Grèce ni à Rome, écrit Gargantua, on n'a eu autant de possibilités de s'instruire. C'est pourquoi Pantagruel doit employer sa « jeunesse à bien profiter en étude et en vertu ».

Laisse-moi de côté l'astrologie divinatrice et l'art de Lullius[1], qui ne sont que tromperies et fadaises. Du droit civil, je veux que tu saches par cœur les beaux textes, et que tu me les confrontes avec la philosophie.

Et quant à la connaissance des faits de nature, je veux que tu t'y adonnes avec soin ;
5 qu'il n'y ait mer, rivière, ni fontaine, dont tu ne connaisses les poissons ; tous les oiseaux de l'air, tous les arbres, arbustes et buissons des forêts, toutes les herbes de la terre, tous les métaux cachés au ventre des abîmes, les pierreries de tout Orient et Midi, que rien ne te soit inconnu.

Puis soigneusement, étudie sans cesse les livres des médecins Grecs, Arabes, et La-
10 tins, sans négliger les Talmudistes et les Cabalistes[2] ; et par de fréquentes dissections, acquiers une parfaite connaissance de l'autre monde, qui est l'homme. Et pendant plusieurs heures par jour, commence à étudier les saintes Lettres. Premièrement en Grec, le Nouveau Testament et les Épîtres des Apôtres. Et puis en hébreu, l'Ancien Testament. En somme, que je voie en toi un abîme de science. Car maintenant que tu deviens homme
15 et que tu te fais grand, il te faudra sortir de cette tranquillité et de ce repos que donne l'étude, et apprendre la chevalerie et les armes pour défendre ma maison, et secourir nos amis en toutes leurs affaires contre les assauts des malfaisants. Et je veux que, bientôt, tu montres combien tu as progressé : ce que tu ne pourras mieux faire qu'en débattant de tout sujet, publiquement, envers tous et contre tous, et en fréquentant les gens lettrés,
20 qui sont aussi nombreux à Paris qu'ailleurs.

Mais parce que selon le sage Salomon, la sagesse n'entre point en une âme malveillante, et que science sans conscience n'est que ruine de l'âme, il te convient de servir, d'aimer et de craindre Dieu et de mettre en lui toutes tes pensées et tout ton espoir.

> **François Rabelais**, *Pantagruel*, chapitre VIII, 1532.
> Éd. du Seuil, 1973 et novembre 1995, coll. Points, 1997.

1. Lullius : l'alchimiste espagnol Raymond Lulle (XIIIᵉ siècle).

2. Cabalistes : médecins juifs très estimés.

Observation

1. Classez les différents domaines à étudier. Lequel est exclu ?

2. Relevez une accumulation : que met-elle en valeur ?

3. Relevez les termes qui insistent sur la méthode à suivre pour étudier.

4. Quelles formules évoquent la vie politique ?

5. Énumérez les qualités dont Pantagruel doit faire preuve.

Analyse

6. Étudiez comment se lient amour du savoir et amour de la vie et de la création.

7. La multiplication des connaissances suffit-elle pour « devenir homme » ?

Vers la dissertation. En vous appuyant sur la lettre de Gargantua, rédigez un paragraphe qui analysera l'idéal humaniste. Quelle image cette page donne-t-elle de l'humanisme de la Renaissance ?

Le XVIe siècle

La célébration du savoir et de la sagesse

Rosso Fiorentino, *L'Ignorance chassée*

François Ier a demandé à l'artiste florentin Rosso (1494-1541) de décorer la grande galerie du château de Fontainebleau. Les fresques, les stucs, les boiseries composent un somptueux ensemble qui célèbre l'action du monarque, nouvel empereur des arts et des savoirs.

Rosso Fiorentino (1494-1540), *L'Ignorance chassée*, vers 1536, fresque, galerie François 1er, château de Fontainebleau.

1500 ▼ 1600

Victimes de leur ignorance et donc aveugles, les hommes s'égarent en tous sens. Leur souffrance et leur désespoir marquent les corps.

Inspirées par l'Antiquité, de hautes colonnes aux chapiteaux corinthiens annoncent l'entrée du temple de Jupiter, expression d'un espace ordonné.

Habillé en héros romain, François Ier tient sous le bras gauche un livre, symbole du savoir, et une épée, symbole de la force qui apporte l'ordre.

Lecture d'image

1. D'où vient la lumière ? Que veut souligner Rosso ?

2. En décrivant les groupes que forment les personnages aux yeux bandés, décrivez le mouvement qui anime toute la scène.

3. Étudiez de quelle façon la figure royale est mise en valeur. En quoi est-ce surprenant ?

4. Quel rapprochement peut-on établir entre la thématique de la fresque et la lettre de Gargantua à son fils ?

La fresque

Issu de l'italien *a fresco* (sur le frais), le mot fresque désigne une technique qui remonte à la plus haute Antiquité. Sur un enduit encore humide, le fresquiste applique les pigments colorés qui s'incorporent pendant le séchage, donnant une tonalité à la fois lumineuse et douce. De la rapidité d'exécution dépend la surface d'enduit frais qui sera travaillée en une journée.

Rabelais

OBJET D'ÉTUDE 1re La question de l'Homme dans les genres de l'argumentation → voir p. 80

1534 Gargantua

Le géant Gargantua, qui est né en bramant « À boire », est confié pour son instruction à des théologiens, des « sorbonagres ». Mais, devant les tristes résultats de cette éducation médiévale, il est confié à un maître plus moderne, Ponocrates, dont le nom signifie « travailleur ».

L'étude de Gargantua
selon les règles de ses précepteurs sophistes

Il employait donc son temps de telle sorte qu'il s'éveillait d'ordinaire entre huit et neuf heures, qu'il fasse jour ou non. C'est ce qu'avaient ordonné ses anciens maîtres alléguant les paroles de David : *Quelle vanité que de vous lever avant le jour.*

Puis il gambadait, sautillait, se vautrait un moment sur la paillasse pour mieux ra-
5 gaillardir ses esprits animaux ; et il s'habillait selon la saison, mais portait volontiers une grande robe longue de grosse laine frisée, fourrée de renard. Après, il se peignait avec le peigne d'Almain, c'est-à-dire avec les quatre doigts et le pouce, car ses précepteurs disaient que se peigner, se laver et se nettoyer de toute autre façon revenait à perdre son temps en ce monde.

10 Puis il fientait, pissait, se raclait la gorge, rotait, pétait, bâillait, crachait, toussait, sanglotait, éternuait, se mouchait comme un archidiacre et, pour abattre la rosée et le mauvais air, il déjeunait de belles tripes frites, de belles grillades, de beaux jambons, de belles pièces de chevreau et de force tartines matutinales.

Ponocrates lui faisant remarquer qu'il n'aurait pas dû s'empiffrer si brusquement au
15 saut du lit, sans avoir fait quelque exercice au préalable, Gargantua répondit :

« Quoi ! N'ai-je pas fait suffisamment d'exercice ? Je me suis retourné six ou sept fois à travers le lit avant de me lever. N'est-ce pas assez ? C'est ce que faisait, sur les conseils de son médecin juif, le pape Alexandre, et il vécut jusqu'à sa mort en dépit des envieux. Mes premiers maîtres, qui m'ont donné cette habitude, disaient que le déjeuner don-
20 nait bonne mémoire. Aussi étaient-ils les premiers à y boire. Je m'en trouve fort bien et n'en dîne que mieux. Et Maître Hubal, qui fut le premier de sa licence à Paris, me disait que le plus profitable n'est pas de courir bien vite, mais de partir de bonne heure. Aussi, la bonne santé de notre humanité, ce n'est pas de boire des tas, des tas, des tas, comme les canes, mais c'est bien de boire matin, d'où le proverbe :

25 Lever matin, ce n'est pas bonheur ;
Boire matin, c'est bien meilleur. »

Après avoir déjeuné bien comme il faut, il allait à l'église et on lui apportait dans un grand panier un gros bréviaire emmitouflé, pesant tant en graisse qu'en fermoirs et parchemins, onze quintaux six livres, à peu de chose près. Là, il entendait vingt-six
30 ou trente messes. À ce moment-là, venait son diseur d'heures en titre, encapuchonné comme une huppe[1], ayant bien immunisé son haleine à force de sirop vignolat[2]. Il marmonnait avec lui toutes ces kyrielles et les épluchait si soigneusement que pas un seul grain n'en tombait à terre.

Au sortir de l'église, on lui apportait sur un fardier à bœufs un tas de chapelets de
35 Saint-Claude, dont chaque grain était gros comme le moule d'un bonnet ; et en se promenant à travers les cloîtres, les galeries et le jardin, il en récitait plus que seize ermites.

Puis il étudiait pendant une méchante demi-heure, les yeux posés sur le livre mais, comme dit le Comique, l'esprit à la cuisine.

---

1. huppe : petit oiseau qui a une touffe de plumes sur la tête.

2. sirop vignolat : le vin.

Le XVIᵉ siècle

Comment Gargantua fut éduqué par Ponocrates selon une méthode telle qu'il ne perdait pas une heure de la journée

Gargantua s'éveillait donc vers quatre heures du matin. Pendant qu'on le frictionnait, on lui lisait quelque page des saintes Écritures, à voix haute et claire, avec la prononciation requise. Cet office était dévolu à un jeune page natif de Basché, nommé Anagnostes[1]. Suivant le thème et le sujet du passage, bien souvent, il se mettait à révé-
5 rer, adorer, prier et supplier le bon Dieu dont la majesté et les merveilleux jugements apparaissaient à la lecture.

Puis il allait aux lieux secrets excréter le produit des digestions naturelles. Là, son précepteur répétait ce qu'on avait lu et lui expliquait les passages les plus obscurs et les plus difficiles.

10 En revenant, ils considéraient l'état du ciel, regardant s'il était comme ils l'avaient remarqué la veille au soir et en quels signes entrait le soleil, et aussi la lune, ce jour-là.

Cela fait, il était habillé, peigné, coiffé, apprêté et parfumé et, pendant ce temps, on lui répétait les leçons de la veille. Lui-même les récitait par cœur et y appliquait des exemples pratiques concernant la vie des hommes ; on dissertait quelquefois pendant
15 deux ou trois heures, mais d'habitude on cessait quand il était complètement habillé.

Ensuite, pendant trois bonnes heures, on lui faisait la lecture. Après quoi, ils sortaient, toujours en discutant du sujet de la lecture, et allaient faire du sport au Grand Braque[2] ou dans les prés ; ils jouaient à la balle, à la paume, à la pile en triangle, s'exerçant élégamment le corps, comme ils s'étaient auparavant exercé l'esprit.

20 Tous leurs jeux étaient libres, car ils abandonnaient la partie quand il leur plaisait et ils s'arrêtaient en général quand la sueur leur coulait par le corps ou qu'ils étaient autrement fatigués. Ils étaient alors très bien essuyés et frottés, ils changeaient de chemise et allaient voir si le repas était prêt, en se promenant doucement. Là, en attendant, ils récitaient à voix claire et avec éloquence quelques formules retenues de la leçon.

25 Cependant, Monsieur l'Appétit venait et ils s'asseyaient à table juste au bon moment.

François Rabelais, *Gargantua*, 1534, traduction G. Demerson,
Éd. du Seuil, 1973 et novembre 1995, coll. Points, 1997.

1. Anagnostes : mot transcrit du grec : lecteur.

2. Grand Braque : célèbre jeu de paume parisien.

1500 ▸ 1600

Observation

1. Relevez dans l'un et l'autre passage le recours au procédé de l'accumulation. Que met-il en valeur ?

2. À quelles autorités Gargantua se réfère-t-il (l. 16 à 23) ?

3. Quels sont les deux objets qui aident Gargantua dans ses prières (l. 27 à 36) ?

4. Distinguez, dans l'enseignement de Ponocrates, ce qui relève de la compréhension, de la mémorisation et de l'observation.

Analyse

5. Quelle place occupe le corps dans l'éducation des précepteurs sophistes ?

6. De quelle façon Ponocrates entretient-il le corps de son élève ? En quoi est-il l'héritier de l'éducation antique ?

7. Comparez les deux horaires de la matinée : comment Rabelais fait-il rire ?

Vers le commentaire. En vous appuyant sur les deux passages, vous expliquerez ce que les humanistes attendent d'une éducation bien conduite.

Notion

Humanisme et pédagogie

Les humanistes voudraient développer ce qu'il y a de meilleur en l'Homme. C'est pourquoi ils attachent une grande importance à la pédagogie, à la diffusion des livres et des idées nouvelles : ils multiplient les traités d'éducation et cherchent à intéresser les princes à cet idéal.

Du Bellay

▶ **Joachim Du Bellay**
▶ Né à Liré, en Anjou, en 1522.
▶ Décédé à Paris le 1er janvier 1560.

Joachim Du Bellay, orphelin élevé dans la solitude, se sent attiré vers les lettres. Pendant ses études de droit, il se passionne pour la littérature antique et suit à Paris, au collège de Coqueret, avec le jeune Ronsard, l'enseignement du grand helléniste Dorat. En 1549, il publie un manifeste retentissant, *Défense et Illustration de la langue française*, et un recueil de poèmes, *L'Olive*. En 1553, il part pour Rome à la suite du cardinal Jean Du Bellay, son oncle. Mais Rome, où intriguent tous les diplomates de l'Europe, le déçoit et son métier l'ennuie. Cette désillusion nourrit les deux recueils publiés à son retour en France en 1558, *Les Antiquités de Rome* et *Les Regrets*. Affaibli par la maladie, contrarié par des problèmes financiers, il meurt alors qu'il n'a que trente-huit ans.

ŒUVRES PRINCIPALES

Manifeste
Défense et Illustration de la langue française (1549)

Poésie
L'Olive (1549), *Les Antiquités de Rome* (1558), *Les Regrets* (1558).

Du Bellay et la poésie élégiaque

Dans ses recueils les plus personnels, *Les Antiquités* et *Les Regrets*, Du Bellay renonce aux ambitions de sa jeunesse. Loin de « chercher l'esprit de l'univers », la poésie devient ce journal où le poète inscrit ses tourments les plus secrets. L'existence est saisie dans la douleur de l'exil, dans la déception du présent. Avec les mots les plus simples, les rimes les moins recherchées, chaque sonnet suggère, parfois dans un sourire, l'acuité de « cette peine qui fait battre le cœur de sa poésie ». De cet attendrissement dont l'amertume le conduit parfois aux ricanements de la satire viennent ses accents les plus élégiaques : nostalgie du pays perdu, appel lancinant du bonheur, souvenir des triomphes disparus.

OBJET D'ÉTUDE 1re Écriture poétique et quête du sens ➜ voir p. 78

1558 Les Antiquités de Rome

Tous les sonnets recueillis dans *Les Antiquités de Rome* évoquent la grandeur disparue de la capitale de l'Empire romain. En regardant ces glorieux monuments envahis par les herbes, le poète médite sur la vanité de la gloire et la puissance du temps.

« Comme on passe en été... »

Comme on passe en été le torrent sans danger,
Qui soulait[1] en hiver être roi de la plaine
Et ravir[2] par les champs, d'une fuite hautaine,
L'espoir du laboureur et l'espoir du berger ;

5 Comme on voit les couards animaux outrager
Le courageux lion gisant dessus l'arène[3],
Ensanglanter leurs dents et d'une audace vaine
Provoquer l'ennemi qui ne se peut venger ;

1. **soulait** : avait coutume.
2. **ravir** : enlever de force.
3. **arène** : sable.

92

Le XVIᵉ siècle

Et comme devant Troie on vit des Grecs encor
Braver[4] les moins vaillants autour du corps d'Hector :
Ainsi ceux qui jadis soulaient à tête basse,

Du triomphe[5] romain la gloire accompagner,
Sur ces poudreux tombeaux exercent leur audace,
Et osent les vaincus les vainqueurs dédaigner.

Joachim Du Bellay, *Les Antiquités de Rome*,
sonnet XV, 1558.

4. **braver :** faire les braves.
5. **triomphe :** cérémonie où les vaincus enchaînés accompagnaient le vainqueur.

10

« Comme le champ semé... »

Comme le champ semé en verdure foisonne,
De verdure se hausse en tuyau[1] verdissant,
Du tuyau se hérisse en épi florissant,
D'épi jaunit en grain, que le chaud assaisonne[2] :

Et comme en la saison le rustique[3] moissonne
Les ondoyants cheveux du sillon blondissant,
Les met d'ordre en javelle[4], et du blé jaunissant
Sur le champ dépouillé mille gerbes façonne :

Ainsi de peu à peu crût l'empire romain,
Tant[5] qu'il fut dépouillé par la barbare main,
Qui ne laissa de lui que ces marques antiques

Que chacun va pillant : comme on voit le glaneur[6]
Cheminant pas à pas recueillir les reliques[7]
De ce qui va tombant après le moissonneur.

Joachim Du Bellay, *Les Antiquités de Rome*,
sonnet XXX, 1558.

1. **tuyau :** tige.
2. **assaisonne :** mûrit.
3. **le rustique :** le paysan.
4. **en javelle :** le blé moissonné est mis en tas.
5. **tant :** jusqu'à ce que.
6. **glaneur :** ramasseur d'épis laissés par les moissonneurs.
7. **les reliques :** ce qui reste.

5

10

1500
▼
1600

Observation

1. Relevez les comparaisons qui sont développées dans le premier sonnet. Dans quel ordre apparaissent-elles ?

2. Dans le premier sonnet, quelles sont les expressions qui évoquent la grandeur de Rome ?

3. Comment, dans le premier quatrain du second sonnet, le poète montre-t-il l'irrésistible croissance du blé ?

4. Sur quelle comparaison se termine le second sonnet ?

Analyse

5. Quel aspect de la grandeur romaine est évoqué dans le premier sonnet ? Comment est présentée sa chute ?

6. À quoi sont attribuées la grandeur et la chute de Rome dans le second sonnet ?

Vers le commentaire. Comparez les deux sonnets en vous aidant du plan suivant : la mise en place des comparaisons ; l'analyse de la force et de la faiblesse de l'Empire romain ; l'image que le poète donne des humanistes.

Notion

La poésie et le registre lyrique

Le lyrisme désigne d'abord la poésie chantée (ode, hymne, sonnet). Par la force des images, leur disposition harmonieuse, le poète lyrique s'éloigne de la prose pour retrouver la puissance d'enchantement de la musique.

Du Bellay

OBJET D'ÉTUDE 1ʳᵉ **Écriture poétique et quête du sens** → voir p. 78

1558 Les Regrets

Découvrant la Rome des empereurs et des papes dont tous les humanistes ont rêvé, Du Bellay se sent amèrement déçu : seul, loin des siens, il fait l'expérience de l'exil. La poésie devient alors le refuge secret où il peut faire chanter sa douleur.

« Je ne veux point fouiller... »

Je ne veux point fouiller au sein de la nature,
Je ne veux point chercher l'esprit de l'univers,
Je ne veux point sonder les abîmes ouverts,
Ni dessiner du ciel la belle architecture.

5 Je ne peins mes tableaux de si riches peintures,
Et si hauts arguments[1] ne recherche à mes vers :
Mais suivant de ce lieu les accidents divers,
Soit de bien, soit de mal, j'écris à l'aventure.

Je me plains à mes vers, si j'ai quelque regret ;
10 Je me ris avec eux, je leur dis mon secret,
Comme étant de mon cœur les plus sûrs secrétaires[2].

Aussi ne veux-je tant les peigner et friser,
Et de plus braves[3] noms ne les veux déguiser
Que de papiers journaux ou bien de commentaires.

      Joachim Du Bellay, *Les Regrets,* sonnet I, 1558.

1. arguments : sujets, thèmes.
2. secrétaires : chargés du courrier, confidents.
3. braves : ambitieux, nobles.

« France, mère des arts... »

France, mère des arts, des armes et des lois,
Tu m'as nourri longtemps du lait de ta mamelle :
Ores[1], comme un agneau qui sa nourrice appelle,
Je remplis de ton nom les antres et les bois.

5 Si tu m'as pour enfant avoué[2] quelquefois[3],
Que ne me réponds-tu maintenant, ô cruelle ?
France, France, réponds à ma triste querelle[4].
Mais nul, sinon Echo[5], ne répond à ma voix.

Entre les loups cruels j'erre parmi la plaine ;
10 Je sens venir l'hiver, de qui la froide haleine
D'une tremblante horreur fait hérisser ma peau.

Las ! Tes autres agneaux n'ont faute[6] de pâture,
Ils ne craignent le loup, le vent, ni la froidure :
Si[7] ne suis-je pourtant le pire du troupeau.

      Joachim Du Bellay, *Les Regrets,* sonnet IX, 1558.

1. ores : maintenant.
2. avoué : reconnu.
3. quelquefois : autrefois.
4. querelle : plainte.
5. Echo : nymphe rejetée par Narcisse.
6. n'ont faute : ne manquent pas.
7. Si : cependant.

■ 94

Le XVIᵉ siècle

Voyageur aux portes de Rome sur une enluminure du XVIᵉ siècle.

« Heureux qui, comme Ulysse... »

Heureux qui, comme Ulysse, a fait un beau[1] voyage,
Ou comme cestui-là qui conquit la Toison[2],
Et puis est retourné, plein d'usage et raison,
Vivre entre ses parents le reste de son âge !

5 Quand reverrai-je, hélas ! de mon petit village
Fumer la cheminée, et en quelle saison
Reverrai-je le clos[3] de ma pauvre maison,
Qui m'est une province[4], et beaucoup davantage ?

Plus me plaît le séjour qu'ont bâti mes aïeux
10 Que des palais romains les fronts audacieux ;
Plus que le marbre dur me plaît l'ardoise fine,

Plus mon Loire gaulois que le Tibre latin,
Plus mon petit Liré[5] que le mont Palatin[6],
Et plus que l'air marin la douceur angevine.

Joachim Du Bellay, *Les Regrets*, sonnet XXXI, 1558.

---

1. **beau** : héroïque.
2. **Toison** : la Toison d'or conquise par Jason, héros antique.
3. **clos** : enclos, jardin.
4. **province** : royaume.
5. **Liré** : village natal du poète.
6. **Palatin** : colline qui domine Rome où vivaient les empereurs.

1500 ▼ 1600

Observation

1. Dans le sonnet « Je ne veux point fouiller... », relevez les anaphores qui s'opposent.

2. Quelle métaphore est filée tout au long du sonnet « France, mère des arts » ?

3. Distinguez les modalités des phrases dans le sonnet « Heureux qui, comme Ulysse... ».

Analyse

4. À quelle sorte de poésie Du Bellay renonce-t-il dans le sonnet « Je ne veux point fouiller... » ?

5. Comment la situation du poète est-elle rendue poignante dans le sonnet « France, mère des arts... » ?

6. Montrez comment, dans « Heureux qui... », la plainte nostalgique se transforme en revendication.

Vers l'oral. Quel portrait du poète se dessine à travers ces trois sonnets ? Pour répondre à cette question, vous vous demanderez comment Du Bellay met en scène sa solitude, ce qui justifie sa protestation et quelle image il donne de la poésie.

Notion

L'humanisme et la poésie italienne

Du Bellay a d'abord été fasciné par les poètes italiens qui imitaient Pétrarque. Dans la *Défense*, il a invité les vrais poètes à se détacher de l'école française représentée par Marot pour imiter les poètes italiens qui lui semblaient plus élégants, plus ambitieux, plus modernes. Dans son premier recueil, *L'Olive*, comme Ronsard dans ses premiers poèmes, il a imité les poètes italiens. Mais très vite il s'est détaché de ces modèles, dont il dénonçait l'excessive préciosité.

95

ÉVÉNEMENT littéraire

1549

Du Bellay et le manifeste de la nouvelle poésie française

Lorsqu'en 1549 paraît à Paris *Défense et Illustration* de la langue française, le scandale est immédiat. On comprend pourquoi : un jeune homme inconnu de vingt-sept ans, Joachim Du Bellay, sur un ton péremptoire, condamne d'un coup toute la poésie française et appelle de ses vœux la naissance d'un véritable poète auquel il donne des conseils. Ce bref pamphlet, enthousiaste et insolent, impose une nouvelle conception de la poésie : il marque une date dans l'histoire de notre littérature.

Chronologie de la dispute

▶ **1548.** Dans son *Art poétique français*, Thomas Sébillet fait l'éloge de Marot.

▶ **20 mars 1549.** Du Bellay réplique en publiant *Défense et Illustration de la langue française* et son premier recueil de poésies, *L'Olive*.

▶ **Janvier 1550.** Le jeune Ronsard entre à son tour dans la querelle avec la parution des *Odes*, précédées d'un provocant « Avis au lecteur ».

▶ **1550.** Le manifeste de Du Bellay déclenche les attaques virulentes des écrivains Barthélemy Aneau et Guillaume des Autels.

■ Le déclenchement de la dispute

Du Bellay vit depuis deux ans à Paris au collège de Coqueret. Avec Ronsard qui a alors vingt-cinq ans et Baïf, âgé de quinze ans, il étudie avec passion les poètes antiques : Pindare, Horace, Virgile, et les Italiens : Dante, Pétrarque, l'Arioste. Or, en 1548, dans l'Art poétique français pour l'instruction des jeunes studieux et encore peu avancés en la poésie française, Thomas Sébillet propose un modèle des poètes français et fait l'éloge du « divin Marot ». Du Bellay, pour qui Marot n'a rien de « divin », décide de répliquer. Il rédige alors Défense et Illustration de la langue française.

Le portrait de Joachim Du Bellay.

■ La publication d'un manifeste

Pour Du Bellay, la langue française n'a rien en soi d'inférieur ; elle peut devenir aussi illustre que le grec et le latin. Pour l'embellir, il ne faut pas se contenter de traduire, mais il faut imiter les meilleurs écrivains de l'Antiquité en « les dévorant et après les avoir bien digérés, les convertissant en sang et nourriture ». Cette imitation doit être intelligente, profonde, personnelle, inventive : « autrement son imitation ressemblerait (à) celle du singe ».

■ Les critiques des poètes

Du Bellay condamne toute la poésie française qui l'a précédé : les poètes français ne sont pour lui que des versificateurs qui jouent avec les mots. Le vrai poète n'a rien d'un « rimeur », il est inspiré par les dieux. Son chant donne une autre dimension à l'existence

Clément Marot, au centre de la dispute.

Le collège de Coqueret, au cœur du Quartier Latin. Plan du XVIᵉ siècle.

96

Le XVIe siècle

humaine. Comme ils sont froids, comme ils sont plats, ces poètes mondains qui plaisent aux courtisans ! Travailleur acharné qui connaît tous les langages en fréquentant savants, techniciens, artisans, le poète doit se sacrifier, « être comme mort en soi-même » pour atteindre cette gloire par laquelle les poètes « se font compagnons des Dieux ».

La première page de la première édition de *Défense et illustration de la langue française*.

Jean Daurat, poète, professeur de Ronsard et de Du Bellay.

l'Antiquité grecque et latine, ces jeunes artistes donnent un nouveau souffle à la poésie française. Leur théorie de l'imitation va influencer la littérature française jusqu'au xviiie siècle. Du Bellay comme Ronsard montrent la grandeur du poète : il n'est pas seulement un versificateur mais un savant inspiré, un messager des dieux, un visionnaire qui fait la gloire de son pays. Une telle ambition se retrouvera, plus tard, chez les poètes romantiques et surréalistes.

■ L'ampleur de la polémique

Un pamphlet si provocant ne reste pas sans réponses. La réplique la plus vive vient de Barthélemy Aneau, professeur, homme de théâtre, poète, traducteur. Il fait l'éloge des poètes français dénigrés par Du Bellay : Chartier, Villon, Marot. Les poètes français ne sont-ils pas préférables aux « grecaniseurs, latiniseurs et italianiseurs en français » ? Il reproche à Du Bellay de se couper de « la communauté des hommes », « d'étranger la poésie » en la réservant aux seuls initiés. Du Bellay réplique en raillant « les écrits d'un petit magister, d'un conard, d'un badault ».

■ La naissance de la Pléiade

Le manifeste *Défense et Illustration de la langue française* marque la naissance d'un mouvement poétique essentiel dont Ronsard devient la figure de proue : la Pléiade. En rivalisant avec les grands poètes de

1500 1600

Virgil, Homère et Dante, les modèles dont s'inspire la Pléiade. Fresque de Raphaël, détail, xvie siècle.

■ Les reproches de Du Bellay

1. Les poètes français sont prisonniers de formes poétiques héritées du Moyen Âge.

2. Ils ne sont que des versificateurs qui jouent avec les mots.

3. Ils manquent d'envergure et sont inconnus à l'étranger.

Comprendre l'essentiel

1. Peut-on dire que les poètes du collège de Coqueret sont des humanistes ? Pourquoi ?

2. Quelle différence voyez-vous entre traduction et imitation ?

3. Qu'est-ce qu'un poète pour Du Bellay ?

Ronsard

▶ **Pierre de Ronsard**
▶ Né dans le Vendômois le 1er septembre 1524.
▶ Décédé en Touraine, le 27 décembre 1585.

Ayant suivi à la cour son père, gentilhomme humaniste ami des arts et de la poésie, le jeune Ronsard se prépare à une carrière brillante : il a fière allure et partage les jeux du futur roi Henri II. Mais en 1540, une grave maladie le force à renoncer aux armes. Pendant plusieurs années, au collège de Coqueret, il étudie avec passion le grec et le latin. Consacrée dès lors à la poésie, sa vie, qu'il partage entre la cour et la campagne, est rythmée par ses œuvres d'une étonnante diversité : *Odes* (1550, 1552), *Amours* (1552, 1555, 1578), *Hymnes* (1555, 1556). Personnage en vue, aumônier du roi Henri II en 1558, Ronsard n'hésite pas à prendre parti : dans ses *Discours* en 1562, il attaque les protestants. Mais en 1565, ses *Elégies, mascarades et bergeries* donnent un tour nouveau à son œuvre. Lui qui se moquait des poètes courtisans devient le poète préféré de Charles IX. La mort le surprend alors que, délaissé par Henri III, il prépare la septième édition de ses œuvres.

ŒUVRES PRINCIPALES

Poésie
Odes (1550), *Les Amours* (1552), *Hymnes* (1555-1564), *Continuation des Amours* (1556), *Discours sur les misèr* de ce temps (1562), *Élégies, mascarades et bergeries* (156 *Second Livre des Amours* (15 *Sonnets pour Hélène* (1578).

▶ L'œuvre de Ronsard

● **Les *Odes* et la poésie lyrique.** Dans ses cinq livres d'*Odes*, publiés en 1550 et en 1552, Ronsard veut rivaliser avec les formes les plus hautes du lyrisme grec. Si Pindare chante la gloire des athlètes, Ronsard célèbre le roi, les grands du royaume, les poètes. Par la splendeur des images, la richesse des références mythologiques, l'ampleur des rythmes, le langage poétique écarte les platitudes de la prose pour se rapprocher de la musique et de la danse.

● **Les *Amours* et le lyrisme amoureux.** Adressés tour à tour à Cassandre, Marie, Sinope, Hélène, inspirés d'amours peut-être réelles, ces poèmes destinés à être chantés évoquent, à la façon du grand poète italien Pétrarque, les mille douleurs de l'amoureux. Ils paraissent en 1552, 1555 et, beaucoup plus tard, en 1578.

● **Les *Hymnes* et la poésie philosophique.** Dans ces compositions ambitieuses, publiées en 1555 et 1556, qui parfois dépassent 700 vers, le poète aborde les sujets les plus graves : l'éternité, les astres, la philosophie, la justice, la mort. Les mythes antiques, des passages épiques, l'élan des alexandrins donnent couleur et vie à ces puissantes méditations.

● **Les *Discours* et le registre polémique.** Dans les *Discours*, Ronsard, profondément attaché au catholicisme et à la monarchie, s'élève en 1562 contre les protestants qui menacent la paix du royaume. La puissance des images, la liberté de la composition font de ces discours militants de véritables poèmes.

▶ La puissance de la poésie

Pour Ronsard, la poésie n'a rien à voir avec les récits versifiés d'un Marot. « Le style prosaïque, dit-il, est ennemi de la splendeur des vers. » Le vrai poète s'empare de tous les moments de l'existence pour en faire sentir le caractère sacré. Il n'y a pas de véritable inspiration sans cet enthousiasme où la parole humaine, par le jeu des rythmes, des images, des sonorités, des mythes, devient musique. Même dans ses méditations les plus mélancoliques, même dans ses *Derniers Vers* arrachés à la mort, le poète fait entendre l'amour de la vie. Qui ne connaît pas cet enchantement ne connaît pas la puissance de la poésie.

Le XVIᵉ siècle

OBJET D'ÉTUDE 1ʳᵉ Les Réécritures → voir p. 412

1552

Les Amours

Les poètes de la Pléiade ont voulu rivaliser avec les poètes italiens qui étaient à la pointe de la modernité. Cette volonté d'émulation se montre dans ce sonnet inspiré par le poète humaniste italien Bembo.

> Comme un chevreuil, quand le printemps détruit
> L'oiseux[1] cristal de la morne gelée,
> Pour mieux brouter l'herbette emmiellée[2],
> Hors de son bois avec l'Aube s'enfuit,
>
> 5 Et seul, et sûr, loin de chiens et de bruit,
> Or[3] sur un mont, or dans une vallée,
> Or près d'une onde à l'écart recelée[4]
> Libre[5] folâtre[6] où son pied le conduit ;
>
> De rets[7] ni d'arc sa liberté n'a crainte,
> 10 Sinon alors que sa vie est atteinte
> D'un trait meurtrier empourpré de son sang :
>
> Ainsi j'allais sans espoir[8] de dommage,
> Le jour qu'un œil sur l'avril de mon âge,
> Tira d'un coup mille traits dans mon flanc.

Pierre de Ronsard,
Les Amours de Pierre de Ronsard, LX, 1552.

1. oiseux : sens concret d'immobile, inutile.

2. emmiellée : douce comme le miel.

3. or... or... : tantôt... tantôt...

4. recelée : cachée, dissimulée.

5. libre : librement.

6. folâtre : fait gaiement de petites folies.

7. rets : filet, piège.

8. espoir : attente.

1500 ▾ 1600

LE TEXTE DONT S'EST INSPIRÉ RONSARD

Comme à son habitude, quand l'hiver âpre et dur part et fait place à de meilleures saisons, le jeune cerf avec le jour sort du bois natal, tranquille et bienfaisant.

Tantôt sur une colline, tantôt le long d'un ruisseau, il erre loin des maisons et des bergers, broutant l'herbe humide de rosée et les fleurs partout où le fait avancer son désir.

Il ne craint ni flèche ni autre traîtrise sinon quand il est frappé en plein flanc d'un bon acier tiré d'une cachette.

Ainsi moi, sans craindre une proche douleur, je passais, ce jour où vos yeux me percèrent, Madame, tout le flanc gauche.

Pietro Bembo, *Rime*, 1530 (traduit de l'italien).

Observation

1. Comment se distribuent, dans le sonnet, les deux temps de la comparaison ?

2. Relevez dans le premier quatrain les expressions qui évoquent le paysage et la saison.

3. Relevez dans le dernier tercet les termes qui prolongent la comparaison avec le chevreuil.

Analyse

4. Comment le poète suggère-t-il l'insouciance de la liberté ?

5. Pourquoi la surprise de la pointe finale est-elle nécessaire ? Quelle image donne-t-elle de l'amour ?

Vers le commentaire. Quels sont les éléments du paysage que Ronsard conserve, ceux qu'il élimine, ceux qu'il transforme ?

Notion

La Pléiade et l'imitation

Les poètes de la Pléiade se sont inspirés de la poésie antique mais aussi de la poésie italienne. Ils recommandaient l'imitation : « Se transformant en eux, les dévorant et après les convertissant en sang et nourriture », le poète essayait de retrouver l'énergie des poètes qu'il admirait.

99

Ronsard

OBJET D'ÉTUDE 1re **Écriture poétique et quête du sens** → voir p. 78

1555 Continuation des Amours

Ce poème appartient à un ensemble de sonnets de dix ou onze syllabes que Ronsard a retranchés de ses œuvres en 1578. On connaît mal sa destinataire. Qu'on la nomme Cassandre ou Marie, qu'importe ? Car l'essentiel, c'est la simplicité poignante de cette invitation à l'amour.

Je vous envoie un bouquet...

Je vous envoie un bouquet que ma main
Vient de trier de ces fleurs épanies[1] :
Qui[2] ne les eût à ce vespre[3] cueillies,
Chutes à terre elles fussent demain.

5 Cela vous soit un exemple certain
Que vos beautés, bien qu'elles soient fleuries,
En peu de temps cherront[4] toutes flétries,
Et comme fleurs, périront tout soudain.

Le temps s'en va, le temps s'en va, ma Dame :
10 Las ! le temps non, mais nous nous en allons,
Et tôt serons étendus sous la lame[5] ;

Et des amours desquelles nous parlons,
Quand serons morts, n'en sera plus nouvelle.
Pour c'[6]aimez-moi cependant qu'êtes belle.

Pierre de Ronsard,
Continuation des Amours, XXXV, 1555.

1. **épanies :** épanouies.
2. **qui :** si quelqu'un.
3. **vêpre :** soir.
4. **cherront :** futur de choir.
5. **lame :** pierre du tombeau.
6. **pour c' :** c'est pourquoi

Observation

1. Repérez les trois moments principaux du poème.

2. Quels mots désignent le poète et la personne à laquelle il s'adresse ?

3. Relevez les repères temporels : adverbes, noms, conjonctions, verbes.

4. Quelles expressions rapprochent la fleur et la femme ?

5. De quelle façon le poète évoque-t-il la poésie ?

Analyse

6. Comment le poète fait-il sentir la puissance du temps qui passe ?

7. Cet appel épicurien au plaisir est-il convaincant ? Est-il séduisant ?

Vers le commentaire. Commentez le poème en vous aidant du plan suivant : a. l'analogie entre la fleur et la femme ; b. comment le poète fait-il sentir la puissance du temps ? c. l'invitation à l'amour ne sert-elle pas à faire prendre conscience de notre fragilité ?

Notion

Le poème et son destinataire

Dès que les indices d'un interlocuteur sont inscrits dans le poème, que le destinataire soit nommé ou qu'il reste anonyme, le poème se transforme en dialogue. L'écriture poétique y gagne en présence et en urgence : la parole du poète veut provoquer la réaction de son destinataire.

Le XVIᵉ siècle

OBJET D'ÉTUDE 1ʳᵉ **Écriture poétique et quête du sens** → voir p. 78

1555

Second Livre des Amours

Le *Second Livre des Amours* se termine par des poèmes consacrés à la mort de Marie. Quelle que soit l'identité de la jeune femme à qui Ronsard adresse ces vers, le poète trouve des accents d'une harmonieuse gravité pour éloigner du tombeau de la jeune femme les ombres de la mort.

« Comme on voit sur la branche... »

Comme on voit sur la branche au mois de mai la rose
En sa belle jeunesse, en sa première fleur,
Rendre le ciel jaloux de sa vive couleur,
Quand l'aube de ses pleurs au point du jour l'arrose :

5 La grâce dans sa feuille, et l'amour se repose,
Embaumant les jardins et les arbres d'odeur :
Mais battue ou de pluie ou d'excessive ardeur[1],
Languissante elle meurt feuille à feuille déclose.

Ainsi en ta première et jeune nouveauté,
10 Quand la terre et le ciel honoraient ta beauté,
La Parque[2] t'a tuée, et cendre tu reposes.

Pour obsèques[3] reçois mes larmes et mes pleurs,
Ce vase plein de lait[4], ce panier plein de fleurs,
Afin que vif et mort ton corps ne soit que roses.

Pierre de Ronsard,
Second Livre des Amours, IV, 1578.

1. ardeur : chaleur.
2. Parque : déesse de la mort.
3. obsèques : offrandes mortuaires, hommage à un mort.
4. lait : offrandes antiques.

1500 ▼ 1600

Observation

1. Quelle relation y a-t-il entre le développement de la comparaison et la structure du sonnet ?

2. Quelles modifications de l'énonciation (pronoms, formes verbales) opposent les quatrains aux tercets ?

3. Relevez dans le sonnet diverses formes de redoublement et indiquez l'effet produit.

4. Étudiez la qualité et la disposition des rimes. Comment concourent-elles à l'unité harmonieuse du poème ?

Analyse

5. Par quel jeu de correspondances est évoquée la beauté de la jeunesse ?

6. Comment le poète résiste-t-il à la violence de la mort qu'il met pourtant en scène ?

Vers la dissertation. Rédigez un paragraphe dans lequel vous analyserez comment le poète célèbre la beauté.

Notion

Les groupements binaires en poésie

On qualifie de « binaire » toute structure où deux éléments semblables sont fortement liés. Ce peut être, dans un alexandrin, des groupements de six syllabes, dans une phrase, des éléments de même longueur, des groupes nominaux de même structure ou des noms accompagnés de deux adjectifs. Le groupement binaire met en valeur des oppositions, ou constitue un facteur d'harmonie.

101

Ronsard

OBJET D'ÉTUDE 1ʳᵉ Écriture poétique et quête du sens → voir p. 78

1578 Sonnets pour Hélène

Sur l'invitation de la reine Catherine de Médicis, Ronsard consacre tout un recueil de sonnets à Hélène de Surgères, l'une des suivantes de la reine. C'est l'occasion pour le poète de célébrer une nouvelle fois le charme de l'être aimé, l'émerveillement de l'amoureux.

1. d'artifice :
avec art.
2. soulait : avait coutume, faisait régulièrement.
3. contre-imitant : imitant.
4. Ores... ores... : tantôt... tantôt...
5. Je faux : je me trompe.

Le soir qu'Amour vous fit en la salle descendre
Pour danser d'artifice¹ un beau ballet d'Amour,
Vos yeux, bien qu'il fût nuit, ramenèrent le jour,
Tant ils surent d'éclairs par la place répandre.

5 Le ballet fut divin, qui se soulait² reprendre,
Se rompre, se refaire, et tour dessus retour
Se mêler, s'écarter, se tourner à l'entour
Contre-imitant³ le cours du fleuve de Méandre.

Ores⁴ il était rond, ores long, or étroit,
10 Or en pointe, en triangle, en la façon qu'on voit
L'escadron de la grue évitant la froidure.

Je faux⁵, tu ne dansais mais ton pied voletait
Sur le haut de la terre : ainsi ton corps s'était
Transformé pour ce soir en divine nature.

Pierre de Ronsard, *Sonnets pour Hélène*,
Livre II, sonnet XXX, 1578.

Observation

1. Quels mots désignent la danseuse ? Quel changement révèlent-ils ?

2. Comment Ronsard fait-il voir les mouvements de la danse, le renouvellement des figures ?

3. Relevez les enjambements dans le deuxième quatrain et le dernier tercet : comparez l'effet produit.

Analyse

4. De quelle façon le poète idéalise-t-il la figure de l'être aimé ?

5. Quelle place et quelle fonction le sonnet de Ronsard accorde-t-il à l'art ?

Le XVIe siècle

L'art raffiné de la cour

François Ier et ses successeurs favorisent les arts qui s'expriment magnifiquement à la cour du roi. Aux artistes italiens succède une école française représentée par Jean Cousin, François Clouet et d'autres dont le nom s'est perdu.

Anonyme français, *Bal à la cour des Valois*, huile sur toile, vers 1580.

1500 ▼ 1600

Un couple observe le bal comme s'il était un spectateur à l'intérieur du tableau. Cette présence de personnages de dos est très fréquente dans le maniérisme.

Les danseurs pratiquent la *volta*, une danse italienne à la mode où l'homme doit soulever la dame sur sa jambe gauche en s'aidant de sa main droite.

Le bal de la cour est un moment capital pour être vu. La richesse des tissus, l'usage de la collerette en dentelle célèbrent la puissance et le raffinement de ceux qui les portent.

Lecture d'image

1. Comparez les quatre couples mis en lumière.

2. Comment le peintre a-t-il rendu sensible l'animation du bal ?

3. Relevez dans le décor et les costumes, les indices du luxe et du raffinement.

4. De quelle façon le peintre et le poète ont-ils suggéré le mouvement de la danse ?

Le maniérisme français

Si les peintres français du XVIe siècle sont sensibles à la liberté et à la virtuosité des compositions des maniéristes venus d'Italie, ils restent fidèles à la minutie qui caractérise les peintres du Nord. Ce sens du détail s'exprime parfaitement dans le chatoiement des tissus et la transparence des dentelles.

Labé

▶ **Louise Labé**
▶ Née à Lyon vers 1524.
▶ Décédée à Lyon en janvier ou février 1566.

Surnommée « la Belle Cordière », cette femme élégante et cultivée ose écrire et publier ses œuvres qui paraissent en 1555 chez un célèbre éditeur de Lyon. Les femmes, confie-t-elle, qui ont la chance d'être instruites doivent chercher la gloire par leurs écrits et non par les « chaînes, anneaux et somptueux habits ». Souvent décriée, parfois calomniée, elle est admirée par de nombreux poètes qui lui rendent hommage. On a même affirmé récemment qu'ils lui auraient attribué des poèmes qu'ils auraient eux-mêmes écrits.

ŒUVRES PRINCIPALES

Dialogue en prose
Débat de Folie et d'Amour.

Poésie
Auteur de trois élégies et de vingt-quatre sonnets, publiés en 1555.

Le chant du désir

S'inspirant des poètes italiens, Louise Labé a donné un accent singulier à l'évocation du désir amoureux. Chaque sonnet, animé d'un seul mouvement, a l'intensité d'un aveu, d'un appel, d'un cri. On dirait que la poésie est l'expression directe de la passion dont elle semble avoir connu tous les vertiges : attente, bonheur fou, angoisse mortelle, soif du corps, élan de l'âme.

OBJET D'ÉTUDE 1re Écriture poétique et quête du sens → voir p. 78

1555 Œuvres

Louise Labé a confié que l'amour, découvert à seize ans, a changé le cours de sa vie. C'est cette puissance de l'amour qu'elle exalte dans tous ses écrits.

« Ô beaux yeux bruns… »

Ô beaux yeux bruns, ô regards détournés,
Ô chauds soupirs, ô larmes épandues,
Ô noires nuits vainement attendues,
Ô jours luisants vainement retournés,

5   Ô tristes pleins[1], ô désirs obstinés,
Ô temps perdu, ô peines dépendues[2],
Ô mille morts en mille rets[3] tendus,
Ô pires maux contre moi destinés,

Ô ris, ô front, cheveux, bras, mains et doigts,
10   Ô luth plaintif, viole, archet et voix :
Tant de flambeaux pour ardre[4] une femelle !

De toi me plains, que tant de feux portant,
En tant d'endroits d'iceux[5] mon cœur tâtant[6],
N'en est sur toi volé quelque étincelle.

Louise Labé, *Œuvres*, sonnet II, 1555.

1. **pleins** : plaintes, gémissements.
2. **dépendues** : dépensées.
3. **rets** : pièges.
4. **ardre** : brûler.
5. **d'iceux** : de ses feux.
6. **tâtant** : brûlant mon cœur en tant d'endroits.

Le XVIᵉ siècle

« Je vis, je meurs… »

Je vis, je meurs : je me brûle et me noie.
J'ai chaud extrême en endurant froidure :
La vie m'est et trop molle et trop dure.
J'ai grands ennuis entremêlés de joie :

5 Tout à un coup je ris et je larmoie
Et en plaisir maint grief[1] tourment j'endure :
Mon bien s'en va, et à jamais il dure :
Tout en un coup je sèche et je verdoie.

Ainsi Amour incessamment me mène :
10 Et quand je pense avoir plus de douleur,
Sans y penser je me trouve hors de peine.

Puis quand je crois ma joie être certaine,
Et être au haut de mon désiré heur[2],
Il me remet en mon premier malheur.

Louise Labé, *Œuvres,* sonnet VIII, 1555.

1. grief : grave, douloureux, compte pour une syllabe.
2. heur : destin favorable, bonne chance.

« Ne reprenez… »

Ne reprenez[1], Dames, si j'ai aimé :
Si j'ai senti mille torches ardentes,
Mille travaux[2], mille douleurs mordantes :
Si en pleurant, j'ai mon temps consumé,

5 Las que mon nom n'en soit par vous blâmé.
Si j'ai failli, les peines sont présentes,
N'aigrissez point leurs pointes violentes :
Mais estimez qu'Amour, à point nommé,

Sans votre ardeur d'un Vulcain excuser[3],
10 Sans la beauté d'Adonis accuser[4],
Pourra s'il veut, plus vous rendre amoureuses :

Et ayant moins que moi d'occasion,
Et plus d'étrange[5] et forte passion.
Et gardez-vous d'être plus malheureuses.

Louise Labé, *Œuvres,* sonnet XXIV, 1555.

1. reprenez : reprochez, critiquez.
2. travaux : tortures, souffrances.
3. excuser : ne vous excusez pas en disant que votre mari est laid comme Vulcain.
4. accuser : ne vous justifiez pas en disant que votre amant est beau comme Adonis.
5. étrange passion : passion qui vous rend étrangère à vous-même.

1500 ▼ 1600

Observation

1. À qui chaque sonnet est-il adressé ?

2. Sur quelle figure de style le poème « Je vis, je meurs » est-il construit ?

3. Dans le troisième sonnet, classez les termes qui désignent la douleur.

Analyse

4. Comparez la construction de chaque sonnet.

5. Dans ces sonnets, comment s'exprime l'intensité de la passion ?

Vers la dissertation. Expliquez dans un paragraphe dans quelle mesure Louise Labé renouvelle la poésie amoureuse.

Notion

La structure du sonnet

Le sonnet, venu d'Italie, est une forme fixe qui comprend deux quatrains à rimes embrassées sur deux rimes suivis d'un sizain composé de deux tercets rimés en CCDEED (forme dite « italienne » ou « marotique ») ou en CCDEDE (forme dite « française »).

105

Histoire des Arts : Les arts à la Renaissance

Née en Italie et en Flandre, la Renaissance artistique apparaît en France sous le règne de François Ier (1515-5147). Fasciné par les artistes italiens, il favorise la création dans tous les domaines. Son fils Henri II (1547-1559) développe également un art de cour raffiné.

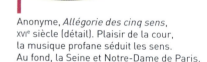

Anonyme, *Allégorie des cinq sens*, XVIe siècle (détail). Plaisir de la cour, la musique profane séduit les sens. Au fond, la Seine et Notre-Dame de Paris.

La Galerie François Ier, chef-d'œuvre d'art total, à Fontainebleau.

■ L'essor de la musique profane

Alors que la création musicale du Moyen Âge est essentiellement religieuse, le XVIe siècle développe la musique profane. En ces temps humanistes, la variété des sentiments humains ou la description de la nature sont les thèmes privilégiés de textes poétiques, chantés à plusieurs voix en une complexe et savante polyphonie. À la cour d'Henri II, Clément Janequin est le représentant le plus célèbre de la chanson descriptive : son *Chant des oiseaux* retranscrit les bruits des animaux et la *Guerre* évoque les sons de la bataille lors de la victoire de François Ier à Marignan.

■ Une nouveauté architecturale : la galerie

À Fontainebleau, François Ier réunit des artistes italiens et français afin d'agrandir et décorer le château royal. Il y fait construire une immense galerie dont la décoration est dirigée par le peintre florentin Rosso dans les années 1530. Les peintures aux thèmes allégoriques sont encadrées d'impressionnants stucs (mélange de plâtre et de poudre de marbre), surmontant de riches boiseries rehaussées d'or.

Les arts dits « mineurs » (orfèvrerie, mobilier...) bénéficient du goût maniériste du détail et de la précision, qui permet aux artistes de démontrer leur talent créatif et leur virtuosité dans la réalisation d'objets décoratifs. Salière de François Ier, vers 1540-1543, par Cellini, en or, émail et ébène.

Cet ensemble novateur impressionne les visiteurs et sert le prestige du roi. Symbole de la Renaissance artistique française, la galerie François Ier est aussi un modèle qui sera repris au Louvre (galerie d'Apollon) et à Versailles (galerie des Glaces) par Louis XIV.

Le XVIe siècle

La PEINTURE, le maniérisme

L'art du XVIe siècle est dominé par le maniérisme. Apparu en Italie, le courant se déploie ensuite en Europe. À la cour de François Ier, l'École de Fontainebleau est ainsi un des principaux centres du maniérisme.

▶ La liberté de la création

Le mot maniérisme est issu de l'italien *maniera* qui signifie « manière ». Le peintre Vasari évoque la belle manière *(bella maniera)* des artistes de la Renaissance. Le mot prend d'abord un sens péjoratif en désignant le style « maniéré » ou gratuit d'artistes qui abandonnent l'idée d'harmonie pour la virtuosité et l'extravagance. Le XXe siècle réhabilite le terme en indiquant qu'il s'agit d'une esthétique du raffinement et du spectacle, qui privilégie la liberté créatrice de l'artiste contre le respect de règles et l'imitation des anciens.

Andromaque s'évanouissant en apprenant la mort d'Hector, d'après Primatice, vers 1560. La torsion des corps, la superposition des plans, la sophistication de la composition sont autant de caractéristiques du courant maniériste qui domine le XVIe siècle.

1500 ▼ 1600

▶ La déformation du réel

Le maniérisme se traduit par une approche non naturaliste de la réalité. Les corps sont ainsi représentés de manière déformée, afin de privilégier la perception du mouvement contre l'exactitude morphologique. La ligne serpentine, une ligne sinueuse de construction, caractérise le travail des peintres maniéristes.

Le geste de la main, les bijoux et le miroir soutenu par deux jeunes femmes, le dessin des courbes soulignent l'influence du maniérisme. Détail de *Dame à sa toilette*, Anonyme, École de Fontainebleau.

107

Montaigne

▶ Michel Eyquem de Montaigne
▶ Né près de Bordeaux le 28 février 1533.
▶ Décédé à Montaigne le 13 septembre 1592.

Après une enfance heureuse et de solides études humanistes, Michel Eyquem, seigneur de Montaigne, entame une carrière de juriste. À vingt-cinq ans, il se lie d'amitié avec Étienne de La Boétie, juriste, philosophe et poète, dont la mort prématurée le laisse inconsolable. Devenu riche par son mariage en 1565 et par la mort de son père en 1568, Montaigne décide de renoncer à ses fonctions au parlement de Bordeaux et de se retirer dans le château familial. Il a trente-huit ans. Il accumule librement notes et remarques qu'il regroupe dans deux livres d'*Essais* qui paraissent en 1580. Pour soigner de douloureux maux de reins et pour le bonheur de voir du pays, il entreprend alors un long voyage à travers l'Allemagne, la Suisse, l'Italie. C'est à Rome qu'il apprend qu'il est élu maire de Bordeaux. Il remplit pendant quatre ans cette charge difficile. En 1588, les *Essais* s'augmentent d'un troisième livre et de quelque six cents additions. Retiré dans son château, il consacre ses cinq dernières années à l'enrichissement de son livre.

ŒUVRES PRINCIPALES

Essais

Les *Essais*, livres I et II en 1580, réédités en 1582 et en 1587 ; édition enrich[ie] du livre III en 1588 et éditi[on] définitive (posthume) en 1[...]

▶ L'œuvre de Montaigne

● **Les *Essais*, un nouveau genre littéraire.** C'est Montaigne qui donne au genre de l'essai ses lettres de noblesse. Ni discours réglé ni traité exhaustif, ce genre libre convient idéalement à celui qui ne croit pas aux vérités établies. Montaigne y aborde n'importe quel sujet : hors des chemins battus, les *Essais* de Montaigne procèdent « par sauts et par gambades », au bon plaisir de leur auteur. Jamais achevé, l'essai permet toutes les reprises que Montaigne ne cesse de multiplier.

● **Les *Essais* et l'écriture autobiographique.** Dès la première page des *Essais*, Montaigne avertit son lecteur qu'il veut seulement qu'on le « voie de la façon la plus simple, naturelle et ordinaire ». Il analyse ce qu'il pense, ce qu'il ressent, ce qui l'irrite, ce qui fait son bonheur. Parce que l'écriture fixe et parfois accentue ce qu'il est, le livre devient peu à peu le moment le plus créateur de sa vie : « Je me suis peint en moi de couleurs plus nettes que les miennes premières. » Chemin faisant, sans dessein préconçu, se dessine l'autoportrait d'un homme singulier. Or, plus il se découvre singulier, plus il reconnaît en lui la marque de « l'humaine condition » : son livre devient un miroir où chacun peut se découvrir.

▶ Le goût du bonheur

Héritier du scepticisme antique, nourri de la lecture des moralistes et des historiens, exposé à la violence des guerres civiles, Montaigne sent avec acuité l'instabilité de notre univers, la diversité des croyances, des coutumes, des pensées. « La peste de l'homme, écrit-il, c'est l'opinion de savoir. » Mais cette lucidité est le premier pas vers une sagesse qu'il faut inventer. Si la vérité échappe à toute prise, du moins peut-on retrouver ce qu'il y a en soi de plus singulier. Cette prise de conscience qui se nourrit de la confrontation avec les autres et avec soi apprend à aimer la vie. Savoir savourer chaque minute, par la conscience aiguë qu'on sait en prendre, c'est savoir vivre. C'est à ce bonheur que Montaigne invite chacun de ses lecteurs.

Le château de Montaigne. C'est au dernier étage d'une des tours qu'il écrivait chaque jour.

Le XVIᵉ siècle

OBJET D'ÉTUDE 1ʳᵉ **La question de l'Homme dans les genres de l'argumentation** → voir p. 80

1580

Essais

Comme tous les humanistes, tel Rabelais, Montaigne est attentif aux problèmes de l'éducation. Comment apprendre à l'élève à devenir pleinement lui-même ? Il ne suffit peut-être pas de lui inculquer un certain nombre de connaissances.

1. **notre charge :** notre rôle, à nous élèves.

2. **il :** le maître.

3. **cette partie :** cette attitude.

4. **de belle arrivée :** dès l'abord.

5. **sur la montre :** sur la piste pour un galop d'essai.

6. **Archésilas** philosophe grec comme Socrate.

7. Phrase de Cicéron.

8. **Son train :** son allure.

9. **ravaler :** se rabaisser.

10. **à mont qu'à val :** en montant qu'en descendant.

On ne cesse de criailler à nos oreilles, comme qui verserait dans un entonnoir, et notre charge¹, ce n'est que redire ce qu'on nous a dit. Je voudrais qu'il² corrigeât cette partie³, et que, de belle arrivée⁴, selon la portée de l'âme qu'il a en main, il commençât à la mettre sur la montre⁵, lui faisant goûter les choses, les choisir, les discerner d'elle-
5 même : quelquefois lui ouvrant le chemin, quelquefois le lui laissant ouvrir. Je ne veux pas qu'il invente et parle seul, je veux qu'il écoute son disciple parler à son tour. Socrate et, depuis, Archésilas⁶ faisaient premièrement parler leurs disciples et puis ils parlaient à eux. « L'autorité de ceux qui enseignent nuit souvent à ceux qui veulent apprendre⁷. »

Il est bon qu'il le fasse trotter devant lui pour juger de son train⁸, et juger jusques à
10 quel point il se doit ravaler⁹ pour s'accommoder à sa force. À faute de cette proportion nous gâtons tout : et de la savoir choisir et s'y conduire bien mesurément, c'est l'une des plus ardues besognes que je sache : et est l'effet d'une haute âme et bien forte, savoir condescendre à ses allures puériles et les guider. Je marche sûr et plus ferme à mont qu'à val¹⁰.
15 Ceux qui, comme porte notre usage, entreprennent d'une même leçon et pareille mesure de conduite régenter plusieurs esprits de si diverses mesures et formes, ce n'est pas merveille si, en tout un peuple d'enfants, ils en rencontrent à peine deux ou trois qui rapportent quelque juste fruit de leur discipline.

Qu'il ne lui demande pas seulement compte des mots de sa leçon, mais du sens et de
20 la substance, et qu'il juge du profit qu'il aura fait, non par le témoignage de sa mémoire, mais de sa vie. Que ce qu'il viendra d'apprendre, il le lui fasse mettre en cent visages et accommoder à autant de divers sujets, pour voir s'il l'a encore bien pris et bien fait sien. C'est témoignage de crudité et indigestion que de regorger la viande comme on l'a avalée. L'estomac n'a pas fait son opération, s'il n'a fait changer la façon et la forme à
25 ce qu'on lui avait donné à cuire.

Michel de Montaigne, « De l'institution des enfants »,
Essais, I, chapitre XXVI, 1580.

**1500
▼
1600**

Observation

1. Relevez deux expressions imagées par lesquelles Montaigne dénonce l'enseignement traditionnel. Reformulez son argument.

2. Par quelles séries d'images Montaigne présente-t-il l'éducation souhaitable ?

3. Quel rôle jouent la référence aux philosophes grecs et la citation de Cicéron ?

4. À quelle situation Montaigne fait-il allusion dans le troisième paragraphe ?

Analyse

5. Quelles critiques Montaigne adresse-t-il à l'enseignement traditionnel ?

6. Quel but Montaigne fixe-t-il à l'enseignement ? Quelle méthode lui semble adaptée à ce but ?

Vers l'oral. On a souvent opposé la pédagogie de Montaigne à celle de Rabelais. En relisant les pages sur Rabelais (pp. 86-92), vous vous demanderez ce qui distingue les deux auteurs.

Notion

Les images dans l'argumentation

Pour soutenir une thèse, étayer un argument, on peut s'appuyer sur des exemples, réels ou imaginaires. On recourt parfois à des images qui font voir ce qu'on veut dire et rendent les explications vivantes et claires.

109

Montaigne

OBJET D'ÉTUDE 1ʳᵉ **La question de l'Homme dans les genres de l'argumentation** → voir p. 80

1588 Essais

Dans ce long essai qui analyse la vanité humaine, Montaigne évoque sa façon de voyager. Refusant les chemins tracés d'avance, les idées préconçues, il se montre curieux de tout ce qui est différent.

De la vanité

Moi, qui le plus souvent voyage pour mon plaisir, ne me guide pas si mal. S'il fait laid à droite, je prends à gauche ; si je me trouve mal propre à monter à cheval, je m'arrête. En faisant ainsi, je ne vois à la vérité rien qui ne soit aussi plaisant et commode que ma maison. Il est vrai que j'en trouve la superfluité toujours superflue, et marque de l'empê-
5 chement[1] en la délicatesse[2] même et en l'abondance. Ai-je laissé quelque chose à voir derrière moi ? J'y retourne ; c'est toujours mon chemin. Je ne trace aucune ligne certaine, ni droite, ni courbe. Ne trouvé-je point où je vais, ce qu'on m'avait dit ? Comme il advient souvent que les jugements d'autrui ne s'accordent pas aux miens, et les ai trouvés plus souvent faux, je ne plains pas ma peine ; j'ai appris que ce qu'on disait n'y est point.

10 J'ai la complexion du corps libre[3] et le goût commun[4], autant qu'homme du monde. La diversité des façons d'une nation à autre ne me touche que par le plaisir de la variété. Chaque usage a sa raison. Soient des assiettes d'étain, de bois, de terre, bouilli ou rôti, beurre ou huile de noix ou d'olive, chaud ou froid, tout m'est un, et si un que, vieillissant, j'accuse[5] cette généreuse faculté, et aurai besoin que la délicatesse et le choix arrêtât l'in-
15 discrétion[6] de mon appétit et parfois soulageât mon estomac. Quand j'ai été ailleurs qu'en France et que, pour me faire courtoisie, on m'a demandé si je voulais être servi à la française, je m'en suis moqué et me suis toujours jeté aux tables les plus épaisses[7] d'étrangers.

J'ai honte de voir nos hommes énivrés de cette sotte humeur de s'effaroucher des formes contraires aux leurs : il leur semble être hors de leur élément quand ils
20 sont hors de leur village. Où qu'ils aillent, ils se tiennent à leurs façons, et abominent les étrangères. Retrouvent-ils un compatriote en Hongrie, ils festoient cette aventure : les voilà à se rallier et à se recoudre ensemble, à condamner tant de mœurs barbares qu'ils voient. Pourquoi non barbares, puisqu'elles ne sont françaises ? Encore sont-ce les plus habiles[8] qui les ont reconnues, pour en médire. La plupart
25 ne prennent l'aller que pour le venir[9]. Ils voyagent couverts et resserrés d'une prudence taciturne et incommunicable, se défendant de la contagion d'un air inconnu.

Ce que je dis de ceux-là me ramentait[10], en choses semblables, ce que j'ai parfois aperçu en aucuns[11] de nos jeunes courtisans. Ils ne tiennent qu'aux hommes de leur sorte, nous regardent comme gens de l'autre monde, avec dédain ou pitié. Ôtez-leur les entretiens des
30 mystères de la cour, ils sont hors de leur gibier, aussi neufs pour nous et malhabiles comme nous sommes à[12] eux. On dit bien vrai qu'un honnête homme c'est un homme mêlé.

Michel de Montaigne, « De la vanité », *Essais*, III, chapitre IX, 1588.

Notes de vocabulaire :

1. empêche-ment : gêne.
2. délicatesse : raffinement.
3. libre : qui s'adapte à tout.
4. commun : qui accepte tout.
5. j'accuse : je me plains de.
6. indiscrétion : manque de modération.
7. épaisses : remplies.
8. habiles : intelligents.
9. le venir : le retour.
10. ramentait : rappelait.
11. aucuns : quelques-uns.
12. à : pour.

Observation

1. Quel est le thème de cette page ? Quelle est la thèse soutenue par Montaigne ?

2. Relevez les exemples de modalité interrogative. Expliquez l'effet produit.

Analyse

3. Comment et pourquoi Montaigne se moque-t-il de ses compatriotes ?

4. En quoi la dernière phrase exprime-t-elle l'idéal humaniste ?

Vers le commentaire. Commentez le passage en expliquant quelle image de l'homme nous donne ici Montaigne.

Notion

L'idéal humaniste

En cherchant à fonder son bonheur sur l'acceptation de la nature humaine, Montaigne est l'héritier des humanistes.

Le XVIᵉ siècle

OBJET D'ÉTUDE 1ʳᵉ | **La question de l'Homme dans les genres de l'argumentation** → voir p. 80

1588

Essais

Arrivé au seuil de la vieillesse, fort d'une expérience parfois douloureuse, au moment de quitter le lecteur, Montaigne décrit avec une force singulière sa conception de la sagesse.

De l'expérience

1. **voire et :** et aussi.

2. **occurrences étrangères :** des réflexions sans rapport avec la promenade.

3. **appétit :** désir.

4. **César et Alexandre :** célèbres conquérants de l'Antiquité.

5. **vacation :** occupation.

6. **celle-ci :** leur gloire.

7. **illustre :** glorieuse.

8. **maniements :** responsabilités.

9. **exploiter :** porter ses fruits.

Quand je danse, je danse ; quand je dors, je dors ; voire et[1] quand je me promène solitairement en un beau verger, si mes pensées se sont entretenues des occurrences étrangères[2] quelque partie du temps, quelque autre partie je les ramène à la promenade, au verger, à la douceur de cette solitude, et à moi. Nature a maternellement observé cela, que les actions qu'elle nous a enjointes pour notre besoin nous fussent aussi voluptueuses ; et nous y convie, non seulement par la raison, mais aussi par l'appétit[3] : c'est injustice de corrompre ses règles.

Quand je vois et César et Alexandre[4], au plus épais de sa grande besogne, jouir si pleinement des plaisirs naturels et par conséquent nécessaires et justes, je ne dis pas que ce soit relâcher son âme, je dis que c'est la roidir, soumettant par vigueur de courage à l'usage de la vie ordinaire ces violentes occupations et laborieuses pensées. Sages, s'ils eussent cru que c'était là leur ordinaire vacation[5] ; celle-ci[6], l'extraordinaire. Nous sommes de grands fous ! « Il a passé sa vie en oisiveté », disons-nous ; « Je n'ai rien fait d'aujourd'hui. » Quoi ! N'avez-vous pas vécu ? C'est non seulement la fondamentale, mais la plus illustre[7] de vos occupations. « Si on m'eût mis au propre des grands maniements[8], j'eusse montré ce que je savais faire. » Avez-vous su méditer et manier votre vie ? vous avez fait la plus grande besogne de toutes. Pour se montrer et exploiter[9], Nature n'a que faire de fortune ; elle se montre également en tous étages, et derrière, comme sans rideau. Avez-vous su composer vos mœurs ? vous avez bien plus fait que celui qui a composé des livres. Avez-vous su prendre du repos ? vous avez plus fait que celui qui a pris des empires et des villes.

Notre grand et glorieux chef-d'œuvre, c'est vivre à propos.

Michel de Montaigne, « De l'expérience », *Essais*, III, chapitre XIII, 1588.

1500 ▸ 1600

Observation

1. Reformulez la thèse soutenue par Montaigne.

2. Par quelle opposition Montaigne commente-t-il l'attitude de César et Alexandre ? En quoi son point de vue est-il paradoxal ?

3. Relevez, dans le second paragraphe, les indices d'un dialogue. De quelle façon ce dialogue fait-il progresser l'argumentation ?

4. Expliquez et commentez la dernière phrase du passage.

Analyse

5. À quelle thèse Montaigne s'oppose-t-il ? La thèse qu'il combat est-elle explicitement formulée ?

6. Comment la Nature nous éclaire-t-elle sur le sens de notre vie ? Cette confiance en la Nature est-elle caractéristique de l'humanisme de la Renaissance ?

Vers le sujet d'invention. Imaginez le dialogue entre un admirateur de Montaigne et son ami qui pense que la célèbre page n'est qu'une invitation à la paresse.

Notion

Le dialogue dans l'argumentation

Le discours argumentatif peut prendre la forme d'un dialogue. Le dialogue permet la confrontation de points de vue divergents et anime la formulation d'une thèse. L'argumentation évite ainsi tout dogmatisme.

111

D'Aubigné

▶ **Théodore Agrippa d'Aubigné**
▶ Né en Saintonge le 8 février 1552.
▶ Décédé à Genève, en Suisse, le 9 mai 1630.

À sept ans, Agrippa d'Aubigné aurait traduit un dialogue de Platon. Mais l'enfant prodige a juré à son père de venger les protestants suppliciés à Amboise et d'Aubigné se jette dans la guerre au côté du futur Henri IV. En 1577, gravement blessé, il entreprend *Les Tragiques*, qu'il ne publiera qu'en 1616. Indigné par l'abjuration d' Henri IV en 1593, il se retire sur ses terres puis, combattant vainement Louis XIII, il doit s'exiler à Genève, où il meurt.

ŒUVRES PRINCIPALES

Poésie
Printemps (poèmes d'amour qu'il ne publie pas) ; *Les Tragiques* (publication clandestine en 1616).

Le poète justicier

Dans *Les Tragiques*, le poète veut rétablir la vérité qui fonde toute justice. Ce sont les princes, les juges catholiques qui ont plongé le royaume dans la misère et ce sont les protestants qui ont été persécutés. C'est dans son indignation, dans la souffrance des siens, dans sa foi nourrie de la lecture de la Bible qu'il puise cette véhémence qui colore toute sa poésie.

OBJET D'ÉTUDE 1re   Écriture poétique et quête du sens   ➜ voir p. 78

1616   Les Tragiques

L'appel à la justice est un thème majeur des *Tragiques*. Dans « Vengeances », le châtiment que doit subir Caïn pour avoir tué son frère Abel est l'occasion de menacer les criminels. Dans « Jugement », la vision de la résurrection des morts rend l'espoir aux victimes.

Vengeances

Ainsi Abel offrait en pure conscience
Sacrifices à Dieu ; Caïn offrait aussi :
L'un offrait un cœur doux, l'autre un cœur endurci,
L'un fut au gré de Dieu, l'autre non agréable.
5   Caïn grinça les dents, pâlit, épouvantable,
Il massacra son frère, et de cet agneau doux
Il fit un sacrifice à son amer courroux.
Le sang fuit de son front, et honteux se retire,
Sentant son frère[1] sang que l'aveugle[2] main tire[3] ;
10   Mais, quand le coup fut fait, sa première pâleur
Au prix de la seconde était vive couleur :
Ses cheveux vers le ciel hérissés en furie,
Le grincement des dents en sa bouche flétrie,
L'œil sourcillant de peur découvrait son ennui[4].
15   Il avait peur de tout, tout avait peur de lui :
Car le ciel s'affublait du manteau d'une nue[5]

1. **frère** : fraternel.
2. **aveugle** : aveuglée par la haine.
3. **tire** : verse.
4. **ennui** : tourment.
5. **s'affublait d'une nue** : se couvrait de nuage.

Le XVIᵉ siècle

Sitôt que le transi au ciel tournait la vue ;
S'il fuyait au désert, les rochers et les bois
Effrayés aboyaient au son de ses abois[6].
20 Sa mort ne put avoir de mort pour récompense,
L'enfer n'eut point de morts à punir cette offense,
Mais autant que de jours il sentit de trépas :
Vif il ne vécut point, mort il ne mourut pas.
25 Il fuit d'effroi, transi, troublé, tremblant et blême,
Il fuit de tout le monde, il s'enfuit de soi-même.

Agrippa d'Aubigné, « Vengeances »,
Les Tragiques, VI, 1616.

6. abois : cris sauvages.

Jugement

Mais quoi ! c'est trop chanté, il faut tourner les yeux
Éblouis de rayons dans le chemin des cieux.
C'est fait, Dieu vient régner[1], de toute prophétie
Se voit la période[2] à ce point accomplie.
5 La terre ouvre son sein, du ventre des tombeaux
Naissent des enterrés les visages nouveaux :
Du pré, du bois, du champ, presque de toutes places
Sortent les corps nouveaux et les nouvelles faces.
Ici les fondements des châteaux rehaussés[3]
10 Par les ressuscitants promptement sont percés ;
Ici un arbre sent des bras de sa racine
Grouiller un chef[4] vivant, sortir une poitrine ;
Là l'eau trouble bouillonne, et puis s'éparpillant
Sent en soi des cheveux et un chef s'éveillant.
15 Comme un nageur venant du profond de son plonge[5],
Tous sortent de la mort comme l'on sort d'un songe.
Les corps par les tyrans autrefois déchirés
Se sont en un moment en leurs corps asserrés[6],
Bien qu'un bras ait vogué par la mer écumeuse
20 De l'Afrique brûlée en Thulé[7] froiduleuse.
Les cendres des brûlés volent de toutes parts ;
Les brins[8] plus tôt unis qu'ils ne furent épars
Viennent à leur poteau[9], en cette heureuse place,
Riants au ciel riant d'une agréable audace.

Agrippa d'Aubigné, « Jugement » (extrait),
Les Tragiques, VII, 1616.

1. Dieu vient régner : le Christ remet le monde à Dieu le Père.

2. période : quand toute prophétie se réalise.

3. rehaussés : élevés.

4. chef : tête.

5. son plonge : sa plongée.

6. asserrés : resserrés, réunis.

7. Thulé : île à demi légendaire située au nord de l'Écosse.

8. brins : particules de cendre.

9. poteau : là où on les a brûlés.

1500
1600

Observation

1. Distinguez les principaux épisodes du crime et du châtiment de Caïn.

2. Dans le passage de « Jugement », relevez les indications de lieux et de mouvement.

3. Étudiez les sonorités des vers 15-16 et 20 de « Jugement ».

Analyse

4. De quelle façon d'Aubigné rend-il terrifiante la terreur de Caïn ?

5. Comment le poète anime-t-il la vision de la résurrection ?

Vers le commentaire. Étudiez comment le poète oppose les deux frères.

Notion

La fonction poétique des sonorités

Les sonorités n'ont pas de sens en elles-mêmes. Mais le retour de sons identiques – voyelles ouvertes (a, è) ou fermées (i, u) placées sous l'accent, consonnes palatales (g, k) ou liquides (l, r) – renforce les effets liés à la syntaxe et au lexique. C'est le retour des sonorités identiques qui signale la fin des vers. Ainsi les combinaisons sonores contribuent de façon décisive à l'élaboration du langage poétique.

SUJET DU BAC *Toutes séries*

OBJET D'ÉTUDE 1ʳᵉ ▶ **Écriture poétique et quête du sens, du Moyen Âge à nos jours**

TEXTES

Texte A : Pierre de Ronsard, « Les hirondelles », *Odes*, 1556.
Texte B : Victor Hugo, « Fenêtres ouvertes », *L'Art d'être grand-père*, 1877.
Texte C : Francis Ponge, « Éclaircie en hiver », *Pièces*, 1932.
Texte D : Guy Goffette, « Printemps I », *Le Pêcheur d'eau*, 1995.

Texte A

Les hirondelles

Dieu vous gard', messagers fidèles
Du printemps, vites[1] hirondelles,
Huppes, coucous, rossignolets,
Tourtres, et vous oiseaux sauvages
Qui de cent sortes de ramages
Animez les bois verdelets.

Dieu vous gard', belles pâquerettes,
Belles roses, belles fleurettes,
Et vous boutons jadis connus
Du sang d'Ajax[2] et de Narcisse,
Et vous thym, anis et mélisse,
Vous soyez les bien revenus.

Dieu vous gard', troupe diaprée
Des papillons, qui par la prée[3]
Les douces herbes sucotez ;
Et vous, nouvel essaim d'abeilles,
Qui les fleurs jaunes et vermeilles
De votre bouche baisotez.

Cent mille fois je resalue
Votre belle et douce venue.
Ô que j'aime cette saison
Et ce doux caquet des rivages,
Au prix des vents et des orages
Qui m'enfermaient en la maison !

Pierre de Ronsard, *Odes*, 1556.

1. **vites :** rapides.
2. Lorsque, vaincu par Ulysse, Ajax se tue, son sang colore la fleur de l'hyacinthe. Lors des funérailles de Narcisse, le cadavre disparaît, remplacé par la fleur qui porte son nom.
3. **la prée :** la prairie.

Texte B

Fenêtres ouvertes

Le matin. – En dormant

J'entends des voix. Lueurs à travers ma paupière.
Une cloche est en branle à l'église Saint-Pierre.
Cris des baigneurs. Plus près ! plus loin ! non, par ici !
Non, par là ! Les oiseaux gazouillent. Jeanne aussi.
Georges[1] l'appelle. Chant des coqs. Une truelle
Racle un toit. Des chevaux passent dans la ruelle.
Grincement d'une faux qui coupe le gazon.
Chocs. Rumeurs. Des couvreurs marchent sur la maison.
Bruits du port. Sifflement des machines chauffées.
Musique militaire arrivant par bouffées.
Brouhaha sur le quai. Voix françaises. Merci.
Bonjour. Adieu. Sans doute il est tard, car voici
Que vient tout près de moi chanter mon rouge-gorge.
Vacarme de marteaux lointains dans une forge.
L'eau clapote. On entend haleter un steamer[2].
Une mouche entre. Souffle immense de la mer.

Victor Hugo, *L'Art d'être grand-père,* 1877.

1. **Jeanne et Georges :** les petits-enfants de Victor Hugo.
2. **steamer :** navire à vapeur.

Le XVIᵉ siècle

Texte C

Éclaircie en hiver

Le bleu renaît du gris, comme la pulpe éjectée
d'un raisin noir.
Toute l'atmosphère est comme un œil trop
humide, où raisons et envie de pleuvoir ont
momentanément disparu.
Mais l'averse a laissé partout des souvenirs qui
servent au beau temps de miroirs.

Il y a quelque chose d'attendrissant dans cette
liaison entre deux états d'humeur différente.
Quelque chose de désarmant dans cet épanchement terminé.

Chaque flaque est alors comme une aile de
papillon placée sous vitre,
Mais il suffit d'une roue de passage pour en
faire jaillir de la boue.

Francis Ponge, *Pièces*, 1932. Éd. Gallimard, 1962.

Texte D

Printemps

I

Recommencer, naître à nouveau, voilà
ce que disait le Maître, ce que nous
n'avions pas compris. Nous regardions
le ventre de la terre, les nuages, le ciel

et demeurions aveugles, tandis que l'hirondelle
revenait à sa place exacte, reprenait
possession du vent. Et nous qui de si loin
désirions partir, nous restons sur le seuil

sans savoir où aller, comme prisonniers
d'une route invisible et de la peur de perdre,
en plongeant dans la lumière d'avril,
le goût de l'eau, le parfum des ombres

et le plaisir de toujours remettre à demain.

Guy Goffette, *Le Pêcheur d'eau*, Éd. Gallimard, 1995.

1500
▼
1600

❶ Vous répondrez aux questions suivantes (4 points).

1. À quels signes reconnaît-on que les textes du corpus sont des textes de poésie ?
2. Comparez l'effet que produit le dernier vers de chaque poème.

❷ Vous traiterez l'un des trois sujets (16 points).

1. Commentaire
Vous commenterez le poème de Victor Hugo.

2. Dissertation
« Sous la poésie des textes, il y a la poésie tout court, sans forme et sans texte, », écrit
Antonin Artaud. Qu'en pensez-vous ?

3. Invention
Trois amis discutent librement de ce que veut dire pour chacun d'eux le mot « poésie ».
Rédigez leur dialogue.

Mathieu Le Nain (1607-1677), *Le Concert*, huile sur toile, 77 x 87 cm.

1600 1700

Le XVIIᵉ siècle

En passant des vertiges du baroque, qui inspirent la poésie burlesque et le roman précieux, au goût de l'ordre et de la rigueur, le XVIIᵉ siècle célèbre tous les arts, comme la peinture et la musique, et porte le théâtre à son apogée. Ce sont aussi les fables, les satires, les œuvres des moralistes qui contribuent au rayonnement exceptionnel de l'âge classique.

CONTEXTE HISTORIQUE

Le XVIIᵉ siècle

L'âge classique

Après les troubles de la Fronde, le long règne de Louis XIV ouvre pour le pays une période de stabilité exceptionnelle. Soucieux de sa gloire, le roi encourage les arts et les lettres. Dans tous les genres, théâtre, poésie, roman, essais, on assiste alors à une floraison d'œuvres originales qui dessinent une nouvelle image de l'être humain et qui seront vite considérées comme les chefs d'œuvre du Classicisme.

Hyacinthe Rigaud (1659-1743), *Louis XIV*, 1701, peinture à l'huile.

L'HISTOIRE

L'ascension de la monarchie absolue

▶ **En 1610, l'assassinat du roi Henri IV,** en plein Paris, montre la fragilité de la paix que la France redécouvre après des années de guerres civiles. En 1648 éclatent plusieurs révoltes, les frondes, qui forcent le jeune dauphin, le futur Louis XIV, à fuir Paris. Mais la bourgeoisie et les grands seigneurs n'arrivent pas à s'unir : le pouvoir royal s'impose alors à tous comme le seul capable d'éloigner le spectre de l'anarchie. À partir de 1661, Louis XIV dirige seul le royaume en s'appuyant sur une administration centralisée qui impose partout sa loi.

▶ **Tout en développant le commerce et l'industrie,** le roi lance le pays dans des guerres de conquêtes qu'il voudrait rentables et glorieuses mais qui se révèlent meurtrières et ruineuses. Le roi veut aussi imposer un ordre unique dans le domaine religieux : il résiste au pouvoir du pape, pourchasse les jansénistes et, en 1685, par la révocation de l'édit de Nantes, lance d'inhumaines persécutions contre les protestants. Toutes ces violences, et un climat de pruderie tatillonne, assombrissent les dernières années du règne de Louis XIV.

LES SCIENCES

La naissance de la science moderne

▶ **Riche de travaux décisifs,** le XVIIᵉ siècle voit naître la science moderne. En s'emparant du télescope pour observer le ciel, Galilée bouleverse notre conception de la science et de la nature. L'univers ordonné, clos, incorruptible conçu par Aristote laisse place à un monde ouvert sur l'infini. Descartes, Pascal, Gassendi pensent, comme Galilée, que les mathématiques permettent de connaître objectivement la nature. En 1666, Colbert fonde l'Académie royale des sciences qui jouera un rôle décisif dans le développement de l'esprit scientifique en France.

Johannes Vermeer (1632-1675), *L'Astronome*, 1668, peinture à l'huile.

Le XVIIᵉ siècle

▶ **À l'époque, les universités répètent les dogmes anciens** et tournent le dos aux nouveautés qui agitent le monde des savants. Et quels savants ! Huygens (1629-1695), physicien, astronome et mathématicien, étudie la force centrifuge, met au point une théorie ondulatoire de la lumière et fonde l'horlogerie moderne. Leibniz (1646-1716), savant et philosophe, invente, entre autres, le calcul infinitésimal et élabore le concept d'énergie cinétique. Newton (1642-1727), inventeur de la méthode expérimentale et de la physique mathématique, établit le principe de la gravitation universelle.

Louis Le Nain (1600-1648), *Paysans devant leur maison*, peinture à l'huile.

LA SOCIÉTÉ

La cour, la ville et la campagne

▶ **On assiste à une éclatante renaissance catholique** dès le début du siècle : de nouveaux ordres se créent, les anciens se réforment, les ouvrages religieux se multiplient ; le clergé, mieux formé, influence tous les milieux. La noblesse d'épée, toujours prête au duel ou à la rébellion, est sévèrement combattue par Richelieu qui interdit les duels et rase les châteaux des récalcitrants. Écartée peu à peu des responsabilités politiques, la noblesse doit se plier à l'étiquette de la cour. Cependant, comblée d'honneurs et de privilèges, elle s'illustre sur les champs de bataille, et permet de tenir en respect les ambitions de la bourgeoisie.

▶ **La noblesse de robe,** comme une grande partie de la bourgeoisie, est sensible à la rigueur des jansénistes et cherche dans la figure de l'honnête homme un autre idéal de vie. Toutefois, si les paysans, grâce aux écoles de campagne, sont de plus en plus nombreux à pouvoir signer et même à pouvoir lire, les inégalités restent néanmoins sensibles : il y a loin du riche fermier aux journaliers qui vivent dans la misère.

LA CULTURE

L'art de la conversation

▶ **Avec le retour de la paix** s'élabore peu à peu un art de vivre qui sera caractéristique de la culture française. Le pédantisme, les affectations, la grossièreté sont chassés de ces conversations où l'on apprend la politesse. Être poli, c'est savoir comment se conduire dans le monde, respecter les bienséances, avoir du tact et du discernement. L'honnête homme est cultivé sans être pédant, séduisant sans être courtisan. Il suit la mode en évitant tout excès. L'enseignement de la danse assure le maintien du corps, l'aisance des gestes.

▶ **Richelieu demande à l'Académie française,** qu'il crée en 1634, de « nettoyer la langue ». Les *Remarques sur la langue française* de Vaugelas, publiées en 1647, donnent les règles du bon usage, celui de la cour. De là aussi la mode des dictionnaires. Cet art de la conversation des honnêtes gens qui s'est développé tout au long du siècle est, pour Voltaire, « un des plus grands agréments de la vie ».

L'écrivain Fontenelle (1657-1757) fait le lien entre le XVIIᵉ et le XVIIIᵉ siècle.

REPÈRES littéraires

OBJET D'ÉTUDE *PREMIÈRE*

Le personnage de roman, du XVIIᵉ siècle à nos jours

Le personnage de roman au XVIIᵉ siècle

Au XVIIᵉ siècle, le roman se développe dans une société très hiérarchisée. Considéré comme un genre inférieur par rapport au théâtre et à la poésie, il trouve cependant sa place grâce à l'apparition de personnages nouveaux qui provoquent le plaisir, l'admiration ou le rire du lecteur.

Dans le *Roman comique*, Scarron peint la vie des comédiens.

Le vagabond se prête à toutes les aventures des romans comiques.

Paul Scarron, auteur du *Roman comique*.

Le héros comique

En réaction aux personnages du roman précieux, de nombreux romans d'aventures proposent des héros plus proches du lecteur, qui n'hésitent pas à jouer des mains et des pieds pour se sortir de situations difficiles. C'est ainsi que *L'Histoire comique de Francion* de Charles Sorel met en scène un aventurier libertin dans le milieu de la galanterie et de la prostitution. De son côté, l'*Histoire comique des États et Empires de la Lune* de Cyrano de Bergerac permet au héros de séjourner sur la Lune et d'y faire la satire des préjugés et des idées reçues.

Le héros du roman comique traverse la société de son temps pour en montrer les travers et les ridicules. Le lecteur y reconnaît des personnages qu'il côtoie au quotidien. Le *Roman comique* de Scarron raconte ainsi les tribulations d'une troupe de comédiens qui traversent de multiples aventures souvent burlesques. De même, le *Roman bourgeois* de Furetière met en scène les aventures amoureuses de bourgeois parisiens, décrivant avec humour le milieu des avocats représentés comme de pauvres diables vaniteux mais sympathiques.

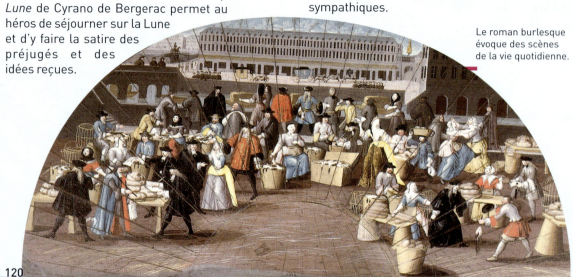

Le roman burlesque évoque des scènes de la vie quotidienne.

Le XVIIe siècle

Le héros précieux

Descendants des héros de chevalerie, les personnages du roman précieux fascinent le public des salons, comme celui de l'Hôtel de Rambouillet, qui accueille pendant plus de cinquante ans écrivains et gens du monde. Ils y commentent les aventures des héros précieux dans des débats passionnés sur les règles de l'amour et de la galanterie.

Le roman précieux est ainsi peuplé de personnages idéalisés qui vivent dans un univers épuré et délicat. Céladon et Astrée sont les bergers du roman pastoral *L'Astrée*, d'Honoré d'Urfé ; Clélie est l'héroïne du roman galant de Mlle de Scudéry, qui dresse la carte du pays de Tendre, le pays de l'Amour. Les aventures du héros précieux s'accompagnent des analyses morales dans lesquelles se reconnaît la société mondaine du XVIIe siècle.

Madeleine de Scudéry auteur de roman fleuve, *Le Grand Cyrus* et *Clélie*.

Les retrouvailles d'Astrée et de Céladon, les héros du roman d'Urfé.

L'héroïne vertueuse

Dans la seconde moitié du siècle, le chef-d'œuvre de Mme de Lafayette, *La Princesse de Clèves*, prend pour cadre la cour du roi Henri II. Le roman historique permet à l'auteur de montrer au lecteur des personnages élégants et raffinés, dont les valeurs sont présentées comme exemplaires.

Au-delà du roman historique, la romancière s'attache surtout à faire l'analyse psychologique des personnages. Le récit rend compte de leurs réactions et de leurs sentiments face aux épreuves de la passion. L'héroïne, la princesse de Clèves, triomphe cependant des tentations et se présente comme un modèle de vertu par les valeurs qu'elle incarne : fidélité, grandeur d'âme, sens du devoir et du sacrifice.

1600 ▸ 1700

L'univers des châteaux et des jardins propice aux scènes les plus romanesques.

Madame de Lafayette situe l'aventure de la princesse de Clèves à la cour des Valois.

ŒUVRES À CONSULTER
→ **Sorel** : *Histoire comique de Francion* → p. 138
→ **Madame de Lafayette** : *La Princesse de Clèves* → p. 188

121

REPÈRES littéraires

OBJET D'ÉTUDE *SECONDE*

La tragédie et la comédie au XVIIe siècle : le classicisme

La tragédie et la comédie classiques

Entre 1630 et 1680, la tragédie et la comédie deviennent des genres majeurs, capables de passionner des publics très divers, les nobles de la Cour, les bourgeois de la Ville comme les érudits qu'on appelle les doctes. Les créations de Corneille, de Molière, de Racine qui vont apparaître comme des réussites exemplaires partagent les exigences d'une même esthétique : le classicisme.

Dans son unique comédie, *Les Plaideurs*, Racine se moque des gens de justice.

La distinction des genres

Inspirée d'Aristote, la distinction des genres est un élément du classicisme : elle assure en effet la cohérence de l'œuvre théâtrale. Le genre le plus prestigieux est celui de la tragédie qui met en scène des personnages illustres dans des situations déchirantes dont l'issue est le plus souvent fatale : crime, mort, ruine. La comédie fait rire en montrant des personnages ordinaires, souvent contemporains, dans des situations familières dont le dénouement est heureux. Cette distinction admet des nuances : la tragi-comédie évite un dénouement malheureux et la comédie-ballet s'orne des charmes de la danse et de la musique.

La question des règles

À partir de 1630, les règles s'imposent aux dramaturges car elles favorisent l'illusion théâtrale. Inspirées par les réflexions des interprètes italiens d'Aristote et d'Horace, elles invitent au respect de la vraisemblance car, dit Boileau, « l'esprit n'est point ému de ce qu'il ne croit », des bienséances et des unités, que Boileau résume ainsi :
« Qu'en un lieu en un jour un seul fait accompli Tienne jusqu'à la fin le théâtre rempli. »

Pour les écrivains, la première règle est de plaire, d'émouvoir le public par les larmes ou le rire. Corneille veut plier les règles aux exigences de son sujet et Molière, qui respecte les règles dans les grandes comédies en cinq actes et en vers, y renonce dans *Dom Juan*.

Pierre Corneille à sa table de travail.

Le théâtre de la farce où acteurs français et italiens déclenchent le rire. Tout à gauche, Molière.

Le XVIIe siècle

La dignité et la grandeur de Pauline, héroïne Cornélienne.

Les sources du tragique

Si la vraisemblance, principe essentiel du classicisme, apparaît nécessaire pour émouvoir le spectateur, sa définition reste problématique. Selon Corneille, les grands sujets « doivent toujours aller au-delà du vraisemblable » ; la tragédie doit provoquer « l'admiration », c'est-à-dire la stupéfaction admirative ou horrifiée

Les formes du comique

Pour rivaliser avec la tragédie, et respecter les principes de la vraisemblance et les bienséances, la comédie devrait renoncer à tous les excès qui font rire. Or Racine approuve Aristophane de « pousser les choses au-delà du vraisemblable » et trouve souhaitable « d'outrer un peu les personnages ». Et Molière n'a jamais renoncé aux procédés de la farce, aux expressions équivoques, aux excès caricaturaux dont se nourrit la comédie. Boileau, dans son *Art poétique*, le lui a reproché. Mais n'est-ce pas en jouant sur toutes les formes du comique que Molière a donné à la comédie classique son énergie joyeuse et son irrésistible gaieté ?

Dans *Bajazet*, le déchirement d'Atalide, héroïne de Racine.

Le Misanthrope, l'une des grandes comédies en vers de Molière.

1600
▼
1700

devant des êtres hors du commun. Bien différente, la tragédie racinienne, nourrie du pessimisme janséniste, fait entendre la souffrance d'une créature abandonnée à sa misère, assez lucide pour en souffrir mais trop faible pour y échapper : l'être humain.

Matamore, le célèbre capitaine fanfaron de l'*Illusion comique* de Corneille.

ŒUVRES À CONSULTER

Corneille : *Le Cid* → p. 144
Corneille : *Horace* → p. 148
Corneille : *Cinna* → p. 149
Molière : *L'École des femmes* → p. 156
Molière : *Tartuffe* → p. 157
Molière : *Le Misanthrope* → p. 160
Molière : *L'Avare* → p. 161
Racine : *Andromaque* → p. 173
Racine : *Britannicus* → p. 174
Racine : *Bérénice* → p. 175

REPÈRES littéraires

OBJET D'ÉTUDE PREMIÈRE

Le texte théâtral et sa représentation : du XVIIe siècle à nos jours

Molière dans le costume de Sganarelle.

Le texte théâtral et sa représentation au XVIIe siècle

C'est au cours du XVIIe siècle que le théâtre français conquiert ses lettres de noblesse. Les désirs de publics nouveaux, les exigences des critiques, le soutien du pouvoir, le talent des comédiens et le génie de quelques écrivains vont converger pour faire surgir des chefs-d'œuvre qui continuent de nous fasciner.

Un art légitime

Le théâtre, autrefois associé aux lieux mal famés, devient un endroit respectable. Dès le milieu du siècle, on trouve à Paris trois salles de spectacle, avec des loges et des galeries, où jouent des troupes régulières. Longtemps itinérants, condamnés par l'Église qui leur refuse les sacrements, les comédiens, comme Mondory, Floridor ou la Champmeslé s'imposent par leur talent et leur culture. En 1641, un édit royal affirme la dignité d'un métier qu'une partie du clergé continue de condamner.

Un nouveau public

Dès les premières décennies du XVIIe siècle, le théâtre suscite l'enthousiasme de spectateurs très divers. À la Cour, les nobles, la famille royale, les ministres aiment les grands spectacles qu'ils soutiennent de leur mécénat. À Paris, la Ville, la petite noblesse, les bourgeois aisés, les étudiants, à qui les Jésuites ont donné le goût du théâtre, se passionnent pour des divertissements intelligents. Enfin, les érudits et les critiques, les doctes, peu nombreux mais influents, s'appuient sur la lecture des Anciens et des humanistes italiens pour imposer de nouvelles exigences esthétiques.

Louis XIV aimait écouter Racine lire ses œuvres.

Monsieur de Pourceaugnac, le provincial ridicule.

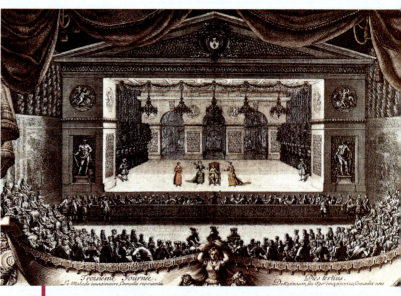

Représentation solennelle du *Malade imaginaire* à la Cour de Versailles.

124

Le XVIIᵉ siècle

Le temps des chefs-d'œuvre

Une poignée de chefs-d'œuvre, signés Corneille, Molière, Racine, fait la gloire du théâtre classique. Ils se sont cependant difficilement imposés. En 1637, le *Cid* de Corneille suscite une querelle qui dure plus d'un an. Molière est attaqué par ses rivaux, se bat pendant cinq ans pour pouvoir jouer *Tartuffe*, interdit par les clans religieux, et doit renoncer à *Dom Juan*. *Britannicus* de Racine est raillé par le clan des cornéliens et *Phèdre* échoue à cause d'une cabale. À la fin du siècle pourtant, ces artistes sont considérés comme ayant surpassé les Anciens qu'ils admiraient tant.

Orgon démasque le faux dévot Tartuffe.

La fureur d'Agrippine, héroïne racinienne.

> **ŒUVRES À CONSULTER**
> **Corneille** : *L'Illusion comique* → p. 143
> **Molière** : *Dom Juan* → p. 158
> **Racine** : *Phèdre* → p. 176

1600 ▼ 1700

Pour la pièce de Corneille *Andromède*, le merveilleux décor de Torelli.

Dom Juan, le séducteur dans ses plus beaux atours.

Le goût du spectacle

La première règle que reconnaissent les écrivains classiques est de plaire, de toucher le public. Or le public, qu'il soit de la Cour ou de la Ville, aime le grand spectacle, les beaux costumes, les changements de décor. De là la tentation des « pièces à machines » comme la *Médée* de Corneille ou le *Dom Juan* de Molière. De là aussi les comédies-ballets qui conjuguent les plaisirs du texte, de la musique et de la danse : Molière y connut ses plus grands succès.

REPÈRES littéraires

OBJET D'ÉTUDE *PREMIÈRE*

Écriture poétique et quête du sens du Moyen Âge à nos jours

L'écriture poétique et la quête du sens au XVIIe siècle

Écartant au nom de la modernité l'héritage de la Pléiade, le XVIIe siècle ouvre de nouvelles voies à l'écriture poétique. Très diverse dans ses formes, odes, stances, sonnets, comme dans ses sources d'inspiration, la poésie se fait tour à tour discours, confidence, divertissement, prière. Mais c'est paradoxalement dans le genre mineur de la fable qu'elle déploie tous ses charmes.

Clavecin, viole de gambe, luth et violon accompagnent le plaisir de la poésie.

La revendication de la modernité

Si divers qu'ils soient, les poètes du début du siècle, Malherbe, Saint-Amant, Théophile de Viau se veulent modernes. Ils rejettent, sans l'ignorer, la culture de l'Antiquité dont se nourrissaient les poètes de la Pléiade. Soucieux de la clarté de la langue et de la rigueur du vers, Malherbe chante le pouvoir royal dans des formules d'une densité frappante. Pour Théophile de Viau, la poésie est l'aventure d'une liberté singulière et audacieuse et Saint-Amant évoque ses voyages, sa vie, ses rêves avec une verve pleine de gaieté. Tous veulent établir un contact direct avec leurs lecteurs.

La poésie mondaine

Fruit de la paix enfin revenue, l'essor des salons mondains où se rencontrent savants, écrivains, courtisans favorise une poésie légère, cultivée sans être pédante, qui préfère l'allusion parfois osée à l'expression directe des émotions. Virtuose, Voiture joue avec les rondeaux, les ballades et s'amuse d'un rien : le soulier d'une dame, l'ombre d'un désir, la trace d'un souvenir. L'écriture poétique est devenue le jeu élégant, enjoué, spirituel, d'un clan ravi du miroir complice que lui tendent ses poètes.

Le raffinement de l'élégance mondaine.

Le thème du tabac inspire de nombreux poètes baroques.

Loin des conventions, la recherche libertine des plaisirs.

126

Le XVIIe siècle

> **ŒUVRES À CONSULTER**
>
> **Malherbe :** *Les Muses ralliées* ➔ p. 132
> **Malherbe :** *Délices* ➔ p. 133
> **Malherbe :** *Prière pour le roi allant en Limousin* ➔ p. 134
> **Viau :** *Élégie à une dame* ➔ p. 136
> **Saint-Amant :** *La solitude* et *Le fumeur* ➔ p. 140
> **La Fontaine :** *Le Chêne et le Roseau* ➔ p. 163

Saint Pierre, le regard tourné vers le ciel.

La Lamentation sur le Christ mort de Nicolas Poussin.

La violence et la diversité de la vie des animaux et des hommes.

La poésie religieuse

Tout un courant, victime aujourd'hui de l'oubli et de la négligence, fait de l'écriture poétique l'instrument d'une recherche spirituelle. Puisant dans la Bible la force des images, des symboles et des analogies, ces poètes, protestants aussi bien que catholiques, parfois hostiles aux dévots, célèbrent la grandeur du Créateur ou invitent au recueillement. La ferveur de la foi, les tourments des âmes inquiètes donnent sens à cette poésie qui a produit des chefs-d'œuvre : les paraphrases des Psaumes de Malherbe, la traduction *l'Imitation de Jésus Christ* de Corneille ou les *Cantiques spirituels* de Racine.

Dans *L'Inspiration du poète* de Poussin, tout n'est qu'ordre et beauté.

La poésie des *Fables*

C'est à l'écart des voies officielles, bien loin des pompeuses épopées qui ne sont plus de saison, dans un genre au titre modestement scolaire, « Fables choisies », que la poésie du XVIIe siècle trouve son plus savoureux accomplissement. S'inspirant des poètes antiques, Virgile, Horace, Lucrèce, mais se souvenant aussi des fabliaux du Moyen-Âge ou du badinage d'un Voiture, La Fontaine peut prendre tous les tons, varie les vers et les rythmes et reste singulier. Parfois cruel, souvent tendre, toujours lucide, le sourire du poète est celui du sage qui connaît nos illusions mais ne renonce pas au bonheur où nous invite « cette ample comédie aux cent actes divers dont la scène est l'univers ». Le poète fait parler les plantes, les animaux, les hommes, dans un chant toujours renouvelé « car tout parle dans l'univers » et le poète est leur interprète enchanté.

En faisant parler des animaux, le poète peint notre société.

1600 ▼ 1700

REPÈRES *littéraires*

OBJET D'ÉTUDE *SECONDE*

Genres et formes de l'argumentation : XVIIe et XVIIIe siècles

Les genres et les formes de l'argumentation au XVIIe siècle

Le philosophe grec Aristote distingue trois genres de l'argumentation : le genre judiciaire qui cherche à établir le vrai, le genre épidictique ou démonstratif qui donne le plaisir du beau et le genre délibératif qui entraîne vers le bien. Dans les querelles littéraires, morales, religieuses qui éclatent tout au long du XVIIe siècle, ces genres argumentatifs prennent des formes d'une étonnante diversité.

Le prédicateur monte en chaire pour convaincre son auditoire.

tion du théâtre dans trois *Discours* précisément argumentés tandis que Racine se défend dans des préfaces souvent incisives. S'inspirant du poète latin Horace, Boileau formule, dans son poème didactique l'*Art poétique*, sa conception de l'œuvre d'art.

Les formes orales de l'argumentation

L'argumentation se développe souvent devant un public. Le timbre de la voix, les gestes participent alors à l'argumentation. Ce sont parfois des controverses sur des sujets religieux, des discours solennels pour célébrer un académicien ou défendre un art. L'éloquence religieuse a une importance considérable. On se presse aux sermons des prédicateurs de renom comme Bourdaloue ou Fléchier. Bossuet tout en fuyant les artifices oratoires, et en construisant de rigoureuses démonstrations, atteint, selon Voltaire, une « grandeur majestueuse qui tient un peu à la poésie ».

Bossuet, baptisé l'Aigle de Meaux, pour la noblesse de son éloquence.

Les chercheurs se réunissent dans les Académies pour discuter leurs découvertes.

René Descartes, le fondateur de la philosophie moderne.

Les formes didactiques de l'argumentation

Les savants, les philosophes, les théologiens présentent leur enseignement de plus en plus en français. Dans le *Discours de la Méthode*, Descartes rend sa philosophie accessible au public éclairé. Dans les fameuses *Provinciales*, Pascal adopte la lettre pour soulever de délicates questions de théologie. Corneille explique sa concep-

Le XVIIᵉ siècle

Avec le raffinement de la vie mondaine se développe l'art de la conversation.

Dans ses trois *Discours* sur le théâtre, Corneille analyse et discute les célèbres remarques de la *Poétique* d'Aristote.

Les formes littéraires de l'argumentation

La tirade théâtrale. Dans la grande comédie comme dans la tragédie, la tirade permet de développer une argumentation judiciaire comme dans le procès d'Horace, délibérative comme dans le monologue de Rodrigue ou démonstrative comme dans les discours de Chrysale ou de Clitandre.

La fable. Elle développe une argumentation indirecte : la thèse, le plus souvent formulée dans la moralité est justifiée par un récit fictif. Selon La Fontaine, la moralité serait au récit ce que l'âme est au corps. Mais ce sont souvent la progression du récit, la justesse des dialogues qui font la valeur de l'argumentation.

La maxime est une affirmation très générale qui formule une thèse, sans la justifier par des arguments, sans l'illustrer par des exemples. Au lecteur d'en évaluer la justesse. Avant d'être publiées, les maximes de La Rochefoucauld sont admirées ou discutées par madame de Sablé, la protectrice de la Fontaine ou Christine, la reine de Suède, correspondante de Descartes.

Les portraits. S'inspirant du grec Théophraste, La Bruyère brosse, dans *Les Caractères*, de rapides portraits qui montrent et démontrent les effets de l'égoïsme, de la suffisance, de l'argent et de la vanité.

1600 ▼ 1700

La reine Christine de Suède écoute Descartes faisant une démonstration de géométrie.

Le duc de La Rochefoucauld, l'auteur des *Maximes*, qui montrent les faiblesses de la nature humaine.

▶ **ŒUVRES À CONSULTER**
Pascal : *Pensées* ➔ p. 151
La Rochefoucauld : *Réflexions ou Sentences et maximes morales* ➔ p. 168
Bossuet : *Oraison funèbre d'Henriette d'Angleterre* ➔ p. 182

129

REPÈRES littéraires

OBJET D'ÉTUDE *PREMIÈRE*

La question de l'Homme dans les genres de l'argumentation du XVIe siècle à nos jours

La question de l'Homme dans l'argumentation au XVIIe siècle

Dans les traités, dans les sermons, dans les controverses, dans les œuvres littéraires – fables maximes, théâtre –, le XVIIe siècle n'a cessé de se poser la question de l'Homme. Sans méconnaître les différences de langues, de cultures, de sociétés, c'est la nature humaine en elle-même qu'on essaie de cerner avec une lucidité de plus en plus aiguë.

Jean Dominique Cassini fut le premier directeur de l'observatoire de Paris.

La découverte de l'infini

Les travaux de Copernic, les découvertes de Galilée ont opéré un bouleversement radical dont quelques esprits commencent à prendre la mesure : la terre n'est plus au centre du monde, le monde n'est plus un univers clos sur lui-même mais la voie lactée ouvre sur l'infini. Dans le même temps les travaux de Harvey, les progrès balbutiants de la médecine montrent la complexité de l'organisme vivant qu'est le corps humain. « Qu'est-ce que l'homme dans la nature ? », s'interroge Pascal : « un milieu entre rien et tout [...] également incapable de voir le néant d'où il est tiré et l'infini, où il est englouti. »

L'homme et l'animal

La nature humaine se définit-elle en s'opposant à la nature animale ? Pour Descartes, l'animal n'est qu'une machine dont le fonctionnement est plus complexe mais de même nature que celui d'une horloge : en effet, s'il peut donner des signaux, l'animal

Le savant Blaise Pascal s'interroge sur la place de l'homme dans un univers infini.

Un des chefs-d'œuvre de Descartes, penseur de la générosité.

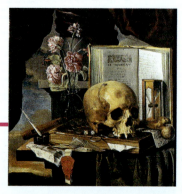

Face à la menace du temps et de la mort, que pèsent les livres et les hommes ?

130

est incapable de parler, c'est-à-dire de formuler des discours nouveaux. Cette coupure radicale entre l'homme et la bête est contestée par le philosophe Gassendi et par le poète La Fontaine qui, à la suite de Montaigne, montre l'inventivité des animaux et la sottise, souvent cruelle, des hommes.

La question de la grâce

La doctrine de la grâce divine, qui a suscité des controverses dramatiques entre jésuites et jansénistes, met en question les possibilités de la nature humaine : l'homme peut-il par ses propres forces se détourner du mal et devenir bon, ou ne peut-il être sauvé que par la grâce divine, qui risque à tout moment de lui faire défaut ? Si les premiers héros de Corneille se montrent toujours capables de se dépasser, l'homme, selon Pascal, est un être faible qui, livré à lui-même, ne peut échapper aux puissances trompeuses qui l'égarent : l'imagination, l'amour-propre, la coutume. Ce pessimisme se retrouve dans les tragédies de Racine, les *Maximes* de La Rochefoucauld ou les *Fables* de La Fontaine.

Dans ses *Fables*, La Fontaine donne la parole aux animaux pour mieux éclairer les faiblesses de l'être humain.

> **ŒUVRES À CONSULTER**
> **Pascal :** *Pensées* → p. 152
> **La Fontaine :** *Les Animaux malades de la peste* → p. 166
> **Boileau :** *Satires* → p. 178
> **Bossuet :** *Traité de la concupiscence* → p. 184
> **Madame de Sévigné :** *Lettre* → p. 186
> **La Bruyère :** *Les Caractères ou mœurs de ce siècle* → p. 192

1600 ▼ 1700

Les religieuses de Port-Royal, persécutées pour leur jansénisme.

L'idéal de l'honnête homme

En réponse à une société de cour de plus en plus étouffante se forge peu à peu l'idéal de l'honnête homme. Cultivé sans avoir l'arrogance du pédant, sociable sans avoir la servilité du courtisan, l'honnête homme sait être lui-même tout en restant ouvert aux autres. C'est un art de savoir écouter et de savoir participer à une conversation ; il faut de la lucidité pour éviter les pièges de l'amour-propre, ce « grand aveuglement où chacun est pour soi ». C'est à ce prix que se construit un véritable savoir-vivre, que se nouent de véritables amitiés. Cet idéal social reste fragile car il peut vite se confondre avec les préceptes superficiels d'une mondanité routinière.

Le maître guide son élève vers le savoir et la vertu.

Savoir parler, savoir s'écouter contribuent à un nouvel art de vivre.

131

Malherbe

▶ **François de Malherbe**
▶ Né à Rouen en 1555.
▶ Décédé à Paris le 16 octobre 1628.

Fils aîné d'un magistrat, Malherbe reçoit une éducation approfondie mais il refuse la carrière paternelle et devient secrétaire du gouverneur de Provence. Sa notoriété de poète s'impose lentement et il doit attendre 1605 pour que le roi Henri IV le récompense d'un poste d'écuyer. Devenu favori de la régente Marie de Médicis, il fréquente l'élégant salon de Madame de Rambouillet. Dans son modeste appartement parisien, il expose à quelques disciples passionnés sa conception de la poésie : il exige la clarté et chasse pédantisme, archaïsme, virtuosité gratuite. Mourant, il aurait reproché à son hôtesse d'employer un mot incorrect : « Il voulait, dit son disciple Racan, jusques à la mort maintenir la pureté de la langue française. »

ŒUVRES PRINCIPALES

Poésie
Divers recueils collectifs jusqu'au recueil de ses plus beaux vers en 1627.

Traduction
Tite-Live (1616-1621).

Lettres
Recueils en 1618, 1627.

L'art du discours poétique

Refusant la tradition poétique de l'humanisme, Malherbe condamne les images recherchées, le symbolisme complexe, les recherches lexicales. À ses yeux, la poésie ne s'adresse pas aux spécialistes, savants, érudits, juristes, mais aux gens de la cour. Discours logique, respectant l'usage courant de la langue, réglé par une versification rigoureuse, le texte poétique célèbre dans des formules mémorables les grands événements de l'actualité, les lieux communs de la sagesse antique ou chrétienne. C'est par ce travail rigoureux que le poète, « arrangeur de syllabes », traversera les siècles : « Ce que Malherbe écrit dure éternellement », affirme-t-il fièrement à ceux qui se moquent de la minceur de son œuvre.

OBJET D'ÉTUDE 1re Écriture poétique et quête du sens ➔ voir p. 126

1600 Dessein de quitter une dame qui ne le contentait que de promesse

La part de l'inspiration amoureuse dans l'œuvre de Malherbe est relativement réduite. Bien éloignée des élans platoniques des poètes de la Pléiade, elle frappe par une fermeté d'une audacieuse franchise.

> Beauté, mon beau souci, de qui l'âme incertaine[1]
> A comme l'Océan son flux et son reflux :
> Pensez de vous résoudre à soulager ma peine,
> Ou je me vais résoudre à ne la souffrir plus.
>
> 5 Vos yeux ont des appas que j'aime et que je prise,
> Et qui peuvent beaucoup dessus ma liberté :
> Mais pour me retenir, s'ils font cas de ma prise[2],
> Il leur faut de l'amour autant que de beauté.

1. **incertaine** : instable, imprévisible.
2. **prise** : de m'avoir pris, séduit.

Le XVIIᵉ siècle

Quand je pense être au point que cela s'accomplisse,
10 Quelque excuse toujours en empêche l'effet[3] :
C'est la toile sans fin de la femme d'Ulysse[4],
Dont l'ouvrage du soir au matin se défait.

Madame, avisez-y, vous perdez votre gloire
De me l'avoir promis et vous rire de moi,
15 S'il ne vous en souvient vous manquez de mémoire,
Et s'il vous en souvient vous n'avez point de foi.

J'avais toujours fait compte[5], aimant chose si haute,
De ne m'en séparer qu'avecque le trépas,
S'il arrive autrement ce sera votre faute,
20 De faire des serments et ne les tenir pas.

François de Malherbe, *Les Muses ralliées*, Seconde Partie, 1600.

---

3. l'effet : l'acte, la réalisation.
4. la femme d'Ulysse : par fidélité conjugale, Pénélope a déclaré qu'elle ne se remarierait que lorsque sa tapisserie serait terminée. Or elle défait chaque nuit ce qu'elle tisse chaque jour.
5. fait compte : calculé, envisagé.

1615 Sonnet

Composé après une visite au château de Fontainebleau où séjournait la cour, ce sonnet était celui que Malherbe préférait parmi tous ceux qu'il avait écrits.

Beaux et grands bâtiments d'éternelle structure,
Superbes de matière, et d'ouvrages divers,
Où le plus digne roi qui soit en l'univers
Aux miracles de l'art fait céder la nature.

5 Beau parc, et beaux jardins, qui dans votre clôture,
Avez toujours des fleurs, et des ombrages verts,
Non sans quelque démon qui défend aux hivers
D'en effacer jamais l'agréable peinture.

Lieux qui donnez aux cœurs tant d'aimables désirs,
10 Bois, fontaines, canaux, si parmi vos plaisirs
Mon humeur est chagrine, et mon visage triste :

Ce n'est point qu'en effet vous n'ayez des appas,
Mais quoi que vous ayez, vous n'avez point Caliste :
Et moi je ne vois rien quand je ne la vois pas.

François de Malherbe, *Délices*, 1615.

1600 ▼ 1700

Observation

1. Dans le « Dessein de quitter... », quel argument développe chaque strophe ?

2. Relevez des comparaisons : quel rôle le poète leur donne-t-il ?

3. Sur quelle opposition est construit le sonnet ?

4. Quelle surprise ménagent les deux derniers vers du sonnet ?

Analyse

5. Étudiez la logique du discours dans les deux poèmes.

6. Quelle image le sonnet donne-t-il de la beauté ?

Vers l'oral. Dans quelle mesure peut-on dire que ces poèmes sont des poèmes d'amour ? Vous étudierez l'évocation de l'être aimé et l'image que le poète donne de lui-même.

Notion

La poésie et la logique du discours

Pour Malherbe, la poésie ne doit pas briller par l'originalité des images, la recherche de formules surprenantes. En 1674, Boileau, le théoricien du classicisme, célèbre Malherbe pour avoir réduit « la Muse aux règles du devoir ». L'écriture poétique tire sa force de la rigueur d'un discours dont la logique est soutenue par le rythme des vers.

Malherbe

OBJET D'ÉTUDE 1re | **Écriture poétique et quête du sens** → voir p. 126

1607 Prière pour le roi allant en Limousin

En 1605, Henri IV doit aller à Limoges pour désarmer les amis du duc de Bouillon qui préparent un soulèvement. À la demande du roi, Malherbe célèbre le retour de l'ordre et de la paix. Voici quatre des vingt et une strophes que le roi admira.

> La terreur de son nom[1] rendra nos villes fortes,
> On n'en gardera plus ni les murs ni les portes,
> Les veilles cesseront aux sommets de nos tours :
> Le fer mieux employé cultivera la terre,
> 5 Et le peuple qui tremble aux frayeurs de la guerre,
> Si ce n'est pour danser, n'aura plus de tambours.
>
> Loin des mœurs de son siècle il bannira les vices,
> L'oisive nonchalance, et les molles délices
> Qui nous avaient portés jusqu'aux derniers hasards :
> 10 Les vertus reviendront de palmes couronnées,
> Et ses justes faveurs aux mérites données
> Feront ressusciter l'excellence des arts.
>
> La foi de ses aïeux, ton amour[2], et ta crainte,
> Dont il porte dans l'âme une éternelle empreinte,
> 15 D'actes de piété ne pourront l'assouvir :
> Il étendra ta gloire autant que sa puissance :
> Et n'ayant rien si cher que ton obéissance,
> Où tu le fais régner il te fera servir.
>
> Tu nous rendras alors nos douces destinées :
> 20 Nous ne reverrons plus ces fâcheuses années,
> Qui pour les plus heureux n'ont produit que des pleurs :
> Toute sorte de biens comblera nos familles,
> La moisson de nos champs lassera les faucilles,
> Et les fruits passeront la promesse des fleurs.

François de Malherbe, « Prière pour le roi allant en Limousin »,
Parnasse, 1607.

---

1. nom : celui du roi, seule autorité légitime.
2. ton amour : l'amour que le roi éprouve pour Dieu auquel le poème est adressé.

Observation

1. Distinguez et classez les thèmes et les arguments développés dans les trois premières strophes. Quel domaine est abordé dans chacune des strophes ?

2. Observez le jeu des pronoms : à qui s'adresse le poète ? Par quel pronom se désigne-t-il ?

3. Étudiez le rythme et les sonorités des deux derniers vers.

Analyse

4. Quelle image Malherbe donne-t-il de la figure royale ? Précisez de quelles qualités il doit faire preuve et quelles fonctions il doit remplir ?

5. Comment Malherbe rend-il poignante l'évocation de la paix ? Relevez les objets et les actions qui contribuent à son éloge.

Le XVIIe siècle

L'éloge de la paix

Rubens, *Allégorie de la Paix*

Peintre d'une grande culture et d'une fécondité prodigieuse, Rubens est aussi diplomate. En 1629, le roi d'Espagne Philippe IV lui demande de négocier la paix avec l'Angleterre. C'est à cette occasion que Rubens peint cette *Allégorie de la Paix*.

Pierre Paul Rubens (1577-1640), *Allégorie de la Paix*, ou *Minerve défendant la paix des assauts de Mars*, 1629, huile sur toile.

1600 ▼ 1700

Le Satyre terrassant la panthère sauvage s'incline doucement vers les enfants pour leur offrir une corne d'abondance, qui déverse les fruits de la Paix.

Armée de la force de la raison, Minerve, la déesse de la sagesse, repousse Mars, le dieu de la guerre. La paix est victorieuse.

La Paix presse son sein pour nourrir un enfant. La transparence lumineuse de la chair contraste avec l'éclat métallique des armures

Lecture d'image

1. Repérez la composition triangulaire du tableau. Quel est l'effet produit ?

2. Comment le peintre oppose-t-il le monde de la guerre à celui de la paix ? Relevez les objets qui symbolisent la paix et ceux qui symbolisent la guerre.

3. Enumérez les couleurs qui entrent en opposition : comment contribuent-elles au mouvement qui anime la scène ?

4. Malherbe et Rubens présentent-ils la paix de la même façon ? Justifiez votre réponse.

La peinture baroque

Apparue en Italie au tout début du XVIIe siècle, la peinture baroque donne libre cours à l'imagination, accentue les contrastes, cherche l'éclat et la surprise. La richesse des coloris, les jeux d'ombre et de lumière perturbent les lignes du dessin et bousculent les plans que la peinture classique distingue et ordonne. La vie même semble palpiter sous les yeux du spectateur.

Viau

▶ **Théophile de Viau**
▶ Né à Clairac, en Angenais, en 1590.
▶ Décédé à Paris le 25 septembre 1626.

Théophile de Viau, fils d'un noble lettré, a fréquenté divers collèges protestants, visité de nombreux pays avant d'être présenté à la cour où l'on apprécie son « esprit hardi », sa verve audacieuse. Ses vers, parus d'abord dans des recueils collectifs, ont en 1621 l'honneur d'une édition séparée. La même année, sa tragédie *Pyrame et Thisbé* remporte un éclatant succès. Il est le plus célèbre des poètes anti-conformistes qu'on appelle libertins ou épicuriens. Mais, en 1622, les jésuites Garasse et Voisin l'accusent de libertinage, c'est-à-dire d'impiété, de débauche. Arrêté le 17 septembre 1623, jeté dans le cachot de Ravaillac, harcelé par des juges hostiles, il n'est libéré que le 1er septembre 1625. Il meurt un an plus tard, épuisé par ces épreuves.

ŒUVRES PRINCIPALES

Poésie
Traité de l'immortalité de l'âme (adapté de Platon) en 1621.

Théâtre
Pyrame et Thisbé (1621).

Le goût de la liberté

Pour Théophile de Viau, le vrai poète ne se soucie ni des auteurs antiques ni des contemporains : il veut écrire à sa guise, librement. Dans la solitude de la retraite, à l'écart des contraintes sociales mais proche des forces naturelles, le poète se livre aux mouvements d'une inspiration vagabonde. Bouleversé par la beauté du monde, troublé par sa fragilité, toujours à vif, il laisse le champ libre à ses élans les plus singuliers. C'est parce qu'il est indifférent aux règles et aux modèles qu'il peut exprimer librement ce qu'il ressent, rêvant d'« inventer quelque nouveau langage » pour rester au plus près des sensations, des émotions qui inspirent son œuvre.

OBJET D'ÉTUDE 1re Écriture poétique et quête du sens → voir p. 126

1621 Œuvres

Dans l'« Élégie à une dame », Théophile de Viau revendique pour sa poésie la pleine liberté de l'inspiration. Cette même liberté s'affirme, non sans provocation, dans l'éloge qu'il adresse à Cloris.

Élégie à une dame

Je veux faire des vers qui ne soient pas contraints,
Promener mon esprit par de petits desseins,
Chercher des lieux secrets où rien ne me déplaise,
Méditer à loisir, rêver tout à mon aise,
5 Employer toute une heure à me mirer dans l'eau,
Ouïr comme en songeant la course d'un ruisseau,
Écrire dans les bois, m'interrompre, me taire,
Composer un quatrain sans songer à le faire.

Théophile de Viau,
« Élégie à une dame » (extrait), *Œuvres*, 1621.

Le XVIIᵉ siècle

Stances

Quand tu me vois baiser tes bras
Que tu poses nus sur tes draps
Bien plus blancs que le linge même :
Quand tu sens ma brûlante main
5   Se promener dessus ton sein,
Tu sens bien, Cloris, que je t'aime.

Comme un dévot devers les cieux,
Mes yeux tournés devers tes yeux,
À genoux auprès de ta couche,
10   Pressé de mille ardents désirs,
Je laisse sans ouvrir ma bouche
Avec toi dormir mes plaisirs.

Le sommeil aise de t'avoir
Empêche tes yeux de me voir,
15   Et te retient dans son empire
Avec si peu de liberté,
Que ton esprit tout arrêté
Ne murmure ni ne respire.

La rose en rendant son odeur,
20   Le Soleil donnant son ardeur,
Diane et le char qui la traîne,
Une Naïade dedans l'eau,
Et les Grâces dans un tableau,
Font plus de bruit que ton haleine.

25   Là je soupire auprès de toi,
Et considérant comme quoi
Ton œil si doucement repose,
Je m'écrie : Ô ciel ! peux-tu bien
Tirer d'une si belle chose,
30   Un si cruel mal que le mien ?

Théophile de Viau,
« Stances », *Œuvres*, 1621.

Observation

1. Dans l'« Élégie à une dame », quels mots marquent le désir de liberté ?

2. Formulez en une phrase l'argument de chaque strophe des « Stances ».

3. Expliquez l'effet de surprise ménagé dans les derniers vers des « Stances ». Comment cette chute a-t-elle été préparée ?

Analyse

4. Comment est suggérée la beauté de Cloris ?

5. Étudiez dans les « Stances » l'expression du désir amoureux.

Vers le commentaire. En vous appuyant sur les deux poèmes, vous expliquerez pourquoi Théophile de Viau est considéré comme un poète libertin.

Notion

La poésie et l'art de la chute

Pour donner du relief à la fin d'une phrase, d'une strophe, d'un poème, on y place une formule frappante, une réponse inattendue, un renversement de perspective. La chute est le meilleur endroit pour glisser une pointe, une remarque ingénieuse qui étonne et éblouit.

Sorel

▶ **Charles Sorel**
▶ Né à Paris vers 1600.
▶ Décédé à Paris le 7 mars 1674.

Fils d'un procureur parisien, Charles Sorel écrit très tôt des nouvelles et des romans. Ami de poètes libertins comme Théophile de Viau et Saint-Amant, il exprime des idées audacieuses dans les premiers livres de l'*Histoire comique de Francion* qui paraissent en 1623. Mais l'arrestation de Viau le force à la prudence et il élimine les pages les plus provocantes dans les éditions qui suivent. Après l'échec de *Polyandre*, où il projette de peindre la société de son temps, il renonce au roman et se consacre à des études variées car il s'intéresse à tout : histoire, sciences, morale, littérature, bibliographie. Esprit indépendant, à l'écart des modes et du succès, il meurt dans la gêne.

ŒUVRES PRINCIPALES

Romans
Histoire comique de Francion (1623), *Le Berger extravagant* (1627), *Polyandre* (1648).

Essai
Histoire de la monarchie française (1629).

Le roman libertin

Œuvre audacieuse qui se souvient des romans latins et des romans picaresques, le roman de Sorel lance un aventurier, Francion, dans une série d'aventures qui lui permettent de traverser des milieux très différents dont le romancier se moque : les nobles sont lâches, les juges avares, les bourgeois ridicules et les femmes frivoles. La vivacité de la narration, la précision des descriptions, l'audace des dialogues donnent beaucoup de force à cette démystification radicale qui bouscule toutes les normes sociales, morales, religieuses. Après la condamnation de Théophile de Viau, le roman ne reparaîtra que dans des éditions édulcorées.

OBJET D'ÉTUDE 1ʳᵉ Le personnage de roman ➔ voir p. 120

1623 Histoire comique de Francion

Après mille péripéties qui font la trame du roman, le jeune Francion peut enfin étreindre Laurette, sa bien-aimée. Au cours d'une fête que son ami Raymond donne dans son château, tout est prêt pour célébrer les plaisirs. C'est l'occasion pour le héros du roman d'exprimer en toute liberté comment il conçoit la vie amoureuse : penser aussi est un plaisir.

Raymond le tira à part et lui demanda s'il n'était pas au suprême degré des contentements, en voyant auprès de lui sa bien-aimée. « Afin que je ne vous cèle rien, répondit-il, j'ai plus de désirs qu'il n'y a de grains de sable en la mer : c'est pourquoi je crains grandement que je n'aie jamais de repos. J'aime bien Laurette, et serai bien aise de
5 jouir d'une infinité d'autres, que je n'affectionne pas moins qu'elle. Toujours la belle Diane, la parfaite Flore, l'attrayante Bélize, la gentille Yanthe, l'incomparable Pasitée, et une infinité d'autres, se viennent représenter à mon imagination avec tous les appas qu'elles possèdent, et ceux encore que possible[1] ne possèdent-elles pas. » – « Si l'on vous enfermait pourtant dans une chambre avec toutes ces dames-là, dit Raymond, ce serait
10 par aventure[2] tout ce que vous pourriez faire d'en contenter une. » – « Je vous l'avoue, reprit Francion, mais je voudrais jouir aujourd'hui de l'une, et demain de l'autre. Que si elles ne se trouvaient satisfaites de mes efforts, elles chercheraient si bon leur semblait quelqu'un qui aidât à assouvir leurs appétits. »

1. possible : peut-être.
2. par aventure : peut-être.

138

Le XVIIᵉ siècle

Agathe[3] étant derrière lui, écoutait ce discours et, en l'interrompant, lui dit : « Ah !
mon enfant, que vous êtes d'une bonne et louable humeur ! Je vois bien que si tout le
monde vous ressemblait, l'on ne saurait ce que c'est que le mariage, et l'on n'en obser-
verait jamais la loi ! » – « Vous dites vrai, répondit Francion, aussi n'y a-t-il rien qui nous
apporte tant de maux que ce fâcheux lien, et l'honneur, ce cruel tyran de nos désirs. Si
nous prenons une belle femme de bien, elle est caressée de chacun, sans que nous le
puissions empêcher. Le vulgaire[4] qui est infiniment soupçonneux et qui se jette sur les
moindres apparences vous tiendra pour un cocu, encore qu'elle soit femme de bien, et
vous fera mille injures : car, s'il voit quelqu'un parler à elle dans une rue, il croit qu'il
prend bien une autre licence dedans une maison. Si pour éviter ce mal l'on épouse une
femme laide, pensant éviter un gouffre, l'on tombe dans un autre plus dangereux ; l'on
n'a jamais ni bien ni joie ; l'on est au désespoir d'avoir pour compagne une furie, au lit
et à la table. Il vaudrait bien mieux que nous fussions tous libres : l'on se joindrait sans
se joindre avec celle qui plairait le plus, et lorsque l'on en serait las, il serait permis de la
quitter. Si s'étant donnée à vous, elle ne laissait pas de prostituer son corps à quelqu'un
d'autre, quand cela viendrait à votre connaissance, vous ne vous en offenseriez point,
car les chimères de l'honneur ne seraient point dans votre cervelle. Il ne vous serait pas
défendu d'aller de même caresser toutes les amies des autres. Vous me représenterez que
l'on ne saurait pas à quels hommes appartiendraient les enfants qu'engendreraient les
femmes : mais qu'importe cela ? Laurette qui ne sait qui est son père ni sa mère, ni qui
ne se soucie point de s'en enquérir, peut-elle avoir quelque ennui[5] pour cela, si ce n'est
celui que lui pourrait causer une sotte curiosité ? Or cette curiosité-là n'aurait point
de lieu, parce que l'on considérerait qu'elle serait vaine, et n'y a que les insensés qui
souhaitent l'impossible. Ceci serait cause d'un très grand bien, car l'on serait contraint
d'abolir toute prééminence et toute noblesse ; chacun serait égal, et les fruits de la terre
seraient communs. Les lois naturelles seraient alors révérées toutes seules. Il y a beaucoup d'autres choses à dire sur cette matière, mais je les réserve pour une autre fois.

Après que Francion eut ainsi parlé, Raymond et Agathe approuvèrent ses raisons,
et lui dirent qu'il fallait pour cette heure-là qu'il se contentât de jouir seulement de
Laurette. Il répondit qu'il tâcherait de le faire.

Charles Sorel, *Histoire comique de Francion*, septième livre, 1623.

---

3. Agathe :
entremetteuse âgée,
amie de Francion et
de Raymond.

4. le vulgaire :
le commun des
hommes.

5. ennui : tourment,
chagrin profond.

1600
▼
1700

Observation

1. En les reformulant, distinguez les thèmes abordés dans les deux paragraphes. Quelle intervention a provoqué le changement de perspective ?

2. Relevez les termes péjoratifs qui désignent ceux qui ne partagent pas les vues de Francion.

3. De quelle façon les interventions de Raymond et d'Agathe mettent-elles en valeur le discours de Francion ?

Analyse

4. Comment le personnage de Francion conçoit-il la relation amoureuse ?

5. Par quels arguments Francion remet-il en cause la loi du mariage ?

6. Sur quel principe est fondée la société que Francion désire ?

Vers l'oral. Le discours de Francion sert-il à légitimer ses penchants ou a-t-il une portée libératrice ?

Notion

Le personnage de roman et son discours

Les discours que tient le personnage de roman sont aussi importants que son portrait ou ses actions. Éclairés par les circonstances, mis en perspective par d'éventuels interlocuteurs, confirmés ou contredits par le mouvement de l'action, ses discours jouent un rôle essentiel dans la caractérisation et la portée du personnage romanesque.

139

Saint-Amant

▶ **Marc-Antoine Girard de Saint-Amant**
▶ Né près de Rouen, le 30 septembre 1594.
▶ Décédé à Paris le 29 décembre 1661.

Fils d'un marin de Rouen qui avait fait fortune, ce Normand robuste fait très jeune de grands voyages. Il se vante d'ignorer le grec et le latin mais parle l'anglais, l'italien, l'espagnol. Connu pour son ode « La solitude » dès 1629, ses vers sont régulièrement publiés. Amateur de tableaux, curieux de sciences (il rend visite à Galilée à Florence), remarquable joueur de luth, académicien dès 1634, il fréquente les salons les plus élégants de Paris où il s'installe en 1651. Mais son poème *Moïse sauvé*, terminé en 1653, est un échec : cette tentative d'« idylle héroïque » paraît alors vaine et maladroite.

ŒUVRES PRINCIPALES

Poésie
Recueil publié en 1627.

Épopée biblique
Moïse sauvé (1653).

L'originalité de Saint-Amant

Saint-Amant ne se soucie pas des auteurs anciens et recherche avant tout l'originalité. Un tableau d'un peintre mineur, dit-il, sera toujours « beaucoup plus prisé que n'est la meilleure copie de Michel-Ange ». Il cherche cette originalité dans la variété des thèmes : paysages merveilleux, visions fantastiques, éloge du melon ou du fromage. Cette originalité s'affiche aussi dans la richesse de la langue. Il veut avoir « les coudées franches avec le langage ». Résolument moderne, sa poésie crée un univers inédit qui frappe par la fraîcheur des notations, la force des émotions et une combinaison singulière d'humour et de sensualité.

OBJET D'ÉTUDE 1re Écriture poétique et quête du sens ➔ voir p. 126

1629 Œuvres

Le thème de l'homme seul face à la nature se retrouve dans l'ode sur la solitude, qui rendit Saint-Amant célèbre, et dans le sonnet qui évoque les assemblées de fumeurs souvent peintes par les artistes flamands.

La solitude

Que c'est une chose agréable
D'être sur le bord de la mer,
Quand elle vient à se calmer
Après quelque orage effroyable !
5 Et que les chevelus Tritons[1],
Hauts, sur les vagues secouées,
Frappent les airs d'étranges tons
Avec leurs trompes enrouées,
Dont l'éclat rend respectueux
10 Les vents les plus impétueux.

Tantôt l'onde, brouillant l'arène[2],
Murmure et frémit de courroux[3],

---

1. **Triton** : demi-dieu marin dont la trompette portait sur la mer les ordres de Neptune.
2. **l'arène** : sable menu et mouvant.
3. **courroux, ire** : colère.

Le XVIIe siècle ■

Se roulant dessus les cailloux
Qu'elle apporte et qu'elle r'entraîne.
15 Tantôt, elle étale en ses bords,
Que l'ire[3] de Neptune[4] outrage,
Des gens noyés, des monstres morts,
Des vaisseaux brisés du naufrage,
Des diamants, de l'ambre gris,
20 Et mille autres choses de prix.

Tantôt la plus claire du monde,
Elle semble un miroir flottant,
Et nous représente à l'instant
Encore d'autres cieux sous l'onde.
25 Le soleil s'y fait si bien voir,
Y contemplant son beau visage,
Qu'on est quelque temps à savoir
Si c'est lui-même ou son image,
Et d'abord il semble à nos yeux
30 Qu'il s'est laissé tomber des cieux.

Saint-Amant, « La Solitude » (extrait), *Œuvres*, 1629.

4. Neptune : le dieu de la mer.

Le fumeur

Assis sur un fagot, une pipe à la main,
Tristement accoudé contre une cheminée,
Les yeux fixés vers terre, et l'âme mutinée[1],
Je songe aux cruautés de mon sort inhumain.

5 L'espoir qui me remet[2] du jour au lendemain,
Essaie à gagner temps sur ma peine obstinée,
Et, me venant promettre une autre destinée,
Me fait monter plus haut qu'un empereur romain.

Mais à peine cette herbe[3] est-elle mise en cendre,
10 Qu'en mon premier état il me convient descendre
Et passer mes ennuis à redire souvent :

Non, je ne trouve point beaucoup de différence
De[4] prendre du tabac à[4] vivre d'espérance,
Car l'un n'est que fumée, et l'autre n'est que vent.

Saint-Amant, « Le fumeur », *Œuvres*, 1629.

1. mutinée : révoltée.
2. remet : renvoie.
3. herbe : tabac.
4. de... à : entre... et...

1600
▾
1700

Observation

1. Dans « La solitude », quelles expressions manifestent la présence du poète ?

2. Relevez les métamorphoses introduites par « tantôt... tantôt ».

3. Relevez dans « Le fumeur » les mots qui indiquent l'état d'esprit du poète.

Analyse

4. Quelle image le poète donne-t-il de lui-même dans les deux poèmes ?

5. Expliquez comment la sensibilité baroque se manifeste dans ces poèmes.

Vers le commentaire. Quelle image le poème de Saint-Amant donne-t-il du fumeur ?

Notion

La poésie baroque

Le poète baroque est sensible à la fragilité des apparences : l'univers est soumis à d'incessantes métamorphoses qui font à la fois sa beauté et son inquiétante étrangeté.

141 ■

Corneille

▶ **Pierre Corneille**
▶ Né à Rouen le 6 juin 1606.
▶ Décédé à Paris le 1er octobre 1684.

Après de brillantes études chez les jésuites de Rouen, Corneille acquiert deux offices d'avocat mais il ne plaidera jamais. Dès 1629, il fait jouer à Paris une comédie, *Mélite*, qui remporte un vif succès. Dès lors, il se consacre au théâtre, passe de la comédie à la tragédie et s'impose rapidement comme un auteur essentiel. Le triomphe du *Cid* provoque une célèbre querelle qui conduit Corneille à composer des tragédies parfaitement régulières : *Horace, Cinna, Polyeucte*. Après l'échec de *Pertharite*, il se consacre à un travail critique considérable : il corrige et commente toutes ses œuvres dont il publie en 1660 une édition en trois volumes. En 1651, *Œdipe* lui permet de renouer avec le succès mais le public se tourne de plus en plus vers ses jeunes rivaux, Molière et Racine. En juillet 1675, le roi lui retire même sa pension qui ne lui sera rendue que dans les dernières années de sa vie.

ŒUVRES PRINCIPALES

Théâtre
Mélite (1629), *Clitandre* (1630), *Le Cid* (1636), *L'Illusion comique* (1636), *Horace* (1640), *Cinna* (1641), *Polyeucte* (1642), *Le Menteur* (1643), *Rodogune* (1644), *Sertorius* (1662), *Othon* (1664).

▶ L'œuvre de Corneille

● **Les comédies.** Dans ses comédies, *Mélite* (1629), *La Veuve* (1633), *La Place royale* (1634), *L'Illusion comique* (1636), *Le Menteur* (1643), Corneille sait faire parler ses personnages avec élégance et humour. Ce style naturel « faisait une peinture de la conversation des honnêtes gens », dit-il. Corneille renouvelle ainsi la comédie réduite jusqu'à lui aux bouffonneries les plus grossières.

● **Les tragédies politiques.** Fondées sur des récits historiques, *Horace* (1640), *Cinna* (1642), *Polyeucte* (1643) révèlent les tensions qui déchirent les sociétés et les êtres humains : la guerre, la paix, le pouvoir, la place de la religion. Mettant en scène des héros qui cherchent à surmonter des conflits déchirants, ces œuvres suscitent un nouveau ressort théâtral : l'admiration.

● **Les tragédies romanesques.** Dans *Rodogune* (1644), *Nicomède* (1651), *Sertorius* (1662), Corneille se plaît à évoquer des situations extraordinaires qui rappellent le climat des romans d'aventure de l'époque. Il crée librement des personnages d'exception qui se moquent des lois communes. C'est le déploiement de cette énergie qui fait trembler et rêver le public.

▶ La grandeur héroïque

Dans cette première moitié de siècle, l'héroïsme était à la mode et le public retrouvait dans les héros de Corneille les valeurs qui l'exaltaient, le goût du risque, les passions folles, le sens de l'honneur, la force de la volonté. La vertu héroïque n'est pas un devoir auquel il faut se soumettre, c'est l'énergie qu'il faut déployer pour être pleinement soi-même, pour « remplir son nom », pour conquérir la gloire. La haute idée que le héros a de lui-même montre sa grandeur et l'appelle à se dépasser, à surmonter les pires épreuves, à faire éclater sa valeur. Si périlleuse que soit sa prouesse, le héros connaît alors la joie d'être admirable. Même si la gloire est ainsi réservée à quelques êtres hors du commun, l'héroïsme cornélien exprime la confiance que l'on peut avoir dans la grandeur humaine.

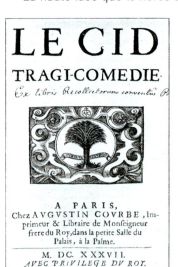

Le XVIIᵉ siècle

OBJET D'ÉTUDE 1ʳᵉ **Le texte théâtral et sa représentation** → voir p. 124

1636

L'Illusion comique

Dans *L'Illusion comique*, Corneille met en scène, « exprès pour faire rire », le capitaine gascon Matamore. Au deuxième acte, ce parfait fanfaron songe à « mettre en poudre » le roi de Perse ou le Grand Mogol, le très puissant roi des Indes !

CLINDOR

Et puis quand auriez-vous rassemblé votre armée ?

MATAMORE

Mon armée ! Ah, poltron ! ah, traître ! pour leur mort
Tu crois donc que ce bras ne soit pas assez fort !
Le seul bruit de mon nom renverse les murailles,
5 Défait les escadrons et gagne les batailles,
Mon courage invaincu contre les empereurs
N'arme que la moitié de ses moindres fureurs ;
D'un seul commandement que je fais aux trois Parques[1],
Je dépeuple l'État des plus heureux monarques ;
10 La foudre est mon canon, les destins mes soldats ;
Je couche d'un revers mille ennemis à bas ;
D'un souffle je réduis leurs projets en fumée,
Et tu m'oses parler cependant d'une armée !
Tu n'auras plus l'honneur de voir un second Mars[2] :
15 Je vais t'assassiner d'un seul de mes regards,
Veillaque[3]. Toutefois, je songe à ma maîtresse :
Ce penser m'adoucit ; va, ma colère cesse,
Et ce petit archer[4] qui dompte tous les Dieux
Vient de chasser la mort qui logeait dans mes yeux.
20 Regarde, j'ai quitté cette effroyable mine
Qui massacre, détruit, brise, brûle, extermine ;
Et, pensant au bel œil qui tient ma liberté,
Je ne suis plus qu'amour, que grâce, que beauté.

CLINDOR

Ô Dieux ! en un moment que tout vous est possible !

Pierre Corneille, *L'Illusion comique*, Acte II, scène 2, 1636.

1. les trois Parques : divinités qui tissent les destinées humaines.
2. Mars : dieu de la guerre.
3. Veillaque : maraud, coquin, paysan (injure gasconne).
4. petit archer : le dieu de l'amour, qui lance ses flèches dans les cœurs.

1600 1700

Observation

1. En relevant les expressions qui désignent Clindor, distinguez les divers moments de la tirade.

2. Par quelles antithèses Matamore met-il sa puissance en lumière ?

3. Relevez trois hyperboles qui pourraient figurer dans une tragédie.

4. Quelles expressions évoquent le jeu des regards ? Comment l'acteur peut-il les mettre en valeur ?

Analyse

5. En quoi Matamore est-il ridicule ? Pourquoi son rôle est-il amusant à jouer ?

6. Quel rôle Clindor joue-t-il face à Matamore ? Comment la représentation permet-elle d'accentuer le contraste entre les deux personnages ?

Vers l'oral. En quoi cette scène remplit-elle le programme du titre de l'œuvre : *L'Illusion comique* ?

Notion

La représentation théâtrale du personnage comique

Un personnage théâtral est comique par ses discours souvent en porte-à-faux avec la réalité. Sur scène, son costume, ses gestes, ses regards, ses intonations donnent vie à ses discours et font rire parfois avant même qu'il ait prononcé un mot.

143

Corneille

OBJET D'ÉTUDE 2ⁿᵈᵉ **La tragédie classique** → voir p. 122

1636 ## Le Cid

Dans *Le Cid*, Corneille évoque la légende espagnole de Rodrigue. Don Diègue vient de demander à son fils Rodrigue de venger son honneur en provoquant en duel le comte don Gormas, le père de celle qu'il aime, Chimène.

RODRIGUE

Percé jusques au fond du cœur
D'une atteinte imprévue aussi bien que mortelle,
Misérable[1] vengeur d'une juste querelle,
Et malheureux objet d'une injuste rigueur,
5 Je demeure immobile, et mon âme abattue
Cède au coup qui me tue.
Si près de voir mon feu[2] récompensé,
Ô Dieu, l'étrange peine !
En cet affront mon père est l'offensé,
10 Et l'offenseur le père de Chimène !

Que je sens de rudes combats !
Contre mon propre honneur mon amour s'intéresse[3] ;
Il faut venger un père, et perdre une maîtresse[4] ;
L'un m'anime le cœur[5], l'autre retient mon bras.
15 Réduit au triste choix ou de trahir ma flamme,
Ou de vivre en infâme,
Des deux côtés mon mal est infini.
Ô Dieu, l'étrange peine !
Faut-il laisser un affront impuni ?
20 Faut-il punir le père de Chimène ?

Père, maîtresse, honneur, amour,
Noble et dure contrainte, aimable tyrannie,
Tous mes plaisirs sont morts, ou ma gloire ternie.
L'un me rend malheureux, l'autre indigne du jour.
25 Cher et cruel espoir d'une âme généreuse[6]
Mais ensemble[7] amoureuse,
Digne ennemi de mon plus grand bonheur,
Fer qui causes ma peine,
M'es-tu donné pour venger mon honneur ?
30 M'est-tu donné pour perdre ma Chimène ?

Il vaut mieux courir au trépas.
Je dois à ma maîtresse aussi bien qu'à mon père :
J'attire en me vengeant sa haine et sa colère ;
J'attire ses mépris en ne me vengeant pas.
35 À mon plus doux espoir l'un me rend infidèle,
Et l'autre, indigne d'elle.
Mon mal augmente à le vouloir guérir,
Tout redouble ma peine.
Allons, mon âme ; et puisqu'il faut mourir,
40 Mourons du moins sans offenser Chimène.

1. **misérable :** digne de pitié.
2. **feu :** amour.
3. **s'intéresse :** prend parti.
4. **maîtresse :** jeune fille aimée.
5. **cœur :** courage.
6. **généreuse :** noble, digne de ses ancêtres.
7. **ensemble :** en même temps.

Le XVIIᵉ siècle

Mourir sans tirer ma raison[8] !
Rechercher un trépas si mortel à ma gloire !
Endurer que l'Espagne impute à ma mémoire
D'avoir mal soutenu l'honneur de ma maison[9] !
45 Respecter un amour dont mon âme égarée
        Voit la perte assurée !
    N'écoutons plus ce penser suborneur[10],
        Qui ne sert qu'à ma peine.
    Allons, mon bras, sauvons du moins l'honneur,
50   Puisqu'après tout il faut perdre Chimène.

        Oui, mon esprit s'était déçu[11].
    Je dois tout à mon père avant qu'à ma maîtresse.
    Que je meure au combat, ou meure de tristesse,
    Je rendrai mon sang pur comme je l'ai reçu.
55 Je m'accuse déjà de trop de négligence :
        Courons à la vengeance ;
    Et tout honteux d'avoir tant balancé[12],
        Ne soyons plus en peine,
    Puisqu'aujourd'hui mon père est l'offensé,
60   Si l'offenseur est père de Chimène.

Pierre Corneille, *Le Cid*, Acte I,
scène 6, 1636.

8. tirer ma raison : exiger ce qui est dû.
9. maison : lignée.
10. suborneur : qui pousse au mal.
11. déçu : trompé.
12. balancé : hésité.

1600
▼
1700

Observation

1. Quelle formule dans la première strophe justifie le mot de « stances » donné à ce monologue ?

2. Entre quelles décisions Rodrigue hésite-t-il ?

3. Quelles sont les caractéristiques qui rapprochent ce monologue d'une poésie et le distinguent d'une tirade théâtrale ?

4. Comparez les deux derniers vers de chaque strophe. Que soulignent-ils ?

Analyse

5. En quoi la situation de Rodrigue est-elle tragique ?

6. À quelle tentation résiste-t-il ? Quel argument emporte sa décision ? Peut-on dire que son parti pris soit héroïque ?

Vers l'oral. La poésie limite-t-elle ou renforce-t-elle la force théâtrale de ce monologue ? Vous vous demanderez ce qui justifie le recours au monologue, s'il fait avancer l'action, s'il éclaire le personnage.

Notion

Le théâtre classique et la poésie

Les stances de Rodrigue ont été critiquées par les partisans du théâtre classique. Structuré comme un poème, le monologue de Rodrigue semble rompre le cours de l'action. Pour l'abbé d'Aubignac, il était invraisemblable « qu'un homme en cet état eût la liberté de faire des chansons » et, en 1660, Corneille lui-même reconnaît que cela « marque un jeu du côté du poète qui n'a rien de naturel du côté de l'acteur ». Pourtant, cette scène avait ravi « toute la Cour et tout Paris ».

145

ÉVÉNEMENT littéraire

1637

Corneille et la querelle du *Cid*

La querelle qui oppose pendant toute l'année 1637 les partisans et les adversaires du Cid de Corneille passionne l'opinion, divise le monde littéraire et suscite l'intervention du pouvoir politique. Elle témoigne de la vivacité du débat critique et du renouveau de la vie théâtrale en France. Baptême du feu de la jeune Académie française, la querelle eut un retentissement considérable sur l'évolution du théâtre français.

Chronologie de la querelle

▶ **Janvier 1637.** La tragi-comédie *Le Cid* triomphe au théâtre du Marais.

▶ **Février 1637.** Dans *L'Excuse à Ariste*, Corneille déclare : « Je ne dois qu'à moi seul toute ma renommée ».

▶ **Mars 1637.** Un libelle, attribué à Mairet, accuse Corneille de plagiat.

▶ **Avril 1637.** Dans ses *Observations sur le Cid*, Scudéry dénonce les faiblesses de l'œuvre.

▶ **Mai 1637.** Dans une *Lettre apologétique*, Corneille refuse de répondre aux *Observations* de Scudéry : le triomphe du *Cid* est à lui seul un argument.

▶ **16 Juin 1637.** L'Académie française, à la demande de Scudéry soutenu par le cardinal Richelieu, nomme trois commissaires « pour examiner *Le Cid* et les *Observations contre Le Cid* ».

▶ **Octobre 1637.** Richelieu ordonne qu'on arrête une querelle devenue pénible.

▶ **Décembre 1637.** Les *Sentiments de l'Académie française sur la tragi-comédie du Cid* donnent en deux cents pages un point de vue nuancé plutôt favorable à Scudéry.

■ Le triomphe du *Cid*

En janvier 1637, *Le Cid*, la nouvelle tragi-comédie du jeune Corneille, fait courir tout Paris ; le théâtre du Marais ne désemplit pas et, certains soirs, les nobles doivent se contenter des niches habituellement réservées aux domestiques. Inspirée d'un récit historique, la tragédie avait de quoi séduire un public passionné d'amour et d'héroïsme. Pour venger l'honneur de son père Don Diègue, Rodrigue tue en duel le père de celle qu'il aime, le comte Don Gormas. Chimène doit alors réclamer la mort du jeune homme dont elle est toujours amoureuse. Bientôt, on en récite par cœur des tirades entières.

Le cardinal de Richelieu intervient contre Corneille dans la querelle du *Cid*.

■ La querelle des pamphlets

Un tel succès irrite critiques et écrivains. On accuse Corneille d'avoir plagié un auteur espagnol et d'avoir négligé l'unité de lieu et l'unité de temps. Pour Scudéry, auteur dramatique d'une certaine renommée, Corneille ne respecte ni la vraisemblance ni les bienséances. « Il n'est point vraisemblable, écrit Scudéry, qu'une fille d'honneur épouse le meurtrier de son père. » Le critique condamne cette « fille dénaturée », « cette impudique », « ce monstre » qui dit à Rodrigue « cent choses dignes d'une prostituée ». L'écrivain de théâtre, « pour instruire en divertissant », ne doit montrer sur scène que des personnages crédibles et exemplaires.

Dès la première de la pièce, le public assiste en foule aux représentations du *Cid* au théâtre du Marais. Dessin à la plume d'une salle de spectacle au XVIIe siècle par Alexandre Bosse.

Le XVIIᵉ siècle

■ L'intervention de l'Académie française

Corneille refuse de répondre à ces rivaux envieux qu'il défie de faire mieux. Afin de mettre un terme à un conflit qui s'envenime, le Premier ministre, le cardinal de Richelieu, impose alors à l'Académie française de prendre officiellement parti. Le Premier ministre saisit ainsi l'occasion de donner une leçon à un auteur qu'il juge trop indépendant : *Le Cid* ne fait-il pas l'éloge du duel que Richelieu vient de mettre hors la loi ? Il interviendra personnellement dans la rédaction du rapport qui affirme que le sujet du *Cid* n'est « pas bon, qu'il pèche dans son dénouement, qu'il est chargé d'épisodes inutiles, que la bienséance y manque en beaucoup de lieux ».

■ La réplique de Corneille

Corneille, blessé par ce verdict, se tait pendant trois ans. Mais il reviendra sur ces critiques en 1648 puis en 1660, longtemps après la mort de Richelieu. Pour répondre à l'accusation de plagiat, il publie les vers de Guilhem de Castro dont il s'est inspiré. S'il reconnaît n'avoir pas respecté les unités de temps et de lieu, il souligne qu'Aristote n'avait jamais fixé de telles règles. Puis il prend la défense de Chimène en citant les historiens qui ont fait son éloge. Pour lui, c'est une héroïne moderne et touchante. Mais la réponse est tardive : la querelle du *Cid* a annoncé la victoire du théâtre régulier. Avec *Horace*, en 1640, Corneille crée une tragédie parfaitement classique.

La tragédie du *Cid* déchaîne la critique des censeurs de l'Académie française. Illustration du XIXᵉ siècle pour la pièce de Corneille.

Georges de Scudéry, l'un des plus farouches opposants de Corneille dans la querelle du *Cid*.

1600 ▼ 1700

■ Les reproches de Scudéry

Scudéry présente ainsi sa critique :
« Je prétends donc prouver contre cette pièce du Cid :
Que le sujet n'en vaut rien du tout,
Qu'il choque les principales règles du Poème dramatique,
Qu'il manque de jugement en sa conduite,
Qu'il a beaucoup de méchants vers,
Que presque tout ce qu'il a de beautés sont dérobées. »

■ La victoire du théâtre classique

L'Académie française s'est imposée comme une autorité légitime qui, tout en surveillant la création littéraire, contribue à la valoriser. La querelle annonce la victoire du théâtre régulier : le respect de la vraisemblance et des bienséances qui assurent la valeur esthétique et morale du théâtre s'impose à tout écrivain qui veut obtenir l'assentiment de la critique et du public.

Comprendre l'essentiel

1. Comment s'explique le triomphe du *Cid* ?

2. Reformulez les reproches adressés par Scudéry à Corneille.

3. Pour quelles raisons Richelieu est-il intervenu dans la querelle ?

4. Comment s'explique le silence de Corneille ?

Corneille

OBJET D'ÉTUDE 2ⁿᵈᵉ **La tragédie classique** → voir p. 122

1640 Horace

Les rois d'Albe et de Rome ont confié à leurs meilleurs soldats la défense de leur ville. Albe a choisi Curiace, Rome a choisi Horace. Or Horace est le beau-frère de Curiace et Curiace est le fiancé de la sœur d'Horace.

CURIACE

Que désormais le Ciel, les Enfers et la Terre
Unissent leurs fureurs à nous faire la guerre,
Que les hommes, les Dieux, les Démons et le Sort
Préparent contre nous un général effort ;
5 Je mets à[1] faire pis en l'état où nous sommes
Le Sort, et les Démons, et les Dieux, et les hommes,
Ce qu'ils ont de cruel, et d'horrible et d'affreux,
L'est bien moins que l'honneur qu'on nous fait à tous deux.

HORACE

Le Sort qui de l'honneur nous ouvre la barrière
10 Offre à notre constance[2] une illustre matière[3].
Il épuise sa force à former un malheur,
Pour mieux se mesurer avec notre valeur,
Et comme il voit en nous des âmes peu communes,
Hors de l'ordre commun il nous fait des fortunes[4].
15 Combattre un ennemi pour le salut de tous,
Et contre un inconnu s'exposer seul aux coups,
D'une simple vertu c'est l'effet ordinaire,
Mille déjà l'ont fait, mille pourraient le faire.
Mourir pour le pays est un si digne sort,
20 Qu'on briguerait[5] en foule une si belle mort.
Mais vouloir au Public[6] immoler ce qu'on aime,
S'attacher au combat contre un autre soi-même,
Attaquer un parti qui prend pour défenseur
Le frère d'une femme et l'Amant[7] d'une sœur,
25 Et, rompant tous ces nœuds[8] s'armer pour la Patrie
Contre un sang qu'on voudrait racheter de sa vie,
Une telle vertu n'appartenait qu'à nous,
L'éclat de son grand nom[9] lui fait peu de jaloux,
Et peu d'hommes au cœur l'ont assez imprimée,
30 Pour oser aspirer à tant de Renommée.

Pierre Corneille, *Horace,* acte IV, scène 3, 1640.

1. mets à : mets au défi de.
2. constance : fermeté, courage inébranlable.
3. illustre matière : occasion de gloire.
4. fortunes : destinées.
5. briguerait : rechercherait, désirerait.
6. Public : bien public, patrie.
7. Amant : fiancé.
8. nœuds : alliances, liens familiaux ou affectifs.
9. grand nom : renommée d'un tel « exploit ».

Observation

1. En quoi la situation des deux personnages est-elle tragique ?

2. À qui s'oppose le pronom « nous » dans la tirade de Curiace et dans celle d'Horace ?

3. Quels termes expriment l'idéal d'Horace ?

Analyse

4. Quel personnage décrit précisément l'atrocité tragique de la situation ?

5. À qui Horace veut-il donner du courage ? Comment s'y prend-il ?

Vers le commentaire. Comparez les réactions des deux personnages.

Notion

La situation tragique

On appelle « tragique » une situation qui exclut tout dénouement heureux. Dans la tragédie, le malheur n'est pas le fruit du hasard, mais la conséquence d'une volonté mauvaise, qu'elle vienne des dieux ou des hommes.

Le XVIIᵉ siècle

OBJET D'ÉTUDE 2ⁿᵈᵉ La tragédie classique → voir p. 122

1641

Cinna

Dans sa tragédie en cinq actes *Cinna*, Corneille raconte un épisode de la vie de l'empereur romain Auguste. Il vient d'apprendre qu'Émilie et Cinna, qu'il avait couverts de bienfaits, préparent sa mort. Désespéré par une telle trahison, l'empereur songe d'abord à se tuer, puis à se venger.

AUGUSTE

En est-ce assez, ô Ciel ! et le Sort, pour me nuire,
A-t-il quelqu'un des miens qu'il veuille encor séduire[1] ?
Qu'il joigne à ses efforts le secours des Enfers.
Je suis maître de moi comme de l'Univers.
5   Je le suis, je veux l'être. Ô Siècles, ô Mémoire[2],
Conservez à jamais ma dernière victoire,
Je triomphe aujourd'hui du plus juste courroux
De qui le souvenir puisse aller jusqu'à vous.
Soyons amis, Cinna, c'est moi qui t'en convie :
10   Comme à mon ennemi je t'ai donné la vie,
Et malgré la fureur de ton lâche destin[3],
Je te la donne encor comme à mon assassin.
Commençons un combat qui montre par l'issue
Qui l'aura mieux de nous, ou donnée, ou reçue.
15   Tu trahis mes bienfaits, je les veux redoubler,
Je t'en avais comblé, je t'en veux accabler.
Avec cette beauté[4] que je t'avais donnée,
Reçois le Consulat pour la prochaine année.
Aime Cinna, ma fille, en cet illustre rang,
20   Préfères-en la pourpre[5] à celle de mon sang,
Apprends sur mon exemple à vaincre ta colère,
Te rendant un époux, je te rends plus qu'un père[6].

ÉMILIE

Et je me rends, Seigneur, à ces hautes bontés ;
Je recouvre la vue auprès de leurs clartés.

Pierre Corneille, *Cinna*, Acte V, scène 3, 1641.

1. **séduire :** détourner du droit chemin.
2. **Mémoire :** renommée.
3. **destin :** projet, dessein (« destiner », au XVIIᵉ siècle, veut dire « projeter »).
4. **cette beauté :** Émilie.
5. **pourpre :** la toge des consuls était bordée de rouge.
6. **père :** avant d'être empereur, Auguste avait fait tuer le père d'Émilie.

1600
▼
1700

Observation

1. Distinguez les trois moments de la tirade d'Auguste.

2. Relevez les mots mis en valeur par une majuscule et justifiez cet emploi.

3. Quels termes marquent l'effort que Auguste fait sur lui-même ?

Analyse

4. En quoi le discours d'Auguste est-il une action qui change une situation ?

5. Quel défi Auguste lance-t-il à Cinna ?

6. Montrez que l'empereur fait de la clémence le signe de sa supériorité.

Vers la dissertation. Au XVIIIᵉ siècle, le philosophe Jean-Jacques Rousseau condamne la tragédie classique car elle est « trop loin de nous » et que ses personnages sont « gigantesques », « boursouflés », « chimériques ». Pensez-vous que l'élévation du style tragique empêche l'émotion ?

Notion

Le style de la tragédie classique

La tragédie classique met en scène des personnages illustres qui doivent s'exprimer dans un style noble. Le niveau lexical, les figures de style, le rythme des vers mettent à distance les situations et les personnages qui doivent provoquer la crainte et la pitié.

149

Pascal

▶ **Blaise Pascal**
▶ Né à Clermont-Ferrand le 19 juin 1623.
▶ Décédé à Paris le 19 août 1662.

Tout enfant, Blaise Pascal surprend son entourage par sa précocité. « Il voulait, écrit sa sœur Gilberte, savoir la raison de toutes choses. » Pour aider son père, il met au point la première machine à calculer. En 1648, il conduit une série d'expériences qui établissent l'existence du vide et la pression de l'air. Cet infatigable chercheur correspond avec la reine Christine de Suède, fréquente les cercles mondains, médite les *Essais* de Montaigne. Mais il se détourne de ce monde qu'il méprise et s'engage de plus en plus auprès de ses amis de Port-Royal, les jansénistes, qui défendent une vision rigoureuse de la vie chrétienne. Lorsque ces derniers sont accusés d'hérésie par la Sorbonne, il prend leur défense en rédigeant de 1656 à 1657 les *Lettres provinciales*. Le succès de ces textes clandestins suscite les foudres de la censure et Pascal doit changer plusieurs fois de nom et de domicile pour échapper à la police. Sans renoncer à ses travaux scientifiques, il se consacre ensuite à la rédaction d'une « Apologie de la religion chrétienne » que sa mort précoce à trente-neuf ans empêche de terminer. Ses amis en donnent une première édition en 1670 sous le titre *Pensées*.

ŒUVRES PRINCIPALES

Essais scientifiques
Traité des coniques (1640),
Expériences nouvelles touchant le vide (1647).

Essais philosophiques
Lettres provinciales (1656-1657), publiées en 1670, après sa mort, sous le titre de *Pensées*.

▶ L'œuvre de Pascal

● **Les *Provinciales* et l'art de la polémique.** Dans ces dix-huit lettres qu'un provincial est censé adresser à un de ses amis, Pascal use d'un langage simple, direct, et réussit à passionner le public pour de difficiles questions de doctrine religieuse. Le recours à l'ironie lui permet de ridiculiser les discours qu'il dénonce en faisant semblant d'y croire. Redoutable polémiste, il n'hésite pas à déformer le point de vue adverse pour en démasquer les contradictions.

● **Les *Pensées* et l'art de persuader.** Dans cette œuvre dont il ne reste que des fragments, Pascal se proposait de faire l'apologie de la religion chrétienne. Il veut montrer aux indifférents la vérité du christianisme. Mais comment faire voir une vérité que l'autre ne voit pas, qu'il n'a pas envie de voir ? Il ne suffit pas de convaincre sa raison par des arguments, il faut frapper son imagination, atteindre sa sensibilité, remuer sa volonté. Pour persuader le lecteur indifférent, Pascal déploie toutes les ressources d'une véritable éloquence. C'est par l'intensité toujours intacte de son style que les *Pensées* touchent le lecteur d'aujourd'hui, qu'il soit croyant ou incroyant.

▶ Une analyse radicale de la condition humaine

En s'appuyant sur les analyses sceptiques de Montaigne, entre autres, Pascal montre la misère de l'homme sans Dieu. L'être humain, abusé par les puissances trompeuses, l'imagination, la coutume, l'amour-propre, est incapable par lui-même d'atteindre la vérité et le bonheur. Toutes les occupations sociales ne sont que des divertissements, des illusions qui nous permettent d'échapper à l'angoisse d'être mortel. Mais ne voir que la misère humaine serait méconnaître ce qui fait la grandeur spécifique de l'être humain : sa conscience en fait un être à part dans l'univers. Pour Pascal, seule la religion chrétienne permet de comprendre la nature essentiellement contradictoire de la créature humaine, mystérieuse combinaison de chair et d'esprit, de grandeur et de misère.

L'abbaye de Port-Royal, refuge des Jansémistes, que Louis XIV fait raser.

Le XVIIe siècle

OBJET D'ÉTUDE 2nde | **Genres et formes de l'argumentation** → voir p. 128

1658

Pensées

Dans la première section des *Pensées*, Pascal veut montrer la misère de l'homme sans Dieu. Reprenant les analyses de Montaigne qui montrent la puissance de l'imagination, il leur donne un tour plus incisif : c'est avec une sorte d'ironie rageuse qu'il dénonce la faiblesse de la raison humaine.

Imagination

Qui dispense la réputation, qui donne le respect et la vénération aux personnes, aux ouvrages, aux lois, aux grands, sinon cette faculté imaginante ? Toutes les richesses de la terre sont insuffisantes sans son consentement. Ne diriez-vous pas que ce magistrat dont la vieillesse vénérable impose le respect à tout un peuple se gouverne par une rai-
5 son pure et sublime, et qu'il juge des choses par leur nature sans s'arrêter à ces vaines circonstances qui ne blessent que l'imagination des faibles ? Voyez-le entrer dans un sermon[1], où il apporte un zèle tout dévot[2] renforçant la solidité de sa raison par l'ardeur de sa charité ; le voilà prêt à l'ouïr avec un respect exemplaire. Que le prédicateur[3] vienne à paraître, si la nature lui a donné une voix enrouée et un tour de visage bizarre,
10 que son barbier l'ait mal rasé, si le hasard l'a encore barbouillé[4] de surcroît, quelque grandes vérités qu'il annonce, je parie la perte de la gravité de notre sénateur !

Le plus grand philosophe du monde sur une planche plus large qu'il ne faut, s'il y a au-dessous un précipice, quoique sa raison le convainque de sa sûreté, son imagination prévaudra. Plusieurs n'en sauraient soutenir la pensée sans pâlir et suer.

15 Je ne veux pas rapporter tous ses effets ; qui ne sait que la vue des chats, des rats, l'écrasement d'un charbon, etc. emportent la raison hors des gonds ? Le ton de voix impose aux plus sages et change un discours et un poème de force.

L'affection ou la haine changent la justice de face, et combien un avocat bien payé par avance trouve-t-il plus juste la cause qu'il plaide ! Combien son geste hardi la fait-il
20 paraître meilleure aux juges dupés[5] par cette apparence ! Plaisante raison qu'un vent manie et à tous sens !

Blaise Pascal, *Pensées*, écrites avant 1658 ; première édition posthume, 1670.

1. dans un sermon : dans une église pour y écouter un sermon.
2. dévot : pieux.
3. prédicateur : prêcheur.
4. barbouillé : sali.
5. dupés : trompés.

1600 ▼ 1700

Observation

1. Quelle phrase formule la thèse soutenue par Pascal ?

2. Combien d'exemples sont évoqués pour démontrer la thèse ?

3. Relevez deux métaphores. À quelle faculté font-elles appel ? Que dénoncent-elles ?

4. Comparez la construction des deux phrases des lignes 8 à 11 et 12 à 14. Quelle phrase serait considérée aujourd'hui comme incorrecte ? Quel mot est mis en valeur ?

Analyse

5. Pourquoi et comment Pascal développe-t-il l'exemple du magistrat ?

6. Comment, dans le dernier paragraphe, Pascal montre-t-il les effets de l'imagination et leurs conséquences ?

Vers le commentaire. Pour construire votre commentaire vous pouvez montrer comment Pascal s'adresse à notre imagination. Puis vous soulignerez la rigueur du raisonnement. Enfin, vous étudierez comment Pascal montre les effets de l'imagination.

Notion

La phrase et l'argumentation

La façon dont la phrase est construite joue un rôle essentiel dans l'argumentation. La liaison des propositions, juxtaposées ou logiquement subordonnées, l'ordre et la place des mots contribuent à renforcer un raisonnement, à mettre en valeur un argument. Le recours aux questions, aux exclamations contribue à animer le raisonnement.

151

Pascal

OBJET D'ÉTUDE 1re | **La question de l'Homme dans les genres de l'argumentation** → voir p. 130

1658 Pensées

Dans un fragment longuement développé classé dans la section « Misère de l'homme sans Dieu », Pascal montre que l'être humain est incapable de regarder sa vérité en face. Pascal redonne toute sa force au sens étymologique de « divertir » : se détourner, se séparer.

Divertissement

Tel homme passe sa vie sans ennui en jouant tous les jours peu de chose. Donnez-lui tous les matins l'argent qu'il peut gagner chaque jour, à la charge[1] qu'il ne joue point, vous le rendez malheureux. On dira peut-être que c'est qu'il recherche l'amusement du jeu et non pas le gain. Faites-le donc jouer pour rien, il ne s'y échauffera pas et s'y
5 ennuiera. Ce n'est donc pas l'amusement seul qu'il recherche. Un amusement languissant et sans passion l'ennuiera. Il faut qu'il s'y échauffe, et qu'il se pipe[2] lui-même en s'imaginant qu'il serait heureux de gagner ce qu'il ne voudrait pas qu'on lui donnât à condition de ne point jouer, afin qu'il se forme un sujet de passion et qu'il excite sur cela son désir, sa colère, sa crainte pour cet objet qu'il s'est formé comme les enfants qui
10 s'effraient du visage qu'ils ont barbouillé.

D'où vient que cet homme qui a perdu depuis peu de mois son fils unique et qui accablé de procès et de querelles était ce matin si troublé, n'y pense plus maintenant ? Ne vous en étonnez pas, il est tout occupé à voir par où passera ce sanglier que ses chiens poursuivent avec tant d'ardeur depuis six heures. Il n'en faut pas davantage. L'homme,
15 quelque plein de tristesse qu'il soit, si on peut gagner sur lui de le faire entrer en quelque divertissement, le voilà heureux pendant ce temps-là, et l'homme quelque heureux qu'il soit s'il n'est diverti et occupé par quelque passion ou quelque amusement, qui empêche l'ennui de se répandre, sera bientôt chagrin et malheureux. Sans divertissement il n'y a point de joie ; avec le divertissement il n'y a point de tristesse. Et c'est aussi
20 ce qui forme le bonheur des personnes de grande condition qu'ils ont un nombre de personnes qui les divertissent et qu'ils ont le pouvoir de se maintenir en cet état.

Prenez-y garde, qu'est-ce autre chose d'être surintendant[3], chancelier[4], premier président[5] sinon d'être en une condition où l'on a le matin un grand nombre de gens qui viennent de tous côtés pour ne leur laisser pas une heure en la journée où ils puissent
25 penser à eux-mêmes, et quand ils sont dans la disgrâce, et qu'on les renvoie à leurs maisons des champs où ils ne manquent ni de biens ni de domestiques pour les assister dans leur besoin, ils ne laissent pas d'être misérables et abandonnés parce que personne ne les empêche de songer à eux.

Blaise Pascal, *Pensées*, écrites avant 1658, première édition posthume, 1669.

1. à la charge : à la condition.

2. se pipe : se trompe.

3. surintendant : responsable des finances.

4. chancelier : garde des sceaux.

5. premier président : du Parlement.

Observation

1. Quelle phrase formule la thèse soutenue par Pascal ?

2. Comparez les exemples utilisés. Comment Pascal en fait-il les éléments d'une démonstration ?

3. Relevez les formules, pronoms, déterminants, modalités, qui interpellent le destinataire.

Analyse

4. Quel sens Pascal donne-t-il au mot « divertissement » ? En quoi ce sens est-il éloigné du sens courant ?

5. Comment Pascal souligne-t-il les contradictions de l'être humain ?

Vers le commentaire. Vous commenterez le second paragraphe du passage (l. 11 à 21).

Notion

L'argumentation et le destinataire

Le but de l'argumentation est de justifier voire d'imposer un point de vue à un destinataire. Aussi peut-on prendre le lecteur à partie, le faire participer à un dialogue pour éveiller sa conscience, entraîner son adhésion.

152

Le XVIIᵉ siècle

OBJET D'ÉTUDE 1ʳᵉ **La question de l'Homme dans les genres de l'argumentation** → voir p. 130

1658

Pensées

D'où vient la grandeur propre à l'être humain ? Qu'est-ce qui le différencie des animaux, des végétaux, des autres organismes présents dans l'univers ? C'est à cette question que répondent ces célèbres fragments où Pascal montre que la misère de l'homme est inséparable de sa grandeur.

Le roseau pensant

– L'homme n'est qu'un roseau, le plus faible de la nature, mais c'est un roseau pensant. Il ne faut pas que l'univers entier s'arme pour l'écraser ; une vapeur, une goutte d'eau suffit pour le tuer. Mais quand[1] l'univers l'écraserait, l'homme serait encore[2] plus noble que ce qui le tue, puisqu'il sait qu'il meurt et l'avantage[3] que l'univers a sur lui.
5 L'univers n'en sait rien.

Toute notre dignité consiste donc en la pensée. C'est de là qu'il nous faut relever et non de l'espace et de la durée, que nous ne saurions remplir. Travaillons donc à bien penser : voilà le principe de la morale[4].

– Le silence éternel de ces espaces infinis m'effraie.

10 – Roseau pensant.

Ce n'est point de l'espace que je dois chercher ma dignité, mais c'est du règlement de ma pensée. Je n'aurai pas davantage en possédant des terres. Par l'espace l'univers me comprend et m'engloutit comme un point : par la pensée je le comprends.

– La grandeur de l'homme.

15 La grandeur de l'homme est si visible qu'elle se tire même de sa misère, car ce qui est nature aux animaux nous l'appelons misère en l'homme par où nous reconnaissons que sa nature étant aujourd'hui pareille à celle des animaux il est déchu d'une meilleure nature qui lui était propre autrefois.

Car qui se trouve malheureux de n'être pas roi sinon un roi dépossédé. Trouvait-on
20 Paul Émile[5] malheureux de n'être pas consul ? Au contraire tout le monde trouvait qu'il était heureux de l'avoir été, parce que sa condition n'était pas de l'être toujours. Mais on trouvait Persée[6] si malheureux de n'être plus roi, parce que sa condition était de l'être toujours, qu'on trouvait étrange de ce qu'il supportait la vie. Qui se trouve malheureux de n'avoir qu'une bouche et qui ne se trouverait malheureux de n'avoir qu'un œil ? On
25 ne s'est peut-être jamais avisé de s'affliger de n'avoir pas trois yeux, mais on est inconsolable de n'en point avoir.

Blaise Pascal, *Pensées*, écrites avant 1658, première édition posthume, 1669.

1. quand : même si.
2. encore : même dans ce cas.
3. avantage : complément de « sait ».
4. morale : ce qui règle notre façon de vivre, d'agir.
5. Paul Émile : consul romain, vainqueur de Persée.
6. Persée : roi de Macédoine ; après sa défaite, on s'étonne qu'il ne préfère pas se suicider plutôt que de participer au triomphe de son vainqueur.

1600 1700

Observation

1. Que souligne la formule « roseau pensant » ?

2. Relevez les procédés qui dramatisent l'analyse pascalienne (l. 1 à 5).

3. Comparez et expliquez les lignes 6 à 8 et les lignes 10 à 13.

4. Quels exemples Pascal a-t-il choisis pour montrer la grandeur de l'homme ?

Analyse

5. D'où vient la misère de l'homme ?

6. Expliquez pourquoi la misère de l'homme est ce qui prouve sa grandeur.

Vers la dissertation. Les exemples sont-ils des preuves ? En vous appuyant sur les textes de Pascal, vous pouvez expliquer la nécessité des exemples, les limites de leur emploi et les règles de leur bon usage.

Notion

L'usage des exemples dans l'argumentation

Du latin *exemplum*, objet mis à part pour servir de modèle, le mot exemple désigne un fait servant à appuyer une affirmation. L'exemple montre comment l'argument s'applique à des cas particuliers.

153

Molière

▶ **Jean-Baptiste Poquelin**
Pseudonyme : Molière

▶ Né à Paris le 15 janvier 1622.

▶ Décédé à Paris le 17 février 1673.

Le jeune Poquelin, fils aîné d'une famille aisée de la bourgeoisie parisienne, renonce à faire carrière dans le droit et se lance à vingt ans, sous le nom de Molière, dans l'aventureuse carrière théâtrale. En juin 1643, il fonde l'Illustre-Théâtre qui fait faillite deux ans plus tard. Il quitte alors la capitale pour une tournée en province qui dure douze ans. De retour à Paris en 1658, il se distingue par le naturel de son jeu : « Jamais personne, dit-on, ne sut démonter si bien son visage. » Mais c'est par son talent d'écrivain qu'il va plaire à la cour comme au public parisien. Avec *Les Précieuses ridicules*, il met les procédés de la farce au service d'une satire sociale et renouvelle ainsi la comédie.

En 1662, l'éclatant succès de son premier chef-d'œuvre, *L'École des femmes*, suscite la jalousie des rivaux et la colère des dévots. Malgré le soutien discret mais actif du roi, il va se heurter à l'hostilité du parti religieux qui réussit à faire interdire *Tartuffe* en 1664 puis *Dom Juan* en 1665. Molière, tombé malade, se voit même forcé de fermer son théâtre en 1666. De là, sans doute, l'amertume douloureuse qui transparaît dans son nouveau chef-d'œuvre, *Le Misanthrope*. En 1669, une troisième version de *Tartuffe* enfin autorisée obtient un succès triomphal mais ces luttes ont épuisé Molière qui évitera désormais les sujets trop brûlants. Il ne cesse cependant de recréer de nouveaux personnages, Harpagon, George Dandin, Amphitryon. Il retrouve avec *Les Fourberies de Scapin* les bonheurs de la farce, et cherche à combiner les plaisirs de la comédie, de la musique et de la danse avec *Le Bourgeois gentilhomme* (1670) et *Le Malade imaginaire* (1673).

Le 17 février 1673, Molière ne se sent pas bien mais il joue pour ne pas priver de leur salaire « cinquante pauvres ouvriers qui n'ont que leur journée pour vivre ». Une crise mortelle l'interrompt. Le roi lui-même doit intervenir pour que les prêtres de sa paroisse veuillent bien, de nuit, l'enterrer.

ŒUVRES PRINCIPALES

Théâtre en vers
L'école des femmes (1662), *Le Misanthrope* (1666), *Tartuffe* (1669), *Les Femmes savantes* (1672).

Théâtre en prose
Dom Juan (1665), *George Dandin* et *L'Avare* (1668).

Comédies-ballets
Le Bourgeois gentilhomme (1670), *Le Malade imaginaire* (1673).

▶ L'œuvre de Molière

● **Les comédies en prose.** Les comédies en prose sont d'une grande variété : inspirées de l'actualité comme *Les Précieuses ridicules* (1659), de la tradition latine comme *L'Avare* (1668), des contes de Boccace comme *George Dandin* (1668), de la comédie italienne comme *Les Fourberies de Scapin* (1671), elles multiplient les situations embarrassantes, les effets de répétition, les quiproquos, les gestuelles propres au répertoire de la farce. Molière déploie sa verve en toute liberté pour dénoncer des attitudes ridicules, des prétentions déplacées.

Toutes les sortes de comique – de situation, de gestes, de mots, de caractère, de mœurs – se retrouvent dans toutes les pièces de Molière mais selon un dosage différent qui fait de chaque œuvre une création originale.

● **Les grandes comédies.** Les grandes comédies en cinq actes et en vers obéissent aux règles du théâtre classique. Mettant en scène des personnages de la haute bourgeoisie dans *L'École des femmes* (1662), *Tartuffe* (1669) et *Les Femmes savantes* (1672), ou de l'aristocratie

Ducroisy interprétant le rôle de Tartuffe.

Le XVIIᵉ siècle

Molière interprétant le rôle de Mascarille dans *Les Précieuses ridicules*, en 1659.

dans *Le Misanthrope* (1666), elles frappent par leur complexité. L'aveuglement d'Orgon, de Bélise, d'Arnolphe les rend pathétiques et les excès d'Alceste montrent sa grandeur. Le rire se nuance en sourire : il ne se contente pas d'exclure, il comprend.

● **Dom Juan.** *Dom Juan* apparaît comme une pièce unique. Rapidement improvisée pour remplacer *Tartuffe*, interdit, la pièce n'obéit à aucune règle et brosse le portrait du libertin en mêlant les registres tragique, fantastique et comique. Mais le comique incarné par Sganarelle – que jouait Molière – y montre sa puissance subversive. Sganarelle, par ses lâchetés, ses sottises et ses contradictions, ridiculise les valeurs morales et religieuses couramment admises. C'est lui, beaucoup plus que Dom Juan, qui sème le désordre et le doute : c'est lui que visèrent les censeurs. On comprend que de telles audaces restèrent sans lendemain.

● **Les comédies-ballets.** Les comédies-ballets, comme *Le Bourgeois gentilhomme* (1670) et *Le Malade imaginaire* (1673), cherchent à combiner la peinture des caractères, l'analyse d'un milieu et la fantaisie due à la musique et à la danse. Des cérémonies burlesques viennent satisfaire les lubies du bourgeois gentilhomme qui devient mamamouchi et du malade imaginaire qui devient médecin. Musiques et danses donnent une sorte d'ivresse à la représentation de ces délires.

▶ La force du rire

Avant Molière, et malgré quelques réussites de Corneille, la comédie en langue française se limitait au souvenir des farces médiévales, à des imitations du théâtre espagnol, à des comédies sentimentales. Sans renoncer en rien aux traditions de la farce, Molière crée des œuvres qui donnent au rire la profondeur de l'émotion tragique. Bossuet, l'homme d'Église, comme Rousseau, le philosophe, ont accusé Molière d'être immoral. L'un dénonce ses audaces de libre-penseur, l'autre lui reproche son conformisme conservateur. On oublie alors que Molière n'est ni prêtre, ni philosophe, mais homme de théâtre. Il cherche à faire rire en montrant sur scène la façon dont vivent les êtres humains, leurs passions, leurs amours, leurs ambitions, leurs peurs, leurs aveuglements. Molière s'efface devant ses personnages et laisse au spectateur la liberté de choisir de qui ou de quoi il rit. Parce qu'il donne du plaisir, parce qu'il fait voir d'un autre œil le monde où nous vivons, parce qu'il ne respecte aucun dogme, le théâtre de Molière est un instrument de liberté. C'est parce qu'il fait toujours rire que Molière, à sa façon, reste toujours subversif.

1600 ▼ 1700

Madeleine Béjart, dans le rôle de Madelon, donne la réplique à Molière.

La scène du théâtre du Palais-Royal au temps de Molière. Dessin de Charles Antoine Coypel.

155

Molière

OBJET D'ÉTUDE 2ⁿᵈᵉ **La comédie classique** → voir p. 122

1662 L'École des femmes

Pour s'assurer la fidélité de sa future femme, Arnolphe recueille une jeune fille et l'élève à l'écart de tout et de tous. Malgré ces précautions, la jeune Agnès tombe amoureuse du jeune Horace. Arnolphe, furieux, menace puis s'attendrit.

AGNÈS

Du meilleur de mon cœur je voudrais vous complaire :
Que me coûterait-il, si je le pouvais faire ?

ARNOLPHE

Mon pauvre petit bec[1], tu le peux, si tu veux.
(Il fait un soupir.)
Écoute seulement ce soupir amoureux,
5 Vois ce regard mourant, contemple ma personne,
Et quitte ce morveux et l'amour qu'il te donne.
C'est quelque sort qu'il faut qu'il ait jeté sur toi,
Et tu seras cent fois plus heureuse avec moi.
Ta forte passion est d'être brave[2] et leste[3] :
10 Tu le seras toujours, va, je te le proteste[4],
Sans cesse, nuit et jour, je te caresserai,
Je te bouchonnerai[5], baiserai, mangerai ;
Tout comme tu voudras, tu pourras te conduire :
Je ne m'explique point, et cela, c'est tout dire.
(À part.)
15 Jusqu'où la passion peut-elle faire aller !
Enfin, à mon amour rien ne peut s'égaler :
Quelle preuve veux-tu que je t'en donne, ingrate ?
Me veux-tu voir pleurer ? Veux-tu que je me batte ?
Veux-tu que je m'arrache un côté de cheveux ?
20 Veux-tu que je me tue ? Oui, dis si tu le veux :
Je suis tout prêt, cruelle, à te prouver ma flamme.

AGNÈS

Tenez, tous vos discours ne me touchent point l'âme :
Horace avec deux mots en ferait plus que vous.

Molière, *L'École des femmes*, Acte V, scène 4, 1662.

1. **petit bec** : petite bouche, joli minois.
2. **brave** : bien vêtue.
3. **leste** : élégante, séduisante.
4. **proteste** : promets solennellement.
5. **bouchonnerai** : cajolerai.

Observation

1. Quels gestes suggèrent les didascalies ? Quels mots du texte appellent une mimique ?

2. Comment Arnolphe désigne-t-il l'amoureux d'Agnès ? Que trahit-il ainsi ?

3. Quelle image Arnolphe se fait-il d'Agnès ? Comment croit-il lui plaire ?

Analyse

4. Comment se manifeste la passion d'Arnolphe ? Est-il ridicule ou pathétique ?

5. La sincérité d'Agnès est-elle cruelle ?

Vers le sujet d'invention. Rédigez des indications pour la représentation de cette scène. Quelle doit être l'attitude d'Agnès ? Comment Arnolphe réagit-il ?

Notion

Le rôle de l'exagération dans la comédie

L'hyperbole est une formulation excessive. Elle est essentielle dans la comédie car l'exagération provoque le rire. De plus, cette outrance peut révéler, une manie, un ridicule.

Le XVIIe siècle ■

OBJET D'ÉTUDE 2nde La comédie classique ➔ voir p. 122

1669

Tartuffe

Orgon, riche bourgeois parisien, prend Tartuffe pour un saint tandis que toute la famille se moque de cet hypocrite. Pendant deux actes, tout le monde ne parle que de Tartuffe. Au troisième acte, il apparaît enfin.

TARTUFFE, *apercevant Dorine*
Laurent, serrez[1] ma haire[2] avec ma discipline[3]
Et priez que toujours le Ciel vous illumine.
Si l'on vient pour me voir, je vais aux prisonniers
Des aumônes que j'ai partager les deniers.

DORINE
5 Que d'affectation et de forfanterie[4] !

TARTUFFE
Que voulez-vous ?

DORINE
Vous dire…

TARTUFFE. *Il tire un mouchoir de sa poche.*
Ah ! mon Dieu, je vous prie,
Avant que de parler prenez-moi ce mouchoir.

DORINE
Comment ?

TARTUFFE
Couvrez ce sein que je ne saurais voir :
Par de pareils objets[5] les âmes sont blessées,
10 Et cela fait venir de coupables pensées.

DORINE
Vous êtes donc bien tendre à la tentation,
Et la chair sur vos sens fait grande impression ?
Certes je ne sais pas quelle chaleur vous monte :
Mais à vous convoiter, moi, je ne suis point si prompte,
15 Et je vous verrais nu du haut jusques en bas,
Que toute votre peau ne me tenterait pas.

TARTUFFE
Mettez dans vos discours un peu de modestie[6],
Ou je vais sur-le-champ vous quitter la partie[7].

> **Molière**, *Tartuffe ou l'Imposteur,* Acte III, scène 2, publié en 1669.

1. **serrez :** rangez.
2. **haire :** vêtement de crin piquant porté à même la peau pour faire pénitence.
3. **discipline :** petit fouet en crin ou en métal pour humilier le corps.
4. **forfanterie :** imposture, scélératesse.
5. **objets :** visions, ce qui frappe la vue.
6. **modestie :** pudeur, décence.
7. **quitter la partie :** s'en aller.

1600 ▾ 1700

Observation

1. À quelles pratiques Tartuffe prétend-il se livrer ?

2. Relevez deux apartés : lequel est ostensiblement simulé ?

3. Qu'est-ce qui justifie la première réplique de Dorine ?

4. Comment Tartuffe prononce-t-il les répliques des vers 6 et 7 ?

Analyse

5. Par quel argument Dorine se moque-t-elle de la pudeur de Tartuffe ?

6. Quel comportement Molière rend-il ridicule ? Que veut-il dénoncer ?

Vers l'oral. Cette satire vous semble-t-elle d'actualité ?

Notion

La comédie et la satire

Comme Molière le rappelle dans sa Préface au *Tartuffe,* la fonction de la comédie est de corriger les vices des hommes, et pour cela, rien ne vaut la satire qui expose les vices « à la risée de tout le monde ». En effet, « on veut bien être méchant mais on ne veut point être ridicule ».

157 ■

Molière

OBJET D'ÉTUDE 1re **Le texte théâtral et sa représentation** → voir p. 124

1665

Dom Juan

Dom Juan, le personnage de Molière, n'est pas seulement un séducteur qui considère la fidélité conjugale comme un préjugé ridicule ; c'est aussi un libertin, un esprit fort qui se moque de la religion. Égaré dans une forêt avec son valet Sganarelle, Dom Juan demande son chemin à un pauvre. Il a soudain envie de provoquer cet homme qui vit loin du monde pour prier Dieu. Pour un louis d'or, commettrait-il un péché mortel ?

DOM JUAN. – Mais tout en raisonnant, je crois que nous sommes égarés. Appelle un peu cet homme que voilà là-bas, pour lui demander le chemin.

SGANARELLE. – Holà, ho, l'homme ! ho, mon compère ! ho, l'ami ! un petit mot s'il vous plaît. Enseignez-nous un peu le chemin qui mène à la ville.

5   LE PAUVRE. – Vous n'avez qu'à suivre cette route, Messieurs, et détourner à main droite quand vous serez au bout de la forêt. Mais je vous donne avis que vous devez vous tenir sur vos gardes, et que depuis quelque temps il y a des voleurs ici autour.

DOM JUAN. – Je te suis bien obligé[1], mon ami, et je te rends grâce de tout mon cœur.

LE PAUVRE. – Si vous vouliez, Monsieur, me secourir de quelque aumône ?

10   Dom Juan. – Ah ! ah ! ton avis est intéressé, à ce que je vois.

LE PAUVRE. – Je suis un pauvre homme, Monsieur, retiré tout seul dans ce bois depuis dix ans, et je ne manquerai pas de prier le Ciel qu'il vous donne toute sorte de biens.

DOM JUAN. – Eh ! prie-le qu'il te donne un habit, sans te mettre en peine des affaires des autres.

15   SGANARELLE. – Vous ne connaissez pas Monsieur, bonhomme ; il ne croit qu'en deux et deux sont quatre, et en quatre et quatre sont huit.

DOM JUAN. – Quelle est ton occupation parmi ces arbres ?

LE PAUVRE. – De prier le Ciel tout le jour pour la prospérité des gens de bien qui me donnent quelque chose.

20   DOM JUAN. – Il ne se peut donc pas que tu ne sois bien à ton aise ?

LE PAUVRE – Hélas ! Monsieur, je suis dans la plus grande nécessité[2] du monde.

DOM JUAN. – Tu te moques : un homme qui prie le Ciel tout le jour ne peut pas manquer d'être bien dans ses affaires.

LE PAUVRE – Je vous assure, Monsieur, que le plus souvent je n'ai pas un morceau de

25   pain à mettre sous les dents.

DOM JUAN. – Voilà qui est étrange, et tu es bien mal reconnu[3] de tes soins. Ah ! ah ! je m'en vais te donner un louis d'or tout à l'heure[4], pourvu que tu veuilles jurer[5].

LE PAUVRE. – Ah ! Monsieur, voudriez-vous que je commisse un tel péché ?

DOM JUAN. – Tu n'as qu'à voir si tu veux gagner un louis d'or ou non. En voici un que

30   je te donne, si tu jures ; tiens ; il faut jurer.

LE PAUVRE. – Monsieur !

DOM JUAN. – À moins de cela, tu ne l'auras pas.

SGANARELLE. – Va, va, jure un peu, il n'y a pas de mal.

DOM JUAN. – Prends, le voilà ; prends, te dis-je ; mais jure donc.

35   LE PAUVRE. – Non, Monsieur, j'aime mieux mourir de faim.

DOM JUAN. – Va, va, je te le donne pour l'amour de l'humanité. Mais que vois-je là ? Un homme attaqué par trois autres ? La partie est trop inégale, et je ne dois pas souffrir cette lâcheté. *(Il court au lieu du combat.)*

SGANARELLE, *seul*. – Mon maître est un vrai enragé d'aller se présenter à un péril qui ne

40   le cherche pas ; mais, ma foi ! le secours a servi, et les deux ont fait fuir les trois.

Molière, *Dom Juan,* Acte III, 1665.

---

1. je te suis bien obligé : je te remercie.

2. nécessité : très grande pauvreté, indigence.

3. reconnu : récompensé.

4. tout à l'heure : immédiatement.

5. jurer : parler de façon impie contre Dieu, ou les saints.

Le XVIIᵉ siècle

Jean-Pierre Bernard (Dom Juan), Philippe Fosse (Le Pauvre), Alexandre Mousset (Sganarelle) dans *Dom Juan* de Molière, mis en scène par Cyril Le Grix, 2009.

Jean-Paul Farré (Sganarelle) et Philippe Torreton (Dom Juan) s'adressant au Pauvre dans une mise en scène de Philippe Torreton, 2007.

1600 ▼ 1700

Observation

1. Distinguez les principaux moments de cet affrontement.

2. Par quels arguments le Pauvre justifie-t-il la pratique de l'aumône ?

3. Par quels arguments Dom Juan condamne-t-il l'aumône ?

4. En incitant le pauvre à jurer, que veut montrer Dom Juan ?

5. Comment les attitudes et les costumes soulignent-ils, dans chaque mise en scène ce qui sépare le Pauvre du « grand seigneur méchant homme » ?

Analyse

6. Pourquoi Dom Juan donne-t-il finalement le louis d'or ? Sur quel ton l'interprète de Dom Juan doit-il prononcer la formule « pour l'amour de l'humanité » ?

7. De quelle façon Sganarelle éclaire-t-il les deux personnages ?

8. Quelle chance Molière offre-t-il à son personnage ?

Vers l'oral. Pourquoi la scène a-t-elle paru scandaleuse à l'époque de Molière ?

Notion

L'énonciation théâtrale et la représentation

Au théâtre, l'énonciation est d'une grande complexité. L'écrivain, en effet, cède la parole aux personnages : on ne sait donc pas de façon sûre quel est le point de vue de l'auteur. Du coup, le metteur en scène et les acteurs restent libres de mettre en lumière un personnage plutôt qu'un autre, d'orienter le sens d'une réplique : la représentation est une interprétation.

159

Molière

OBJET D'ÉTUDE 2ⁿᵈᵉ **La comédie classique** → voir p. 122

1666

Le Misanthrope

Alceste, le misanthrope qui ne supporte pas les hypocrisies de la vie sociale, est amoureux de Célimène, une jeune femme qui aime séduire et qui apprécie la vie mondaine. Alceste lui reproche d'être trop aimable.

ALCESTE
Mais moi, que vous blâmez de trop de jalousie,
Qu'ai-je de plus qu'eux tous, Madame, je vous prie ?

CÉLIMÈNE
Le bonheur de savoir que vous êtes aimé.

ALCESTE
Et quel lieu de le croire a mon cœur enflammé ?

CÉLIMÈNE
5 Je pense qu'ayant pris le soin de vous le dire,
Un aveu de la sorte a de quoi vous suffire.

ALCESTE
Mais qui m'assurera que, dans le même instant,
Vous n'en disiez peut-être aux autres tout autant ?

CÉLIMÈNE
Certes, pour un amant, la fleurette[1] est mignonne,
10 Et vous me traitez là de gentille personne.
Hé bien ! pour vous ôter d'un semblable souci,
De tout ce que j'ai dit je me dédis ici,
Et rien ne saurait plus vous tromper que vous-même :
Soyez content.

ALCESTE
Morbleu ! faut-il que je vous aime !
15 Ah ! que si de vos mains je rattrape mon cœur,
Je bénirai le Ciel de ce rare bonheur !
Je ne le cèle pas, je fais tout mon possible
À rompre de ce cœur l'attachement terrible ;
Mais mes plus grands efforts n'ont rien fait jusqu'ici,
20 Et c'est pour mes péchés que je vous aime ainsi.

CÉLIMÈNE
Il est vrai, votre ardeur est pour moi sans seconde[2].

Molière, *Le Misanthrope*, Acte II, scène 1, 1666.

1. fleurette : compliment, galanterie.
2. sans seconde : sans pareille.

Observation

1. Quelles sont les deux exigences d'Alceste ?

2. Quelles répliques d'Alceste pourraient blesser Célimène ? En est-il conscient ?

3. Relevez les expressions du langage galant. Trouve-t-on dans cet échange des expressions familières ?

Analyse

4. De quelle contradiction Alceste est-il prisonnier ? Pourquoi fait-il rire ?

5. Analysez les réactions de Célimène.

Vers la dissertation. Pour Bergson, « le rire est véritablement une espèce de brimade sociale ». Rédigez un paragraphe qui expliquera cette formule à partir des personnages de Tartuffe, Harpagon, Alceste et Arnolphe.

Notion

Le souci du style

Après Corneille, Molière compose des comédies en vers dont le style est soigné. Les personnages du *Misanthrope* appartiennent au grand monde et s'expriment avec élégance. Célimène tient salon et ses amis fréquentent la cour. Le gros rire fait place au rire de l'âme.

Le XVIIᵉ siècle

OBJET D'ÉTUDE 2ⁿᵈᵉ La comédie classique → voir p. 122

1668

L'Avare

S'inspirant d'une comédie latine, Molière dans *L'Avare* montre la folie d'un personnage obsédé par l'argent. Dès qu'il le peut, Harpagon se précipite dans son jardin pour vérifier que les dix mille écus qu'il y a enterrés y sont toujours. Mais voilà qu'il arrive en hurlant sur scène : on lui a volé son trésor !

HARPAGON. *(Il crie au voleur dès le jardin, et vient sans chapeau.)* – Au voleur ! au voleur ! à l'assassin ! au meurtrier ! Justice, juste ciel ! Je suis perdu, je suis assassiné ! On m'a coupé la gorge, on m'a dérobé mon argent ! Qui peut-ce être ? Qu'est-il devenu ? Où est-il ? Où se cache-t-il ? Que ferai-je pour le trouver ? Où courir ? Où ne pas courir ? N'est-il
5 point là ? N'est-il point ici ? Qui est-ce ? Arrête ? *(Il se prend lui-même le bras.)* Rends-moi mon argent, coquin !... Ah ! c'est moi. Mon esprit est troublé, et j'ignore où je suis, qui je suis, et ce que je fais. Hélas ! mon pauvre argent, mon pauvre argent, mon cher ami, on m'a privé de toi ! Et, puisque tu m'es enlevé, j'ai perdu mon support¹, ma consolation, ma joie ; tout est fini pour moi, et je n'ai plus que faire au monde ! Sans toi, il m'est
10 impossible de vivre. C'en est fait, je n'en puis plus, je me meurs, je suis mort, je suis enterré ! N'y a-t-il personne qui veuille me ressusciter en me rendant mon cher argent, ou en m'apprenant qui l'a pris ? Euh ! que dites-vous ? Ce n'est personne. Il faut, qui que ce soit qui ait fait le coup, qu'avec beaucoup de soin on ait épié l'heure ; et l'on a choisi justement le temps que je parlais à mon traître de fils. Sortons. Je veux aller quérir² la
15 justice et faire donner la question³ à toute ma maison : à servantes, à valets, à fils, à fille, et à moi aussi. Que de gens assemblés ! Je ne jette mes regards sur personne qui ne me donne des soupçons, et tout me semble mon voleur. Eh ! de quoi est-ce qu'on parle là ? De celui qui m'a dérobé ? Quel bruit fait-on là haut ? Est-ce mon voleur qui y est ? De grâce, si l'on sait des nouvelles de mon voleur, je supplie que l'on m'en dise. N'est-
20 il point caché là parmi vous ? Ils me regardent tous, et se mettent à rire. Vous verrez qu'ils ont part, sans doute, au vol que l'on m'a fait. Allons, vite, des commissaires, des archers⁴, des prévôts⁵, des juges, des gênes⁶, des potences et des bourreaux ! Je veux faire pendre tout le monde ; et si je ne retrouve mon argent, je me pendrai moi-même après !

Molière, *L'Avare*, Acte VII, scène 7, 1668.

1. support : soutien.
2. quérir : chercher.
3. faire donner la question : torturer pour obtenir des aveux.
4. archers : soldats qui accompagnent les prévôts pour les arrestations.
5. prévôts : juges subalternes.
6. gênes : instruments de torture.

1600 ▾ 1700

Observation

1. En distinguant les interlocuteurs qu'apostrophe Harpagon, délimitez les divers moments du monologue.

2. Relevez les expressions par lesquelles Harpagon évoque son argent. Que révèlent-elles ?

3. Quelle frontière habituelle à la scène de théâtre est un instant remise en cause par le discours et les mouvements d'Harpagon ?

Analyse

4. En quoi ce monologue montre-t-il la solitude et la folie d'Harpagon ?

5. Le délire du personnage est-il comique ou inquiétant ?

Vers le sujet d'invention. Composez le monologue d'un personnage qui a perdu un objet indispensable. Vous utiliserez les apostrophes, les changements de modalité et ménagerez une progression.

Notion

Le monologue

Le monologue est l'exemple même d'une convention propre à l'art théâtral. Le public accepte de trouver normal que le personnage en scène parle tout seul. Le recours au monologue permet de donner des informations et surtout d'éclairer le personnage souvent saisi au moment d'une crise. De plus, le monologue offre à l'acteur un morceau de bravoure qui lui donne l'occasion de briller.

161

La Fontaine

▶ **Jean de La Fontaine**
▶ Né à Château-Thierry le 8 juillet 1621.
▶ Décédé à Paris le 13 avril 1695.

Tenté tour à tour par le droit puis par les ordres, le jeune La Fontaine hésite à trouver sa voie. Son mariage à vingt-six ans, la naissance d'un fils, sa charge de maître des eaux et forêts ne parviennent pas à fixer ce caractère inquiet : seule la littérature l'intéresse vraiment. Introduit auprès de Fouquet, surintendant des finances, rival de Colbert, il rencontre Molière, Racine, Mme de Sévigné. Quand Fouquet est brutalement arrêté par le jeune Louis XIV, il ose prendre sa défense. Il a plus de quarante ans lorsque paraissent ses premiers *Contes et nouvelles* en vers qui lui assurent la réputation d'un auteur élégant. Ses *Fables*, recueillies en 1668 puis en 1678, obtiennent un succès immédiat. Toujours trop indépendant, proche à la fois des libertins et des jansénistes, le poète est écarté des faveurs de la cour et Louis XIV retarde son entrée à l'Académie française jusqu'en 1684. Mais la publication du dernier livre des *Fables* un an avant sa mort le montre fidèle à son génie.

ŒUVRES PRINCIPALES

Poésies et fables
L'élégie *Aux nymphes de Vaux* (1662), *Contes et nouvelles en vers* (1665, 1666, 1671), *Fables* (1668, 1678, 1693), *Astrée* (1691).

▶ L'œuvre de La Fontaine

● **Les *Contes* et l'art du récit.** La Fontaine s'est essayé dans de nombreux genres, roman, livrets d'opéras, lettres, théâtre mais il est devenu célèbre avec les *Contes* dont la publication s'étend de 1665 à 1675. S'inspirant de récits traditionnels, d'auteurs latins ou italiens, La Fontaine s'amuse à évoquer des situations scabreuses avec le plus d'élégance possible. La liberté des vers, le jeu des ellipses et des périphrases montrent sa virtuosité et son humour.

● **Les *Fables* et l'argumentation.** Avec La Fontaine, le récit est soigneusement développé pour retenir l'intérêt et mettre en lumière l'essentiel. En quelques vers, le poète donne un caractère singulier aux êtres qu'il met en scène. La moralité découlant du tableau devient secondaire et peut même ne pas être formulée.

● **Les *Fables* et la poésie.** Passant du tableau réaliste à la confidence élégiaque, sachant fondre tous les tons, jouer de tous les registres, le fabuliste fait son miel des fabliaux du Moyen Âge comme des poèmes antiques. La maîtrise souveraine de la versification, la justesse des dialogues, les interventions du poète contribuent à cette impression de vie, de naturel et de vérité. La fable est devenue poésie.

▶ Le sourire de la sagesse

Les douze livres des *Fables* composent, selon le mot du poète, une « ample comédie aux cent actes divers et dont la scène est l'univers ». De fable en fable, en effet, c'est toute la comédie humaine qui est mise au jour et le regard du fabuliste est d'une lucidité implacable. Comme Pascal, et de façon tout aussi radicale, il dénonce la fragilité de notre raison abusée par l'imagination, la vanité, la sottise. Il montre que les relations entre les hommes sont fondées sur la violence, l'abus de pouvoir, l'injustice. Mais Dieu n'est plus un recours. Pour La Fontaine, une sagesse fragile mais généreuse reste possible. Le goût de la beauté, la complicité des amis, la lucidité amusée ouvrent des refuges où le poète peut sourire.

Le face à face du loup et de l'agneau.

Le XVIIe siècle

OBJET D'ÉTUDE 1re **Écriture poétique et quête du sens** → voir p. 126

1668 # Fables

Le Chêne et le Roseau

Le Chêne un jour dit au Roseau :
« Vous avez bien sujet d'accuser la nature,
Un roitelet pour vous est un pesant fardeau ;
    Le moindre vent qui d'aventure[1]
5   Fait rider la face de l'eau
    Vous oblige à baisser la tête ;
Cependant que[2] mon front, au Caucase pareil,
Non content d'arrêter les rayons du soleil,
    Brave l'effort de la tempête.
10 Tout vous est aquilon[3], tout me semble zéphyr[4].
Encor si vous naissiez à l'abri du feuillage
    Dont je couvre le voisinage,
    Vous n'auriez pas tant à souffrir :
    Je vous défendrais de l'orage ;
15   Mais vous naissez le plus souvent
Sur les humides bords des royaumes du vent[5].
La nature envers vous me semble bien injuste.
– Votre compassion, lui répondit l'arbuste,
Part d'un bon naturel ; mais quittez ce souci :
20   Les vents me sont moins qu'à vous redoutables ;
Je plie, et ne romps pas. Vous avez jusqu'ici
    Contre leurs coups épouvantables
    Résisté sans courber le dos ;
Mais attendons la fin. » Comme il disait ces mots,
25 Du bout de l'horizon accourt avec furie
    Le plus terrible[6] des enfants
Que le Nord eût portés jusque-là dans ses flancs.
    L'arbre tient bon ; le Roseau plie.
    Le vent redouble ses efforts,
30   Et fait si bien qu'il déracine
Celui de qui la tête au ciel était voisine,
Et dont les pieds touchaient à l'empire des morts[7].

Jean de La Fontaine, *Fables*, I, 22, 1668.

1. d'aventure : par hasard.

2. cependant que : alors que.

3. aquilon : vent du nord.

4. zéphyr : brise légère.

5. royaumes du vent : marais, étangs, rivières.

6. terrible : terrifiant.

7. l'empire des morts : le monde souterrain des enfers.

1600 ▾ 1700

Observation

1. Donnez un titre aux trois temps de cette fable.

2. Relevez dans le discours du chêne deux hyperboles, deux antithèses et une périphrase. Sur quel ton s'adresse-t-il au roseau ?

3. Quelles expressions laissent percer l'ironie du roseau ?

Analyse

4. À quel personnage le récit donne-t-il raison ?

5. Expliquez les différentes significations de la moralité : morale, politique, esthétique.

Vers le commentaire. Dans un paragraphe, expliquez comment le chêne se met en scène.

Notion

La moralité dans la fable

Pour La Fontaine, la moralité est « l'âme » de la fable. C'est elle qui lui donne son sens. Elle est bien sûr éclairée et justifiée par le récit que La Fontaine considère comme « le corps » de la fable. Mais elle peut s'appliquer à des situations et à des domaines différents. De là vient sa richesse.

La Fontaine

OBJET D'ÉTUDE 1re L **Les réécritures** → voir p. 412

1668 Fables

Tous deux partisans de l'imitation des Anciens, Boileau et La Fontaine n'étaient pas toujours d'accord sur la façon de pratiquer cette imitation. On le voit à la lecture de ces fables réécrites par les deux poètes.

La Mort et le Bûcheron

Un pauvre Bûcheron, tout couvert de ramée[1],
Sous le faix[2] du fagot aussi bien que des ans
Gémissant et courbé, marchait à pas pesants,
Et tâchait de gagner sa chaumine[3] enfumée.
5 Enfin, n'en pouvant plus d'effort et de douleur,
Il met bas son fagot, il songe à son malheur.
Quel plaisir a-t-il eu depuis qu'il est au monde ?
En est-il un plus pauvre en la machine ronde ?
Point de pain quelquefois, et jamais de repos.
10 Sa femme, ses enfants, les soldats[4], les impôts,
    Le créancier, et la corvée[5]
Lui font d'un malheureux la peinture achevée.
Il appelle la Mort. Elle vient sans tarder,
Lui demande ce qu'il faut faire.
15 « C'est, dit-il, afin de m'aider
À recharger ce bois ; tu ne tarderas[6] guère. »

    Le trépas vient tout guérir ;
    Mais ne bougeons d'où nous sommes.
    Plutôt souffrir que mourir,
20   C'est la devise des hommes.

Jean de La Fontaine, *Fables*, I, 16, 1668.

1. **ramée :** branches coupées avec leurs feuilles.
2. **faix :** fardeau, poids pénible.
3. **chaumine :** cabane couverte de chaume.
4. **soldats :** les soldats qu'on devait loger étaient une charge redoutable.
5. **corvée :** journée de travail gratuite due au seigneur ou au roi.
6. **tarderas :** cela ne te prendra pas longtemps.

Le Bûcheron et la Mort

Le dos chargé de bois et le corps tout en eau,
Un pauvre bûcheron, dans l'extrême vieillesse,
Marchait en haletant de peine et de détresse ;
Enfin, las de souffrir, jetant là son fardeau,
5 Plutôt que de s'en voir accablé de nouveau,
Il souhaite la Mort et cent fois il l'appelle.
La Mort vient à la fin : « Que veux-tu ? lui crie-t-elle.
– Qui, moi ? dit-il alors, prompt à se corriger.
    Que tu m'aides à me charger. »

Boileau, *Poésies diverses*, 1701.

Observation

1. Comparez la composition des deux fables.

2. Comparez dans les deux fables l'intervention de la mort.

Analyse

3. Comment La Fontaine fait-il sentir le désespoir de son personnage ?

4. Les différences dans la conduite du récit et la présentation des personnages changent-elles le sens de la fable ?

Vers la dissertation. Vous commenterez la remarque de La Fontaine : « L'apologue est composé de deux parties, dont on peut appeler l'une le corps, l'autre l'âme. Le corps est la fable ; l'âme, la moralité. » Expliquez l'importance de la moralité, puis analysez le rôle du récit.

■ 164

Le XVIIe siècle

Le quotidien des paysans

Le Nain, *Famille de paysans dans un intérieur*

D'abord connus par des peintures religieuses, des portraits, les frères Le Nain sont célèbres par leurs tableaux qui évoquent la vie de la campagne. Refusant les facilités du pittoresque, de l'anecdote, de la virtuosité, leurs chefs-d'œuvre donnent une image inoubliable de la vie paysanne.

▌ Antoine Le Nain ou Louis Le Nain, *Famille de paysans dans un intérieur*, vers 1640, huile sur toile.

1600
1700

Comme figés, les adultes regardent paisiblement vers le spectateur. La description réaliste est préférée au pathétique.

La touche de couleur du vin est soulignée par la transparence du verre. La scène est éclairée par un subtil jeu d'ombre et de lumière.

Derrière la table, le père s'apprête à découper une miche de pain. Ses traits marqués témoignent de la dureté de la vie.

Lecture d'image

1. Dénombrez les personnages. Combien de générations semblent présentes ?

2. Comment les gestes et les objets évoquent-ils la vie paysanne ?

3. Le tableau manque-t-il d'action comme le dit le critique Sainte Beuve ?

4. Comparez l'image que le peintre et le poète donnent de la vie paysanne et de la condition humaine.

La peinture de genre

La peinture de genre représente des scènes de la vie quotidienne, familiale ou intime : scènes d'auberge, scènes d'intérieur, fêtes villageoise... Très populaire aux Pays Bas, elle fait école en Italie et en France. Considérée comme inférieure à la peinture d'histoire, aux tableaux mythologiques ou religieux, menacée par l'anecdote ou la trivialité, elle donne pourtant de véritables chefs-d'œuvre.

165

La Fontaine

OBJET D'ÉTUDE 1ʳᵉ **La question de l'Homme dans les genres de l'argumentation** → voir p. 130

1678

Les animaux malades de la peste

S'inspirant d'une ancienne tradition médiévale toujours vivante en France et en Italie au XVIIᵉ siècle, La Fontaine dénonce, dans cette fable qui ouvre le second recueil, l'injustice de la justice. La vivacité des discours, la variété des tons, une finesse impitoyable rendent inoubliable ce terrible épisode de la comédie humaine.

> Un mal qui répand la terreur,
> Mal que le Ciel en sa fureur
> Inventa pour punir les crimes de la terre,
> La peste (puisqu'il faut l'appeler par son nom),
> 5 Capable d'enrichir en un jour l'Achéron[1],
> Faisait aux animaux la guerre.
> Ils ne mouraient pas tous, mais tous étaient frappés :
> On n'en voyait point d'occupés
> À chercher le soutien[2] d'une mourante vie ;
> 10 Nul mets n'excitait leur envie ;
> Ni loups ni renards n'épiaient
> La douce et l'innocente proie ;
> Les tourterelles se fuyaient :
> Plus d'amour partant plus de joie.
>
> 15 Le Lion tint conseil et dit : « Mes chers amis,
> Je crois que le Ciel a permis
> Pour nos péchés cette infortune ;
> Que le plus coupable de nous
> Se sacrifie aux traits du céleste courroux ;
> 20 Peut-être il obtiendra la guérison commune.
> L'histoire nous apprend qu'en de tels accidents
> On fait de pareils dévouements[3].
> Ne nous flattons donc point ; voyons sans indulgence
> L'état de notre conscience.
> 25 Pour moi, satisfaisant mes appétits gloutons,
> J'ai dévoré force[4] moutons.
> Que m'avaient-ils fait ? Nulle offense ;
> Même il m'est arrivé quelquefois de manger
> Le berger.
> 30 Je me dévouerai donc, s'il le faut : mais je pense
> Qu'il est bon que chacun s'accuse ainsi que moi :
> Car on doit souhaiter, selon toute justice,
> Que le plus coupable périsse.
> – Sire, dit le Renard, vous êtes trop bon roi ;
> 35 Vos scrupules font voir trop de délicatesse.
> Eh bien ! manger moutons, canaille, sotte espèce,
> Est-ce un péché ? Non, non. Vous leur fîtes, Seigneur,
> En les croquant, beaucoup d'honneur ;
> Et quant au berger, l'on peut dire
> 40 Qu'il était digne de tous maux

1. L'Achéron : fleuve qui entoure les Enfers.

2. soutien : à soutenir, à prolonger.

3. dévouements : sacrifices offerts aux dieux pour exorciser le mal.

4. force : beaucoup.

Le XVIIᵉ siècle

Étant de ces gens-là qui sur les animaux
        Se font un chimérique empire. »
Ainsi dit le Renard ; et flatteurs d'applaudir.
        On n'osa trop approfondir
45 Du Tigre ni de l'Ours ni des autres puissances,
        Les moins pardonnables offenses.
Tous les gens querelleurs jusqu'aux simples mâtins[5],
Au dire de chacun, étaient de petits saints.
L'âne vint à son tour, et dit : « J'ai souvenance
50   Qu'en un pré de moines passant,
La faim, l'occasion, l'herbe tendre, et, je pense,
Quelque diable aussi me poussant,
Je tondis de ce pré la largeur de ma langue.
Je n'en avais nul droit, puisqu'il faut parler net. »
55 À ces mots on cria haro[6] sur le Baudet.
Un loup, quelque peu clerc, prouva par sa harangue
Qu'il fallait dévouer ce maudit animal,
Ce pelé, ce galeux, d'où venait tout leur mal.
Sa peccadille fut jugée un cas pendable.
60 Manger l'herbe d'autrui ! Quel crime abominable !
        Rien que la mort n'était capable
D'expier son forfait : on le lui fit bien voir.

Selon que vous serez puissant ou misérable,
Les jugements de cour vous rendront blanc ou noir.

Jean de La Fontaine, *Fables*, VII, 1, 1678.

1600
1700

---

5. mâtins : chiens de ferme.

6. crier haro : déclarer qu'on poursuit quelqu'un en justice.

Observation

1. Distinguez et donnez un titre aux divers moments de la fable.

2. Comment le mot « peste » est-il mis en valeur ?

3. Dans le discours du lion, relevez un rejet : que suggère-t-il ?

4. Distinguez les deux arguments du renard : peut-on y répondre ?

5. Repérez les quatre arguments de l'âne. S'excuse-t-il ou s'accuse-t-il ?

6. Quelles sont les preuves que donne le loup ?

Analyse

7. Comment le supplice de l'âne est-il évoqué ? Quel effet est ainsi produit ?

8. De quelle façon le fabuliste justifie-t-il sa thèse ?

9. Quelle image le poète donne-t-il de la communauté humaine ?

Vers le commentaire. Vous commenterez le discours du lion (v. 15-33). Vous vous demanderez comment celui-ci séduit son auditoire, comment il tend un piège à ses sujets et quelle image le poète donne du roi.

Notion

La fable et l'argumentation

La fable qu'on a définie comme « la démonstration d'une maxime par un exemple » appartient aux genres de l'argumentation : la moralité est la thèse que le récit justifie. La poésie y joue pleinement son rôle : le recours à l'imagination, le jeu des discours, le rythme des vers sont essentiels pour emporter la conviction.

167

La Rochefoucauld

▶ **François de La Rochefoucauld**
▶ Né à Paris le 15 septembre 1613.
▶ Décédé à Paris le 17 mars 1680.

Ce grand seigneur qui appartient à la plus haute aristocratie montre dans sa jeunesse la générosité d'un héros romanesque : plein de bravoure sur les champs de bataille et d'audace à la cour, où il projette d'enlever la reine – ce qui lui vaut huit jours de prison et deux ans d'exil. Sa participation à la fronde des nobles contre le pouvoir royal se soldera par un échec particulièrement douloureux. Lorsqu'il revient à Paris en 1656, après de longues années d'exil sur ses terres, La Rochefoucauld se consacre à la rédaction des *Maximes* qui le rendront célèbre. Dans les salons qu'il fréquente il donne l'image d'un authentique « honnête homme ». Ouvert aux autres, d'une finesse pénétrante, l'ami intime de Madame de La Fayette affronte avec courage les deuils et les douleurs qui assombrissent la fin de son existence.

ŒUVRES PRINCIPALES

Ouvrages
Mémoires (1662), *Réflexions ou Sentences et maximes morales* (1664), *Réflexions diverses* (publication posthume).

Les *Maximes* et l'art de convaincre

Au lieu de développer des arguments, la maxime propose une affirmation générale que le lecteur doit confronter à son expérience et à sa réflexion pour en éprouver la validité. L'art de la maxime s'est développé dans les salons, en particulier celui de Madame de Sablé qui, comme l'abbé Jacques Esprit, en a publié un recueil. Mais La Rochefoucauld s'est imposé avec un succès qui ne s'est jamais démenti. Ses analyses frappent certes par leur rigueur et leur cohérence mais surtout il a su rendre surprenante chaque formule, parfois par une image, ailleurs par des antithèses, souvent par des retournements paradoxaux. Tout un art de la formule est nécessaire pour faire voir des vérités que nous aimons nous cacher.

OBJET D'ÉTUDE 2nde Genres et formes de l'argumentation ➔ voir p. 128

1664 Réflexions ou Sentences et maximes morales

Le recueil des *Réflexions ou Sentences et maximes morales* présente dans un désordre voulu une suite de 504 réflexions d'une brièveté assassine. Le thème qui court à travers tout l'ouvrage est annoncé en tête du recueil : « Nos vertus ne sont le plus souvent que des vices déguisés. »

Nous avons tous assez de force pour supporter les maux[1] d'autrui. (Maxime 19)

Le soleil ni la mort ne se peuvent regarder fixement. (Maxime 26)

L'orgueil est égal dans tous les hommes, et il n'y a de différence qu'aux moyens et à la manière de le mettre au jour. (Maxime 35)

5 L'intérêt[2] parle toutes sortes de langues, et joue toutes sortes de personnages, même celui de désintéressé. (Maxime 39)

L'intérêt, qui aveugle les uns, fait la lumière[3] des autres. (Maxime 40)

---

1. **maux** : malheurs.
2. **intérêt :** « par le mot d'intérêt, on n'entend pas toujours un intérêt de bien, mais le plus souvent un intérêt d'honneur ou de gloire », La Rochefoucauld.
3. **lumière :** intelligence, connaissance.

168

Le XVIIᵉ siècle

On n'est jamais si heureux ni si malheureux qu'on s'imagine. (Maxime 49)

Il est du véritable amour comme de l'apparition des esprits : tout le monde en parle
mais peu de gens en ont vu. (Maxime 76)

Il y a des gens qui n'auraient jamais été amoureux s'ils n'avaient jamais entendu parler
de l'amour. (Maxime 136)

Le refus des louanges est un désir d'être loué deux fois. (Maxime 149)

Les vertus se perdent dans l'intérêt, comme les fleuves se perdent dans la mer. (Maxime 171)

Nous oublions aisément nos fautes lorsqu'elles ne sont sues que de nous. (Maxime 196)

Qui vit sans folie n'est pas si sage qu'il croit. (Maxime 209)

Nul ne mérite d'être loué de bonté s'il n'a pas la force d'être méchant. Toute autre bonté
n'est le plus souvent qu'une paresse ou une impuissance de la volonté. (Maxime 237)

4. médiocre : moyen.

L'absence diminue les médiocres[4] passions, et augmente les grandes, comme le vent
éteint les bougies et allume le feu. (Maxime 276)

Quelque bien qu'on dise de nous, on ne nous apprend rien de nouveau. (Maxime 303)

On pardonne tant que l'on aime. (Maxime 330)

La plupart des jeunes gens croient être naturels, lorsqu'ils ne sont que mal polis et
grossiers. (Maxime 372)

L'envie est détruite par la véritable amitié, et la coquetterie par le véritable amour.
(Maxime 376).

Nous aurions souvent honte de nos plus belles actions si le monde voyait tous les motifs
qui les produisent. (Maxime 409)

En amour celui qui est guéri le premier est toujours le mieux guéri. (Maxime 417)

François de La Rochefoucauld, *Réflexions ou Sentences et maximes morales*, 1665.

1600 ▾ 1700

Observation

1. Quels indices (marques verbales, personnelles, syntaxiques) donnent à ces formules la plus grande généralité possible ?

2. Relevez les maximes qui sont fondées sur le développement d'une image.

3. Regroupez les maximes choisies selon le thème qu'elles abordent : amour, amour-propre, vertu.

Analyse

4. Quelles maximes soulignent notre manque de lucidité ?

5. Quelle image de l'Homme se dégage de ces diverses remarques ?

Vers l'écriture d'invention. Choisissez une maxime puis rédigez le dialogue qu'échangeront un partisan et un adversaire de cette maxime.

Notion

L'art de la maxime

La maxime affirme sans chercher à démontrer ni à convaincre : c'est au lecteur de chercher à comprendre, de penser à d'éventuels exemples, d'être étonné, indigné puis convaincu.

des Arts — L'art classique

Mesure, harmonie, équilibre, l'art classique évoque une image de stabilité et de puissance qui séduit Louis XIV, monarque de droit divin. Protecteur des Académies, le Roi Soleil soutient les artistes qui, chacun avec leur génie propre, définissent le classicisme français, en s'éloignant de la fantaisie baroque.

■ L'architecture, l'expression de la puissance

Les architectes de la première moitié du XVIIe siècle sont encore influencés par le style baroque. Mais progressivement un nouvel ordre architectural se met en place. Renoncement à la ligne courbe, absence de surcharge ornementale, affirmation d'un style fondé sur l'équilibre et la clarté, l'architecture est une glorification du pouvoir royal. L'intervention de Claude Perrault pour la colonnade du Louvre, celle de Louis Le Vau et de Jules Hardouin-Mansart au château de Versailles définissent le grand style classique. Cette volonté de maîtrise se retrouve dans les jardins dessinés par André Le Nôtre.

La splendeur de l'architecture classique du château de Versailles, résidence royale pendant plus d'un siècle, de 1682 à 1789.

■ La sculpture, la perfection de la forme

La sculpture est un élément fondamental dans l'organisation de la mise en scène du pouvoir. En constituant un décor pour les grandes fêtes royales, les grands bassins et les groupes sculptés de Versailles expriment toute la magnificence du règne de Louis XIV. La sculpture classique recherche à la fois l'harmonie et l'élégance en s'inspirant de références antiques. François Girardon atteint une perfection formelle faite de grâce et d'équilibre, alors qu'Antoine Coysevox se spécialise dans la réalisation de bustes-portraits des grands hommes de son époque.

Apollon servi par les Nymphes, groupe sculpté par Girardon et Regnaudin à Versailles (1664-1672). Le thème antique, l'équilibre de la composition, la perfection plastique des corps témoignent de l'idéal classique

Le XVIIe siècle

La PEINTURE, le beau selon des règles

Déterminer les règles du beau, tel est le but des artistes classiques de la seconde moitié du XVIIe siècle. Les peintres sont ainsi des théoriciens, pour qui l'art peut faire l'objet d'une compréhension rationnelle, qui l'élève au niveau des disciplines intellectuelles. À l'image des règles du théâtre classique, il existe aussi des règles du beau en peinture.

▶ Le privilège du dessin sur la couleur

Dès la Renaissance, Alberti et Léonard de Vinci expliquent que le dessin est, avant la couleur, au fondement de l'art, car c'est par lui que l'idée peut se traduire en une forme visible. Dans la seconde moitié du XVIIe, une opposition se fait jour entre les partisans de la couleur, dont la référence est Rubens (1577-1640) et les partisans du dessin qui ont pour modèle Nicolas Poussin (1594-1665). Défendus par Charles Le Brun, premier peintre du Roi et directeur de l'Académie de peinture, les « poussinistes » fixent la norme de la peinture classique.

Nicolas Poussin (1594-1665), *Eliezer et Rebecca*. Tiré de l'Ancien Testament, la scène montre le rencontre du serviteur d'Abraham, chargé par son maître de trouver une épouse pour son fils Isaac. L'organisation, la clarté et la précision du dessin apportent un équilibre, en une simplicité ordonnée.

1600 ▼ 1700

▶ La hiérarchie des genres

La peinture classique se divise en plusieurs genres hiérarchisés, codifiés par André Félibien en 1667. Le genre le plus noble et le plus difficile est la peinture d'histoire qui peut représenter une scène mythologique, religieuse ou profane ; il est suivi du portrait, de la scène de genre (scène de la vie quotidienne), du paysage et de la nature morte. Les grands formats sont réservés à la peinture d'histoire.

Charles Le Brun, *L'Entrée d'Alexandre le Grand dans Babylone* (1665). Ce très grand format (4,50 x 7,07 m), présenté au salon de 1673, permet au Premier Peintre du Roi de montrer tout son talent pour rendre compte d'un moment d'histoire, d'un triomphe qui ne peut que séduire le Roi Soleil.

Perspective

La création de l'Académie de France à Rome

La création de l'Académie de France à Rome par Louis XIV montre combien les œuvres de l'Antiquité servent de modèle à l'idéal classique : les pensionnaires de l'Académie doivent réaliser des copies des œuvres antiques et des plans ou des dessins des principaux monuments de Rome, et cela exclusivement pour le service du roi. Après avoir occupé plusieurs palais, l'Académie s'installe à la Villa Médicis en 1803 où elle accueille encore aujourd'hui des artistes.

Racine

▶ **Jean Racine**
▶ Né à La Ferté-Milon le 29 décembre 1639.
▶ Décédé à Paris le 21 avril 1699.

Orphelin tout enfant, Jean Racine est élevé dans le milieu austère des amis de Port-Royal, les jansénistes. Ces esprits remarquables, d'une piété rigoureuse, donnent à Racine le goût de la langue et de la littérature grecques. Mais bientôt, il se laisse emporter par son amour des lettres et des plaisirs et raille ses anciens professeurs qui condamnent le théâtre. De 1667 à 1677, Racine donne coup sur coup sept tragédies, qui l'imposent comme un maître. Mais, à trente-huit ans, il renonce brutalement au théâtre et épouse une jeune fille de vingt-cinq ans. Devenu l'écrivain officiel du roi, qui lui demande d'écrire la chronique de ses campagnes militaires, il compose encore deux tragédies religieuses. Courtisan averti, il est comblé de richesses et d'honneurs. Mais il n'oublie pas ses anciens maîtres cruellement persécutés : il écrit en secret une histoire de Port-Royal et demande à y être enterré.

ŒUVRES PRINCIPALES

Poésie
La Nymphe de la Seine (1660), *Cantiques spirituels* (1694).

Théâtre
Andromaque (1667), *Britannicus* (1669), *Bérénice* (1670), *Bajazet* (1672), *Mithridate* (1673), *Iphigénie* (1674), *Phèdre* (1677), *Les Plaideurs* (1668).

▶ L'œuvre de Racine

● **Les tragédies historiques.** Composées à partir de récits historiques, *Britannicus* en 1669, *Bérénice* en 1670, *Mithridate* en 1673, ou contemporains, *Bajazet* en 1672, ces quatre tragédies évoquent des conflits d'ordre politique. Mais contrairement à Corneille, qui place la réflexion politique au cœur du spectacle tragique, Racine se sert des relations politiques pour exacerber les conflits moraux et passionnels. C'est la nature même du désir humain et de ses contradictions qui constitue le tragique racinien.

● **Les tragédies légendaires.** Inspirées principalement par le dramaturge grec Euripide, *Andromaque* en 1667, *Iphigénie* en 1674, *Phèdre* en 1677 mettent en scène des héros de la mythologie grecque. Racine montre leur désarroi criminel (Oreste, Phèdre), leur impuissance (Pyrrhus, Agamemnon) ou leur aveuglement (Thésée). L'éclat de leurs exploits fabuleux n'est plus qu'un souvenir qui éclaire cruellement leur faiblesse, leur égarement tragique.

● **Les tragédies bibliques.** Les deux dernières tragédies de Racine, *Esther* en 1689, *Athalie* en 1691, ont été tirées de l'Écriture sainte. Dans ces œuvres qui célèbrent la puissance de Dieu, on retrouve la hantise d'une humanité disgraciée, abandonnée au Mal.

▶ Le tragique de la condition humaine

Profondément influencé par la vision janséniste de l'homme qui voit dans l'être humain un être perdu, inspiré par l'expérience d'une société de cour qui exacerbe les jalousies, le théâtre racinien est hanté par l'angoisse de la disgrâce. Racine peint un monde où le Mal triomphe : les êtres les plus innocents, Junie, Bajazet, Hippolyte, y sont la proie de tyrans ou de monstres dévorés par leurs passions, Néron, Roxane, Phèdre. L'amour y est ou interdit ou impossible ; il est l'expérience d'une douleur essentielle : celle de n'être pas aimé. La lucidité qui vient éclairer certains personnages ne fait que raviver la conscience douloureuse de leur impuissance. Comme Pascal, comme La Rochefoucauld, Racine montre la misère de l'être humain.

Iphigénie salue son père, sans se douter du destin tragique qui l'attend.

Le XVIIᵉ siècle

OBJET D'ÉTUDE 2ⁿᵈᵉ **La tragédie classique** → voir p. 122

1667

Andromaque

La tragédie *Andromaque* montre des héros qui se déchirent parce qu'ils aiment sans être aimés. Quand Pyrrhus annonce à sa fiancée Hermione qu'il épouse finalement la Troyenne Andromaque, Hermione laisse éclater sa douleur.

HERMIONE

Je ne t'ai point aimé, cruel ? Qu'ai-je donc fait ?
J'ai dédaigné pour toi les vœux de tous nos princes,
Je t'ai cherché moi-même au fond de tes provinces ;
J'y suis encor, malgré tes infidélités,
5   Et malgré tous mes Grecs honteux de mes bontés.
Je leur ai commandé de cacher mon injure[1] ;
J'attendais en secret le retour d'un parjure[2] ;
J'ai cru que tôt ou tard, à ton devoir rendu,
Tu me rapporterais un cœur qui m'était dû.
10 Je t'aimais inconstant, qu'aurais-je fait fidèle ?
Et même en ce moment où ta bouche cruelle
Vient si tranquillement m'annoncer le trépas[3],
Ingrat, je doute encor si je ne t'aime pas.
Mais, Seigneur, s'il le faut, si le ciel en colère
15 Réserve à d'autres yeux le bonheur de vous plaire,
Achevez votre hymen[4], j'y consens. Mais du moins
Ne forcez pas mes yeux d'en être les témoins.
Pour la dernière fois je vous parle peut-être :
Différez-le d'un jour ; demain vous serez maître.
20 Vous ne répondez point ? Perfide, je le voi[5],
Tu comptes les moments que tu perds avec moi !
Ton cœur impatient de revoir ta Troyenne,
Ne souffre qu'à regret qu'un autre t'entretienne.
Tu lui parles du cœur, tu la cherches des yeux.
25 Je ne te retiens plus, sauve-toi de ces lieux :
Va lui jurer la foi que tu m'avais jurée,
Va profaner des Dieux la majesté sacrée.
Ces dieux, ces justes dieux n'auront pas oublié
Que les mêmes serments avec moi t'ont lié.
30 Porte aux pieds des autels ce cœur qui m'abandonne ;
Va, cours. Mais crains encor d'y trouver Hermione.

Jean Racine, *Andromaque*, Acte IV, scène 5, 1667.

1. **mon injure :** l'injustice qui m'est faite.
2. **parjure :** traître.
3. **trépas :** mort.
4. **hymen :** mariage.
5. **voi :** vois.

1600 ▾ 1700

Observation

1. En expliquant les passages du « vous » au « tu », distinguez les divers moments de la tirade.

2. Montrez que le caractère et le discours d'Hermione conviennent à une jeune princesse.

Analyse

3. Montrez la lucidité d'Hermione. En quoi cette lucidité est-elle tragique ?

Vers le commentaire. Vous montrerez comment dans les vers 1 à 13 la colère d'Hermione devient déclaration d'amour.

Notion

Les bienséances internes

Elles assurent la cohérence du personnage tragique qui doit parler et agir comme il convient à son âge et à son rang tout au long de l'œuvre.

173

Racine

OBJET D'ÉTUDE 2ⁿᵈᵉ **La tragédie classique** → voir p. 122

1669 Britannicus

Dans *Britannicus*, Néron a fait enlever de nuit Junie, la fiancée de Britannicus, son demi-frère qu'il veut éliminer. Le jeune empereur confie son trouble à Narcisse, son perfide confident.

NÉRON
Narcisse, c'en est fait, Néron est amoureux.
NARCISSE
Vous !
NÉRON
Depuis un moment ; mais pour toute ma vie,
J'aime, que dis-je aimer ? J'idolâtre Junie.
NARCISSE
Vous l'aimez !
NÉRON
Excité d'un désir curieux,
5 Cette nuit je l'ai vue arriver en ces lieux,
Triste, levant au ciel ses yeux mouillés de larmes,
Qui brillaient au travers des flambeaux et des armes :
Belle sans ornements, dans le simple appareil[1]
D'une beauté qu'on vient d'arracher au sommeil.
10 Que veux-tu ? Je ne sais si cette négligence,
Les ombres, les flambeaux, les cris et le silence,
Et le farouche aspect de ses fiers[2] ravisseurs
Relevaient[3] de ses yeux les timides douceurs.
Quoi qu'il en soit, ravi[4] d'une si belle vue,
15 J'ai voulu lui parler, et ma voix s'est perdue :
Immobile, saisi d'un long étonnement,
Je l'ai laissé passer dans son appartement.
J'ai passé dans le mien. C'est là que, solitaire,
De son image en vain j'ai voulu me distraire[5] :
20 J'aimais jusqu'à ses pleurs que je faisais couler.
Quelquefois, mais trop tard, je lui demandais grâce ;
J'employais les soupirs et même la menace.
Voilà comme, occupé de mon nouvel amour,
Mes yeux sans se fermer ont attendu le jour.

Jean Racine, *Britannicus*,
Acte II, scène 2, 1669.

1. **appareil** : toilette.
2. **fiers** : brutaux.
3. **relevaient** : accentuaient.
4. **ravi** : ébloui.
5. **distraire** : détourner.

Observation

1. En relevant les mots qui évoquent les yeux et le regard, distinguez trois moments dans la tirade de Néron.

2. Quels contrastes rendent Junie fascinante pour Néron ?

3. À quels signes l'empereur découvre-t-il qu'il est amoureux ?

Analyse

4. En quoi le récit de Néron est-il plus intéressant qu'une représentation du rapt de Junie ?

Vers le sujet d'invention. Junie raconte à une amie cette nuit terrifiante. Qu'a-t-elle vu, entendu, retenu ? Qu'a-t-elle ressenti ?

Notion

Le récit au théâtre

Le jeune Corneille condamne au théâtre « les longs et ennuyeux récits ». Mais, pour Molière comme pour Racine, on ne peut pas tout représenter et le récit est souvent plus révélateur que le spectacle.

Le XVIIᵉ siècle ■

OBJET D'ÉTUDE 2ⁿᵈᵉ **La tragédie classique** → voir p. 122

1670

Bérénice

L'empereur de Rome Titus doit se séparer de la reine Bérénice car les Romains refusent une reine étrangère. Titus annonce à Bérénice qu'il la renvoie de Rome car, dit-il, « il ne s'agit plus de vivre, il faut régner ».

BÉRÉNICE

Eh bien ! régnez, cruel ; contentez votre gloire :
Je ne dispute[1] plus. J'attendais, pour vous croire,
Que cette même bouche, après mille serments
D'un amour qui devait unir tous nos moments,
5 Cette bouche, à mes yeux[2] s'avouant infidèle,
M'ordonnât elle-même une absence éternelle.
Moi-même j'ai voulu vous entendre en ce lieu.
Je n'écoute plus rien : et pour jamais, adieu.
Pour jamais ! Ah ! seigneur, songez-vous en vous-même
10 Combien ce mot cruel est affreux quand on aime ?
Dans un mois, dans un an, comment souffrirons-nous,
Seigneur, que tant de mers me séparent de vous ?
Que le jour recommence et que le jour finisse,
Sans que jamais Titus puisse voir Bérénice,
15 Sans que de tout le jour je puisse voir Titus !
Mais quelle est mon erreur, et que de soins[3] perdus !
L'ingrat, de mon départ consolé par avance,
Daignera-t-il compter les jours de mon absence ?
Ces jours si longs pour moi lui sembleront trop courts.

TITUS

20 Je n'aurai pas, Madame, à compter tant de jours.
J'espère que bientôt la triste Renommée
Vous fera confesser que vous étiez aimée.
Vous verrez que Titus n'a pu sans expirer…

BÉRÉNICE

Ah ! Seigneur, s'il est vrai, pourquoi nous séparer ?

Jean Racine, *Bérénice,*
Acte IV, scène 5, 1670.

1. dispute : défend sa cause par des arguments.

2. à mes yeux : en ma présence.

3. soins : inquiétude, sollicitude.

**1600
▾
1700**

Observation

1. En repérant les moments où Bérénice s'interrompt, distinguez dans la tirade trois mouvements différents.

2. Quels reproches Bérénice adresse-t-elle à Titus ? Quand et pourquoi se fait-elle ironique ?

3. Relevez les parallélismes qui réunissent les amants. Quel vers les maintient séparés ?

Analyse

4. Comment se marque l'émotion de la reine ? Quel conflit tragique révèle sa dernière réplique ?

5. Analysez comment est exprimée la douleur de la séparation.

Vers le commentaire. En un ou deux paragraphes, vous expliquerez en quoi cette scène donne à saisir cette « tristesse majestueuse » qui fait, selon Racine, tout le plaisir de la tragédie.

Notion

Le conflit tragique

Le conflit tragique prend des formes multiples : il peut opposer des hommes aux dieux, des hommes aux hommes. Parfois, des forces contradictoires déchirent un personnage. Ainsi, Bérénice et Titus sont tous deux déchirés entre leur amour et un honneur auquel ils ne croient qu'à demi.

175 ■

Racine

OBJET D'ÉTUDE 1re Le texte théâtral et sa représentation → voir p. 124

1677 Phèdre

Parce qu'elle ne peut échapper à l'amour qu'elle éprouve pour Hippolyte, le fils de son mari Thésée, Phèdre veut se tuer. Mais lorsque le bruit court que son mari Thésée est mort, elle décide de lui déclarer son amour. Et c'est alors en vain qu'Hippolyte lui dit que Thésée est peut-être vivant.

PHÈDRE
On ne voit point deux fois le rivage des morts,
Seigneur. Puisque Thésée a vu les sombres bords,
En vain vous espérez qu'un dieu vous le renvoie,
Et l'avare Achéron[1] ne lâche point sa proie.
5 Que dis-je ? Il n'est point mort, puisqu'il respire en vous.
Toujours devant mes yeux je crois voir mon époux.
Je le vois, je lui parle, et mon cœur… Je m'égare,
Seigneur, ma folle ardeur malgré moi se déclare.
HIPPOLYTE
Je vois de votre amour l'effet prodigieux.
10 Tout mort qu'il est, Thésée est présent à vos yeux.
Toujours de son amour votre âme est embrasée.
PHÈDRE
Oui, Prince, je languis, je brûle pour Thésée.
Je l'aime, non point tel que l'ont vu les Enfers,
Volage adorateur de mille objets divers,
15 Qui va du dieu des morts déshonorer la couche[2] ;
Mais fidèle, mais fier, et même un peu farouche,
Charmant, jeune, traînant tous les cœurs après soi,
Tel qu'on dépeint nos dieux, ou tel que je vous vois.
Il avait votre port, vos yeux, votre langage.
20 Cette noble pudeur colorait son visage,
Lorsque de notre Crète il traversa les flots,
Digne sujet des vœux des filles de Minos[3].
Que faisiez-vous alors ? Pourquoi sans Hippolyte
Des héros de la Grèce assembla-t-il l'élite ?
25 Pourquoi trop jeune encore ne pûtes-vous alors
Entrer dans le vaisseau qui le mit sur nos bords ?
Par vous aurait péri le monstre de la Crète[4]
Malgré tous les détours de sa vaste retraite.
Pour en développer l'embarras incertain

---

1. **Achéron** : fleuve de l'enfer qu'on ne traverse que dans un seul sens.
2. **déshonorer la couche** : on disait que Thésée avait entrepris d'enlever Proserpine, femme de Hadès, le dieu des morts.
3. **filles de Minos** : Ariane et Phèdre, toutes deux séduites par Thésée.
4. **le monstre de la Crète** : le Minotaure, monstre à corps d'homme et à tête de taureau, né des amours de la mère de Phèdre et d'un taureau. Thésée tua le monstre enfermé dans le Labyrinthe et en ressortit grâce au fil qu'Ariane lui avait donné.

Dominique Blanc (Phèdre) et Éric Ruf (Hippolyte) interprètent *Phèdre* dans une mise en scène de Patrice Chéreau en 2003.

30 Ma sœur du fil fatal eût armé votre main.
Mais non, dans ce dessein je l'aurais devancée.
L'amour m'en eût d'abord inspiré la pensée.
C'est moi, Prince, c'est moi dont l'utile secours
Vous eût du Labyrinthe enseigné les détours.
35 Que de soins m'eût coûtés cette tête charmante !
Un fil n'eût point assez rassuré votre amante.
Compagne du péril qu'il vous fallait chercher,
Moi-même devant vous j'aurais voulu marcher,
Et Phèdre au Labyrinthe avec vous descendue,
40 Se serait avec vous retrouvée, ou perdue.

HIPPOLYTE

Dieux ! Qu'est-ce que j'entends ? Madame, oubliez-vous
Que Thésée est mon père, et qu'il est votre époux ?

Jean Racine, *Phèdre,* Acte II, scène 5, 1677.

Carole Bouquet (Phèdre) et François Ferolato (Hippolyte) interprètent *Phèdre* dans une mise en scène de Jacques Weber en 2002.

Observation

1. Quelle opposition permet à Phèdre de substituer l'image d'Hippolyte à celle de Thésée ?

2. Par quelles formules masque-t-elle d'abord son aveu ?

3. Quel double déplacement dans l'espace et dans le temps opère-t-elle ?

4. Par quelle série de substitutions parvient-elle à dire son amour ?

5. Quelle forme verbale indique qu'elle s'abandonne à son rêve ?

Analyse

6. Comment se manifeste la passion que Phèdre éprouve pour Hippolyte ? Quelle image Phèdre se fait-elle d'Hippolyte ?

7. En quoi le mythe du Minotaure contribue-t-il à la poésie de la scène ?

Vers l'oral. Quelle est la mise en scène qui, selon vous, convient le mieux au climat de cette scène ? Vous comparerez les décors, les costumes, et les gestes des acteurs.

Notion

Le mythe et la représentation tragique

Le mythe est un récit fabuleux qui se déroule dans un espace et dans un temps qui nous échappent. Pour Racine, « le respect qu'on a pour les héros augmente à mesure qu'ils s'éloignent de nous ». Cet éloignement rend difficile la représentation tragique car le tragédien doit éviter trop de sérénité et trop de familiarité.

Boileau

▶ **Nicolas Boileau**
▶ Né à Paris le 1er novembre 1636.
▶ Décédé à Paris le 13 mars 1711.

Quinzième enfant d'une famille de juristes, Boileau renonce vite à la profession d'avocat pour se consacrer à sa passion : la littérature. Dans de virulentes *Satires*, publiées de 1666 à 1711, il défend Molière et Racine et ridiculise des auteurs qui font alors autorité comme Chapelain ou Bensérade. Son inspiration s'adoucit dans les *Épîtres* et, en 1674, l'*Art poétique* fait de lui le théoricien de l'art qu'on appellera, plus tard, classique. Ces œuvres lui attirent la bienveillance du roi qui le nomme historiographe en 1677 et qui l'impose, en 1684, à l'Académie française où il s'était fait de nombreux ennemis. À l'Académie, il prend, contre les Modernes, le parti des Anciens avec les auteurs qu'il a toujours défendus et qu'il défendra jusqu'à sa mort.

ŒUVRES PRINCIPALES

Poésie
Satires (1660-1711) et *Épîtres* (1669-1695), *Art poétique* (1674), long poème considéré comme le manifeste du classicisme.

L'art de la satire

Dans son « Discours au Roi » que Boileau place en 1674 en tête de ses *Satires*, le poète justifie la virulence d'un genre illustré par les poètes latins Horace et Juvénal. Il se présente comme le « censeur » qui, au nom de la vérité, démasque librement « les sottises du temps ». Contre les avares, les coquettes, les précieuses, les jésuites, les auteurs prétentieux, les poètes ridicules, Boileau déploie une verve dont la vivacité parfois cruelle lui a été reprochée. Dans l'*Art poétique*, il défend avec énergie l'art qu'on appellera classique. Versificateur exigeant comme Malherbe, qu'il place au premier rang, il aime frapper des formules mémorables par leur clarté et leur densité. Par sa passion, l'intégrité de son engagement, il donne vie à des polémiques littéraires qu'on aurait sans lui oubliées aujourd'hui.

OBJET D'ÉTUDE 1re La question de l'Homme dans les genres de l'argumentation ➔ voir p. 130

1668 Satires

Dans la *Satire* VIII, adressée à un docteur en Sorbonne, Boileau s'écarte de l'actualité, sans renoncer à y faire quelques allusions, pour expliquer ce qui fonde les critiques acerbes, les railleries parfois cruelles dispersées dans les précédentes satires : c'est l'homme lui-même qui est mis en question.

> De tous les Animaux qui s'élèvent dans l'air,
> Qui marchent sur la terre, ou nagent dans la mer,
> De Paris au Pérou, du Japon jusqu'à Rome,
> Le plus sot animal, à mon avis, c'est l'Homme.
> 5 « Quoi ?, dira-t-on d'abord[1], un ver, une fourmi,
> Un insecte rampant qui ne vit qu'à demi,
> Un taureau qui rumine, une chèvre qui broute,
> Ont l'esprit mieux tourné que n'a l'Homme ? » – Oui, sans doute.
> Ce discours te surprend, Docteur, je l'aperçois.
> 10 « L'Homme de la nature est le chef et le roi.

1. **d'abord** : immédiatement.

Le XVIIe siècle

Bois, prés, champs, animaux, tout est pour son usage,
Et lui seul a, dis-tu, la raison en partage. »
Il est vrai, de tout temps la raison fut son lot :
Mais de là je conclus que l'Homme est le plus sot.
15 « Ces propos, diras-tu, sont bons dans la satire,
Pour égayer d'abord un lecteur qui veut rire.
Mais il faut les prouver. En forme. » – J'y consens.
Réponds-moi donc, Docteur, et mets-toi sur les bancs.
Qu'est-ce que la Sagesse ? Une égalité d'âme,
20 Que rien ne peut troubler, qu'aucun désir n'enflamme ;
Qui marche en ses conseils à pas plus mesurés,
Qu'un Doyen au Palais ne monte les degrés² .
Or cette égalité, dont se forme le sage,
Qui jamais moins que l'Homme en a connu l'usage ?
25 La fourmi tous les ans traversant les guérets³ ,
Grossit ses magasins des trésors de Cérès⁴ ;
Et dès que l'Aquilon ramenant la froidure,
Vient de ses noirs frimas attrister la nature,
Cet animal tapi dans son obscurité
30 Jouit l'hiver des biens conquis dans l'été :
Mais on ne la voit point d'une humeur inconstante,
Paresseuse au printemps, en hiver diligente,
Affronter en plein champ les fureurs de Janvier,
Ou demeurer oisive au retour du Bélier⁵ .
35 Mais l'Homme sans arrêt, dans sa course insensée,
Voltige incessamment de pensée en pensée,
Son cœur toujours flottant entre mille embarras,
Ne sait ni ce qu'il veut, ni ce qu'il ne veut pas,
Ce qu'un jour il abhorre, en l'autre il le souhaite.

Nicolas Boileau, *Satires*, VIII, 1668.

2. degrés : escaliers.
3. guérets : terres labourables.
4. Cérès : déesse des moissons.
5. retour du Bélier : arrivée du printemps.

1600 ▸ 1700

Observation

1. Quel est le thème abordé dans cette satire ? Sur quoi insiste le vers 3 ?

2. Relevez les marques du dialogue. Quelle formule renverse le rapport entre le savant et le poète ?

3. Comment l'auteur souligne-t-il ce que sa thèse a de paradoxal ?

4. Comment l'auteur exagère-t-il ce qu'il dénonce dans la nature humaine ?

Analyse

5. Comment Boileau conçoit-il la sagesse ?

6. Quelle image donne-t-il de l'être humain ?

Vers l'écriture d'invention. Le Docteur prend la parole et s'oppose au discours de Boileau. Rédigez sa réplique. Il pourra tour à tour dénoncer le parti pris de Boileau et faire l'éloge de la raison humaine.

Notion

La satire et l'image de l'Homme

Comme l'auteur comique ou le polémiste, le satiriste a recours à l'exagération : il élimine les nuances, force le trait, accentue tout ce qui met en relief ce qu'il veut ridiculiser. La faiblesse de la nature humaine et la vanité de ses prétentions sont ainsi accusées.

179

ÉVÉNEMENT littéraire

1687

Boileau et la querelle des Anciens et des Modernes

La querelle des Anciens et des Modernes oppose pendant plusieurs années ceux qui se tournent vers les auteurs du passé et ceux qui veulent rompre avec ce passé. Les partisans des auteurs de l'Antiquité grecque et romaine sont Boileau, Racine, La Fontaine, La Bruyère ; on les surnomme les Anciens. Ceux qu'on appelle les Modernes regroupent Perrault ou Fontenelle, qui pensent que l'on peut progresser, dans les arts comme dans les sciences, sans se soucier des Anciens.

Chronologie de la querelle

- **1684 15 avril.** Boileau est élu à l'Académie française, grâce à l'appui du roi.
- **1687 27 janvier.** Perrault fait lire *Le Siècle de Louis le Grand* : scandale.
- **1687.** La Fontaine, *Épître à Monseigneur de Soissons*.
- **1688.** Charles Perrault, *Parallèle des Anciens et des Modernes*.
- **1688-1697.** Fontenelle, *Digression sur les Anciens et les Modernes*.
- **1691.** Fontenelle est élu à l'Académie française.
- **1693.** La Bruyère, élu à l'Académie française, fait l'éloge des Anciens.
- **1694 30 août.** Réconciliation officielle de Boileau et de Perrault.

■ Le succès des partisans des Anciens

Depuis la Renaissance, les auteurs de l'Antiquité grecque et romaine, les Anciens, étaient reconnus comme des références absolues en tous les genres de poésie. Admirer les Anciens permet d'affirmer l'exigence d'un idéal qui place le véritable écrivain au-dessus des modes passagères. L'écrivain doit certes plaire à ses contemporains, mais il doit aussi rivaliser avec les œuvres qui ont traversé les siècles. Dans les années 1680, les partisans des Anciens sont soutenus par le roi Louis XIV et son entourage.

Charles Perrault défenseur des Modernes à l'Académie française.

■ Le coup d'éclat de Charles Perrault

Perrault fait donc un coup d'éclat en faisant lire à l'Académie, le 27 janvier 1687, son poème *Le Siècle de Louis le Grand*. Il s'y moque ouvertement des Anciens, Homère, Aristote, Platon, mais vante Corneille et d'autres poètes de son temps alors oubliés. L'ensemble se termine par un éloge effréné de Louis XIV, « des grands rois le parfait modèle ». Boileau, furieux, quitte ostensiblement la séance.

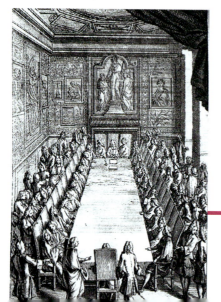

Séance de l'Académie française qui voit pendant plus de vingt ans s'affronter, avec virulence, les partisans de la tradition et ceux de la modernité.

Le XVIIe siècle

■ La réplique des partisans des Anciens

Tandis que Perrault développe ses arguments dans les quatre volumes du *Parallèle des Anciens et des Modernes* qui paraissent de 1688 à 1696, les partisans des Anciens répliquent. La Fontaine d'abord, dès 1687, en appelle à plus de modestie et affirme que son « imitation n'est point un esclavage ». En 1694, dans son discours à l'Académie française, La Bruyère nargue les Modernes en ne louant que les partisans des Anciens. En 1694, Boileau dans ses *Réflexions sur Longin* prend la défense d'Homère.

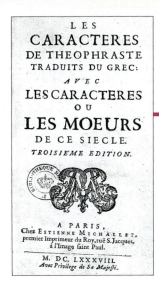

Défenseur des Anciens, La Bruyère s'inspire de l'œuvre du Grec Théophraste pour montrer la permanence du caractère des hommes de l'Antiquité à son époque.

Fontenelle s'engage dans la querelle, en refusant les modèles hérités de l'Antiquité.

tradition artistique. Et Perrault d'affirmer que « c'est au philosophe à conduire le poète et non pas au poète à conduire le philosophe ». En 1701, Perrault et Boileau se réconcilient officiellement. Mais après une accalmie, la querelle reprendra au siècle suivant à propos des traductions d'Homère.

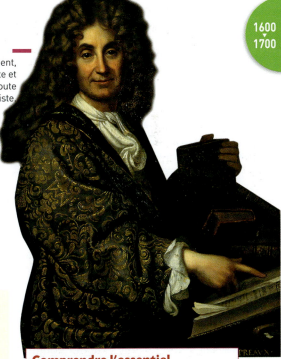

Au cœur de l'affrontement, Nicolas Boileau, poète et académicien, manifeste toute la fougue du polémiste.

1600 ▼ 1700

■ L'offensive de Fontenelle

Le clan des Modernes va trouver en Fontenelle, écrivain subtil, féru de sciences, un défenseur particulièrement avisé. Dans sa *Digression sur les Anciens et les Modernes* parue en 1688, il affirme que « rien n'arrête tant le progrès des choses, rien ne borne tant les esprits, que l'admiration excessive des Anciens ». Il s'appuie sur les progrès que l'on constate en physique, en mathématique, en médecine pour refuser toute

■ La Fontaine et l'art de l'imitation

La Fontaine, dans son *Épître à Monseigneur de Soissons*, Pierre-Daniel Huet, évoque son admiration pour les Anciens :
« Mon imitation n'est point un esclavage :
Je ne prends que l'idée, et les tours, et les lois,
Que nos maîtres suivaient eux-mêmes autrefois.
Si d'ailleurs quelque endroit plein chez eux d'excellence
Peut entrer dans mes vers sans nulle violence,
Je l'y transporte, et veux qu'il n'ait rien d'affecté,
Tâchant de rendre mien cet air d'antiquité.
Je vois avec douleur ces routes méprisées
Art et guides, tout est dans les Champs-Élysées. »

Comprendre l'essentiel

1. Qui sont les partisans des Anciens ? Pour quelles raisons tiennent-ils à se référer à la littérature grecque et latine ?

2. Pour quelles raisons les Modernes rejettent-ils toute référence aux Anciens ?

3. De quels autres débats littéraires se rapproche cette querelle ?

Bossuet

▶ **Jacques Bénigne Bossuet**
▶ Né à Dijon le 27 septembre 1627.
▶ Décédé à Paris le 12 avril 1704.

Ordonné prêtre à vingt-cinq ans après une solide formation chez les jésuites à Dijon puis à Paris, ce jeune théologien devient rapidement le prédicateur préféré de la reine-mère Anne d'Autriche. Il gagne la confiance de Louis XIV qui lui confie en 1670 l'éducation du dauphin et lui demande de prononcer les oraisons funèbres des plus hauts personnages de la cour. Nommé en 1682 évêque de Meaux, il se bat contre tous ceux qui lui semblent menacer l'unité religieuse du pays : protestants, jansénistes, gens de théâtre, quiétistes. Tout esprit critique semble dangereux à cet homme de foi qui pense que seule la tradition peut garantir la paix, celle du royaume comme celle des âmes.

ŒUVRES PRINCIPALES

Ouvrages
Sermons innombrables (publiés à partir de 1772), des *Oraisons funèbres po[ur]* Henriette de France (1669[)], Henriette d'Angleterre (16[70]), Condé (1687), etc.

Bossuet et l'art de l'éloquence

Si Bossuet a écrit des ouvrages d'histoire et de théologie, ce sont ses *Sermons* et ses *Oraisons funèbres* qui l'ont rendu très vite célèbre. Au début du siècle, les orateurs sacrés multipliaient les éloges hyperboliques, les images outrées, les pédantismes, les préciosités. Comme son maître Vincent de Paul, Bossuet fuit les artifices oratoires, s'adapte à l'auditoire, construit clairement ses interventions. Les images nourries de la lecture de la Bible se lient aux citations du texte sacré qui rappellent que le discours est au service d'un message religieux. Dans les *Oraisons funèbres*, il évite le risque de complaisance en faisant de ces discours d'apparat de véritables sermons. Questions, exclamations, apostrophes animent le discours et contribuent à cette « grandeur majestueuse qui tient un peu à la poésie » (Voltaire).

OBJET D'ÉTUDE 2nde Genres et formes de l'argumentation → voir p. 128

1670 — Oraison funèbre d'Henriette d'Angleterre

Henriette d'Angleterre, qu'on appelle Madame car elle est l'épouse du frère du roi, meurt brutalement à vingt-six ans. Quand Bossuet évoqua ces moments terribles, « l'auditoire, écrit Voltaire, éclata en sanglots et la voix de l'orateur fut interrompue par ses soupirs et ses pleurs ».

Considérez, Messieurs, ces grandes puissances que nous regardons de si bas. Pendant que nous tremblons sous leur main, Dieu les frappe pour nous avertir. Leur élévation en est la cause ; et il les épargne si peu qu'il ne craint pas de les sacrifier à l'instruction du reste des hommes. Chrétiens, ne murmurez pas si Madame a été choisie pour nous
5 donner une telle instruction. Il n'y a rien ici de rude pour elle, puisque, comme vous le verrez dans la suite, Dieu la sauve par le même coup qui nous instruit. Nous devrions être assez convaincus de notre néant ; mais s'il faut des coups de surprise à nos cœurs enchantés de l'amour du monde, celui-ci est assez grand et assez terrible. Ô nuit désastreuse ! ô nuit effroyable, où retentit tout à coup, comme un éclat de tonnerre, cette
10 étonnante[1] nouvelle : Madame se meurt, Madame est morte ! Qui de nous ne se sentit frappé à ce coup, comme si quelque tragique accident avait désolé[2] sa famille ? Au premier bruit d'un mal si étrange[3], on accourut à Saint-Cloud de toutes parts ; on trouve

---

1. **étonnante** : qui frappe comme le tonnerre.
2. **désolé** : ravagé, détruit.
3. **étrange** : extraordinaire et redoutable.

182

Le XVIIᵉ siècle

tout consterné, excepté le cœur de cette princesse. Partout on entend des cris, partout on voit la douleur et le désespoir, et l'image de la mort. Le roi, la reine, Monsieur, toute la cour, tout le peuple, tout est abattu, tout est désespéré, et il me semble que je vois l'accomplissement de cette parole du prophète : *Le roi pleurera, le prince sera désolé et les mains tomberont au peuple, de douleur et d'étonnement.*

Mais et les princes et les peuples gémissaient en vain. En vain Monsieur, en vain le roi même tenait Madame serrée par de si étroits embrassements. Alors ils pouvaient dire l'un et l'autre, avec saint Ambroise : *Stringebam brachia, sed jam amiseram quam tenebam* ; je serrais les bras, mais j'avais déjà perdu ce que je tenais. La princesse leur échappait parmi des embrassements si tendres, et la mort plus puissante nous l'enlevait entre ces royales mains. Quoi donc, elle devait périr si tôt ! Dans la plupart des hommes, les changements se font peu à peu, et la mort les prépare ordinairement à son dernier coup. Madame cependant a passé⁴ du matin au soir, ainsi que l'herbe des champs. Le matin elle fleurissait ; avec quelles grâces, vous le savez : le soir, nous la vîmes séchée, et ces fortes expressions, par lesquelles l'Écriture sainte exagère⁵ l'inconstance des choses humaines, devaient être pour cette princesse si précises et si littérales.

Bossuet, *Oraison funèbre d'Henriette d'Angleterre,* 21 août 1670.

4. a passé : souvenir du Psaume 102, 15 : « L'homme ! ses jours sont comme l'herbe ; Il fleurit comme la fleur des champs : Que le vent passe, elle n'est plus, Et la place où elle était l'a oubliée. »

5. exagère : souligne, accentue.

1600 ▾ 1700

Observation

1. Comment Bossuet présente-t-il la mort de la princesse ?

2. Quelles expressions désignent les auditeurs de Bossuet ?

3. Dans les lignes 8 à 18, étudiez le rôle des pluriels, des modalités et du rythme des phrases : quel est le but de l'orateur ?

4. Comment les citations servent-elles l'argumentation ?

Analyse

5. Comment Bossuet fait-il sentir la puissance de la mort ?

6. Quelle interprétation donne-t-il de ce tragique événement ?

Vers le commentaire. Vous rédigerez un ou deux paragraphes qui expliqueront quelle est la thèse soutenue par Bossuet et de quelle façon il l'impose à ses auditeurs.

Notion

L'oraison funèbre et l'art de l'argumentation

L'art de la persuasion consiste à amener un auditeur à partager un point de vue par une adhésion entière, en touchant sa sensibilité autant que son intelligence. Les circonstances dans lesquelles est prononcée l'oraison funèbre facilitent cette adhésion. Mais Bossuet cherche ici à émouvoir pour mieux expliquer : il fait de l'oraison funèbre un sermon sur la mort.

183

Bossuet

OBJET D'ÉTUDE 1re **La question de l'Homme dans les genres de l'argumentation** → voir p. 130

1694

Traité de la concupiscence[1]

L'homme doit se détourner de l'amour du monde charnel, corrompu et passager, pour se tourner vers Dieu. Ces pages qui semblent transcrire le mouvement de la méditation, et publiées après la mort de Bossuet, montrent la ferveur éblouie du croyant qui ne se sentait jamais plus proche de Dieu que dans la solitude et le silence de la nuit.

Le soleil s'avançait, et son approche se faisait connaître par une céleste blancheur qui se répandait de tous côtés ; les étoiles étaient disparues, et la lune s'était levée avec son croissant d'un argent si beau et si vif que les yeux en étaient charmés[2]. Elle semblait vouloir honorer le soleil en paraissant claire et illuminée par le côté qu'elle tournait
5 vers lui ; tout le reste était obscur et ténébreux, et un petit demi-cercle recevait seulement dans cet endroit-là un ravissant éclat, par les rayons du soleil comme du père de la lumière. Quand il la voit de côté, elle reçoit une teinte de lumière ; plus il la voit, plus la lumière s'accroît ; quand il la voit tout entière, elle est dans son plein, et plus elle a de lumière, plus elle fait d'honneur à celui d'où elle vient. Mais voici un nouvel
10 hommage qu'elle rend à son céleste illuminateur. À mesure qu'il approchait, je la voyais disparaître ; le faible croissant diminuait peu à peu, et quand le soleil se fut montré tout entier, sa pâle et débile[3] lumière, s'évanouissant, se perdit dans celle du grand astre qui paraissait, dans laquelle elle fut comme absorbée. On voyait bien qu'elle ne pouvait avoir perdu sa lumière par l'approche du soleil, qui l'éclairait ; mais un petit astre cédait
15 au grand, une petite lumière se confondait avec la grande ; et la place du croissant ne parut plus dans le ciel, où il tenait auparavant un si beau rang parmi les étoiles.

Mon Dieu, lumière éternelle, c'est la figure[4] de ce qui arrive à mon âme quand vous l'éclairez. Elle n'est illuminée que du côté que vous la voyez ; partout où vos rayons ne pénètrent pas, ce n'est que ténèbres ; et quand ils se retirent tout à fait, l'obscurité et la
20 défaillance sont entières. Que faut-il que je fasse, ô mon Dieu, sinon de reconnaître de vous[5] toute la lumière que je reçois ?

Bossuet, *Traité de la concupiscence*, chapitre 32, 1694 (éd. posthume en 1731).

1. concupiscence : force qui nous attache aux plaisirs de ce monde.
2. charmés : émerveillés, enchantés.
3. débile : faible, fragile.
4. figure : image, symbole.
5. de vous : comme venant de vous.

Observation

1. Relevez les expressions qui désignent le soleil.

2. Quelles sont les expressions qui animent le tableau ?

3. Quelle relation la lune établit-elle avec le soleil ?

4. En relevant les termes qui s'opposent, expliquez sur quel contraste est construit le tableau.

Analyse

5. Quels termes du premier paragraphe préparent et justifient l'interprétation proposée dans le second paragraphe ?

6. Quelle image ce texte donne-t-il de l'être humain ?

Vers l'oral. Analysez le mouvement de ce texte. En quoi correspond-il à une véritable contemplation ?

Le XVIIe siècle

L'éclat de la lumière

Le Lorrain, *Port maritime à l'aube*

Claude le Lorrain, de son vrai nom Claude Gellée, est un des plus prodigieux paysagistes du classicisme français. Il n'a cessé de chercher à saisir l'éblouissement d'un soleil qui se couche ou se lève, sur un monde où l'homme n'est qu'une modeste créature face au mystère de la création.

Claude Gellée dit le Lorrain (v. 1600-1682), *Port maritime à l'aube*, 1674, huile sur toile.

1600 – 1700

La présence d'un élément d'architecture antique comme l'équilibre de la composition et le caractère paisible de la scène expriment la mesure du classicisme.

À l'aube, le soleil illumine et aveugle en même temps. Symbole de puissance, il invite à la méditation sur le sens de l'existence.

Les hommes, profitant de l'aube naissante, s'affairent. Le Lorrain peint un paysage idyllique, épargné par le désordre des ténèbres.

Lecture d'image

1. En analysant les reflets du soleil, expliquez comment le peintre rend compte de sa puissance sur toute chose.

2. Quels sont les éléments qui témoignent du caractère paisible de la scène ?

3. Expliquez pourquoi on peut interpréter le tableau comme une illustration du texte de Bossuet.

La peinture classique

Inspiration de l'Antiquité, sujet noble, attitude calme des personnages, prédominance du dessin sur la couleur, telles sont les caractéristiques de la peinture classique qui domine la seconde moitié du XVIIe siècle français. Ses principaux représentants sont Nicolas Poussin, Claude le Lorrain, Philippe de Champaigne et Charles Le Brun.

Madame de Sévigné

▶ Marie de Sévigné, née Chantal Rabutin
▶ Née à Paris le 16 février 1626.
▶ Décédée à Grignan, en Provence, le 17 avril 1696.

Veuve à vingt-cinq ans, la marquise de Sévigné brille par sa vivacité, son charme, son esprit. Elle se consacre surtout à l'éducation de ses deux enfants, Marie-Françoise et Charles. Elle est désespérée lorsque sa fille doit la quitter pour rejoindre son mari, le comte de Grignan, en Provence où il est lieutenant général. Sa vie, rythmée par les lettres qu'elle écrit à sa fille, se partage entre Paris et son séjour aux Rochers, en Bretagne. Quand elle le peut, elle rejoint sa fille en Provence, où elle s'éteint.

ŒUVRES PRINCIPALES

Lettres
qui n'ont été publiées qu'à partir du XVIIIe siècle.

Madame de Sévigné et les inquiétudes de l'être humain

Entourée d'écrivains, amie de La Rochefoucauld et de Madame de Lafayette, Madame de Sévigné n'a jamais cherché à être publiée. Elle écrit à ses amis pour leur raconter les événements de la cour quand ils en sont absents. Elle écrit surtout à sa fille pour apaiser la douleur de la séparation, pour lui faire partager sa vie, pour lui dire son amour. Comme toute écriture véritable, ces lettres tentent de résister à la douleur de l'absence, de donner un sens à notre vie. Tour à tour amusées, désinvoltes, poignantes, ses lettres nous font partager tous les soucis de l'être humain. Ainsi, alors que tant d'écrivains de son temps sont oubliés, Madame de Sévigné, sans l'avoir voulu, est toujours parmi nous.

OBJET D'ÉTUDE 1re La question de l'Homme dans les genres de l'argumentation → voir p. 130

1671 Lettre

Le 4 février 1671, Madame de Grignan part rejoindre son mari qui a été nommé lieutenant général du roi en Provence. Sa mère, la marquise de Sévigné, se retrouve seule dans sa demeure parisienne. Ne comptent plus alors pour elle que les lettres qu'elle adresse à sa fille et les réponses qu'elle attend impatiemment.

Mardi 3 mars 1671

Si vous étiez ici, ma chère bonne, vous vous moqueriez de moi ; j'écris de provision, mais c'est pour une raison bien différente de celle que je vous donnais pour m'excuser : c'était parce que je ne me souciais guère de ces gens-là, et que dans deux jours je n'aurais pas autre chose à leur dire. Voici tout le contraire, c'est que je me soucie beaucoup de
5 vous, que j'aime à vous entretenir à toute heure, et que c'est la seule consolation que je puisse avoir présentement. Je suis aujourd'hui toute seule dans ma chambre par l'excès de ma mauvaise humeur. Je suis lasse de tout ; je me suis fait un plaisir de dîner ici, et je m'en fais un de vous écrire hors de propos : mais, hélas ! ma bonne, vous n'avez pas de ces loisirs-là. J'écris tranquillement, et je ne comprends pas que vous puissiez lire de
10 même : je ne vois pas un moment où vous soyez à vous. Je vois un mari qui vous adore, qui ne peut se lasser d'être auprès de vous, et qui peut à peine comprendre son bonheur. Je vois des harangues, des infinités de compliments, de civilités, des visites ; on vous fait des honneurs extrêmes, il faut répondre à tout cela, vous êtes accablée ; moi-même, sur ma petite boule, je n'y suffirais pas. Que fait votre paresse pendant tout ce tracas ? Elle

Le XVIIᵉ siècle

souffre, elle se retire dans quelque petit cabinet[1], elle meurt de peur de ne plus retrouver sa place : elle vous attend dans quelque moment perdu pour vous faire au moins souvenir d'elle, et vous dire un mot en passant. « Hélas ! dit-elle, mais vous m'oubliez : songez que je suis votre plus ancienne amie ; celle qui ne vous a jamais abandonnée, la fidèle compagne de vos plus beaux jours ; celle qui vous consolais de tous les plaisirs
20 et qui même quelquefois vous les faisais haïr ; celle qui vous a empêchée de mourir d'ennui et en Bretagne et dans votre grossesse. Quelquefois votre mère troublait nos plaisirs, mais je savais bien où vous reprendre : présentement je ne sais plus où j'en suis ; la dignité et l'éclat de votre mari me fera périr, si vous n'avez besoin de moi. » Il me semble que vous lui dites en passant un petit mot d'amitié, vous lui donnez quelque
25 espérance de la posséder à Grignan ; mais vous passez vite, et vous n'avez pas le loisir d'en dire davantage. Le devoir et la raison sont autour de vous, qui ne vous donnent pas un moment de repos. Moi-même, qui les ai toujours tant honorées, je leur suis contraire, et elles me le sont ; le moyen qu'elles vous donnent le temps de lire de telles lanterneries[2] ? Je vous assure, ma chère bonne, que je songe à vous continuellement, et
30 je sens tous les jours ce que vous me dîtes une fois, qu'il ne fallait pas appuyer sur ces pensées. Si l'on ne glissait pas dessus, on serait toujours en larmes, c'est-à-dire moi. Il n'y a lieu dans cette maison qui ne me blesse le cœur. Toute votre chambre me tue ; j'y ai fait mettre un paravent tout au milieu, pour rompre un peu la vue d'une fenêtre sur ce degré[3] par où je vous vis monter dans le carrosse de d'Hacqueville[4], et par où je vous
35 rappelai. Je me fais peur quand je pense combien alors j'étais capable de me jeter par la fenêtre, car je suis folle quelquefois ; ce cabinet, où je vous embrassai sans savoir ce que je faisais ; ces Capucins[5], où j'allai entendre la messe ; ces larmes qui tombaient de mes yeux à terre, comme si c'était de l'eau qu'on eût répandue ; Sainte-Marie[6], Mme de Lafayette[7], mon retour dans cette maison, votre appartement, la nuit et le lendemain ;
40 et votre première lettre, et toutes les autres, et encore tous les jours, et tous les entretiens de ceux qui entrent dans mes sentiments. Ce pauvre d'Hacqueville est le premier ; je n'oublierai jamais la pitié qu'il eut de moi. Voilà donc où j'en reviens : il faut glisser sur tout cela et se bien garder de s'abandonner à ses pensées et aux mouvements de son cœur. J'aime mieux m'occuper de la vie que vous faites présentement ; cela me fait
45 une diversion, sans m'éloigner pourtant de mon sujet et de mon objet, qui est ce qui s'appelle poétiquement l'objet aimé. Je songe donc à vous, et je souhaite toujours de vos lettres ; quand je viens d'en recevoir, j'en voudrais bien encore. J'en attends présentement, et reprendrai ma lettre quand j'en aurai reçu. J'abuse de vous, ma chère bonne : j'ai voulu aujourd'hui me permettre cette lettre d'avance ; mon cœur en avait besoin. Je
50 n'en ferai pas une coutume.

Madame de Sévigné, *Lettre à Madame de Grignan,* 3 mars 1671.

---

1. cabinet : petite pièce.

2. lanternerie : propos futile, fadaise.

3. degré : escalier.

4. d'Hacqueville : ami dévoué qui a amené Mme de Grignan dans son carrosse.

5. Capucins : moines de la rue d'Orléans, dans le quartier du Marais, à Paris.

6. Sainte-Marie : couvent où sa fille a été élevée.

7. Mme de Lafayette : l'auteur de *La Princesse de Clèves,* amie intime de Mme de Sévigné.

1600
1700

Observation

1. Délimitez et distinguez les deux moments de cette lettre.

2. Comment Mme de Sévigné rend-elle vivante son analyse de la paresse ?

3. Pourquoi revient-elle sur le moment de la séparation ?

Analyse

4. Comment Mme de Sévigné fait-elle l'éloge de la paresse ?

5. Quelle image cette lettre donne-t-elle de l'être humain ?

Vers le commentaire. Vous analyserez l'expression de la douleur (l. 36-46).

Notion

La lettre familière et l'argumentation

Contrairement aux lettres publiques comme *Les Provinciales* de Pascal, ou les lettres de Descartes, les lettres familières ne relèvent pas du genre de l'argumentation. Mais ce faisant, elles donnent de l'être humain, et de sa vie saisie au jour le jour, une image qui a le charme de l'improvisation et de la vérité.

187

Madame de Lafayette

▶ Marie-Madeleine de Lafayette, née Pioche de La Vergne
▶ Née à Paris le 18 mars 1634
▶ Décédée à Paris le 25 mai 1693

Élevée au milieu d'intellectuels, de critiques littéraires et de mathématiciens, la jeune Marie-Madeleine Pioche de La Vergne est vite réputée pour sa finesse et son esprit. Nommée à dix-sept ans demoiselle d'honneur de la reine Anne d'Autriche, elle observe de près les intrigues de la cour. Très proche de la brillante Henriette d'Angleterre, elle a l'estime du jeune Louis XIV. Amie intime de Madame de Sévigné et de La Rochefoucauld, entourée d'humanistes brillants comme Huet et Segrais, elle écrit des nouvelles et des romans qui ne sont pas publiés sous son nom, car une dame de son rang dérogerait en s'avouant auteur. Celle qu'on surnomme « le brouillard » ne reconnaîtra jamais qu'elle a écrit *La Princesse de Clèves*, roman salué comme un chef-d'œuvre dès sa parution.

ŒUVRES PRINCIPALES

Romans
La Princesse de Montpensi (1662), *Zaïde* (1669-1671) ; *La Princesse de Clèves* (16ᵉ

Mémoires
Henriette d'Angleterre et la cour (publication posthume).

La Princesse de Clèves et le renouveau du roman

Le roman de Madame de Lafayette *La Princesse de Clèves* joue un rôle essentiel dans l'évolution du roman français. Refusant aussi bien l'idéalisation des romans précieux que la démystification des romans réalistes, ce roman se rapproche de la chronique historique par sa brièveté, la rigueur de la composition, son exigence de vérité. Tout en maintenant intact le charme du romanesque, l'auteur démonte les rouages de la vie de cour et analyse les faiblesses et les désirs de son héroïne. Une prose étrange qui multiplie à la fois les hyperboles et les litotes, une progression implacable, un dénouement surprenant soigneusement préparé et pourtant mystérieux donnent au récit l'intensité d'une tragédie.

OBJET D'ÉTUDE 1ʳᵉ Le personnage de roman → voir p. 120

1678 La Princesse de Clèves

Madame de Lafayette ouvre son roman par une fresque des dernières années du règne de Henri II. Après une galerie de portraits historiques surgit l'héroïne du roman : Mlle de Chartres, la future princesse de Clèves.

Il parut alors une beauté à la cour qui attira les yeux de tout le monde, et l'on doit croire que c'était une beauté parfaite, puisqu'elle donna de l'admiration dans un lieu où l'on était si accoutumé à voir de belles personnes. Elle était de la même maison que le vidame[1] de Chartres et une des plus grandes héritières de France. Son père était mort
5 jeune, et l'avait laissée sous la conduite de Mᵐᵉ de Chartres, sa femme, dont le bien, la vertu et le mérite étaient extraordinaires. Après avoir perdu son mari, elle avait passé plusieurs années sans revenir à la cour. Pendant cette absence, elle avait donné ses soins à l'éducation de sa fille ; mais elle ne travailla pas seulement à cultiver son esprit et sa beauté, elle songea aussi à lui donner de la vertu et à la lui rendre aimable. La plupart
10 des mères s'imaginent qu'il suffit de ne parler jamais de galanteries[2] devant les jeunes personnes pour les en éloigner. Mᵐᵉ de Chartres avait une opinion opposée ; elle faisait souvent à sa fille des peintures de l'amour ; elle lui montrait ce qu'il a d'agréable pour

1. **vidame** : titre de noblesse.
2. **galanteries** : intrigues amoureuses.

■ 188

Le XVIIᵉ siècle

la persuader plus aisément sur ce qu'elle lui en apprenait de dangereux ; elle lui contait le peu de sincérité des hommes, leurs tromperies et leur infidélité, les malheurs domes-
15 tiques[3] où plongent les engagements[4] ; et elle lui faisait voir, d'un autre côté, quelle tranquillité suivait la vie d'une honnête femme, et combien la vertu donnait d'éclat et d'élévation à une personne qui avait de la beauté et de la naissance ; mais elle lui faisait voir aussi combien il était difficile de conserver cette vertu que par une extrême dé-fiance de soi-même, et par un grand soin de s'attacher à ce qui seul peut faire le bonheur
20 d'une femme, qui est d'aimer son mari, d'en être aimée.

Cette héritière était alors un des grands partis[5] qu'il y eût en France, et, quoiqu'elle fût dans une extrême jeunesse, l'on avait proposé plusieurs mariages. Mᵐᵉ de Chartres, qui était extrêmement glorieuse[6], ne trouvait presque rien digne de sa fille : la voyant dans sa seizième année, elle voulut la mener à la cour. Lorsqu'elle arriva, le vidame alla
25 au-devant d'elle : il en fut surpris avec raison. La blancheur de son teint et ses cheveux blonds lui donnaient un éclat que l'on n'a jamais vu qu'à elle ; tous ses traits étaient réguliers, et son visage et sa personne étaient pleins de grâce et de charme.

Le lendemain qu'elle fut arrivée, elle alla pour assortir des pierreries chez un Italien qui en trafiquait par tout le monde. Cet homme était venu de Florence avec la reine,
30 et s'était tellement enrichi dans son trafic, que sa maison paraissait plutôt celle d'un grand seigneur que d'un marchand. Comme elle y était, le prince de Clèves y arriva. Il fut tellement surpris de sa beauté, qu'il ne put cacher sa surprise ; et Mˡˡᵉ de Chartres ne put s'empêcher de rougir en voyant l'étonnement qu'elle lui avait donné : elle se remit néanmoins, sans témoigner d'autre attention aux actions de ce prince que celle que la
35 civilité lui devait donner pour un homme tel qu'il paraissait. M. de Clèves la regardait avec admiration, et il ne pouvait comprendre qui était cette belle personne qu'il ne connaissait point. Il voyait bien par son air, et par tout ce qui était à sa suite, qu'elle devait être d'une grande qualité[7]. Sa jeunesse lui faisait croire que c'était une fille ; mais ne lui voyant point de mère, et l'Italien, qui ne la connaissait point, l'appelant madame,
40 il ne savait que penser, et il la regardait toujours avec étonnement. Il s'aperçut que ses regards l'embarrassaient, contre l'ordinaire des jeunes personnes qui voient toujours avec plaisir l'effet de leur beauté : il lui parut même qu'il était cause qu'elle avait de l'impatience de s'en aller, et, en effet, elle sortit assez promptement.

Madame de Lafayette, *La Princesse de Clèves,* première partie, 1678.

---

3. **domestiques :** familiaux.

4. **engagements :** liaisons amoureuses.

5. **partis :** personne à marier.

6. **glorieuse :** orgueilleuse, fière de son rang.

7. **qualité :** condition d'une personne noble.

1600 ▾ 1700

Observation

1. Relevez les hyperboles qui peignent l'héroïne.

2. Quelle place occupe la mère de l'héroïne ?

3. De quelle façon la scène chez le bijoutier développe-t-elle le portrait de l'héroïne ?

Analyse

4. La beauté de l'héroïne est-elle décrite ou suggérée ? Justifiez.

5. Qu'est-ce qui suggère la fra-gilité de l'héroïne ?

6. Comment la mère de l'hé-roïne, Mᵐᵉ de Chartres, conçoit-elle l'éducation ? Peut-on dire qu'elle est féministe ?

Vers l'oral. Dans quelle mesure le portrait de l'héroïne (l. 1 à 27) est-il idéalisé ? Étudiez les qua-lités de l'héroïne, puis montrez quelle analyse de la société pro-pose la romancière.

Notion

Le portrait du personnage et la vision du romancier

Le portrait que le romancier fait de ses personnages révèle la vision qu'il se fait de l'être humain, la place qu'il accorde au rang social, au passé familial, aux carac-tères individuels, au corps, aux idées. En découvrant les personnages de Mme de Lafayette, de Balzac, de Proust, on voit comment chaque romancier conçoit l'être humain.

189

Madame de Lafayette

OBJET D'ÉTUDE 1re **Le personnage de roman** → voir p. 120

1678 La Princesse de Clèves

Mlle de Chartres a épousé le prince de Clèves qu'elle respecte et admire sans éprouver pour lui la passion qu'il éprouve pour elle. La jeune princesse s'est parée pour assister à un bal qui se donnait au Louvre.

Lorsqu'elle arriva, l'on admira sa beauté et sa parure : le bal commença ; et, comme elle dansait avec M. de Guise, il se fit un assez grand bruit vers la porte de la salle, comme de quelqu'un qui entrait, et à qui on faisait place. Mme de Clèves acheva de danser, et, pendant qu'elle cherchait des yeux quelqu'un qu'elle avait dessein de prendre, le roi lui
5 cria de prendre celui qui arrivait. Elle se tourna et vit un homme qu'elle crut d'abord[1] ne pouvoir être que M. de Nemours, qui passait par-dessus quelque siège, pour arriver où l'on dansait. Ce prince était fait d'une sorte, qu'il était difficile de n'être pas surpris de le voir quand on ne l'avait jamais vu, surtout ce soir-là, où le soin qu'il avait pris de se parer augmentait encore l'air brillant qui était dans sa personne ; mais il était difficile
10 aussi de voir Mme de Clèves pour la première fois, sans avoir un grand étonnement.

M. de Nemours fut tellement surpris de sa beauté que, lorsqu'il fut proche d'elle, et qu'elle lui fit la révérence, il ne put s'empêcher de donner des marques de son admiration. Quand ils commencèrent à danser, il s'éleva dans la salle un murmure de louanges. Le roi et les reines[2] se souvinrent qu'ils ne s'étaient jamais vus, et trouvèrent
15 quelque chose de singulier de les voir danser ensemble sans se connaître. Ils les appelèrent quand ils eurent fini, sans leur donner le loisir de parler à personne, et leur demandèrent s'ils n'avaient pas bien envie de savoir qui ils étaient, et s'ils ne s'en doutaient point. « Pour moi, madame, dit M. de Nemours, je n'ai pas d'incertitude ; mais comme Mme de Clèves n'a pas les mêmes raisons pour deviner qui je suis que celles que j'ai pour
20 la reconnaître, je voudrais bien que Votre Majesté eût la bonté de lui apprendre mon nom. – Je crois, dit madame la dauphine, qu'elle le sait aussi bien que vous savez le sien. – Je vous assure, madame, reprit Mme de Clèves, qui paraissait un peu embarrassée, que je ne devine pas si bien que vous pensez. – Vous devinez fort bien, répondit madame la dauphine ; et il y a même quelque chose d'obligeant pour M. de Nemours, à ne vou-
25 loir pas avouer que vous le connaissez sans l'avoir jamais vu. » La reine les interrompit pour faire continuer le bal : M. de Nemours prit la reine dauphine. Cette princesse était d'une parfaite beauté, et avait paru telle aux yeux de M. de Nemours, avant qu'il allât en Flandre ; mais de tout le soir, il ne put admirer que Mme de Clèves.

Madame de Lafayette, *La Princesse de Clèves,* première partie, 1678.

---

1. d'abord :
immédiatement.
2. le roi et les
reines : Henri II, son
épouse Catherine de
Médicis, et l'épouse
du dauphin, Marie
Stuart.

Observation

1. Relevez les mots qui expriment l'impression que produisent la princesse et le duc.

2. Quel rôle jouent le roi et les reines ?

3. Expliquez la remarque de la dauphine : pourquoi y a-t-il « quelque chose d'obligeant » pour Nemours dans la réponse de Mme de Clèves ?

Analyse

4. En quoi la scène est-elle romanesque ?

5. Comment la romancière fait-elle sentir le bouleversement des personnages ?

Vers le commentaire. Rédigez un paragraphe dans lequel vous expliquerez comment la romancière anime la scène de bal.

Notion

Le bonheur du romanesque

Est romanesque ce qui exalte l'imagination, sans se soucier de vraisemblance : coïncidences improbables, rebondissements surprenants, exaltation des passions. Sans être freiné par les contraintes de la réalité, on réalise, comme en rêve, les désirs les plus secrets. Ce qui est plat, prosaïque, n'est pas romanesque.

Le XVIIᵉ siècle

OBJET D'ÉTUDE 1ʳᵉ **Le personnage de roman** → voir p. 120

1678

La Princesse de Clèves

La princesse de Clèves, pour échapper à la passion qu'elle éprouve pour le duc de Nemours, veut se retirer de la cour. Son mari ne comprend pas qu'une femme aussi jeune cherche ainsi la solitude et il la presse de s'expliquer.

Il la pressa longtemps de les lui apprendre sans pouvoir l'y obliger ; et, après qu'elle se fut défendue d'une manière qui augmentait toujours la curiosité de son mari, elle demeura dans un profond silence, les yeux baissés ; puis tout d'un coup, prenant la parole et le regardant : « Ne me contraignez point, lui dit-elle, à vous avouer une chose
5 que je n'ai pas la force de vous avouer, quoique j'en aie eu plusieurs fois le dessein. Songez seulement que la prudence ne veut pas qu'une femme de mon âge, et maîtresse de sa conduite, demeure exposée au milieu de la cour. – Que me faites-vous envisager, madame, s'écria M. de Clèves ! je n'oserais vous le dire de peur de vous offenser. » Mᵐᵉ de Clèves ne répondit point : et son silence achevant de confirmer son mari dans
10 ce qu'il avait pensé : « Vous ne me dites rien, reprit-il, et c'est me dire que je ne me trompe pas. – Eh bien, monsieur, lui répondit-elle en se jetant à ses genoux, je vais vous faire un aveu que l'on n'a jamais fait à son mari ; mais l'innocence de ma conduite et de mes intentions m'en donne la force. Il est vrai que j'ai des raisons de m'éloigner de la cour, et que je veux éviter les périls où se trouvent quelquefois les personnes de

1. Mme de Chartres : la mère de la princesse de Clèves.

15 mon âge. Je n'ai jamais donné nulle marque de faiblesse, et je ne craindrais pas d'en laisser paraître, si vous me laissiez la liberté de me retirer de la cour, ou si j'avais encore Mᵐᵉ de Chartres[1] pour aider à me conduire. Quelque dangereux que soit le parti que je prends, je le prends avec joie pour me conserver digne d'être à vous. Je vous demande mille pardons, si j'ai des sentiments qui vous déplaisent : du moins je ne vous déplairai
20 jamais par mes actions. Songez que pour faire ce que je fais, il faut avoir plus d'amitié et plus d'estime pour un mari que l'on n'en a jamais eu : conduisez-moi, ayez pitié de moi et aimez-moi encore, si vous pouvez. »

M. de Clèves était demeuré, pendant tout ce discours, la tête appuyée sur ses mains, hors de lui-même, et il n'avait pas songé à faire relever sa femme. Quand elle eut cessé
25 de parler, qu'il jeta les yeux sur elle, qu'il la vit à ses genoux, le visage couvert de larmes, et d'une beauté si admirable, il pensa mourir de douleur, et l'embrassant en la relevant : « Ayez pitié de moi vous-même, madame, lui dit-il, j'en suis digne, et pardonnez si, dans les premiers moments d'une affliction aussi violente qu'est la mienne, je ne réponds pas comme je dois à un procédé comme le vôtre. »

Madame de Lafayette, *La Princesse de Clèves,* troisième partie, 1678.

1600 ▼ 1700

Observation

1. Comment la princesse provoque-t-elle l'inquiétude de son mari ?

2. Quand se décide-t-elle à parler ?

3. Quels gestes, quels mouvements trahissent l'émotion des personnages ?

4. Comment la princesse de Clèves justifie-t-elle son aveu ?

Analyse

5. En quoi cette scène est-elle extraordinaire ? Est-elle vraisemblable ?

6. En quoi cette scène est-elle tragique ? Les personnages sont-ils victimes du destin ?

Vers l'oral. Que pensez-vous de la remarque de Fontenelle à propos de la scène de l'aveu : « Je ne vois rien à cela que de beau et d'héroïque. »

Notion

Le romanesque et le vraisemblable

Selon Bussy-Rabutin, écrivain et ami de Mᵐᵉ de Sévigné, lorsqu'on ne raconte pas une histoire véritable, on doit se borner à ce qui est possible, à ce qui paraît raisonnable, on doit suivre le bon sens. Sinon, le récit sombre dans la facilité du romanesque qui laisse le lecteur incrédule.

191

La Bruyère

▶ **Jean de La Bruyère**
▶ Né à Paris le 17 août 1645.
▶ Décédé à Versailles le 11 mai 1696.

Après des études de droit, La Bruyère s'inscrit sur la liste du barreau, pour exercer comme avocat mais il n'a, semble-t-il, jamais plaidé la moindre cause. À trente-neuf ans, sur la recommandation de Bossuet, il est chargé de l'éducation du petit-fils de Condé, le vainqueur de Rocroi. Son élève manque de zèle et les Condé sont hautains, violents, coléreux, mais La Bruyère peut observer de près ce qu'on appelle le « grand monde ». Riche de cette expérience, il fait paraître en mars 1688, sans nom d'auteur, *Les Caractères ou mœurs de ce siècle*. L'ouvrage, qui connaît un succès immédiat, sera constamment enrichi, passant en huit ans de 420 à 1 120 remarques ! Attaqué par les Modernes, c'est-à-dire par Perrault et Fontenelle, La Bruyère prend clairement parti pour les Anciens. Il travaille à un ouvrage de théologie quand la mort le surprend à cinquante et un ans.

ŒUVRES PRINCIPALES

Portraits
Les Caractères ou mœurs de ce siècle (1688, 1689, 1691, 1692, 1694).

L'art du portrait

Si *Les Caractères* présentent des remarques variées dans un désordre peut-être voulu, ce sont surtout les portraits qui ont fait le succès de l'ouvrage. On s'amusait à y reconnaître des contemporains et des listes de clefs circulaient où l'on indiquait les modèles de La Bruyère. Ces portraits, en petit nombre au début, étaient en effet saisissants. Quelle vie ! quelle vitesse ! quelle variété ! Les traits acérés, qui font voir les gestes, les attitudes, les manies, s'accumulent jusqu'à la pointe finale qui surprend, amuse et désole. Aussi incisifs que les *Pensées* de Pascal ou les *Maximes* de La Rochefoucauld, *Les Caractères* démasquent les faiblesses de l'être humain, vaniteux, superficiel, d'un égoïsme souvent terrifiant. Pour La Bruyère, « on ne doit parler, on ne doit écrire que pour l'instruction ». En proposant ces portraits, il espère nous rendre meilleurs.

OBJET D'ÉTUDE 1re La question de l'Homme dans les genres de l'argumentation ➔ voir p. 130

1691 Les Caractères ou mœurs de ce siècle

Dans *Les Caractères*, La Bruyère a le projet de « peindre l'homme en général » ; il jette aussi un regard particulièrement aigu sur l'actualité de son temps comme l'indique le sous-titre de son œuvre : « mœurs de ce siècle ». Le double portrait de Giton et Phédon termine le chapitre intitulé « Des biens de fortune ».

Giton

Giton a le teint frais, le visage plein et les joues pendantes, l'œil fixe et assuré, les épaules larges, l'estomac haut[1], la démarche ferme et délibérée[2]. Il parle avec confiance ; il fait répéter celui qui l'entretient, et il ne goûte que médiocrement tout ce qu'il lui dit. Il déploie un ample mouchoir, et se mouche avec grand bruit ; il crache fort loin, et il
5 éternue fort haut. Il dort le jour, il dort la nuit, et profondément ; il ronfle en compagnie. Il occupe à la table et à la promenade plus de place qu'un autre. Il tient le milieu en se promenant avec ses égaux ; il s'arrête, et l'on s'arrête ; il continue de marcher, et l'on marche : tous se règlent sur lui. Il interrompt, il redresse[3] ceux qui ont la parole : on ne l'interrompt pas, on l'écoute aussi longtemps qu'il veut parler ; on est de son avis, on

1. l'estomac haut : le torse bombé.
2. délibérée : résolue, hardie.
3. redresse : corrige.

Le XVIIᵉ siècle

4. débite : raconte, rend publiques (non péjoratif).

5. libertin : incrédule, athée.

6. politique : discret ou feignant de l'être.

10 croit les nouvelles qu'il débite[4]. S'il s'assied, vous le voyez s'enfoncer dans un fauteuil, croiser les jambes l'une sur l'autre, froncer le sourcil, abaisser son chapeau sur ses yeux pour ne voir personne, ou le relever ensuite, et découvrir son front par fierté et par audace. Il est enjoué, grand rieur, impatient, présomptueux, colère, libertin[5], politique[6], mystérieux sur les affaires du temps ; il se croit des talents et de l'esprit. Il est riche.

Phédon

1. échauffé : marqué de rougeurs et de boutons.

2. abstrait : absorbé dans ses pensées.

3. superstitieux : consciencieux jusqu'à la superstition.

4. embarrassées : encombrées.

5. chagrin : mécontent.

6. médiocrement prévenu : peu favorable à.

Phédon a les yeux creux, le teint échauffé[1], le corps sec et le visage maigre ; il dort peu, et d'un sommeil fort léger ; il est abstrait[2], rêveur, et il a avec de l'esprit l'air d'un stupide : il oublie de dire ce qu'il sait, ou de parler d'événements qui lui sont connus ; et s'il le fait quelquefois, il s'en tire mal, il croit peser à ceux à qui il parle, il conte briè-
5 vement, mais froidement ; il ne se fait pas écouter, il ne fait point rire. Il applaudit, il sourit à ce que les autres lui disent, il est de leur avis ; il court, il vole pour leur rendre de petits services. Il est complaisant, flatteur, empressé ; il est mystérieux sur ses affaires, quelquefois menteur ; il est superstitieux[3], scrupuleux, timide. Il marche doucement et légèrement, il semble craindre de fouler la terre ; il marche les yeux baissés, et il n'ose
10 les lever sur ceux qui passent. Il n'est jamais du nombre de ceux qui forment un cercle pour discourir ; il se met derrière celui qui parle, recueille furtivement ce qui se dit, et il se retire si on le regarde. Il n'occupe point de lieu, il ne tient point de place ; il va les épaules serrées, le chapeau abaissé sur ses yeux pour n'être point vu ; il se replie et se renferme dans son manteau ; il n'y a point de rues ni de galeries si embarrassées[4] et si
15 remplies de monde, où il ne trouve moyen de passer sans effort, et de se couler sans être aperçu. Si on le prie de s'asseoir, il se met à peine sur le bord d'un siège ; il parle bas dans la conversation, et il articule mal ; libre néanmoins sur les affaires publiques, chagrin[5] contre le siècle, médiocrement prévenu[6] des ministres et du ministère. Il n'ouvre la bouche que pour répondre ; il tousse, il se mouche sous son chapeau, il crache presque
20 sur soi, et il attend qu'il soit seul pour éternuer, ou, si cela lui arrive, c'est à l'insu de la compagnie : il n'en coûte à personne ni salut ni compliment. Il est pauvre.

Jean de La Bruyère, *Les Caractères ou mœurs de ce siècle*, 1691.

1600 ▾ 1700

Observation

1. Comment les deux portraits sont-ils composés ?

2. Quel lien logique pourrait lier la dernière phrase de chaque portrait aux remarques qui précèdent ? En quoi ce trait final est-il surprenant ?

3. Quels gestes et quelles remarques illustrent les formules opposées : Giton occupe « plus de place qu'un autre » (l. 6) et Phédon « ne tient point de place » (l. 12) ?

4. Relevez des exagérations caricaturales. Que dénoncent-elles ?

Analyse

5. De quelle façon ces deux portraits posent-ils la question de l'Homme ?

6. La Bruyère a-t-il montré de l'indulgence pour Phédon ? Pourquoi ?

7. Étudiez de quelle façon La Bruyère montre que l'importance accordée à l'argent pervertit les relations entre les hommes.

Vers l'oral. Pourquoi La Bruyère a-t-il eu recours à un double portrait ? Quel aspect de l'existence humaine a-t-il ainsi éclairé ?

Notion

Les Caractères et la question de l'homme

Le portrait satirique permet de dénoncer, en les ridiculisant, les comportements dus à des manies, des traits de caractère, des défauts ou des vices. La Bruyère se moque du maniaque, du goinfre, de l'étourdi. Mais il dénonce aussi les groupes sociaux dont les abus sont liés à l'évolution de la société : nouveaux riches, parvenus, courtisans. Il invente ainsi une nouvelle façon de mettre en question la nature humaine.

SUJET VERS LE BAC

OBJET D'ÉTUDE 2ⁿᵈᵉ ▶ **La tragédie et la comédie au XVIIᵉ siècle : le classicisme**

TEXTES

Texte A : Racine, *Bérénice*, Acte V, scène dernière, 1670.
Texte B : Marguerite Duras, *Césarée*, 1979.

Texte A

L'historien romain Suétone raconte que l'empereur « Titus, qui aimait passionnément Bérénice et qui même, à ce qu'on croyait, lui avait promis de l'épouser, la renvoya de Rome, malgré lui et malgré elle, dès les premiers jours de son empire ». Dans la dernière scène de la tragédie de Racine, la reine dit un ultime adieu à Titus.

BÉRÉNICE

Mon cœur vous est connu, Seigneur, et je puis dire
Qu'on ne l'a jamais vu soupirer pour l'empire.
La grandeur des Romains, la pourpre des Césars
N'a point, vous le savez, attiré mes regards.
J'aimais, Seigneur, j'aimais, je voulais être aimée.
Ce jour, je l'avouerai, je me suis alarmée.
J'ai cru que votre amour allait finir son cours.
Je connais mon erreur, et vous m'aimez toujours.
Votre cœur s'est troublé, j'ai vu couler vos larmes.
Bérénice, Seigneur, ne vaut point tant d'alarmes,
Ni que par votre amour l'univers malheureux,
Dans le temps que Titus attire tous ses vœux,
Et que de vos vertus il goûte les prémices,
Se voie en un moment enlever ses délices.
Je crois depuis cinq ans jusqu'à ce dernier jour
Vous avoir assuré d'un véritable amour.
Ce n'est pas tout, je veux en ce moment funeste
Par un dernier effort couronner tout le reste.
Je vivrai, je suivrai vos ordres absolus.
Adieu, Seigneur, régnez, je ne vous verrai plus.

Jean Racine, *Bérénice*, Acte V, scène dernière, 1670.

194

Le XVIIe siècle

Texte B

En 1979, Marguerite Duras compose un court-métrage en s'inspirant de l'histoire de la reine Bérénice. Sur des images de Paris, une voix lit le texte intitulé *Césarée*, le nom de la ville dont Bérénice était la reine.

L'endroit s'appelle Césarée.
Cesarea.

Au nord, le lac Tibériade, les grands caravansérails
de Saint Jean d'Acre.
Entre le lac et la mer, la Judée, la Galilée.
Autour, des champs de bananiers, de maïs, des orangeraies
les blés de la Galilée.
Au sud, Jérusalem, vers l'Orient, l'Asie, les déserts.

Elle était très jeune, dix-huit ans, trente ans, deux mille ans.
Il l'a emmenée.
Répudiée pour raison d'État
Le Sénat a parlé du danger d'un tel amour.

Arrachée à lui
Au désir de lui.
En meurt.

Au matin devant la ville, le vaisseau de Rome.
Muette, blanche comme la craie, apparaît.
Sans honte aucune.

Dans le ciel tout à coup l'éclatement de cendres
Sur des villes nommées Pompéi, Herculanum[1].

Morte.
Fait tout détruire
En meurt.

L'endroit s'appelle Césarée
Cesarea

Marguerite Duras, *Césarée*, Éd. Mercure de France, 1979.

1600 ▼ **1700**

1. Le retour de Bérénice à Césarée a eu lieu la même année que le tremblement de terre qui détruisit Pompei et Herculanum.

❶ Vous répondrez d'abord aux questions suivantes (4 points).

1. En quoi la situation de Bérénice est-elle tragique ?

2. Quel moment de l'histoire de Bérénice est évoqué par Marguerite Duras ?

3. Le personnage de Marguerite Duras est-il en accord avec celui qu'on entend dans la tirade de Racine ?

❷ Vous traiterez ensuite au choix un des sujets suivants (16 points).

1. Commentaire
Dans un paragraphe qui s'appuiera sur des citations précisément commentées, vous expliquerez pourquoi ce passage donne le sentiment d'une « tristesse majestueuse ».

2. Dissertation
Dans sa Préface de *Bérénice*, Racine affirme que « ce n'est point une nécessité qu'il y ait du sang et des morts dans une tragédie ». Qu'en pensez-vous ?

3. Invention
À la façon de Marguerite Duras, vous évoquerez le retour solitaire de Titus dans son palais romain.

195

SUJET DU BAC *Toutes séries*

OBJET D'ÉTUDE 1re ▶ **La question de l'Homme dans les genres de l'argumentation du XVIᵉ siècle à nos jours**

TEXTES

Texte A : Blaise Pascal, *De l'art de persuader*, 1665.
Texte B : François de La Rochefoucauld, *Maximes*, 1664.
Texte C : Jean de La Fontaine, « Le Cygne et le Cuisinier », *Fables*, 1668.
Texte D : Jean de La Fontaine, « Le Milan et le Rossignol », *Fables*, 1678.

Texte A

L'art de persuader a un rapport nécessaire à la manière dont les hommes consentent à ce qu'on leur propose, et aux conditions des choses qu'on veut faire croire.

Personne n'ignore qu'il y a deux entrées par où les opinions sont reçues dans l'âme, qui sont ses deux principales puissances, l'entendement et la volonté. La plus naturelle est celle de l'entendement, car on ne devrait jamais consentir qu'aux vérités démontrées ; mais la plus ordinaire, quoique contre la nature, est celle de la volonté. Car tout ce qu'il y a d'hommes sont presque toujours emportés à croire non par la preuve mais par l'agrément.

Cette voie est basse, indigne et étrangère : aussi tout le monde la désavoue. Chacun fait profession de ne croire, et même de n'aimer, que ce qu'il sait le mériter. [...]

C'est alors qu'il se fait un balancement douteux entre la vérité et la volupté, et que la connaissance de l'une et le sentiment de l'autre font un combat dont le succès est bien incertain, puisqu'il faudrait pour en juger connaître tout ce qui se passe dans le plus intérieur de l'homme, que l'homme même ne connaît jamais.

Il paraît de là que, quoi que ce soit qu'on veuille persuader, il faut avoir égard à la personne à qui on en veut[1], dont il faut connaître l'esprit et le cœur, quels principes il accorde, quelles choses il aime ; et ensuite remarquer, dans la chose dont il s'agit quel rapport elle a avec les principes avoués ou avec les objets délicieux par les charmes qu'on lui donne.

De sorte que l'art de persuader consiste autant en celui d'agréer qu'en celui de convaincre, tant les hommes se gouvernent plus par caprice que par raison !

Blaise Pascal, *De l'art de persuader,* écrit vers 1655.

Texte B

Les passions sont les seuls orateurs qui persuadent toujours. Elles sont comme un art de la nature dont les règles sont infaillibles ; et l'homme le plus simple qui a de la passion persuade mieux que le plus éloquent qui n'en a point. (Maxime 8)

Les passions ont une injustice et un propre intérêt qui fait qu'il est dangereux de les suivre, et qu'on s'en doit défier lors même qu'elles paraissent les plus raisonnables. (Maxime 9)

Il n'y a pas moins d'éloquence dans le ton de la voix, dans les yeux et dans l'air de la personne, que dans le choix des paroles. (Maxime 249)

La Rochefoucauld, *Maximes et réflexions morales,* 1664.

---

1. à qui on en veut : à qui on s'adresse.

196

Le XVIIᵉ siècle

Texte C

Le Cygne et le Cuisinier

Dans une ménagerie[1]
De volatiles remplie
Vivaient le Cygne et l'Oison[2] :
Celui-là destiné pour les regards du maître ;
Celui-ci pour son goût : l'un qui se piquait d'être
Commensal[3] du jardin ; l'autre, de la maison.
Des fossés du château faisant leurs galeries[4],
Tantôt on les eût vus côte à côte nager,
Tantôt courir sur l'onde, et tantôt se plonger,
Sans pouvoir satisfaire à leurs vaines envies.
Un jour, le Cuisinier, ayant trop bu d'un coup,
Prit pour oison le Cygne ; et le tenant au cou,
Il allait l'égorger, puis le mettre en potage.
L'oiseau, prêt à mourir, se plaint en son ramage[5].
        Le cuisinier fut fort surpris,
        Et vit bien qu'il s'était mépris.
« Quoi ? je mettrais, dit-il, un tel chanteur en soupe !
Non, non, ne plaise aux Dieux que jamais ma main coupe
        La gorge à qui s'en sert si bien ! »

Ainsi dans les dangers qui nous suivent en croupe
        Le doux parler ne nuit de rien.

Jean de La Fontaine, Fables, III, 12, 1668.

1. **ménagerie** : endroit où on élevait des animaux
pour le plaisir ou la table des princes.
2. **oison** : oie mâle.
3. **commensal** : qui partage la table.
4. **galeries** : lieux de promenade.
5. **ramage** : chant.

Texte D

Le Milan et le Rossignol

Après que le Milan[1], manifeste voleur,
Eut répandu l'alarme en tout le voisinage,
Et fait crier sur lui les enfants du village,
Un Rossignol tomba dans ses mains[2] par malheur.
Le héraut[3] du printemps lui demande la vie.
« Aussi bien que manger en qui n'a que le son ?
        Écoutez plutôt ma chanson :
Je vous raconterai Térée[4] et son envie.
– Qui, Térée ? est-ce un mets propre pour les milans ?
– Non pas ; c'était un roi dont les feux violents
Me firent ressentir leur ardeur criminelle.
Je m'en vais vous en dire une chanson si belle
Qu'elle vous en ravira : mon chant plaît à chacun. »
        Le Milan alors lui réplique :
« Vraiment, nous voici bien, lorsque je suis à jeun,
        Tu me viens parler de musique.
– J'en parle bien aux rois. – Quand un roi te prendra,
        Tu peux lui conter ces merveilles.
        Pour un milan, il s'en rira :
        Ventre affamé n'a point d'oreilles. »

Jean de La Fontaine, Fables, IX, 18, 1678.

1600
▼
1700

1. **Milan** : oiseau de proie.
2. **mains** : serres, dans la langue de la fauconnerie.
3. **héraut** : qui annonce les nouvelles.
4. **Térée** : roi de Thrace pris d'une passion criminelle
pour sa belle-sœur.

---

❶ Vous répondrez d'abord aux questions suivantes (4 points).

   1. Quelle est la thèse soutenue par chacun des textes du corpus ?

   2. Pourquoi est-il si difficile de convaincre de ce qu'on croit vrai ?

❷ Vous traiterez ensuite au choix un des sujets suivants (16 points).

   1. Commentaire
   Vous commenterez la fable de La Fontaine « Le Milan et le Rossignol ».

   2. Dissertation
   Pour Blaise Pascal, « l'art de persuader consiste autant en celui d'agréer qu'en celui de convaincre tant les hommes se gouvernent plus par caprice que par raison ! ». Vous expliquerez cette remarque en vous demandant ce qui rend si difficile l'art de persuader.

   3. Invention
   Il vous est arrivé d'être convaincu par un discours, un livre, un incident qui vous a fait voir les choses autrement. Vous raconterez dans quelles circonstances et vous expliquerez pour quelles raisons vous avez changé d'avis.

Carle Vanloo (1705-1765), *Halte de chasse*, 1737, huile sur toile, 2,2 x 2,5 m.

1700 1800

Le XVIIIe siècle

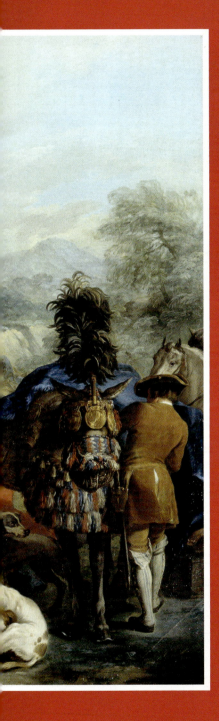

De la mort de Louis XIV à la Révolution française, les écrivains philosophes invitent les hommes à raisonner par eux-mêmes, en s'appuyant sur l'expérience et la raison. À coté de la représentation de la société aristocratique, élégante et raffinée, la littérature exprime un nouvel idéal de liberté, entre l'exercice de l'esprit critique et l'exaltation de la sensibilité.

CONTEXTE HISTORIQUE

Le siècle des Lumières

Après la mort de Louis XIV, la société française se transforme rapidement. Les écrivains expriment leur confiance dans la raison, contre l'autorité religieuse et politique. On les appelle désormais « philosophes ». Louis XV puis Louis XVI ne parviennent pas à répondre aux attentes du peuple. La Révolution française apparaît alors comme l'aboutissement du mouvement des Lumières.

L'HISTOIRE

De la Régence à la Révolution

▶ **À la mort du Roi-Soleil,** en 1715, la France est ruinée par la longue guerre de succession d'Espagne. Le régent, Philippe d'Orléans, relance l'économie et crée de nouvelles alliances avec l'Angleterre et les Pays-Bas. En 1723, âgé de 13 ans, Louis XV est sacré roi. Il incarne alors tous les espoirs, mais il perd l'amour de son peuple, et la fin de son règne est marquée par de nombreux échecs.

▶ **Louis XVI, qui lui succède en 1774,** nomme des ministres réformateurs, comme Turgot ou Necker. De mauvaises récoltes engendrent une crise économique, tandis que l'aristocratie s'oppose à toute réforme. Lorsque le roi convoque les États généraux en 1789 pour écouter les doléances du peuple, il est trop tard et la révolution éclate. La royauté est abolie et Louis XVI est guillotiné en 1793.

▶ **À peine établie, la République** doit repousser la coalition des armées royalistes formée par les pays voisins. La mort de Robespierre, en 1794, met fin au régime de la Terreur qu'il avait instauré, et prépare l'installation du Directoire qui amènera Napoléon au pouvoir.

Louis XVI, en habit de sacre, peint par Joseph Siffred Duplessis (1725-1802).

LES SCIENCES

L'essor de la physique et des mathématiques

▶ **Un nouvel esprit scientifique** se répand, influencé par les travaux de Newton, Leibniz et Locke. C'est le triomphe des mathématiques, de l'astronomie et de la physique. On multiplie les expériences publiques, qui attirent une foule passionnée. En 1705, avec l'invention de la première machine à vapeur, c'est la révolution industrielle elle-même qui s'est mise en marche.

L'écrivain Fontenelle méditant sur l'univers et la pluralité des mondes.

Le XVIIIe siècle

▶ **Buffon,** admiré dans toute l'Europe, domine le monde de la recherche scientifique. Son *Histoire naturelle* ouvre la voie aux théories sur l'évolution de l'Homme. Celles-ci profitent des témoignages des grands voyageurs, Bougainville, Cook et La Pérouse. La chimie fait des progrès considérables, à travers les découvertes de Lavoisier sur le gaz ou l'invention de l'aérostat par les frères Montgolfier.

Lecture d'une tragédie de Voltaire dans le Salon de Madame Geoffrin. Peinture de Anicet-Charles Lemonnier, 1812.

LA SOCIÉTÉ

La quête du bonheur

▶ **La noblesse** se consacre à la recherche du plaisir : les fêtes se multiplient, à Versailles, à Paris, à l'Opéra comme dans les théâtres privés. La bourgeoisie s'enrichit grâce au commerce. L'idée de bonheur et de progrès se répand.

▶ **L'agronomie est à la mode.** Parmentier introduit la culture de la pomme de terre à partir de 1766. Partout dans le pays, les manufactures se multiplient. Cependant, l'artisanat reste dominant en France.

LES LETTRES

La consécration des Lumières

1700 – 1800

▶ **Les écrivains se retrouvent** dans les cafés, les salons, les académies pour débattre des idées nouvelles. Ils s'engagent dans le combat contre l'autorité : en 1726, Voltaire est contraint de s'exiler en Angleterre ; en 1749, Diderot est enfermé au château de Vincennes. C'est alors que le mot « philosophe » se répand pour désigner celui qui exerce son esprit critique.

▶ **L'écrivain acquiert ainsi un statut nouveau.** Il éclaire les peuples et les princes, propose de nouvelles conceptions de la société. En 1750 paraît le prospectus de l'*Encyclopédie*, le projet le plus ambitieux de l'histoire de la librairie. La littérature se met au service des idées et du combat philosophique. Après 1789, nombreux sont les écrivains qui mettent leur talent d'orateur au service du peuple à la tribune de l'Assemblée.

▶ **À Paris,** les cafés, les journaux, les boulevards deviennent le centre de la vie sociale. On y commente les mesures du gouvernement. C'est du Palais-Royal, à travers les discours enflammés des orateurs, que part la Révolution française.

Le Palais-Royal est un des lieux importants de la vie sociale.

REPÈRES littéraires

OBJET D'ÉTUDE *PREMIÈRE*

Le personnage de roman, du XVIIe siècle à nos jours

Le personnage de roman au siècle des Lumières

Le personnage de roman témoigne de l'évolution des sensibilités tout au long du XVIIIe siècle. En diversifiant ses personnages, le roman s'adresse à des lecteurs toujours plus nombreux. Le genre romanesque contribue ainsi à la contestation du pouvoir entreprise par les philosophes des Lumières.

Le héros parvenu

De nombreux héros de roman sont issus d'une origine modeste : paysan, enfant trouvé, bourgeois, étudiant sans fortune... Comme ceux de Marivaux, Jacob dans *Le Paysan parvenu* ou Marianne dans *La Vie de Marianne*, ils échappent à leur condition médiocre.

Un des rebondissements de *La Vie de Marianne*.

Conduit par la volonté de s'élever dans la société aristocratique, Gil Blas de Santillane, le *picaro* de Lesage, erre de ville en ville et de métier en métier. Il va avec courage à la découverte du monde et des multiples rencontres qui déterminent son destin.

Candide découvre les horreurs de la guerre.

Le voyageur philosophe

Le personnage du voyageur porte sur le monde un regard critique qui permet au lecteur de prendre ses distances avec ses préjugés. Usbek, le Persan imaginé par Montesquieu fait partager ses observations satiriques sur la société française. Étranger dans le pays qu'il découvre, confronté à la bizarrerie des modes et des comportements, il remet en cause les mœurs et les habitudes.

Candide, le héros de Voltaire, lui aussi parti à la découverte du monde, dénonce le fanatisme qui conduit les homme au malheur. Le héros des contes philosophiques interroge la société, au nom des valeurs de la raison et de l'humanité.

▶ **ŒUVRES À CONSULTER**
Lesage : *Gil Blas de Santillane* → p. 212
Prévost : *Manon Lescaut* → p. 222
Diderot : *Jacques le Fataliste* → p. 230
Rousseau : *La Nouvelle Héloïse* → p. 243
Laclos : *Les Liaisons dangereuses* → p. 252
Bernardin de Saint-Pierre : *Paul et Virginie* → p. 256

Gil Blas, le picaro sur les chemins de l'aventure.

L'amoureux sensible

Frappé par un coup de foudre, le jeune homme amoureux vit les tourments de la passion, comme le chevalier Des Grieux qui sacrifie tout à son amour pour Manon Lescaut dans le roman de Prévost. Il fait partager au lecteur des sentiments exacerbés, même si sa quête d'un amour idéal s'achève sur l'échec.

Cette passion exacerbée se développe dans la seconde moitié du siècle avec les personnages au cœur sensible de Jean-Jacques Rousseau : dans *La Nouvelle Héloïse*, Saint-Preux doit renoncer à son amour pour Julie, mariée et inaccessible. Il annonce ainsi les tourments des héros romantiques.

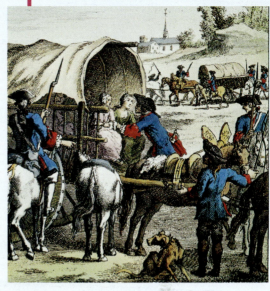

Manon Lescaut, prisonnière, emmenée vers l'Amérique.

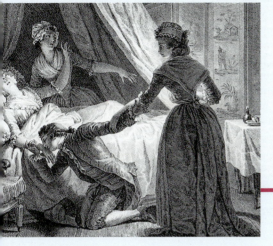

Le personnage de roman prend une dimension mythique avec les héros de Bernardin de Saint-Pierre, Paul et Virginie. Enfants de la nature, leurs amours malheureux rencontrent un énorme succès.

La Nouvelle Héloïse est le grand roman de l'amour impossible.

Le libertin cynique

À travers le personnage du libertin, le roman montre les travers d'une aristocratie corrompue et débauchée, qui a perdu ses valeurs. Le marquis de Valmont et madame de Merteuil incarnent ces libertins séducteurs dans *Les Liaisons dangereuses* de Choderlos de Laclos.

L'œuvre du marquis de Sade explore jusqu'au bout cet univers sombre et cruel. Aux libertins hypocrites et cruels s'opposent les personnages de victimes innocentes et sincères, comme l'innocente Justine s'oppose à la cruelle Juliette.

Fragonard peint avec élégance « le baiser à la dérobée ».

L'univers de la galanterie représenté par le peintre Boucher.

1700 ▼ 1800

REPÈRES *littéraires*

OBJET D'ÉTUDE *PREMIÈRE*

Le texte théâtral et sa représentation : du XVIIe siècle à nos jours

Le texte théâtral et sa représentation au XVIIIe siècle

Commencé à l'ombre des grands chefs-d'œuvre de Corneille, de Molière, de Racine qui apparaissent comme des modèles admirables, le théâtre du siècle des Lumières va s'enrichir de nouvelles formes, se nourrir de nouvelles interrogations, s'ouvrir à l'émergence de nouvelles forces sociales : les principes du théâtre classique français, déjà attaqué en Angleterre comme en Allemagne, s'en trouvent grandement fragilisés.

Le succès du théâtre classique

Les auteurs du siècle de Louis XIV, Corneille, Molière, Racine, devenus des Classiques, sont étudiés dans les collèges. Voltaire triomphe à la Comédie-Française en donnant des situations plus dramatiques et un climat plus effrayant à ses tragédies. De la même manière, Regnard et Lesage renouvellent les personnages et les thèmes de la comédie. Et l'œuvre de Marivaux, joué aussi bien par les comédiens italiens qu'à la Comédie-Française, invente un nouveau langage, pour exprimer les surprises de l'amour.

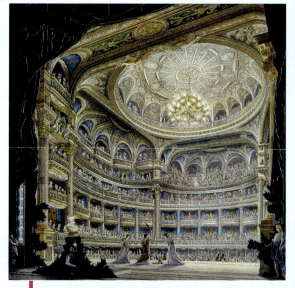

La nouvelle salle de la Comédie-Française en 1790.

Le renouveau des formes théâtrales

À côté de la Comédie-Française, institution officielle, s'ouvrent de nouveaux lieux de théâtre où le public court se divertir. Les artistes de la commedia dell'arte, chassés en 1697, sont de retour en 1716 et lors des grandes foires parisiennes, des comédiens se mêlent aux jongleurs, aux acrobates et aux

Le décor des tragédies de Voltaire sert la puissance dramatique des situations.

Le XVIIIe siècle

bonimenteurs : ces forains font rire par leurs parades et le public élégant se mêle à la foule pour entonner les chansons dont le texte apparaît sur des écriteaux qui descendent des cintres. Des théâtres s'élèvent en province et dans les théâtres privés, les parades et les proverbes dramatiques attirent des publics très divers.

> **ŒUVRES À CONSULTER**
> Marivaux : *La Surprise de l'amour* → p. 218
> Marivaux : *Le Jeu de l'amour et du hasard* → p. 220
> Beaumarchais : *Le Barbier de Séville* → p. 248
> Beaumarchais : *Le Mariage de Figaro* → p. 250

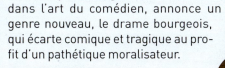
Une représentation au théâtre de la Foire Saint-Laurent.

Les nouvelles perspectives ou interrogations

Peu à peu, le théâtre classique apparaît comme éloigné de la sensibilité du public : les héros tragiques semblent trop lointains. Les comédiens, comme Lekain ou Mademoiselle Clairon cherchent un jeu plus naturel, des costumes plus vraisemblables. Pour renforcer l'illusion théâtrale, on voudrait mêler, dans des situations qui évoquent la vie quotidienne, le rire et les larmes. Diderot, qui a souligné le rôle de la maîtrise technique dans l'art du comédien, annonce un genre nouveau, le drame bourgeois, qui écarte comique et tragique au profit d'un pathétique moralisateur.

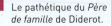
Le pathétique du *Père de famille* de Diderot.

Le *Mariage de Figaro* connaît un succès extraordinaire.

Vers la Révolution

Dans sa *Lettre à d'Alembert*, Rousseau critique âprement le rôle social et politique du théâtre : la tragédie est trop solennelle pour toucher et Molière ne peut qu'encourager le conformisme : il doit faire rire ! *Le Mariage de Figaro* de Beaumarchais, longtemps interdit, dénonce comme Rousseau les inégalités sociales et semble annoncer la Révolution. Celle-ci abolit les privilèges des salles officielles, renforce la liberté d'expression et donne enfin aux comédiens le statut de citoyens à part entière. Les théâtres se multiplient où les héros antiques, Brutus ou Caius Grachus, qui appellent à la Liberté, triomphent.

1700 ▾ 1800

Le nouvel Opéra, qui attire une foule toujours plus nombreuse.

Lekain, l'un des acteurs les plus célèbres du siècle, interprétant un personnage de Voltaire.

REPÈRES littéraires

OBJET D'ÉTUDE *PREMIÈRE*

Écriture poétique et quête du sens, du Moyen Âge à nos jours

L'écriture poétique et la quête du sens au XVIIIe siècle

Au XVIIIe siècle, la poésie est considérée dans la société des salons comme le genre littéraire le plus important. L'art du vers, parfaitement maîtrisé par les milieux aristocratiques, est pratiqué comme un exercice futile et satirique. À l'exception des poèmes de Voltaire, il faut attendre la fin du siècle pour que la poésie devienne à nouveau l'instrument d'une véritable quête du sens.

La versification, jeu de société

Dans l'univers des salons, comme celui de madame Geoffrin ou de mademoiselle de Lespinasse, les artistes retrouvent les bourgeois et les aristocrates éclairés pour discuter des idées sur l'art et la société.

On s'y échange des épigrammes, des petits poèmes satiriques ; on y improvise des poèmes sur des sujets d'actualité ou sur l'amour à la manière des précieux du siècle précédent. On y commente également les dernières tragédies de Voltaire ou de Crébillon, toujours écrites en vers.

Voltaire met l'écriture poétique au service de ses idées.

La poésie didactique

Pour les philosophes, la poésie est aussi l'« instrument de la raison ». Elle doit permettre de communiquer les idées des Lumières et remplit ainsi sa fonction didactique, c'est-à-dire pédagogique. C'est l'ambition de Voltaire lorsqu'il défend le luxe et la civilisation dans son long poème intitulé *Le Mondain* (1736).

Le tremblement de terre à Lisbonne, le 1er novembre 1755.

Surtout, seule la poésie est capable d'expliquer aux hommes toute l'horreur ressentie devant l'injustice qui s'abat sans raison : le *Poème sur le désastre de Lisbonne* (1756) s'interroge sur la cruauté du destin qui frappe les innocents.

Un souper brillant chez le prince de Conti.

Le XVIIIᵉ siècle

Le renouveau du lyrisme

De nombreux poètes expriment leur admiration devant la nature en décrivant la beauté de ses paysages, comme le fait Saint-Lambert dans *Les Saisons*. Ils échouent cependant à renouveler un genre usé par la tradition. L'innovation vient de Rousseau qui, à travers les images et le rythme de sa prose, transmet les émotions qu'il ressent devant le spectacle sublime de l'univers. Cette « prose poétique » annonce le mouvement romantique du siècle suivant.

Il faut attendre la fin du siècle pour qu'une poésie véritable s'affirme à nouveau. Malgré son imitation marquée des poètes de l'Antiquité, malgré son goût pour le style oratoire, André Chénier exprime sa profonde mélancolie dans des vers tendres et lyriques, alors qu'il est emprisonné pendant la période de la Terreur.

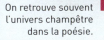

On retrouve souvent l'univers champêtre dans la poésie.

La chanson et la poésie populaire

La poésie se retrouve à part entière dans les chansons qui célèbrent les différents moments de l'existence. Chansons d'amour, chansons militaires, chansons pour rire... Chaque refrain trouve une adhésion populaire lorsqu'il exprime de manière authentique les moments de bonheur ou de malheur de l'existence :

« Plaisir d'amour ne dure qu'un moment,
Chagrin d'amour dure toute la vie. » (Florian)

Les airs populaires se répandent, comme *Il pleut bergère*, *Cadet Rousselle*, *Malbrough s'en va-t-en guerre*. Sous la Révolution, la Marseillaise de Rouget de Lisle est le chant des soldats des armées du Rhin avant de devenir l'hymne national.

La Mélancolie, source d'inspiration.

ŒUVRES À CONSULTER
Voltaire : *Poème sur le désastre de Lisbonne* → p. 234
Chénier : *Odes* → p. 262

1700 ▼ 1800

Rouget de Lisle chante *La Marseillaise* pour la première fois.

207

REPÈRES littéraires

OBJET D'ÉTUDE *SECONDE*

Genres et formes de l'argumentation : XVIIe et XVIIIe siècles

Les genres et les formes de l'argumentation au siècle des Lumières

Au XVIIIe siècle, les écrivains renouvellent les genres et les formes de l'argumentation pour les mettre au service du combat des Lumières. Les philosophes des Lumières cherchent à toucher tous les publics, aussi bien la noblesse éclairée, que la bourgeoisie ou le peuple.

Une représentation du *Mariage de Figaro* qui dénonce les privilèges.

Le roman épistolaire permet-il un regard critique sur la société.

Les formes de l'argumentation indirecte

Pour rallier à leurs idées un public toujours plus grand, les philosophes exploitent tous les genres littéraires. L'argumentation indirecte devient une arme au service des Lumières.

En échangeant des lettres, le roman épistolaire permet aux personnages d'échanger des idées. Leur point de vue reflète le regard critique de l'auteur. Ainsi, Montesquieu, dans les *Lettres persanes*, passe par le regard de voyageurs persans pour remettre en cause des comportements et des préjugés de la société française.

Le conte philosophique est un récit plein d'aventures dans lequel le héros, au gré de ses voyages, découvre l'injustice et la cruauté des hommes. Zadig, Candide, Micromégas, lorsqu'ils donnent des leçons de sagesse aux autres personnages, sont les intermédiaires de Voltaire auprès du lecteur.

L'écrivain philosophe peut aussi faire dialoguer des personnages qui exposent des points de vue différents sur des préoccupations politiques, esthétiques ou philosophiques : c'est la forme d'argumentation indirecte favorite de Diderot, qui fait du lecteur le destinataire des thèses qu'il défend, comme dans *Le Neveu de Rameau*.

La scène, sur laquelle les comédiens font vivre les textes des dramaturges, constitue un espace idéal pour exposer des idées et faire la critique de la société. Beaumarchais s'y illustre avec éclat en représentant devant la noblesse de violentes attaques contre les abus et les privilèges.

Micromégas, le célèbre conte philosophique de Voltaire.

> ▶ **ŒUVRES À CONSULTER**
> Montesquieu : *Lettres persannes* → p. 216
> Diderot : *Encyclopédie* → p. 225
> Diderot : *Salons* → p. 228
> Voltaire : *Candide* → p. 235
> Voltaire : *Dictionnaire philosophique* → p. 239
> Rousseau : *Discours sur l'origine de l'inégalité parmi les hommes* → p. 241
> Rousseau : *Lettre sur les spectacles* → p. 242

Le XVIIIe siècle

Le combat des Lumières et l'argumentation directe

Les écrivains explorent toutes les formes du discours argumentatif qui leur permettent de remettre en cause le pouvoir royal et l'intolérance de l'Église.

L'essai expose une réflexion personnelle à travers de multiples formes : lettre ouverte, discours, traité, pensées (Montesquieu, *De l'esprit des lois* ; Diderot, *Lettre sur les aveugles* ; Rousseau, *Discours sur les sciences et les arts*.)

L'article d'encyclopédie détruit les erreurs et les préjugés en communiquant des connaissances et en proposant un point de vue critique sur tous les sujets. L'*Encyclopédie* dirigée par Diderot et d'Alembert réunit plus de 150 auteurs.

L'*Encyclopédie* met le savoir au service des hommes.

Le pamphlet, écrit bref, attaque une personne ou une institution. Son ton est polémique : l'auteur utilise la moquerie, l'ironie ou le sarcasme pour ridiculiser sa cible. Voltaire a rédigé des pamphlets contre les adversaires des Lumières.

Le plaidoyer reprend les principes du discours judiciaire pour prendre la défense d'un condamné dont il prouve l'innocence : il apporte des preuves et met son éloquence au service de l'argumentation. Voltaire prend la défense de victimes du fanatisme religieux comme Jean Calas ou le chevalier de La Barre.

Jusque dans son épopée, *La Henriade*, Voltaire plaide pour la tolérance.

1700 ▼ 1800

Le discours politique s'appuie sur la rhétorique pour mettre en valeur les idées défendues à travers la personnalité de l'orateur : les procédés de style qu'il utilise, ses gestes et sa voix entraînent l'adhésion de l'auditoire. Robespierre, Mirabeau, Saint-Just ou Marat rallient leurs partisans à l'Assemblée nationale ou dans les journaux.

L'écriture, arme des Lumières.

Robespierre défend ses idées à la tribune de l'Assemblée.

L'ouverture des États généraux qui mènent à la Révolution.

209

REPÈRES littéraires

OBJET D'ÉTUDE *PREMIÈRE*

La question de l'Homme dans les genres de l'argumentation du XVIe siècle à nos jours

La question de l'Homme dans l'argumentation au siècle des Lumières

Au XVIIIe siècle, l'écrivain se présente comme un philosophe qui exerce librement son esprit critique au service de tous les hommes. La question de l'homme est au cœur de l'argumentation, dans le combat contre tout ce qui entrave son épanouissement.

La Bastille, symbole des abus du pouvoir royal.

La lutte contre les injustices

Les genres de l'argumentation, les essais, les pamphlets, les lettres, prennent pour cible toutes les injustices : ils remettent en cause l'esclavage, les inégalités sociales, la censure, l'emprisonnement arbitraire ou la torture.

Sous l'Ancien Régime, la torture et la peine de mort sont infligées en place publique pour des « crimes » qui paraissent aujourd'hui sans gravité. Voltaire lutte ainsi pour que la Justice établisse un véritable équilibre entre les délits commis et les peines infligées.

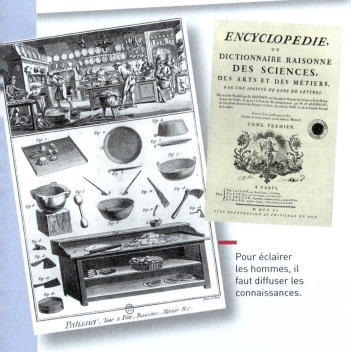

Pour éclairer les hommes, il faut diffuser les connaissances.

Le combat contre l'ignorance

Les philosophes des Lumières ont pour objectif de transmettre le savoir au plus grand nombre, car la connaissance est pour eux la condition d'une vraie liberté. Ils combattent ainsi l'ignorance, mais aussi les préjugés et les superstitions au nom de la raison.

Avec l'*Encyclopédie*, Denis Diderot conçoit le projet d'éclairer les hommes en les sortant des ténèbres de l'ignorance et réunit autour de cette ambition la plupart des écrivains, des juristes, des savants de son temps.

La Liberté ou la Mort, proclame un tableau de la Révolution.

210

Le XVIIIᵉ siècle

L'appel à la tolérance

Dans une société dominée par le pouvoir de l'Église, les écrivains philosophes condamnent toutes les formes de fanatismes qui mènent à l'affrontement et à la guerre. Ils considèrent les mystères et les miracles de la religion comme des fables absurdes et se déclarent déistes comme Voltaire ou athées comme Diderot. La tolérance entre les hommes et le respect des croyances et des opinions est à leurs yeux la condition de la paix.

Voltaire, l'infatigable combattant pour la tolérance entre les hommes.

La découverte de l'autre

Les nombreux voyages entrepris par des scientifiques éclairés, comme Bougainville ou La Pérouse, permettent de mieux connaître des sociétés lointaines, totalement différentes du modèle européen. Ils conduisent les philosophes à remettre en cause le goût du pouvoir et de l'argent, les hiérarchies figées, les coutumes et les mœurs rigides.

Diderot écrit un supplément aux récits de voyages de Bougainville, dans lequel les Tahitiens proposent un autre modèle de société, en harmonie avec la nature. De la même manière, Rousseau fonde sa réflexion sur les origines de l'homme en imaginant un « bon sauvage » que la société aurait perverti et rendu malheureux.

Voltaire donne ses instructions à La Pérouse, le grand explorateur.

> **ŒUVRES À CONSULTER**
> **Montesquieu :** *Éloge de la sincérité* → p. 215
> **Montesquieu :** *De l'esprit des lois* → p. 217
> **Diderot :** *Supplément au voyage de Bougainville* → p. 231
> **Voltaire :** *Traité sur la tolérance* → p. 238
> **Rousseau :** *Du contrat social* → p. 244
> **Rousseau :** *Les Confessions* → p. 245
> **Olympe de Gouge :** *Déclaration des droits de la femme et de la citoyenne* → p. 258
> **Condorcet :** *Esquisse d'un tableau historique des progrès de l'esprit humain* → p. 260

1700
1800

Une gravure illustrant le *Discours sur l'origine de l'inégalité* de Rousseau.

À la recherche d'un nouveau contrat social

La monarchie absolue, dans laquelle le roi détient tous ses pouvoirs de Dieu, apparaît comme un régime politique injuste. Montesquieu affirme que le pouvoir exécutif, le pouvoir législatif et le pouvoir judiciaire ne doivent pas être réunis dans les mains d'un seul homme. Rousseau appelle à la création d'un véritable contrat social entre le gouvernement et les citoyens qui lui délèguent leur pouvoir. C'est à la création d'un Etat républicain que conduit ainsi la Révolution française.

Montesquieu met l'homme au centre de la réflexion politique.

À la recherche d'un nouveau contrat social.

Lesage

▶ **Alain-René Lesage**
▶ Né à Sarzeau, dans le Morbihan, le 8 mai 1668.
▶ Décédé à Boulogne-sur-Mer le 17 novembre 1747.

Orphelin à l'âge de quatorze ans, Lesage, qui a grandi en Bretagne, s'installe à Paris. Après des études de droit, le jeune avocat décide de devenir écrivain. Il écrit des pièces de théâtre pour la Comédie-Française, comme *Turcaret ou le Financier*, mais la pièce est interdite à la suite de l'intervention des riches financiers qu'elle dénonce. Lesage se consacre alors au théâtre de la Foire, plus libre, où sa verve satirique peut s'exercer librement. Ce sont plus de cent pièces comiques, livrets de vaudevilles, parodies pour le théâtre de marionnettes qui le font connaître comme un écrivain plein d'invention. Marié et père de quatre enfants, Lesage écrit aussi des romans pour subvenir aux besoins de sa famille. *Le Diable boiteux*, *Gil Blas de Santillane* rencontrent un énorme succès et imposent Lesage comme l'un des romanciers les plus populaires du XVIIIe siècle.

ŒUVRES PRINCIPALES

Théâtre
Crispin, rival de son maître (1707), *Turcaret* (1709).

Romans
Le Diable boiteux (1707), *Gil Blas de Santillane* (1715-1735), *Les Aventures de Robert Chevalier, dit de Beauchêne* (1732), *Le Bachelier de Salamanque* (1734).

Le héros sur les chemins

Lesage, qui n'est jamais allé en Espagne, y inscrit pourtant l'action de son roman *Gil Blas de Santillane* : c'est le triomphe du roman picaresque. À dix-sept ans, Gil Blas prend la route pour étudier à l'université de Salamanque et connaît alors mille mésaventures. Le jeune *picaro* est enrôlé de force par une bande de voleurs, mis en prison, fêté et dupé par les femmes, valet, secrétaire d'un ministre, avant de se marier et de se retirer au terme d'une vie mouvementée. Tour à tour hypocrite et sincère, honnête et escroc, le héros picaresque porte un regard ironique sur le monde et les hommes.

OBJET D'ÉTUDE 1re Le personnage de roman → voir p. 202

1715 Gil Blas de Santillane

À peine a-t-il pris le chemin de Salamanque que Gil Blas se retrouve prisonnier d'une troupe de brigands. Leur capitaine Rolando le contraint à participer à leur vie de voleurs de grand chemin.

Nous attendions que la fortune nous offrît quelque bon coup à faire, quand nous aperçûmes un religieux de l'ordre de Saint-Dominique, monté, contre l'ordinaire de ces bons pères, sur une mauvaise mule. « Dieu soit loué, s'écria le capitaine en riant, voici le chef-d'œuvre de Gil Blas. Il faudra qu'il aille détrousser ce moine : voyons comment
5 il s'y prendra. » Tous les voleurs jugèrent qu'effectivement cette commission me convenait, et ils m'exhortèrent à m'en acquitter. « Messieurs, leur dis-je, vous serez contents ; je vais mettre ce père nu comme la main, et vous amener ici sa mule. – Non, non, dit Rolando, elle n'en vaut pas la peine ; apporte-nous seulement la bourse de Sa Révérence ; c'est tout ce que nous exigeons de toi. – Je vais donc, repris-je, sous les yeux de mes
10 maîtres, faire mon coup d'essai ; j'espère qu'ils m'honoreront de leurs suffrages. » Là-dessus je sortis du bois, et poussai[1] vers le religieux, en priant le Ciel de me pardonner l'action que j'allais faire, car il n'y avait pas assez longtemps que j'étais avec ces brigands

1. **poussai** : dirigeai mon cheval.

■ 212

Le XVIIIe siècle

pour la faire sans répugnance. J'aurais bien voulu m'échapper de ce moment-là ; mais la plupart des voleurs étaient encore mieux montés que moi : s'ils m'eussent vu fuir, ils se seraient mis à mes trousses, et m'auraient bientôt rattrapé, ou peut-être auraient-ils fait de moi une décharge de leurs carabines, dont je me serais fort mal trouvé. Je n'osai donc hasarder une démarche si délicate. Je joignis le père, et lui demandai la bourse, en lui présentant le bout d'un pistolet. Il s'arrêta tout court pour me considérer ; et, sans paraître fort effrayé : « Mon enfant, me dit-il, vous êtes bien jeune ; vous faites de bonne heure un vilain métier. – Mon père, lui répondis-je, tout vilain qu'il est, je voudrais l'avoir commencé plus tôt. – Ah ! mon fils, répliqua le bon religieux, qui n'avait garde de comprendre le vrai sens de mes paroles, que dites-vous ? quel aveuglement ! souffrez que je vous représente l'état malheureux… – Oh ! mon père, interrompis-je avec précipitation, trêve de morale, s'il vous plaît : je ne viens pas sur les grands chemins pour entendre des sermons : il ne s'agit point ici de cela ; il faut que vous me donniez des espèces. Je veux de l'argent. – De l'argent ? me dit-il d'un air étonné ; vous jugez bien mal de la charité des Espagnols, si vous croyez que les personnes de mon caractère aient besoin d'argent pour voyager en Espagne. Détrompez-vous. On nous reçoit agréablement partout : on nous loge, on nous nourrit et l'on ne nous demande pour cela que des prières. Enfin, nous ne portons point d'argent sur la route ; nous nous abandonnons à la Providence. – Non, non, non, lui repartis-je, vous ne vous y abandonnez pas ; vous avez toujours de bonnes pistoles² pour être plus sûrs de la Providence. Mais, mon père, ajoutai-je, finissons : mes camarades, qui sont dans ce bois, s'impatientent ; jetez tout à l'heure³ votre bourse à terre, ou bien je vous tue. »

À ces mots, que je prononçai d'un air menaçant, le religieux sembla craindre pour sa vie. « Attendez, me dit-il, je vais donc vous satisfaire, puisqu'il le faut absolument. Je vois bien qu'avec vous autres, les figures de rhétorique sont inutiles. » En disant cela, il tira de dessous sa robe une grosse bourse de peau de chamois, qu'il laissa tomber à terre. Alors je lui dis qu'il pouvait continuer son chemin, ce qu'il ne me donna pas la peine de répéter. Il pressa les flancs de sa mule, qui, démentant l'opinion que j'avais d'elle, car je ne la croyais pas meilleure que celle de mon oncle, prit tout à coup assez bon train. Tandis qu'il s'éloignait, je mis pied à terre. Je ramassai la bourse qui me parut pesante. Je remontai sur ma bête, et regagnai promptement le bois, où les voleurs m'attendaient avec impatience, pour me féliciter, comme si la victoire que je venais de remporter m'eût coûté beaucoup. À peine me donnèrent-ils le temps de descendre de cheval, tant ils s'empressaient de m'embrasser. « Courage, Gil Blas, me dit Rolando, tu viens de faire des merveilles. J'ai eu les yeux attachés sur toi pendant ton expédition ; j'ai observé ta contenance ; je te prédis que tu deviendras un excellent bandit de grand chemin, ou je ne m'y connais pas. »

Alain-René Lesage, *Gil Blas de Santillane*, 1715-1735.

2. pistoles : monnaie en usage en Espagne.

3. tout à l'heure : immédiatement.

1700 ▾ 1800

Observation

1. Relevez les traits dominants des trois personnages de l'épisode. En quoi sont-ils « pittoresques » ?

2. Retrouvez chacune des étapes du récit et donnez-leur un titre.

Analyse

3. En quoi Gil Blas correspond-il à la définition du héros picaresque ?

4. Distinguez dans le texte le récit et le discours rapporté. Retrouvez leurs caractéristiques : situation d'énonciation, indices personnels, modes et temps verbaux, indicateurs de temps et de lieu.

5. Analysez, après en avoir relevé quelques exemples, l'humour de ce passage.

Vers le commentaire. Sous la forme d'un paragraphe argumenté et illustré d'exemples, vous montrerez comment le personnage du *picaro* suscite l'intérêt et la sympathie du lecteur.

Notion

Le héros picaresque

Le *picaro* désigne un être pauvre, mais aussi malin et plein d'humour. Le roman picaresque raconte son itinéraire, aux marges de la société. Brigand, étudiant, prostitué, le héros picaresque explore tous les milieux sociaux et dénonce, dans un rire moqueur, les vices des riches et des puissants.

Montesquieu

▶ **Charles-Louis de Secondat, baron de Montesquieu**

▶ Né au château de La Brède, près de Bordeaux, le 18 janvier 1689.

▶ Décédé à Paris le 10 février 1755.

Montesquieu appartient à une puissante famille de parlementaires de la Gironde. Il fait lui-même des études de droit, avant d'hériter de la charge de son oncle au Parlement de Bordeaux. À Paris, où il fréquente les salons, la publication des *Lettres persanes* le rend célèbre : l'écrivain entre à l'Académie française en 1727. Mais c'est dans son château de la Brède et son immense bibliothèque que Montesquieu aime se retirer pour écrire. En 1728, il entreprend un long voyage à travers l'Europe, visitant l'Autriche, la Hongrie, l'Italie, la Prusse, les Pays-Bas et l'Angleterre. Il multiplie les rencontres, s'informe partout sur les mœurs, la religion, l'économie, la politique. C'est ainsi qu'à la fin de sa vie, le romancier brillant s'est effacé devant l'historien qui s'use au travail pour achever son « grand œuvre », *De l'esprit des lois*. Montesquieu meurt entouré de ses amis. Diderot suit son convoi funèbre.

ŒUVRES PRINCIPALES

Roman
Lettres persanes (1721).

Essais
De l'esprit des lois (1748) ;
Mes Pensées.

▶ L'œuvre de Montesquieu

Vue du château de La Brède où est né Montesquieu.

● **Le triomphe du roman épistolaire.** Dès leur publication, en 1721, les *Lettres persanes* connaissent un immense succès. Le roman épistolaire permet à Montesquieu de traverser toutes les formes d'écriture : le récit de voyage, la réflexion satirique, le roman libertin et le conte oriental. À travers le regard que ses deux voyageurs persans jettent sur Paris et la société française, l'écrivain se moque du pouvoir et arrache le lecteur à ses préjugés.

● **La démonstration politique.** C'est dans *De l'esprit des lois* que Montesquieu réunit les thèmes qui ont animé ses recherches et ses réflexions. Il s'interroge sur le pouvoir politique, sur les liens entre le type de gouvernement, les mœurs, le climat et l'économie d'un pays. La publication du livre, en 1748, entraîne une violente bataille. Dénoncé par l'Église, le livre est mis à l'Index, c'est-à-dire interdit par le pape. Mais les philosophes le considèrent, selon l'expression de Voltaire, comme « le code de la raison et de la liberté ».

▶ La philosophie politique de Montesquieu

À travers son œuvre, c'est une véritable réflexion politique que mène Montesquieu. L'écrivain exprime son opposition à la monarchie absolue, de manière ironique et légère dans les *Lettres persanes*, de manière rigoureuse et théorique dans *De l'esprit des lois*. Il souligne la diversité des coutumes, des lois et des institutions, et les différentes formes de gouvernement qui leur correspondent.

Aux yeux de Montesquieu, le meilleur système politique est celui de la monarchie modérée. Seule la séparation des pouvoirs, exécutif, législatif et judiciaire, peut assurer au citoyen la liberté politique et le bonheur. Montesquieu montre ainsi une forme d'optimisme, une foi dans la raison, qui permet à l'homme de s'affranchir des préjugés et de refuser l'autorité quand elle n'est pas juste ni raisonnable.

Le XVIIIe siècle

OBJET D'ÉTUDE 1ʳˣᵉ **La question de l'Homme dans les genres de l'argumentation** → voir p. 210

1717

Éloge de la sincérité

Les premières œuvres de Montesquieu sont des études scientifiques, des essais historiques et des discours académiques. S'inspirant des écrivains de l'Antiquité, il écrit ainsi
un *Éloge de la sincérité*. Le philosophe y analyse l'importance de la sincérité sur le plan
politique, en condamnant le courtisan qui flatte le prince et, sur le plan de la vie privée,
en s'interrogeant sur le rôle qu'elle joue dans l'amitié.

On croit, par la douceur de la flatterie, avoir trouvé le moyen de rendre la vie délicieuse. Un homme simple qui n'a que la vérité à dire est regardé comme le perturbateur
du plaisir public. On le fuit, parce qu'il ne plaît point ; on fuit la vérité qu'il annonce,
parce qu'elle est amère ; on fuit la sincérité dont il fait profession, parce qu'elle ne porte
5 que des fruits sauvages ; on la redoute, parce qu'elle humilie, parce qu'elle révolte l'orgueil, qui est la plus chère des passions, parce qu'elle est un peintre fidèle, qui nous fait
voir aussi difformes que nous le sommes.

Il ne faut donc pas s'étonner si elle est si rare : elle est chassée, elle est proscrite partout. Chose merveilleuse[1] ! elle trouve à peine un asile dans le sein de l'amitié.

10 Toujours séduits par la même erreur, nous ne prenons des amis que pour avoir des
gens particulièrement destinés à nous plaire : notre estime finit avec leur complaisance ;
le terme de l'amitié est le terme des agréments. Et quels sont ces agréments ? qu'est-ce
qui nous plaît davantage dans nos amis ? Ce sont les louanges continuelles, que nous
levons sur eux comme des tributs[2].

15 D'où vient qu'il n'y a plus de véritable amitié parmi les hommes ? que ce nom n'est
plus qu'un piège, qu'ils emploient avec bassesse pour se séduire ? « C'est, dit un poète,
parce qu'il n'y a plus de sincérité. »

En effet, ôter la sincérité de l'amitié, c'est en faire une vertu de théâtre ; c'est défi-
gurer cette reine des cœurs ; c'est rendre chimérique[3] l'union des âmes ; c'est mettre
20 l'artifice dans ce qu'il y a de plus sain, et la gêne dans ce qu'il y a de plus libre.

Montesquieu, *Éloge de la sincérité*, 1717.

1. merveilleuse :
extraordinaire,
étonnante, curieuse.
2. tributs : impôts,
obligations, rançon.
3. chimérique :
illusoire, vaine.

1700 ▾ 1800

Observation

1. Observez la construction du passage en repérant les deux parties qui le
constituent. Donnez-leur un titre.

2. Montesquieu oppose la flatterie à la
sincérité. Relevez les caractéristiques
qui sont attribuées à ces deux comportements humains.

Analyse

3. Au moyen de quels pronoms
Montesquieu implique-t-il le lecteur
dans son argumentation ? Étudiez
leurs valeurs d'emploi.

4. Relevez les modalités interrogatives
dans le texte et commentez leur fonction argumentative.

5. Que signifie selon vous l'expression :
« une vertu de théâtre » (l.18) ?

Vers le commentaire. Dans un paragraphe entièrement rédigé et illustré
d'exemples, vous commenterez les
procédés de l'éloge utilisés dans ce
passage.

Notion

Le genre argumentatif de l'éloge

Dès l'Antiquité, les orateurs
soulignent les qualités des
hommes illustres qui incarnent
les valeurs de la cité. L'éloge
célèbre ainsi une personne ou
une vertu, en utilisant les procédés de l'art oratoire : répétitions, exclamations et fausses
questions, rythme ternaire,
images, oppositions, etc. Il met
l'homme au centre du discours.

215

Montesquieu

OBJET D'ÉTUDE 2ⁿᵈᵉ **Genres et formes de l'argumentation** → voir p. 208

1721 Lettres persanes

Usbek et Rica, deux voyageurs persans, visitent la France. Ils communiquent leurs observations en envoyant des lettres à leurs amis. À travers le regard de ses héros, Montesquieu critique les institutions politiques et les mœurs de ses contemporains.

À Venise

Je trouve les caprices de la mode, chez les Français, étonnants. Ils ont oublié comment ils étaient habillés cet été ; ils ignorent encore plus comment ils le seront cet hiver. Mais surtout, on ne saurait croire combien il en coûte à un mari pour mettre sa femme à la mode.

5 Que me servirait de te faire une description exacte de leur habillement et de leurs parures ? Une mode nouvelle viendrait détruire tout mon ouvrage, comme celui de leurs ouvriers, et, avant que tu n'eusses reçu ma lettre, tout serait changé.

Une femme qui quitte Paris pour aller passer six mois à la campagne en revient aussi antique que si elle s'y était oubliée trente ans. Le fils méconnaîtrait le portrait
10 de sa mère, tant l'habit avec lequel elle est peinte lui paraît étranger ; il s'imagine que c'est quelque Américaine qui y est représentée, ou que le peintre a voulu exprimer quelqu'une de ses fantaisies.

Quelquefois, les coiffures montent insensiblement, et une révolution les fait descendre tout à coup. Il a été un temps que leur hauteur immense mettait le visage d'une
15 femme au milieu d'elle-même. Dans un autre, c'était les pieds qui occupaient cette place : les talons faisaient un piédestal, qui les tenait en l'air. Qui pourrait le croire ? Les architectes ont été souvent obligés de hausser, de baisser et d'élargir les portes, selon que les parures des femmes exigeaient d'eux ce changement, et les règles de leur art ont été asservies à ces caprices. On voit quelquefois sur un visage une quantité prodigieuse
20 de mouches[1], et elles disparaissent toutes le lendemain. Autrefois, les femmes avaient de la taille et des dents[2] ; aujourd'hui, il n'en est pas question. Dans cette changeante nation, quoi qu'en disent les mauvais plaisants, les filles se trouvent autrement faites que leurs mères.

Il en est des manières de vivre comme des modes : les Français changent de mœurs
25 selon l'âge de leur roi. Le Monarque pourrait même parvenir à rendre la Nation grave, s'il l'avait entrepris. Le prince imprime le caractère de son esprit à la Cour ; la Cour, à la Ville[3], la Ville, aux provinces. L'âme du Souverain est un moule qui donne la forme à toutes les autres.

De Paris, le 8 de la lune de Saphar[4], 1717.

Montesquieu, *Lettres persanes*, 1721.

---

1. **mouches :** petits ronds de tissu noir que l'on pose sur le visage pour séduire.

2. **avoir de la taille et des dents :** mettre en valeur sa silhouette et son sourire.

3. **la Ville :** Paris.

4. **la lune de Saphar :** le mois d'avril.

Observation

1. Étudiez le système énonciatif du texte : émetteur, destinataire, contexte de l'énonciation, objet de la lettre.

Analyse

2. Analysez la progression de cette lettre : thèse, arguments, exemples.

3. En quoi le dernier paragraphe s'inscrit-il dans la réflexion des Lumières ? Montrez que la lettre cherche à faire rire et réfléchir.

Vers l'écriture d'invention. Imaginez la lettre d'un étranger de passage à Paris au XXIᵉ siècle, en utilisant des exemples contemporains.

> **Notion**
>
> ### La satire des mœurs
>
> La satire dénonce les vices et les défauts d'une personne ou d'une époque. Elle recherche le rire du lecteur à travers la caricature et l'invite à réfléchir sur lui-même.

■ 216

Le XVIII siècle

OBJET D'ÉTUDE 1ʳᵉ La question de l'Homme dans les genres de l'argumentation → voir p. 210

1748

De l'esprit des lois

De l'esprit des lois analyse la diversité des régimes politiques tout au long de l'histoire. Montesquieu défend avec vigueur la tolérance. Dans ce passage, il combat l'esclavage des Noirs en utilisant l'arme favorite des philosophes du XVIIIᵉ siècle : l'ironie.

Si j'avais à soutenir le droit que nous avons de rendre les nègres esclaves, voici ce que je dirais :

Les peuples d'Europe ayant exterminé ceux de l'Amérique, ils ont dû mettre en esclavage ceux de l'Afrique, pour s'en servir à défricher tant de terres.

5 Le sucre serait trop cher, si l'on ne faisait travailler la plante qui le produit par des esclaves.

Ceux dont il s'agit sont noirs depuis les pieds jusqu'à la tête ; et ils ont le nez si écrasé qu'il est presque impossible de les plaindre.

On ne peut se mettre dans l'esprit que Dieu, qui est un être très sage, ait mis une 10 âme, surtout une âme bonne, dans un corps tout noir.

Il est si naturel de penser que c'est la couleur qui constitue l'essence de l'humanité, que les peuples d'Asie, qui font des eunuques, privent toujours les noirs du rapport qu'ils ont avec nous d'une façon plus marquée.

On peut juger de la couleur de la peau par celle des cheveux, qui, chez les Égyptiens,
15 les meilleurs philosophes du monde, étaient d'une si grande conséquence[1], qu'ils faisaient mourir tous les hommes roux qui leur tombaient entre leurs mains.

Une preuve que les nègres n'ont pas le sens commun, c'est qu'ils font plus de cas d'un collier de verre que de l'or, qui, chez les nations policées[2], est d'une si grande conséquence.

20 Il est impossible que nous supposions que ces gens-là soient des hommes ; parce que, si nous les supposions des hommes, on commencerait à croire que nous ne sommes pas nous-mêmes chrétiens.

De petits esprits exagèrent trop l'injustice que l'on fait aux Africains. Car, si elle était telle qu'ils le disent, ne serait-il pas venu dans la tête des princes d'Europe, qui font
25 entre eux tant de conventions inutiles, d'en faire une générale en faveur de la miséricorde et de la pitié ?

Montesquieu, *De l'esprit des lois*, 1748.

1. **conséquence :** importance.
2. **policées :** civilisées, cultivées.

1700 ▼ 1800

Observation

1. Quelle est la situation d'argumentation mise en place par la première phrase du texte ? Montrez que ce plaidoyer apparaît immédiatement paradoxal.

2. Repérez les différents arguments des esclavagistes. Relevez des exemples d'égoïsme, d'absurdité, de contradictions et de mauvaise foi.

Analyse

3. Selon vous, à qui l'expression « de petits esprits » (l. 23) renvoie-t-elle ?

Quel est le message contenu dans le dernier paragraphe ?

4. En définitive, ce texte constitue-t-il un plaidoyer ou un réquisitoire ?

5. Relevez des exemples d'antiphrases et analysez leur rôle dans ce texte.

Comparer des textes.

Comparez la dénonciation de l'esclavage par Montesquieu avec celle de Voltaire (p. 235). Vous confronterez les deux formes d'argumentation mises en place. Laquelle vous semble la plus efficace ?

Notion

L'antiphrase, procédé de l'ironie

L'ironie apparaît chaque fois qu'un auteur feint de suivre l'opinion de son adversaire, pour mieux le ridiculiser ou montrer l'absurdité de ses arguments. Elle utilise l'antiphrase, un procédé qui consiste ainsi à dire le contraire de ce qu'on veut faire comprendre au lecteur.

217

Marivaux

▶ **Pierre Carlet de Chamblain de Marivaux**
▶ Né à Paris le 4 février 1688.
▶ Décédé à Paris le 12 février 1763.

Marivaux passe sa jeunesse en Auvergne, à Riom, puis à Limoges. À Paris, après des études d'avocat, il se lance dans la littérature. Il épouse Colombe Bologne en 1717, dont il a une fille deux ans plus tard. Très vite, dans ses articles de journaux et ses écrits satiriques, il révèle un ton brillant et original. Ruiné par la banqueroute de Law, il se tourne vers le théâtre, en créant une comédie nouvelle fondée sur la confusion des sentiments et les surprises de l'amour. Gianetta Benozzi, surnommée Silvia, tient le rôle principal de ses pièces. Célèbre, Marivaux fréquente les salons littéraires et gagne de nouveaux lecteurs à travers deux romans d'apprentissage : *La Vie de Marianne* et *Le Paysan parvenu*. Il est élu à l'Académie française à cinquante-cinq ans. Mais le goût change. Son influence décroît. Silvia, qui fut sa brillante interprète, meurt en 1758. Marivaux meurt le 12 février 1763 à trois heures du matin. On ignore où son corps est enterré.

ŒUVRES PRINCIPALES

Théâtre
Arlequin poli par l'amour (1720),
La Surprise de l'amour (1722), *La D[ouble]
Inconstance* (1723), *L'Île des esclave[s]*
(1725), *Le Jeu de l'amour et du hasa[rd]*
(1730), *Les Fausses Confidences* (17[37]).

Romans
La Vie de Marianne (1731-1741),
Le Paysan parvenu (1735).

Le marivaudage et les surprises de l'amour

Alors que, dans la comédie classique, les obstacles à l'amour viennent de l'extérieur, ce sont les personnages eux-mêmes qui, dans les comédies de Marivaux, s'interrogent sur leurs sentiments. Pour savoir s'ils aiment, ils ont recours aux déguisements et doivent faire tomber en eux les préjugés de l'amour-propre et de l'orgueil. Le rythme de la comédie épouse les incertitudes des personnages jusqu'à l'aveu final. Ils se cherchent et expriment leurs inquiétudes et leurs doutes. On appelle « marivaudage » cette finesse du texte théâtral qui répond à l'exploration du cœur par lui-même. Les répliques semblent en avance sur la conscience que les personnages ont de leurs propres sentiments. C'est ce qui fait du théâtre de Marivaux cette fête du langage, du cœur et de l'esprit.

OBJET D'ÉTUDE 1re Le texte théâtral et sa représentation → voir p. 204

1722 La Surprise de l'amour

Dans le théâtre de Marivaux, les personnages sont tous confrontés aux « surprises de l'amour ». Ainsi, à la suite d'une déception sentimentale, Lélio et son valet Arlequin font le serment de ne plus tomber amoureux. Mais l'amour finira par triompher dans cette comédie pleine de grâce et de légèreté.

LÉLIO, ARLEQUIN, *tous deux d'un air triste*.

LÉLIO. – Le temps est sombre aujourd'hui.
ARLEQUIN. – Ma foi, oui, il est aussi mélancolique que nous.
LÉLIO. – Oh ! on n'est pas toujours dans la même disposition ; l'esprit, aussi bien que le temps, est sujet à des nuages.
5 ARLEQUIN. – Mais je trouve toujours le temps vilain, quand je suis triste.
LÉLIO. – C'est que tu as quelque chose qui te chagrine.
ARLEQUIN. – Non.

■ 218

Le XVIIIᵉ siècle

LÉLIO. – Tu n'as donc point de tristesse ?

ARLEQUIN. – Si fait.

10 LÉLIO. – Dis donc pourquoi ?

ARLEQUIN. – Pourquoi ? En vérité, je n'en sais rien ; c'est peut-être que je suis triste de ce que je ne suis pas gai.

LÉLIO. – Va, tu ne sais ce que tu dis.

ARLEQUIN. – Avec cela, il me semble que je ne me porte pas bien.

15 LÉLIO. – Ah ! si tu es malade, c'est une autre affaire.

ARLEQUIN. – Je ne suis pas malade non plus.

LÉLIO. – Es-tu fou ? Si tu n'es pas malade, comment trouves-tu donc que tu n'es pas bien ?

ARLEQUIN. – Tenez, Monsieur, je bois à merveille, je mange de même, je dors comme une 20 marmotte ; voilà ma santé.

LÉLIO. – C'est une santé de crocheteur[1] ; un honnête homme serait heureux de l'avoir.

ARLEQUIN. – Cependant, je me sens pesant et lourd ; j'ai une fainéantise dans les membres ; je bâille sans sujet ; je n'ai du courage qu'à mes repas ; tout me déplaît. Je ne vis pas, je traîne ; quand le jour est venu, je voudrais qu'il fût nuit ; quand il est nuit, 25 je voudrais qu'il fût jour : voilà ma maladie ; voilà comment je me porte bien et mal.

LÉLIO. – Je t'entends[2], c'est un peu d'ennui qui t'a pris ; cela se passera. As-tu sur toi ce livre qu'on m'a envoyé de Paris ?… Réponds donc.

ARLEQUIN. – Monsieur, avec votre permission, que je passe de l'autre côté.

LÉLIO. – Que veux-tu donc ? Qu'est-ce que cette cérémonie ?

30 ARLEQUIN. – C'est pour ne pas voir sur cet arbre deux petits oiseaux qui sont amoureux ; cela me tracasse. J'ai juré de ne plus faire l'amour[3] ; mais quand je le vois faire, j'ai presque envie de manquer de parole à mon serment, cela me raccommode avec ces pestes de femmes ; et puis c'est le diable de me refâcher contre elles.

LÉLIO. – Eh ! mon cher Arlequin, me crois-tu plus exempt que toi de ces petites inquié-35 tudes-là ? Je me ressouviens qu'il y a des femmes au monde, qu'elles sont aimables, et ce ressouvenir ne va pas sans quelques émotions de cœur ; mais ce sont ces émotions-là qui me rendent inébranlable dans la résolution de ne plus voir de femmes.

Marivaux, *La Surprise de l'amour*, Acte I, scène 2, 1722.

1. crocheteur : qui porte de lourdes charges.

2. je t'entends : je te comprends.

3. faire l'amour : faire la cour, séduire les femmes.

1700 ▼ 1800

Observation

1. Quelles informations le dialogue apporte-t-il aux spectateurs sur la situation de chacun des personnages sur scène ?

2. Expliquez pourquoi on peut parler de scène d'exposition.

Analyse

3. Quels rapports le maître et le valet semblent-ils entretenir ? Analysez les indices de l'énonciation, les niveaux de langage et l'expression des sentiments dans le texte.

4. Étudiez l'enchaînement des répliques de manière à mettre en évidence la progression du dialogue.

5. Analysez la réplique d'Arlequin de la l. 22 à la l. 25 : choix du lexique, structure des phrases.

Vers le commentaire. Dans un paragraphe argumenté, vous montrerez comment la comédie de Marivaux joue sur la confusion des sentiments qu'éprouvent les personnages, partagés entre la mélancolie et la quête du bonheur.

Notion

L'enchaînement des répliques

Les dialogues de Marivaux reproduisent le ton qui régnait dans les salons du XVIIIᵉ siècle, associant le goût de la conversation et le sens des nuances du langage. Ils s'inspirent aussi de la comédie italienne, dans laquelle les répliques doivent paraître naturelles, comme si elles étaient improvisées sur la scène. On y trouve ainsi liberté de ton et précision des sentiments.

219

Marivaux

OBJET D'ÉTUDE 1ʳᵉ Le texte théâtral et sa représentation ➔ voir p. 204

1730
Le Jeu de l'amour et du hasard

Silvia, inquiète du mariage que lui impose son père avec Dorante, qu'elle ne connaît pas, emprunte le costume de sa femme de chambre Lisette pour examiner son prétendant. Dorante a la même idée et échange son habit avec celui de son valet, Bourguignon. Sans savoir qui ils sont vraiment, ils tombent amoureux l'un de l'autre.

SILVIA, *déguisée en Lisette, sa servante, à part.* – Mais en vérité, voilà un garçon qui me surprend, malgré que j'en aie… (*Haut.*) Dis-moi, qui es-tu, toi qui me parles ainsi ?

DORANTE, *déguisé en Bourguignon, son valet.* – Le fils d'honnêtes gens qui n'étaient pas riches.

5 SILVIA. – Va, je te souhaite de bon cœur une meilleure situation que la tienne, et je voudrais pouvoir y contribuer ; la fortune[1] a tort avec toi.

DORANTE. – Ma foi, l'amour a plus tort qu'elle ; j'aimerais mieux qu'il me fût permis de te demander ton cœur, que d'avoir tous les biens du monde.

SILVIA, *à part.* – Nous voilà, grâce au ciel, en conversation réglée[2]. (*Haut.*) Bourguignon,
10 je ne saurais me fâcher des discours que tu me tiens ; mais, je t'en prie, changeons d'entretien ; venons à ton maître ; tu peux te passer de me parler d'amour, je pense ?

DORANTE. – Tu pourrais bien te passer de m'en faire sentir, toi.

SILVIA. – Aïe ! je me fâcherai ; tu m'impatientes. Encore une fois, laisse là ton amour.

DORANTE. – Quitte donc ta figure.

15 SILVIA, *à part.* – À la fin, je crois qu'il m'amuse… (*Haut.*) Eh, bien, Bourguignon, tu ne veux donc pas finir ? faudra-t-il que je te quitte ? (*À part.*) Je devrais l'avoir fait.

DORANTE. – Attends, Lisette, je voulais moi-même te parler d'autre chose, mais je ne sais plus ce que c'est.

SILVIA. – J'avais de mon côté quelque chose à te dire ; mais tu m'as fait perdre mes idées
20 aussi, à moi.

DORANTE. – Je me rappelle de t'avoir demandé si ta maîtresse te valait.

SILVIA. – Tu reviens à ton chemin par un détour ; adieu.

DORANTE. – Eh ! non, te dis-je, Lisette ; il ne s'agit ici que de mon maître.

SILVIA. – Eh bien, soit ! je voulais te parler de lui aussi, et j'espère que tu voudras bien me
25 dire confidemment ce qu'il est ; ton attachement pour lui m'en donne bonne opinion ;
il faut qu'il ait du mérite, puisque tu le sers.

Marivaux, *Le Jeu de l'amour et du hasard*, Acte I, scène 7, 1730.

> **1. la fortune :** le hasard de la naissance.
>
> **2. en conversation réglée :** en discussion amoureuse.

Observation

1. Quels sentiments les personnages éprouvent-ils l'un pour l'autre ?

2. Quelle est la fonction des apartés ?

Analyse

3. Étudiez la vivacité du dialogue dans les lignes 5 à 21 en relevant les répétitions et les parallélismes dans l'enchaînement des répliques.

4. Montrez comment le jeu des acteurs est déterminé par le quiproquo.

Recherche documentaire. Il existe au XVIIIᵉ siècle trois théâtres royaux : l'Opéra, la Comédie-Française et la Comédie-Italienne. Recherchez des informations sur l'histoire de ces trois grandes scènes parisiennes. Donnez un exemple d'œuvre créée sur chacune d'entre elles.

Notion

Le quiproquo

Le quiproquo permet à l'action de rebondir en entretenant la confusion sur un personnage, un objet ou une situation qui est pris pour un autre. Il provoque le rire du spectateur qui connaît la méprise dont sont victimes les personnages.

■ 220

Le XVIIIe siècle

Le plaisir du jeu

Jean-Baptiste Oudry, *Comédiens italiens dans un parc*

L'art théâtral français doit beaucoup aux troupes de comédiens italiens qui s'installent de manière permanente à Paris à partir du milieu du XVIIe siècle. Chassés en 1697 pour avoir déplu à Louis XIV, ils reviennent en 1716 et jouent leur répertoire mais aussi des pièces de Marivaux.

Jean-Baptiste Oudry (1686-1755), *Comédiens italiens dans un parc*, vers 1710, huile sur toile.

1700 ▼ 1800

On reconnaît dans ce tableau les personnages de la comédie italienne : Pierrot à gauche et, à droite, Arlequin, agile et rusé.

Le perroquet symbolise l'éloquence des comédiens italiens, réputés pour la vivacité de leur jeu issu de la commedia dell'arte.

Assise, la jeune fille à l'éventail correspond au personnage de Silvia, à la fois amoureuse et hésitante.

Du texte à l'image

1. Analysez le cadre de la scène. Quelle est l'atmosphère créée ?

2. Un chien est présent sur le tableau. Quelle en est la symbolique ? Commentez.

3. Relevez et analysez les correspondances entre le texte de Marivaux et la scène représentée par Oudry.

4. Recherchez sur Internet un autre tableau du XVIIIe siècle représentant un théâtre ou des acteurs.

La peinture rococo

Sous la Régence et le règne de Louis XV, la peinture rococo traduit une dimension festive de la vie, gracieuse et sensuelle. Les thèmes du théâtre et de la séduction en sont les caractéristiques.

221

Prévost

▶ **Antoine François Prévost, dit l'abbé Prévost**
Pseudonyme : Prévost d'Exiles

▶ Né à Hesdin, en Artois, le 1er avril 1697.

▶ Décédé près de Chantilly le 25 novembre 1763.

Profondément affecté par la mort de sa mère puis celle de sa sœur, Prévost quitte le collège pour s'engager dans l'armée. Dès lors, il se partage entre Paris, la Hollande et l'Angleterre. En 1721, il prononce les vœux ecclésiastiques, mais la vie monacale lui pèse. Prévost écrit un roman, abandonne le couvent, se réfugie à Londres. Il rejoint la Hollande et poursuit son œuvre de romancier. Le pseudonyme qu'il a choisi, Prévost d'Exiles, exprime cette vie d'errance qui le conduit de nouveau à Londres où il fonde un journal. En 1734, l'abbé Prévost regagne la France et devient l'aumônier du prince de Conti, même s'il ne dit jamais la messe. Prévost est célèbre mais ne s'est pas assagi : menacé de la Bastille pour dettes, il fuit à nouveau. Il finit par s'installer à Chantilly et meurt d'une attaque d'apoplexie au cours d'une promenade.

ŒUVRES PRINCIPALES

Romans

Mémoires et aventures d'un homme de qualité, dont le tome VII est constitué par l'*Histoire du chevalier Des Grieux et de Manon Lescaut* (1728-1731) ; *Histoire de M. Cleveland* (1731-1739) ; *Histoire d'une Grecque moderne* (1740).

Le personnage de la femme fatale

L'œuvre romanesque de Prévost est considérable mais il laisse surtout à la postérité le roman d'un amour fatal : *Manon Lescaut*. C'est l'histoire tragique des amants passionnés et sans cesse partagés entre la plénitude de l'amour et les menaces de la société, entre la complicité et l'infidélité. Les scènes réalistes, liées au besoin d'argent, et les scènes tragiques de séparation et d'enfermement se mêlent tout au long du roman. Le récit d'aventures se double d'une méditation sur le destin et la fatalité de l'amour. Pour Manon, Des Grieux devient escroc, voleur, assassin. Ce fils de bonne famille destiné à la prêtrise suit le convoi de prostituées qui mène Manon jusqu'en Amérique. Manon Lescaut incarne ainsi la figure de la femme fatale qui fait basculer l'existence de celui qui l'aime et l'entraîne dans la misère, le désespoir ou la folie.

OBJET D'ÉTUDE 1re Le personnage de roman → voir p. 202

1731 Manon Lescaut

Avec le personnage de Manon Lescaut, Prévost s'impose comme le romancier de l'amour fou. En contant l'histoire de sa vie, le narrateur, Des Grieux, explique comment il a sacrifié honneur, gloire, famille, au vertige de la passion amoureuse. L'instant de la première rencontre décide ainsi de la naissance d'un amour fatal pour la belle Manon.

1. **j'avais marqué :** j'avais fixé.
2. **paniers :** grandes caisses d'osier pour les bagages.

J'avais marqué[1] le temps de mon départ d'Amiens. Hélas ! que ne le marquais-je un jour plus tôt ! j'aurais porté chez mon père toute mon innocence. La veille même de celui que je devais quitter cette ville, étant à me promener avec mon ami, qui se nommait Tiberge, nous vîmes arriver le coche d'Arras, et nous le suivîmes jusqu'à l'hôtellerie où
5 ces voitures descendent. Nous n'avions pas d'autre motif que la curiosité. Il en sortit quelques femmes, qui se retirèrent aussitôt. Mais il en resta une, fort jeune, qui s'arrêta seule, dans la cour, pendant qu'un homme d'un âge avancé, qui paraissait lui servir de conducteur, s'empressait pour faire tirer son équipage des paniers[2]. Elle me parut si charmante que moi, qui n'avais jamais pensé à la différence des sexes, ni regardé une
10 fille avec un peu d'attention, moi, dis-je, dont tout le monde admirait la sagesse et la

■ 222

Le XVIIIe siècle

retenue, je me trouvais enflammé tout à coup jusqu'au transport. J'avais le défaut d'être excessivement timide et facile à déconcerter ; mais, loin d'être arrêté alors par cette faiblesse, je m'avançai vers la maîtresse de mon cœur. Quoiqu'elle fût encore moins âgée que moi, elle reçut mes politesses sans paraître embarrassée. Je lui demandai ce qui
15 l'amenait à Amiens et si elle y avait quelques personnes de connaissance. Elle me répondit ingénument qu'elle y était envoyée par ses parents pour être religieuse. L'amour me rendait déjà si éclairé, depuis un moment qu'il était dans mon cœur, que je regardai ce dessein[3] comme un coup mortel pour mes désirs. Je lui parlai d'une manière qui lui fit comprendre mes sentiments, car elle était bien plus expérimentée que moi. C'était
20 malgré elle qu'on l'envoyait au couvent, pour arrêter sans doute son penchant au plaisir, qui s'était déjà déclaré et qui a causé, dans la suite, tous ses malheurs et les miens. Je combattis la cruelle intention de ses parents par toutes les raisons que mon amour naissant et mon éloquence scolastique[4] purent me suggérer. Elle n'affecta ni rigueur ni dédain. Elle me dit, après un moment de silence, qu'elle ne prévoyait que trop qu'elle
25 allait être malheureuse, mais que c'était apparemment la volonté du Ciel, puisqu'il ne lui laissait nul moyen de l'éviter.

La douceur de ses regards, un air charmant de tristesse en prononçant ces paroles, ou, plutôt, l'ascendant de ma destinée qui m'entraînait à ma perte, ne me permirent pas de balancer[5] un moment sur ma réponse. Je l'assurai que, si elle voulait faire quelque
30 fond[6] sur mon honneur et sur la tendresse infinie qu'elle m'inspirait déjà, j'emploierais ma vie pour la délivrer de la tyrannie de ses parents et pour la rendre heureuse. Je me suis étonné mille fois, en y réfléchissant, d'où me venait alors tant de hardiesse et de facilité à m'exprimer ; mais on ne ferait pas une divinité de l'amour, s'il n'opérait souvent des prodiges. J'ajoutai mille choses pressantes. Ma belle inconnue savait bien
35 qu'on n'est point trompeur à mon âge ; elle me confessa que, si je voyais quelque jour à la pouvoir mettre en liberté, elle croirait m'être redevable de quelque chose de plus cher que la vie. Je lui répétai que j'étais prêt à tout entreprendre, mais, n'ayant point assez d'expérience pour imaginer tout d'un coup les moyens de la servir, je m'en tenais à cette assurance générale, qui ne pouvait être d'un grand secours pour elle et pour moi.

Antoine François Prévost,
Histoire du chevalier Des Grieux et de Manon Lescaut, 1731.

---

3. **ce dessein :** ce projet.

4. **scolastique :** apprise à l'école.

5. **de balancer :** d'hésiter.

6. **faire quelque fond :** croire, accorder confiance.

1700 ▾ 1800

Observation

1. Dans quelles circonstances Des Grieux rencontre-t-il Manon ? Quelle situation romanesque le récit met-il ainsi en scène ?

2. Étudiez le portrait de Manon telle qu'elle apparaît dans cette première rencontre : traits physiques, traits de caractère, attitudes et comportement, situation sociale.

Analyse

3. Indiquez tout ce qui, dans l'attitude de Des Grieux, témoigne du caractère irrésistible de la passion amoureuse.

4. Relevez les passages au cours desquels Des Grieux commente le récit des événements. Dites quelle est leur fonction, l'effet produit sur le lecteur.

5. Quel est l'effet recherché par l'utilisation de la première personne ?

Vers le commentaire. Montrez comment cet extrait de roman développe une scène originale de rencontre amoureuse. Vous rédigerez votre réponse sous la forme d'un paragraphe illustré d'exemples.

Notion

La temporalité dans le récit

Dans un récit à la première personne, les temps du discours (présent, passé composé, futur, conditionnel) correspondent aux moments où le narrateur-personnage interrompt le récit des événements pour les commenter ou interpeller le lecteur. Ils s'opposent aux temps du récit (imparfait, passé simple, plus-que-parfait) qui renvoient à l'histoire racontée.

223

Diderot

▶ **Denis Diderot**
▶ Né à Langres le 5 octobre 1713.
▶ Décédé à Paris le 31 juillet 1784.

Diderot est issu d'une famille d'artisans aisés. Brillant élève, il refuse la carrière ecclésiastique et s'enfuit à Paris où il achève ses études. Il mène au Quartier latin une vie marquée par le manque d'argent. Il épouse à trente ans une jolie marchande de lingerie, contre l'avis de son père. Ses premiers écrits sont condamnés à être brûlés car ils montrent une pensée philosophique imprégnée d'athéisme. Le 24 juillet 1749, il est enfermé au château de Vincennes. Libéré quelques mois plus tard, il se consacre à la rédaction de l'*Encyclopédie*. Pendant vingt ans, Diderot recrute des collaborateurs, rédige des centaines d'articles, ruse avec la censure. Doué d'une énergie peu commune, il développe en même temps son œuvre romanesque et théâtrale. À partir de 1759, il fournit également de riches comptes rendus des tableaux exposés aux salons de l'Académie de Paris. À soixante ans, l'écrivain se rend auprès de Catherine II, l'impératrice de Russie, qui cherche à appliquer dans son pays les doctrines des Lumières. Diderot meurt à soixante et onze ans, quelques mois après la disparition de son ami d'Alembert.

ŒUVRES PRINCIPALES

Romans
La Religieuse (1760), *Jacques le fataliste* (v. 1773).

Essais
Lettre sur les aveugles (1749), articles de l'*Encyclopédie* (1751-1772), *Le Neveu de Rameau* (posthume), *Le Rêve de d'Alembert* (1769), *Supplément au Voyage de Bougainville* (1772) *Paradoxe sur le comédien* (1773)

▶ L'œuvre de Diderot

● **Le plaidoyer pour l'homme.** Dès les *Pensées philosophiques*, en 1746, condamnées par la censure à être brûlées, Diderot s'affirme comme un ardent défenseur des Lumières. En 1749, il défend l'athéisme dans la *Lettre sur les aveugles*. Il milite dans l'*Encyclopédie* pour un régime politique fondé sur l'égalité. En 1772, son *Supplément au Voyage de Bougainville* argumente en faveur des valeurs et du mode de vie des sociétés proches de la nature.

● **Le renouvellement du théâtre et du roman.** *Le Fils naturel*, en 1757, et *Le Père de famille*, l'année suivante, donnent naissance à un nouveau genre théâtral : le drame bourgeois. Par ailleurs, écrits entre 1762 et 1777, *Le Neveu de Rameau* et *Jacques le fataliste et son maître* révèlent un écrivain exceptionnel qui bouleverse les règles du roman.

● **Le premier critique d'art.** À partir de 1759, dans la description qu'il fait des tableaux du salon de Paris, Diderot crée une critique d'art qui exprime avec enthousiasme et liberté les sentiments éprouvés par le spectateur passionné devant la peinture.

▶ La circulation des idées

Diderot défend la liberté de penser et son œuvre s'affirme comme un plaidoyer enthousiaste pour la circulation et l'échange des idées. C'est ainsi qu'à travers les genres qu'il aborde, théâtre, roman, essai, lettre ouverte, entretien, l'écrivain a constamment recours au dialogue, forme privilégiée du débat. Derrière Jacques et son maître, derrière les deux personnages du *Neveu de Rameau*, derrière les interlocuteurs anonymes du *Supplément au Voyage de Bougainville*, on devine Diderot qui délibère avec lui-même, exposant ses propres interrogations pour faire aboutir la réflexion philosophique. Disciple de la raison, défenseur des idées des Lumières, Diderot est aussi un écrivain passionné, généreux, « plein de feu » et d'enthousiasme.

Diderot à sa table de travail

Le XVIIIᵉ siècle

OBJET D'ÉTUDE 2ⁿᵈᵉ Genres et formes de l'argumentation → voir p. 208

1751 1772

Encyclopédie

L'article « Autorité politique » de l'*Encyclopédie* déclenche les réactions hostiles des partisans de la monarchie absolue. Diderot examine en effet la légitimité du pouvoir politique et revendique une plus grande liberté pour les citoyens.

AUTORITÉ POLITIQUE

Aucun homme n'a reçu de la nature le droit de commander aux autres. La liberté est un présent du ciel, et chaque individu de la même espèce a le droit d'en jouir aussitôt qu'il jouit de la raison. Si la nature a établi quelque *autorité*, c'est la puissance paternelle ; mais la puissance paternelle a ses bornes, et dans l'état de nature, elle finirait
5 aussitôt que les enfants seraient en état de se conduire. Toute autre *autorité* vient d'une autre origine que la nature. Qu'on examine bien, et on la fera toujours remonter à l'une de ces deux sources : ou la force et la violence de celui qui s'en est emparé, ou le consentement de ceux qui s'y sont soumis par un contrat fait ou supposé entre eux et celui à qui ils ont déféré l'*autorité*.

1. usurpation : pouvoir illégitime.

10 La puissance qui s'acquiert par la violence n'est qu'une usurpation[1], et ne dure qu'autant que la force de celui qui commande l'emporte sur celle de ceux qui obéissent ; en sorte que, si ces derniers deviennent à leur tour les plus forts et qu'ils secouent le joug[2], ils le font avec autant de droit et de justice que l'autre qui le leur avait imposé. La même loi qui a fait l'*autorité* la défait alors : c'est la loi du plus fort.

2. secouer le joug : se libérer.

15 Quelquefois, l'*autorité* qui s'établit par la violence change de nature : c'est lorsqu'elle continue et se maintient du consentement exprès de ceux qu'on a soumis ; mais elle rentre par là dans la seconde espèce, dont je vais parler, et celui qui se l'était arrogée, devenant alors prince, cesse d'être tyran.

3. la créature : l'être humain.

La puissance qui vient du consentement des peuples suppose nécessairement des
20 conditions qui en rendent l'usage légitime, utile à la société, avantageux à la république, et qui la fixent et la restreignent entre des limites ; car l'homme ne doit ni ne peut se donner entièrement et sans réserve à un autre homme, parce qu'il a un maître supérieur au-dessus de tout, à qui seul il appartient tout entier. C'est Dieu, dont le pouvoir est toujours immédiat sur la créature[3], maître aussi jaloux qu'absolu, qui ne perd
25 jamais de ses droits, et ne les communique point.

1700 ▾ 1800

Denis Diderot,
article « Autorité politique » de l'*Encyclopédie*, 1751.

Notion

Observation

1. Quelles sont les deux principales formes de gouvernement définies par Diderot dans son article ?

2. Quelles valeurs défend Diderot ? Classez les termes qui défendent ou condamnent les formes de gouvernement.

Analyse

3. Commentez la définition de l'autorité proposée dans les lignes 1 à 6.

4. En vous appuyant sur le contexte historique de l'*Encyclopédie*, expliquez pour quelles raisons Diderot se sent tenu de reconnaître l'autorité divine à la fin de ce passage.

5. À quoi pense en réalité Diderot lorsqu'il évoque ce qui doit fixer et restreindre la liberté des hommes ?

Vers l'écriture d'invention. Sur le modèle du texte de Diderot, rédigez un court article qui prendra pour thème le mot « citoyenneté ».

L'article de l'*Encyclopédie*

L'article d'encyclopédie utilisé par les philosophes leur permet de prendre position sur un sujet qui suscite le débat. Il commence par une affirmation polémique, l'étaye ensuite au moyen d'arguments, en utilisant toutes les formes d'affirmation. La conclusion affirme sous une autre forme la thèse défendue.

225

ÉVÉNEMENT littéraire

Diderot et l'aventure de l'*Encyclopédie*

1751-1772

Dès la publication du premier volume de l'*Encyclopédie* en 1751, l'entreprise de Diderot et d'Alembert déchaîne une violente polémique. En fournissant à ses contemporains un tableau complet de l'état des sciences et des techniques, Diderot s'attaque en effet aux fondements de la société d'Ancien Régime : l'autorité de l'Église et la monarchie absolue.

Chronologie de l'aventure de l'*Encyclopédie*

- **1748.** Le Breton et trois de ses collègues libraires obtiennent le privilège de publier l'*Encyclopédie*.
- **1750.** Publication du prospectus rédigé par Diderot.
- **28 juin 1751.** Publication du premier volume, tiré à 2 050 exemplaires.
- **1752.** Interdiction des deux premiers volumes.
- **1753.** Reprise de la publication.
- **1759.** Nouvelle révocation du privilège.
- **1762.** Parution du premier tome de planches (gravures).
- **1766.** Publication des dix derniers volumes.

Diderot, combattant de l'Encyclopédie, peint par Vanloo.

imprimeurs. Elle apparaît d'emblée comme la plus grande aventure éditoriale du XVIIIe siècle. La direction en est confiée à Diderot et à d'Alembert. L'*Encyclopédie* est pour eux le moyen de combattre les préjugés en mettant les connaissances au service de l'homme et du progrès social.

■ Le scandale de l'Encyclopédie

Dès la publication du premier volume, en 1752, l'*Encyclopédie* connaît un énorme succès. Mais le scandale éclate, car les adversaires des philosophes, partisans de l'Église et du pouvoir royal, dénoncent les pages qui, comme l'article « Autorité », remettent en cause la monarchie absolue de droit divin. Ils obtiennent l'interdiction des deux premiers volumes. Cependant, grâce à l'intervention de personnages influents, et particulièrement de Madame de Pompadour, Diderot est autorisé à poursuivre son oeuvre. Le tome III paraît en 1753.

■ Un projet ambitieux

En 1748, Le Breton, un libraire parisien, associé à trois de ses collègues, obtient le privilège royal – c'est-à-dire l'autorisation – de publier une *Encyclopédie ou Dictionnaire raisonné des sciences*, des arts et des techniques. L'entreprise nécessite de nombreux collaborateurs, rédacteurs, dessinateurs, graveurs,

Le XVIIIe siècle

Le principe de chaque illustration de l'Encyclopédie : montrer le travail et les outils utilisés.

■ Le combat de Diderot

Au cours des années qui suivent, les difficultés se multiplient. Diderot subit les attaques du parti dévot, qui voit dans l'*Encyclopédie* un symbole de l'esprit critique. Le privilège accordé aux libraires est ainsi révoqué en 1759. Une fois encore, Diderot s'engage dans la défense de ce travail auquel il sacrifiera vingt-quatre années de son existence, affrontant les menaces et les critiques quotidiennes de ses adversaires. Il obtient ainsi de Malesherbes, responsable éclairé de la censure, d'aller jusqu'au bout de la publication de ce que Voltaire appelle alors le « monument de l'esprit humain ».

■ Le monument des Lumières

Diffusée à travers toute l'Europe, l'*Encyclopédie* apparaît comme la somme des connaissances humaines : Diderot, d'Alembert, mais aussi Voltaire, Montesquieu, Turgot et plus de deux cents collaborateurs participent à l'élaboration des dix-sept volumes, auxquels s'ajoutent onze volumes de planches. Elle apparaît ainsi comme un hymne au savoir et à la science, témoignant de la foi dans le progrès et la raison humaine. L'influence de l'*Encyclopédie* est considérable, au point qu'elle s'impose comme un modèle qui sera souvent imité aux siècles suivants.

Le dîner des philosophes, peinture de Jean Huber qui rassemble Diderot, d'Alembert, Voltaire, Condorcet...

■ L'*Encyclopédie* : une arme de combat

Avec l'*Encyclopédie*, Diderot se propose « de rassembler les connaissances éparses sur la terre » pour les transmettre aux hommes. Mais l'écrivain et ses collaborateurs ne se limitent pas à la simple description des savoirs. L'enjeu de chacun des articles qui constituent l'*Encyclopédie* est en effet de mettre en évidence les erreurs, les superstitions, les aveuglements entretenus par le pouvoir politique et religieux. L'ouvrage milite ainsi en faveur d'une société fondée sur l'égalité des citoyens et la liberté de penser. Il s'impose dès lors une véritable arme de combat au service des Lumières.

1700 ▼ 1800

Comprendre l'essentiel

1. Pourquoi peut-on dire que l'*Encyclopédie* est le projet éditorial le plus ambitieux du XVIIIe siècle ?

2. En quoi l'*Encyclopédie* apparaît-elle à ses adversaires comme une menace ?

3. Comment expliquer que l'*Encyclopédie* ait occupé Diderot pendant vingt-quatre ans ?

4. Pourquoi peut-on dire que l'esprit des Lumières se retrouve tout entier dans l'*Encyclopédie* ?

Diderot

OBJET D'ÉTUDE 2nde **Genres et formes de l'argumentation** → voir p. 208

1761

Salons

Passionné par la peinture, Diderot se rend tous les deux ans au grand salon de peinture organisé au château du Louvre. Il fait ensuite le compte rendu et l'analyse des œuvres qu'il a découvertes, faisant partager au lecteur ses enthousiasmes et ses déceptions.

Enfin je l'ai vu, ce tableau de notre ami Greuze ; mais ce n'a pas été sans peine ; il continue d'attirer la foule. C'est un père qui vient de payer la dot de sa fille. Le sujet est pathétique, et l'on se sent gagner d'une émotion douce en le regardant. La composition m'en a paru très belle : c'est la chose comme elle a dû se passer. Il y a douze figures ;
5 chacune est à sa place, et fait ce qu'elle doit. Comme elles s'enchaînent toutes ! comme elles vont en ondoyant et en pyramidant ! [...]

À droite de celui qui regarde le morceau est un tabellion[1] assis devant une petite table, le dos tourné au spectateur. Sur la table, le contrat de mariage et d'autres papiers. Entre les jambes du tabellion, le plus jeune des enfants de la maison. Puis en conti-
10 nuant de suivre la composition de droite à gauche, une fille aînée debout, appuyée sur le dos du fauteuil de son père. Le père assis dans le fauteuil de la maison. Devant lui, son gendre debout, et tenant de la main gauche le sac qui contient la dot. L'accordée[2], debout aussi, un bras passé mollement sous celui de son fiancé ; l'autre bras saisi par la mère, qui est assise au-dessous. Entre la mère et la fiancée, une sœur cadette debout,
15 penchée sur la fiancée, et un bras jeté autour de ses épaules. Derrière ce groupe, un jeune enfant qui s'élève sur la pointe des pieds pour voir ce qui se passe. Au-dessous de la mère, sur le devant, une jeune fille assise qui a de petits morceaux de pain coupé dans son tablier. Tout à fait à gauche dans le fond et loin de la scène, deux servantes debout qui regardent. Sur la droite, un garde-manger bien propre, avec ce qu'on a coutume d'y
20 renfermer, faisant partie du fond. Au milieu, une vieille arquebuse[3] pendue à son croc ; ensuite, un escalier de bois qui conduit à l'étage au-dessus. Sur le devant, à terre, dans l'espace vide que laissent les figures, proche des pieds de la mère, une poule qui conduit ses poussins auxquels la petite fille jette du pain ; une terrine pleine d'eau, et sur le bord de la terrine un poussin, le bec en l'air, pour laisser descendre dans son jabot l'eau qu'il
25 a bue. Voilà l'ordonnance générale. [...]

C'est certainement ce que Greuze a fait de mieux. Ce morceau lui fera honneur, et comme peintre savant dans son art, et comme homme d'esprit et de goût. Sa composition est pleine d'esprit et de délicatesse. Le choix de ses sujets marque de la sensibilité et de bonnes mœurs.

Denis Diderot, *Salon de 1761.*

1. tabellion : notaire.
2. l'accordée : la fiancée.
3. arquebuse : ancien fusil.

Observation

1. Quel est le rôle du premier paragraphe ? Comment Diderot entretient-il une complicité avec son lecteur ?

2. Quelle logique suivent les indicateurs spatiaux du deuxième paragraphe ?

3. Relevez les termes appréciatifs quand Diderot exprime un jugement.

Analyse

4. Quelle image de la société du XVIIIe siècle le tableau nous donne-t-il ?

5. En quoi ce tableau peut-il apparaître comme réaliste ?

6. Comment s'explique l'émotion de Diderot ? Justifiez le mot « pathétique » (l. 3).

Confronter un texte et une image. Au XVIIIe siècle, le lecteur de Diderot ne dispose pas de l'image du tableau lorsqu'il lit ses comptes-rendus. Comment Diderot parvient-il à le faire imaginer ? Sa représentation est-elle fidèle ? Justifiez votre jugement.

Le XVIIIe siècle

Le tableau de la vertu

Jean-Baptiste Greuze, *L'Accordée de village*

Diderot est séduit par la peinture de Greuze qui correspond particulièrement à sa vision du théâtre. Loin des passions tragiques des héros anciens, la peinture comme l'art dramatique doit exprimer l'acte vertueux d'hommes simples.

Jean-Baptiste Greuze (1725-1805), *L'Accordée de village*, 1761, huile sur toile.

1700
1800

 L'accordée, c'est-à-dire la fiancée, se tient derrière son futur époux. Celui-ci écoute le père qui lui accorde sa fille.

 Le jeune homme tient à la main la dot que le père vient de lui offrir. Tous écoutent les paroles du père avec émotion.

 La scène se déroule dans un milieu simple, sans luxe, sans pauvreté. Leur richesse est celle du travail et du cœur.

Du texte à l'image

1. En analysant les lignes directrices qui organisent la disposition des personnages, expliquez comment le tableau repose sur une composition rigoureuse.

2. En étudiant les positions des mains des principaux personnages, expliquez comment Greuze décrit la variété des sentiments.

3. Diderot fait l'éloge de la « peinture morale » de Greuze et affirme qu'il faut être satisfait de voir le pinceau concourir « à nous toucher, à nous instruire, à nous corriger et à nous inviter à la vertu ». En vous appuyant sur le texte de Diderot et le tableau, rédigez un texte précisant pourquoi on peut parler d'une « peinture morale ».

L'annonce du réalisme

En peignant des scènes de la vie quotidienne, Greuze tente d'élever ce genre réputé mineur au niveau des grands genres que sont la peinture d'histoire ou la peinture religieuse. Il anticipe les créations des peintres réalistes du XIXe siècle.

Diderot

OBJET D'ÉTUDE 1ʳᵉ **Le personnage de roman** → voir p. 202

1773 Jacques le fataliste

Dès les premières lignes, Diderot bouleverse les conventions du roman en faisant du personnage de Jacques le maître du récit.

Comment s'étaient-ils rencontrés ? Par hasard, comme tout le monde. Comment s'appelaient-ils ? Que vous importe ? D'où venaient-ils ? Du lieu le plus prochain. Où allaient-ils ? Est-ce que l'on sait où l'on va ? Que disaient-ils ? Le maître ne disait rien ; et Jacques disait que son capitaine disait que tout ce qui nous arrive de bien et de mal
5   ici-bas était écrit là-haut.

LE MAÎTRE. – C'est un grand mot que cela.

JACQUES. – Mon capitaine ajoutait que chaque balle qui partait d'un fusil avait son billet[1].

LE MAÎTRE. – Et il avait raison…

10   Après une courte pause, Jacques s'écria : « Que le diable emporte le cabaretier et son cabaret ! »

LE MAÎTRE. – Pourquoi donc donner au diable son prochain ? Cela n'est pas chrétien.

JACQUES. – C'est que, tandis que je m'enivre de son mauvais vin, j'oublie de mener nos chevaux à l'abreuvoir. Mon père s'en aperçoit ; il se fâche. Je hoche la tête ; il prend
15   un bâton et m'en frotte un peu durement les épaules. Un régiment passait pour s'en aller au camp devant Fontenoy[2] ; de dépit je m'enrôle. Nous arrivons ; la bataille se donne.

LE MAÎTRE. – Et tu reçois la balle à ton adresse.

JACQUES. – Vous l'avez deviné ; un coup de feu au genou ; et Dieu sait les bonnes et
20   mauvaises aventures amenées par ce coup de feu. Elles se tiennent ni plus ni moins que les chaînons d'une gourmette. Sans ce coup de feu, par exemple, je crois que je n'aurais été amoureux de ma vie, ni boiteux.

LE MAÎTRE. – Tu as donc été amoureux ?

JACQUES. – Si je l'ai été !

25   LE MAÎTRE. – Et cela par un coup de feu ?

JACQUES. – Par un coup de feu.

LE MAÎTRE. – Tu ne m'en as jamais dit un mot.

JACQUES. – Je le crois bien.

LE MAÎTRE. – Et pourquoi cela ?

30   JACQUES. – C'est que cela ne pouvait être dit ni plus tôt ni plus tard.

LE MAÎTRE. – Et le moment d'apprendre ces amours est-il venu ?

JACQUES. – Qui le sait ?

LE MAÎTRE. – À tout hasard, commence toujours…

Denis Diderot, *Jacques le fataliste et son maître*,
v. 1773 (éd. posthume, 1796).

1. son billet : son destinataire.
2. Fontenoy : célèbre bataille en 1745.

Observation

1. À travers le ton de son récit, quelle image le lecteur se fait-il de Jacques ?

2. En quoi cet extrait est-il proche d'un texte de théâtre ?

3. Que signifie le titre du roman ?

Analyse

4. Quel est le rôle du maître dans le dialogue ? Quelle est la fonction du premier paragraphe ?

Vers le commentaire. Montrez dans un paragraphe comment le lecteur est dérouté.

Notion

Le début de roman

Le début de roman fait entrer le lecteur dans un univers original. Il présente personnages, lieu, époque, éléments de l'intrigue, mais aussi le ton du récit.

■ 230

Le XVIIIᵉ siècle

OBJET D'ÉTUDE 1ʳᵉ | La question de l'Homme dans les genres de l'argumentation → voir p. 210

1772

Supplément au Voyage de Bougainville

Le navigateur Bougainville découvre Tahiti en 1768. Il enfouit dans la terre une inscription gravée selon laquelle il en prend possession au nom du roi Louis XV. Diderot défend les Tahitiens et leur mode de vie en donnant la parole à un vieillard.

Nous sommes libres ; et voilà que tu as enfoui dans notre terre le titre de notre futur esclavage. Tu n'es ni un dieu, ni un démon : qui es-tu donc, pour faire des esclaves ? Orou ! toi qui entends[1] la langue de ces hommes-là, dis-nous à tous, comme tu me l'as dit à moi, ce qu'ils ont écrit sur cette lame de métal : *Ce pays est à nous*. Ce pays est à
5 toi ! et pourquoi ? parce que tu y as mis le pied ? Si un Tahitien débarquait un jour sur vos côtes, et qu'il gravât sur une de vos pierres ou sur l'écorce d'un de vos arbres : *Ce pays appartient aux habitants de Tahiti*, qu'en penserais-tu ? Tu es le plus fort ! Et qu'est-ce que cela fait ? Lorsqu'on t'a enlevé une des méprisables bagatelles dont ton bâtiment est rempli, tu t'es récrié, tu t'es vengé ; et dans le même instant tu as projeté au fond de ton
10 cœur le vol de toute une contrée ! Tu n'es pas esclave : tu souffrirais la mort plutôt que de l'être, et tu veux nous asservir ! Tu crois donc que le Tahitien ne sait pas défendre sa liberté et mourir ? Celui dont tu veux t'emparer comme de la brute[2], le Tahitien, est ton frère. Vous êtes deux enfants de la nature ; quel droit as-tu sur lui qu'il n'ait pas sur toi ? Tu es venu ; nous sommes-nous jeté sur ta personne ? avons-nous pillé ton vaisseau ?
15 t'avons-nous saisi et exposé aux flèches de nos ennemis ? t'avons-nous associé dans nos champs au travail de nos animaux ? Nous avons respecté notre image en toi. Laisse-nous nos mœurs ; elles sont plus sages et plus honnêtes que les tiennes ; nous ne voulons point troquer ce que tu appelles notre ignorance contre tes inutiles lumières. Tout ce qui nous est nécessaire et bon, nous le possédons. Sommes-nous dignes de mépris
20 parce que nous n'avons pas su nous faire des besoins superflus ? Lorsque nous avons faim, nous avons de quoi manger ; lorsque nous avons froid, nous avons de quoi nous vêtir. [...] Va dans ta contrée t'agiter, te tourmenter tant que tu voudras ; laisse-nous reposer : ne nous entête ni de tes besoins factices[3], ni de tes vertus chimériques[4]. Regarde ces hommes ; vois comme ils sont droits, sains et robustes. Regarde ces femmes ; vois
25 comme elles sont droites, saines, fraîches et belles. Prends cet arc, c'est le mien ; appelle à ton aide un, deux, trois, quatre de tes camarades, et tâchez de le tendre. Je le tends moi seul. Je laboure la terre ; je grimpe la montagne ; je perce la forêt ; je parcours une lieue de la plaine en moins d'une heure. Tes jeunes compagnons ont eu peine à me suivre ; et j'ai quatre-vingt-dix ans passés. Malheur à cette île ! malheur aux Tahitiens présents, et
30 à tous les Tahitiens à venir, du jour où tu nous as visités !

Denis Diderot, *Supplément au voyage de Bougainville*, 1772.

1. entends : comprends.
2. comme de la brute : comme d'un être sauvage ou d'une bête féroce.
3. factices : artificiels.
4. chimériques : illusoires.

1700 ▼ 1800

Observation

1. Quelle image le vieillard donne-t-il de lui-même dans ce passage ?

2. Quels reproches adresse-t-il au navigateur ?

3. Quelles valeurs associées à la vie des Tahitiens oppose-t-il à la civilisation européenne ?

4. Quelle est la fonction des pronoms personnels des lignes 1 à 5 ?

Analyse

5. Relevez et commentez les termes qui expriment la violence engendrée par l'arrivée des Européens.

6. Analysez les procédés de l'éloquence qui contribuent à la force du discours.

Vers le commentaire. Sous la forme d'un paragraphe rédigé, montrez comment Diderot fait du discours du vieillard un véritable réquisitoire.

Notion

Le réquisitoire

Le réquisitoire est un discours prononcé pour accuser quelqu'un d'un délit ou d'un crime. Il repose sur une dénonciation construite et argumentée par un orateur devant un auditoire chargé de juger.

231

Voltaire

▶ **François Marie Arouet**
Pseudonyme : Voltaire

▶ Né à Paris le 21 novembre 1694.

▶ Décédé à Paris le 30 mai 1778.

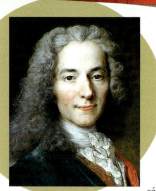

François Arouet fait ses études au collège Louis-le-Grand, dirigé par les Jésuites. En 1716, ses écrits satiriques contre le Régent le conduisent à la Bastille. Deux ans plus tard, alors qu'il a pris le pseudonyme de Voltaire, sa tragédie *Œdipe* connaît un grand succès. Le jeune écrivain est reçu à la cour, mais à la suite d'un conflit avec un membre de la noblesse, le chevalier de Rohan, il est contraint de s'exiler en Angleterre. Il y découvre un régime parlementaire qui protège les droits de l'individu. De retour en France, ses publications se multiplient. En 1745, il est nommé historiographe du roi Louis XV et, un an plus tard, il est élu à l'Académie française. Mais, affecté par la mort de sa maîtresse, Émilie du Châtelet, il s'installe à Berlin à l'invitation de Frédéric II.

Déçu par les trois années passées à la cour de Prusse, Voltaire s'installe en Suisse. De là, il mène son combat pour les Lumières, collabore à l'*Encyclopédie* de Diderot et d'Alembert, écrit ses contes philosophiques. En 1760, de retour en France, installé par prudence à Ferney, près de la frontière suisse, Voltaire prend la défense de Jean Calas et du chevalier de La Barre, victimes de l'intolérance religieuse : « Écrasons l'infâme ! » est son mot d'ordre. À quatre-vingt-quatre ans, il est acclamé par le peuple à Paris et couronné sur la scène du Théâtre-Français comme le génie de son siècle. Il meurt la même année. Ses cendres sont transférées au Panthéon en 1791, pendant la Révolution française.

ŒUVRES PRINCIPALES

Théâtre
Œdipe (1718), *Zaïre* (1732).

Poésie
La Henriade (1728), *Le Mondain* (1736).

Contes
Zadig (1747), *Micromégas* (1752), *Candide* (1759), *L'Ingénu* (1767), *La Princesse de Babylone* (1768).

Essais
Lettres philosophiques (1734), *Poème sur le désastre de Lisbonne* (1756), *Essai sur les mœurs* (175.), *Traité sur la tolérance* (1763), *Dictionnaire philosophique* (1764).

▶ Une œuvre prodigieuse

Épris de littérature et de sciences, Voltaire s'intéresse à l'ensemble des domaines de la connaissance : philosophies, religions, histoire, politique, économie. Il défend ses idées à travers tous les genres littéraires et utilise tous les registres. Il fascine ses contemporains par la richesse et la diversité de son œuvre.

Voltaire au milieu d'un groupe de paysans à Ferney.

● **Les tragédies.** Passionné de théâtre, depuis *Œdipe* en 1718 jusqu'à *Irène* soixante ans plus tard, Voltaire écrit des tragédies en vers qui rencontrent un énorme succès. Ses contemporains le considèrent comme le plus grand dramaturge du siècle. Il multiplie sur la scène les situations pathétiques et abandonne l'Antiquité pour adopter un cadre exotique, comme dans *Mahomet* en 1742.

● **L'œuvre philosophique.** Dès 1734, dans les *Lettres philosophiques*, Voltaire défend des institutions qui favorisent la liberté des individus, la tolérance religieuse et l'esprit scientifique. Son œuvre philosophique exprime ainsi son indignation devant les abus du pouvoir, la torture ou la guerre. Révolté par la condamnation injuste de Calas, il écrit le *Traité sur la tolérance* en 1763. Un an plus tard, son *Dictionnaire philosophique portatif* réclame à nouveau la réforme de la justice et condamne le fanatisme religieux.

● **L'œuvre poétique.** La poésie est considérée au XVIIIe siècle comme le genre le plus « élevé ». En 1728, Voltaire compose ainsi un long poème épique à la gloire de Henri IV, *La Henriade*, où il exprime son

Le XVIIIe siècle

Le château de Ferney, près de la Suisse, où Voltaire s'installe en 1760.

horreur pour les guerres de religion. *Le Mondain*, en 1738, fait l'éloge de la civilisation et du bonheur social dans un registre satirique. Le tremblement de terre qui ravage le Portugal en 1755 lui inspire son *Poème sur le désastre de Lisbonne* dans lequel il exprime son angoisse devant le tragique de l'existence.

Portrait de Voltaire à Ferney, aquarelle de Denon.

● **Les contes.** S'inspirant des contes orientaux, Voltaire crée un nouveau genre, le conte philosophique. À travers des récits pleins d'aventures, il aborde ainsi de manière plaisante les questions posées par les philosophes des Lumières : Zadig, Micromégas et Candide sont les porte-parole de l'écrivain, qui tourne en dérision les préjugés et propose au lecteur une leçon de sagesse.

● **Les pamphlets.** Voltaire utilise souvent le pamphlet, texte bref et polémique, pour défendre ses idées et ridiculiser ses adversaires, en prenant à témoin l'opinion publique. De la *Relation de la maladie du jésuite Berthier* à *De l'horrible danger de la lecture*, le pamphlet prend de multiples formes comme celles du dialogue, du conte, de la lettre ou de l'essai.

● **Les essais historiques.** Voltaire consacre vingt années de recherche documentaire pour écrire *Le Siècle de Louis XIV* : ce ne sont pas les événements politiques qui l'intéressent, mais les manières de vivre et de penser, l'avancée des arts et des sciences, tout ce qui contribue aux « progrès de l'esprit humain ». De même, en 1756, l'*Essai sur les mœurs* montre la diversité des civilisations et dénonce les violences commises au nom des religions.

● **La correspondance.** La correspondance joue un rôle capital dans la vie de Voltaire. À travers plus de vingt mille lettres envoyées dans toute l'Europe, il communique ses enthousiasmes et ses indignations à ses amis, aux rois et aux princes, aux écrivains ou aux savants, qu'il cherche à entraîner dans sa lutte pour les idées nouvelles.

▶ Le combattant des Lumières

Le légendaire sourire ironique de Voltaire symbolise l'esprit des Lumières. Il invite à prendre ses distances avec les habitudes et les préjugés, à dénoncer les abus et les privilèges, à tourner en dérision le fanatisme et la superstition. Mais il se montre également sensible à la douleur et à la misère des hommes, quels qu'ils soient. Très vite, il apparaît comme le chef de file des écrivains philosophes, qui défient le pouvoir politique et religieux et proposent une vision nouvelle de la société.

En défendant un idéal de progrès, de justice et de liberté, Voltaire tient en éveil la conscience morale de ses contemporain, en France comme dans toute l'Europe. Il exerce une véritable influence sur l'opinion publique, répandant les idées qui conduiront à la Révolution française.

1700 ▼ 1800

A. Duplessis, *Le Triomphe de Voltaire*, 1774.

Voltaire

OBJET D'ÉTUDE 1ʳᵉ **Écriture poétique et quête du sens** → voir p. 206

1756 Poème sur le désastre de Lisbonne

Bouleversé par le tremblement de terre qui cause la mort de trente mille personnes, Voltaire écrit un long poème tragique qui s'interroge sur la souffrance des innocents. Il dénonce l'optimisme des philosophes pour qui « tout est bien » et le discours religieux qui voit dans le tremblement de terre un châtiment divin.

> Ô malheureux mortels ! ô terre déplorable !
> Ô de tous les mortels assemblage[1] effroyable !
> D'inutiles douleurs éternel entretien !
> Philosophes trompés qui criez : « Tout est bien » ;
> 5 Accourez, contemplez ces ruines affreuses,
> Ces débris, ces lambeaux, ces cendres malheureuses,
> Ces femmes, ces enfants l'un sur l'autre entassés,
> Sous ces marbres rompus ces membres dispersés ;
> Cent mille infortunés que la terre dévore,
> 10 Qui, sanglants, déchirés, et palpitants encore,
> Enterrés sous leurs toits, terminent sans secours
> Dans l'horreur des tourments leurs lamentables jours !
> Aux cris demi-formés de leurs voix expirantes,
> Au spectacle effrayant de leurs cendres fumantes,
> 15 Direz-vous : « C'est l'effet des éternelles lois
> Qui d'un Dieu libre et bon nécessitent le choix ? »
> Direz-vous, en voyant cet amas de victimes :
> « Dieu s'est vengé, leur mort est le prix de leurs crimes ? »
> Quel crime, quelle faute ont commis ces enfants
> 20 Sur le sein maternel écrasés et sanglants ?
> Lisbonne, qui n'est plus, eut-elle plus de vices
> Que Londres, que Paris, plongés dans les délices :
> Lisbonne est abîmée[2], et l'on danse à Paris.

Voltaire, *Poème sur le désastre de Lisbonne*, 1756.

1. **assemblage :** amas.
2. **abîmée :** plongée dans un abîme, entièrement détruite.

Observation

1. Repérez les passages où Voltaire interpelle son destinataire.

2. Classez les champs lexicaux qui soulignent l'ampleur de la catastrophe.

3. Expliquez le dernier vers.

Analyse

4. Quelles sont les thèses réfutées par Voltaire dans ce poème ? Quelle thèse implicite Voltaire défend-il par conséquent ?

5. Retrouvez dans le poème les procédés qui mettent en valeur la dimension pathétique de la situation. Quels effets cherchent-ils à produire ?

Vers la dissertation. En quoi la poésie est-elle un genre adapté au pathétique de la situation décrite ? Montrez, sous la forme d'un paragraphe rédigé, comment les vers de Voltaire soulignent la souffrance des victimes tout en exprimant sa pitié pour elles.

Notion

Le pathétique

Le pathétique désigne ce qui soulève l'émotion et la pitié devant le spectacle de la souffrance. Pour provoquer cette émotion, l'auteur utilise le lexique de la douleur et de la mort. Il apostrophe le lecteur et exprime ses sentiments par les interjections. L'amplification, l'accumulation et l'interrogation soulignent l'intensité de la catastrophe.

Le XVIIIe siècle

OBJET D'ÉTUDE 2nde | **Genres et formes de l'argumentation** → voir p. 208

1759

Candide

Candide est élevé par son maître Pangloss dans l'illusion que « tout est pour le mieux dans le meilleur des mondes ». Il parcourt la planète, découvrant au gré de ses mésaventures les terribles réalités qui l'habitent. C'est ainsi qu'aux portes de Surinam, il rencontre un esclave qui dénonce sa condition et lui enlève ses dernières illusions.

En approchant de la ville, ils rencontrèrent un nègre étendu par terre, n'ayant plus que la moitié de son habit, c'est-à-dire d'un caleçon de toile bleue ; il manquait à ce pauvre homme la jambe gauche et la main droite. « Eh ! mon Dieu ! lui dit Candide en hollandais, que fais-tu là, mon ami, dans l'état horrible où je te vois ? – J'attends mon
5 maître, M. Vanderdendur, le fameux négociant, répondit le nègre. – Est-ce M. Vanderdendur, dit Candide, qui t'a traité ainsi ? – Oui, monsieur, dit le nègre, c'est l'usage. On nous donne un caleçon de toile pour tout vêtement deux fois l'année. Quand nous travaillons aux sucreries, et que la meule nous attrape le doigt, on nous coupe la main ; quand nous voulons nous enfuir, on nous coupe la jambe : je me suis trouvé dans les
10 deux cas. C'est à ce prix que vous mangez du sucre en Europe. Cependant, lorsque ma mère me vendit dix écus patagons sur la côte de Guinée, elle me disait : "Mon cher enfant, bénis nos fétiches¹, adore-les toujours, ils te feront vivre heureux ; tu as l'honneur d'être esclave de nos seigneurs les blancs, et tu fais par là la fortune de ton père et de ta mère." Hélas ! je ne sais pas si j'ai fait leur fortune, mais ils n'ont pas fait la mienne.
15 Les chiens, les singes et les perroquets sont mille fois moins malheureux que nous ; les fétiches hollandais qui m'ont converti me disent tous les dimanches que nous sommes tous enfants d'Adam, blancs et noirs. Je ne suis pas généalogiste² ; mais si ces prêcheurs disent vrai, nous sommes tous cousins issus de germain. Or vous m'avouerez qu'on ne peut pas en user avec ses parents d'une manière plus horrible.
20 – Ô Pangloss ! s'écria Candide, tu n'avais pas deviné cette abomination ; c'en est fait, il faudra qu'à la fin je renonce à ton optimisme. – Qu'est-ce qu'optimisme ? disait Cacambo. – Hélas ! dit Candide, c'est la rage de soutenir que tout est bien quand tout est mal » ; et il versait des larmes en regardant son nègre ; et en pleurant, il entra dans Surinam.

Voltaire, *Candide*, 1759.

1. fétiches : objets de culte supposés chargés d'une puissance surnaturelle.
2. généalogiste : qui étudie l'origine et la descendance d'une famille.

1700 ▼ 1800

Observation

1. Relevez et étudiez les marques de la surprise éprouvée par Candide à la vue du nègre de Surinam.

2. Comment s'exprime l'émotion éprouvée par Candide à la fin de l'extrait ? Comment s'explique-t-elle ?

Analyse

3. Étudiez les connotations des termes : « Candide », « Vanderdendur », « fétiches hollandais », « nos seigneurs les blancs », « son nègre ».

4. De la ligne 6 à la ligne 19, étudiez la progression du discours. En quoi constitue-t-il un réquisitoire ?

5. De la ligne 10 à la ligne 19, quelles sont, au-delà des négociants, les cibles visées par Voltaire ?

Vers la dissertation. Montrez sous la forme d'un paragraphe rédigé comment la forme du conte philosophique permet à Voltaire de dénoncer l'esclavage de manière plus efficace que par une forme d'argumentation directe

Notion

Le conte philosophique

Le conte philosophique constitue une forme d'argumentation indirecte. Afin de toucher un plus grand nombre de lecteurs, Voltaire choisit le récit pour mettre en valeur ses idées à travers l'errance d'un jeune héros naïf. À chaque étape du voyage, le héros dénonce une forme d'injustice : l'esclavage, la guerre, le fanatisme, la torture, etc.

235

ÉVÉNEMENT littéraire

1762

Voltaire et l'affaire Calas

Le 10 mars 1762, Jean Calas, injustement accusé d'avoir tué son fils, est exécuté sur la place publique, à Toulouse. Voltaire, qui est alors reconnu par toute l'Europe comme le plus grand écrivain de son temps, est révolté. Conduit par les lumières de la raison et l'amour de la vérité, il s'engage pour obtenir sa réhabilitation et « arrêter chez les hommes la rage du fanatisme ». C'est le début de l'affaire Calas.

Chronologie de l'affaire Calas

- ▶ **13 octobre 1761.** Assassinat de Marc-Antoine Calas, dans la maison familiale, à Toulouse
- ▶ **10 mars 1762.** Exécution de Jean Calas, condamné pour infanticide
- ▶ **Avril 1762.** Début de la campagne de Voltaire pour la réhabilitation de Jean Calas et de sa famille
- ▶ **1763.** Publication du *Traité sur la tolérance à l'occasion de la mort de Jean Calas*
- ▶ **9 mars 1765.** Réhabilitation de Jean Calas, à l'unanimité des juges

Les Calas emprisonnés.

■ La condamnation de Jean Calas

Les Calas sont une famille d'honnêtes commerçants protestants, installés à Toulouse, dont l'un des fils, Louis, avait abjuré la religion réformée pour se convertir au catholicisme. Le 13 octobre 1761, le corps de Marc-Antoine, le fils aîné, est retrouvé assassiné dans la maison familiale. La rumeur populaire désigne le père, Jean Calas, comme le meurtrier. On l'accuse d'avoir voulu empêcher Marc-Antoine de se convertir à son tour. L'enquête criminelle est aveuglée par les mêmes préjugés. Par sept voix sur treize, les juges condamnent Jean Calas, malgré toutes les incohérences de l'enquête, à être roué en place publique puis brûlé sur le bûcher.

■ Le combat de Voltaire

Quelques semaines après l'exécution de Calas, Voltaire se saisit de l'affaire. Après une enquête minutieuse, il est convaincu de l'innocence de Jean Calas. Il voit dans la monstrueuse erreur judiciaire un effet du fanatisme religieux. Dès lors, il mobilise ses amis philosophes et ses soutiens parmi la noblesse éclairée. Il interpelle l'opinion publique à travers ses écrits, qui démontrent que le procès a été mené sans respect de la justice et de la vérité. Il publie ainsi son *Traité sur la tolérance* qui connaît un immense succès et fait basculer l'opinion en faveur de Calas.

Les Capitouls, les juges du Parlement de Toulouse, qui condamnent Jean Calas.

Le XVIIIᵉ siècle

La famille Calas plaidant sa cause devant Voltaire. Peinture anonyme du XVIIIᵉ siècle.

■ Le triomphe de la vérité

En 1764, après deux ans de combat, l'arrêt du Parlement de Toulouse qui avait condamné Calas est cassé. Un nouvel arrêt ordonne la révision du procès. Le 9 mars 1765, Jean Calas est solennellement réhabilité, à l'unanimité des juges. Sa famille est indemnisée par le roi Louis XV. C'est le triomphe de la justice et, comme l'espère Voltaire, la fin de « cette sombre superstition qui porte les âmes faibles à imputer des crimes à quiconque ne pense pas comme elles ».

■ La lutte contre l'injustice

Désormais, et jusqu'à la fin de sa vie, Voltaire fait de la lutte contre l'intolérance son principal combat. En effet, le fanatisme conduit à de nouvelles erreurs judiciaires après l'affaire Calas. C'est ainsi que Voltaire se mobilise à nouveau en 1765 en faveur des Sirven, injustement accusés d'avoir assassiné leur fille. Il prend également la défense du jeune chevalier de La Barre, jugé pour être passé devant une procession religieuse sans se découvrir, et exécuté le 1ᵉʳ juillet 1766. Le *Dictionnaire philosophique* de Voltaire, trouvé parmi les livres du chevalier, est lui aussi brûlé publiquement. C'est le défenseur de Calas et des libertés qu'honorera la Révolution française en conduisant les cendres de Voltaire au Panthéon, en 1791.

1700 ▼ 1800

L'immense cortège qui accompagne le transport des cendres de Voltaire au Panthéon, en 1791.

■ La naissance de l'écrivain engagé

Avec l'affaire Calas, Voltaire impose une nouvelle figure de l'écrivain, celle de l'écrivain engagé. Le philosophe, qui a été lui-même victime de l'intolérance et du fanatisme, examine les faits, enquête, interroge et prend position au nom de l'innocence contre les arrêts injustes des tribunaux. Il interpelle l'opinion publique, qu'il a contribué à forger, et s'appuie sur ce nouveau contre-pouvoir pour obtenir justice. C'est ainsi que Voltaire impose la figure de l'écrivain engagé, annonçant tous ceux qui, comme Victor Hugo, Émile Zola, André Gide, Albert Camus, André Malraux, Jean-Paul Sartre, alerteront l'opinion au nom de la justice et de la vérité.

Comprendre l'essentiel

1. Comment s'explique l'aveuglement des juges de Calas ?

2. Sous quelles formes Voltaire s'engage-t-il pour la réhabilitation de Calas ?

3. Pourquoi peut-on dire, en 1765, que la justice triomphe ?

4. En quoi Voltaire est-il directement visé par la condamnation du chevalier de La Barre ?

Voltaire

OBJET D'ÉTUDE 1re **La question de l'Homme dans les genres de l'argumentation** → voir p. 210

1763 Traité sur la tolérance

À la fin du *Traité sur la tolérance*, écrit pour appuyer le combat en vue de la réhabilitation de Jean Calas victime des préjugés religieux, Voltaire s'adresse à Dieu. Il en appelle à un dieu de justice et d'humanité qui, au-delà de la diversité des peuples et des religions, rassemble les hommes dans un sentiment universel de fraternité.

Ce n'est donc plus aux hommes que je m'adresse ; c'est à toi, Dieu de tous les êtres, de tous les mondes et de tous les temps : s'il est permis à de faibles créatures perdues dans l'immensité, et imperceptibles au reste de l'univers, d'oser te demander quelque chose, à toi qui as tout donné, à toi dont les décrets sont immuables comme éternels,
5 daigne regarder en pitié les erreurs attachées à notre nature ; que ces erreurs ne fassent point nos calamités. Tu ne nous as point donné un cœur pour nous haïr, et des mains pour nous égorger ; fais que nous nous aidions mutuellement à supporter le fardeau d'une vie pénible et passagère ; que les petites différences entre les vêtements qui couvrent nos débiles corps[1], entre tous nos langages insuffisants, entre tous nos usages[2]
10 ridicules, entre toutes nos lois imparfaites, entre toutes nos opinions insensées, entre toutes nos conditions[3] si disproportionnées à nos yeux, et si égales devant toi ; que toutes ces petites nuances qui distinguent les atomes appelés *hommes* ne soient pas des signaux de haine et de persécution ; que ceux qui allument des cierges en plein midi pour te célébrer supportent ceux qui se contentent de la lumière de ton soleil ; que ceux
15 qui couvrent leur robe d'une toile blanche pour dire qu'il faut t'aimer ne détestent pas ceux qui disent la même chose sous un manteau de laine noire ; qu'il soit égal de t'adorer dans un jargon formé d'une ancienne langue, ou dans un jargon plus nouveau ; que ceux dont l'habit est teint en rouge ou en violet, qui dominent sur une petite parcelle d'un petit tas de la boue de ce monde, et qui possèdent quelques fragments arrondis
20 d'un certain métal, jouissent sans orgueil de ce qu'ils appellent *grandeur* et *richesse*, et que les autres les voient sans envie : car tu sais qu'il n'y a dans ces vanités ni de quoi envier, ni de quoi s'enorgueillir.

Puissent tous les hommes se souvenir qu'ils sont frères ! Qu'ils aient en horreur la tyrannie exercée sur les âmes, comme ils ont en exécration[4] le brigandage qui ravit par
25 la force le fruit du travail et de l'industrie paisible ! Si les fléaux de la guerre sont inévitables, ne nous haïssons pas, ne nous déchirons pas les uns les autres dans le sein de la paix, et employons l'instant de notre existence à bénir également en mille langages divers, depuis Siam[5] jusqu'à la Californie, ta bonté qui nous a donné cet instant.

Voltaire, *Traité sur la tolérance*, 1763.

---

1. **débiles corps :** faibles corps.

2. **usages :** habitudes, coutumes.

3. **conditions :** situations sociales.

4. **en exécration :** en haine.

5. **Siam :** région d'Asie du Sud-Est.

Observation

1. Quelle image de l'homme ce texte développe-t-il dans le premier paragraphe ? Relevez et commentez les termes et expressions dévalorisants.

2. Quelles valeurs Voltaire défend-il ? Quelles sont les cibles qu'il attaque ?

Analyse

3. Quels sont les trois destinataires du texte successivement apostrophés par Voltaire ? Analysez le jeu des pronoms de manière à étudier le passage de l'un à l'autre.

4. Étudiez la construction de la longue phrase des lignes 6 à 22. En quoi cette période contribue-t-elle à l'éloquence du texte ?

Préparer l'épreuve orale. Lisez ce texte à voix haute en respectant le rythme de la phrase et l'intonation imprimée au texte par les procédés de l'éloquence.

Notion

L'apostrophe

L'apostrophe est un des procédés de la persuasion qui participe à l'éloquence du discours. En interpellant le destinataire qu'il prend à témoin ou invite à agir, l'auteur donne une dimension oratoire au texte.

Le XVIIIᵉ siècle

OBJET D'ÉTUDE 2ⁿᵈᵉ **Genres et formes de l'argumentation** → voir p. 208

1764

Dictionnaire philosophique

Indigné par l'intolérance, Voltaire dénonce dans son *Dictionnaire philosophique* le fanatisme et l'absurdité de certains dogmes religieux.

FANATISME

Le fanatisme est à la superstition ce que le transport est à la fièvre, ce que la rage est à la colère. Celui qui a des extases, des visions, qui prend des songes pour des réalités, et ses imaginations pour des prophéties, est un enthousiaste ; celui qui soutient sa folie par le meurtre est un fanatique. [...]

5   Il n'y a d'autre remède à cette maladie épidémique que l'esprit philosophique, qui répandu de proche en proche adoucit enfin les mœurs des hommes, et qui prévient les accès du mal ; car dès que ce mal fait progrès, il faut fuir, et attendre que l'air soit purifié. Les lois et la religion ne suffisent pas contre la peste des âmes ; la religion, loin d'être pour elles un aliment salutaire, se tourne en poison dans les cerveaux infectés. Ces

10 misérables ont sans cesse présent à l'esprit l'exemple d'Aod, qui assassine le roi Eglon ; de Judith, qui coupe la tête d'Holopherne en couchant avec lui ; de Samuel qui hache en morceaux le roi Agag : ils ne voient pas que ces exemples qui sont respectables dans l'Antiquité, sont abominables dans le temps présent ; ils puisent leurs fureurs dans la religion même qui les condamne.

15 Les lois sont encore très impuissantes contre ces accès de rage ; c'est comme si vous lisiez un arrêt du Conseil[1] à un frénétique. Ces gens-là sont persuadés que l'esprit saint qui les pénètre est au-dessus des lois, que leur enthousiasme est la seule loi qu'ils doivent entendre.

Que répondre à un homme qui vous dit qu'il aime mieux obéir à Dieu qu'aux

20 hommes, et qui en conséquence est sûr de mériter le ciel en vous égorgeant ?

Ce sont d'ordinaire les fripons qui conduisent les fanatiques, et qui mettent le poignard entre leurs mains ; ils ressemblent à ce vieux de la montagne[2] qui faisait, dit-on, goûter les joies du paradis à des imbéciles, et qui leur promettait une éternité de ces plaisirs, dont il leur avait donné un avant-goût, à condition qu'ils iraient assassiner tous

25 ceux qu'il leur nommerait. Il n'y a eu qu'une seule religion dans le monde qui n'ait pas été souillée par le fanatisme, c'est celle des lettrés de la Chine. Les sectes des philosophes étaient non seulement exemptes de cette peste, mais elles en étaient le remède.

Car l'effet de la philosophie est de rendre l'âme tranquille, et le fanatisme est incompatible avec la tranquillité. Si notre sainte religion a été si souvent corrompue par cette

30 fureur infernale, c'est à la folie des hommes qu'il faut s'en prendre.

Voltaire, *Dictionnaire philosophique*, 1764.

1. le Conseil : le gouvernement.
2. le vieux de la montagne : chef d'une secte orientale.

1700 ▾ 1800

Observation

1. Repérez la définition du terme « fanatisme », puis reformulez cette définition.

2. Relevez les exemples utilisés. À quels domaines sont-ils empruntés ?

Analyse

3. Analysez la métaphore filée des lignes 5 à 9.

4. Quelles sont les valeurs défendues par Voltaire ? Commentez le dernier paragraphe.

5. Sur quels procédés de la polémique Voltaire s'appuie-t-il pour attaquer ses adversaires ?

Vers la dissertation. Montrez, dans un paragraphe explicatif, comment Voltaire transforme l'article de dictionnaire en texte polémique.

Notion

Le ton polémique

Le ton polémique vise à attaquer une personne, une œuvre, un comportement ou une institution. Il utilise les procédés de la valorisation ou de la dévalorisation : fausse question, vocabulaire évaluatif, hyperbole, sarcasme, ironie.

239

Rousseau

▶ **Jean-Jacques Rousseau**
▶ Né à Genève le 28 juin 1712.
▶ Décédé à Ermenonville le 2 juillet 1778.

Rousseau, qui a perdu sa mère à sa naissance, est élevé par son père à Genève. Mis en apprentissage, il trouve les portes de la ville fermées au retour d'une promenade. Il décide alors de partir à l'aventure. Il est recueilli à Annecy par Mme de Warens. En 1742, il s'installe à Paris où il découvre les salons littéraires et devient l'ami de Diderot. Il se lie avec Thérèse Levasseur, une servante, dont il a cinq enfants : tous sont abandonnés à l'Hospice des enfants trouvés. Engagé auprès des philosophes dans leur combat pour les Lumières, il se retrouve peu à peu isolé. Voltaire, qui a foi dans le progrès, lui reproche en effet sa condamnation de la civilisation dans le *Discours sur les sciences et les arts* ou dans le *Discours sur l'origine de l'inégalité*. En 1762, condamné par le Parlement pour les idées défendues dans *Émile ou De l'éducation*, menacé d'arrestation, Rousseau est obligé de fuir. Il mène alors une vie errante avant de mourir, à soixante-six ans, peu après son installation à Ermenonville.

ŒUVRES PRINCIPALES

Essais
Discours sur les sciences et les arts (1750), *Discours sur l'origine de l'inégalité* (1755), *Lettre à d'Alembert sur les spectacles* (1758), *Du contrat social* (1762), *Émile ou De l'éducation* (1762).

Roman
La Nouvelle Héloïse (1761).

Récits autobiographiques
Les Confessions (1765-1770), *Les Rêveries du promeneur solitaire* (1782).

▶ L'œuvre de Rousseau

● **La critique de la civilisation.** Dès son *Discours sur les sciences et les arts*, en 1750, Rousseau est convaincu que la civilisation a perverti les hommes. Il fait ainsi l'éloge du « bon sauvage », exalte l'homme naturel et condamne les injustices nées de la propriété. Le *Discours sur l'origine de l'inégalité* en 1755 et *Du contrat social* en 1762 revendiquent plus de liberté et d'égalité pour les citoyens.

Jean-Jacques Rousseau dans la forêt d'Ermenonville, près de Paris.

● **Le romancier de l'émotion.** *La Nouvelle Héloïse* connaît un très grand succès, dès sa publication en 1761. Ce roman par lettres décrit la passion impossible de Saint-Preux et de son élève, Julie d'Estanges, obligée d'épouser un homme de sa condition. Rousseau y suscite l'émotion des « âmes sensibles » à travers le pathétique des situations.

● **Le plaidoyer autobiographique.** En cherchant à se justifier des attaques dont il est l'objet avec *Les Confessions* rédigées de 1765 à 1770, Rousseau crée le genre autobiographique. Évoquant l'histoire de sa vie, il avoue au lecteur ses défauts et ses faiblesses. De 1776 à 1778, il poursuit ses confidences autobiographiques dans *Les Rêveries du promeneur solitaire*.

▶ Le philosophe de la sensibilité

Rousseau met en évidence la sensibilité de l'homme qui souffre au contact de la société. Il apparaît lui-même comme un être incompris qui revendique l'expression de ses émotions, de ses rêves et de ses désirs. Sa vie et son œuvre manifestent l'importance du rapport de l'homme avec la nature : dans la solitude, face à la beauté des paysages, Rousseau retrouve en lui la richesse d'une sensibilité corrompue par la civilisation.

Le XVIIIᵉ siècle

OBJET D'ÉTUDE 2ⁿᵈᵉ **Genres et formes de l'argumentation** → voir p. 208

1755

Discours sur l'origine de l'inégalité parmi les hommes

En 1753, l'Académie de Dijon met au concours le problème suivant : « Quelle est l'origine de l'inégalité des conditions parmi les hommes ? » Rousseau reconstitue l'histoire humaine pour identifier le moment où les hommes abandonnent l'état de nature et découvrent la vie en société. Celle-ci, aux yeux de Rousseau, est la source de toutes les inégalités et des malheurs de l'homme.

> Tant que les hommes se contentèrent de leurs cabanes rustiques, tant qu'ils se bornèrent à coudre leurs habits de peaux avec des épines ou des arrêtes, à se parer de plumes et de coquillages, à se peindre le corps de diverses couleurs, à perfectionner ou embellir leurs arcs et leurs flèches, à tailler avec des pierres tranchantes quelques canots
> 5 de pêcheurs ou quelques grossiers instruments de musique ; en un mot tant qu'ils ne s'appliquèrent qu'à des ouvrages qu'un seul pouvait faire, et qu'à des arts[1] qui n'avaient pas besoin du concours de plusieurs mains, ils vécurent libres, sains, bons, et heureux autant qu'ils pouvaient l'être par leur nature, et continuèrent à jouir entre eux des douceurs d'un commerce[2] indépendant : mais dès l'instant qu'un homme eut besoin du
> 10 secours d'un autre ; dès qu'on s'aperçut qu'il était utile à un seul d'avoir des provisions pour deux, l'égalité disparut, la propriété s'introduisit, le travail devint nécessaire, et les vastes forêts se changèrent en des campagnes riantes qu'il fallut arroser de la sueur des hommes, et dans lesquelles on vit bientôt l'esclavage et la misère germer et croître avec les moissons.
> 15 La métallurgie et l'agriculture furent les deux arts dont l'invention produisit cette grande révolution. Pour le poète, c'est l'or et l'argent[3], mais pour le philosophe, ce sont le fer et le blé qui ont civilisé les hommes, et perdu le genre humain ; aussi l'un et l'autre étaient-ils inconnus aux sauvages de l'Amérique qui pour cela sont toujours demeurés tels ; les autres peuples semblent même être restés barbares tant qu'ils ont pratiqué
> 20 l'un de ces arts sans l'autre ; et l'une des meilleures raisons pourquoi l'Europe a été, sinon plus tôt, du moins plus constamment, et mieux policée[4] que les autres parties du monde, c'est qu'elle est à la fois la plus abondante en fer et la plus fertile en blé.

Jean-Jacques Rousseau, *Discours sur l'origine et les fondements de l'inégalité parmi les hommes*, 1755.

1. arts : activités, techniques artisanales.
2. commerce : relations entre les hommes.
3. l'or et l'argent : dans la poésie, on parle de l'« âge d'or » et de l'« âge d'argent » pour désigner la prospérité, le bonheur des premières sociétés.
4. policée : civilisée.

1700 ▼ 1800

Observation

1. Comment Rousseau imagine-t-il les sociétés primitives ? Sur quel modèle fonde-t-il selon vous sa représentation ?

2. Relevez et commentez les termes qui caractérisent les hommes vivant à l'état de nature.

3. Quelle est la thèse défendue dans le premier paragraphe ? À quelle autre thèse s'oppose le second paragraphe ?

4. Quelle est la construction de la phrase qui constitue le premier paragraphe ?

Analyse

5. Quelles sont les conséquences, aux yeux de Rousseau, de l'introduction de la propriété parmi les hommes ?

6. Expliquez le paradoxe qui affirme que « ce sont le fer et le blé qui ont civilisé les hommes, et perdu le genre humain » (l.17)

Comparer deux textes. Comparez le texte de Rousseau avec celui de Diderot sur la découverte de Tahiti (p. 231). Quelle réflexion commune mènent-ils ? En quoi ces deux formes d'argumentation s'inscrivent-elles dans la stratégie des Lumières ?

Notion

L'expression de la thèse

Le discours argumentatif cherche à démontrer la validité de la thèse qu'il défend, tout en réfutant un point de vue adverse. Il s'appuie sur l'organisation du discours et la force des arguments.

241

Rousseau

OBJET D'ÉTUDE 2ᵈᵉ **Genres et formes de l'argumentation** → voir p. 208

1758 ## Lettre sur les spectacles

À l'opposé de l'admiration que le XVIIIᵉ siècle montre pour le théâtre et l'œuvre de Molière, Jean-Jacques Rousseau condamne pour sa part la représentation théâtrale qui, selon lui, met en valeur les défauts des hommes et tourne leurs qualités en ridicule.

On convient, et on le sentira chaque jour davantage, que Molière est le plus parfait auteur comique dont les ouvrages nous soient connus ; mais qui peut disconvenir[1] aussi que le Théâtre de ce même Molière, des talents duquel je suis plus l'admirateur que personne, ne soit une école de vices et de mauvaises mœurs, plus dangereuse que les livres
5 mêmes où l'on fait profession de les enseigner ? [...]

Voyez comment, pour multiplier ses plaisanteries, cet homme trouble tout l'ordre de la société ; avec quel scandale il renverse tous les rapports les plus sacrés sur lesquels elle est fondée, comment il tourne en dérision les respectables droits des pères sur leurs enfants, des maris sur leurs femmes, des maîtres sur leurs serviteurs ! Il fait rire, il est
10 vrai, et n'en devient que plus coupable, en forçant, par un charme invincible, les sages mêmes de se prêter à des railleries qui devraient attirer leur indignation. J'entends dire qu'il attaque les vices ; mais je voudrais bien que l'on comparât ceux qu'il attaque avec ceux qu'il favorise. Quel est le plus blâmable, d'un bourgeois sans esprit et vain qui fait sottement le gentilhomme, ou d'un gentilhomme fripon qui le dupe ? Dans la pièce
15 dont je parle, ce dernier n'est-il pas l'honnête homme ? N'a-t-il pas pour lui l'intérêt ? Et le public n'applaudit-il pas à tous les tours qu'il fait à l'autre ? Quel est le plus criminel, d'un paysan assez fou pour épouser une demoiselle, ou d'une femme qui cherche à déshonorer son époux ? Que penser d'une pièce où le parterre[2] applaudit à l'infidélité, au mensonge, à l'impudence[3] de celle-ci, et rit de la bêtise du manant puni ? C'est un grand
20 vice d'être avare et de prêter à usure ; mais n'en est-ce pas un plus grand encore à un fils de voler son père, de lui manquer de respect, de lui faire mille insultants reproches, et, quand ce père irrité lui donne sa malédiction, de répondre d'un air goguenard[4] qu'il n'a que faire de ses dons ? Si la plaisanterie est excellente, en est-elle moins punissable ? Et la pièce où l'on fait aimer le fils insolent qui l'a faite en est-elle moins une école de
25 mauvaises mœurs ?

Jean-Jacques Rousseau, *Lettre à d'Alembert sur les spectacles*, 1758.

1. **disconvenir :** nier.
2. **le parterre :** les spectateurs de la pièce.
3. **l'impudence :** l'effronterie, le cynisme.
4. **goguenard :** moqueur.

Observation

1. Reformulez la thèse défendue dans le premier paragraphe.

2. Quels sont les arguments apportés dans la suite de l'extrait ?

3. Quels exemples de pièces ou de personnages Rousseau utilise-t-il ?

Analyse

4. Analysez la stratégie argumentative utilisée par Rousseau : rôle de la concession, interpellation du lecteur, fonction des interrogations.

5. En quoi peut-on qualifier ce texte de « paradoxal » ? En définitive, quelle est à travers le théâtre de Molière la cible visée par Rousseau ?

Vers l'écrit d'invention. Vous prendrez la défense de Molière, sous la forme d'une lettre adressée à Jean-Jacques Rousseau.

Notion

Le paradoxe

Le paradoxe est une pensée qui prend le contre-pied de l'opinion généralement admise. Il permet de remettre en cause des certitudes ou de créer la polémique à partir d'un effet de surprise.

Le XVIIIe siècle

OBJET D'ÉTUDE 1re | **Le personnage de roman** → voir p. 202

1761

La Nouvelle Héloïse

La Nouvelle Héloïse raconte la passion de Saint-Preux pour Julie d'Estanges dont il est le précepteur. Celle-ci a été contrainte d'accepter le mari choisi par son père. Après une longue absence, Saint-Preux revoit Julie qui est désormais mariée.

Après le souper, nous fûmes nous asseoir sur la grève[1] en attendant le moment du départ. Insensiblement la lune se leva, l'eau devint plus calme, et Julie me proposa de partir. Je lui donnai la main pour entrer dans le bateau ; et, en m'asseyant à côté d'elle, je ne songeai plus à quitter sa main. Nous gardions un profond silence. Le bruit égal et
5　mesuré des rames m'excitait à rêver. Le chant assez gai des bécassines, me retraçant les plaisirs d'un autre âge, au lieu de m'égayer, m'attristait. Peu à peu je sentis augmenter la mélancolie dont j'étais accablé. Un ciel serein, les doux rayons de la lune, le frémissement argenté dont l'eau brillait autour de nous, le concours[2] des plus agréables sensations, la présence même de cet objet chéri, rien ne put détourner de mon cœur mille
10　réflexions douloureuses.

Je commençai par me rappeler une promenade semblable faite autrefois avec elle durant le charme de nos premières amours. Tous les sentiments délicieux qui remplissaient alors mon âme s'y retracèrent pour l'affliger ; tous les événements de notre jeunesse, nos études, nos entretiens, nos lettres, nos rendez-vous, nos plaisirs,

15　　　　　　*E tanta fede, e si dolci memorie,*
　　　　　　　　E si lungo costume[3] !

ces foules de petits objets qui m'offraient l'image de mon bonheur passé, tout revenait, pour augmenter ma misère présente, prendre place en mon souvenir. C'en est fait, disais-je en moi-même ; ces temps, ces temps heureux ne sont plus ; ils ont disparu pour
20　jamais. Hélas ! Ils ne reviendront plus ; et nous vivons, et nous sommes ensemble, et nos cœurs sont toujours unis ! Il me semblait que j'aurais porté plus patiemment sa mort ou son absence, et que j'avais moins souffert tout le temps que j'avais passé loin d'elle. Quand je gémissais dans l'éloignement, l'espoir de la revoir soulageait mon cœur ; je me flattais qu'un instant de sa présence effacerait toutes mes peines ; j'envisageais au moins
25　dans les possibles un état moins cruel que le mien. Mais se trouver auprès d'elle, mais la voir, la toucher, lui parler, l'aimer, l'adorer, et presque en la possédant encore, la sentir perdue à jamais pour moi, voilà ce qui me jetait dans des accès de fureur et de rage qui m'agitèrent par degrés jusqu'au désespoir.

Jean-Jacques Rousseau, *La Nouvelle Héloïse*, 1761.

1. **la grève :** la plage.
2. **le concours :** la présence.
3. *E tanda fede... :* « Et cette foi si intense, et ces doux souvenirs, et cette longue familiarité » (Pietro Metastaso, compositeur d'opéras).

1700 ▾ 1800

Observation

1. Relevez les éléments du paysage mis en place dans le premier paragraphe. Ce paysage est-il en accord avec les sentiments du narrateur ?

2. La douleur de Saint-Preux s'accentue peu à peu. Quels sont les termes qui marquent la progression de sa souffrance ?

Analyse

3. Quel est le rôle joué par le souvenir dans cet épisode ?

4. Relevez et expliquez trois procédés de style par lesquels le narrateur souligne l'intensité de sa souffrance.

5. Faites l'analyse stylistique de la dernière phrase du texte.

Vers le commentaire. Rédigez un paragraphe dans lequel vous montrerez comment Rousseau, avec le personnage de Saint-Preux, fait ressentir au lecteur toute l'intensité de la mélancolie amoureuse.

Notion

Le champ lexical

À travers le choix des mots, l'auteur met à profit toute la richesse du langage. Rousseau met ainsi en place le champ lexical de la souffrance, qui lui permet d'exprimer toutes les nuances de l'émotion éprouvée par le personnage.

243

Rousseau

OBJET D'ÉTUDE 1re La question de l'Homme dans les genres de l'argumentation   → voir p. 210

1762 Du contrat social

« L'homme est né libre, déclare Rousseau, et partout il est dans les fers. » L'écrivain philosophe veut redonner aux hommes la liberté qu'ils ont perdue et réfléchit sur les conditions d'une société plus harmonieuse.

Si l'on recherche en quoi consiste précisément le plus grand bien de tous, qui doit être la fin[1] de tout système de législation, on trouvera qu'il se réduit à ces deux objets principaux, la *liberté* et l'*égalité*. La liberté, parce que toute dépendance particulière[2] est autant de force ôtée au corps de l'État ; l'égalité, parce que la liberté ne peut subsister sans elle.

J'ai déjà dit ce que c'est que la liberté civile ; à l'égard de l'égalité, il ne faut pas entendre par ce mot que les degrés de puissance et de richesse soient absolument les mêmes, mais que, quant à la puissance, elle soit au-dessous de toute violence et ne s'exerce jamais qu'en vertu du rang et des lois, et quant à la richesse, que nul citoyen ne soit assez opulent[3] pour en pouvoir acheter un autre, et nul assez pauvre pour être contraint de se vendre : ce qui suppose du côté des grands modération de biens et de crédit, et du côté des petits, modération d'avarice et de convoitise.

Cette égalité, disent-ils, est une chimère de spéculation[4] qui ne peut exister dans la pratique : mais si l'abus est inévitable, s'ensuit-il qu'il ne faille pas au moins le régler[5] ? C'est précisément parce que la force des choses tend toujours à détruire l'égalité, que la force de la législation doit toujours tendre à le maintenir.

Jean-Jacques Rousseau,
Du contrat social, 1762.

1. **la fin** : le but, l'objectif.
2. **toute dépendance particulière** : tout lien de dépendance, de servitude entre individus.
3. **opulent** : riche.
4. **chimère de spéculation** : réflexion abstraite, vue de l'esprit, utopie.
5. **le régler** : le limiter.

Observation
1. Quelle est la thèse défendue par Rousseau dans le premier paragraphe ? Montrez qu'il cherche à assurer la puissance de l'État pour le bien-être de tous.
2. Comment Rousseau conçoit-il l'égalité sociale ? Quelles limites donne-t-il à la puissance et à la richesse ?

Analyse
3. Analysez le jeu des pronoms dans le texte. En quoi met-il en évidence l'affrontement de points de vue opposés ?

4. Quelles sont les deux valeurs fondamentales invoquées par Rousseau au début du texte ? Quelles sont les valeurs qui s'affrontent dans le deuxième paragraphe ?

Comparer deux textes. Comparez le texte de Rousseau avec l'article « Autorité politique » de Diderot (p. 225). De quelle manière chacun contribue-t-il à la volonté d'émancipation des hommes ? En quoi s'inscrivent-ils dans le mouvement des Lumières ?

Notion

L'invocation des valeurs

L'affirmation d'un point de vue repose sur l'invocation des valeurs, qu'elles soient sociales (la justice), morales (le bien) ou esthétiques (le beau). C'est au nom de ces valeurs que le polémiste sollicite le lecteur et engage le débat.

Le XVIIIᵉ siècle

OBJET D'ÉTUDE 1ʳᵉ   La question de l'Homme dans les genres de l'argumentation → voir p. 210

**1765
1770**

Les Confessions

En entreprenant de rédiger ses « confessions », Rousseau veut réfuter les attaques lancées contre lui par ses adversaires. Le portrait qu'il fait de lui-même tente, par sa sincérité, de renouveler l'image de l'homme en ne cachant rien de ses faiblesses.

Je forme une entreprise qui n'eut jamais d'exemple, et dont l'exécution n'aura point d'imitateur. Je veux montrer à mes semblables un homme dans toute la vérité de la nature ; et cet homme, ce sera moi.

Moi seul. Je sens mon cœur et je connais les hommes. Je ne suis fait comme
5   aucun de ceux que j'ai vus ; j'ose croire n'être fait comme aucun de ceux qui existent. Si je ne vaux pas mieux, au moins je suis autre. Si la nature a bien ou mal fait de briser le moule dans lequel elle m'a jeté, c'est ce dont on ne peut juger qu'après m'avoir lu.

Que la trompette du Jugement dernier sonne quand elle voudra ; je viendrai
10 ce livre à la main me présenter devant le souverain juge¹. Je dirai hautement : voilà ce que j'ai fait, ce que j'ai pensé, ce que je fus. J'ai dit le bien et le mal avec la même franchise. Je n'ai rien tu de mauvais, rien ajouté de bon, et s'il m'est arrivé d'employer quelque ornement indifférent, ce n'a jamais été que pour remplir un vide occasionné par mon défaut de mémoire ; j'ai pu supposer
15 vrai ce que je savais avoir pu l'être, jamais ce que je savais être faux. Je me suis montré tel que je fus, méprisable et vil quand je l'ai été, bon, généreux, sublime, quand je l'ai été : j'ai dévoilé mon intérieur² tel que tu l'as vu toi-même. Être éternel, rassemble autour de moi l'innombrable foule de mes semblables : qu'ils écoutent mes confessions, qu'ils gémissent de mes indignités, qu'ils rougissent
20 de mes misères. Que chacun d'eux découvre à son tour son cœur au pied de ton trône avec la même sincérité ; et puis qu'un seul te dise, s'il l'ose : *je fus meilleur que cet homme-là*.

Jean-Jacques Rousseau,
Les Confessions, 1765-1770.

1. le souverain juge :
Dieu.

2. mon intérieur :
ma conscience,
ma vie intérieure.

**1700
▼
1800**

Observation

1. Reformulez l'ambition affichée par Rousseau dans le premier paragraphe.

2. À travers quels pronoms l'auteur apparaît-il ? Comment peut-on expliquer leur présence insistante dans le texte ?

3. Quel est le rôle attribué par Rousseau au lecteur de son autobiographie ?

Analyse

4. Dans le troisième paragraphe, quels procédés de l'éloquence Rousseau

utilise-t-il pour persuader le lecteur de sa sincérité ?

5. Retrouvez dans le texte les caractéristiques de l'autobiographie introduite par ce préambule des *Confessions*.

6. Comment Rousseau renouvelle-t-il la question de l'Homme, selon vous ?

Vers le commentaire. Vous rédigerez un paragraphe de commentaire dans lequel vous montrerez comment Rousseau justifie le projet de se confesser au lecteur.

Notion

L'image de soi, l'image de l'Homme

L'autobiographie est un récit dans lequel l'auteur raconte son existence en soulignant tout ce qui a contribué à former sa personnalité. Il lui permet de mieux se connaître mais aussi, à travers lui, de mieux comprendre les hommes.

245

HISTOIRE des Arts | Le rococo

Après l'ordre et la rigueur classique du règne de Louis XIV, une esthétique raffinée, privilégiant la courbe et les arabesques, domine le XVIIIe siècle jusqu'aux années 1760. Le rococo, mot d'abord ironique pour qualifier le style « rocaille » inspiré des volutes des coquillages, définit un certain art de sentir, de penser et de vivre.

■ Le raffinement des arts décoratifs

Le style rococo apparaît notamment dans le cadre de la décoration des hôtels particuliers que l'aristocratie fait construire à Paris sous le règne de Louis XV. L'usage de la courbe sinueuse, le goût pour l'exotisme et les chinoiseries, la présence de grotesques, ces représentations de figures mi-humaines, mi-animales surgissant au sein des arabesques, séduisent un public avide de pittoresque.

L'univers rococo correspond également à un souci de créer de nouvelles pièces d'habitation plus petites et plus commodes que les grandes enfilades des demeures aristocratiques, offrant ainsi un cadre propice à cette élégance décorative. Le mobilier, l'orfèvrerie ou la porcelaine sont également investis par l'esthétique rococo.

Jean-François Oeben et Jean-Henri Riesener, bureau réalisé pour Louis XV associant marqueterie de bois précieux et bronze (1760-1769).

■ La fête éblouissante de l'opéra

Le grand musicien français du XVIIIe siècle est Jean-Baptiste Rameau (1683-1764). Auteur de morceaux pour clavecin, théoricien de la composition musicale, il triomphe à Versailles et à Paris par le faste et l'invention de ses opéras. Ses tragédies lyriques, ses opéras comiques, ses pastorales héroïques et surtout ses opéras-ballets entraînent les spectateurs dans un univers féerique. Ainsi, *Les Indes galantes*, créée en 1735, se déroulent chez les Turcs, les Incas, les Perses pour s'achever chez les Sauvages, c'est-à-dire les Indiens.

Costume de scène, femme indienne pour *Les Indes galantes*. Dans cet univers exotique, la somptuosité des effets est préférée à l'exactitude historique.

Le XVIIIe siècle

La PEINTURE, le beau selon des règles

Au XVIIIe siècle, la peinture mythologique et religieuse demeure le grand genre académique. Cependant des artistes traitent de sujets plus légers. Derrière l'apparente insouciance des scènes, c'est aussi parfois une certaine mélancolie qui s'exprime.

Baptiste Pater, *Le Concert champêtre*, détail.

Pèlerinage à l'île de Cythère (1717) de Watteau évoque avec grâce la relation amoureuse. Celle-ci est symbolisée par ce départ pour l'île grecque où Aphrodite, déesse de l'amour, serait née, portée par les flots.

1700 ▼ 1800

▶ Les charmes de la fête galante

Antoine Watteau (1684-1721) crée un thème qui marquera l'histoire de la peinture. Dans un cadre naturel accueillant, des jeunes hommes et femmes se rassemblent pour deviser sur l'amour, écouter un musicien danser et séduire. Cette évocation d'une existence tournée vers l'amour et les jeux de la séduction peut sembler frivole ; elle exprime pourtant une douce fragilité qui témoigne du caractère éphémère des joies de l'existence humaine. La fête galante devient un véritable genre pictural au XVIIIe siècle, repris par des continuateurs de Watteau comme Jean-Baptiste Pater ou Nicolas Lancret.

« Watteau, ce carnaval où bien des cœurs illustres,
Comme des papillons, errent en flamboyant,
Décors frais et légers éclairés par des lustres
Qui versent la folie à ce bal tournoyant. »

Baudelaire, « Les Phares », *Les Fleurs du Mal*

▶ La création d'une peinture sensuelle

Les peintres François Boucher (1703-1770) et Jean Honoré Fragonard (1732-1806) poursuivent le genre galant, en lui apportant une dimension plus sensuelle. François Boucher grave de nombreuses œuvres de Watteau avant de s'intéresser au thème de la pastorale et à des scènes à la fois galantes et mythologiques. Jean Honoré Fragonard abandonne rapidement la peinture d'histoire pour proposer quelques scènes plus libertines.

François Boucher, *Diane sortant du bain*, 1742.

Perspective

Les fêtes galantes dans la littérature

Contemporain de Watteau, le théâtre de Marivaux évoque également le thème de la rencontre amoureuse, alors que les personnages des œuvres de Watteau semblent être des acteurs de théâtre. L'amour serait un jeu. Au XIXe siècle, Baudelaire évoque toute l'ambiguïté de l'art de Watteau et Verlaine rédige un recueil qui a pour titre les Fêtes galantes. On y trouve, dit-il, « quelques tons savoureux d'aigreur veloutée et de câline méchanceté. »

Beaumarchais

▶ **Pierre Augustin Caron de Beaumarchais**
▶ Né à Paris le 24 janvier 1732.
▶ Décédé à Paris le 18 mai 1799.

Fils d'un horloger parisien, Pierre Augustin Caron apprend le métier de son père. Il invente à vingt ans un procédé d'horlogerie novateur. Présenté à la cour de Louis XV, il fréquente dès lors le monde de la noblesse, devient professeur de musique auprès des filles du roi. À vingt-six ans, grâce à un premier mariage, il prend le nom de Beaumarchais et mène une vie d'homme d'affaires. Il sera ensuite chargé de missions secrètes à Londres et à Vienne pour le roi, armateur, fournisseur d'armes pour les insurgés américains. Ses premières œuvres littéraires ne connaissent aucun succès. Faussement accusé de corruption, Beaumarchais fait une brève expérience de la prison, mais il devient célèbre en 1776 avec *Le Barbier de Séville*. Huit ans plus tard, d'abord interdit par Louis XVI, *Le Mariage de Figaro* est un nouveau succès. Exilé pendant la Révolution, Beaumarchais revient en 1796 à Paris où il assiste au triomphe de sa dernière pièce, *La Mère coupable*.

ŒUVRES PRINCIPALES

Théâtre
Le Barbier de Séville (1775), *Le Mariage de Figaro* (1784), *La Mère coupable* (1792).

Le maître de la comédie satirique

À la fin du XVIIIe siècle, Beaumarchais renouvelle la comédie à travers le personnage de Figaro. Descendant des valets de comédie et des personnages du roman picaresque, Figaro incarne le goût de la liberté, l'esprit frondeur, qui dénonce les hypocrisies et les abus du pouvoir. Dans *Le Barbier de Séville*, en 1775, comme dans *Le Mariage de Figaro*, en 1784, Beaumarchais tourne en ridicule le comportement de la noblesse. Il oppose la valeur de l'individu aux privilèges dus à la naissance. Ruses, surprises, rebondissements, vivacité des dialogues caractérisent la comédie satirique de Beaumarchais. Celui-ci met ainsi les rieurs du côté des partisans de la liberté et annonce sur la scène la Révolution française.

OBJET D'ÉTUDE 1re Le texte théâtral et sa représentation → voir p. 204

1775 Le Barbier de Séville

Barbier à Séville, Figaro y retrouve son ancien maître, le comte Almaviva. Passionnément amoureux de Rosine, que son tuteur, Bartholo, désire lui-même épouser, le comte demande à Figaro de lui venir en aide en le renseignant sur la personnalité de son rival.

Le comte. – Apprends donc que le hasard m'a fait rencontrer au Prado[1], il y a six mois, une jeune personne d'une beauté… Tu viens de la voir ! je l'ai fait chercher en vain par tout Madrid. Ce n'est que depuis peu de jours que j'ai découvert qu'elle s'appelle Rosine, est d'un sang noble, orpheline et mariée à un vieux médecin de cette ville
5 nommé Bartholo.

Figaro. – Joli oiseau, ma foi ! difficile à dénicher ! Mais qui vous a dit qu'elle était femme du docteur ?

Le comte. – Tout le monde.

Figaro. – C'est une histoire qu'il a forgée en arrivant de Madrid, pour donner le change
10 aux galants et les écarter ; elle n'est encore que sa pupille[2], mais bientôt…

Le comte, *vivement*. – Jamais. Ah, quelle nouvelle ! j'étais résolu de tout poser pour lui présenter mes regrets, et je la trouve libre ! Il n'y a pas un moment à perdre, il faut m'en

1. Prado : lieu de promenade à Madrid, aujourd'hui occupé par le musée du même nom.
2. pupille : orpheline placée sous la protection d'un tuteur qui gère ses biens.

■ 248

Le XVIIIᵉ siècle

faire aimer, et l'arracher à l'indigne engagement qu'on lui destine. Tu connais donc ce tuteur ?

15 FIGARO. – Comme ma mère.

LE COMTE. – Quel homme est-ce ?

FIGARO, *vivement*. – C'est un beau, gros, court, jeune vieillard, gris pommelé[3], rusé, rasé, blasé, qui guette, et furète, et gronde, et geint tout à la fois.

LE COMTE, *impatienté*. – Eh ! je l'ai vu. Son caractère ?

20 FIGARO. – Brutal, avare, amoureux et jaloux à l'excès de sa pupille, qui le hait à la mort.

LE COMTE. – Ainsi, ses moyens de plaire sont…

FIGARO. – Nuls.

LE COMTE. – Tant mieux. Sa probité[4] ?

FIGARO. – Tout juste autant qu'il en faut pour n'être point pendu.

25 LE COMTE. – Tant mieux. Punir un fripon en se rendant heureux…

FIGARO. – C'est faire à la fois le bien public et particulier : chef-d'œuvre de morale, en vérité, Monseigneur !

LE COMTE. – Tu dis que la crainte des galants lui fait fermer sa porte ?

FIGARO. – À tout le monde ; s'il pouvait la calfeutrer…

30 LE COMTE. – Ah diable ! tant pis. Aurais-tu de l'accès chez lui ?

FIGARO. – Si j'en ai ! Primo, la maison que j'occupe appartient au docteur, qui m'y loge gratis…

LE COMTE. – Ah ! Ah !

FIGARO. – Et moi, en reconnaissance, je lui promets dix pistoles d'or par an, gratis aussi…

35 LE COMTE, *impatienté*. – Tu es son locataire ?

FIGARO. – De plus, son barbier, son chirurgien, son apothicaire[5] ; il ne se donne pas dans sa maison un coup de rasoir, de lancette ou de piston, qui ne soit de la main de votre serviteur.

LE COMTE *l'embrasse*. – Ah ! Figaro, mon ami, tu seras mon ange, mon libérateur, mon
40 dieu tutélaire[6].

FIGARO. – Peste ! comme l'utilité vous a bientôt rapproché les distances ! Parlez-moi des gens passionnés !

LE COMTE. – Heureux Figaro ! tu vas voir ma Rosine ! tu vas la voir ! Conçois-tu ton bonheur ?

FIGARO. – C'est bien là un propos d'amant ! Est-ce que je l'adore, moi ? Pussiez-vous
45 prendre ma place !

LE COMTE. – Ha ! si l'on pouvait écarter tous les surveillants !…

FIGARO. – C'est à quoi je rêvais.

Pierre Augustin Caron de Beaumarchais,
Le Barbier de Séville, Acte I, scène 4, 1775.

---

3. gris pommelé :
gris marqué de taches blanches (se dit pour la robe des chevaux).

4. probité :
honnêteté.

5. apothicaire :
pharmacien.

6. dieu tutélaire :
dieu protecteur.

1700
▼
1800

Observation

1. Quels sont les quatre personnages présents ou évoqués dans cette scène ? En quoi constituent-ils des personnages types de la comédie ?

2. Qui domine l'échange ? Justifiez votre réponse en analysant les types de phrases employés.

3. Commentez la réplique, ligne 47. Montrez qu'elle contient une dimension critique à l'égard de la société.

4. Quels sont les procédés qui contribuent à la vivacité du dialogue ?

Analyse

5. Pourquoi peut-on dire que Figaro apparaît comme le héros de la pièce ?

Vers le commentaire. Quelles sont les informations apportées aux spectateurs par le dialogue ? En quoi font-elles de cette scène une scène d'exposition ? Vous répondrez à ces questions sous la forme d'un paragraphe argumenté et illustré d'exemples.

Notion

La double énonciation

Le texte théâtral se caractérise par la double énonciation : les personnages s'adressent l'un à l'autre, mais à travers leurs répliques l'auteur communique aussi des informations au spectateur. Ainsi, le public ou le lecteur en sait davantage que chacun des personnages sur l'intrigue, les caractères et les situations.

249

Beaumarchais

OBJET D'ÉTUDE 1ʳᵉ **Le texte théâtral et sa représentation** → voir p. 204

1784 # Le Mariage de Figaro

Beaumarchais reprend les personnages du *Barbier de Séville.* Le comte Almaviva a épousé Rosine. Son valet, Figaro, sur le point de se marier, se croit trahi par sa fiancée, que le comte cherche à séduire. Il médite alors sur son destin.

Figaro, *il s'assied sur un banc.* – Est-il rien de plus bizarre que ma destinée ? Fils de je ne sais pas qui, volé par des bandits, élevé dans leurs mœurs, je m'en dégoûte et veux courir une carrière honnête ; et partout je suis repoussé ! J'apprends la chimie, la pharmacie, la chirurgie, et tout le crédit d'un grand seigneur peut à peine me mettre à la
5 main une lancette vétérinaire ! – Las d'attrister des bêtes malades, et pour faire un métier contraire, je me jette à corps perdu dans le théâtre : me fussé-je mis une pierre au cou ! Je broche une comédie dans les mœurs du sérail. Auteur espagnol, je crois pouvoir y fronder Mahomet sans scrupule : à l'instant un envoyé… de je ne sais où se plaint que j'offense dans mes vers la Sublime-Porte, la Perse, une partie de la presqu'île de l'Inde,
10 les royaumes de Barca, de Tripoli, de Tunis, d'Alger et de Maroc : et voilà ma comédie flambée, pour plaire aux princes mahométans, dont pas un, je crois, ne sait lire, et qui nous meurtrissent l'omoplate, en nous disant : *chiens de chrétiens !* – Ne pouvant avilir l'esprit, on se venge en le maltraitant. – Mes joues creusaient, mon terme était échu[1] : je voyais de loin arriver l'affreux recors[2], la plume fichée dans sa perruque : en frémissant
15 je m'évertue[3]. Il s'élève une question sur la nature des richesses ; et, comme il n'est pas nécessaire de tenir les choses pour en raisonner, n'ayant pas un sol, j'écris sur la valeur de l'argent et sur son produit net : sitôt je vois du fond d'un fiacre baisser pour moi le pont d'un château fort, à l'entrée duquel je laissai l'espérance et la liberté. *(Il se lève.)* Que je voudrais bien tenir un de ces puissants de quatre jours, si légers sur le mal qu'ils
20 ordonnent, quand une bonne disgrâce a cuvé[4] son orgueil ! Je lui dirais… que les sottises imprimées n'ont d'importance qu'aux lieux où l'on en gène le cours ; que sans la liberté de blâmer, il n'est point d'éloge flatteur ; et qu'il n'y a que les petits hommes qui redoutent les petits écrits. *(Il se rassied.)* Las de nourrir un obscur pensionnaire, on me met un jour dans la rue ; et comme il faut dîner, quoiqu'on ne soit plus en prison, je taille
25 encore ma plume, et demande à chacun de quoi il est question : on me dit que, pendant ma retraite économique, il s'est établi dans Madrid un système de liberté sur la vente des productions, qui s'étend même à celles de la presse ; et que, pourvu que je ne parle en mes écrits ni de l'autorité, ni du culte, ni de la politique, ni de la morale, ni des gens en place, ni des corps en crédit, ni de l'Opéra, ni des autres spectacles, ni de personnes qui
30 tiennent à quelque chose, je puis tout imprimer librement, sous l'inspection de deux ou trois censeurs. Pour profiter de cette douce liberté, j'annonce un écrit périodique, et, croyant n'aller sur les brisées[5] d'aucun autre, je le nomme *Journal inutile.* Pou-ou ! je vois s'élever contre moi mille pauvres diables à la feuille, on me supprime, et me voilà derechef sans emploi ! – Le désespoir m'allait saisir ; on pense à moi pour une place, mais par
35 malheur j'y étais propre : il fallait un calculateur, ce fut un danseur qui l'obtint. Il ne me restait plus qu'à voler ; je me fais banquier de pharaon[6] : alors, bonnes gens, je soupe en ville, et les personnes dites *comme il faut* m'ouvrent poliment leur maison, en retenant pour elles les trois quarts du profit. J'aurais bien pu me remonter ; je commençais même à comprendre que, pour gagner du bien, le savoir-faire vaut mieux que le savoir. Mais
40 comme chacun pillait autour de moi, en exigeant que je fusse honnête, il fallut bien périr encore. Pour le coup je quittai le monde, et vingt brasses d'eau m'en allaient séparer, lorsqu'un dieu bienfaisant m'appelle à mon premier état. Je reprends ma trousse et mon cuir anglais ; puis, laissant la fumée aux sots qui s'en nourrissent, et la honte au milieu

---

1. terme : moment de payer le loyer.

2. recors : huissier.

3. je m'évertue : je persévère, poursuis mes efforts.

4. cuvé : vidé, réduit à rien.

5. aller sur les brisées : entrer en concurrence.

6. banquier de pharaon : jeu de cartes.

250

Le XVIIIᵉ siècle

du chemin, comme trop lourde à un piéton, je vais rasant de ville en ville, et je vis enfin
sans souci. [...] Ô bizarre suite d'événements ! Comment cela m'est-il arrivé ? Pourquoi
ces choses et non pas d'autres ? Qui les a fixées sur ma tête ? Forcé de parcourir la route
où je suis entré sans le savoir, comme j'en sortirai sans le vouloir, je l'ai jonchée d'autant de fleurs que ma gaieté me l'a permis ; encore je dis ma gaieté, sans savoir si elle
est à moi plus que le reste, ni même quel est ce moi dont je m'occupe : un assemblage
informe de parties inconnues ; puis un chétif être imbécile ; un petit animal folâtre ; un
jeune homme ardent au plaisir, ayant tous les goûts pour jouir, faisant tous les métiers
pour vivre ; maître ici, valet là, et selon qu'il plaît à la fortune ! ambitieux par vanité,
laborieux par nécessité ; mais paresseux... avec délices ! orateur selon le danger ; poète
par délassement ; musicien par occasion ; amoureux par folles bouffées ; j'ai tout vu,
tout fait, tout usé. Puis l'illusion s'est détruite et, trop désabusé... Désabusé !... Suzon,
Suzon, Suzon ! que tu me donnes de tourments !... J'entends marcher... on vient. Voici
l'instant de la crise. *(Il se retire près de la première coulisse à sa droite.)*

Pierre Augustin Caron de Beaumarchais, *Le Mariage de Figaro*, Acte V, scène 3, 1784.

Décor d'Alexander Golovine pour la représentation du *Mariage de Figaro* en 1927.

1700 – 1800

Observation

1. Quelles sont les grandes étapes du monologue de Figaro ? Distinguez ce qui appartient au récit des événements des réflexions qu'il engendre.

2. Quelles indications les didascalies apportent-elles sur le jeu du comédien ? En quoi éclairent-elles l'état d'esprit du personnage ?

Analyse

3. Quelles sont les formes du pouvoir attaquées par Figaro ? Montrez comment Figaro ridiculise ses adversaires en en faisant la satire.

4. Comment le monologue de Figaro permet-il à Beaumarchais de transposer sur scène un certain nombre d'éléments autobiographiques ?

5. De la ligne 45 à la ligne 55, quelle image Figaro a-t-il de lui-même ? Quelle idée se fait-il de la vie humaine ?

6. Que signifie la dernière phrase ?

7. Plus d'un siècle après la création de la pièce, le décor imaginé par Alexander Golovine renouvelle la représentation. Quelle impression cherche-t-il à susciter ?

Vers la dissertation. D'après le monologue de Figaro, quels sont les différents obstacles qui empêchent la libre expression des écrivains au XVIIIᵉ siècle ?

Notion

Le monologue

Le monologue théâtral permet au personnage, seul sur la scène, de s'épancher longuement devant les spectateurs. Il peut exprimer ses sentiments envers les autres personnages, faire le récit des événements passés ou confier les projets qu'il a conçus. Le monologue constitue pour l'acteur un moment capital de la représentation.

Choderlos de Laclos

▶ Pierre Choderlos de Laclos
▶ Né à Amiens le 18 octobre 1741.
▶ Décédé à Tarente, en Italie, le 5 septembre 180[3]

Né dans une famille de noblesse récente, Laclos entre à dix-huit ans à l'école d'artillerie de La Fère. Il mène ensuite une carrière militaire, voyageant au gré de ses affectations. Capitaine d'artillerie, Laclos obtient un congé de six mois et achève un roman qui décrit les mœurs d'aristocrates libertins. Publiées en 1782, *Les Liaisons dangereuses* remportent un immense succès. Cinq ans plus tard, l'officier provoque un scandale en critiquant les théories de Vauban sur l'art des fortifications et doit quitter ses fonctions militaires. Pendant la Révolution française, commissaire aux armées, il contribue à la victoire de Valmy. Il est emprisonné sous la Terreur, mais, après la mort de Robespierre, Bonaparte le nomme général de brigade. Épuisé par la maladie, il meurt en 1803, lors de la campagne d'Italie.

ŒUVRE PRINCIPALE

Roman
Les Liaisons dangereuses (1782).

Le personnage du libertin

Composées de 176 lettres, *Les Liaisons dangereuses* mettent en scène deux libertins, la marquise de Merteuil et le vicomte de Valmont, qui multiplient avec cynisme les conquêtes amoureuses. Les deux aristocrates, liés par une profonde complicité, se confient leurs projets et les stratégies qu'ils mettent en œuvre. Le roman par lettres, qui multiplie les points de vue, permet au lecteur d'être le témoin des sentiments éprouvés par l'ensemble des protagonistes du récit : il découvre la cruauté et l'hypocrisie des libertins, l'innocence et la souffrance de leurs victimes. À travers ses personnages, inspirés par la société du XVIIIe siècle, Laclos fait le portrait de son époque, d'un monde aristocratique corrompu, quelques années avant que la Révolution française ne le fasse disparaître.

OBJET D'ÉTUDE 1re Le personnage de roman → voir p. 202

1782 Les Liaisons dangereuses

À travers les lettres que s'échangent la marquise de Merteuil et le vicomte de Valmont, le lecteur découvre les manœuvres de deux libertins. Le vicomte de Valmont veut en effet séduire une jeune femme mariée, madame de Tourvel. Dans cette lettre, la marquise de Merteuil rappelle à son complice la façon dont s'est forgé son caractère.

Lettre LXXXI
La marquise de Merteuil au vicomte de Valmont

Entrée dans le monde dans le temps où, fille encore, j'étais vouée par état au silence et à l'inaction, j'ai su en profiter pour observer et réfléchir. Tandis qu'on me croyait étourdie ou distraite, écoutant peu à la vérité les discours qu'on s'empressait de me tenir, je recueillais avec soin ceux qu'on cherchait à me cacher.

5   Cette utile curiosité, en servant à m'instruire, m'apprit encore à dissimuler : forcée souvent de cacher les objets de mon attention aux yeux qui m'entouraient, j'essayai de guider les miens à mon gré ; j'obtins dès lors de prendre à volonté ce regard distrait que depuis vous avez loué si souvent. Encouragée par ce premier succès, je tâchai de

252

Le XVIIIᵉ siècle

régler de même les divers mouvements de ma figure. Ressentais-je quelque chagrin, je
m'étudiais à prendre l'air de la sécurité, même celui de la joie ; j'ai porté le zèle jusqu'à
me causer des douleurs volontaires, pour chercher pendant ce temps l'expression du
plaisir. Je me suis travaillée avec le même soin et plus de peine pour réprimer les symp-
tômes d'une joie inattendue. C'est ainsi que j'ai su prendre sur ma physionomie cette
puissance dont je vous ai vu quelquefois si étonné.

J'étais bien jeune encore, et presque sans intérêt : mais je n'avais à moi que ma
pensée, et je m'indignais qu'on pût me la ravir ou me la surprendre contre ma volonté.
Munie de ces premières armes, j'en essayai l'usage : non contente de ne plus me laisser
pénétrer, je m'amusais à me montrer sous des formes différentes ; sûre de mes gestes,
j'observais mes discours ; je réglais les uns et les autres, suivant les circonstances, ou
même seulement suivant mes fantaisies : dès ce moment, ma façon de penser fut pour
moi seule, et je ne montrai plus que celle qu'il m'était utile de laisser voir.

Ce travail sur moi-même avait fixé mon
attention sur l'expression des figures et le
caractère des physionomies ; et j'y gagnai ce
coup d'œil pénétrant, auquel l'expérience m'a
pourtant appris à ne pas me fier entièrement ;
mais qui, en tout, m'a rarement trompée.

Je n'avais pas quinze ans, je possédais déjà
les talents auxquels la plus grande partie de
nos politiques doivent leur réputation, et je ne
me trouvais encore qu'aux premiers éléments
de la science que je voulais acquérir.

De..., ce 20 septembre 17**.

Pierre Choderlos de Laclos,
Les Liaisons dangereuses,
Lettre 81, 1782.

Le vicomte de Valmont
dans son entreprise de séduction.

1700 1800

Observation

1. Retrouvez dans cette lettre les différentes fonctions de la lettre du roman
épistolaire.

2. Relevez les verbes présents dans les
deux premiers paragraphes : quelles
attitudes du personnage mettent-ils en
évidence ?

3. À travers son comportement, quels
talents madame de Merteuil cherche-
t-elle à acquérir ? En quoi ces « qualités » sont-elles caractéristiques du
libertin ?

Analyse

4. Quel regard madame de Merteuil
porte-t-elle sur la situation des jeunes
filles de son époque ?

5. Montrez comment le « moi » du personnage exprime une volonté de domination. Commentez l'expression : « Ce
travail sur moi-même » (l. 25).

Vers le commentaire. Vous commenterez cet autoportrait de l'héroïne libertine sous la forme d'un paragraphe
entièrement rédigé.

Notion

Le roman épistolaire

Dans le roman épistolaire, les
lettres écrites par les personnages leur permettent d'exprimer leurs sentiments. Elles
révèlent ainsi leur psychologie
au lecteur et l'informent du développement des situations et des
multiples péripéties. Le lecteur
prend plaisir à pénétrer dans
l'intimité de ces personnages qui
se dévoilent à ses yeux.

253

Choderlos de Laclos

OBJET D'ÉTUDE 1re **Le personnage de roman** → voir p. 202

1782 Les Liaisons dangereuses

Dans cette lettre, Valmont rapporte à la marquise de Merteuil le succès de son entreprise. Le lecteur découvre comment le séducteur se glorifie de sa conquête et des difficultés qu'il a su vaincre. C'est le triomphe du libertin.

LETTRE CXXV

LE VICOMTE DE VALMONT À LA MARQUISE DE MERTEUIL

La voilà donc vaincue, cette femme superbe qui avait osé croire qu'elle pourrait me résister ! Oui, mon amie, elle est à moi, entièrement à moi ; et depuis hier, elle n'a plus rien à m'accorder.

Je suis encore trop plein de mon bonheur, pour pouvoir l'apprécier, mais je m'étonne
5 du charme inconnu que j'ai ressenti. Serait-il donc vrai que la vertu augmentât le prix d'une femme, jusque dans le moment même de sa faiblesse ? Mais reléguons cette idée puérile avec les contes de bonne femme. Ne rencontre-t-on pas presque partout une résistance plus ou moins bien feinte au premier triomphe ? [...]

Dans la foule des femmes auprès desquelles j'ai rempli jusqu'à ce jour le rôle et les
10 fonctions d'amant, je n'en avais encore rencontré aucune qui n'eût, au moins, autant d'envie de se rendre que j'en avais de l'y déterminer ; je m'étais même accoutumé à appeler *prudes*[1] celles qui ne faisaient que la moitié du chemin, par opposition à tant d'autres, dont la défense provocante ne couvre jamais qu'imparfaitement les premières avances qu'elles ont faites.

15 Ici, au contraire, j'ai trouvé une première prévention[2] défavorable et fondée depuis sur les conseils et les rapports d'une femme haineuse[3], mais clairvoyante ; une timidité naturelle et extrême, que fortifiait une pudeur éclairée ; un attachement à la vertu, que la Religion dirigeait, et qui comptait déjà deux années de triomphe[4], enfin des démarches éclatantes, inspirées par ces différents motifs et qui tous n'avaient pour but que
20 de se soustraire à mes poursuites.

Ce n'est donc pas, comme dans mes autres aventures, une simple capitulation plus ou moins avantageuse, et dont il est plus facile de profiter que de s'enorgueillir ; c'est une victoire complète, achetée par une campagne pénible, et décidée par de savantes manœuvres. Il n'est donc pas surprenant que ce succès, dû à moi seul, m'en devienne
25 plus précieux ; et le surcroît de plaisir que j'ai éprouvé dans mon triomphe, et que je ressens encore, n'est que la douce impression du sentiment de la gloire.

Paris, ce 29 octobre 17**.

Pierre Choderlos de Laclos, *Les Liaisons dangereuses*, Lettre 125, 1782.

1. prudes : austères, pudiques, vertueuses.

2. prévention : opinion négative, défavorable.

3. une femme haineuse : madame de Volanges, qui a mis en garde madame de Tourvel contre le vicomte de Valmont.

4. deux années de triomphe : madame de Tourvel est mariée depuis deux ans.

Observation

1. Relevez les différentes parties qui composent cette lettre, en indiquant leur idée directrice.

2. Comment madame de Tourvel apparaît-elle ?

Analyse

3. De la ligne 4 à la ligne 6, quel est le sentiment contre lequel Valmont cherche à se défendre ?

4. Relevez dans le dernier paragraphe l'ensemble des termes qui appartiennent au langage militaire. En quoi est-il caractéristique de l'esprit libertin ?

Vers l'écriture d'invention. Imaginez la lettre qu'écrit madame de Volanges à madame de Tourvel pour la mettre en garde contre les manœuvres de séduction du vicomte de Valmont, qu'elle considère comme un libertin dangereux.

■ 254

Le XVIIIe siècle

La conquête amoureuse

Jean-Honoré Fragonard, *Les Âges de l'amour*

Au début des années 1770, la comtesse du Barry, maîtresse de Louis XV, commande une série de toiles à Fragonard pour décorer son château de Louveciennes. Le thème en est « les âges de l'amour ». Les œuvres seront finalement retournées à Fragonard.

Surgissant de la gauche, à moitié caché, un jeune homme poursuit la jeune fille et tente de la séduire en lui offrant une rose, gage de son amour.

La jeune fille semble fuir, mais la position des bras indique deux directions opposées, témoignant du conflit qui l'habite.

1700 ▼ 1800

Le cadre luxuriant, la surabondance végétale, les remous de la fontaine traduisent l'impétuosité du désir.

Jean-Honoré Fragonard (1732-1806), *Les Âges de l'amour, la poursuite*, 1773, huile sur toile.

Du texte à l'image

1. Quels sont les éléments du tableau qui symbolisent le thème amoureux ?

2. Le jeune homme est partiellement caché alors que la jeune fille est totalement visible. Comment peut-on interpréter cela ?

3. Dans quelle mesure peut-on dire que le tableau de Fragonard illustre le texte de Choderlos de Laclos ?

4. Recherchez sur Internet deux autres tableaux célèbres de Fragonard.

Les derniers feux du rococo

À la fin du règne de Louis XV (mort en 1774), le style rococo passe de mode. Fragonard représente alors les derniers feux de la scène galante, tandis qu'un jeune peintre, Jacques-Louis David, devient le chef de file du néoclassicisme et triomphe en 1785 avec *Le Serment des Horaces*.

Bernardin de Saint-Pierre

▶ **Jacques Henri Bernardin de Saint-Pierre**
▶ Né au Havre le 19 janvier 1737.
▶ Décédé à Paris le 21 janvier 1814.

Bernardin de Saint-Pierre est, très jeune, orphelin de père. Influencé par la lecture de *Robinson Crusoé* et de *La Vie des Saints*, il rêve de devenir missionnaire. En 1757, il entre à l'École des ponts et chaussées. Il tente ensuite, pendant douze ans, diverses carrières qui lui permettent de voyager. Ingénieur militaire, il est chargé de mission à Madagascar, puis à l'île de France (l'actuelle île Maurice). De retour à Paris, il devient le fidèle disciple de Jean-Jacques Rousseau, dont il partage le goût pour la nature et l'exaltation de la vertu. En 1784, ses *Études de la nature* séduisent les lecteurs par de riches descriptions de paysages exotiques. On les retrouve dans *Paul et Virginie*, qui connaît un immense succès. Sous la Révolution française, Bernardin de Saint-Pierre est nommé intendant du Jardin des Plantes. Il épouse la fille de son imprimeur et donne à ses enfants les noms de Paul et de Virginie. Il meurt à soixante-dix-sept ans, couvert de gloire et d'honneurs.

ŒUVRES PRINCIPALES

Essai
Études de la nature (1784).

Roman
Paul et Virginie (1788).

L'exaltation du héros vertueux

Paul et Virginie célèbre l'harmonie retrouvée entre l'homme et la nature. Bernardin de Saint-Pierre fait rêver son lecteur en représentant le cadre enchanteur de la nature exotique de l'actuelle île Maurice. Il restitue l'éblouissement de la nature tropicale, avec ses paysages grandioses, sa végétation luxuriante, ses couleurs et ses odeurs. Le récit, sur le modèle des pastorales, raconte la vie de deux enfants qui, loin de la civilisation, mènent une vie simple et innocente. Leur complicité se métamorphose en amour, mais la fin du roman est tragique. Le roman exotique, qui dépeint les bonheurs de la vie au contact de la nature, s'achève dans la douleur avec la mort de Virginie, héroïne vertueuse marquée par le destin.

OBJET D'ÉTUDE 1re Le personnage de roman ➜ voir p. 202

1788 Paul et Virginie

Le narrateur du roman, témoin de l'existence de Paul et de Virginie, raconte la fin tragique de l'idylle des deux jeunes gens. Virginie, qui a juré à Paul un amour éternel, a été contrainte par sa mère de se rendre en France. Au moment où le navire qui la ramène enfin à l'île de France doit accoster, un ouragan se déchaîne, sous les yeux de Paul.

La mer, soulevée par le vent, grossissait à chaque instant, et tout le canal compris entre cette île et l'île d'Ambre n'était qu'une vaste nappe d'écumes blanches, creusées de vagues noires et profondes. Ces écumes s'amassaient dans le fond des anses à plus de six pieds[1] de hauteur, et le vent, qui en balayait la surface, les portait par-dessus l'escarpe-
5 ment du rivage à plus d'une demi-lieue[2] dans les terres. À leurs flocons blancs et innombrables, qui étaient chassés horizontalement jusqu'au pied des montagnes, on eût dit d'une neige qui sortait de la mer. L'horizon offrait tous les signes d'une longue tempête ; la mer y paraissait confondue avec le ciel. Il s'en détachait sans cesse des nuages d'une forme horrible qui traversaient le zénith avec la vitesse des oiseaux, tandis que d'autres y

---

1. **six pieds de hauteur** : le pied est une ancienne unité de mesure d'environ 33 cm.
2. **une demi-lieue** : la lieue est une ancienne unité de mesure d'environ 4,5 km.

■ 256

Le XVIIIᵉ siècle

10   paraissaient immobiles comme de grands rochers. On n'apercevait aucune partie azurée
du firmament ; une lueur olivâtre et blafarde éclairait seule tous les objets de la terre, de
la mer, et des cieux.

Dans les balancements du vaisseau, ce qu'on craignait arriva. Les câbles de son avant
rompirent, et comme il n'était plus retenu que par une seule aussière[3] il fut jeté sur les
15   rochers à une demi-encablure[4] du rivage. Ce ne fut qu'un cri de douleur parmi nous. Paul
allait s'élancer à la mer, lorsque je le saisis par le bras : « Mon fils[5], lui dis-je, voulez-vous
périr ? – Que j'aille à son secours, s'écria-t-il, ou que je meure ! » Comme le désespoir lui
ôtait la raison, pour prévenir sa perte, Domingue[6] et moi lui attachâmes à la ceinture
une longue corde dont nous saisîmes l'une des extrémités. Paul alors s'avança vers le
20   *Saint-Géran*, tantôt nageant, tantôt marchant sur les récifs. Quelquefois, il avait l'espoir
de l'aborder, car la mer, dans ses mouvements irréguliers, laissait le vaisseau presque à
sec, de manière qu'on en eût pu faire le tour à pied ; mais bientôt après, revenant sur ses
pas avec une nouvelle furie, elle le couvrait d'énormes voûtes d'eau qui soulevaient tout
l'avant de sa carène, et rejetaient bien loin sur le rivage le malheureux Paul, les jambes
25   en sang, la poitrine meurtrie, et à demi noyé. À peine ce jeune homme avait-il repris
l'usage de ses sens qu'il se relevait et retournait avec une nouvelle ardeur vers le vaisseau,
que la mer cependant entrouvrait par d'horribles secousses. Tout l'équipage, désespérant
alors de son salut, se précipitait en foule à la mer, sur des vergues[7], des planches, des
cages à poules, des tables, et des tonneaux. On vit alors un objet digne d'une éternelle
30   pitié : une jeune demoiselle parut dans la galerie de la poupe[8] du *Saint-Géran*, tendant
les bras vers celui qui faisait tant d'efforts pour la rejoindre. C'était Virginie. Elle avait
reconnu son amant à son intrépidité. La vue de cette aimable personne, exposée à un si
terrible danger, nous remplit de douleur et de désespoir. Pour Virginie, d'un port noble
et assuré, elle nous faisait signe de la main, comme nous disant un éternel adieu. Tous
35   les matelots s'étaient jetés à la mer. Il n'en restait plus qu'un sur le pont, qui était tout
nu et nerveux comme Hercule. Il s'approcha de Virginie avec respect : nous le vîmes se
jeter à ses genoux, et s'efforcer même de lui ôter ses habits ; mais elle, le repoussant avec
dignité, détourna de lui sa vue. On entendit aussitôt ces cris redoublés des spectateurs :
« Sauvez-la, sauvez-la ; ne la quittez pas ! » Mais dans ce moment une montagne d'eau
40   d'une effroyable grandeur s'engouffra entre l'île d'Ambre et la côte, et s'avança en rugis-
sant vers le vaisseau, qu'elle menaçait de ses flancs noirs et de ses sommets écumants. À
cette terrible vue le matelot s'élança seul à la mer ; et Virginie, voyant la mort inévitable,
posa une main sur ses habits, l'autre sur son cœur, et levant en haut des yeux sereins,
parut un ange qui prend son vol vers les cieux.

45   Ô jour affreux ! hélas ! tout fut englouti.

Bernardin de Saint-Pierre, *Paul et Virginie*, 1788.

---

3. aussière :
gros câble.

4. demi-encablure :
environ cent mètres.

5. mon fils : terme
affectueux.

6. Domingue :
serviteur, ami
du narrateur.

7. vergues : parties
de la mâture.

8. poupe : arrière
du navire.

1700 ▼ 1800

Observation

1. Relevez dans le texte les termes qui
expriment la violence de la tempête.
Quels sentiments les témoins et le lecteur ressentent-ils devant ce spectacle ?

2. Comment les réactions de l'équipage
soulignent-elles la dimension dramatique du naufrage ?

Analyse

3. Confrontez les attitudes de Paul
et de Virginie. Comment tous deux
apparaissent-ils aux yeux des témoins ?

4. Étudiez les procédés à travers lesquels l'auteur donne à cette scène toute
son intensité dramatique.

5. Par quelles remarques le narrateur
souligne-t-il son émotion ? Quelle est
la fonction de la dernière phrase ?

Vers le commentaire. Sous la forme
d'un paragraphe rédigé et illustré
d'exemples, étudiez la manière dont
l'auteur donne une dimension pathétique à la mort de Virginie.

Notion

L'intensité dramatique

Le roman se développe à travers l'enchaînement d'épisodes successifs. Certaines
scènes marquent les temps
forts de l'action, qu'elles
déclenchent, relancent ou
dénouent. Ces scènes sont
capitales car elles concentrent
l'intensité dramatique du récit.

Olympe de Gouges

▶ **Marie Gouze**
Pseudonyme : Olympe de Gouges
▶ Née à Montauban le 7 mai 1748.
▶ Décédée à Paris le 3 novembre 1793.

Née dans une famille bourgeoise de Montauban, Marie Gouze est mariée à l'âge de dix-huit ans. De ce mariage naît un fils, qu'elle emmène à Paris après la mort de son mari. Elle y mène une vie mondaine et rencontre de nombreux hommes de lettres. Ses premiers écrits, qu'elle signe Olympe de Gouges, sont imprégnés des idéaux des Lumières. C'est ainsi que *Zamore et Mirza* donne la parole aux esclaves qui revendiquent leur émancipation. Sous la Révolution, elle publie des textes politiques aux idées novatrices : égalité des sexes, instauration du divorce, abolition de l'esclavage et de la peine de mort. En 1792, sa *Déclaration des droits de la femme et de la citoyenne* réclame l'égalité totale entre les hommes et les femmes. Opposée au régime de la Terreur instauré par Robespierre, elle est condamnée à être guillotinée. De sa cellule, elle poursuit son combat, sans jamais renier ses idées.

ŒUVRES PRINCIPALES

Théâtre
Zamore et Mirza, ou l'Heureux Naufrage (1788), *Molière chez Ninon, ou le Siècle des grands hommes* (1788), *La Nécessité du divorce* (1790).

Essais
Le Cri du sage, par une femme (1789), *Déclaration des droits de la femme et de la citoyenne* (1791).

Les combats d'une femme

Toute la vie et l'œuvre d'Olympe de Gouges sont marquées par le combat contre les préjugés. Ses soixante-dix ouvrages, romans, pièces de théâtre, pamphlets et lettres ouvertes, dénoncent l'esclavage et toutes les oppressions. Pendant la Révolution, elle reproche aux députés de négliger la cause des femmes et publie, en contrepoint à la *Déclaration des droits de l'homme*, une *Déclaration des droits de la femme* qui revendique une totale égalité entre les deux sexes. Les inimitiés qu'elle s'attire la conduisent à l'échafaud. Elle est la seconde femme guillotinée, après la reine Marie-Antoinette.

OBJET D'ÉTUDE 1re La question de l'Homme dans les genres de l'argumentation → voir p. 210

1791 Déclaration des droits de la femme et de la citoyenne

Composé d'une introduction, d'un préambule, de dix-sept articles et d'un postambule, le texte publié par Olympe de Gouges frappe le lecteur contemporain par sa modernité.

Introduction

Homme, es-tu capable d'être juste ? C'est une femme qui t'en fait la question ; tu ne lui ôteras pas du moins ce droit. Dis-moi ? Qui t'a donné le souverain empire d'opprimer mon sexe ? Ta force ? Tes talents ? Observe le créateur dans sa sagesse ; parcours la nature dans toute sa grandeur, dont tu sembles vouloir te rapprocher, et donne-moi, si tu
5   l'oses, l'exemple de cet empire[1] tyrannique.
Remonte aux animaux, consulte les éléments, étudie les végétaux, jette enfin un coup d'œil sur toutes les modifications de la matière organisée ; et rends-toi à l'évidence quand je t'en offre les moyens ; cherche, fouille et distingue, si tu peux, les sexes dans

1. cet empire : ce pouvoir.

■ 258

Le XVIIIᵉ siècle

l'administration de la nature. Partout tu les trouveras confondus, partout ils coopèrent
10 avec un ensemble harmonieux à ce chef-d'œuvre immortel.

L'homme seul s'est fagoté un principe de cette exception. Bizarre, aveugle, boursouflé
de sciences et dégénéré, dans ce siècle de lumières et de sagacité[2], dans l'ignorance la
plus crasse, il veut commander en despote sur un sexe qui a reçu toutes les facultés
intellectuelles ; il prétend jouir de la Révolution, et réclamer ses droits à l'égalité, pour
15 ne rien dire de plus.

Articles

I. La Femme naît libre et demeure égale à l'homme en droits. Les distinctions sociales
ne peuvent être fondées que sur l'utilité commune.

III. Le principe de toute souveraineté réside essentiellement dans la Nation, qui n'est
que la réunion de la Femme et de l'Homme : nul corps, nul individu, ne peut exercer
20 d'autorité qui n'en émane expressément.

IV. La liberté et la justice consistent à rendre tout ce qui appartient à autrui ; ainsi l'exercice
des droits naturels de la femme n'a de bornes que la tyrannie perpétuelle que l'homme lui
oppose ; ces bornes doivent être réformées par les lois de la nature et de la raison.

XIII. Pour l'entretien de la force publique, et pour les dépenses d'administration, les
25 contributions de la femme et de l'homme sont égales ; elle a part à toutes les corvées, à
toutes les tâches pénibles ; elle doit donc avoir de même part à la distribution des places,
des emplois, des charges, des dignités et de l'industrie.

Postambule

Femme, réveille-toi ; le tocsin[3] de la raison se fait entendre dans tout l'univers ; reconnais
tes droits. Le puissant empire de la nature n'est plus environné de préjugés, de fanatisme,
30 de superstition et de mensonges. Le flambeau de la vérité a dissipé tous les nuages de la
sottise et de l'usurpation. L'homme esclave a multiplié ses forces, a eu besoin de recourir
aux tiennes pour briser ses fers. Devenu libre, il est devenu injuste envers sa compagne.
Ô femmes ! Femmes, quand cesserez-vous d'être aveugles ?

Olympe de Gouges, *Déclaration des droits de la femme et de la citoyenne*, 1791.

2. **sagacité :**
sagesse.

3. **tocsin :** cloche
qui sonne l'alarme.

1700 ▾ 1800

Observation

1. Quel est le destinataire de l'introduction et du postambule ? Quel est celui des différents articles de loi ?

2. Quelle est la thèse défendue par l'introduction ? Sur quelles valeurs l'argumentation s'appuie-t-elle ?

3. Reformulez le principe défendu par chaque article de loi. Pourquoi peut-on dire qu'ils se présentent comme des assertions ?

Analyse

4. Sur quels procédés l'éloquence de l'auteur repose-t-elle ? Illustrez vos réponses par trois exemples précis.

5. Commentez la dernière phrase.

Recherche documentaire. Recherchez les principaux combats menés pour le féminisme depuis la Révolution. Illustrez votre exposé par les documents de votre choix : images, textes, citations, témoignages historiques, etc.

Notion

L'assertion

L'assertion est l'affirmation d'une idée que l'on avance et que l'on soutient comme étant vraie. Dans le discours argumentatif, elle se présente comme un argument qui n'a pas besoin de justification, tant il apparaît comme une évidence.

Condorcet

▶ **Jean Antoine Nicolas de Caritat, marquis de Condorcet**

▶ Né à Ribemont, dans l'Aisne, le 17 septembre 1743.

▶ Décédé dans la prison de Bourg-l'Égalité le 28 mars 1794.

Après des études brillantes au collège des Jésuites de Reims, Jean-Antoine-Nicolas Caritat, marquis de Condorcet, se fait remarquer par une thèse consacrée aux mathématiques qu'il soutient à l'âge de quinze ans. Il se lie ainsi avec d'Alembert, le responsable avec Diderot de l'*Encyclopédie*. Il multiplie alors les essais scientifiques, en particulier sur le calcul des probabilités, entre à l'Académie des sciences et se lie avec les philosophes. Condorcet s'engage pour la défense des droits de l'homme, et soutient la cause des États-Unis d'Amérique. Marié à Sophie de Grouchy, belle et cultivée, âgée de vingt-trois ans, il reçoit dans son salon philosophes, savants et écrivains comme Beaumarchais, Mirabeau, Adam Smith. Député à l'Assemblée législative, il participe activement à la Révolution française. Il ose s'opposer aux Jacobins, ce qui lui vaut d'être poursuivi puis arrêté. Il est retrouvé mort dans sa cellule le 28 mars 1794, sans qu'on sache s'il s'agit d'un suicide ou d'une mort provoquée par l'épuisement.

ŒUVRES PRINCIPALES

Essais
Réflexions sur l'esclavage nègres (1781), *Vie de Voltaire* (1787), *Esquisse d'un tableau historique des progrès de l'esprit humain* (1793, publié en 1795).

La foi dans l'homme

Caché chez une amie pendant la Terreur, alors qu'il ne dispose d'aucun document pour l'aider, Condorcet commence, en juillet 1793, la rédaction d'une esquisse destinée à annoncer une œuvre plus vaste. Ce n'est qu'après son arrestation et sa mort en prison qu'est publiée, en 1795, l'*Esquisse d'un tableau historique des progrès de l'esprit humain*. Disciple des Lumières, Condorcet retrace l'histoire de l'Homme sur les plans politique, social et culturel. C'est ainsi qu'il évoque la genèse des sociétés humaines, du langage et des institutions. Il insiste sur l'invention de l'écriture puis celle de l'imprimerie, qui, en répandant les Lumières, permettent à l'homme de se libérer des pouvoirs politique et religieux et conduisent à la Révolution française. À la fin de son essai, Condorcet imagine un avenir optimiste dans lequel l'homme est porté par des progrès perpétuels, rendus possibles par l'éducation et la démocratie.

OBJET D'ÉTUDE 1re La question de l'Homme dans les genres de l'argumentation → voir p. 210

1793 Esquisse d'un tableau historique des progrès de l'esprit humain

La réflexion de Condorcet apparaît comme l'aboutissement du combat mené par les écrivains philosophes comme Voltaire, Montesquieu, Diderot et Rousseau. Comme eux, il participe à la défense et à la propagation d'idées et de valeurs nouvelles.

L'art de l'imprimerie s'était répandu sur tant de points, il avait tellement multiplié les livres, on avait su les proportionner si bien à tous les degrés de connaissances, d'application et même de fortune ; on les avait pliés avec tant d'habileté à tous les goûts, à tous les genres d'esprit ; ils présentaient une instruction si facile, souvent si agréable ;
5 ils avaient ouvert tant de portes à la vérité, qu'il était devenu presque impossible de les lui fermer toutes, qu'il n'y avait plus de classe, de profession à laquelle on pût l'empêcher de parvenir. Alors, quoiqu'il restât toujours un très grand nombre d'hommes

Le XVIIIᵉ siècle

condamnés à une ignorance volontaire ou forcée, la limite tracée entre la portion grossière et la portion éclairée du genre humain s'était presque entièrement ef-
10 facée, et une dégradation[1] insensible remplissait l'espace qui en sépare les deux extrêmes, le génie et la stupidité.

Ainsi une connaissance générale des droits naturels de l'homme, l'opinion même que ces droits sont inaliénables et imprescriptibles[2], un vœu fortement prononcé pour la liberté de penser et d'écrire, pour celle du commerce et de
15 l'industrie, pour le soulagement du peuple, pour la proscription de toute loi pénale contre les religions dissidentes, pour l'abolition de la torture et des supplices barbares ; le désir d'une législation criminelle plus douce, d'une jurisprudence[3] qui donnât à l'innocence une entière sécurité, d'un code civil plus simple, plus conforme à la raison et à la nature ; l'indifférence pour les reli-
20 gions, placées enfin au nombre des superstitions ou des inventions politiques ; la haine de l'hypocrisie et du fanatisme, le mépris des préjugés, le zèle pour la propagation des lumières ; ces principes passant peu à peu des ouvrages des philosophes dans toutes les classes de la société où l'instruction s'étendait plus loin que le catéchisme[4] et l'écriture, devinrent la profession commune, le sym-
25 bole de tous ceux qui n'étaient ni machiavélistes[5] ni imbéciles[6]. Dans quelques pays, ces principes formaient une opinion publique assez générale, pour que la masse même du peuple parût prête à se laisser diriger par elle et à lui obéir. Le sentiment de l'humanité, c'est-à-dire, celui d'une compassion tendre, active, pour tous les maux qui affligent l'espèce humaine, d'une horreur pour tout ce
30 qui, dans les institutions publiques, dans les actes du gouvernement, dans les actions privées, ajoutait des douleurs nouvelles aux douleurs inévitables de la nature ; ce sentiment d'humanité était une conséquence naturelle de ces principes ; il respirait dans tous les écrits, dans tous les discours, et déjà son heureuse influence s'était manifestée dans les lois, dans les institutions publiques même des peuples soumis au despotisme.

Condorcet, *Esquisse d'un tableau historique des progrès de l'esprit humain*, 1795 (posth.).

1. **dégradation :** diminution.

2. **inaliénables et imprescriptibles :** qui ne peuvent être remis en cause.

3. **jurisprudence :** justice.

4. **catéchisme :** instruction religieuse.

5. **ni machiavélistes ni imbéciles :** ni habiles et sans scrupules ni ignorants.

1700
▾
1800

Observation

1. Reformulez l'idée principale développée dans chaque paragraphe.

2. Quelles évolutions du livre Condorcet souligne-t-il dans le premier paragraphe ? Quel rôle Condorcet attribue-t-il au développement de l'imprimerie ?

Analyse

3. Quel est l'effet recherché par l'énumération du second paragraphe ? Montrez que cette énumération participe à l'éloquence du texte.

4. Expliquez l'expression : « la portion éclairée du genre humain » (l. 9).

5. Reformulez en une phrase la définition du « sentiment de l'humanité » selon Condorcet (l. 28 à 35).

Recherche documentaire. Relevez, dans le deuxième paragraphe, les principales revendications exprimées par les philosophes des Lumières, en leur associant à chaque fois un auteur ou une œuvre qui les a particulièrement illustrées.

Notion

L'énumération

L'énumération est un procédé qui consiste à énoncer successivement les différentes parties qui composent un objet, une idée, un personnage, un paysage, etc. Ce procédé stylistique permet à celui qui l'emploie de souligner les qualités ou les défauts de ce qu'il évoque et de produire un effet d'abondance maîtrisée, à la différence de l'accumulation.

261

Chénier

▶ **André Chénier**

▶ Né à Galata, près de Constantinople, le 30 octobre 1762.

▶ Décédé à Paris le 25 juillet 1794.

André Chénier naît à Constantinople, en Turquie, où son père est consul de France. L'enfant vient ensuite vivre à Paris, avec ses trois frères et sa mère. Celle-ci est vite connue pour son salon brillant qui accueille des artistes et des savants passionnés de culture antique. Le jeune André s'initie alors à la connaissance de la littérature et de l'art de l'Antiquité grecque. Il travaille avec acharnement à se construire un savoir encyclopédique, qu'il complète par un long voyage à Rome en 1783.

En 1789, secrétaire d'ambassade à Londres, il rejoint à Paris ses amis révolutionnaires et s'engage à leurs côtés. Esprit modéré, il dénonce Robespierre et les excès de la Terreur. Arrêté le 7 mars 1794, il compose en prison ses *Odes* et ses *Iambes*. Condamné à mort comme « ennemi du peuple », il est guillotiné le 7 Thermidor de l'an II, deux jours avant la chute de Robespierre.

ŒUVRES PRINCIPALES

Poésie
Odes (1795), *Iambes* (1819).

Essai
Avis au peuple français sur ses véritables ennemis (1789)

Le renouveau de la plainte lyrique

Imprégné de la culture gréco-latine, marqué par sa passion pour les poètes de l'Antiquité, André Chénier recrée dans sa poésie l'atmosphère bucolique des écrits d'Homère ou de Virgile. On y retrouve ainsi les dieux et les déesses, les nymphes et les bergers, le goût pour la vie simple et l'harmonie naturelle qui peuplent l'univers de ses modèles. Son indignation devant la brutalité des révolutionnaires les plus extrémistes lui inspire des poèmes satiriques et vengeurs qui dénoncent avec force les « vils scélérats » qui abusent de leur nouveau pouvoir. Enfermé à la prison de Saint-Lazare, il tombe amoureux d'une jeune prisonnière qui lui inspire ses plus beaux vers. En renouant avec un lyrisme authentique, oublié par les poètes du XVIIIe siècle, Chénier annonce à sa façon le mouvement romantique.

OBJET D'ÉTUDE 1re Écriture poétique et quête du sens → voir p. 206

1794 Odes

Composée en prison la nuit précédant son exécution, « La jeune captive » est l'ode la plus célèbre d'André Chénier. Il y fait parler une jeune femme prisonnière qui exprime toute l'horreur qu'elle ressent devant l'imminence de la mort injuste qui l'attend.

La jeune captive

« Est-ce à moi de mourir ? Tranquille je m'endors,
Et tranquille je veille ; et ma veille aux remords
   Ni mon sommeil ne sont en proie.
Ma bienvenue au jour me rit dans tous les yeux ;
5 Sur des fronts abattus, mon aspect dans ces lieux[1]
   Ranime presque de la joie.

1. ces lieux : la prison Saint-Lazare, où sont enfermés André Chénier et la jeune femme qu'il aime.

Le XVIIIᵉ siècle

Mon beau voyage encore est si loin de sa fin !
Je pars, et des ormeaux qui bordent le chemin
    J'ai passé les premiers à peine,
Au banquet de la vie à peine commencé,
Un instant seulement mes lèvres ont pressé
    La coupe en mes mains encor pleine.

Je ne suis qu'au printemps, je veux voir la moisson ;
Et comme le soleil, de saison en saison,
    Je veux achever mon année.
Brillante sur ma tige et l'honneur du jardin,
Je n'ai vu luire encor que les feux du matin ;
    Je veux achever ma journée.

Ô mort ! tu peux attendre ; éloigne, éloigne-toi ;
Va consoler les cœurs que la honte, l'effroi,
    Le pâle désespoir dévore.
Pour moi Palès² encore a des asiles verts,
Les Amours des baisers, les Muses des concerts.
    Je ne veux point mourir encore. »

Ainsi, triste et captif, ma lyre toutefois
S'éveillait, écoutant ces plaintes, cette voix,
    Ces vœux d'une jeune captive ;
Et secouant le faix³ de mes jours languissants,
Aux douces lois des vers je pliais les accents
    De sa bouche aimable et naïve.

André Chénier, « La jeune captive »
(extrait), *Odes*, 1795 (posth.).

2. Palès : déesse des bergers.
3. le faix : la charge, le fardeau.

1700 ▼ 1800

Observation

1. Qui parle dans les quatre premières strophes ? Montrez comment la dernière strophe justifie la situation d'énonciation ainsi mise en place.

2. Quels sont les sentiments successivement exprimés par la jeune captive ?

3. Repérez les allusions faites à l'univers antique. Comment peut-on expliquer leur présence ?

Analyse

4. Relevez les images qui désignent successivement le cours de la vie.

Comment soulignent-elles la cruauté du destin ?

5. Analysez la construction de chaque strophe. Comment le jeu sur les rimes et la modalité des phrases expriment-ils le lyrisme mélancolique ?

6. Quels rapports la dernière strophe établit-elle entre le poète et la jeune femme ?

Vers le commentaire. Vous ferez le commentaire de ce poème sous la forme d'un paragraphe entièrement rédigé en montrant comment Chénier exprime avec émotion la plainte élégiaque de celle qui est condamnée à mort.

Notion

L'élégie

Présente dans la littérature antique, l'élégie est un poème lyrique dans laquelle le poète exprime une plainte aux accents tendres et mélancoliques. La présence du « je », les exclamations et les apostrophes, le lexique de l'émotion sont les principaux procédés de l'élégie.

263

SUJET VERS LE BAC

OBJET D'ÉTUDE 2nde ▶ **Genres et formes de l'argumentation :** XVIIe et XVIIIe **siècles**

TEXTES

Texte A : Jean de La Fontaine, « Le Villageois et le Serpent », *Fables*, 1668.
Texte B : Jean de La Bruyère, *Les Caractères*, 1688.
Texte C : Denis Diderot, *Pensées philosophiques*, 1748.

Texte A

Le Villageois et le Serpent

> Ésope conte qu'un Manant
> Charitable autant que peu sage,
> Un jour d'hiver se promenant
> A l'entour de son héritage,
> Aperçut un Serpent sur la neige étendu,
> Transi, gelé, perclus, immobile rendu,
> N'ayant pas à vivre un quart d'heure.
> Le Villageois le prend, l'emporte en sa demeure ;
> Et sans considérer quel sera le loyer
> D'une action de ce mérite,
> Il l'étend le long du foyer,
> Le réchauffe, le ressuscite.
> L'Animal engourdi sent à peine le chaud,
> Que l'âme lui revient avec que la colère.
> Il lève un peu la tête, et puis siffle aussitôt,
> Puis fait un long repli, puis tâche à faire un saut
> Contre son bienfaiteur, son sauveur et son père.
> « Ingrat, dit le Manant, voilà donc mon salaire ?
> Tu mourras. » À ces mots, plein d'un juste courroux
> Il vous prend sa cognée, il vous tranche la Bête,
> Il fait trois Serpents de deux coups,
> Un tronçon, la queue, et la tête.
> L'insecte sautillant cherche à se réunir,
> Mais il ne put y parvenir.
>
> Il est bon d'être charitable :
> Mais envers qui, c'est là le point.
> Quant aux ingrats, il n'en est point
> Qui ne meure enfin misérable.

Jean de La Fontaine, *Fables*, 1668.

Texte B

Une personne à la mode ressemble à une fleur bleue qui croît de soi-même dans les sillons, où elle étouffe les épis, diminue la moisson, et tient la place de quelque chose de meilleur ; qui n'a de prix et de beauté que ce qu'elle emprunte d'un caprice léger qui naît et qui tombe presque dans le même instant : aujourd'hui elle est courue, les femmes s'en parent ; demain elle est négligée, et rendue au peuple.
Une personne de mérite, au contraire, est une fleur qu'on ne désigne pas par sa couleur, mais que l'on nomme par son nom, que l'on cultive pour sa beauté ou pour son odeur ; l'une des grâces de la nature, l'une de ces choses qui embellissent le monde ; qui est de tous les temps et d'une vogue ancienne et populaire ; que nos pères ont estimée, et que nous estimons après nos pères ; à qui le dégoût ou l'antipathie de quelques-uns ne sauraient nuire : un lys, une rose.

Jean de La Bruyère, *Les Caractères*, 1688.

264

Le XVIIIᵉ siècle

Texte C

On déclame sans fin contre les Passions ; on leur impute toutes les peines de l'homme, et l'on oublie qu'elles sont aussi la source de tous ses plaisirs. C'est, dans sa constitution, un élément dont on ne peut dire ni trop de bien ni trop de mal. Mais ce qui me donne de l'humeur, c'est qu'on ne les regarde jamais que du mauvais côté.

On croirait faire injure à la raison, si l'on disait un mot en faveur de ses rivales. Cependant il n'y a que les passions et les grandes passions qui puissent élever l'âme aux grandes choses. Sans elles, plus de sublime, soit dans les mœurs, soit dans les ouvrages ; les beaux arts retournent en enfance, et la vertu devient minutieuse[1].

Denis Diderot, *Pensées philosophiques*, 1748.

1. **minutieuse :** qui s'attache à de petites choses sans importance.

---

1 **Vous répondrez d'abord aux questions suivantes (6 points).**

1. Expliquez à quel genre argumentatif des XVIIᵉ et XVIIIᵉ siècles appartient chacun des textes proposés.

2. Pour chaque argumentation, résumez en une phrase la thèse développée.

2 **Vous traiterez ensuite au choix un des sujets suivants (14 points).**

1. Vers le commentaire
Dans un paragraphe qui s'appuiera sur des citations précises, vous expliquerez comment La Fontaine (texte A) cherche à la fois à amuser et à instruire son lecteur.

2. Vers la dissertation
De nombreux historiens de la littérature soutiennent qu'on n'aura jamais tant débattu, tant argumenté qu'au XVIIIᵉ siècle. Discutez cette opinion.

3. Vers le sujet d'invention
Reprenez le texte de La Bruyère (texte B) en substituant à la comparaison avec la fleur une comparaison avec un animal.

SUJET DU BAC *Toutes séries*

OBJET D'ÉTUDE 1ʳᵉ ▶ **La question de l'Homme dans les genres de l'argumentation, du XVIᵉ siècle à nos jours**

TEXTES

Texte A : Jean de La Bruyère, « De l'homme », *Les Caractères*, 1688.
Texte B : Diderot et d'Alembert, *Encyclopédie*, article « Misérable », 1751-1772.
Texte C : Victor Hugo, *Discours à l'Assemblée*, 1850.
Texte D : Albert Camus, *L'Homme révolté*, 1951.

Texte A

L'on voit certains animaux farouches, des mâles et des femelles répandus par la campagne, noirs, livides et tout brûlés du soleil, attachés à la terre qu'ils fouillent et qu'ils remuent avec une opiniâtreté invincible ; ils ont comme une voix articulée, et quand ils se lèvent sur leurs pieds, ils montrent une face humaine, et en effet ils sont des hommes ; ils se retirent la nuit dans des tanières où ils vivent de pain noir, d'eau et de racine : ils épargnent aux autres hommes la peine de semer, de labourer et de recueillir pour vivre, et méritent ainsi de ne pas manquer de ce pain qu'ils ont semé.

Jean de La Bruyère, « De l'homme »,
Les Caractères, 1688.

Texte B

MISÉRABLE, adj. et substantif. (Gramm.) – Celui qui est dans le malheur, dans la peine, dans la douleur, dans la misère, en un mot, dans quelque situation que lui rend l'existence à charge, quoique peut-être il ne voulût ni se donner la mort, ni l'accepter d'une autre main. La superstition et le despotisme couvrent et ont couvert dans tous les temps la terre de misérables. Il[1] se prend encore en d'autres sens ; on dit un auteur misérable, une plaisanterie misérable, deux misérables chevaux, un préjugé misérable.

Diderot et d'Alembert, *Encyclopédie*,
article « Misérable », 1751-1772.

1. Il : le mot « misérable ».

Texte C

Figurez-vous ces caves dont rien de ce que je vous ai dit ne peut donner l'idée ; figurez-vous ces cours qu'ils appellent des courettes, resserrées entre de hautes masures, sombres, humides, glaciales, méphitiques[1], pleines de miasmes[2] stagnants, encombrées d'immondices, les fosses d'aisances à côté des puits !
Hé mon Dieu ! ce n'est pas le moment de chercher des délicatesses de langage !
Figurez-vous ces maisons, ces masures habitées du haut en bas, jusque sous terre, les eaux croupissantes filtrant à travers les pavés dans ces tanières où il y a des créatures humaines. Quelquefois jusqu'à dix familles dans une masure, jusqu'à dix personnes dans une chambre, jusqu'à cinq ou six dans un lit, les âges et les sexes mêlés, les greniers aussi hideux que les caves, des galetas[3] où il entre assez de froid pour grelotter et pas assez d'air pour respirer !
Je demandais à une femme de la rue du Bois-Saint-Sauveur : Pourquoi n'ouvrez-vous pas les fenêtres ? Elle m'a répondu : – Parce que les châssis sont pourris et qu'ils nous resteraient dans les mains. J'ai insisté : – Vous ne les ouvrez donc jamais ? – Jamais, monsieur !
Figurez-vous la population maladive et étiolée[4], des spectres au seuil des portes, la virilité retardée, la décrépitude précoce, des adolescents qu'on prend pour des enfants, de jeunes mères qu'on prend pour de vieilles femmes, les scrofules, le rachis, l'ophtalmie, l'idiotisme[5], une indigence inouïe, des haillons partout, on m'a montré comme une curiosité une femme qui avait des boucles d'oreilles d'argent ! Et au milieu de tout cela le travail sans relâche, le travail acharné, pas assez d'heures de sommeil, le travail de l'homme, le travail de la femme, le travail de l'âge mûr, le travail de la vieillesse, le travail de l'enfance, le travail de l'infirme,

1. méphitiques : à l'odeur répugnante, toxiques.
2. miasmes : émanations dangereuses.
3. des galetas : petites pièces misérables.
4. étiolée : affaiblie.
5. les scrofules, le rachis, l'ophtalmie, l'idiotisme : maladies.

■ 266

Le XVIIIᵉ siècle

et souvent pas de pain, et souvent pas de feu, et cette femme aveugle, entre ses deux enfants dont l'un est mort et l'autre va mourir, et ce filetier phtisique⁶ agonisant, et cette mère épileptique qui a trois enfants et qui gagne trois sous par jour ! Figurez-vous tout cela et si vous vous récriez, et si vous doutez, et si vous niez… Ah ! Vous niez ! Eh bien, dérangez-vous quelques heures, venez avec nous, incrédules, et nous vous ferons voir de vos yeux, toucher de vos mains, les plaies, les plaies saignantes de ce Christ qu'on appelle le peuple !

6. filetier phtisique : ouvrier malade de la tuberculose.

Victor Hugo, Discours à l'Assemblée, 30 juin 1850.

Texte D

Qu'est-ce qu'un homme révolté ? Un homme qui dit non. Mais s'il refuse, il ne renonce pas : c'est aussi un homme qui dit oui, dès son premier mouvement. Un esclave, qui a reçu des ordres toute sa vie, juge soudain inacceptable un nouveau commandement. Quel est le contenu de ce « non » ?

Il signifie, par exemple, « les choses ont trop duré », « jusque-là oui, au-delà non », « vous allez trop loin », et encore « il y a une limite que vous ne dépasserez pas ». En somme, ce non affirme l'existence d'une frontière. On retrouve la même idée de la limite dans ce sentiment du révolté que l'autre « exagère », qu'il étend son droit au-delà de la frontière à partir de laquelle un autre droit lui fait face et le limite. Ainsi, le mouvement de révolte s'appuie, en même temps, sur le refus catégorique d'une intrusion jugée intolérable et sur la certitude confuse d'un bon droit, plus exactement l'impression, chez le révolté, qu'il est « en droit de… ». La révolte ne va pas sans le sentiment d'avoir soi-même, en quelque façon, et quelque part, raison. C'est en cela que l'esclave révolté dit à la fois oui et non. Il affirme, en même temps que la frontière, tout ce qu'il soupçonne et veut préserver en deçà de la frontière. Il démontre, avec entêtement, qu'il y a en lui quelque chose qui « vaut la peine de… », qui demande qu'on y prenne garde. D'une certaine manière, il oppose à l'ordre qui l'opprime une sorte de droit à ne pas être opprimé au-delà de ce qu'il peut admettre.

Albert Camus, L'Homme révolté, Éd. Gallimard, 1951.

1700 ▾ 1800

❶ Vous répondrez d'abord à la question suivante (4 points).

Justifiez le rapprochement de ces quatre textes en précisant à quels genres d'argumentation ils appartiennent. Votre réponse n'excédera pas une vingtaine de lignes.

❷ Vous traiterez ensuite au choix un des sujets suivants (16 points).

1. Commentaire
Vous commenterez le discours de Victor Hugo.

2. Dissertation
« Qu'est-ce qu'un homme révolté ? Un homme qui dit non », affirme Albert Camus, dans son essai intitulé *L'Homme révolté*. Pensez-vous que la littérature doive nécessairement exprimer une forme de révolte ? Vous construirez votre réponse en vous appuyant sur les textes du corpus ainsi que sur vos connaissances et lectures personnelles.

3. Invention
En vous inspirant du discours de Victor Hugo, vous écrirez une lettre ouverte à un journal devant un événement ou une situation qui a provoqué en vous un sentiment de révolte. (Vous ne devez en aucun cas signer la lettre de votre nom.)

Claude Monet (1840-1926), *Le Pont de l'Europe, gare Saint-Lazare*, 1877, huile sur toile, 64 x 81 cm.

1800 1900

Le XIXᵉ siècle

Durant le XIXᵉ siècle, le roman explore les dessous de la société bourgeoise et du monde industriel. Les mouvements artistiques et littéraires qui se succèdent, les ruptures au théâtre et dans la poésie témoignent des mutations d'un monde entraîné par le progrès, mais entravé par les injustices et les inégalités.

CONTEXTE HISTORIQUE

Le XIXᵉ siècle

La marche du progrès

Le XIXᵉ siècle représente l'une des périodes les plus tourmentées de l'histoire de France. Cette instabilité politique s'accompagne d'une instabilité sociale, causée par la mise en place de la société industrielle. Tandis que la bourgeoisie accède au pouvoir, nombreux sont les écrivains qui, rejetant les valeurs établies, dénoncent l'hypocrisie, la misère et les injustices.

Le Code Napoléon couronné par le temps, peinture à l'huile de Mauzaisse, 1832.

L'HISTOIRE

De Bonaparte à la République

▶ **Porté par sa gloire militaire**, Bonaparte, héros de la Révolution française, se déclare empereur en 1804. Mais l'épopée napoléonienne s'achève dans la débâcle de Waterloo. La Restauration assure le retour de la noblesse exilée au pouvoir : Louis XVIII et Charles X, puis Louis-Philippe ne parviennent pas à répondre aux aspirations du peuple, que la société industrielle plonge dans la misère.

▶ **En 1848, une nouvelle révolution**, dans laquelle s'engagent de nombreux écrivains comme Lamartine et Hugo, conduit à la naissance de la IIᵉ République. Cependant, dès 1851, le président de la République Louis Napoléon Bonaparte se proclame empereur, à la suite d'un coup d'État. Sous son règne autoritaire, les grands travaux se multiplient : transformation de Paris par Haussmann, construction d'un réseau d'égouts dans la capitale, développement des voies ferrées...

▶ **La guerre franco-prussienne de 1870** provoque la chute de Napoléon III, l'installation de la IIIᵉ République et la révolte populaire de la Commune de Paris, réprimée dans le sang. Peu à peu, la démocratie parlementaire permet à la République de s'ancrer au cœur de la nation.

LES SCIENCES

L'alliance de la science et de l'industrie

▶ **Favorisant l'essor industriel,** les découvertes se multiplient dans tous les domaines. Le développement de la mécanique, les recherches de Volta sur l'électricité ou de Carnot sur la thermodynamique correspondent à une civilisation qui repose désormais sur la puissance des machines.

▶ **La recherche scientifique** conduit Lamarck, Cuvier puis Darwin à développer des théories nouvelles sur l'apparition de l'Homme et son évolution. La médecine profite des travaux de Pasteur sur la rage, de la découverte par Koch du bacille de la tuberculose ou des recherches menées sur la radioactivité par Pierre et Marie Curie.

Le centre de transmission par appareils Morse au central téléphonique de Paris en 1889.

Le XIXᵉ siècle

La révolution des transports.

▶ **Parallèlement, un grand nombre d'inventions** comme celles de la lampe électrique, du téléphone, de la photographie ou du phonographe bouleversent la vie quotidienne. En 1895, les frères Lumière mettent au point le cinématographe, et, à la fin du siècle, l'apparition de l'automobile et de l'aéroplane ouvrent de formidables perspectives dans le domaine des transports.

LA SOCIÉTÉ

Le triomphe de la société bourgeoise

▶ **D'un pays avant tout agricole et artisanal**, la France devient une grande puissance industrielle. Cette évolution renforce le pouvoir politique et économique de la bourgeoisie, symbolisé par le développement des banques et de la Bourse. Le chemin de fer est le symbole du dynamisme économique de la France, la presse se développe, le paysage urbain est remodelé par les usines et les faubourgs.

▶ **L'opinion publique, qui refuse la censure,** réclame toujours plus de liberté. Les ouvriers s'organisent pour lutter contre des conditions de travail inhumaines. Cependant, l'ingénieur incarne alors la foi dans la technique et le progrès, consacrée par l'inauguration de la tour Eiffel, en 1889. Les lois Ferry, qui ont rendu l'école laïque, gratuite et obligatoire, permettent aux instituteurs d'enseigner les valeurs de la République dans tous les villages de France. L'euphorie de la Belle Époque culmine avec l'Exposition universelle de 1900.

LA CULTURE

De la révolte romantique à l'engagement de l'intellectuel

▶ **Les mouvements culturels qui se succèdent**, le romantisme, le réalisme puis le symbolisme, conduisent à une explosion des formes d'expression artistique. S'opposant aux valeurs esthétiques de la bourgeoisie, les artistes provoquent souvent le scandale en réalisant des œuvres novatrices, parfois incomprises.

▶ **L'essor de l'alphabétisation** crée de nouveaux lecteurs assoiffés de distraction et d'information. Les journaux se multiplient : Émile de Girardin lance ainsi le journal à un sou en 1836. Un public populaire attend chaque jour avec impatience de découvrir dans le journal les feuilletons d'Honoré de Balzac, d'Eugène Sue ou d'Alexandre Dumas. Les romans de Zola et de Maupassant connaissent des tirages considérables.

▶ **La presse offre une tribune nouvelle aux écrivains.** Quand éclate l'affaire Dreyfus, en 1898, Émile Zola, Octave Mirbeau ou Anatole France prennent dans les journaux la défense de l'officier injustement accusé de trahison. Cet épisode marque la naissance de « l'intellectuel » confronté aux épreuves de son temps et annonce l'engagement des écrivains dans les tourments du XXᵉ siècle.

1800 ▼ 1900

La Lecture du journal, gravure de Louis Léopold Boilly (1761-1845).

271

REPÈRES littéraires

OBJET D'ÉTUDE *SECONDE*

Le roman et la nouvelle au XIXe siècle : réalisme et naturalisme

Le réalisme et le naturalisme

À partir des années 1830, s'opposant au romantisme du début du siècle, un grand nombre d'artistes veulent représenter la réalité concrète de leur temps. À travers leurs romans et leurs nouvelles, les écrivains montrent des situations proches du lecteur, ancrées dans la représentation sociale. Cette conception de l'art, défendue par Balzac, aboutit, dans les années 1880, à la création par Émile Zola du mouvement naturaliste.

Jean Rixens montre les ouvriers en plein travail.

L'apparition du réalisme

Alors que la sensibilité romantique triomphe au théâtre et dans la poésie, les romanciers éprouvent le besoin de faire de leurs œuvres le reflet de la réalité. Le terme réalisme apparaît ainsi en 1826 pour désigner « la littérature du vrai ».

« Un roman est un miroir que l'on promène sur une grande route », écrit Stendhal qui renouvelle le genre romanesque avec *Le Rouge et le Noir*. De son côté, Balzac dresse le tableau de l'ensemble de la société dans les quatre-vingt-dix romans et nouvelles qui constituent sa *Comédie humaine*. Il y prend en compte la diversité des milieux et des caractères de la Restauration, du haut en bas de l'échelle sociale.

Cette manière de concevoir le roman va profondément influencer l'ensemble des écrivains du XIXe siècle qui partagent tous désormais ce souci de réalisme et de vérité.

Le triomphe du vrai

À la suite de Balzac, Flaubert apparaît comme le « maître du réalisme » pour toute une génération d'écrivains. En 1857, son roman *Madame Bovary* le rend célèbre en même temps qu'il provoque le scandale par sa peinture sans concession des mœurs de la petite bourgeoisie de province.

Avant d'écrire *La Bête humaine*, Zola se renseigne auprès des cheminots.

Dans *La musique aux Tuileries*, Manet peint ses contemporains.

Le XIXe siècle

Maupassant donne une image réaliste de l'amour dans *Une partie de campagne*.

Enfermé dans sa propriété normande, l'écrivain consacre toute sa vie à l'exigence du style : il fait de la description minutieuse des êtres et des objet le moyen privilégié de donner au lecteur l'illusion de la réalité. Autour de lui, de nombreux autres romanciers comme Jules et Edmond de Goncourt ou le jeune Guy de Maupassant, partagent la même volonté de réalisme artiste.

Le projet naturaliste

Grand admirateur de Balzac et de Flaubert, Émile Zola se donne pour ambition de faire du réalisme un véritable mouvement littéraire. Dès 1871, il conçoit le projet d'écrire *L'Histoire naturelle et sociale d'une famille sous le Second Empire* à travers vingt romans qui retracent le destin des membres de la famille Rougon-Macquart.

S'appuyant sur les théories scientifiques nouvelles, Zola veut montrer l'influence de l'hérédité et de l'éducation sur les individus. L'écrivain naturaliste utilise aussi la recherche documentaire, enquêtant sur les lieux où se déroule l'action de son futur roman. La parution, en 1877, de *L'Assommoir*, où il utilise l'argot des faubourgs et dénonce la misère et la souffrance du monde ouvrier, attire sur lui tous les regards.

Dès lors, Zola rassemble autour de lui une génération de jeunes écrivains, comme Mirbeau ou Huysmans ou Maupassant, qui s'imposera à son tour comme un maître du roman et de la nouvelle.

Germinal est le premier roman à évoquer la vie des mineurs.

Pour composer les *Rougon-Macquart*, Zola s'appuie sur des enquêtes approfondies.

L'esthétique réaliste

Qu'ils se disent réalistes ou naturalistes, les romanciers du XIXe siècle partagent les mêmes principes esthétiques. Leurs romans et leurs nouvelles racontent l'itinéraire d'individus confrontés à une société dans laquelle ils cherchent à s'insérer.

Ils mettent en scène la diversité des milieux du monde industriel, représentant tous les métiers et tous les états : l'employé, le mineur, le rentier, le cheminot, le banquier, la prostituée, le savant, le commerçant...

Cette volonté de représentation du réel conduit les écrivains réalistes ou naturalistes à confronter leurs personnages aux épreuves de la maladie, de la vieillesse et de la mort. Au-delà des écrivains, l'esthétique réaliste, qui se retrouve en peinture, est renforcée par l'apparition de la photographie, puis, à la fin du siècle, du cinéma. Elle garde aujourd'hui encore toute son influence.

1800
▼
1900

> **ŒUVRES À CONSULTER**
>
> **Balzac** : *Avant-propos de La Comédie humaine* ➜ p. 309
> **Balzac** : *Les Chouans* ➜ p. 310
> **Balzac** : *César Birotteau* ➜ p. 314
> **Balzac** : *La Cousine Bette* ➜ p. 315
> **Mérimée** : *Mateo Falcone* ➜ p. 316
> **Stendhal** : *La Chartreuse de Parme* ➜ p. 320
> **Sand** : *François le Champi* ➜ p. 338
> **Barbey d'Aurevilly** : *L'Ensorcelée* ➜ p. 342
> **Flaubert** : *Madame Bovary* ➜ p. 353 et 355
> **Flaubert** : *Bouvard et Pécuchet* ➜ p. 357
> **Goncourt** : *Germinie Lacerteux* ➜ p. 360
> **Zola** : *La Fortune des Rougon* ➜ p. 375
> **Zola** : *L'Assommoir* ➜ p. 376
> **Zola** : *Germinal* ➜ p. 378
> **Zola** : *La Bête humaine* ➜ p. 380
> **Maupassant** : *Une partie de campagne* ➜ p. 384
> **Maupassant** : *Pierre et Jean* ➜ p. 387

L'Enterrement à Ornans, puissante évocation de Courbet fait scandale.

REPÈRES littéraires

OBJET D'ÉTUDE *PREMIÈRE*

Le personnage de roman du XVIIe siècle à nos jours

Le personnage de roman au XIXe siècle

Au XIXe siècle, le roman est le genre littéraire dominant. Les personnages se diversifient et deviennent plus complexes. Le public découvre avec émotion les tourments des personnages romantiques. Il se passionne pour les aventures de héros hors du commun, porteurs de valeurs de justice et de liberté. Il se reconnaît dans les personnages familiers qui peuplent les romans réalistes puis naturalistes.

Les costumes des personnages de Zola révèlent leur métier et leur milieu social.

Le héros romantique médite dans un paysage de ruines et de montagnes.

Le héros romantique

Héritier de Rousseau et de Bernardin de Saint-Pierre, Chateaubriand invente au début du siècle le personnage du héros romantique : son héros, René, est jeune, amoureux, épris de justice, marqué par une profonde mélancolie. Il fait partager au lecteur son émotion devant les beautés de la nature, mais aussi les inquiétudes d'un « moi » incompris. On retrouve cette dimension passionnée et tourmentée chez les héroïnes féminines de Madame de Staël, Benjamin Constant ou Gérard de Nerval.

Le révérend Simon et le médecin Origet saisis sur le vif par Balzac dans *Le Lys dans la vallée*.

Le personnage réaliste

L'univers mis en place dans les romans réalistes nécessite une grande diversité de personnages appartenant à des lieux et des milieux différents.

L'archétype social

Les romanciers réalistes, comme Balzac, représentent des personnages qui correspondent à des types sociaux et psychologiques. Toute la société est mise en scène : la bourgeoisie, le monde du commerce, le milieu des employés et des ouvriers, mais aussi les marginaux et les déshérités.

Les héros de Zola, peints par Steinlen, ne sont pas idéalisés.

274

Le héros ambitieux à la conquête du monde

Au cœur du roman réaliste, le héros fait l'apprentissage du monde. Julien Sorel chez Stendhal, Eugène de Rastignac chez Balzac, Frédéric Moreau chez Flaubert incarnent les aspirations du jeune homme qui veut gravir les échelons de la société. Cependant, leur entreprise échoue le plus souvent, se heurtant à la complexité et à la violence de la réalité.

Le jeune héros de Balzac, Rastignac, prêt à conquérir Paris.

ŒUVRES À CONSULTER
- **Chateaubriand** : *René* → p. 285
- **Mme de Staël** : *Corinne* → p. 288
- **Hugo** : *Les Misérables* → p. 304
- **Balzac** : *Sarrasine* → p. 311
- **Balzac** : *Le Père Goriot* → p. 312
- **Stendhal** : *Le Rouge et le noir* → p. 319
- **Stendhal** : *Lucien Leuwen* → p. 322
- **Sue** : *Les Mystères de Paris* → p. 332
- **Dumas** : *Les Trois Mousquetaires* → p. 334
- **Dumas** : *Le Comte de Monte-Cristo* → p. 336
- **Flaubert** : *Madame Bovary* → p. 354
- **Flaubert** : *L'Éducation sentimentale* → p. 356
- **Maupassant** : *Boule de suif* → p. 383
- **Maupassant** : *Bel-ami* → p. 386

L'héroïne désenchantée

Fascinée par la vision romantique de l'amour, toujours en quête d'une passion authentique et sans limite, l'héroïne de roman réaliste connaît la déception et le désenchantement. À l'image d'Emma Bovary, l'héroïne de Flaubert, ou de Jeanne, celle d'*Une vie* de Maupassant, elle se heurte à la cruauté d'une vie quotidienne sans espoir et sombre dans la mélancolie.

Trompée par ses rêves, Emma Bovary renonce à la vie.

1800 ▼ 1900

Le personnage habité par ses instincts

Les écrivains naturalistes donnent une dimension nouvelle au personnage réaliste. L'œuvre de Zola met en scène des personnages habités par leurs instincts, entraînés par des pulsions qu'ils ne peuvent contrôler. Les Goncourt, Maupassant et l'ensemble des romanciers naturalistes présentent au lecteur des héros inquiétants, souvent incapables de changer le cours de leur destin.

Nana, l'héroïne scandaleuse de Zola, imaginée par Edouard Manet.

Le héros hors du commun

Tout au long du siècle, de nombreux personnages conservent la dimension épique des héros hors du commun. Comme le Jean Valjean de Hugo ou le d'Artagnan de Dumas, ils sont dotés de qualités physiques et morales exceptionnelles. Leur destin extraordinaire est mis au service des valeurs qu'ils incarnent : le courage, la bravoure, la générosité, la compassion... Ils s'inscrivent dans la mémoire du lecteur qui s'identifie à eux.

Qui peut résister aux quatre mousquetaires réunis par Alexandre Dumas ?

REPÈRES littéraires

OBJET D'ÉTUDE *PREMIÈRE*

Le texte théâtral et sa représentation : du XVIIe siècle à nos jours

Le texte théâtral et sa représentation au XIXe siècle

Le siècle des Révolutions, où se bousculent deux empires, deux monarchies et deux républiques, connaît aussi sur les scènes des théâtres des batailles où s'affrontent les partisans des classiques et ceux du renouveau théâtral. Tout au long du siècle, le fossé se creuse entre les pièces à succès et les œuvres novatrices : et ce ne sont pas les œuvres qui ont le plus de succès qui ont eu le plus d'avenir.

La vogue des Classiques

Les œuvres des classiques, de plus en plus étudiées à l'école et jouées dans les théâtres officiels rétablis par Napoléon, sont défendues par des interprètes brillants. À la Comédie-Française, le célèbre comédien Talma est le premier à jouer en toge et sans perruque les héros de Corneille ; Mlle Georges enchante les spectateurs dans le rôle de la Célimène de Molière. Au milieu du siècle, Rachel et Sarah Bernhardt bouleversent le public par leurs interprétations des héroïnes de Corneille et de Racine.

La légendaire Sarah Bernhardt surnommée « la voix d'or » interprète Dumas fils, Musset, Racine.

Les émotions du mélodrame

Loin des salles officielles, aux portes de Paris, on peut voir pour une somme modique des marionnettes, des acrobates, des pantomimes. Sur ce qu'on appelle le boulevard du Crime, on frémit aux mélodrames qui montrent des victimes sans défenses jetées aux mains de méchants sans pitié. Les acteurs Frédérick Lemaître et Marie Dorval – « elle était aimable, il était terrible » – font triompher ce théâtre auprès d'un public populaire, amateur d'émotions fortes.

Au théâtre du Gymnase, inauguré en 1829, on joue les drames de Balzac, George Sand, Victorien Sardou.

Écrivain naturaliste, Oscar Méténier n'hésite pas à montrer sur scène prostituées et meurtriers.

Le XIXe siècle

Le théâtre de boulevard

En 1862, les travaux du baron Haussmann chassent le public populaire qui pleurait au mélodrame : place aux théâtres des grands boulevards où le public bourgeois fait triompher vaudevilles et comédies.

Mécaniques efficaces, calembours divers, pantalonnades variées et bien rythmées assurent le comique de ces pièces dont la production tourne à plein régime : Labiche écrit 175 comédies et Scribe 400 ! Émile Augier, Victorien Sardou, et Alexandre Dumas fils proposent un théâtre édifiant qui préserve les valeurs de la famille et de la propriété.

Le décor de la première représentation d'*Hernani* veut restituer l'esprit de l'Espagne du XVIe siècle.

La flambée romantique

Influencé par la découverte de Shakespeare, du théâtre allemand, ou du dramaturge italien Manzoni, les jeunes écrivains romantiques Stendhal, Hugo, Vigny, Nerval remettent en cause les principes du théâtre classique. Le drame romantique mêle le grotesque et le sublime, bannit les unités de temps et de lieu, fait sentir comment l'Histoire marque les individus qui luttent contre les préjugés et les conventions.

Souvent en butte à la censure, le théâtre romantique semble s'imposer lors de la bataille d'*Hernani*. Mais dès 1843, l'échec des *Burgraves* le condamne. Et ce sont les œuvres de Musset, écrites sans se soucier de la moindre représentation, qui s'imposeront ensuite sur la scène et connaîtront le succès.

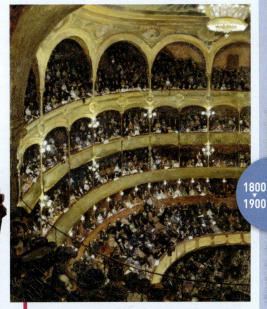

Le roi d'Espagne, Don Carlos, un personnage capital de *Hernani* de Victor Hugo.

1800 ▼ 1900

Dans les nouvelles salles de spectacles, on retrouve le parterre, les balcons, les loges et les galeries.

ŒUVRES À CONSULTER
Hugo : *Hernani* → p. 296
Musset : *Les Caprices de Marianne* → p. 326
Labiche : *Un chapeau de paille d'Italie* → p. 340
Jarry : *Ubu Roi* → p. 390

Le renouveau de la mise en scène

À la fin du siècle, André Antoine ouvre l'ère de la mise en scène moderne en transposant au théâtre l'esthétique naturaliste. De son côté le metteur en scène Lugné-Poe fonde le Théâtre de l'Œuvre qui devient le haut lieu du drame symboliste. C'est là qu'il crée, en 1892, *Pelléas et Mélisande* de Maurice Maeterlinck, puis en 1896, *Ubu roi* d'Alfred Jarry, qui fait scandale en bouleversant le langage de la comédie.

Costumes des personnages féminins de *Pelléas et Mélisande*, chef-d'œuvre de Maeterlinck.

Dès le premier mot qu'il prononce « merdre », Ubu-roi rompt avec le théâtre traditionnel.

REPÈRES *littéraires*

OBJET D'ÉTUDE *SECONDE*

La poésie du XIXᵉ au XXᵉ siècle : du romantisme au surréalisme

Du romantisme au symbolisme

L'histoire de la poésie au XIXᵉ siècle est marquée par une série de ruptures : les mouvements se succèdent, épousant et reflétant les transformations de la société. À l'apparition de thèmes poétiques nouveaux correspondent des recherches portant sur la forme des poèmes.

Stéphane Mallarmé, le maître des jeunes poètes symbolistes, peint par Edouard Manet.

Image de la méditation romantique, *Le Voyageur au-dessus de la mer de nuages* de Caspar-David Friedrich.

Le lyrisme romantique

À partir des années 1820, autour de Victor Hugo et d'Alphonse de Lamartine, les jeunes poètes romantiques dévoilent leur moi intime dans leurs œuvres : la présence insistante du « je » fait du poète la figure centrale de son œuvre. Afin d'exprimer l'intensité du sentiment amoureux et la profonde mélancolie du temps qui passe, il multiplie les figures d'insistance et les formes exclamatives qui caractérisent le lyrisme personnel.

Fascinés par le pittoresque du Moyen Âge, les poètes romantiques remettent à la mode des formes poétiques oubliées, comme la ballade, la chanson ou le rondeau. L'ode leur permet également d'exprimer pleinement leur lyrisme et leur éloquence.

Les recherches du Parnasse

À partir des années 1850, le mouvement du Parnasse emprunte son nom à une montagne grecque consacrée à la poésie dans l'Antiquité. À la suite de Théophile Gautier et de Leconte de Lisle, les poètes parnassiens, qui condamnent l'expression débordante des sentiments chez les romantiques, revendiquent une poésie impersonnelle fondée sur la rigueur des vers.

Pour les poètes parnassiens, le poème doit être ciselé comme un bijou ou sculpté comme une statue de marbre. Le sonnet, par la rigueur de ses contraintes, est leur forme poétique privilégiée. C'est le culte de « l'art pour l'art », c'est-à-dire d'un art désintéressé, qui séduit uniquement par sa beauté esthétique.

Le poète parnassien Leconte de Lisle s'inspire des mythes antiques.

Le lac du Bourget, décor du poème « Le lac » de Lamartine.

278

Le XIXe siècle

Baudelaire et les poètes de la modernité

Par sa nouveauté, le recueil des *Fleurs du mal*, publié en 1857, influence toute une génération de jeunes poètes. Baudelaire exprime son angoisse devant la solitude, qu'il nomme le « spleen », mais aussi sa recherche de la beauté absolue, « l'idéal ». Il montre les déchirements de l'homme moderne, partagé entre la révolte et l'accablement, la souffrance et la volupté. Il ouvre la voie à la poésie de la modernité.

À la suite de Baudelaire, Lautréamont, Verlaine et Rimbaud expriment leur sentiment de révolte. L'expérience de la bohème et de la marginalité fonde l'œuvre de ces « poètes maudits », qui dénoncent la laideur et l'hypocrisie de la société bourgeoise. Ils bouleversent l'écriture poétique avec l'usage du vers impair chez Verlaine, et celui du poème en prose chez Baudelaire et Rimbaud.

Le célèbre poème « Spleen » soigneusement corrigé par Baudelaire.

Le symbolisme et la musique du vers

Dans les années 1880, influencée par Baudelaire et Verlaine, la poésie symboliste partage avec la peinture, la danse et la musique la recherche d'un art subtil et raffiné. Le poète symboliste s'appuie sur la représentation de paysages fluides et changeants, pour traduire sa mélancolie. Grâce aux symboles, sa poésie explore un univers invisible et secret : pour les symbolistes, la poésie est un langage sacré qui s'appuie sur l'art de la suggestion.

Arthur Rimbaud pour qui le poète doit se faire « voleur de feu ».

Les recherches sur la musique du poème conduisent peu à peu les symbolistes à l'abandon de la régularité du vers et de la rime : ils créent ainsi les premiers vers libres, qui marqueront la poésie du XXe siècle.

1800 ▾ 1900

▶ ŒUVRES À CONSULTER

Hugo : *Les Orientales* ➜ p. 294
Nerval : *Odelettes* ➜ p. 324
Musset : *La Nuit de décembre* ➜ p. 328
Baudelaire : *Les Fleurs du mal* ➜ p. 345
Leconte de Lisle : *Poèmes barbares* ➜ p. 358
Verlaine : *Poèmes saturniens* ➜ p. 362
Verlaine : *Romances sans paroles* ➜ p. 365
Lautréamont : *Les Chants de Maldoror* ➜ p. 366
Rimbaud : *Poésies* ➜ p. 369
Rimbaud : *Illuminations* ➜ p. 373

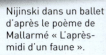

Nijinski dans un ballet d'après le poème de Mallarmé « L'après-midi d'un faune ».

Pour célébrer les arts, Puvis de Chavannes recourt à d'élégantes allégories.

REPÈRES littéraires

OBJET D'ÉTUDE *PREMIÈRE*

Écriture poétique et quête du sens, du Moyen Âge à nos jours

L'écriture poétique et la quête du sens au XIXe siècle

La poésie du XIXe siècle ne cesse d'interroger le monde. Le poète devient celui qui donne du sens à l'existence de l'homme confronté aux bouleversements d'une société en pleine mutation. Prophètes ou maudits, les poètes communiquent aux hommes les images et les visions qui le traversent.

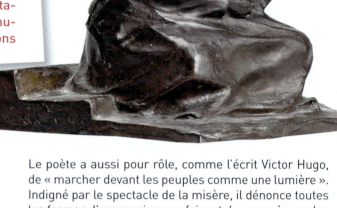

Le poète romantique se bat contre les injustices. Ici une mendiante avec son enfant.

Le poète a aussi pour rôle, comme l'écrit Victor Hugo, de « marcher devant les peuples comme une lumière ». Indigné par le spectacle de la misère, il dénonce toutes les formes d'oppressions en faisant de ses poèmes des plaidoyers passionnés pour la justice et la compréhension entre les hommes.

En juillet 1830, la jeunesse révoltée dresse des barricades au nom de la liberté.

« La Justice et la Vengeance divine poursuivant le crime » de Pierre Paul Prud'hon.

Le poète romantique et l'appel aux émotions

Interpellant à la fois les puissants et le peuple, le poète apparaît comme la conscience morale de la société. Sa fonction est de traduire les émotions intenses que l'homme peut ressentir au cours d'une vie : la passion amoureuse, la solitude, la souffrance devant la mort. « Le Lac » de Lamartine fixe ainsi pour l'éternité la mélancolie devant la disparition de l'être aimé.

Le XIXe siècle

Charles Baudelaire, le poète des *Fleurs du mal*, déchiré entre le spleen et l'Idéal.

Dans le coin gauche, les poètes Paul Verlaine et Arthur Rimbaud.

La poésie de la révolte

S'opposant aux poètes parnassiens qui considèrent que la poésie doit se consacrer uniquement au culte de l'art pour l'art, Baudelaire explore les contradictions du monde moderne. Devant la réalité, il est partagé entre la recherche d'un idéal de beauté et le constat de la laideur et de l'ennui. Ses poèmes expriment inlassablement cette quête du sens entre Spleen et Idéal.

Tout aussi révoltés, Verlaine et Rimbaud explorent le monde à travers l'expérience de la bohème : l'indignation devant la guerre, l'errance sur les chemins, la mélancolie du souvenir, la haine de la bourgeoisie nourrissent leurs poèmes. Cette révolte du poète se retrouve dans son travail sur les formes poétiques qui remet en cause l'héritage du passé. À la recherche de l'inconnu et du nouveau, ces poètes, « maudits » de leur vivant, ouvrent la voie de la poésie moderne.

> **ŒUVRES À CONSULTER**
> **Lamartine :** *Le lac* → p. 290
> **Hugo :** *Les Châtiments* → p. 302
> **Hugo :** *Les Contemplations* → p. 303
> **Hugo :** *La Légende des siècles* → p. 306
> **Baudelaire :** *Les Fleurs du mal* → p. 346
> **Verlaine :** *Fêtes galantes* → p. 364
> **Rimbaud :** *Poésies* → p. 370-372

1800 ▼ 1900

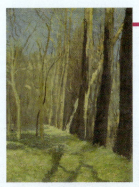

Les mystères de l'automne suggérés par Odilon Redon.

Les symbolistes et l'art de la suggestion

À la suite de Baudelaire et de Verlaine, Mallarmé et les poètes symbolistes cherchent un sens au monde à travers l'exploration de « correspondances » : il s'agit pour eux de découvrir les symboles qui laissent entrevoir, derrière le monde réel, un univers mystérieux et caché, où se trouve la véritable beauté de l'univers.

Contestant les certitudes scientifiques du XIXe siècle, la poésie symboliste privilégie la méditation et le rêve, la contemplation de paysages fluides et changeants qui expriment le sens secret du monde. Les recherches des poètes sur le rythme du vers et sur la musicalité du langage correspondent à cette quête d'un art pur, libéré de la réalité.

Figure mythique de la femme, Lilith, peinte par Gabriel Rossetti.

REPÈRES littéraires

OBJET D'ÉTUDE *PREMIÈRE*

La question de l'Homme dans les genres de l'argumentation du XVIᵉ siècle à nos jours

La question de l'Homme dans l'argumentation au XIXᵉ siècle

L'écrivain est une figure centrale de la société du XIXᵉ siècle. Il exprime, dans ses œuvres mais aussi dans ses prises de position, des points de vue qui sont largement partagés par l'opinion publique. L'Assemblée nationale, les journaux, les essais politiques ou philosophiques sont des tribunes nouvelles où l'on peut exposer de plus en plus librement ses idées.

Les essais philosophiques et politiques

Les bouleversements qu'a connus la société lors de la Révolution française puis de l'Empire poussent de nombreux écrivains à s'interroger sur ce que pourrait être la société idéale. Les essais de Madame de Staël, de Chateaubriand ou de Benjamin Constant nourrissent cette réflexion en débattant de la démocratie, de la liberté d'opinion ou de l'émancipation des individus et des peuples.

Tout au long du siècle se développe une réflexion philosophique et sociale qui remet parfois radicalement en cause les régimes politiques et les systèmes économiques. Le plus souvent engagées dans la défense du monde ouvrier naissant, des utopistes comme Charles Fourier et des doctrinaires comme Pierre Proudhon dénoncent les inégalités et la misère provoquées par la société industrielle.

La presse continue à diffuser les idées libératrices.

Le plaidoyer pour la science et le progrès

Les progrès techniques et scientifiques provoquent l'enthousiasme de nombreux écrivains et penseurs. Ceux-ci s'appuient sur les découvertes scientifiques pour expliquer le monde. Ils se passionnent pour le progrès, qui transforme profondément les modes de vie et de pensée. Comme Ernest Renan, ils manifestent leur foi dans un avenir meilleur, fondé sur les certitudes de la science. C'est ainsi que le positivisme, le courant de pensée fondé par Auguste Comte, fonde sur le progrès une vision positive du futur de l'homme.

Dans *La Liberté guidant le peuple*, Eugène Delacroix exalte la révolution de 1830.

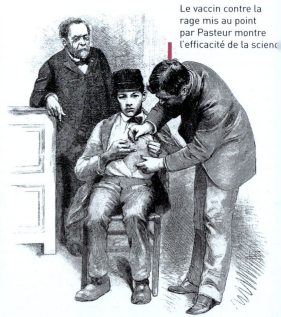

Le vaccin contre la rage mis au point par Pasteur montre l'efficacité de la science.

Le XIXe siècle

Les critiques au travail : rien n'a grâce à leurs yeux.

Émile Zola caricaturé par André Gill.

L'affirmation la critique

À la suite des travaux de Sainte-Beuve, qui fait revivre les écrivains du passé dans l'intimité de leur vie, la critique littéraire devient un genre argumentatif à part entière. Les journaux ont chacun leur critique attitré qui commente les dernières parutions de romans ou de recueils de poèmes. Les critiques dramatiques se pressent aux « Premières » des créations théâtrales. Les écrivains, comme Barbey d'Aurevilly, Zola ou Maupassant, expriment eux aussi avec force l'enthousiasme ou le mépris que leur inspirent les nouveautés littéraires et artistiques.

De la même manière, la critique d'art prend de l'importance. Les comptes-rendus des Salons de Baudelaire sont l'occasion pour le poète de manifester son admiration pour le peintre romantique Eugène Delacroix. À sa suite, Zola, Huysmans ou Mirbeau prendront la défense des peintres modernes rejetés par le goût académique de la société bourgeoise : Monet, Manet, Degas, Gauguin, Van Gogh seront tour à tour soutenus par leurs critiques.

> **▶ ŒUVRES À CONSULTER**
> **Chateaubriand :** *Mémoires d'outre-tombe* ➜ p. 286
> **Hugo :** *Discours à l'Assemblée* ➜ p. 300
> **Baudelaire :** *Le Peintre de la vie moderne* ➜ p. 350
> **Zola :** *J'accuse !* ➜ p. 381

Dans un *Atelier aux Batignolles* de Fantin-Latour, Zola rencontre Edouard Manet, Auguste Renoir et Claude Monet.

1800 ▼ 1900

L'appel à l'opinion publique

Les écrivains font partager, dans la presse ou à l'Assemblée, leurs préoccupations devant les injustices sociales. Comme Victor Hugo ou Alphonse de Lamartine, ils mettent en lumière dans leurs discours à la tribune de l'Assemblée l'oppression des peuples, la misère des hommes, le pouvoir de l'argent, la nécessaire liberté de la presse.

C'est d'ailleurs dans le journal *L'Aurore* qu'Émile Zola publie sa lettre ouverte au Président de la République intitulée « J'accuse ». Pendant plusieurs années, il mène ainsi une campagne de presse pour défendre le capitaine Dreyfus injustement condamné. Le mot « intellectuel » naît alors pour désigner les écrivains et les penseurs qui prennent position dans les débats qui agitent la société.

Lamartine, le poète du « Lac », pense jouer un rôle politique pendant la révolution de 1848.

Chateaubriand

▶ **François René de Chateaubriand**
▶ Né à Saint-Malo le 4 septembre 1768.
▶ Décédé à Paris le 4 juillet 1848.

Le jeune marquis de Chateaubriand passe son enfance en Bretagne, dans le château familial de Combourg, auprès d'un père solennel et taciturne et d'une mère mélancolique. Tout au long de sa jeunesse, il éprouve l'exaltation du rêve et de l'imagination. Présenté à la cour de Louis XVI, il s'embarque pour l'Amérique en avril 1791, puis rejoint l'armée des émigrés. Il connaît à Londres la vie difficile d'un exilé sans fortune. Rentré à Paris en 1800, Chateaubriand rencontre le succès deux ans plus tard avec le *Génie du christianisme*. Il entre alors dans la carrière diplomatique comme secrétaire d'ambassade à Rome. Opposé à Napoléon, il démissionne en 1804 et entreprend un grand voyage à Jérusalem. En 1815, avec la Restauration, Chateaubriand devient ambassadeur à Berlin puis à Londres, avant d'être ministre des Affaires étrangères. En 1830, il se retire de la vie publique. Désormais, l'écrivain se consacre à ses *Mémoires d'outre-tombe*, commencés vingt ans plus tôt. À sa mort, Chateaubriand est enterré dans la rade de Saint-Malo, face à l'océan, comme il l'avait souhaité.

ŒUVRES PRINCIPALES

Essais
Essai sur les révolutions (1797), *Génie du christianisme* (1802), *Essai sur la littérature anglaise* (1836), *Mémoires d'outre-tombe* (publication posthume en 1848).

Récits
Atala (1801), *René* (1802), *Les Natchez* (1826), *Itinéraire de Paris à Jérusalem* (1811).

▶ L'œuvre de Chateaubriand

● **Les essais sur l'Histoire et la religion.** Premier livre publié par Chateaubriand, en 1797, l'*Essai sur les révolutions* dénonce la violence de la Révolution française. En 1802, le *Génie du christianisme*, qui s'interroge sur le rôle de la religion, connaît un immense succès. Cette réflexion de Chateaubriand sur l'Histoire se poursuit à travers ses *Études historiques* en 1831.

● **Les romans autobiographiques.** Alors qu'il les a d'abord conçus pour illustrer le *Génie du christianisme*, Chateaubriand publie ses deux romans, *Atala*, en 1801, et *René*, l'année suivante. Il y dresse le portrait du héros romantique, pour lequel il s'inspire de sa propre personnalité.

● **Les mémoires.** Commencés en 1803 et achevés en 1847, les *Mémoires d'outre-tombe* constituent l'œuvre majeure de Chateaubriand. Ils forment à la fois le témoignage privilégié de l'écrivain sur un demi-siècle de l'histoire de France et le récit d'une vie singulière et passionnante.

▶ Chateaubriand et la méditation sur l'homme

Toute l'œuvre de Chateaubriand est marquée par la présence du moi. L'écrivain romantique s'investit tout entier dans chacun de ses textes. Enfant mélancolique, exilé souffrant, auteur célèbre, homme politique, il fait de sa vie la matière de son œuvre. Il livre au lecteur ses réflexions sur l'évolution de la société et lui communique ses souffrances, ses plaisirs et ses enthousiasmes. Les *Mémoires d'outre-tombe* forment ainsi un témoignage exceptionnel sur une période historique complexe et troublée, marquée par la Révolution, l'Empire et la Restauration ; ils sont aussi la confidence mélancolique d'un homme tourmenté, qui rappelle le souvenir de ses passions amoureuses et de ses voyages. Œuvre gigantesque, à la fois épique et lyrique, les écrits de Chateaubriand offrent une méditation sur l'Histoire, sur l'écoulement du temps et le destin des hommes.

Gravure illustrant les *Mémoires d'outre-tombe*.

Le XIXe siècle ■

OBJET D'ÉTUDE 1re **Le personnage de roman** → voir p. 274

1802

René

Chateaubriand donne pour cadre à son roman l'Amérique, où il a lui-même voyagé. René, un Français, fait à un vieil Indien, Chactas, et à un missionnaire, le père Souël, le récit de sa vie. Toute une génération se retrouvera dans le portrait de ce jeune homme exalté et tourmenté qui, pour les romantiques, incarne « le mal du siècle ».

Mais comment exprimer cette foule de sensations fugitives que j'éprouvais dans mes promenades ? Les sons que rendent les passions dans le vide d'un cœur solitaire ressemblent au murmure que les vents et les eaux font entendre dans le silence d'un désert : on en jouit, mais on ne peut les peindre.

5 L'automne me surprit au milieu de ces incertitudes : j'entrai avec ravissement dans le mois des tempêtes. Tantôt j'aurais voulu être un de ces guerriers errant au milieu des vents, des nuages et des fantômes ; tantôt j'enviais jusqu'au sort du pâtre¹ que je voyais réchauffer ses mains à l'humble feu de broussailles qu'il avait allumé au coin d'un bois. J'écoutais ses chants mélancoliques, qui me rappelaient que dans tout pays, le chant
10 naturel de l'homme est triste, lors même qu'il exprime le bonheur. Notre cœur est un instrument incomplet, une lyre où il manque des cordes, et où nous sommes forcés de rendre les accents de la joie sur le ton consacré aux soupirs.

Le jour je m'égarais sur de grandes bruyères terminées par des forêts. Qu'il fallait peu de choses à ma rêverie ! une feuille séchée que le vent chassait devant moi, une cabane
15 dont la fumée s'élevait dans la cime dépouillée des arbres, la mousse qui tremblait au souffle du nord sur le tronc d'un chêne, une roche écartée, un étang désert où le jonc flétri murmurait ! Le clocher solitaire, s'élevant au loin dans la vallée, a souvent attiré mes regards ; souvent j'ai suivi des yeux les oiseaux de passage qui volaient au-dessus de ma tête. Je me figurais les bords ignorés, les climats lointains où ils se rendent ; j'aurais
20 voulu être sur leurs ailes. Un secret instinct me tourmentait ; je sentais que je n'étais moi-même qu'un voyageur ; mais une voix semblait me dire : « Homme, la saison de ta migration n'est pas encore venue ; attends que le vent de la mort se lève, alors tu déploieras ton vol vers ces régions inconnues que ton cœur demande. »

« Levez-vous vite, orages désirés, qui devez emporter René dans les espaces d'une
25 autre vie. » Ainsi disant, je marchais à grands pas, le visage enflammé, le vent sifflant dans ma chevelure, ne sentant ni pluie ni frimas², enchanté, tourmenté, et comme possédé par le démon de mon cœur.

François René de Chateaubriand, *René*, 1802.

---

1. pâtre : berger.
2. frimas : le temps froid.

1800 ▼ 1900

Observation

1. Relevez les différents sentiments évoqués par le narrateur. Analysez leur progression.

2. À quelle saison est-il fait référence dans ce passage ? En quoi cette saison reflète-t-elle les états d'âme du narrateur ?

Analyse

3. Étudiez la présence de la nature dans le passage. Quelle image le héros romantique en donne-t-il ?

4. Relevez le champ lexical des sons dans le texte. Comment s'explique selon le narrateur cette importance accordée à l'ouïe ?

5. Commentez la dernière phrase. En quoi René y apparaît-il comme un héros romantique ?

Vers le commentaire. Vous ferez le commentaire de cet extrait en suivant ces deux pistes de lecture : la présence d'une nature tourmentée ; la mélancolie d'un moi passionné.

Notion

Le portrait du héros romantique

En évoquant à son sujet « une lyre où il manque des cordes » (l. 11), Chateaubriand rappelle le poète Orphée, dont la lyre est le symbole. Poésie et musique sont associées dans l'expression des sentiments intimes du héros romantique qui confie au lecteur des sentiments exaltés.

285 ■

Chateaubriand

OBJET D'ÉTUDE 1ʳᵉ **La question de l'Homme dans les genres de l'argumentation** → voir p. 282

1848 Mémoires d'outre-tombe

Dans ses *Mémoires d'outre-tombe*, Chateaubriand ajoute au récit de son existence une réflexion sur l'Homme et sa place dans l'univers. Aux dernières lignes de ses mémoires, il fait partager au lecteur sa vision prophétique de l'avenir de l'être humain.

La marine qui emprunte du feu le mouvement ne se borne pas à la navigation des fleuves, elle franchit l'Océan ; les distances s'abrègent ; plus de courants, de moussons, de vents contraires, de blocus, de ports fermés. Il y a loin de ces romans industriels au hameau de Plancoët[1] : en ce temps-là, les dames jouaient aux jeux d'autrefois à leur foyer ; les pay-
5 sannes filaient le chanvre de leurs vêtements ; la maigre bougie de résine éclairait les veillées de village ; la chimie n'avait point opéré ses prodiges ; les machines n'avaient pas mis en mouvement toutes les eaux et tous les fers pour tisser les laines ou broder les soies ; le gaz resté aux météores ne fournissait point encore l'illumination de nos théâtres et de nos rues.

Ces transformations ne se sont pas bornées à nos séjours : par l'instinct de son im-
10 mortalité, l'homme a envoyé son intelligence en haut ; à chaque pas qu'il a fait dans le firmament, il a reconnu des miracles de la puissance inénarrable[2]. Cette étoile, qui paraissait simple à nos pères, est double et triple à nos yeux ; les soleils interposés devant les soleils se font ombre et manquent d'espace pour leur multitude. Au centre de l'infini, Dieu voit défiler autour de lui ces magnifiques théories, preuves ajoutées aux preuves de l'Être suprême.

15 Représentons-nous, selon la science agrandie, notre chétive planète nageant dans un océan à vagues de soleils, dans cette voie lactée, matière brute de lumière, métal en fusion de mondes que façonna la main du Créateur. La distance de telles étoiles est si prodigieuse que leur éclat ne pourra parvenir à l'œil qui les regarde que quand ces étoiles seront éteintes, le foyer avant le rayon. Que l'homme est petit sur l'atome où il se meut ! Mais qu'il est
20 grand comme intelligence ! Il sait quand le visage des astres se doit charger d'ombre, à quelle heure reviennent les comètes après des milliers d'années, lui qui ne vit qu'un instant ! Insecte microscopique inaperçu dans un pli de la robe du ciel, les globes ne peuvent lui cacher un seul de leurs pas dans la profondeur des espaces. Ces astres, nouveaux pour nous, quelles destinées éclaireront-ils ? La révélation de ces astres est-elle liée à quelque nou-
25 velle phase de l'humanité ? Vous le saurez, races à naître ; j'ignore et je me retire.

François René de Chateaubriand, *Mémoires d'outre-tombe*, 1848.

---

1. Plancoët : village où a vécu Chateaubriand dans son enfance.

2. la puissance inénarrable : périphrase pour désigner Dieu, « l'Être suprême ».

Observation

1. Quelle opposition l'auteur établit-il dans le premier paragraphe ?

2. Dans quels domaines les progrès de l'homme se sont-ils réalisés, selon l'auteur ? Quelle place assigne-t-il à Dieu au sein de l'univers ?

Analyse

3. Relevez et analysez la présence des réseaux lexicaux de la petitesse et de la grandeur dans le dernier paragraphe. Que souligne-t-elle ?

4. Étudiez l'emploi de la modalité exclamative puis interrogative dans le texte. Comment s'explique cette progression ?

5. À qui la dernière phrase du texte s'adresse-t-elle ? Commentez l'effet recherché par l'auteur de ces mémoires.

Comparer deux textes

Confrontez ce texte avec celui de Pascal (p. 153). Montrez comment chacun des deux écrivains souligne à sa manière la grandeur de l'Homme.

Notion

Les mémoires

Le mémorialiste porte un regard privilégié sur les événements historiques dont il a été le témoin et auxquels il a participé. Il mêle le récit de vie au portrait de personnages célèbres. Il donne, avec le recul du temps, un jugement sur les événements et les hommes.

■ 286

Le XIXᵉ siècle

L'homme face à l'infini
Caspar David Friedrich, *Les Âges de la vie*

Le regard porté au lointain témoigne de la petitesse de l'être humain mais aussi de son désir d'avancer vers ce qu'il ignore. Le peintre romantique allemand Friedrich (1774-1840) n'a cessé de peindre des paysages dans lesquels l'homme se mesure à l'infini.

Caspar David Friedrich, *Les Âges de la vie*, vers 1835, huile sur toile.

1800 ▼ 1900

La mer s'étend à l'infini. L'immensité est offerte aux hommes qui quittent la terre ferme grâce aux bateaux qu'ils construisent.

Trois générations se trouvent sur le rivage. Un vieillard, Friedrich, appuyé sur une canne, contemple les limites du monde connu.

La terre ferme dessine un triangle qui symbolise à la fois une direction et une limite.

Lecture d'image

1. Expliquez comment les grandes lignes directrices qui composent la scène apportent une stabilité à l'ensemble.

2. Comparez le nombre de personnages et le nombre de bateaux. Que peut-on en conclure ?

3. Comparez les conceptions de l'existence présentes dans le texte de Chateaubriand et dans la peinture de Friedrich.

4. Commentez le titre de ce tableau.

La peinture romantique

La peinture romantique représente des sujets d'actualité. Elle privilégie l'approche sensible, parfois tourmentée, évoque la solitude du moi, et exalte les passions individuelles et collectives.

287

Madame de Staël

▶ **Anne Louise Germaine Necker, baronne de Staël**

▶ Née à Paris le 22 avril 1766.

▶ Décédée à Paris le 14 juillet 1817.

Fille d'un banquier genevois, ministre de Louis XVI, Germaine Necker se passionne très tôt pour les idées des Lumières. Mariée à vingt ans à l'ambassadeur de Suède à Paris, son salon exerce une influence considérable sur les idées nouvelles. D'abord favorable à la Révolution, elle en condamne les violences et échappe de justesse aux massacres de 1792, avant de fuir à Coppet, en Suisse, chez ses parents. Revenue en France en 1796, ses idées libérales irritent Napoléon. En 1802, après la mort de son mari, elle est condamnée à l'exil. Accompagnée de Benjamin Constant, elle voyage à travers l'Europe, découvre l'Allemagne, la Russie et l'Italie. Elle s'enthousiasme pour le romantisme allemand de Goethe et de Schiller. Dans sa propriété de Coppet, elle recrée l'atmosphère enthousiaste du salon de sa jeunesse. Jusqu'à ses derniers jours, elle met toute son énergie à défendre l'idéal de liberté intelligente qui a été le sien pendant toute son existence.

ŒUVRES PRINCIPALES

Romans
Delphine (1802),
Corinne (1807).

Essais
De l'influence des passions (1796), *De la littérature* (1800), *De l'Allemagne* (1813).

Le romantisme au féminin

Madame de Staël s'illustre dans le domaine de la critique littéraire en publiant en 1800 un essai intitulé *De la littérature*. Dix ans plus tard, *De l'Allemagne* introduit en France les nouvelles façons de sentir et de penser qu'elle découvre lors de ses voyages en Europe, ainsi que l'enthousiasme et la mélancolie romantiques. Après *Delphine*, paru en 1802, *Corinne ou l'Italie* (1807) devient le roman où s'exprime pour toute une génération un idéal d'amour auquel se mêle la passion pour l'Antiquité. Peintre, poétesse et musicienne, Corinne incarne ainsi la figure du génie féminin dans le cadre enchanteur de Rome, Venise et Naples. Mais l'héroïne amoureuse doit se sacrifier, victime des préjugés et des conventions sociales.

OBJET D'ÉTUDE 1ʳᵉ **Le personnage de roman** → voir p. 274

1807 Corinne

Un aristocrate écossais, lord Oswald Nelvil, voyage en Italie, où il rencontre à Rome Corinne, une célèbre poétesse dont il tombe amoureux. Le roman raconte la passion des deux personnages, marquée par la difficulté de lord Nelvil à vaincre ses préjugés sociaux, tandis que Corinne s'abandonne tout entière à la passion.

1. Lazzaroni : nom donné aux gens du peuple à Naples.

2. môle : jetée de pierre qui protège le port de Naples.

Le temps commençait à changer lorsqu'ils arrivèrent à Naples ; le ciel s'obscurcissait, l'orage qui s'annonçait dans l'air agitait déjà fortement les vagues, comme si la tempête de la mer répondait du sein des flots à la tempête du ciel. Oswald avait devancé Corinne de quelques pas, parce qu'il voulait faire apporter des flambeaux pour la conduire plus
5 sûrement jusqu'à sa demeure. En passant sur le quai, il vit des Lazzaroni[1] rassemblés qui criaient assez haut :

« Ah ! le pauvre homme, il ne peut pas s'en tirer ; il faut avoir patience, il périra.

– Que dites-vous, s'écria lord Nelvil avec impétuosité, de qui parlez-vous ?

– D'un pauvre vieillard, répondirent-ils, qui se baignait là-bas, non loin du môle[2],
10 mais qui a été pris par l'orage, et n'a pas assez de force pour lutter contre les vagues et regagner le bord. »

Le XIXᵉ siècle

Le premier mouvement d'Oswald était de se jeter à l'eau ; mais réfléchissant à la frayeur qu'il causerait à Corinne lorsqu'elle approcherait, il offrit tout l'argent qu'il portait avec lui, et en promit le double à celui qui se jetterait dans l'eau pour retirer le
15 vieillard. Les Lazzaroni refusèrent, en disant :

« Nous avons trop peur, il y a trop de danger, cela ne se peut pas. »

En ce moment, le vieillard disparut sous les flots. Oswald n'hésita plus, et s'élança dans la mer, malgré les vagues qui recouvraient sa tête. Il lutta cependant heureusement contre elles, atteignit le vieillard qui périssait un instant plus tard, le saisit et le ramena
20 sur la rive. Mais le froid de l'eau, les efforts violents d'Oswald contre la mer agitée, lui firent tant de mal, qu'au moment où il apportait le vieillard sur la rive, il tomba sans connaissance, et sa pâleur était telle en cet état, qu'on devait croire qu'il n'existait plus. Corinne passait alors, ne pouvant pas se douter de ce qui venait d'arriver. Elle aperçut une grande foule rassemblée, et entendant crier : « Il est mort », elle allait s'éloigner,
25 cédant à la terreur que lui inspiraient ces paroles, lorsqu'elle vit un des Anglais qui l'accompagnaient fendre précipitamment la foule. Elle fit quelques pas pour le suivre, et le premier objet qui frappa ses regards ce fut l'habit d'Oswald, qu'il avait laissé sur le rivage en se jetant dans l'eau. Elle saisit cet habit avec un désespoir convulsif, croyant qu'il ne restait plus que cela d'Oswald ; et quand elle le reconnut enfin lui-même, bien
30 qu'il parût sans vie, elle se jeta sur son corps inanimé avec une sorte de transport ; et le pressant dans ses bras avec ardeur, elle eut l'inexprimable bonheur de sentir encore les battements du cœur d'Oswald, qui se ranimait peut-être à l'approche de Corinne.

« Il vit, s'écria-t-elle, il vit ! »

Et dans ce moment elle reprit une force, un courage qu'avaient à peine les simples
35 amis d'Oswald. Elle appela tous les secours ; elle-même sut les donner ; elle soutenait la tête d'Oswald évanoui ; elle le couvrait de ses larmes ; et, malgré la plus cruelle agitation, elle n'oubliait rien, elle ne perdait pas un instant, et ses soins n'étaient point interrompus par sa douleur. Oswald paraissait un peu mieux ; cependant il n'avait point encore repris l'usage de ses sens. Corinne le fit transporter chez elle, et se mit à genoux
40 à côté de lui, l'entoura des parfums qui devaient le ranimer, et l'appelait avec un accent si tendre, si passionné, que la vie devait revenir à cette voix.

Oswald l'entendit, rouvrit les yeux et lui serra la main.

Madame de Staël, *Corinne ou l'Italie*, 1807.

1800 ▾ 1900

Observation

1. Repérez les différentes étapes de l'épisode constitué par ce récit. Donnez-leur un titre.

2. Pourquoi peut-on qualifier l'attitude d'Oswald d'héroïque ? Justifiez votre réponse par des passages précis du texte étudié.

Analyse

3. Comment le décor, au début de l'extrait, participe-t-il à l'atmosphère de la scène ?

4. Qu'est-ce qui, dans l'attitude et les pensées de Corinne, fait d'elle une héroïne romantique ?

5. Montrez comment les procédés de l'exagération soulignent l'intensité de ce moment où s'exprime la passion.

Vers le commentaire. Vous commenterez cet extrait sous la forme d'un paragraphe entièrement rédigé en montrant comment l'auteur fait de ce moment une scène éminemment romantique.

Notion

La passion romantique

Le héros ou l'héroïne romantique sacrifie tout aux exigences de la passion : liens familiaux, situation matérielle et position sociale. C'est ce qui conduit souvent la passion romantique à la tragédie : la mort couronne alors un destin où le bonheur et la souffrance sont indissociables.

Lamartine

▶ **Alphonse de Lamartine**
▶ Né à Mâcon le 21 octobre 1790.
▶ Décédé à Paris le 28 février 1869.

Lamartine grandit à Milly, au bord de la Saône. Après ses années d'études, où il souffre d'être mis en pension, il refuse de servir Napoléon qu'il considère comme un usurpateur. Il mène une vie oisive, lit et écrit des vers. Un voyage en Italie lui laisse le souvenir de paysages enchanteurs. En 1814, engagé dans le régiment des gardes du corps de Louis XVIII, il accompagne le roi en Savoie durant les Cent Jours. Deux ans plus tard, il rencontre Julie Charles à Aix-les-Bains. C'est pour elle qu'il écrit « Le Lac », peu avant la mort de la jeune femme. Publiées en 1820, les *Méditations poétiques* consacrent la gloire du poète romantique. S'engageant dans l'action politique, Lamartine prend part à la Révolution de 1830. Il est élu député en 1833. Chef du gouvernement provisoire, il proclame la République en 1848. Mais il échoue aux élections présidentielles. Accablé par des dettes énormes, Lamartine est condamné aux « travaux forcés littéraires ». Sa famille refuse des funérailles nationales à sa mort, en 1869.

ŒUVRES PRINCIPALES

Poésie
Méditations poétiques (1820), *Harmonies poétiques et religieuses* (1830), *Jocelyn* (1836), *La Vigne et la Maison* (1857).

Récits autobiographiques
Voyage en Orient (1835), *Raphaël* (1849), *Graziella* (1851).

Essai
Histoire des Girondins (1847).

Le lyrisme romantique

La publication des *Méditations poétiques* en 1820 marque le véritable début du mouvement romantique en France. Composé de vingt-quatre poèmes qui forment une autobiographie sentimentale, le recueil de Lamartine obtient immédiatement un « succès inouï, universel ». C'est par son lyrisme que le poète des *Méditations* affirme son originalité : devant la nature consolatrice, l'auteur laisse parler son cœur, déchiré par le souvenir d'un amour perdu. L'harmonie et la douceur des sonorités créent une impression de fluidité et d'écoulement de l'écriture poétique, pour laquelle un lac, un vallon, un chêne deviennent chargés de symboles et de mystère. Aux yeux de Théophile Gautier, Lamartine apparaît ainsi comme « le plus grand musicien de la langue française. »

OBJET D'ÉTUDE 1RE Écriture poétique et quête du sens ➔ voir p. 280

1820 Méditations poétiques

Inspiré par sa liaison amoureuse avec Julie Charles, atteinte d'une maladie incurable, Lamartine évoque dans « Le Lac » la puissance inexorable du temps qui passe et la mélancolie du souvenir. Il cherche ainsi à exprimer les passions du cœur humain et « les innombrables frissons de l'âme ».

1. Le Lac : le lac du Bourget, à Aix-les-Bains.

Le Lac[1]

Ainsi, toujours poussés vers de nouveaux rivages,
Dans la nuit éternelle emportés sans retour,
Ne pourrons-nous jamais sur l'océan des âges
Jeter l'ancre un seul jour ?

5 Ô lac ! l'année à peine a fini sa carrière,
Et près des flots chéris qu'elle devait revoir,
Regarde ! je viens seul m'asseoir sur cette pierre
Où tu la vis s'asseoir !

Le XIXᵉ siècle

Tu mugissais ainsi sous ces roches profondes,
10   Ainsi tu te brisais sur leurs flancs déchirés,
Ainsi le vent jetait l'écume de tes ondes
Sur ses pieds adorés.

Un soir, t'en souvient-il ? nous voguions en silence ;
On n'entendait au loin, sur l'onde et sous les cieux,
15   Que le bruit des rameurs qui frappaient en cadence
Tes flots harmonieux.

Tout à coup des accents inconnus à la terre
Du rivage charmé frappèrent les échos :
Le flot fut attentif, et la voix qui m'est chère
20   Laissa tomber ces mots :

2. **propices** : favorables.

« Ô temps ! suspends ton vol, et vous, heures propices[2] !
Suspendez votre cours :
Laissez-nous savourer les rapides délices
Des plus beaux de nos jours !

25   « Assez de malheureux ici-bas vous implorent
Coulez, coulez pour eux ;
Prenez avec leurs jours les soins qui les dévorent,
Oubliez les heureux.

« Mais je demande en vain quelques moments encore.
30   Le temps m'échappe et fuit ;
Je dis à cette nuit : Sois plus lente ; et l'aurore
Va dissiper la nuit.

« Aimons donc, aimons donc ! de l'heure fugitive,
Hâtons-nous, jouissons !
35   L'homme n'a point de port, le temps n'a point de rive ;
Il coule, et nous passons ! »

Alphonse de Lamartine, « Le Lac » (extrait), *Méditations poétiques*, 1820.

1800
▾
1900

Observation

1. Distinguez les deux parties du poème qui composent cet extrait. Confrontez leurs constructions de manière à montrer qu'elles se font écho.

2. Reformulez l'interrogation du poète dans la première strophe. Commentez l'emploi du pronom « nous » au vers 3.

Analyse

3. Relevez les réseaux lexicaux du temps et du lac. Comment sont-ils associés dans le poème ?

4. En quoi ce poème correspond-il à la conception romantique de l'univers ?

5. Quels sont les différents sentiments soulignés par les exclamations tout au long du poème ?

6. Retrouvez et commentez les caractéristiques de la méditation poétique dans cette élégie.

Vers le commentaire. Vous commenterez ce poème sous la forme d'un paragraphe entièrement rédigé et illustré d'exemples.

Notion

La méditation poétique

La méditation est un terme religieux qui désigne un état de concentration intérieure. Le terme est ensuite employé pour désigner un genre littéraire portant réflexion sur des grands sujets. Lamartine renouvelle ce genre à travers son recueil, habité par la mélancolie romantique.

Hugo

▶ **Victor Hugo**
▶ Né à Besançon le 26 février 1802.
▶ Décédé à Paris le 22 mai 1885.

L'enfance de Victor Hugo est heureuse mais déchirée entre une mère royaliste et un père général d'Empire, qu'il accompagne au gré des campagnes napoléoniennes, en Italie et en Espagne. À Paris, il réside dans une maison proche du couvent des Feuillantines et prépare l'École polytechnique au lycée Louis-le-Grand. Dès 1816, Hugo écrit : « Je veux être Chateaubriand ou rien. » C'est ainsi qu'il publie, en 1822, son premier recueil de poèmes et épouse, la même année, Adèle Foucher, son amie d'enfance. Il prend, en 1827, la tête du mouvement romantique qui veut révolutionner la littérature française. Il publie *Les Orientales* deux ans plus tard et lance dans *Le Dernier jour d'un condamné* un appel vibrant contre la peine de mort. Le succès d'*Hernani* en 1830, le roman *Notre-Dame de Paris* publié en 1831, quatre recueils de poèmes lyriques et le triomphe de son drame romantique, *Ruy Blas*, l'imposent comme le plus grand écrivain de son temps. Après ces années heureuses, qui voient la naissance de ses enfants, Hugo se console de l'échec de son mariage dans l'amour que lui porte une jeune actrice, Juliette Drouet. En 1841, l'écrivain entre à l'Académie française.

Le 4 septembre 1843, la disparition brutale de sa fille aînée, Léopoldine, au cours d'une promenade en barque sur la Seine, jette Victor Hugo dans le désespoir. Nommé par le roi Louis-Philippe à la chambre des Pairs, puis élu député, il défend dans ses discours la liberté des peuples opprimés et dénonce la misère. En 1848, il soutient Louis Napoléon Bonaparte, qui est élu président de la République. Mais, lorsque celui-ci usurpe le pouvoir par le coup d'État du 2 décembre 1851 pour se proclamer empereur, Victor Hugo prend la route de l'exil. À Jersey, puis à Guernesey, l'écrivain poursuit son œuvre par un travail acharné d'où naissent d'inoubliables chefs-d'œuvre : *Les Contemplations, La Légende des siècles, Les Misérables*...

« Quand la liberté rentrera, je rentrerai », avait dit le poète, qui revient en France après la défaite de Napoléon III à Sedan, en 1870. Le retour est douloureux : le territoire est occupé, la nation déchirée par les violences qui accompagnent la révolte de la Commune. Hugo, d'abord brutalement contesté, ne cesse d'intervenir pour défendre les libertés individuelles et les institutions républicaines encore fragiles et se bat pour l'amnistie des Communards. C'est le sens de son ultime roman, *Quatrevingt-treize*. Malgré ses dernières volontés, on célèbre par des funérailles nationales grandioses la mort de celui qui est devenu, au fil du siècle, le symbole de la défense des libertés.

ŒUVRES PRINCIPALES

Poésie
Odes et Ballades (1826),
Les Châtiments (1853),
Les Contemplations (1856),
La Légende des siècles (1859).

Théâtre
Hernani (1830), *Lucrèce Borgia* (1833), *Ruy Blas* (1838).

Romans
Notre-Dame de Paris (1831),
Les Misérables (1862).

Caricature de Victor Hugo, trônant sur le théâtre de la Comédie-Française et l'Académie, 1841.

▶ L'œuvre de Hugo

D'une immense créativité, Hugo transforme tous les genres qu'il aborde, poésie, théâtre, roman, pour construire une œuvre exceptionnelle.

● **L'œuvre poétique.** Victor Hugo joue de toutes les formes, de tous les thèmes, de tous les registres de la poésie. D'une virtuosité prodigieuse qui éblouit dès *les Orientales*, son inspiration ne cesse de s'approfondir jusqu'au lyrisme des *Contemplations* : c'est en chantant ses émotions les plus singulières que le poète exprime les joies et les douleurs de chacun. Avec *Les Châtiments*, il renouvelle la poésie satirique et les milliers de vers de *La Légende des siècles* font entendre les voix de l'épopée, oubliées depuis Agrippa d'Aubigné.

Le XIXe siècle

● **L'œuvre théâtrale.** Dans les drames qui imposent le romantisme sur la scène, *Hernani*, *Lucrèce Borgia*, *Ruy Blas*, Victor Hugo multiplie les coups de théâtre, les affrontements violents, les dénouements pathétiques. Refusant les contraintes des unités de lieu et de temps, se moquant de la vraisemblance, le dramaturge compose des tableaux qui ont l'intensité des cauchemars : des êtres passionnés sont broyés par des forces qui les dépassent. La fresque historique prend une dimension épique.

● **L'œuvre romanesque.** Les romans de Hugo, *Notre-Dame de Paris*, *Les Misérables*, *Quatre-vingt-treize* touchent un vaste public et inspirent encore aujourd'hui cinéastes et musiciens. Le romancier utilise les conventions du genre romanesque, coïncidences invraisemblables, personnages idéalisés, pour composer des fresques complexes où il s'interroge sur les forces à l'œuvre dans l'histoire humaine. S'il propose une conception personnelle du réalisme, c'est pour mieux dénoncer les aspects les plus scandaleux de la misère du peuple.

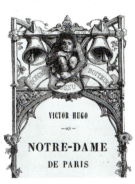

● **L'œuvre critique.** Dans ses préfaces où il exprime avec force sa conception de la littérature et de l'Histoire, dans ses discours politiques, dans ses pamphlets, dans ses essais, Victor Hugo se bat contre la peine de mort, contre les injustices, pour la liberté et pour la défense de ceux qui sont persécutés. Ses œuvres polémiques sont à l'unisson de ses œuvres littéraires : la même éloquence, la même passion traversent l'ensemble de ses écrits.

Victor Hugo, au côté de Gambetta, honoré par la République.

▶ Les combats d'un génie

Victor Hugo a toujours conçu la force créatrice, qu'elle s'exprime en vers ou en prose, au théâtre ou par des romans, comme une force de libération. Il s'est réjoui d'avoir disloqué « ce grand niais d'alexandrin », d'avoir libéré la scène des contraintes arbitraires du théâtre classique, d'avoir enrichi la langue littéraire de tous les apports de l'argot. Refuser les cloisonnements, les fausses hiérarchies, retrouver, transposé dans le langage de l'art, le mouvement même de la vie, tel est pour lui le devoir du créateur. Ce combat littéraire ne peut se séparer du combat politique et social.

Victor Hugo a constamment refusé les théories de l'art pour l'art. Dédaigné par les parnassiens comme par les réalistes, il a toujours affirmé que « l'utile, loin de circonscrire le sublime, le grandit ». Être poète implique un engagement de tout son être, un combat pour le progrès dont Hugo sait mieux que d'autres à quel point il est improbable.

1800
1900

Dessin de Victor Hugo illustrant son roman, *Les Travailleurs de la mer*.

293

Hugo

OBJET D'ÉTUDE 2ⁿᵈᵉ **La poésie, du romantisme au surréalisme** → voir p. 278

1829 # Les Orientales

La vogue de l'orientalisme conduit Hugo à publier un recueil de poèmes dans lesquels il s'appuie sur l'exotisme des paysages et des situations. À la manière d'un peintre, il fait de chaque poème un tableau sensible et féerique imprégné de l'imaginaire oriental.

Clair de lune

La lune était sereine et jouait sur les flots. –
La fenêtre enfin libre est ouverte à la brise,
La sultane regarde, et la mer qui se brise,
Là-bas, d'un flot d'argent brode les noirs îlots.

5 De ses doigts en vibrant s'échappe la guitare.
Elle écoute… Un bruit sourd frappe les sourds échos.
Est-ce un lourd vaisseau turc qui vient des eaux de Cos[1],
Battant l'archipel grec de sa rame tartare[2] ?

Sont-ce des cormorans qui plongent tour à tour,
10 Et coupent l'eau, qui roule en perles sur leur aile ?
Est-ce un djinn[3] qui là-haut siffle d'une voix grêle,
Et jette dans la mer les créneaux de la tour ?

Qui trouble ainsi les flots près du sérail[4] des femmes ?
– Ni le noir cormoran, sur la vague bercé,
15 Ni les pierres du mur, ni le bruit cadencé
Du lourd vaisseau, rampant sur l'onde avec des rames.

Ce sont des sacs pesants, d'où partent des sanglots.
On verrait, en sondant la mer qui les promène,
Se mouvoir dans leurs flancs comme une forme humaine…
20 – La lune était sereine et jouait sur les flots.

Victor Hugo, *Les Orientales*, 1829.

1. **Cos :** île grecque.
2. **tartare :** turque.
3. **djinn :** démon, génie cruel.
4. **sérail :** harem.

Observation

1. Observez la composition du poème : strophes, vers, rimes. Quel est le rôle du premier et du dernier vers ?

2. Quel est le thème développé par chaque quatrain ? Pourquoi peut-on dire qu'il s'agit d'un poème narratif ?

3. Relevez l'ensemble des éléments qui créent un décor oriental.

Analyse

4. Expliquez comment le rythme du poème contribue à créer un tableau faussement paisible.

5. Commentez la chute du poème : construction de la strophe, pronoms, ponctuation.

Vers le commentaire. Vous commenterez ce poème sous la forme de deux paragraphes rédigés.

Le XIXᵉ siècle

Le désir d'Orient

Eugène Delacroix, *Femmes d'Alger dans leur appartement*

En 1832, pendant six mois, Delacroix accompagne un diplomate au Maroc. Fasciné par ce qu'il découvre, il ne cesse de prendre des notes, de réaliser des croquis au crayon ou à l'aquarelle. Cette matière documentaire et esthétique nourrira désormais l'œuvre du peintre romantique.

▌ Eugène Delacroix (1798-1863), *Femmes d'Alger dans leur appartement*, 1834, huile sur toile.

1800 ▼ 1900

 Delacroix revient en France en passant par Alger. Une servante (?) se retourne comme si elle dévoilait la scène au spectateur.

 L'atmosphère est paisible. Une femme est nonchalamment accoudée à gauche alors que deux autres discutent doucement.

 Le tableau est une véritable explosion de couleurs qui se répondent, un jeu subtil d'ombre et de lumière.

Lecture d'image

1. Quel élément du tableau symbolise l'idée du dévoilement d'un réel au départ caché ?
2. Delacroix multiplie les effets de matière. Lesquels ?
3. Comparez l'Orient décrit par Victor Hugo et celui décrit par Delacroix.

L'Orientalisme

Dans la préface des *Orientales*, Hugo explique que l'Orient est devenu « une sorte de préoccupation générale ». L'art du XIXᵉ siècle est en effet fasciné par cet ailleurs exotique, lumineux et sensuel, dont la géographie va du sud de l'Espagne au Moyen-Orient en passant par le Maghreb.

Hugo

OBJET D'ÉTUDE 1re **Le texte théâtral et sa représentation** → voir p. 276

1830 Hernani

Le drame de Victor Hugo raconte l'histoire de Doña Sol dont trois hommes sont amoureux : Hernani, le duc don Ruy Gomez et le roi d'Espagne, don Carlos. Ce dernier, caché dans une armoire, écoute le dialogue passionné qu'échangent Doña Sol et Hernani, grand seigneur banni, ennemi du roi, car celui-ci a fait exécuter son père.

> DOÑA SOL
> Je vous suivrai.
>
> HERNANI
>   Parmi mes rudes compagnons ?
> Proscrits[1] dont le bourreau sait d'avance les noms,
> Gens dont jamais le fer ni le cœur ne s'émousse,
> Ayant tous quelque sang à venger qui les pousse ?
> 5   Vous viendrez commander ma bande, comme on dit ?
> Car, vous ne savez pas, moi, je suis un bandit !
> Quand tout me poursuivait dans toutes les Espagnes,
> Seule, dans les forêts, dans ses hautes montagnes,
> Dans ses rocs où l'on n'est que de l'aigle aperçu,
> 10 La vieille Catalogne[2] en mère m'a reçu.
> Parmi ses montagnards, libres, pauvres, et graves,
> Je grandis, et demain trois mille de ses braves,
> Si ma voix dans leurs monts fait résonner ce cor,
> Viendront… Vous frissonnez. Réfléchissez encor.
> 15 Me suivre dans les bois, dans les monts, sur les grèves,
> Chez des hommes pareils aux démons de vos rêves,
> Soupçonner tout, les yeux, les voix, les pas, le bruit,
> Dormir sur l'herbe, boire au torrent, et la nuit
> Entendre, en allaitant quelque enfant qui s'éveille,
> 20 Les balles des mousquets siffler à votre oreille,
> Être errante avec moi, proscrite, et, s'il le faut,
> Me suivre où je suivrai mon père, – à l'échafaud.
>
> DOÑA SOL
> Je vous suivrai.
>
> HERNANI
>   Le duc est riche, grand, prospère.
> Le duc n'a pas de tache au vieux nom de son père.
> 25 Le duc peut tout. Le duc vous offre avec sa main
> Trésors, titres, bonheur…
>
> DOÑA SOL
>   Nous partirons demain.
> Hernani, n'allez pas sur mon audace étrange
> Me blâmer. Etes-vous mon démon ou mon ange ?
> Je ne sais, mais je suis votre esclave. Écoutez,

1. proscrits : condamnés à mort ou à l'exil.
2. Catalogne : région d'Espagne.

Le XIXe siècle

30 Allez où vous voudrez, j'irai. Restez, partez,
Je suis à vous. Pourquoi fais-je ainsi ? Je l'ignore.
J'ai besoin de vous voir et de vous voir encore
Et de vous voir toujours. Quand le bruit de vos pas
S'efface, alors je crois que mon cœur ne bat pas,
35 Vous me manquez, je suis absente de moi-même ;
Mais dès qu'enfin ce pas que j'attends et que j'aime
Vient frapper mon oreille, alors il me souvient
Que je vis, et je sens mon âme qui revient.

HERNANI, *la serrant dans ses bras.*

Ange !

DOÑA SOL

À minuit. Demain. Amenez votre escorte.
40 Sous ma fenêtre. Allez, je serai brave et forte.
Vous frapperez trois coups.

HERNANI

Savez-vous qui je suis,

Maintenant ?

DOÑA SOL

Monseigneur, qu'importe ! Je vous suis.

HERNANI

Non, puisque vous voulez me suivre, faible femme,
Il faut que vous sachiez quel nom, quel rang, quelle âme,
45 Quel destin est caché dans le pâtre[3] Hernani.
Vous vouliez d'un brigand, voulez-vous d'un banni ?

DON CARLOS, *ouvrant avec fracas la porte de l'armoire.*

Quand aurez-vous fini de conter votre histoire ?
Croyez-vous donc qu'on soit si bien dans une armoire ?
Hernani recule étonné. Doña Sol pousse un cri et se réfugie dans ses bras, en
fixant sur don Carlos des yeux effarés.

HERNANI, *la main sur la garde de son épée.*

Quel est cet homme ?

Victor Hugo, *Hernani*, Acte I, scène 2, 1830.

3. **pâtre** : berger.

Observation

1. Repérez les différentes étapes de cette scène.

2. Dans sa tirade, quel portrait d'Hernani se dégage de ses paroles ?

3. Par quelles indications Hugo donne-t-il tout au long de la scène une dimension tragique à son héros ?

Analyse

4. Pourquoi Doña Sol interrompt-elle Hernani ? Relevez les expressions qui révèlent sa passion.

5. À travers quels procédés le dramaturge adapte-t-il le rythme des vers à la vivacité d'un dialogue théâtral ? Relevez des exemples d'enjambements, de ruptures de vers, de répétitions et d'énumérations.

Notion

La tirade romantique

Les romantiques condamnent les tirades classiques qui ralentissent l'action. Dans un drame, l'action ne doit pas être seulement racontée mais représentée. La tirade devient le développement passionné d'une réplique et participe à l'action théâtrale.

1800
▼
1900

ÉVÉNEMENT littéraire

1830

Victor Hugo et la bataille d'*Hernani*

La représentation mouvementée d'*Hernani*, le nouveau drame d'un jeune homme de vingt-sept ans, Victor Hugo, marque une étape essentielle dans la carrière de l'écrivain et dans l'histoire du théâtre français. Avec cette œuvre discutée, le jeune poète fait triompher le romantisme au théâtre.

Chronologie de la bataille d'*Hernani*

▶ **Décembre 1827.** Dans la Préface de *Cromwell*, Hugo définit le drame romantique.

▶ **11 février 1829.** Succès du drame d'Alexandre Dumas, *Henri III et sa cour* à la Comédie-Française.

▶ **Juin 1829.** Le drame de Victor Hugo, *Marion Delorme*, est interdit par la censure.

▶ **5 octobre 1829.** Lecture d'*Hernani*, accueillie avec enthousiasme par les comédiens français.

▶ **25 février 1830.** Première représentation d'*Hernani* devant un public choisi.

▶ **27 février 1830.** 2ᵉ représentation, houleuse au point qu'on parlera de « bataille d'*Hernani* », devant le grand public.

▶ **22 juin 1830.** 36ᵉ et dernière représentation.

■ Les forces en présence

Après la secousse de la Révolution française, l'Empire et la Restauration permettent le retour à la tradition théâtrale française. Les jeunes romantiques, Vigny, Dumas, Hugo, refusent, avec Stendhal, cette tradition classique qui leur semble sclérosée. Ils appellent à l'invention d'un nouveau théâtre inspiré par les œuvres de Shakespeare que des comédiens anglais sont venus présenter à Paris en 1827. Victor Hugo, enhardi par le succès du drame de son ami Alexandre Dumas, déclare : « La brèche est ouverte, nous passerons. »

Caricature d'*Hernani*, drame romantique.

■ Les premières escarmouches

Victor Hugo en deux mois écrit sa pièce : dans l'Espagne de Charles-Quint, une jeune femme, Doña Sol, qui doit épouser Ruy Gomez, est courtisée à la fois par le roi d'Espagne et par un jeune brigand mystérieux, Hernani. Ce drame en vers ne respecte ni l'unité de lieu ni l'unité de temps et multiplie les situations invraisemblables. Il est accepté par acclamation dès sa première lecture à la Comédie-Française. Mais les répétitions sont difficiles : la grande actrice Mademoiselle Mars, ne cesse de réclamer des modifications ; on fait courir dans les journaux des fragments déformés du drame pour mieux le tourner en ridicule.

Alfred de Vigny, Alexandre Dumas et les soutiens de Victor Hugo, à la Comédie-Française, le premier soir de la représentation d'*Hernani*.

Le XIXᵉ siècle

Le soir de la bataille. La première représentation d'*Hernani* au théâtre de la Comédie-Française.

houleuses : pas un vers qui ne soit hué, un soir ou l'autre. Balzac, pourtant ami de Hugo, déclare « le sujet inadmissible, les caractères faux, la conduite des personnages contraire au bon sens ». Mais la pièce résiste plusieurs mois et fait de jolies recettes jusqu'au mois de juin. Dès le mois de mars, on en joue des parodies : *N, I, Ni ou le Danger des Castilles, ou Arnali ou la Contrainte par cor*. Désormais le romantisme a quitté des salons où s'enflammaient quelques passionnés ; grâce à Victor Hugo, il est sur le devant de la scène, sur la place publique.

■ Le grand soir

Se méfiant de la claque, c'est-à-dire des personnes payées par le théâtre pour applaudir, Victor Hugo a fait venir ses amis. Cheveux longs, vêtements excentriques, ces jeunes écrivains et artistes ne sont pas encore célèbres : Théophile Gautier, Gérard de Nerval, Achille et Eugène Devéria, Louis Boulanger, Pétrus Borel, Balzac, Berlioz. Enfermés pendant tout l'après-midi dans la salle du théâtre, ils chantent et s'échauffent en vue du spectacle. Quand le rideau se lève enfin, la salle est d'abord silencieuse et, bien vite, l'enthousiasme bruyant des « chevaliers hernaniens » étouffe les quelques sifflets qui fusent çà et là. Les acteurs défendent magnifiquement leur rôle : les fleurs pleuvent aux pieds de Mademoiselle Mars, le nom de l'auteur est même acclamé dans la plupart des loges. La bataille est gagnée.

■ La victoire menacée

Dès le lendemain, tous les journaux, qu'ils soient libéraux ou royalistes, sauf un, sont hostiles. Ils dénoncent cette dangereuse bohème qui a fait applaudir une œuvre extravagante, invraisemblable : on a profané la Comédie-Française, le temple de l'art classique ! Les représentations suivantes sont de plus en plus

Les personnages d'*Hernani* bousculent les règles du théâtre classique.

1800
▼
1900

Théophile Gautier portant le gilet rouge qu'il exhibe lors des représentations d'*Hernani*.

■ Le témoignage de Théophile Gautier

Théophile Gautier, dans les dernières lignes qu'il ait écrites, se souvient de la première d'*Hernani* dont il dit magnifiquement : « Cette soirée décida de notre vie ! » « Pour nous, précise Théophile Gautier, le monde se divisait en flamboyants et en grisâtres, les uns objet de notre amour, les autres de notre aversion. Nous voulions la vie, la lumière, le mouvement, l'audace de pensée et d'exécution, le retour aux belles époques de la Renaissance et à la vraie Antiquité, et nous rejetions le coloris effacé, le dessin maigre et sec, les compositions pareilles à des groupements de mannequins, que l'Empire avait légués à la Restauration ».

Comprendre l'essentiel

1. Quels sont les défenseurs du classicisme ? Quels reproches adressent-ils à *Hernani* ?

2. Pourquoi la bataille d'*Hernani* est-elle considérée comme une date importante ?

3. Comparez la querelle du *Cid* et la bataille d'*Hernani*. Expliquez quelles sont les connotations du mot « querelle » et du mot « bataille ».

Hugo

OBJET D'ÉTUDE 1re **La question de l'Homme dans les genres de l'argumentation** → voir p. 282

1848 1849

Discours à l'Assemblée

Tout au long de son existence, Victor Hugo s'engage dans la vie politique. À ses yeux, le poète est une conscience qui doit guider le peuple, à travers son œuvre, mais aussi à travers ses prises de positions publiques. Député sous la IIe République, il rappelle dans ses discours à la tribune les exigences de liberté et de solidarité qui doivent inspirer l'action de tout gouvernement.

Discours sur la peine de mort

Messieurs, une constitution, et surtout une constitution faite par la France et pour la France, est nécessairement un pas dans la civilisation. Si elle n'est point un pas dans la civilisation, elle n'est rien.

Eh bien, songez-y, qu'est-ce que la peine de mort ? La peine de mort est le signe
5 spécial et éternel de la barbarie. Partout où la peine de mort est prodiguée, la barbarie domine ; partout où la peine de mort est rare, la civilisation règne.

Messieurs, ce sont là des faits incontestables. L'adoucissement de la pénalité[1] est un grand et sérieux progrès. Le XVIIIe siècle, c'est là une partie de sa gloire, a aboli la torture ; le XIXe siècle abolira la peine de mort.

10 Vous ne l'abolirez pas peut-être aujourd'hui ; mais n'en doutez pas, demain vous l'abolirez, ou vos successeurs l'aboliront. Vous écrivez en tête du préambule de votre constitution : « En présence de Dieu », et vous commenceriez par lui dérober, à ce Dieu, ce droit qui n'appartient qu'à lui, le droit de vie et de mort ?

Messieurs, il y a trois choses qui sont à Dieu et qui n'appartiennent pas à l'homme :
15 l'irrévocable, l'irréparable, l'indissoluble. Malheur à l'homme s'il les introduit dans ses lois. Tôt ou tard elles font plier la société sous leur poids, elles dérangent l'équilibre nécessaire des lois et des mœurs, elles ôtent à la justice humaine ses proportions ; et alors il arrive ceci, réfléchissez-y, messieurs, que la loi épouvante la conscience.

Je suis monté à cette tribune pour vous dire un seul mot, un mot décisif, selon moi ;
20 ce mot, le voici. Après Février[2], le peuple eut une grande pensée : le lendemain du jour où il avait brûlé le trône, il voulut brûler l'échafaud. Ceux qui agissaient sur son esprit alors ne furent pas, je le regrette profondément, à la hauteur de son grand cœur. On l'empêcha d'exécuter cette idée sublime.

Eh bien, dans le premier article de la constitution que vous votez, vous venez de
25 consacrer la première pensée du peuple, vous avez renversé le trône. Maintenant consacrez l'autre, renversez l'échafaud.

Je vote pour l'abolition pure, simple et définitive, de la peine de mort.

> **Victor Hugo**, Discours devant l'Assemblée constituante,
> 15 septembre 1848, *Actes et Paroles*, 1875.

Discours sur la misère

Voici donc ces faits : Il y a dans Paris, dans ces faubourgs de Paris que le vent de l'émeute soulevait naguère si aisément, il y a des rues, des maisons, des cloaques, où des familles, des familles entières, vivent pêle-mêle, hommes, femmes, jeunes filles, enfants, n'ayant pour lits, n'ayant pour couvertures, j'ai presque dit pour vêtements,
5 que des monceaux infects de chiffons en fermentation, ramassés dans la fange[1] du coin des bornes, espèce de fumier des villes, où des créatures humaines s'enfouissent toutes vivantes pour échapper au froid de l'hiver.

---

1. la pénalité : ensemble des peines et des sanctions.
2. Février : les journées de février 1848 qui ont mis fin à la royauté et donné naissance à la IIe République.

1. fange : boue épaisse.

■ 300

Le XIXᵉ siècle

Voilà un fait. En voici d'autres : Ces jours derniers, un homme, mon Dieu, un malheureux homme de lettres, car la misère n'épargne pas plus les professions
10 libérales que les professions manuelles, un malheureux homme est mort de faim, mort de faim à la lettre, et l'on a constaté après sa mort qu'il n'avait pas mangé depuis six jours. Voulez-vous quelque chose de plus douloureux encore ?

Le mois passé, pendant la recrudescence du choléra, on a trouvé une mère et ses quatre enfants qui cherchaient leur nourriture dans les débris immondes et
15 pestilentiels des charniers de Montfaucon[2] !

Eh bien, messieurs, je dis que ce sont là des choses qui ne doivent pas être ; je dis que la société doit dépenser toute sa force, toute sa sollicitude, toute son intelligence, toute sa volonté, pour que de telles choses ne soient pas ! je dis que de tels faits, dans un pays civilisé, engagent la conscience de la société tout entière ;
20 que je m'en sens, moi qui parle, complice et solidaire, et que de tels faits ne sont pas seulement des torts envers l'homme, que ce sont des crimes envers Dieu !

Voilà pourquoi je suis pénétré[3], voilà pourquoi je voudrais pénétrer tous ceux qui m'écoutent de la haute importance de la proposition qui vous est soumise. Ce n'est qu'un premier pas, mais il est décisif. Je voudrais que cette assem-
25 blée, majorité et minorité, n'importe, je ne connais pas, moi, de majorité et de minorité en de telles questions ; je voudrais que cette assemblée n'eût qu'une seule âme pour marcher à ce grand but, à ce but magnifique, à ce but sublime, l'abolition de la misère !

Victor Hugo, Discours devant l'Assemblée nationale,
9 juillet 1849, *Actes et Paroles*, 1875.

2. charniers de Montfaucon : lieu où étaient pendus et enfouis les condamnés à mort au Moyen Âge.
3. pénétré : profondément convaincu.

1800 ▾ 1900

Observation

1. Quelle est le thème de chaque discours ? Reformulez en une phrase la thèse défendue.

2. Pour chaque discours, quels sont les arguments apportés à l'appui de la thèse ? Quels exemples viennent les illustrer ?

3. Quel est le niveau de langage utilisé ? Relevez des exemples de termes qui donnent de l'ampleur et de la solennité au discours.

Analyse

4. À quel moment du discours l'orateur s'implique-t-il avec force ? Comment ?

5. Retrouvez et commentez trois exemples correspondant aux procédés de l'interpellation présents dans ces deux discours.

6. Retrouvez la présence du rythme ternaire. Relevez deux exemples d'anaphores : quel est l'effet recherché par l'orateur ?

Vers la dissertation. Le discours sur la misère de Victor Hugo est-il encore d'actualité ? Vous répondrez à cette question sous la forme d'un paragraphe argumenté et illustré d'exemples.

Notion

L'interpellation

En s'adressant directement à son destinataire, c'est-à-dire en l'interpellant, l'émetteur le pousse à réfléchir ou à agir. Il utilise pour cela des procédés rhétoriques comme l'exclamation, qui souligne l'émotion ; la question oratoire, qui fournit la réponse attendue ; ou encore l'apostrophe, qui exprime un ordre pressant sur le mode impératif.

301

Hugo

OBJET D'ÉTUDE 1re | **Écriture poétique et quête du sens** → voir p. 280

1853

Les Châtiments

Exilé dans les îles anglo-normandes après le coup d'État de Louis Napoléon Bonaparte, Victor Hugo écrit *Les Châtiments*, opposant le glorieux destin de Napoléon Ier aux basses ambitions de son neveu, qu'il surnomme par dérision « Napoléon le Petit ».

Chanson

Sa grandeur éblouit l'histoire.
    Quinze ans, il fut
Le dieu que traînait la victoire
    Sur un affût[1] ;
5 L'Europe sous la loi guerrière
    Se débattit. –
Toi, son singe, marche derrière,
    Petit, petit.

Napoléon dans la bataille,
10   Grave et serein,
Guidait à travers la mitraille
    L'aigle d'airain[2].
Il entra sur le pont d'Arcole[3],
    Il en sortit. –
15 Voici de l'or, viens, pille et vole,
    Petit, petit.

Berlin, Vienne, étaient ses maîtresses ;
    Il les forçait,
Leste, et prenant les forteresses
20   Par le corset.
Il triompha de cent bastilles[4]
    Qu'il investit. –
Voici pour toi, voici des filles[5],
    Petit, petit.

25 Il passait les monts et les plaines,
    Tenant en main
La palme, la foudre, et les rênes
    Du genre humain ;
Il était ivre de sa gloire
30   Qui retentit. –
Voici du sang, accours, viens boire,
    Petit, petit.

Quand il tomba, lâchant le monde,
    L'immense mer
35 Ouvrit à sa chute profonde
    Son gouffre amer ;
Il y plongea, sinistre archange[6],
    Et s'engloutit. –
Toi, tu te noieras dans la fange[7],
40   Petit, petit.

Jersey, septembre 1853.

Victor Hugo, « Chanson »,
Les Châtiments, 1853.

1. affût : support d'un canon.
2. l'aigle d'airain : l'emblème en bronze de l'Empire.
3. Arcole : victoire glorieuse de Bonaparte, en 1796.
4. cent bastilles : la prison de la Bastille était le symbole de l'absolutisme royal.
5. filles : prostituées.
6. sinistre archange : ange annonciateur du malheur.
7. fange : boue épaisse.

Observation

1. Observez les deux derniers vers de chaque strophe. Qui désignent-ils ? Dans quelle intention ?

2. Relevez le champ lexical de la conquête militaire. À qui renvoie-t-il ?

Analyse

3. Analysez les différences de coupes rythmiques dans les vers consacrés à Napoléon Ier et dans ceux consacrés à Napoléon III. Expliquez ces différences.

4. Quel effet produit la répétition de « petit, petit » ? Montrez qu'elle participe à la dimension satirique de la chanson.

Vers le commentaire. Vous montrerez dans un paragraphe d'analyse en quoi ce poème se développe comme une chanson satirique.

Notion

La chanson

En poésie, la chanson est un poème divisé en strophes s'appuyant sur le retour d'un refrain et l'utilisation de vers courts, au rythme rapide. Elle exprime la volonté de faire partager ses idées à un large public.

■ 302

Le XIXe siècle ■

OBJET D'ÉTUDE 1re **Écriture poétique et quête du sens** → voir p. 280

1856

Les Contemplations

Le recueil des *Contemplations* évoque vingt-cinq années de la vie de Victor Hugo. La mort de Léopoldine, sa fille qui s'est noyée en 1843 au cours d'une promenade en barque, divise *Les Contemplations* en deux parties : « Autrefois » et « Aujourd'hui ».

Demain, dès l'aube...

Demain, dès l'aube, à l'heure où blanchit la campagne,
Je partirai. Vois-tu, je sais que tu m'attends.
J'irai par la forêt, j'irai par la montagne.
Je ne puis demeurer loin de toi plus longtemps.

5 Je marcherai les yeux fixés sur mes pensées,
Sans rien voir au dehors, sans entendre aucun bruit,
Seul, inconnu, le dos courbé, les mains croisées,
Triste, et le jour pour moi sera comme la nuit.

Je ne regarderai ni l'or du soir qui tombe,
10 Ni les voiles au loin descendant vers Harfleur[1],
Et quand j'arriverai, je mettrai sur ta tombe
Un bouquet de houx vert et de bruyère en fleur.

1. **Harfleur :** ville des environs du Havre.

Victor Hugo, « Demain dès l'aube »,
Les Contemplations, 1856.

1800 ▾ 1900

Observation

1. Observez la composition générale du poème : strophes, mesure du vers, rimes.

2. Relevez l'alternance de la première et de la deuxième personne du singulier. Quel est l'effet produit par les deux derniers vers ?

3. Relevez les verbes de mouvement. Quel est leur sujet ? À quel verbe s'opposent-ils ?

Analyse

4. Quelle image le poète donne-t-il ici de lui-même ? Comment s'explique-t-elle ?

5. Dans la deuxième strophe, étudiez le rythme des alexandrins. Quel est l'effet recherché par l'enjambement à l'hémistiche ?

Vers le commentaire. Vous commenterez l'image du poète dans un paragraphe illustré d'exemples.

Notion

La césure de l'alexandrin

On appelle « césure » la coupe qui sépare l'alexandrin en deux hémistiches. Elle donne au vers un rythme régulier : « J'irai par la forêt,//j'irai par la montagne. » L'enjambement interne (à la césure), distinct de l'enjambement externe (à la rime) souligne le contenu narratif du poème : « Demain, dès l'aube, à l'heure où blanchit la campagne ».

303 ■

Hugo

OBJET D'ÉTUDE 1ʳᵉ **Le personnage de roman** → voir p. 274

1862

Les Misérables

Dans *Les Misérables*, Victor Hugo crée la grande figure romanesque du personnage de Jean Valjean. Poussé par la misère, celui-ci a été condamné au bagne pour avoir volé un pain. Devenu « mauvais », le forçat évadé est traversé par le combat du Bien et du Mal lorsqu'il rencontre un enfant jouant avec des pièces de monnaie.

Comme le soleil déclinait au couchant, allongeant sur le sol l'ombre du moindre caillou, Jean Valjean était assis derrière un buisson dans une grande plaine rousse absolument déserte. Il n'y avait à l'horizon que les Alpes. Pas même le clocher d'un village lointain. Jean Valjean pouvait être à trois lieues de Digne. Un sentier qui coupait la
5 plaine passait à quelques pas du buisson.

Au milieu de cette méditation qui n'eût pas peu contribué à rendre ses haillons[1] effrayants pour quelqu'un qui l'eût rencontré, il entendit un bruit joyeux.

Il tourna la tête, et vit venir par le sentier un petit savoyard d'une dizaine d'années qui chantait, sa vielle[2] au flanc et sa boîte à marmotte sur le dos ; un de ces doux et gais
10 enfants qui vont de pays en pays, laissant voir leurs genoux par les trous de leur pantalon.

Tout en chantant l'enfant interrompait de temps en temps sa marche et jouait aux osselets avec quelques pièces de monnaie qu'il avait dans sa main, toute sa fortune probablement. Parmi cette monnaie il y avait une pièce de quarante sous. L'enfant s'arrêta à côté du buisson sans voir Jean Valjean et fit sauter sa poignée de sous que jusque-là il
15 avait reçue avec assez d'adresse tout entière sur le dos de sa main.

Cette fois la pièce de quarante sous lui échappa, et vint rouler vers la broussaille jusqu'à Jean Valjean.

Jean Valjean posa le pied dessus.

Cependant l'enfant avait suivi sa pièce du regard, et l'avait vu.
20 Il ne s'étonna point et marcha droit à l'homme.

C'était un lieu absolument solitaire. Aussi loin que le regard pouvait s'étendre, il n'y avait personne dans la plaine ni dans le sentier. On n'entendait que les petits cris faibles d'une nuée d'oiseaux de passage qui traversaient le ciel à une hauteur immense. L'enfant tournait le dos au soleil qui lui mettait des fils d'or dans les cheveux et qui
25 empourprait[3] d'une lueur sanglante la face sauvage de Jean Valjean.

– Monsieur, dit le petit savoyard, avec cette confiance de l'enfance qui se compose d'ignorance et d'innocence, – ma pièce ?

– Comment t'appelles-tu ? dit Jean Valjean.

– Petit-Gervais, monsieur.
30 – Va-t'en, dit Jean Valjean.

– Monsieur, reprit l'enfant, rendez-moi ma pièce.

Jean Valjean baissa la tête et ne répondit pas.

L'enfant recommença :

– Ma pièce, monsieur !
35 L'œil de Jean Valjean resta fixé à terre.

– Ma pièce ! cria l'enfant, ma pièce blanche ! mon argent !

Il semblait que Jean Valjean n'entendît point. L'enfant le prit au collet de sa blouse et le secoua. Et en même temps il faisait effort pour déranger le gros soulier ferré posé sur son trésor.

– Je veux ma pièce ! ma pièce de quarante sous !
40 L'enfant pleurait. La tête de Jean Valjean se releva. Il était toujours assis. Ses yeux étaient troubles. Il considéra l'enfant avec une sorte d'étonnement, puis il étendit la main vers son bâton et cria d'une voix terrible :

---

1. haillons : vêtements en lambeaux.
2. vielle : instrument de musique.
3. empourprait : donnait une couleur rougeâtre.

■ 304

Le XIXe siècle

– Qui est là ?

– Moi, monsieur, répondit l'enfant. Petit-Gervais ! moi ! moi ! Rendez-moi mes qua-
45 rante sous, s'il vous plaît ! Ôtez votre pied, monsieur, s'il vous plaît !

Puis irrité, quoique tout petit, et devenant presque menaçant :

– Ah, çà, ôterez-vous votre pied ? Ôtez donc votre pied, voyons.

– Ah ! c'est encore toi ! dit Jean Valjean, et se dressant brusquement tout debout, le
pied toujours sur la pièce d'argent, il ajouta : – Veux-tu bien te sauver !

50 L'enfant effaré le regarda, puis commença à trembler de la tête aux pieds, et, après
quelques secondes de stupeur, se mit à s'enfuir en courant de toutes ses forces sans oser
tourner le cou ni jeter un cri.

Cependant à une certaine distance l'essoufflement le força de s'arrêter, et Jean Valjean,
à travers sa rêverie, l'entendit qui sanglotait.

55 Au bout de quelques instants l'enfant avait disparu.

Le soleil s'était couché. L'ombre se faisait autour de Jean Valjean. Il n'avait pas
mangé de la journée ; il est probable qu'il avait la fièvre.

Il était resté debout, et n'avait pas changé d'attitude depuis que l'enfant s'était enfui.
Son souffle soulevait sa poitrine à des intervalles longs et inégaux. Son regard, arrêté à
60 dix ou douze pas devant lui, semblait étudier avec une attention profonde la forme d'un
vieux tesson[4] de faïence bleue tombé dans l'herbe. Tout à coup il tressaillit ; il venait de
sentir le froid du soir.

Il raffermit sa casquette sur son front, chercha machinalement à croiser et à bouton-
ner sa blouse, fit un pas, et se baissa pour reprendre à terre son bâton. En ce moment
65 il aperçut la pièce de quarante sous que son pied avait à demi enfoncée dans la terre et
qui brillait parmi les cailloux.

Ce fut comme une commotion galvanique[5]. Qu'est-ce que c'est que ça ? dit-il entre
ses dents. Il recula de trois pas, puis s'arrêta, sans pouvoir détacher son regard de ce
point que son pied avait foulé l'instant d'auparavant, comme si cette chose qui luisait
70 là dans l'obscurité eût été un œil ouvert fixé sur lui.

Au bout de quelques minutes, il s'élança convulsivement[6] vers la pièce d'argent, la
saisit, et, se redressant, se mit à regarder au loin dans la plaine, jetant à la fois ses yeux
vers tous les points de l'horizon, debout et frissonnant comme une bête fauve effarée
qui cherche un asile.

75 Il ne vit rien. La nuit tombait, la plaine était froide et vague, de grandes brumes
violettes montaient dans la clarté crépusculaire.

Victor Hugo, *Les Misérables*, 1862.

---

4. tesson : débris de verre ou de poterie.

5. commotion galvanique : violente secousse.

6. convulsivement : avec une agitation violente.

1800 ▾ 1900

Observation

1. Distinguez les principaux moments de cet épisode.

2. Relevez les éléments du décor. Quelle valeur symbolique peut-on leur donner ?

3. Relevez les caractéristiques des deux personnages. Qu'est-ce qui les oppose ?

Analyse

4. Comment peut-on expliquer l'atti-tude de Jean Valjean ? Comment celle-ci évolue-t-elle ?

5. Qu'est-ce qui fait de cette scène un moment pathétique du roman ?

6. L'épisode marque le moment où le destin du héros bascule. Relevez, à la fin de la scène, ce qui annonce son rachat futur.

Vers l'écriture d'invention. Ima-ginez une suite à ce récit. Vous montrerez, en vous appuyant sur la situation mise en place, comment Jean Valjean, pris de remords, se met à la recherche de l'enfant afin de lui rendre sa pièce.

Notion

Le héros édifiant

En faisant suivre au lecteur le destin d'un personnage déchiré entre le Bien et le Mal, Victor Hugo donne au récit une dimension morale. Jean Valjean est victime d'une société qui rend les hommes mauvais, mais il incarne la possibilité du rachat. Il vient en aide aux plus démunis et secourt tour à tour Fantine, Cosette et Marius. Hugo montre ainsi que l'espoir est toujours possible.

Hugo

OBJET D'ÉTUDE 1ʳᵉ **Écriture poétique et quête du sens** → voir p. 280

1859
1883

La Légende des siècles

Pendant près de quarante ans, Victor Hugo cherche à retracer dans un recueil de poèmes une épopée de l'humanité. Il publie ainsi successivement trois séries de poèmes qu'il rassemble à la fin de sa vie sous le titre *La Légende des siècles*. Le poète y brasse les grands mythes humains : ici, il évoque la légende biblique des deux fils d'Adam et Ève, dans laquelle Caïn a tué son frère Abel par jalousie.

La conscience

Lorsque avec ses enfants vêtus de peaux de bêtes,
Échevelé, livide au milieu des tempêtes,
Caïn se fut enfui de devant Jéhovah[1],
Comme le soir tombait, l'homme sombre arriva
5 Au bas d'une montagne en une grande plaine ;
Sa femme fatiguée et ses fils hors d'haleine
Lui dirent : « Couchons-nous sur la terre, et dormons. »
Caïn, ne dormant pas, songeait au pied des monts.
Ayant levé la tête, au fond des cieux funèbres,
10 Il vit un œil, tout grand ouvert dans les ténèbres,
Et qui le regardait dans l'ombre fixement.
« Je suis trop près », dit-il avec un tremblement.
Il réveilla ses fils dormant, sa femme lasse,
Et se remit à fuir sinistre dans l'espace.
15 Il marcha trente jours, il marcha trente nuits.
Il allait, muet, pâle et frémissant aux bruits,
Furtif, sans regarder derrière lui, sans trêve,
Sans repos, sans sommeil ; il atteignit la grève[2]
Des mers dans le pays qui fut depuis Assur[3].
20 « Arrêtons-nous, dit-il, car cet asile est sûr. » […]
Et Caïn dit : « Cet œil me regarde toujours ! »
Hénoch dit : « Il faut faire une enceinte de tours
Si terrible, que rien ne puisse approcher d'elle.
Bâtissons une ville avec sa citadelle,
25 Bâtissons une ville, et nous la fermerons. »
Alors Tubalcaïn, père des forgerons,
Construisit une ville énorme et surhumaine.
Pendant qu'il travaillait, ses frères, dans la plaine,
Chassaient les fils d'Enos et les enfants de Seth[4] ;
30 Et l'on crevait les yeux à quiconque passait ;
Et, le soir, on lançait des flèches aux étoiles.
Le granit remplaça la tente aux murs de toiles,
On lia chaque bloc avec des nœuds de fer,
Et la ville semblait une ville d'enfer ;
35 L'ombre des tours faisait la nuit dans les campagnes ;
Ils donnèrent aux murs l'épaisseur des montagnes ;
Sur la porte on grava : « Défense à Dieu d'entrer. »

1. Jéhovah : Dieu, dans la Bible.
2. la grève : la plage, le littoral.
3. Assur : ou Assour, cité de la Mésopotamie, aujourd'hui l'Irak.
4. les fils d'Enos et les enfants de Seth : descendants d'Adam et Ève.

■ 306

Le XIXe siècle

5. l'aïeul : le grand-père, ici, Caïn.
6. Tsilla : petite-fille de Caïn.
7. sépulcre : tombeau.

Quand ils eurent fini de clore et de murer,
On mit l'aïeul[5] au centre en une tour de pierre ;
40 Et lui restait lugubre et hagard. « Ô mon père !
L'œil a-t-il disparu ? » dit en tremblant Tsilla[6].
Et Caïn répondit : « Non, il est toujours là. »
Alors il dit : « Je veux habiter sous la terre
Comme dans son sépulcre[7] un homme solitaire ;
45 Rien ne me verra plus, je ne verrai plus rien. »
On fit donc une fosse, et Caïn dit : « C'est bien ! »
Puis il descendit seul sous cette voûte sombre.
Quand il se fut assis sur sa chaise dans l'ombre
Et qu'on eut sur son front fermé le souterrain,
50 L'œil était dans la tombe et regardait Caïn.

Victor Hugo, « La conscience » (extraits), *La Légende des siècles*, 1859-1883.

Fernand Cormon (1845-1924), *Caïn* (détail), illustration de *La Légende des siècles*, 1880.

1800 ▼ 1900

Observation

1. Retrouvez les différentes étapes du récit dans ce poème narratif, en vous aidant de l'ensemble des connecteurs spatiaux et temporels.

2. Que représente l'œil qui fixe Caïn ? Repérez ses différentes apparitions tout au long du texte. Où retrouve-t-on la présence de l'œil dans le poème ?

3. Relevez l'ensemble des expressions qui désignent Caïn. Quelles images Victor Hugo en donne-t-il successivement ?

Analyse

4. Des vers 13 à 19, montrez comment le rythme des alexandrins épouse celui de la fuite de Caïn et de sa famille.

5. Analysez le chiasme du vers 45. Quel effet produit l'utilisation de cette figure ?

6. Repérez et nommez trois figures de style.

7. Commentez le dernier vers.

Vers le commentaire. Vous commenterez ce poème sous la forme d'un paragraphe d'analyse entièrement rédigé et illustré d'exemples précis.

Notion

Le chiasme

Le chiasme est une figure de style qui réunit dans un même énoncé des éléments symétriques. Il consiste à faire se suivre deux expressions contenant les mêmes éléments syntaxiques et lexicaux, mais en intervertissant leur ordre dans la seconde expression : « Des cadavres dessus et dessous des fantômes ».

307

Balzac

▶ **Honoré de Balzac**
▶ Né à Tours le 20 mai 1799.
▶ Décédé à Paris le 19 août 1850.

Balzac grandit à Tours. Mal aimé dans sa famille, mis en pension, il montre peu de goût pour les études. À Paris, installé dans une mansarde, il écrit des romans d'aventures sous divers pseudonymes. Il rencontre alors Mme de Berny, qui l'aide à se lancer dans les affaires, mais l'imprimerie achetée fait faillite. Balzac est endetté pour la vie. En 1829, il publie un premier roman sous son nom : *Les Chouans*. Commence alors une période d'activité prodigieuse. En dix ans, il écrit ainsi quatre-vingt-cinq romans regroupés sous le titre de *La Comédie humaine*. En 1832, il reçoit la première lettre d'une admiratrice, Mme Hanska, qui devient l'amour de sa vie. Habité par la fièvre de la création, Balzac écrit sans cesse, échafaude des projets pour faire fortune. La nuit, sa cafetière de porcelaine à portée de la main, il écrit plusieurs romans à la fois. À quarante-huit ans, il est épuisé. Il achète une maison pour y accueillir Mme Hanska, qui accepte de l'épouser. L'écrivain meurt en 1850, usé par ses années d'intense production, quelques semaines après son mariage.

ŒUVRES PRINCIPALES

Romans
Les Chouans (1829), *La Peau de chagrin* (1831), *Eugénie Grandet* (1833), *Le Père Goriot* (1835), *Le Lys dans la vallée* (1835-1836), *Illusions perdues* (1843), *Splendeurs et Misères des courtisanes* (1838-1847), *La Cousine Bette* (1846).

Contes
Contes drolatiques (1832-1847).

▶ L'œuvre de Balzac

Balzac conçoit le plan de *La Comédie humaine* en 1842, pour une édition de ses œuvres complètes à travers lesquelles reviennent certains personnages, comme Rastignac, Vautrin ou le docteur Bianchon.

● **Études de mœurs.** La liste établie par Balzac pour les *Études de mœurs* comprend cent cinq romans. On y trouve les chefs-d'œuvre du romancier : *Le Père Goriot*, *Eugénie Grandet*, *Splendeurs et Misères des courtisanes*, *Illusions perdues*, *Le Lys dans la vallée*… Ils mettent en évidence l'attraction de l'argent ou du pouvoir, les passions qui animent la société.

● **Études philosophiques.** À la description réaliste des mœurs, Balzac ajoute une réflexion philosophique et morale sur le génie et le processus de la création. Peintres ou savants, les héros sont possédés par la recherche d'un idéal. *La Peau de chagrin*, *Le Chef-d'œuvre inconnu*, *La Recherche de l'absolu* sont les romans d'une passion qui conduit à la ruine et à la folie.

● **Études analytiques.** Prenant exemple sur la science qui, à travers la physiologie, tente d'expliquer le développement des végétaux et des animaux, Balzac mène aussi une réflexion sur la vie sociale et les comportements des individus. C'est ainsi qu'il écrit *La Physiologie du mariage* et une *Pathologie de la vie sociale* qu'il n'a pu achever.

▶ Le réalisme de *La Comédie humaine*

Balzac apparaît comme le premier des grands écrivains réalistes. Son ambition est de « décrire la société dans son entier, telle qu'elle est ». Immense entreprise qui fait du romancier un observateur de la réalité, mais aussi un visionnaire capable de créer d'innombrables personnages et d'imaginer leurs drames secrets. *La Comédie humaine* pénètre ainsi dans tous les milieux, démontant les mécanismes sociaux qui conduisent les individus à la richesse ou à la misère. Dans quatre-vingt-dix romans et nouvelles, à travers l'alternance de scènes tragiques et comiques, entre la vie de province et la vie parisienne, quatre mille personnages animent « cet immense assemblage de figures, de passions et d'événements ».

Les corrections de Balzac sur une page adressée par l'imprimeur.

Le XIXᵉ siècle

OBJET D'ÉTUDE 2ⁿᵈᵉ Le roman et la nouvelle : réalisme et naturalisme → voir p. 272

1829 1848

Avant-propos de La Comédie humaine

S'appuyant sur les travaux de la zoologie, Balzac étudie l'homme dans son rapport avec la société, qui est pour lui ce que la nature est pour l'animal. Pour refléter la complexité de la nature humaine, le romancier divise les *Études de mœurs* en autant de parties qui correspondent aux différents milieux qui composent la société.

Les *Scènes de la vie privée* représentent l'enfance, l'adolescence et leurs fautes, comme les *Scènes de la vie de province* représentent l'âge des passions, des calculs, des intérêts et de l'ambition. Puis les *Scènes de la vie parisienne* offrent le tableau des goûts, des vices et de toutes les choses effrénées qu'excitent les mœurs particulières aux capitales où se
5 rencontrent à la fois l'extrême bien et l'extrême mal. Chacune de ces trois parties a sa couleur locale : Paris et la province, cette antithèse sociale a fourni ses immenses ressources. Non seulement les hommes, mais encore les événements principaux de la vie, se formulent par des types. Il y a des situations qui se représentent dans toutes les existences, des phases typiques, et c'est là l'une des exactitudes que j'ai le plus cherchées.
10 J'ai tâché de donner une idée des différentes contrées de notre beau pays. Mon ouvrage a sa géographie comme il a sa généalogie et ses familles, ses lieux et ses choses, ses personnes et ses faits ; comme il a son armorial[1], ses nobles et ses bourgeois, ses artisans et ses paysans, ses politiques et ses dandies[2], son armée, tout son monde, enfin !

Après avoir peint dans ces trois livres[3] la vie sociale, il restait à montrer les existences
15 d'exception qui résument les intérêts de plusieurs ou de tous, qui sont en quelque sorte hors la loi commune : de là les *Scènes de la vie politique*. Cette vaste peinture de la société finie et achevée, ne fallait-il pas la montrer dans son état le plus violent, se portant hors de chez elle, soit pour la défense, soit pour la conquête ? De là les *Scènes de la vie militaire*, la portion la moins complète encore de mon ouvrage, mais dont la place sera
20 laissée dans cette édition afin qu'elle en fasse partie quand je l'aurai terminée. Enfin, les *Scènes de la vie de campagne* sont en quelque sorte le soir de cette longue journée, s'il m'est permis de nommer ainsi le drame social.

Honoré de Balzac, Avant-propos de *La Comédie humaine*, 1842.

1800 ▼ 1900

1. armorial : l'ensemble des armoiries de la noblesse, c'est-à-dire des signes, des devises et des ornements des familles nobles.

2. dandies : hommes élégants et raffinés.

3. ces trois livres : ces trois parties.

Observation

1. Relevez et justifiez l'emploi des pronoms de la première personne.

2. Relevez les indices de l'argumentation dans cet extrait : système énonciatif, temps verbaux, connecteurs logiques.

3. Quels sont les différents personnages évoqués ? Pourquoi peut-on parler à leur propos de « réalisme » ?

4. Expliquez ce que le romancier désigne par le mot « types » (l. 8), repris par « typiques » dans la phrase suivante.

Analyse

5. Étudiez la métaphore développée au début de l'extrait. Comment est-elle reprise à la fin du passage ?

6. Quels sont les critères choisis par Balzac pour diviser ses *Études de mœurs* ? Quel est l'intérêt pour le romancier d'une telle démarche ?

Vers la dissertation. Vous expliquerez, dans un paragraphe entièrement rédigé, sur quels objectifs repose l'ambition réaliste de Balzac dans cet avant-propos. Illustrez votre travail par les exemples issus des textes des pages suivantes.

Notion

L'avant-propos

La préface d'une œuvre permet à l'écrivain d'expliquer les intentions qui l'ont animé et d'exposer le plan de son ouvrage. Elle est aussi l'occasion de définir les objectifs et les thèmes de son œuvre. Elle prend la forme d'un manifeste littéraire lorsqu'elle expose les principes fondateurs d'un mouvement littéraire.

309

Balzac

OBJET D'ÉTUDE 2nde **Le roman et la nouvelle : réalisme et naturalisme** → voir p. 272

1829 Les Chouans

Ce roman constitue le premier chef-d'œuvre à partir duquel va se constituer la fresque romanesque de *La Comédie humaine*. Avec cette description des soldats républicains en campagne dans la Bretagne royaliste de 1789, Balzac exprime son ambition réaliste.

Pendant que le détachement traversait la vallée, le soleil levant avait lentement dissipé ces vapeurs blanches et légères qui, dans les matinées de septembre, voltigent sur les prairies. À l'instant où les soldats se retournèrent, une invisible main semblait enlever à ce paysage le dernier des voiles dont elle l'aurait enveloppé,
5 nuées fines, semblables à ce linceul de gaze diaphane qui couvre les bijoux précieux et à travers lequel ils brillent imparfaitement, en excitant la curiosité [...].

Les officiers ne se lassaient pas d'examiner cet espace où jaillissaient tant de beautés champêtres. Les uns hésitaient longtemps avant d'arrêter leurs regards parmi l'étonnante multiplicité de ces bosquets que les teintes sévères de quelques touffes jaunies
10 enrichissaient des couleurs du bronze, et que le vert émeraude des prés irrégulièrement coupés faisait encore ressortir. Les autres s'attachaient aux contrastes offerts par des champs rougeâtres où le sarrasin[1] récolté s'élevait en gerbes coniques semblables aux faisceaux d'armes que le soldat amoncelle au bivouac[2], et séparés par d'autres champs que doraient les guérets[3] des seigles moissonnés. Çà et là, l'ardoise sombre de quelques
15 toits d'où sortaient de blanches fumées ; puis les tranchées vives et argentées que produisaient les ruisseaux tortueux du Couësnon[4], attiraient l'œil par quelques-uns de ces pièges d'optique qui rendent, sans qu'on sache pourquoi, l'âme indécise et rêveuse.

La fraîcheur embaumée des brises d'automne, la forte senteur des forêts, s'élevaient comme un nuage d'encens et enivraient les admirateurs de ce beau pays, qui contem-
20 plaient avec ravissement ses fleurs inconnues, sa végétation vigoureuse, sa verdure rivale de celle des îles d'Angleterre, dont il est à peine séparé et dont il porte même le nom.

Quelques bestiaux animaient cette scène déjà si dramatique. Les oiseaux chantaient, et faisaient ainsi rendre à la vallée une suave, une sourde mélodie qui frémissait dans les airs. Si l'imagination recueillie veut apercevoir pleinement les riches ac-
25 cidents d'ombre et de lumière, les horizons vaporeux des montagnes, les fantastiques perspectives qui naissaient des places où manquaient les arbres, où s'étendaient les eaux, où fuyaient de coquettes sinuosités ; si le souvenir colorie, pour ainsi dire, ce dessin aussi fugace[5] que le moment où il est pris, les personnes pour lesquelles ces tableaux ne sont pas sans mérite auront une image imparfaite du magique spectacle
30 par lequel l'âme encore impressionnable des jeunes officiers fut comme surprise.

Honoré de Balzac, *Les Chouans*, 1829.

---

1. **sarrasin :** blé noir.
2. **bivouac :** campement militaire.
3. **guérets :** terres agricoles.
4. **Couësnon :** rivière bretonne.
5. **fugace :** passager, éphémère.

Observation

1. Quels sont les réseaux lexicaux qui structurent la description ?

2. Repérez parmi les cinq sens ceux qui se retrouvent dans l'extrait. Quelle est la progression suivie ?

Analyse

3. Pourquoi peut-on qualifier cette description de réaliste ?

4. La nature prend la dimension d'un spectacle « magique » (l. 29) : justifiez l'emploi de ce terme.

Vers le commentaire. Sous la forme d'un paragraphe rédigé et illustré d'exemples, vous montrerez comment le romancier réaliste se fait le peintre de la réalité à travers l'usage de la description.

Notion

La description réaliste

La description réaliste s'organise comme un tableau. Elle épouse le regard d'un narrateur ou d'un personnage, se décompose en plans successifs et s'appuie sur des indicateurs spatio-temporels. Elle met en valeur des détails qui donnent une impression de vérité.

Le XIXᵉ siècle

OBJET D'ÉTUDE 1ʳᵉ **Le personnage de roman** → voir p. 274

1831

Sarrasine

Le narrateur se trouve à Paris dans une fête somptueuse, où il rencontre un vieillard, ancien chanteur d'Opéra, dont l'histoire d'amour dramatique, pleine de douleur et de violence, avec un sculpteur, Sarrasine, nous est ensuite racontée.

« J'étais plongé dans une de ces rêveries profondes qui saisissent tout le monde, même un homme frivole, au sein des fêtes les plus tumultueuses. Minuit venait de sonner à l'horloge de l'Élysée-Bourbon. Assis dans l'embrasure d'une fenêtre, et caché sous les plis onduleux d'un rideau de moire¹, je pouvais contempler à mon aise le jardin de l'hôtel où
5 je passais la soirée. Les arbres, imparfaitement couverts de neige, se détachaient faiblement du fond grisâtre que formait un ciel nuageux, à peine blanchi par la lune. Vus au sein de cette atmosphère fantastique, ils ressemblaient vaguement à des spectres mal enveloppés de leurs linceuls, image gigantesque de la fameuse *Danse des morts*². Puis, en me retournant de l'autre côté, je pouvais admirer la danse des vivants ! un salon splendide, aux parois
10 d'argent et d'or, aux lustres étincelants, brillant de bougies. Là, fourmillaient, s'agitaient et papillonnaient les plus jolies femmes de Paris, les plus riches, les mieux titrées, éclatantes, pompeuses, éblouissantes de diamants ! des fleurs sur la tête, sur le sein ; dans les cheveux, semées sur les robes ou en guirlandes à leurs pieds. C'était de légers frémissements de joie, des pas voluptueux qui faisaient rouler les dentelles, les blondes³, la mousseline autour de
15 leurs flancs délicats. Quelques regards trop vifs perçaient çà et là, éclipsaient les lumières, le feu des diamants, et animaient encore des cœurs trop ardents. On surprenait aussi des airs de tête significatifs pour les amants, et des attitudes négatives pour les maris. Les éclats de voix des joueurs, à chaque coup imprévu, le retentissement de l'or se mêlaient à la musique, au murmure des conversations ; pour achever d'étourdir cette foule enivrée par tout
20 ce que le monde peut offrir de séductions, une vapeur de parfums et l'ivresse générale agissaient sur les imaginations affolées. Ainsi, à ma droite, la sombre et silencieuse image de la mort ; à ma gauche, les décentes bacchanales⁴ de la vie : ici, la nature froide, morne, en deuil ; là, les hommes en joie. Moi sur la frontière de ces deux tableaux si disparates⁵, qui, mille fois répétés de diverses manière, rendent Paris la ville la plus amusante du monde et
25 la plus philosophique, je faisais une macédoine⁶ morale, moitié plaisante, moitié funèbre. Du pied gauche je marquais la mesure, et je croyais avoir l'autre dans un cercueil. »

Honoré de Balzac, *Sarrasine*, 1830.

---

1. moire : étoffe brillante.
2. *Danse des morts* : thème de la peinture médiévale.
3. les blondes : dentelles faites au fuseau.
4. bacchanales : fêtes religieuses en l'honneur de Bacchus ; fêtes tapageuses où se mêlent le vin et le plaisir.
5. disparates : différents, contrastés.
6. macédoine : mélange.

**1800
1900**

Observation

1. Distinguez les différentes parties qui composent cet extrait. Expliquez la progression du récit.

2. Résumez en une phrase la position originale qu'occupe le narrateur et le regard qu'il porte sur ce qui l'environne. Montrez que cette position pourrait être celle d'un peintre.

3. Repérez le champ lexical de la mort. Expliquez sa présence.

4. Quels sont les différents sens présents dans la description de la fête, des lignes 9 à 21 ?

Analyse

5. Quelle image le lecteur se fait-il du narrateur ? Quels traits de caractère montre-t-il à travers son récit ?

6. Par quels procédés stylistiques Balzac souligne-t-il le luxe de la fête, des lignes 9 à 16 ?

Vers le commentaire. Montrez, dans un paragraphe rédigé, comment le narrateur dans *Sarrasine* présente une double vision du monde, entre la proximité de la mort et l'exaltation du luxe et de la volupté.

Notion

Le narrateur peintre de la réalité

Dans le roman réaliste, le narrateur-personnage décrit le monde comme un peintre. Il installe un cadre qui fixe les limites de la scène, construit la description en plans successifs, utilise le lexique des lignes et de la couleur. Il peut mettre en place deux visions opposées, comme dans un dyptique, c'est-à-dire une peinture composée de deux panneaux liés, dont les sujets se complètent.

311

Balzac

OBJET D'ÉTUDE 1ʳᵉ **Le personnage de roman** → voir p. 274

1835 # Le Père Goriot

Dans *Le Père Goriot*, Balzac met en scène la maison Vauquer et les pensionnaires qui l'habitent. Aux côtés du père Goriot, le lecteur découvre quelques-unes des figures dominantes de *La Comédie humaine*, comme le jeune Rastignac ou l'énigmatique Vautrin.

Paris est un véritable océan. Jetez-y la sonde, vous n'en connaîtrez jamais la profondeur. Parcourez-le, décrivez-le ? quelque soin que vous mettiez à le parcourir, à le décrire ; quelque nombreux et intéressés que soient les explorateurs de cette mer, il s'y rencontrera toujours un lieu vierge, un antre inconnu, des fleurs, des perles, des
5 monstres, quelque chose d'inouï, oublié par les plongeurs littéraires. La Maison Vauquer est une de ces monstruosités curieuses.

Deux figures y formaient un contraste frappant avec la masse des pensionnaires et des habitués. Quoique mademoiselle Victorine Taillefer eût une blancheur maladive semblable à celle des jeunes filles attaquées de chlorose[1], et qu'elle se rattachât à la souffrance
10 générale qui faisait le fond de ce tableau, par une tristesse habituelle, par une contenance gênée, par un air pauvre et grêle[2], néanmoins son visage n'était pas vieux, ses mouvements et sa voix étaient agiles. Ce jeune malheur ressemblait à un arbuste aux feuilles jaunies, fraîchement planté dans un terrain contraire. Sa physionomie roussâtre, ses cheveux d'un blond fauve, sa taille trop mince, exprimaient cette grâce que les poètes modernes
15 trouvaient aux statuettes du Moyen Âge. Ses yeux gris mélangés de noir exprimaient une douceur, une résignation chrétiennes. Ses vêtements simples, peu coûteux, trahissaient des formes jeunes. Elle était jolie par juxtaposition. Heureuse, elle eût été ravissante [...].

Eugène de Rastignac avait un visage tout méridional[3], le teint blanc, des cheveux noirs, des yeux bleus. Sa tournure, ses manières, sa pose habituelle dénotaient le fils d'une
20 famille noble, où l'éducation première n'avait comporté que des traditions de bon goût. S'il était ménager de ses habits, si les jours ordinaires il achevait d'user les vêtements de l'an passé, néanmoins il pouvait sortir quelquefois mis comme l'est un jeune homme élégant. Ordinairement il portait une vieille redingote, un mauvais gilet, la méchante cravate noire, flétrie, mal nouée de l'Étudiant, un pantalon à l'avenant et des bottes ressemelées.
25 Entre ces deux personnages et les autres, Vautrin, l'homme de quarante ans, à favoris[4] peints, servait de transition. Il était un de ces gens dont le peuple dit : « Voilà un fameux gaillard ! » Il avait les épaules larges, le buste bien développé, les muscles apparents, des mains épaisses, carrées et fortement marquées aux phalanges par des bouquets de poils touffus et d'un roux ardent. Sa figure, rayée par des rides préma-
30 turées, offrait des signes de dureté que démentaient ses manières souples et liantes. Sa voix de basse-taille, en harmonie avec sa grosse gaieté, ne déplaisait point. Il était obligeant[5] et rieur. Si quelque serrure allait mal, il l'avait bientôt démontée, rafistolée, huilée, limée, remontée, en disant : Ça me connaît. Il connaissait tout d'ailleurs, les vaisseaux, la mer, la France, l'étranger, les affaires, les hommes, les événements, les
35 lois, les hôtels et les prisons. Si quelqu'un se plaignait par trop, il lui offrait aussitôt ses services. Il avait prêté plusieurs fois de l'argent à madame Vauquer[6] et à quelques pensionnaires ; mais ses obligés seraient morts plutôt que de ne pas le lui rendre, tant, malgré son air bonhomme, il imprimait de crainte par un certain regard profond et plein de résolution. À la manière dont il lançait un jet de salive, il annonçait un sang-
40 froid imperturbable qui ne devait pas le faire reculer devant un crime pour sortir d'une position équivoque. Comme un juge sévère, son œil semblait aller au fond de toutes les questions, de toutes les consciences, de tous les sentiments. Ses mœurs consistaient

---

1. **chlorose** : anémie, faiblesse.
2. **grêle** : menu, faible.
3. **méridional** : du midi de la France.
4. **favoris** : pattes qu'on laisse pousser de chaque côté du visage.
5. **obligeant** : qui aime rendre service.
6. **Mme Vauquer** : propriétaire de la pension dans laquelle habitent les personnages du *Père Goriot*.

à sortir après le déjeuner, à revenir pour dîner, à décamper pour toute la soirée, et à rentrer vers minuit, à l'aide d'un passe-partout que lui avait confié madame Vauquer.
45 Lui seul jouissait de cette faveur. Mais aussi était-il au mieux avec la veuve qu'il appelait maman en la saisissant par la taille, flatterie peu comprise ! La bonne femme croyait la chose encore facile, tandis que Vautrin seul avait les bras assez longs pour presser cette pesante circonférence. Un trait de son caractère était de payer généreusement quinze francs par mois pour le gloria[7] qu'il prenait au dessert. Des gens moins superficiels que
50 ne l'étaient ces jeunes gens emportés par les tourbillons de la vie parisienne, ou ces vieillards indifférents à ce qui ne les touchait pas directement, ne se seraient pas arrêtés à l'impression douteuse que leur causait Vautrin. Il savait ou devinait les affaires de ceux qui l'entouraient, tandis que nul ne pouvait pénétrer ni ses pensées ni ses occupations. Quoiqu'il eût jeté son apparente bonhomie, sa constante complaisance et sa gaieté
55 comme une barrière entre les autres et lui, souvent il laissait percer l'épouvantable profondeur de son caractère. Souvent une boutade digne de Juvénal[8], et par laquelle il semblait se complaire à bafouer les lois, à fouetter la haute société, à la convaincre d'inconséquence avec elle-même, devait faire supposer qu'il gardait rancune à l'état social, et qu'il y avait au fond de sa vie un mystère soigneusement enfoui.
60 Attirée, peut-être à son insu, par la force de l'un ou par la beauté de l'autre, mademoiselle Taillefer partageait ses regards furtifs, ses pensées secrètes, entre ce quadragénaire et le jeune étudiant ; mais aucun d'eux ne paraissait songer à elle.

Honoré de Balzac, *Le Père Goriot*, 1835.

7. le gloria : café auquel on a ajouté de l'alcool.
8. Juvénal : poète satirique romain.

Le personnage de Vautrin.

Observation

1. Quels sont les personnages présents dans cette scène ? Relevez dans un tableau les informations données : nom, âge, traits physiques.

2. Quels sont les points communs entre Victorine Taillefer et Rastignac ?

3. En quoi Vautrin se différencie-t-il des autres pensionnaires ? Relevez les indications sur son portrait physique et sur son portrait moral.

Analyse

4. Quels sont les détails qui rendent réaliste le portrait de ces personnages ? Appuyez votre réponse sur des exemples précis.

5. Analysez les interventions du narrateur dans le premier paragraphe. À quels autres moment retrouve-t-on cette présence du narrateur omniscient ?

Vers l'écriture d'invention. À la manière dont Balzac fait le portrait de Rastignac (l. 17 à 24), faites le portrait réaliste du père Goriot (« Le père Goriot, vieillard de soixante-neuf ans environ, s'était retiré chez madame Vauquer, en 1813, après avoir quitté les affaires »).

Notion

Le narrateur omniscient

Balzac privilégie dans tous ses romans la focalisation zéro, qui place le narrateur en position de narrateur omniscient. Celui qui prend en charge le récit connaît tout de ses personnages et de l'intrigue. Il intervient dans le récit pour apporter des commentaires et des jugements qu'il fait partager au lecteur pour créer une complicité avec lui.

Balzac

OBJET D'ÉTUDE 2ⁿᵈᵉ **Le roman et la nouvelle : réalisme et naturalisme** → voir p. 272

1837 César Birotteau

César Birotteau, artisan parfumeur, génie du commerce, prépare le lancement d'un nouveau produit. Il est aidé par son fidèle employé, Anselme Popinot, qui est amoureux de sa fille.

– En descendant la rue Aubry-le-Boucher j'aperçois chez un verrier en gros, un marchand de verres bombés et de cages, qui a des magasins immenses, j'aperçois ce flacon… Ah ! il m'a crevé les yeux comme une lumière subite, une voix m'a crié : Voilà ton affaire !

– Né commerçant ! Il aura ma fille, dit César en grommelant.

5 – J'entre, et je vois des milliers de ces flacons dans des caisses.

– Tu t'en informes ?

– Vous ne me croyez pas si *gniolle*[1], s'écria douloureusement Anselme.

– Né commerçant, répéta Birotteau.

– Je demande des cages à mettre des petits jésus de cire. Tout en marchandant les
10 cages, je blâme la forme de ces flacons. Conduit à une confession générale, mon marchand avoue de fil en aiguille que Faille et Bouchot, qui ont manqué dernièrement, allaient entreprendre un cosmétique et voulaient des flacons de forme étrange ; il se méfiait d'eux, il exige moitié comptant ; Faille et Bouchot dans l'espoir de réussir lâchent l'argent, la faillite éclate pendant la fabrication ; les syndics[2], sommés de payer, venaient de transi-
15 ger avec lui en laissant les flacons et l'argent touché, comme indemnité d'une fabrication prétendue ridicule et sans placement possible. Les flacons coûtent huit sous, il serait heureux de les donner à quatre, Dieu sait combien de temps il aurait en magasin une forme qui n'est pas de vente. – Voulez-vous vous engager à en fournir par dix mille à quatre sous ? je puis vous débarrasser de vos flacons, je suis commis chez monsieur Birotteau.
20 Et je l'entame, et je le mène, et je domine mon homme, et je le chauffe, et il est à nous.

– Quatre sous, dit Birotteau. Sais-tu que nous pouvons mettre l'huile à trois francs et gagner trente sous en en laissant vingt à nos détaillants ?

– L'huile Césarienne, cria Popinot.

– L'huile Césarienne ?… ah ! monsieur l'amoureux, vous voulez flatter le père et la
25 fille. Eh ! bien soit, va pour l'huile Césarienne ! les Césars avaient le monde, ils devaient avoir de fameux cheveux.

– César était chauve, dit Popinot.

– Parce qu'il ne s'est pas servi de notre huile, on le dira ! trois francs l'huile Césarienne, l'huile de Macassar coûte le double. Gaudissart[3] est là, nous aurons cent mille
30 francs dans l'année.

Honoré de Balzac, *Histoire de la grandeur et de la décadence de César Birotteau*, 1837.

---

1. gniolle : terme argotique signifiant naïf, imbécile.

2. les syndics : les administrateurs de l'entreprise en faillite.

3. Gaudissart : habile représentant de commerce.

Observation

1. Quels traits de caractère apparaissent chez chacun des personnages ?

2. Montrez que le réalisme du dialogue s'appuie sur les tournures familières et les termes techniques.

3. Observez la phrase de la ligne 20. Comment est-elle construite ? Quel est son rythme ?

Analyse

4. En quoi les verbes de paroles contribuent-ils à la vivacité du dialogue ?

5. Comment l'humour donne-t-il un caractère théâtral à la scène ?

Vers l'écriture d'invention. Transposez ce dialogue romanesque en scène de théâtre en donnant des didascalies sur le décor et le jeu des acteurs.

Notion

Le dialogue réaliste

L'écrivain réaliste caractérise ses personnages à travers leurs paroles. Leur langage témoigne de leur situation sociale, de leurs préoccupations et de leur caractère. L'argot et les termes techniques donnent vie aux dialogues.

314

Le XIXᵉ siècle

OBJET D'ÉTUDE 2ⁿᵈᵉ **Le roman et la nouvelle : réalisme et naturalisme** → voir p. 272

1846

La Cousine Bette

Dans chacun de ses romans, Balzac cherche, dès les premières lignes, à captiver l'attention du lecteur. C'est ainsi que *La Cousine Bette* commence en faisant rapidement apparaître les principaux personnages du roman.

Vers le milieu du mois de juillet de l'année 1838, une de ces voitures nouvellement mises en circulation sur les places de Paris et nommées des milords, cheminait, rue de l'Université, portant un gros homme de taille moyenne, en uniforme de capitaine de la garde nationale.

5 La physionomie de ce capitaine appartenant à la deuxième légion respirait un contentement de lui-même qui faisait resplendir son teint rougeaud et sa figure passablement joufflue. À cette auréole que la richesse acquise dans le commerce met au front des boutiquiers retirés, on devinait l'un des élus de Paris, au moins ancien adjoint de son arrondissement. Aussi, croyez que le ruban de la Légion d'honneur ne manquait 10 pas sur la poitrine, crânement bombée à la prussienne. Campé fièrement dans le coin du milord, cet homme décoré laissait errer son regard sur les passants qui souvent, à Paris, recueillent ainsi d'agréables sourires adressés à de beaux yeux absents.

Le milord arrêta dans la partie de la rue comprise entre la rue de Bellechasse et la rue de Bourgogne, à la porte d'une grande maison nouvellement bâtie sur une portion de la 15 cour d'un vieil hôtel¹ à jardin. [...]

Après avoir sonné, le capitaine bourgeois fit de grands efforts pour remettre en place son habit, qui s'était autant retroussé par derrière que par devant, poussé par l'action d'un ventre piriforme². Admis aussitôt qu'un domestique en livrée l'eut aperçu, cet homme important et imposant suivit le domestique, qui dit en ouvrant la porte du 20 salon : « Monsieur Crevel ! »

En entendant ce nom, admirablement approprié à la tournure de celui qui le portait, une grande femme blonde, très bien conservée, parut avoir reçu comme une commotion électrique et se leva.

– Hortense, mon ange, va dans le jardin avec ta cousine Bette, dit-elle vivement à sa 25 fille qui brodait à quelques pas d'elle.

Après avoir gracieusement salué le capitaine, mademoiselle Hortense Hulot sortit par une porte-fenêtre, en emmenant avec elle une vieille fille sèche qui paraissait plus âgée que la baronne, quoiqu'elle eût cinq ans de moins.

– Il s'agit de ton mariage, dit la cousine Bette à l'oreille de sa petite cousine Hortense.

Honoré de Balzac, *La Cousine Bette*, 1846.

1. **hôtel :** hôtel particulier, grande demeure.
2. **piriforme :** en forme de poire.

1800 ▾ 1900

Observation

1. Quels sont les différents personnages présents dans cet extrait ? Caractérisez chacun d'eux en quelques mots.

2. Observez le portrait de M. Crevel. Relevez et classez les informations apportées sur son portrait physique, psychologique et social.

Analyse

3. Quelles relations les personnages présents entretiennent-ils ?

4. Retrouvez les caractéristiques du réalisme dans cet extrait.

Vers le commentaire. Montrez dans un paragraphe argumenté comment Balzac crée un univers réaliste.

Notion

Le détail vrai

Le récit réaliste nomme et utilise les lieux réels. Il met en scène des personnages connus aux côtés de personnages de fiction. Il recrée l'univers quotidien par la présence d'objets simples, minutieusement décrits et désignés avec précision. La multiplication des détails produit ainsi, aux yeux du lecteur, l'illusion de la réalité.

Mérimée

▶ **Prosper Mérimée**

▶ Né à Paris le 27 septembre 1803.

▶ Décédé à Cannes le 23 septembre 1870.

Enfant, à Paris, Mérimée nourrit sa rêverie des récits fantastiques que lui raconte son père, artiste peintre. Sa mère montre un caractère austère. Lycéen, Mérimée se passionne pour les sciences occultes. Après le baccalauréat, il suit des études de droit et devient avocat en 1825. Ami de Stendhal, il est rapidement connu dans les salons.

Une mystification lui assure un premier succès en 1825 : Mérimée est lui-même l'auteur du *Théâtre de Clara Gazul* qu'il affirme avoir traduit de l'espagnol. Il écrit un roman historique et publie des nouvelles. Nommé inspecteur des Monuments historiques en 1834, Mérimée sauve de la ruine de nombreux monuments laissés à l'abandon, voyage beaucoup et apprend le russe. Ses activités sont freinées par la maladie. Mérimée décède à Cannes à l'âge de soixante-sept ans.

ŒUVRES PRINCIPALES

Nouvelles
L'Enlèvement de la redoute (1829), *Mateo Falcone* (1830), *Les Âmes du purgatoire* (1834), *La Vénus d'Ille* (1837), *Colomba* (1840), *Carmen* (1845).

Récit documentaire
Notes de voyages (de 1835 à 1840).

Le maître de la nouvelle

C'est dans ses nouvelles, qu'il fait d'abord paraître dans des revues, que Mérimée révèle son talent. Il inscrit la nouvelle dans une dimension réaliste où le fantastique fait parfois irruption, comme dans *La Vénus d'Ille*, en 1837. Ses récits s'appuient sur le pittoresque des lieux et des mœurs : *Mateo Falcone* et *Colomba* se déroulent en Corse, *Lokis* est une histoire slave, l'action de *Carmen* se situe dans le décor de l'Espagne. L'art de la concision, la sobriété et la rigueur de son écriture font de Mérimée le maître d'un genre dans lequel s'illustrera également Guy de Maupassant.

OBJET D'ÉTUDE 2nde Le roman et la nouvelle : réalisme et naturalisme ➔ voir p. 272

1830 Mateo Falcone

En Corse, un fugitif poursuivi par des soldats cherche un abri sur les terres de Mateo Falcone. Il est trahi par Fortunato, le fils de Mateo, à qui le chef des soldats donne une montre en récompense. À son retour, Mateo apprend ce qui s'est passé.

« Mon père ! » s'écria l'enfant en s'avançant les larmes aux yeux comme pour se jeter à ses genoux.

Mais Mateo lui cria : « Arrière de moi ! » Et l'enfant s'arrêta et sanglota, immobile, à quelques pas de son père. Giuseppa s'approcha. Elle venait d'apercevoir la chaîne de la
5 montre, dont un bout sortait de la chemise de Fortunato.

« Qui t'a donné cette montre ? demanda-t-elle d'un ton sévère.

– Mon cousin l'adjudant. » Falcone saisit la montre, et, la jetant avec force contre une pierre, il la mit en mille pièces.

« Femme, dit-il, cet enfant est-il de moi ? » Les joues brunes de Giuseppa devinrent d'un
10 rouge de brique.

« Que dis-tu, Mateo ? et sais-tu bien à qui tu parles ?

Le XIXᵉ siècle

– Eh bien, cet enfant est le premier de sa race qui ai fait une trahison. »

Les sanglots et les hoquets de Fortunato redoublèrent, et Falcone tenait ses yeux de lynx toujours attachés sur lui. Enfin il frappa la terre de la crosse de son fusil, puis le jeta sur son épaule et reprit le chemin du maquis en criant à Fortunato de le suivre. L'enfant obéit.

Giuseppa courut après Mateo et lui saisit le bras.

« C'est ton fils, lui dit-elle d'une voix tremblante en attachant ses yeux noirs sur ceux de son mari, comme pour lire ce qui se passait dans son âme.

– Laisse-moi, répondit Mateo : je suis son père. » Giuseppa embrassa son fils et entra en pleurant dans sa cabane. Elle se jeta à genoux devant une image de la Vierge et pria avec ferveur.

Cependant Falcone marcha quelque deux cents pas dans le sentier et ne s'arrêta que dans un petit ravin où il descendit. Il sonda la terre avec la crosse de son fusil et la trouva molle et facile à creuser. L'endroit lui parut convenable pour son dessein.

« Fortunato, va auprès de cette grosse pierre. » L'enfant fit ce qu'il lui commandait, puis il s'agenouilla.

« Dis tes prières.

– Mon père, mon père, ne me tuez pas.

– Dis tes prières ! » répéta Mateo d'une voix terrible.

L'enfant, tout en balbutiant et en sanglotant, récita le Pater et le Credo¹. Le père, d'une voix forte, répondait Amen ! à la fin de chaque prière.

« Sont-ce là toutes les prières que tu sais ?

– Mon père, je sais encore l'Ave Maria et la litanie que ma tante m'a apprise.

– Elle est bien longue, n'importe. » L'enfant acheva la litanie² d'une voix éteinte.

« As-tu fini ?

– Oh ! mon père, grâce ! pardonnez-moi ! Je ne le ferai plus ! Je prierai tant mon cousin le caporal qu'on fera grâce au Gianetto³ ! »

Il parlait encore ; Mateo avait armé son fusil et le couchait en joue en lui disant : « Que Dieu te pardonne ! » L'enfant fit un effort désespéré pour se relever et embrasser les genoux de son père ; mais il n'en eut pas le temps. Mateo fit feu, et Fortunato tomba roide⁴ mort.

Sans jeter un coup d'œil sur le cadavre, Mateo reprit le chemin de sa maison pour aller chercher une bêche afin d'enterrer son fils. Il avait fait à peine quelques pas qu'il rencontra Giuseppa, qui accourait alarmée du coup de feu.

« Qu'as-tu fait ? s'écria-t-elle.

– Justice.

– Où est-il ?

– Dans le ravin. Je vais l'enterrer. Il est mort en chrétien ; je lui ferai chanter une messe. Qu'on dise à mon gendre Tiodoro Bianchi de venir demeurer avec nous. »

Prosper Mérimée, *Mateo Falcone*, 1830.

---

1. **le Pater et le Credo :** prières catholiques.
2. **la litanie :** la prière.
3. **Gianetto :** le fugitif qui a été arrêté.
4. **roide :** raide.

1800 ▼ 1900

Observation

1. Repérez les trois personnages présents dans cette scène. Quels liens les unissent ? Quels sont leurs traits de caractère ?

2. Quels contrastes les attitudes des différents personnages mettent-ils en place au long de l'extrait ?

3. Quels détails donnent au récit une dimension réaliste ? Comment Mérimée donne-t-il un caractère pittoresque à son récit ?

Analyse

4. Étudiez la progression de la tension dramatique.

5. Quel effet produisent les dernières lignes de la nouvelle ? Pourquoi peut-on parler de « chute » ?

Vers le commentaire. Vous ferez le commentaire de ce texte sous la forme d'un paragraphe rédigé. Vous vous attacherez à mettre en valeur la tension dramatique mise en place pour préparer la chute de la nouvelle.

Notion

La chute de la nouvelle

À la différence du roman, qui se termine en revenant sur la situation finale des personnages, la nouvelle s'achève sur un effet de surprise. Cette « chute » répond à la construction particulière de la nouvelle, qui raconte en quelques pages une intrigue concentrée.

317

Stendhal

▶ Henri Beyle – Pseudonyme : Stendhal
▶ Né à Grenoble le 23 janvier 1783.
▶ Décédé à Paris le 22 mars 1842.

Élevé à Grenoble, Henri Beyle perd à six ans une mère qu'il adore. Il se révolte contre son père, les prêtres et les rois. Passionné par les mathématiques, il renonce pourtant à l'École polytechnique pour s'engager à dix-sept ans dans l'armée de Napoléon. L'Italie l'enchante mais l'armée l'ennuie : il démissionne, occupe différentes charges et participe en 1812 à la retraite de Russie. Sans emploi à la fin de l'Empire, il se partage entre l'Italie et la France. Une passion malheureuse inspire son premier grand ouvrage, *De l'amour*. Après la publication du roman *Le Rouge et le Noir*, les autorités autrichiennes qui se méfient de ses opinions politiques l'empêchent d'être consul à Trieste et il se retrouve exilé à Civitavecchia près de Rome. C'est pendant un congé parisien qu'il compose *La Chartreuse de Parme*. La mort le terrasse dans une rue de Paris alors que ses valises débordent de chefs-d'œuvre inachevés : *Lucien Leuwen*, *Vie de Henry Brulard*, *Lamiel*.

ŒUVRES PRINCIPALES

Essais
De l'amour (1822), *Racine et Shakespeare* (1823).

Récit de voyage
Promenades dans Rome (182

Romans
Le Rouge et le Noir (1830), *La Chartreuse de Parme* (1839), *Lucien Leuwen* (inachevé).

L'énergie du bonheur

Avec *Le Rouge et le Noir*, Stendhal crée le personnage de Julien Sorel qui, issu d'une famille modeste, est habité par des rêves de gloire et d'ascension sociale. *La Chartreuse de Parme* montre l'attachement de la duchesse de Sanseverina pour son neveu le jeune Fabrice Del Dongo, qui, passionné et romanesque, cherche la gloire et l'amour. À son tour, *Lucien Leuwen* dénonce la médiocrité de la bourgeoisie et de l'aristocratie. Énergiques, enthousiastes, les héros de Stendhal sont confrontés, comme leur créateur, à une société dont les convenances et l'hypocrisie entravent leur « chasse au bonheur ». Entre réalisme et romantisme, ses héros connaissent cependant des moments d'exaltation intense et de passion enivrante.

OBJET D'ÉTUDE 1ʳᵉ Le personnage de roman → voir p. 274

1830 Le Rouge et le Noir

Fils du menuisier de la petite ville de Verrières, Julien Sorel est un jeune garçon rêveur, passionné par la lecture. Dans cet extrait, il se rend chez le maire de la ville, M. de Rênal, qui lui a proposé de devenir le précepteur de ses enfants. C'est alors qu'il fait la rencontre de celle qui va jouer un rôle déterminant dans son destin.

    Avec la vivacité et la grâce qui lui étaient naturelles quand elle était loin des regards des hommes, Mme de Rênal sortait par la porte-fenêtre du salon qui donnait sur le jardin, quand elle aperçut près de la porte d'entrée la figure d'un jeune paysan presque encore enfant, extrêmement pâle et qui venait de pleurer. Il était en chemise bien blanche, 5 et avait sous le bras une veste fort propre de ratine[1] violette.
    Le teint de ce petit paysan était si blanc, ses yeux si doux, que l'esprit un peu romanesque de Mme de Rênal eut d'abord l'idée que ce pouvait être une jeune fille déguisée, qui venait demander quelque grâce à M. le maire. Elle eut pitié de cette pauvre créature, arrêtée à la porte d'entrée, et qui évidemment n'osait pas lever la main jusqu'à la son-
10 nette. Mme de Rênal s'approcha, distraite un instant de l'amer chagrin que lui donnait

1. ratine : étoffe de laine.

318

Le XIXᵉ siècle ▪

2. précepteur : professeur particulier.

3. interdite : surprise, figée.

4. les châteaux en Espagne : les rêves de réussite.

5. rébarbatif : repoussant.

l'arrivée du précepteur². Julien, tourné vers la porte, ne la voyait pas s'avancer. Il tressaillit quand une voix douce lui dit tout près de l'oreille :

– Que voulez-vous ici, mon enfant ?

Julien se tourna vivement, et, frappé du regard si rempli de grâce de Mme de Rênal,
15 il oublia une partie de sa timidité. Bientôt, étonné de sa beauté, il oublia tout, même ce qu'il venait faire. Mme de Rênal avait répété sa question.

– Je viens pour être précepteur, madame, lui dit-il enfin, tout honteux de ses larmes qu'il essuyait de son mieux.

Mme de Rênal resta interdite³, ils étaient fort près l'un de l'autre à se regarder. Julien
20 n'avait jamais vu un être aussi bien vêtu et surtout une femme avec un teint si éblouissant, lui parler d'un air doux. Mme de Rênal regardait les grosses larmes qui s'étaient arrêtées sur les joues si pâles d'abord et maintenant si roses de ce jeune paysan. Bientôt elle se mit à rire, avec toute la gaieté folle d'une jeune fille, elle se moquait d'elle-même et ne pouvait se figurer tout son bonheur. Quoi, c'était là ce précepteur qu'elle s'était
25 figuré comme un prêtre sale et mal vêtu, qui viendrait gronder et fouetter ses enfants !

– Quoi, monsieur, lui dit-elle enfin, vous savez le latin ? Ce mot de monsieur étonna si fort Julien qu'il réfléchit un instant.

– Oui, madame, dit-il timidement.

Mme de Rênal était si heureuse, qu'elle osa dire à Julien :
30 – Vous ne gronderez pas trop ces pauvres enfants ?

– Moi, les gronder, dit Julien étonné, et pourquoi ?

– N'est-ce pas, monsieur, ajouta-t-elle après un petit silence et d'une voix dont chaque instant augmentait l'émotion, vous serez bon pour eux, vous me le promettez ?

S'entendre appeler de nouveau monsieur, bien sérieusement, et par une dame si bien
35 vêtue, était au-dessus de toutes les prévisions de Julien : dans tous les châteaux en Espagne⁴ de sa jeunesse, il s'était dit qu'aucune dame comme il faut ne daignerait lui parler que quand il aurait un bel uniforme. Mme de Rênal, de son côté, était complètement trompée par la beauté du teint, les grands yeux noirs de Julien et ses jolis cheveux qui frisaient plus qu'à l'ordinaire, parce que pour se rafraîchir il venait de plonger la tête dans le bassin de la
40 fontaine publique. À sa grande joie, elle trouvait l'air timide d'une jeune fille à ce fatal précepteur, dont elle avait tant redouté pour ses enfants la dureté et l'air rébarbatif⁵. Pour l'âme si paisible de Mme de Rênal, le contraste de ses craintes et de ce qu'elle voyait fut un grand événement. Enfin elle revint de sa surprise. Elle fut étonnée de se trouver ainsi à la porte de sa maison avec ce jeune homme presque en chemise et si près de lui.
45 – Entrons, monsieur, lui dit-elle d'un air assez embarrassé.

Stendhal, *Le Rouge et le Noir*, 1830.

1800 ▾ **1900**

Observation

1. Relevez sous forme de tableau l'ensemble des caractéristiques des deux personnages en présence. Quels points communs montrent-ils ?

2. Quelles sont les réactions successives de Mme de Rênal durant cette rencontre ? Comment s'expliquent-elles ?

3. De son côté, quels sentiments éprouve Julien Sorel devant Mme de Rênal ?

Analyse

4. Relevez le champ lexical du regard dans le texte et analysez la progression des termes qui le constituent. Que mettent-ils en évidence ?

5. Quelle est la fonction du discours indirect libre des lignes 24 à 25 ?

Vers le commentaire. Vous ferez le commentaire de ce passage sous la forme d'un paragraphe argumenté en montrant comment Stendhal met en place une scène de rencontre amoureuse.

Notion

Le champ lexical

On appelle « champ lexical » l'ensemble des termes qui se rapportent à un même thème ou à une même réalité. Le relevé des champs lexicaux qui parcourent un texte permet de déterminer les différents thèmes qu'il développe, mais aussi d'analyser leurs nuances et leur progression.

Stendhal

OBJET D'ÉTUDE 2ⁿᵈᵉ Le roman et la nouvelle : réalisme et naturalisme → voir p. 272

1839

La Chartreuse de Parme

Le roman raconte les aventures et les amours de Fabrice del Dongo. Le jeune homme a quitté l'Italie pour rejoindre Napoléon et se retrouve dans la boue en pleine bataille de Waterloo. Par hasard, il rencontre des hussards qui escortent le maréchal Ney, ce brave des braves qu'il admire éperdument.

Nous avouerons que notre héros était fort peu héros en ce moment. Toutefois, la peur ne venait chez lui qu'en seconde ligne ; il était surtout scandalisé de ce bruit qui lui faisait mal aux oreilles. L'escorte prit le galop ; on traversait une grande pièce de terre labourée, située au-delà du canal, et ce champ était jonché de cadavres.

5 – Les habits rouges[1] ! les habits rouges ! criaient avec joie les hussards de l'escorte.

Et d'abord Fabrice ne comprenait pas ; enfin il remarqua qu'en effet presque tous les cadavres étaient vêtus de rouge. Une circonstance lui donna un frisson d'horreur ; il remarqua que beaucoup de ces malheureux habits rouges vivaient encore ; ils criaient évidemment pour demander du secours, et personne ne s'arrêtait pour leur en donner.

10 Notre héros, fort humain, se donnait toutes les peines du monde pour que son cheval ne mît les pieds sur aucun habit rouge. L'escorte s'arrêta ; Fabrice, qui ne faisait pas assez d'attention à son devoir de soldat, galopait toujours en regardant un malheureux blessé.

– Veux-tu bien t'arrêter, blanc-bec ! lui cria le maréchal des logis.

Fabrice s'aperçut qu'il était à vingt pas sur la droite en avant des généraux, et préci-
15 sément du côté où ils regardaient avec leurs lorgnettes. En revenant se ranger à la queue des autres hussards restés à quelques pas en arrière, il vit le plus gros de ces généraux qui parlait à son voisin, général aussi ; d'un air d'autorité et presque de réprimande, il jurait[2]. Fabrice ne put retenir sa curiosité ; et, malgré le conseil de ne point parler, à lui donné par son amie la geôlière[3], il arrangea une petite phrase bien française, bien cor-
20 recte, et dit à son voisin :

– Quel est-il ce général qui gourmande[4] son voisin ?

– Pardi, c'est le maréchal !

– Quel maréchal ?

– Le maréchal Ney[5], bêta ! Ah ça ! où as-tu servi jusqu'ici ?

25 Fabrice, quoique fort susceptible, ne songea point à se fâcher de l'injure ; il contemplait, perdu dans une admiration enfantine, ce fameux prince de la Moskova, le brave des braves.

Tout à coup on partit au grand galop. Quelques instants après, Fabrice vit, à vingt pas en avant, une terre labourée qui était remuée d'une façon singulière. Le fond des
30 sillons était plein d'eau, et la terre fort humide, qui formait la crête de ces sillons, volait en petits fragments noirs lancés à trois ou quatre pieds de haut. Fabrice remarqua en passant cet effet singulier ; puis sa pensée se remit à songer à la gloire du maréchal. Il entendit un cri sec auprès de lui : c'étaient deux hussards qui tombaient atteints par des boulets ; et, lorsqu'il les regarda, ils étaient déjà à vingt pas de l'escorte. Ce qui lui
35 sembla horrible, ce fut un cheval tout sanglant qui se débattait sur la terre labourée, en engageant ses pieds dans ses propres entrailles ; il voulait suivre les autres : le sang coulait dans la boue.

– Ah ! m'y voilà donc enfin au feu[6] ! se dit-il. J'ai vu le feu ! se répétait-il avec satisfaction. Me voici un vrai militaire. À ce moment, l'escorte allait ventre à terre, et notre
40 héros comprit que c'étaient des boulets qui faisaient voler la terre de toutes parts. Il avait beau regarder du côté d'où venaient les boulets, il voyait la fumée blanche de la batterie[7] à une distance énorme, et, au milieu du ronflement égal et continu produit

---

1. les habits rouges : les soldats ennemis.

2. il jurait : il prononçait des jurons.

3. la geôlière : personnage rencontré avant cet épisode.

4. qui gourmande : qui dispute, qui réprimande (soutenu).

5. Ney : héros des campagnes de Napoléon.

6. au feu : au cœur du combat.

7. batterie : rangée de canons.

■ 320

par les coups de canon, il lui semblait entendre des décharges beaucoup plus voisines ; il n'y comprenait rien du tout.

45 À ce moment, les généraux et l'escorte descendirent dans un petit chemin plein d'eau, qui était à cinq pieds en contre-bas.

Le maréchal s'arrêta, et regarda de nouveau avec sa lorgnette. Fabrice, cette fois, put le voir tout à son aise ; il le trouva très blond, avec une grosse tête rouge. Nous n'avons point des figures comme celles-là en Italie, se dit-il. Jamais, moi qui suis si pâle et qui ai 50 des cheveux châtains, je ne serai comme ça, ajoutait-il avec tristesse. Pour lui ces paroles voulaient dire : Jamais je ne serai un héros.

Stendhal, La Chartreuse de Parme, 1839.

Napoléon à la bataille de Waterloo.

Observation

1. Quelles sont les différentes étapes de cet épisode ?

2. Par quel personnage les événements évoqués sont-ils perçus ? Quel effet produit l'adoption de ce point de vue interne ?

3. Quels détails font voir les horreurs de la guerre de manière réaliste ? Le narrateur les place-t-il au premier plan du récit ?

Analyse

4. Relevez les paroles directement rapportées. Que nous apprennent-elles sur les personnages de cette scène ?

5. À travers quelles expressions le narrateur fait-il preuve d'ironie à l'égard de son personnage ? Sur quel terme particulier exerce-t-il son humour ?

6. Quelles qualités de Fabrice sont mises en lumière par le récit ? Expliquez en quoi elles rapprochent Fabrice d'un homme ordinaire.

Vers le commentaire. Vous commenterez ce passage sous la forme d'un paragraphe, illustré d'exemples précis, dans lequel vous montrerez comment Stendhal prend ses distances avec l'image habituelle du héros de roman.

Notion

Le style direct

Les propos rapportés directement reproduisent sans les modifier les paroles du personnage, mais aussi ses pensées. Ils sont introduits par des guillemets ou des tirets, ou, chez Stendhal, insérés parfois directement dans la narration. Le discours direct apporte au lecteur des informations importantes et participe ainsi à la caractérisation des personnages.

Stendhal

OBJET D'ÉTUDE 1ʳᵉ **Le personnage de roman** → voir p. 274

1855 Lucien Leuwen

Chassé de l'École polytechnique pour avoir participé à une manifestation républicaine, Lucien Leuwen est un être généreux et passionné, déçu par le manque d'idéal de ses contemporains. Devenu sous-lieutenant, il découvre le milieu militaire et la société de province en arrivant à Nancy.

Ce fut sur les huit heures et demie du matin, le 24 de mars 183..., et par un temps sombre et froid, que le 27ᵉ régiment de lanciers entra dans Nancy. Il était précédé par un corps de musique magnifique et qui eut le plus grand succès auprès des bourgeois et des grisettes[1] de l'endroit : trente-deux trompettes, vêtus de rouge et montés sur des
5 chevaux blancs, sonnaient à tout rompre. [...]

Les beautés de la ville et particulièrement les jeunes ouvrières en dentelle se montrèrent à toutes les fenêtres et furent fort sensibles à cette harmonie perçante ; il est vrai qu'elle était relevée par des habits rouges chamarrés de galons d'or superbes, que portaient les trompettes.

10 Nancy, cette ville si forte, chef-d'œuvre de Vauban[2], parut abominable à Lucien. La saleté, la pauvreté semblaient s'en disputer tous les aspects et les physionomies des habitants répondaient parfaitement à la tristesse des bâtiments. Lucien ne vit partout que des figures d'usuriers, des physionomies mesquines, pointues, hargneuses. « Ces gens ne pensent qu'à l'argent et aux moyens d'en amasser, se dit-il avec dégoût. Tel est,
15 sans doute, le caractère de cette Amérique que les libéraux nous vantent si fort. »

Ce jeune Parisien, accoutumé aux figures polies de son pays, était navré. Les rues étroites, mal pavées, remplies d'angles et de recoins, n'avaient rien de remarquable qu'une malpropreté abominable ; au milieu coulait un ruisseau d'eau boueuse, qui lui parut une décoction[3] d'ardoise.

20 Le cheval du lancier qui marchait à la droite de Lucien fit un écart qui couvrit de cette eau noire et puante la rosse[4] que le lieutenant-colonel lui avait fait donner. Notre héros remarqua que ce petit accident était un grand sujet de joie pour ceux de ses nouveaux camarades qui avaient été à portée de le voir. La vue de ces sourires qui voulaient être malins coupa les ailes à l'imagination de Lucien : il devint méchant.

25 « Avant tout, se dit-il, je dois me souvenir que ceci n'est pas le bivouac[5] : il n'y a point d'ennemi à un quart de lieue d'ici ; et, d'ailleurs, tout ce qui a moins de quarante ans, parmi ces messieurs, n'a pas vu l'ennemi plus que moi. Donc, des habitudes mesquines, filles de l'ennui. Ce ne sont plus ici les jeunes officiers pleins de bravoure, d'étourderie et de gaieté, que l'on voit au Gymnase ; ce sont de pauvres ennuyés qui ne
30 seraient pas fâchés de s'égayer à mes dépens ; ils seront mal pour moi, jusqu'à ce que j'aie eu quelque duel, et il vaut mieux l'engager tout de suite, pour arriver plus tôt à la paix. Mais ce gros lieutenant-colonel pourra-t-il être mon témoin ? J'en doute, son grade s'y oppose ; il doit l'exemple de l'ordre... Où trouver un témoin ? »

Lucien leva les yeux et vit une grande maison, moins mesquine que celles devant
35 lesquelles le régiment avait passé jusque-là ; au milieu d'un grand mur blanc, il y avait une persienne peinte en vert perroquet. « Quel choix de couleurs voyantes ont ces marauds[6] de provinciaux ! »

Lucien se complaisait dans cette idée peu polie lorsqu'il vit la persienne vert perroquet s'entrouvrir un peu ; c'était une jeune femme blonde qui avait des cheveux
40 magnifiques et l'air dédaigneux : elle venait voir défiler le régiment. Toutes les idées tristes de Lucien s'envolèrent à l'aspect de cette jolie figure ; son âme en fut ranimée. Les murs écorchés et sales des maisons de Nancy, la boue noire, l'esprit envieux et ja-

---

1. **grisettes :** femmes du peuple.

2. **Vauban :** architecte militaire, ministre de Louis XIV.

3. **décoction :** mélange liquide.

4. **la rosse :** mauvais cheval.

5. **bivouac :** campement militaire.

6. **marauds :** terme d'injure et de mépris.

322

Le xixᵉ siècle

loux de ses camarades, les duels nécessaires, le méchant pavé sur lequel glissait la rosse qu'on lui avait donnée, peut-être exprès, tout disparut. Un embarras sous
45 une voûte, au bout de la rue, avait forcé le régiment à s'arrêter. La jeune femme ferma sa croisée et regarda, à demi cachée par le rideau de mousseline brodée de sa fenêtre. Elle pouvait avoir vingt-quatre ou vingt-cinq ans. Lucien trouva dans ses yeux une expression singulière ; était-ce de l'ironie, de la haine, ou tout simplement de la jeunesse et une certaine disposition à s'amuser de tout ?

50 Le second escadron, dont Lucien faisait partie, se remit en mouvement tout à coup ; Lucien, les yeux fixés sur la fenêtre vert perroquet, donna un coup d'éperon à son cheval, qui glissa, tomba et le jeta par terre.

Se relever, appliquer un grand coup de fourreau[7] de son sabre à la rosse, sauter en selle fut, à la vérité, l'affaire d'un instant ; mais l'éclat de rire fut général et
55 bruyant. Lucien remarqua que la dame aux cheveux d'un blond cendré souriait encore, que déjà il était remonté.

Stendhal, *Lucien Leuwen*, éd. posth., 1855.

7. fourreau : gaine qui enveloppe le sabre.

1800 ▾ 1900

Notion

Observation

1. Quelles sont les différentes étapes de cet épisode ? Repérez-les.

2. Comment évoluent les pensées du personnage principal ? Relevez les trois étapes de sa réflexion.

3. De quels incidents Lucien est-il la victime ? Retrouvez dans le début du texte les indices qui annoncent ces deux incidents.

Analyse

4. Comment Lucien perçoit-il Nancy et ses habitants ? De quelle manière les associe-t-il ? Étudiez l'utilisation de la focalisation interne dans ce passage.

5. Quel effet la rencontre de « la jeune femme blonde » produit-elle sur Lucien ? Commentez le portrait qui est fait de ce personnage.

6. Que nous révèlent les interventions du narrateur sur Lucien ? Que nous révèlent les pensées et les actions du personnage sur lui-même ?

Vers le commentaire. Vous ferez le commentaire de ce texte sous la forme d'un paragraphe entièrement rédigé. Vous vous appuierez sur les deux axes de lecture suivants : le décor d'une ville de garnison ; un héros humilié.

La focalisation interne

Le narrateur peut adopter le point de vue d'un personnage : le lecteur perçoit alors de la scène tout ce qu'entend, voit ou pense celui-ci. En adoptant ce type de point de vue, le narrateur ne donne plus une vision d'ensemble de l'univers du roman, mais l'image subjective qu'en a le personnage. Le lecteur se trouve ainsi plongé au cœur de l'action.

323

Nerval

▶ **Gérard Labrunie**
Pseudonyme : Gérard de Nerval

▶ Né à Paris le 22 mai 1808.

▶ Décédé à Paris le 26 janvier 1855.

Fils d'un médecin de l'armée napoléonienne, Gérard Labrunie est élevé par son oncle, dans le Valois. Sa mère meurt en 1810 en Silésie, où elle a suivi son mari. Celui-ci s'installe à Paris en 1814. Au collège, l'enfant a pour ami Théophile Gautier. À dix-huit ans, il fréquente les cercles romantiques, rencontre Hugo, qu'il soutient lors de la première représentation d'*Hernani*. À partir de 1831, il prend le pseudonyme de Gérard de Nerval et publie dans des revues ses *Odelettes*. Un héritage lui permet de visiter l'Italie et de mener une vie de bohème à Paris, où il connaît une passion dévorante pour l'actrice Jenny Colon. Fasciné par l'ésotérisme, il voyage en Allemagne. En 1841, terrassé par une crise de folie, il doit être interné. Il entreprend l'année suivante un voyage en Orient, mais les crises se succèdent, coïncidant avec une activité fiévreuse qui lui fait écrire *Les Filles du feu* et *Les Chimères*. Après plusieurs rechutes, l'errance de Gérard de Nerval s'achève un matin de janvier 1855 lorsqu'on le découvre pendu rue de la Vieille-Lanterne, près du Châtelet à Paris.

ŒUVRES PRINCIPALES

Récits
Voyage en Orient (1851), *Sylvie* (1853), *Les Filles du feu* (1854), *Petits Châteaux de Bohême* (1853), *Aurélia* (1855).

Poésie
Odelettes (1833)
Les Chimères (1854).

Nerval, le rêveur mélancolique

Surnommé « le jeune homme » par son père et ses amis, Nerval apparaît toute sa vie comme un être mélancolique, hanté par le souvenir de son Valois natal et la nostalgie des siècles passés. Son œuvre se partage entre le monde des chimères et celui de la réalité, entre l'amour rêvé et l'amour réel. Passionnément amoureux d'une actrice, Nerval cherche en elle le lien entre l'illusion et la vérité. Ses *Odelettes* traduisent l'inspiration romantique des années 1830, marquées par le goût pour la musique et la rêverie mélancolique.

OBJET D'ÉTUDE 2nde La poésie : du romantisme au surréalisme ➔ voir p. 278

1833 Odelettes

Écrites pour la plupart au début des années 1830, les *Odelettes* de Nerval expriment ses émotions et ses rêveries. Un paysage, une rencontre, le souvenir mélancolique d'un vieil air de musique fixent les thèmes qui seront développés dans l'ensemble de son œuvre.

Fantaisie

Il est un air, pour qui je donnerais
Tout Rossini, tout Mozart et tout Wèbre[1],
Un air très vieux, languissant et funèbre,
Qui pour moi seul a des charmes secrets.

1. **Wèbre :** Weber, compositeur allemand.

324

Le XIXᵉ siècle

2. Louis XIII : roi de France,
fils de Henri IV (1601-1643).
3. ceint : entouré.

5   Or, chaque fois que je viens à l'entendre,
     De deux cents ans mon âme rajeunit…
     C'est sous Louis XIII[2] – et je crois voir s'étendre
     Un coteau vert, que le couchant jaunit ;

     Puis un château de brique à coins de pierre,
10   Aux vitraux peints de rougeâtres couleurs,
     Ceint[3] de grands parcs, avec une rivière
     Baignant ses pieds, qui coule entre les fleurs.

     Puis une dame, à sa haute fenêtre,
     Blonde aux yeux noirs, en son costume ancien
15   Que dans une autre existence peut-être
     J'ai déjà vue et dont je me souviens !

     Gérard de Nerval, *Odelettes*, 1833.

Une allée du Luxembourg[1]

     Elle a passé, la jeune fille
     Vive et preste comme un oiseau :
     À la main une fleur qui brille,
     À la bouche un refrain nouveau.

5   C'est peut-être la seule au monde
     Dont le cœur au mien répondrait,
     Qui venant dans ma nuit profonde
     D'un seul regard l'éclaircirait !…

10   Mais, non, – ma jeunesse est finie…
     Adieu, doux rayon qui m'as lui, –
     Parfum, jeune fille, harmonie…
     Le bonheur passait, – il a fui !

     Gérard de Nerval, *Odelettes*, 1833.

1800
▼
1900

Observation

1. Relevez les thèmes développés dans chaque poème.

2. Quels sont, parmi les cinq sens – vue, ouïe, odorat, goût, toucher –, les sens dominants dans les deux textes ? Relevez leurs réseaux lexicaux.

3. Retrouvez dans ces deux poèmes les caractéristiques de l'odelette sur le plan de la composition, comme sur celui des thèmes développés.

4. Quelles sont les principales caractéristiques du paysage décrit dans « Fantaisie » (v. 7 à 12) ?

Analyse

5. Étudiez, dans chaque poème, l'expression de la rêverie mélancolique de Nerval.

6. Observez les deux derniers vers de chaque poème. Pourquoi peut-on dire qu'ils sont d'inspiration romantique ?

Vers l'oral. Lisez à haute voix l'un des deux poèmes, en prenant soin de respecter la ponctuation. Vous veillerez ainsi à marquer les enjambements en supprimant la pause en fin de vers.

Notion

L'odelette

L'ode désigne un long poème solennel destiné à être mis en musique ; l'odelette est d'inspiration plus légère. Composée de trois ou quatre strophes en vers de six, huit ou dix syllabes, elle mêle la rêverie amoureuse et l'humour, à travers lesquels peut s'exprimer la fantaisie du poète.

Musset

▶ **Alfred de Musset**
▶ Né à Paris le 11 décembre 1810.
▶ Décédé à Paris le 2 mai 1857.

Alfred de Musset passe une enfance heureuse dans une famille imprégnée de littérature. Après une scolarité brillante au lycée Henri IV, il commence, puis abandonne, des études de droit et de médecine. Jeune dandy, Musset mène une vie mondaine et amoureuse, fréquentant les cercles romantiques. Il publie en 1829 son premier volume de vers.

Après l'échec de sa pièce *La Nuit vénitienne*, sifflée par le public, il décide de ne plus écrire que des pièces destinées à être lues, qu'il rassemble sous le titre de *Un spectacle dans un fauteuil*. Il rencontre l'écrivain George Sand et connaît avec elle une passion intense et orageuse, qui nourrira toute son œuvre. Séparé d'elle, il multiplie les liaisons et les abus, exprimant son amertume dans ses poèmes *Les Nuits*. Sa santé se dégrade. Reçu à l'Académie française en 1852, Musset termine sa vie dans l'inaction. Il meurt à l'âge de quarante-sept ans, dans la solitude, au milieu de l'indifférence générale.

ŒUVRES PRINCIPALES

Théâtre
La Nuit vénitienne (1830),
Les Caprices de Marianne (183
Fantasio (1834),
Lorenzaccio (1834), *On ne badir
pas avec l'amour* (1834).

Poésie
Rolla (1833), *La Nuit de mai*,
La Nuit de décembre (1835).

Récit autobiographique
*Les Confessions d'un enfant
du siècle* (1836).

Le romantisme au théâtre

Dans son théâtre, Musset, qui se libère des règles de la dramaturgie classique, crée des personnages habités de tensions contradictoires. À la fois débauchés et idéalistes, ses héros apparaissent comme profondément humains : Octave dans *Les Caprices de Marianne*, Lorenzo dans *Lorenzaccio* sont les doubles de Musset lui-même. On retrouve cette dimension autobiographique dans sa poésie : *Les Nuits* expriment son expérience de la solitude et de la douleur. Au cœur de la nuit, le poète est confronté à cet autre « moi » ténébreux qui est en lui. Le poète romantique va ainsi à la rencontre du mystère en poursuivant son idéal de sincérité.

OBJET D'ÉTUDE 2nde Le texte théâtral et sa représentation → voir p. 276

1833 Les Caprices de Marianne

Dans *Les Caprices de Marianne*, Cœlio est amoureux de la belle Marianne, épouse du grotesque juge Claudio. Celui-ci, jaloux et soupçonneux, multiplie les précautions contre les manœuvres du jeune homme et de son confident Octave.

CLAUDIO. – Es-tu mon fidèle serviteur ? mon valet de chambre dévoué ? Apprends que j'ai à me venger d'un outrage.
TIBIA. – Vous, monsieur !
CLAUDIO. – Moi-même, puisque ces impudentes guitares ne cessent de murmurer sous les fe-
5 nêtres de ma femme. Mais, patience ! tout n'est pas fini. – Écoute un peu de ce côté-ci : voilà du monde qui pourrait nous entendre. Tu m'iras chercher ce soir le spadassin[1] que je t'ai dit.
TIBIA. – Pour quoi faire ?
CLAUDIO. – Je crois que Marianne a des amants.
TIBIA. – Vous croyez, monsieur ?
10 CLAUDIO. – Oui ; il y a autour de ma maison une odeur d'amants ; personne ne passe naturellement devant ma porte ; il y pleut des guitares et des entremetteuses[2].

1. **spadassin :** homme armé d'une épée, aux gages de quelqu'un.
2. **entremetteuses :** femmes servant d'intermédiaires pour des mariages ou des liaisons amoureuses.

■ 326

Le XIXᵉ siècle

3. poterne : porte cachée.

4. trame : machination.

5. Eldorado : pays imaginaire, lieu d'abondance et de délices.

TIBIA. – Est-ce que vous pouvez empêcher qu'on donne des sérénades à votre femme ?

CLAUDIO. – Non ; mais je puis poster un homme derrière la poterne³ et me débarrasser du premier qui entrera.

15 TIBIA. – Fi ! votre femme n'a pas d'amants. – C'est comme si vous disiez que j'ai des maîtresses.

CLAUDIO. – Pourquoi n'en aurais-tu pas, Tibia ? Tu es fort laid, mais tu as beaucoup d'esprit.

TIBIA. – J'en conviens, j'en conviens.

20 CLAUDIO. – Regarde, Tibia, tu en conviens toi-même ; il n'en faut plus douter, et mon déshonneur est public.

TIBIA. – Pourquoi public ?

CLAUDIO. – Je te dis qu'il est public.

TIBIA. – Mais, monsieur, votre femme passe pour un dragon de vertu dans toute la ville ;

25 elle ne voit personne, elle ne sort de chez elle que pour aller à la messe.

CLAUDIO. – Laisse-moi faire. – Je ne me sens pas de colère après tous les cadeaux qu'elle a reçus de moi. – Oui, Tibia, je machine en ce moment une épouvantable trame⁴, et je me sens prêt à mourir de douleur.

TIBIA. – Oh ! que non.

30 CLAUDIO. – Quand je te dis quelque chose, tu me ferais plaisir de le croire.

Ils sortent.

CŒLIO, *rentrant.* – Malheur à celui qui, au milieu de la jeunesse, s'abandonne à un amour sans espoir ! Malheur à celui qui se livre à une douce rêverie, avant de savoir où sa chimère le mène, et s'il peut être payé de retour ! Mollement couché dans une barque,

35 il s'éloigne peu à peu de la rive ; il aperçoit au loin des plaines enchantées, de vertes prairies et le mirage léger de son Eldorado⁵. Les vents l'entraînent en silence, et quand sa réalité le réveille, il est aussi loin du but où il aspire que du rivage qu'il a quitté ; il ne peut plus ni poursuivre sa route ni revenir sur ses pas. (*On entend un bruit d'instruments.*) Quelle est cette mascarade ? N'est-ce pas Octave que j'aperçois ?

Alfred de Musset, *Les Caprices de Marianne*, Acte I, scène 1, 1833.

1800
▾
1900

Observation

1. Comment les personnages de Claudio et de Tibia apparaissent-ils ? En quoi constituent-ils des personnages types ?

2. Retrouvez dans cet extrait les caractéristiques d'une scène d'exposition. Quels sont les indices qui annoncent un drame à venir ?

Analyse

3. Étudiez le monologue de Cœlio. Pourquoi peut-on parler de lyrisme amoureux ?

4. Analysez et commentez l'image développée de la l. 34 à la l. 39.

5. Montrez que Cœlio incarne le héros romantique. Imaginez le costume et l'attitude de l'acteur interprétant ici son rôle.

Vers le commentaire. Étudiez cette scène sous la forme d'un paragraphe rédigé dans lequel vous montrerez comment le dramaturge romantique s'appuie sur l'opposition des tons pour renouveler le théâtre classique.

Notion

Le mélange des tons sur la scène romantique

Le drame romantique crée une atmosphère particulière en passant du comique au tragique, du burlesque au lyrique. Le mélange des tons dans la même scène, voire au cœur d'un même personnage, caractérise ainsi le renouveau du théâtre.

327

Musset

OBJET D'ÉTUDE 2ⁿᵈᵉ La poésie : du romantisme au surréalisme → voir p. 278

1835 La Nuit de décembre

Dans les quatre poèmes qui constituent le cycle des *Nuits*, Alfred de Musset livre ses expériences et ses émotions. Il dialogue avec la femme aimée, exprime son appétit devant la vie ou confie ses souffrances. Le poète rapporte ainsi l'apparition de son propre double dans *La Nuit de décembre*.

> Du temps que j'étais écolier,
> Je restais un soir à veiller
> Dans notre salle solitaire.
> Devant ma table vint s'asseoir
> 5 Un pauvre enfant vêtu de noir,
> Qui me ressemblait comme un frère.
>
> Son visage était triste et beau :
> À la lueur de mon flambeau,
> Dans mon livre ouvert il vint lire.
> 10 Il pencha son front sur sa main,
> Et resta jusqu'au lendemain,
> Pensif, avec un doux sourire.
>
> Comme j'allais avoir quinze ans
> Je marchais un jour, à pas lents,
> 15 Dans un bois, sur une bruyère.
> Au pied d'un arbre vint s'asseoir
> Un jeune homme vêtu de noir,
> Qui me ressemblait comme un frère.
>
> Je lui demandai mon chemin ;
> 20 Il tenait un luth[1] d'une main,
> De l'autre un bouquet d'églantine.
> Il me fit un salut d'ami,
> Et, se détournant à demi,
> Me montra du doigt la colline.
>
> 25 À l'âge où l'on croit à l'amour,
> J'étais seul dans ma chambre un jour,
> Pleurant ma première misère.
> Au coin de mon feu vint s'asseoir
> Un étranger vêtu de noir,
> 30 Qui me ressemblait comme un frère.
>
> Il était morne et soucieux ;
> D'une main il montrait les cieux,
> Et de l'autre il tenait un glaive[2].
> De ma peine il semblait souffrir,
> 35 Mais il ne poussa qu'un soupir,
> Et s'évanouit comme un rêve.

1. luth : instrument de musique à cordes, qui symbolise le poète.
2. glaive : une épée, dans le langage poétique.

■ 328

Le XIXe siècle

À l'âge où l'on est libertin,
Pour boire un toast en un festin,
Un jour je soulevais mon verre.
40 En face de moi vint s'asseoir
Un convive vêtu de noir,
Qui me ressemblait comme un frère.

Il secouait sous son manteau
Un haillon de pourpre[3] en lambeau,
45 Sur sa tête un myrte[4] stérile.
Son bras maigre cherchait le mien,
Et mon verre, en touchant le sien,
Se brisa dans ma main débile[5].

Un an après, il était nuit ;
50 J'étais à genoux près du lit
Où venait de mourir mon père.
Au chevet du lit vint s'asseoir
Un orphelin vêtu de noir,
Qui me ressemblait comme un frère.

55 Ses yeux étaient noyés de pleurs ;
Comme les anges de douleurs,
Il était couronné d'épine ;
Son luth à terre était gisant,
Sa pourpre de couleur de sang,
60 Et son glaive dans sa poitrine.

Je m'en suis si bien souvenu,
Que je l'ai toujours reconnu
À tous les instants de ma vie.
C'est une étrange vision,
65 Et cependant, ange ou démon,
J'ai vu partout cette ombre amie.

Alfred de Musset, *La Nuit de décembre* (extrait), 1835.

3. pourpre : étoffe teinte en rouge, en usage chez les Romains.
4. un myrte : plante de Vénus, déesse de l'amour.
5. débile : faible, malade.

1800 ▼ 1900

Observation

1. Opérez le découpage du récit mis en place par le poème et donnez un titre à chaque partie.

2. Quelle progression les variantes du refrain mettent-elles en place ?

Analyse

3. Que symbolisent les objets qui accompagnent l'apparition du double ? Expliquez les références à l'Antiquité.

4. Quelle image Musset donne-t-il de lui-même dans ce poème ? Confrontez-la à celle du double qui apparaît de manière régulière.

5. Montrez que la progression du poème, à travers la présence du double, affirme la présence de plus en plus insistante de la mort.

Recherche documentaire. Recherchez sur Internet d'autres œuvres littéraires du XIXe siècle dans lesquelles apparaît le thème du double. Introduisez votre fiche d'activité en montrant le point commun de ces œuvres.

Notion

Le thème du double

La littérature explore souvent l'expérience du double. Le double peut représenter l'opposition du Bien et du Mal à l'intérieur du personnage ; il suscite la peur ou l'angoisse. Présent dans la littérature fantastique, il peut incarner une apparition maléfique qui annonce la proximité de la folie ou de la mort.

329

des Arts — L'art de la modernité

L'art du XIXe siècle est profondément marqué par l'accélération des progrès techniques issus de la révolution industrielle. Dans un monde en plein bouleversement matériel, social et politique, de nombreux artistes s'éloignent du conservatisme académique pour proposer un art de la modernité.

■ Les mutations de la peinture

Les artistes les plus célébrés sont ceux qui, jusqu'au début de la IIIe république, correspondent au canons classiques et sont sélectionnés pour le Salon annuel de l'Académie. De nombreux écrivains et artistes s'opposent à ce conservatisme et revendiquent un art plus près du réel quotidien. Mais les grands formats réalistes de Courbet (*L'Enterrement à Ornans, l'Atelier*) sont critiqués ou refusés. En 1863, Napoléon III propose un second salon pour ceux qui ne sont pas sélectionnés. Le Salon des Refusés accueille ainsi Manet mais aussi Monet, Renoir, Cézanne ou Pissarro. Ces derniers exposent ensemble à partir de 1874 et donnent naissance à l'impressionnisme. En peignant d'après nature en plein air, le but de l'artiste n'est pas de représenter un sujet comme tel, mais de transcrire les variations infinies de la lumière en juxtaposant les touches de couleurs les plus pures.

Claude Monet, *Impression, soleil levant*, 1872. Ce tableau donnera son nom au mouvement impressionniste.

■ La naissance de l'art photographique

La première photographie est due à Nicéphore Niepce (1827). L'invention technique qui permet de saisir directement une image du réel modifie profondément le statut de l'œuvre d'art. Celle-ci n'a plus à reproduire la réalité puisque la photographie permet d'obtenir le même résultat plus simplement. Ainsi, dans la seconde moitié du XIXe siècle, la photographique démocratise l'art du portrait et Félix Nadar photographie ses amis artistes et écrivains. Mais, en raison de sa dimension mécanique, de son succès commercial, la photographie peine à obtenir le statut d'art. Un courant naturaliste apparaît cependant avec Henry Emerson et influence la photographie du XXe siècle.

Henry Emerson, *Réparation de voile*, photographie, 1886. Pour ce défenseur d'une approche naturaliste, l'art photographique doit être direct et sans trucage.

Le XIXe siècle

La genèse de L'ARCHITECTURE MODERNE

L'école architecturale du XIXe siècle est dominée par un fort conservatisme. Éclectique par le mélange des styles pour un même bâtiment, l'architecture semble se complaire dans une citation du passé. Pourtant des nouveautés techniques ouvrent de nouvelles perspectives.

▶ La puissance du fer

Dans la seconde moitié du XIXe siècle, des ingénieurs explorent les possibilités offertes par l'utilisation du fer. En supprimant les murs porteurs, les structures métalliques permettent d'élever le bâtiment et de l'ouvrir plus largement sur l'extérieur. Les architectes de l'École de Chicago offrent les premiers exemples de bâtiment aux lignes verticales, qui deviennent le symbole des États-Unis. L'invention de l'ascenseur en 1881 permet d'envisager des hauteurs toujours plus grandes. En France, Victor Baltard construit les halles centrales de Paris entre 1851 et 1870 alors que Gustave Eiffel démontre l'extraordinaire puissance du fer en construisant une Tour de plus de 300 mètres lors de l'Exposition universelle de 1889.

▶ L'invention du béton

Le ciment artificiel est inventé au début du XIXe siècle et les bétons de ciment, associant granulats, ciment et eau, sont d'abord utilisés pour réaliser des moulages et des imitations de pierre. L'invention du béton armé, c'est-à-dire rendu plus résistant par la présence d'une armature en fer, date du milieu du siècle. Il faut cependant attendre les années 1890 pour voir apparaître la première grande entreprise de béton armée. Fondée par Henri Hennebique, elle est à l'origine d'un nouvel art de bâtir, plus rapide, facile à mettre en œuvre et moins cher.

Halles centrales de Paris, construite par Victor Baltard.

La gare d'Orsay (actuel Musée d'orsay) témoigne des difficultés à admettre le métal comme composant esthétique d'un bâtiment non industriel. Conçu par Victor Laloux, achevée en 1900, elle cache une structure totalement en acier derrière une enveloppe en pierre de taille.

1800 ▼ 1900

La tour Eiffel, inaugurée lors de l'exposition universelle de 1889, témoigne de la maîtrise des structures métalliques dans la construction.

331

Sue

▶ **Eugène Sue**
▶ Né à Paris le 10 décembre 1804.
▶ Décédé à Annecy le 3 août 1857.

Fils de médecin, Eugène Sue est lui-même chirurgien à bord d'un vaisseau de la marine royale. L'héritage paternel lui laisse cependant le loisir d'écrire. Eugène Sue est alors célèbre dans Paris pour son élégance, son dandysme et son goût des chevaux. Il publie d'abord des romans maritimes, *Kernok le pirate* en 1830, *Atar-Gull* en 1831.

Après des romans de mœurs et des romans historiques, l'écrivain connaît un immense succès avec ses deux grands romans-feuilletons, *Les Mystères de Paris* en 1842 et *Le Juif errant* en 1845. Grand bourgeois converti aux doctrines socialistes, Eugène Sue est élu député en 1848. Après le coup d'État de Louis Napoléon Bonaparte, en 1851, fidèle à ses convictions, opposé à l'Empereur, il s'exile. La vaste fresque des *Mystères du peuple* est ainsi interdite à sa parution, en 1856, un an avant sa mort.

ŒUVRES PRINCIPALES

Romans-feuilletons
Les Mystères de Paris (1842-1843),
Les Mystères du peuple (1849-1857).

Le triomphe du roman-feuilleton

Parus de juin 1842 à octobre 1843 dans *Le Journal des débats*, *Les Mystères de Paris* comprennent cent quarante-sept feuilletons donnés quotidiennement par Eugène Sue. Le feuilletoniste révèle ainsi à ses lecteurs la misère du peuple. Il met en scène avec réalisme une multitude de personnages qui hantent les bas-fonds parisiens : mendiants, hors-la-loi, voleurs et assassins. Le romancier multiplie les rebondissements, tenant son lecteur en haleine par le sens du suspense et des situations cruelles et pathétiques. Habité par une sensibilité généreuse, Eugène Sue prend peu à peu fait et cause pour les misérables qui habitent ses romans. Sa popularité est considérable, comme en témoignent les centaines de lettres que lui envoient ses lecteurs.

OBJET D'ÉTUDE 1re Le personnage de roman → voir p. 274

1842 1843 Les Mystères de Paris

À travers les aventures du prince Rodolphe, justicier qui parcourt les bas-fonds de Paris, *Les Mystères de Paris* présentent une galerie de personnages pittoresques et inquiétants, dont l'un des plus cruels est le Maître d'école. Ce redoutable chef de bande, aveugle guidé par le jeune Tortillard, demande l'hospitalité dans une ferme des environs de Paris, pour y préparer un enlèvement.

Le Maître d'école et Tortillard restaient à la porte de la cuisine, n'osant pas avancer.

Enveloppé d'un manteau bleu à collet de fourrure, son chapeau enfoncé sur le bonnet noir qui lui cachait presque entièrement le front, le brigand tenait la main de Tortillard, qui se pressait contre lui en regardant les paysans avec défiance ; l'honnêteté
5 de ces physionomies déroutait et effrayait presque le fils de Bras-Rouge[1].

Les natures mauvaises ont aussi leurs répulsions et leurs sympathies.

Les traits du Maître d'école étaient si hideux, que les habitants de la ferme restèrent un instant frappés, les uns de dégoût, les autres d'effroi. Cette impression n'échappa pas à Tortillard ; la frayeur des paysans le rassura, il fut fier de l'épouvante qu'inspirait son

1. le fils de Bras-Rouge : Tortillard, qui sert de guide au Maître d'école.

332

Le XIXᵉ siècle ■

10 compagnon. Ce premier mouvement passé, le père Châtelain, ne songeant qu'à remplir les devoirs de l'hospitalité, dit au Maître d'école :

– Mon brave homme, avancez près du feu, vous vous réchaufferez d'abord. Vous souperez ensuite avec nous, car vous arrivez au moment où nous allions nous mettre à table. Tenez, asseyez-vous là. Mais à quoi ai-je la tête ! ajouta le père Châtelain ; ce n'est
15 pas à vous, mais à votre fils que je dois m'adresser, puisque, malheureusement, vous êtes aveugle. Voyons, mon enfant, conduis ton père auprès de la cheminée.

– Oui, mon bon monsieur, répondit Tortillard d'un ton nasillard, patelin² et hypocrite ; que le bon Dieu vous rende votre bonne charité !… Suis-moi, pauvre papa, suis-moi, prends bien garde.

20 Et l'enfant guida les pas du brigand.

Tout deux arrivèrent près de la cheminée.

D'abord, Lysandre³ gronda sourdement ; mais, ayant flairé un instant le Maître d'école, il poussa tout à coup cette sorte d'aboiement lugubre qui fait dire communément que les chiens hurlent à la mort.

25 – Enfer ! se dit le Maître d'école. Est-ce donc le sang qu'ils flairent, ces maudits animaux ? J'avais ce pantalon-là pendant la nuit de l'assassinat du marchand de bœufs…

– Tiens, c'est étonnant, dit tout bas Jean-René, le vieux Lysandre qui hurle à la mort en sentant le bonhomme !

Alors il arriva une chose étrange.

30 Les cris de Lysandre étaient si perçants, si plaintifs, que les autres chiens l'entendirent (la cour de la ferme n'étant séparée de la cuisine que par une fenêtre vitrée), et selon l'habitude de la race canine, ils répétèrent à l'envi⁴ ces gémissements lamentables.

Quoique peu superstitieux, les métayers⁵ s'entre-regardèrent avec effroi.

En effet, ce qui se passait était singulier.

35 Un homme qu'ils n'avaient pu envisager sans horreur entrait dans la ferme. Alors des animaux jusqu'alors paisibles devenaient furieux et jetaient ces clameurs sinistres qui, selon les croyances populaires, prédisent les approches de la mort.

Eugène Sue, *Les Mystères de Paris*, 1842-1843.

---

2. patelin : qui trompe par des paroles douces et flatteuses.

3. Lysandre : le chien de la ferme.

4. à l'envi : à qui mieux mieux.

5. les métayers : les fermiers.

1800
1900

Observation

1. Relevez le réseau lexical de la peur dans cet extrait. Quelle atmosphère cette présence donne-t-elle au récit ?

2. Étudiez comment l'auteur, à travers l'opposition de deux groupes de personnages, met en scène l'affrontement du Bien et du Mal.

Analyse

3. Commentez les interventions du narrateur, en montrant qu'il apparaît comme un narrateur omniscient.

4. Étudiez les rapports entre les deux brigands des lignes 1 à 21.

5. Montrez comment la présence progressive de la mort donne à la scène un ton inquiétant et pathétique.

6. Relevez et commentez les procédés mis en œuvre par l'auteur pour dramatiser le récit.

Vers la dissertation. En vous aidant de cet extrait, montrez sous la forme d'un paragraphe argumenté que le personnage de roman-feuilleton apparaît comme un être fortement caractérisé, proche de la caricature, qui doit provoquer des émotions intenses chez le lecteur.

Notion

Les personnages de roman-feuilleton

Le romancier amplifie l'émotion du lecteur en créant des personnages qui inspirent immédiatement des sentiments d'admiration (le héros), de terreur (le criminel) ou de pitié (la victime). Le roman-feuilleton multiplie les procédés de l'exagération, parfois jusqu'à la caricature, pour tenir le lecteur en haleine.

333 ■

Dumas

▶ **Alexandre Dumas Davy de La Pailleterie**
▶ Né à Villers-Cotterêts, le 24 juillet 1802.
▶ Décédé près de Dieppe, le 5 décembre 1870.

Le père d'Alexandre Dumas, général d'Empire, meurt en 1806 en laissant sa famille sans ressources. Après ses études, Alexandre est contraint de gagner sa vie comme employé de bureau à Paris. Mais il se consacre surtout à l'écriture et attend du théâtre gloire et richesse. Son premier drame historique, *Henri III et sa cour*, connaît un grand succès. Gérard de Nerval lui présente alors Auguste Maquet, qui souhaite écrire les mémoires de d'Artagnan. La collaboration des deux hommes leur permet de publier de nombreux romans populaires, que Dumas signe seul. Cette collaboration dure quinze ans et s'achève par un procès. Cependant, Dumas fait construire le Théâtre Historique pour y représenter les adaptations de ses romans. Il fonde deux journaux qui font faillite, tout comme son théâtre. Ruiné, il quitte Paris. En 1858, il voyage en Russie, rejoint Garibaldi en Italie, devient bibliothécaire puis marchand d'armes. Il meurt en 1870 après avoir lancé en vain un nouveau journal. En 2002, plus d'un siècle après sa mort, ses cendres sont transférées au Panthéon.

ŒUVRES PRINCIPALES

Théâtre
Henri III et sa cour (1829), *Antony* (1831).

Romans
Les Trois Mousquetaires (1844), *Le Comte de Monte-Cristo* (1844), *Vingt Ans après* (1845), *La Reine Margot* (1845), *Le Chevalier de Maison-Rouge* (1845), *Le Vicomte de Bragelonne* (1848), *La Tulipe noire* (1850

Le maître du roman historique

Aux yeux des écrivains romantiques comme Vigny, Hugo ou Dumas, le roman historique est une forme moderne de l'épopée. Les héros de Dumas, d'Artagnan, le comte de Monte-Cristo, le chevalier de Maison-Rouge, rejoignent ainsi la légende. La liberté que prend Dumas avec l'Histoire, son sens de l'action et des rebondissements l'imposent comme le maître du genre. C'est surtout l'art du dialogue qui caractérise ses romans. C'est en effet le dialogue qui, comme au théâtre, fait progresser l'intrigue et révèle les personnages. La publication préalable des romans en feuilleton explique cette technique narrative qui, jour après jour, tient le lecteur en haleine.

OBJET D'ÉTUDE 1re — Le personnage de roman ➜ voir p. 274

1844 — Les Trois Mousquetaires

Dumas raconte dans *Les Trois Mousquetaires* les aventures du jeune d'Artagnan qui cherche à s'enrôler dans la compagnie des mousquetaires du roi. Il fait ainsi la rencontre d'Athos, Porthos et Aramis, et affronte à leurs côtés les gardes du cardinal de Richelieu, rivaux des mousquetaires.

« Ils sont cinq, dit Athos à demi-voix, et nous ne sommes que trois ; nous serons encore battus, et il nous faudra mourir ici, car je le déclare, je ne reparais pas vaincu devant le capitaine. »

Alors Porthos et Aramis se rapprochèrent à l'instant les uns des autres, pendant que
5   Jussac[1] alignait ses soldats.

Ce seul moment suffit à d'Artagnan pour prendre son parti : c'était là un de ces événements qui décident de la vie d'un homme, c'était un choix à faire entre le roi et le cardinal ; ce choix fait, il allait y persévérer. Se battre, c'est-à-dire désobéir à la loi[2],

---

1. Jussac : capitaine des gardes du cardinal.
2. la loi : l'édit du cardinal de Richelieu qui interdit les duels.

Le XIXᵉ siècle

c'est-à-dire risquer sa tête, c'est-à-dire se faire d'un seul coup l'ennemi d'un mi-
10 nistre plus puissant que le roi lui-même : voilà ce qu'entrevit le jeune homme,
et, disons-le à sa louange, il n'hésita point une seconde. Se tournant donc vers
Athos et ses amis :

« Messieurs, dit-il, je reprendrai, s'il vous plaît, quelque chose à vos paroles.
Vous avez dit que vous n'étiez que trois, mais il me semble, à moi, que nous
15 sommes quatre.

– Mais vous n'êtes pas des nôtres, dit Porthos.

– C'est vrai, répondit d'Artagnan ; je n'ai pas l'habit, mais j'ai l'âme. Mon
cœur est mousquetaire, je le sens bien, monsieur, et cela m'entraîne.

– Écartez-vous, jeune homme, cria Jussac, qui sans doute à ses gestes et à
20 l'expression du visage, avait deviné le dessein de d'Artagnan. Vous pouvez vous
retirer, nous y consentons. Sauvez votre peau ; allez vite. »

D'Artagnan ne bougea point.

« Décidément vous êtes un joli garçon, dit Athos en serrant la main du jeune
homme.

25 – Allons ! allons ! prenons un parti, reprit Jussac.

– Voyons, dirent Porthos et Aramis, faisons quelque chose.

– Monsieur est plein de générosité », dit Athos.

Mais tous trois pensaient à la jeunesse de d'Artagnan et redoutaient son inex-
périence.

3. un blessé, plus
un enfant : Athos,
qui est tombé dans
une embuscade,
et d'Artagnan, âgé
de dix-huit ans.

30 « Nous ne serons que trois, dont un blessé, plus un enfant[3], reprit Athos, et
l'on n'en dira pas moins que nous étions quatre hommes.

– Oui, mais reculer ! dit Porthos.

– C'est difficile », reprit Athos.

D'Artagnan comprit leur irrésolution.

35 « Messieurs, essayez-moi toujours, dit-il, et je vous jure sur l'honneur que je
ne veux pas m'en aller d'ici si nous sommes vaincus.

– Comment vous appelle-t-on, mon brave ? dit Athos.

– D'Artagnan, monsieur.

– Eh bien, Athos, Porthos, Aramis et d'Artagnan, en avant ! »

Alexandre Dumas, *Les Trois Mousquetaires*, 1844.

1800 ▾ 1900

Observation

1. Quelles valeurs Athos, Porthos et Aramis incarnent-ils ? Comment doit-on comprendre la phrase de d'Artagnan : « Mon cœur est mousquetaire » (l. 18) ?

2. En quoi l'attitude de Jussac s'oppose-t-elle à celle des mousquetaires ?

Analyse

3. Montrez qu'Athos apparaît ici comme celui qui domine le groupe.

4. Comment Dumas entraîne-t-il l'enthousiasme du lecteur ? En quoi la dernière ligne de l'extrait correspond-elle aux exigences d'une publication en feuilleton ?

5. Relevez et commentez ce qui, dans ce passage, révèle en d'Artagnan le véritable héros du roman. Quelles sont, en définitive, ses principales qualités ?

Vers l'écriture d'invention. Vous poursuivrez ce récit en montrant le combat qui oppose les mousquetaires aux hommes du Cardinal. Vous respecterez l'alternance des passages narratifs et du dialogue.

Notion

Le héros hors du commun

Les circonstances de l'intrigue permettent au héros du roman d'aventures de se révéler à un moment-clé du roman. Ses gestes, ses paroles, ses pensées font de lui un être à part, incarnant les valeurs de courage, d'habileté et de fidélité auxquelles est sensible le lecteur et qui lui permettent de s'identifier à ce héros hors du commun.

335

Dumas

OBJET D'ÉTUDE 1ʳᵉ **Le personnage de roman** → voir p. 274

1844 1845

Le Comte de Monte-Cristo

Victime d'une machination, injustement condamné, Edmond Dantès se retrouve prisonnier au château d'If. Après une longue période d'abattement, il cherche à s'évader en creusant un tunnel. C'est ainsi qu'il fait la connaissance d'un autre prisonnier, l'abbé Faria, grâce auquel, après de nombreuses péripéties, il pourra se venger de ses ennemis.

Il ne se découragea point et continua de travailler toute la nuit ; mais après deux ou trois heures de labeur, il rencontra un obstacle. Le fer ne mordait plus et glissait sur une surface plane.

Dantès toucha l'obstacle avec ses mains et reconnut qu'il avait atteint une poutre.

5 Cette poutre traversait ou plutôt barrait entièrement le trou qu'avait commencé Dantès.

Maintenant, il fallait creuser dessus ou dessous.

Le malheureux jeune homme n'avait point songé à cet obstacle.

« Oh ! mon Dieu, mon Dieu ! s'écria-t-il, je vous avais cependant tant prié, que j'es-
10 pérais que vous m'aviez entendu. Mon Dieu ! après m'avoir ôté la liberté de la vie, mon Dieu ! après m'avoir ôté le calme de la mort, mon Dieu ! qui m'avez rappelé à l'exis-tence, mon Dieu ! ayez pitié de moi, ne me laissez pas mourir dans le désespoir !

– Qui parle de Dieu et de désespoir en même temps ? » articula une voix qui semblait venir de dessous terre et qui, assourdie par l'opacité, parvenait au jeune homme avec
15 un accent sépulcral[1].

Edmond sentit se dresser ses cheveux sur sa tête, et il recula sur ses genoux.

« Ah ! murmura-t-il, j'entends parler un homme. »

Il y avait quatre ou cinq ans qu'Edmond n'avait entendu parler que son geôlier[2], et pour le prisonnier le geôlier n'est pas un homme : c'est une porte vivante ajoutée à sa
20 porte de chêne ; c'est un barreau de chair ajouté à ses barreaux de fer.

« Au nom du Ciel ! s'écria Dantès, vous qui avez parlé, parlez encore, quoique votre voix m'ait épouvanté ; qui êtes-vous ?

– Qui êtes-vous vous-même ? demanda la voix.

– Un malheureux prisonnier, reprit Dantès qui ne faisait, lui, aucune difficulté de
25 répondre.

– De quel pays ?

– Français.

– Votre nom ?

– Edmond Dantès.

30 – Votre profession ?

– Marin.

– Depuis combien de temps êtes-vous ici ?

– Depuis le 28 février 1815.

– Votre crime ?

35 – Je suis innocent.

– Mais de quoi vous accuse-t-on ?

– D'avoir conspiré pour le retour de l'Empereur[3].

– Comment ! pour le retour de l'Empereur ! l'Empereur n'est donc plus sur le trône ?

– Il a abdiqué à Fontainebleau en 1814 et a été relégué à l'île d'Elbe. Mais vous-
40 même, depuis quel temps êtes-vous donc ici, que vous ignorez tout cela ?

– Depuis 1811. »

Dantès frissonna ; cet homme avait quatre ans de prison de plus que lui.

---

1. sépulcral : qui semble sortir d'un tombeau.
2. geôlier : gardien de prison.
3. l'Empereur : Napoléon 1ᵉʳ.

336

Le XIXᵉ siècle

4. l'excavation :
le trou, la cavité.

« C'est bien, ne creusez plus, dit la voix en parlant fort vite ; seulement dites-moi à quelle hauteur se trouve l'excavation[4] que vous avez faite ?

45 – Au ras de la terre.

– Comment est-elle cachée ?

– Derrière mon lit.

– A-t-on dérangé votre lit depuis que vous êtes en prison ?

– Jamais.

50 – Sur quoi donne votre chambre ?

– Sur un corridor.

– Et le corridor ?

– Aboutit à la cour.

– Hélas ! murmura la voix.

55 – Oh ! mon Dieu ! qu'y a-t-il donc ? s'écria Dantès.

– Il y a que je me suis trompé, que l'imperfection de mes dessins m'a abusé, que le défaut d'un compas m'a perdu, qu'une ligne d'erreur sur mon plan a équivalu à quinze pieds en réalité, et que j'ai pris le mur que vous creusez pour celui de la citadelle !

60 – Mais alors vous aboutissiez à la mer ?

– C'était ce que je voulais.

– Et si vous aviez réussi !

– Je me jetais à la nage, je gagnais une des îles qui environnent le château d'If, soit l'île de Daume, soit l'île de Tiboulen, soit même la côte, et alors j'étais sauvé.

65 – Auriez-vous donc pu nager jusque-là ?

– Dieu m'eût donné la force ; et maintenant tout est perdu.

– Tout ?

– Oui. Rebouchez votre trou avec précaution, ne travaillez plus, ne vous occupez de rien, et attendez de mes nouvelles.

70 – Qui êtes-vous au moins… dites-moi qui vous êtes ?

– Je suis… je suis… le n° 27. »

Alexandre Dumas, *Le Comte de Monte-Cristo*, 1844-1845.

1800 ▾ 1900

Observation

1. Quelles sont les différentes péripéties qui animent cet épisode ? Résumez-le en quelques lignes.

2. Qui mène le dialogue ? Quels traits de caractère révèle-t-il sur chacun des personnages ?

Analyse

3. Étudiez l'expression du désespoir et du découragement au début de l'extrait, des lignes 1 à 12.

4. Quel rebondissement relance l'action du roman dans cet épisode ? Quel effet provoque-t-il sur le héros ?

5. Commentez la dernière ligne de l'extrait.

Vers le commentaire. Étudiez les procédés qui donnent une dimension dramatique à cet extrait. Vous répondrez sous la forme d'un paragraphe entièrement rédigé.

Notion

Le rebondissement

Le rebondissement est un événement inattendu qui relance l'action des personnages. Souvent utilisé dans les romans-feuilletons, il crée un effet de surprise qui entretient l'attention du lecteur. Le rythme du récit s'accélère au gré des rebondissements successifs de l'intrigue qui mènent souvent le héros à un dernier coup de théâtre.

337

Sand

▶ **Aurore Dupin – Pseudonyme : George Sand**
▶ Née à Paris le 1er juillet 1804.
▶ Décédée à Nohant le 8 juin 1876.

Fille d'un officier de l'armée napoléonienne mort d'une chute de cheval en 1808, Aurore Dupin est élevée par sa grand-mère à Nohant, dans le Berry, où elle vit une enfance libre et heureuse. Elle épouse à dix-huit ans le baron Dudevant, dont elle se sépare en 1831, après avoir eu deux enfants. Elle écrit alors, en collaboration avec Jules Sandeau, une nouvelle et deux romans. Habillée en homme et fumant la pipe, la romancière provoque le scandale. Ses récits, publiés sous le pseudonyme de George Sand, expriment la révolte d'une conscience féministe et romantique. Elle noue avec Alfred de Musset puis Frédéric Chopin des liaisons orageuses et passionnées. Marquée par les idéaux humanitaires et socialistes, elle accueille avec enthousiasme la Révolution de 1848. Cependant, l'élection de Louis-Napoléon Bonaparte déçoit ses espérances : elle s'installe alors dans le domaine familial de Nohant, où elle poursuit le cycle de ses « romans champêtres ».

ŒUVRES PRINCIPALES

Romans
Lélia (1833), *Consuelo* (1842)
La Mare au diable (1846),
La Petite Fadette (1849),
François le Champi (1847).

Autobiographie
Histoire de ma vie (1854-185

Le roman champêtre, entre réalisme et romantisme

George Sand décrit dans ses « romans champêtres » la campagne berrichonne de son enfance. *La Mare au diable* en 1846, *François le Champi* en 1847-1848, *La Petite Fadette* en 1849 opposent un idéal de vie authentique au monde hypocrite que représente Paris. Les paysans, dont ses romans rapportent les mœurs et le patois, ont su garder des valeurs de courage et d'honnêteté. C'est aussi l'univers de la campagne, ses fêtes, ses superstitions et ses légendes, ses « contes de la veillée » que restitue la romancière. Partagée entre le romantisme des sentiments et l'évocation réaliste du peuple, elle crée ainsi une atmosphère où s'expriment des émotions naturelles comme la tendresse, la confiance et la simplicité.

OBJET D'ÉTUDE 2nde Le roman et la nouvelle : réalisme et naturalisme → voir p. 272

1847 François le Champi

Le « champi » est le surnom donné à l'enfant trouvé. Mariée à un époux avare, la meunière Madeleine Blanchet se prend d'affection pour le petit François. Elle convient avec la Zabelle, qui élève l'enfant avec difficulté, de l'aide qu'elle va leur apporter.

« Cet enfant-là, voyez-vous, est d'un cœur comme on n'en trouve guère ; ça ne se plaint jamais, et c'est aussi soumis qu'un enfant de famille ; c'est tout le contraire des autres champis, qui sont terribles et tabâtres[1], et qui ont toujours l'esprit tourné vers la malice.
– Parce qu'on les rebute et parce qu'on les maltraite. Si celui-là est bon, c'est que vous
5 êtes bonne pour lui, soyez-en assurée.
– C'est la vérité, reprit la Zabelle ; les enfants ont plus de connaissance qu'on ne croit. Tenez, celui-là n'est pas malin, et pourtant il sait très bien se rendre utile. Une fois que j'étais malade, l'an passé (il n'avait que cinq ans), il m'a soignée comme ferait une personne.
– Écoutez, dit la meunière : vous me l'enverrez tous les matins et tous les soirs, à
10 l'heure où je donnerai la soupe à mon petit. J'en ferai trop, et il mangera le reste ; on n'y prendra pas garde.

1. **tabâtres** : en patois du Berry, tapageurs.

Le XIXᵉ siècle

– Oh ! c'est que je n'oserai pas vous le conduire, et, de lui-même, il n'aura jamais l'esprit de savoir l'heure.

– Faisons une chose. Quand la soupe sera prête, je poserai ma quenouille[2] sur le pont de l'écluse. Tenez, d'ici, ça se verra très bien. Alors, vous enverrez l'enfant avec un sabot dans la main, comme pour chercher du feu, et puisqu'il mangera ma soupe, toute la vôtre vous restera. Vous serez mieux nourris tous les deux.

– C'est juste, répondit la Zabelle. Je vois que vous êtes une femme d'esprit, et j'ai du bonheur d'être venue ici. On m'avait fait grand'peur de votre mari qui passe pour être un rude homme, et si j'avais pu trouver ailleurs, je n'aurais pas pris sa maison[3], d'autant plus qu'elle est mauvaise, et qu'il en demande beaucoup d'argent. Mais je vois que vous êtes bonne au pauvre monde, et que vous m'aiderez à élever mon champi. Ah ! si la soupe pouvait lui couper sa fièvre ! Il ne me manquerait plus que de perdre cet enfant-là ! C'est un pauvre profit, et tout ce que je reçois de l'hospice passe à son entretien. Mais je l'aime comme mon enfant, parce que je vois qu'il est bon, et qu'il m'assistera plus tard. Savez-vous qu'il est beau pour son âge, et qu'il sera de bonne heure en état de travailler ? »

C'est ainsi que François le Champi fut élevé par les soins et le bon cœur de Madeleine la meunière. Il retrouva la santé très vite, car il était bâti, comme on dit chez nous, à chaux et à sable, et il n'y avait point de richard dans le pays qui n'eût souhaité avoir un fils aussi joli de figure et aussi bien construit de ses membres. Avec cela, il était courageux comme un homme ; il allait à la rivière comme un poisson, et plongeait jusque sous la pelle du moulin[4], ne craignant pas plus l'eau que le feu ; il sautait sur les poulains les plus folâtres[5] et les conduisait au pré sans même leur passer une corde autour du nez, jouant des talons pour les faire marcher droit, et les tenant aux crins pour sauter les fossés avec eux. Et ce qu'il y avait de singulier, c'est qu'il faisait tout cela d'une manière fort tranquille, sans embarras, sans rien dire, et sans quitter son air simple et un peu endormi.

Cet air-là était cause qu'il passait pour sot ; mais il n'en était pas moins vrai que s'il fallait dénicher des pies à la pointe du plus haut peuplier, ou retrouver une vache perdue bien loin de la maison, ou encore abattre une grive d'un coup de pierre, il n'y avait pas d'enfant plus hardi, plus adroit et plus sûr de son fait. Les autres enfants attribuaient cela au *bonheur du sort*, qui passe pour être le lot du champi dans ce bas monde. Aussi le laissaient-ils toujours passer le premier dans les amusettes[6] dangereuses.

– Celui-là, disaient-ils, n'attrapera jamais de mal parce qu'il est champi. Froment de semence craint la vimère[7] du temps ; mais folle graine ne périt point. »

George Sand, *François le Champi*, 1847-1848.

---

2. quenouille : bâton servant à filer le lin ou la soie.

3. sa maison : la chaumière que la Zabelle a louée au meunier.

4. la pelle du moulin : la vanne du moulin.

5. folâtres : vifs, sauvages.

6. les amusettes : les jeux.

7. la vimère : en patois du Berry, catastrophe qui s'abat sur les champs.

1800 ▾ 1900

Observation

1. À travers quels détails l'écrivain recrée-t-elle l'univers réaliste de la campagne ?

2. Quels sont les sentiments qui animent les deux femmes ? En quoi diffèrent-ils ?

Analyse

3. Étudiez et commentez le portrait du « champi », de la ligne 28 à la ligne 45.

4. Expliquez le dicton qui termine l'extrait. En quoi s'applique-t-il au champi ?

5. Relevez et commentez l'utilisation du patois dans ce texte.

Comparer deux textes. Confrontez le texte de George Sand avec celui d'Émile Zola (p. 370). Lequel des deux apparaît plus réaliste au lecteur ? Justifiez votre réponse dans un paragraphe illustré d'exemples.

Notion

Le patois dans le roman

L'argot constitue le langage de la société urbaine ; le patois représente le langage des campagnes dans les diverses régions de France. En l'utilisant, l'écrivain cherche à produire un effet comique, une impression de réalité ou le sentiment du pittoresque.

Labiche

▶ **Eugène Labiche**
▶ Né à Paris le 5 mai 1815.
▶ Décédé à Paris le 22 janvier 1888.

Après une enfance facile dans une famille aisée, Eugène Labiche obtient le baccalauréat. Aux cercles romantiques qui sont alors en pleine effervescence, il préfère la fréquentation des grands restaurants, des cafés et des lieux à la mode. Il se consacre à la scène où il rencontre le succès en 1851 avec *Un chapeau de paille d'Italie*.

Dès lors, les directeurs de théâtre s'arrachent ses vaudevilles, petites pièces faciles mêlées de chansons, dont raffole la société du Second Empire. Travailleur infatigable, il écrit ainsi 173 pièces. À partir de 1870, Labiche s'occupe de la commune de Souvigny-en-Sologne dont il est le maire. Il est élu à l'Académie française en 1880. Huit ans plus tard, la maladie le ramène à Paris où il meurt, à l'âge de soixante-douze ans.

ŒUVRES PRINCIPALES

Théâtre
Un chapeau de paille d'Italie (1851), *L'Affaire de la rue de Lourcine* (1857), *Le Voyage de M. Perrichon* (1860), *La Station Champbaudet* (1862), *La Cagnotte* (1864), *Le Plus Heureux des trois* (1870).

La mécanique du vaudeville

Le vaudeville, parfois considéré comme un genre mineur, trouve en Eugène Labiche son meilleur représentant. Son extraordinaire faculté d'invention lui fait créer des situations cocasses, qui provoquent immédiatement le rire. La mécanique du vaudeville repose sur l'enchaînement des quiproquos conduits jusqu'à l'absurde. Les personnages sont entraînés malgré eux dans une course folle qu'on retrouvera dans les pièces légères de Georges Feydeau. Mais le comique dans ces pièces n'est pas gratuit : Labiche fait la satire enjouée de ses contemporains. Il crée des personnages types qui résistent à l'épreuve du temps et qui expliquent qu'aujourd'hui encore la représentation de ses pièces rencontre un succès considérable.

OBJET D'ÉTUDE 1re Le texte théâtral et sa représentation → voir p. 276

1851 Un chapeau de paille d'Italie

Un chapeau de paille d'Italie présente toutes les caractéristiques du vaudeville. Au début de la pièce, c'est à travers le dialogue de deux domestiques que le spectateur prend connaissance des premiers éléments de l'intrigue.

CHEZ FADINARD

Un salon octogone. – Au fond, porte à deux battants s'ouvrant sur la scène. – Une porte dans chaque pan coupé. – Deux portes aux premiers plans latéraux. – À gauche, contre la cloison, une table avec tapis, sur laquelle est un plateau portant carafe, verre, sucrier. – Chaises.

Scène première

Virginie, Félix

VIRGINIE, *à Félix, qui cherche à l'embrasser*. – Non, laissez-moi, monsieur Félix !... Je n'ai pas le temps de jouer.
FÉLIX. – Rien qu'un baiser ?
VIRGINIE. – Je ne veux pas !...
5 FÉLIX. – Puisque je suis de votre pays[1] !... Je suis de Rambouillet...

1. **pays** : région, ville ou village natal.

Le XIXᵉ siècle

VIRGINIE. – Ah ! ben ! s'il fallait embrasser tous ceux qui sont de Rambouillet !...

FÉLIX. – Il n'y a que quatre mille habitants.

VIRGINIE. – Il ne s'agit pas de ça... M. Fadinard, votre bourgeois, se marie aujourd'hui... Vous m'avez invitée à venir voir la corbeille... voyons la corbeille !...

10 FÉLIX. – Nous avons bien le temps... Mon maître est parti, hier soir, pour aller signer son contrat chez le beau-père... il ne revient qu'à onze heures, avec toute sa noce, pour aller à la mairie.

VIRGINIE. – La mariée est-elle jolie ?

FÉLIX. – Peuh !... je lui trouve l'air godiche ; mais elle est d'une bonne famille... C'est la
15 fille d'un pépiniériste de Charentonneau... le père Nonancourt.

VIRGINIE. – Dites donc, monsieur Félix... si vous entendez dire qu'elle ait besoin d'une femme de chambre... pensez à moi.

FÉLIX. – Vous voulez donc quitter votre maître... M. Beauperthuis ?

2. acariâtre :
colérique.

VIRGINIE. – Ne m'en parlez pas... C'est un acariâtre², premier numéro... Il est grognon,
20 maussade, sournois, jaloux... et sa femme donc !... Certainement, je n'aime pas à dire du mal des maîtres...

FÉLIX. – Oh ! non !...

VIRGINIE. – Une chipie ! une bégueule, qui ne vaut pas mieux qu'une autre.

FÉLIX. – Parbleu !

25 VIRGINIE. – Dès que monsieur part... crac ! elle part... et où va-t-elle ?... elle ne me l'a jamais dit... jamais !...

FÉLIX. – Oh ! vous ne pouvez pas rester dans cette maison-là.

VIRGINIE, *baissant les yeux*. – Et puis, ça me ferait tant de plaisir de servir avec quelqu'un de Rambouillet...

30 FÉLIX, *l'embrassant*. – Seine-et-Oise !

1800
▼
1900

Scène II

Virginie, Félix, Vézinet

VÉZINET, *entrant par le fond ; il tient un carton à chapeau de femme*. – Ne vous dérangez pas... c'est moi, l'oncle Vézinet... La noce est-elle arrivée ?

FÉLIX, *d'un air aimable*. – Pas encore, aimable perruque !...

VIRGINIE, *bas*. – Qu'est-ce que vous faites donc ?

35 FÉLIX. – Il est sourd comme un pot... vous allez voir... (*À Vézinet.*) Nous allons donc à la noce, joli jeune homme ?....

Eugène Labiche, *Un chapeau de paille d'Italie*, Acte I, scènes 1 et 2, 1851.

Observation

1. Relevez les noms des lieux et des personnages. En quoi participent-ils au comique de la scène ?

2. Quel est le niveau de langage utilisé ? Montrez qu'il contribue à caractériser les personnages.

Analyse

3. En quoi le dialogue des deux domestiques fait-il la satire de la société bourgeoise ?

4. Sur quels procédés le comique de la scène repose-t-il ? Relevez et étudiez trois répliques qui provoquent le rire.

5. Observez les indications concernant le décor, données par les didascalies initiales. Quel est l'élément le plus présent ? Selon vous, pourquoi ?

Vers l'écriture d'invention. Rédigez une suite à la scène 2 en tenant compte de l'arrivée de ce nouveau personnage.

Notion

Le décor au théâtre

Dans le texte théâtral, les indications sur le décor permettent de reconnaître le genre de la pièce. À la représentation, il joue un rôle capital et le metteur en scène lui porte une grande attention. Dans le théâtre de boulevard, le décor est conçu pour favoriser la mécanique du rire.

341

Barbey d'Aurevilly

▶ **Jules Barbey d'Aurevilly**
▶ Né à Saint-Sauveur-le-Vicomte, en Normandie, le 2 novembre 1808.
▶ Décédé à Paris le 23 avril 1899.

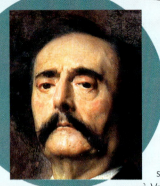

Barbey passe son enfance dans la petite noblesse du Cotentin, attachée à la religion catholique et à la monarchie. Il subit l'influence de son oncle, médecin et athée. Après ses études, il s'installe à Paris. Dans les salons, les femmes s'empressent autour de ce brillant causeur, hostile à la civilisation industrielle, qui devient critique littéraire et publie des nouvelles. Barbey mène une existence de dandy, multipliant les liaisons amoureuses et s'adonnant à l'alcool, sa « maîtresse rousse ». Il connaît une grande passion pour la baronne de Bouglon, qu'il surnomme « l'Ange blanc ». Il se réconcilie avec sa famille, retourne à Valognes, écrit des romans inspirés de la chouannerie. Le scandale des *Diaboliques*, en 1874, le rend célèbre. Surnommé « le Connétable des lettres », Barbey meurt à l'âge de quatre-vingt-un ans, entouré d'un cercle de fervents admirateurs.

ŒUVRES PRINCIPALES

Romans et nouvelles
L'Ensorcelée (1852), *Le Chevalier Des Touches* (1864), *Les Diaboliques* (1874).

Le roman entre réalisme et fantastique

Barbey d'Aurevilly cherche à fasciner son lecteur en créant des situations originales, dans lesquelles les personnages sont confrontés à des passions violentes et désespérées. Souvenirs d'enfance, tragédies oubliées, premières amours, mystères enfouis : à travers les aventures des chouans qui, pendant la Révolution, se révoltent contre les armées de la République, c'est sa Normandie natale que l'écrivain fait revivre. Habité par la mélancolie des choses mortes, le romancier veut recréer le passé disparu. Il met en place un réalisme fantastique à travers des personnages « ensorcelés », victimes d'un amour impossible qui les conduit à la mort.

OBJET D'ÉTUDE 2ⁿᵈᵉ Le roman et la nouvelle : réalisme et naturalisme → voir p. 272

1852 — L'Ensorcelée

Dans son roman *L'Ensorcelée*, Barbey d'Aurevilly évoque des épisodes de la chouannerie et fait revivre les vieilles légendes normandes dans un climat d'angoisse et d'inquiétude proche du fantastique. C'est ainsi que le narrateur se retrouve dans la lande, au milieu de la nuit, en compagnie d'un paysan, maître Louis Tainnebouy.

L'horloge qui sonna avait un timbre grêle et clair qui marqua minuit. Nous le remarquâmes, car nous avions compté l'un et l'autre et nous ne pensions pas qu'il fût si tard. Mais le dernier coup de minuit n'avait pas encore fini d'osciller à nos oreilles, qu'à un point plus distant et plus enfoncé dans l'horizon nous entendîmes
5 résonner non plus une horloge de clocher, mais une grosse cloche, sombre, lente et pleine, et dont les vibrations puissantes nous arrêtèrent tous les deux pour les écouter.

« Entendez-vous, maître Tainnebouy ? dis-je un peu ému, je l'avoue, de cette sinistre clameur d'airain dans la nuit, on sonne à cette heure : serait-ce le feu ?
10 — Non, répondit-il, ce n'est pas le feu. Le tocsin¹ sonne plus vite, et ceci est lent comme une agonie. Attendez ! voilà cinq coups ! en voilà six ! en voilà sept ! huit et neuf ! C'est fini, on ne sonnera plus.

1. **tocsin** : bruit de la cloche qui donne l'alarme.

342

Le XIXe siècle

2. corneraient : tromperaient.

3. Vère : interjection du patois normand.

4. Cotentinais : habitant du Cotentin, région de la Normandie.

5. répons : paroles prononcées à la messe.

6. les Bleus : nom donné aux soldats de la République en lutte contre les chouans.

7. dans les vignes : étourdis par l'abus d'alcool.

8. l'Introïbo : début de la messe.

– Qu'est-ce que cela, fis-je. La cloche à cette heure ! C'est bien étrange. Est-ce que les oreilles nous corneraient² par hasard ?…

15 – Vère³ ! étrange en effet, mais réel ! répondit d'une voix que je n'aurais pas reconnue si je n'avais pas été sûr que c'était lui, maître Tainnebouy, qui marchait à côté de moi dans la nuit et le brouillard ; voilà la seconde fois de ma vie que je l'entends, et la première m'a assez porté malheur pour que je ne puisse plus l'oublier. La nuit où je l'entendis, Monsieur, il y a des années de ça, c'était de l'autre côté de Blanchelande, et mi-20 nute pour minute, à cette heure-là, mon cher enfant, âgé de quatre ans et qui semblait fort comme père et mère, mourait de convulsions dans son berceau. Que m'arrivera-t-il cette fois ?

– Qu'est donc cette cloche de mauvais présage ? dis-je à mon Cotentinais⁴, dont l'impression me gagnait.

25 – Ah ! fit-il, c'est la cloche de Blanchelande qui sonne la messe de l'abbé de La Croix-Jugan.

– La messe, maître Tainnebouy ! m'écriai-je. Oubliez-vous que nous sommes en octobre, et non pas à Noël, en décembre, pour qu'on sonne la messe de minuit ?

– Je le sais aussi bien que vous, Monsieur, dit-il d'un ton grave ; mais la messe de 30 l'abbé de La Croix-Jugan n'est pas une messe de Noël, c'est une messe des Morts, sans répons⁵ et sans assistance, une terrible et horrible messe, si ce qu'on en rapporte est vrai.

– Et comment peut-on le savoir, repartis-je, si personne n'y assiste, maître Louis ?

– Ah ! Monsieur, dit le fermier du Mont-de-Rauville, voici comment j'ai entendu qu'on le savait. Le grand portail de l'église actuelle de Blanchelande est l'ancien portail 35 de l'abbaye, qui a été dévastée pendant la Révolution, et on voit encore dans ses panneaux de bois de chêne les trous qu'y ont laissés les balles des Bleus⁶. Or, j'ai ouï dire que plusieurs personnes qui traversaient de nuit le cimetière pour aller gagner un chemin d'ifs qui est à côté, étonnées de voir ces trous laisser passer de la lumière à une telle heure et quand l'église est fermée à clef, ont guetté par là et ont vu c'te messe, qu'elles 40 n'ont jamais eu la tentation d'aller regarder une seconde fois, je vous en réponds ! D'ailleurs, Monsieur, ni vous ni moi ne sommes dans les vignes⁷ ce soir, et nous venons d'entendre parfaitement les neuf coups de cloche qui annoncent l'Introïbo⁸. Il y a vingt ans que tout Blanchelande les entend comme nous, à des époques différentes ; et dans tout le pays il n'est personne qui ne vous assure qu'il vaut mieux dormir et faire un 45 mauvais somme que d'entendre, du fond de ses couvertures, sonner la messe nocturne de l'abbé de La Croix-Jugan ! »

Jules Barbey d'Aurevilly, *L'Ensorcelée*, 1852.

1800 ▾ 1900

Observation

1. À travers lequel des cinq sens les personnages perçoivent-ils l'univers qui les entoure ? Relevez le champ lexical correspondant.

2. En quoi la situation des deux personnages à ce moment du récit favorise-t-elle l'échange dialogué ?

3. Selon vous, pour quelles raisons l'auteur a-t-il choisi la narration à la première personne ?

Analyse

4. À travers quels détails l'auteur donne-t-il un cadre réaliste au récit ?

5. Relevez les éléments de l'intrigue, le lexique et l'expression des sentiments qui participent à la mise en place d'une atmosphère fantastique.

6. Expliquez comment, en définitive, l'auteur capture l'attention du lecteur au début de son roman.

Recherche documentaire. Recherchez d'autres exemples d'œuvres fantastiques : deux romans, deux nouvelles, deux films, deux bandes dessinées, deux tableaux. Notez avec précision leurs références (titre, auteur ou metteur en scène, date de parution ou de sortie).

Notion

Le réalisme fantastique

Contrairement au merveilleux, qui suppose l'existence d'un monde parallèle au monde réel, le réalisme fantastique s'ancre d'abord dans la réalité en multipliant les détails précis et concrets. Il développe une atmosphère étrange et inquiétante en s'appuyant sur l'évocation de légendes ou la représentation de personnages habités par la folie.

Baudelaire

▶ **Charles Baudelaire**
▶ Né à Paris le 9 avril 1821.
▶ Décédé à Paris le 31 août 1867.

Baudelaire a six ans à la mort de son père. Sa mère se remarie avec un militaire, le commandant Aupick. Le beau-père et l'enfant ne peuvent se comprendre. Après la pension et le baccalauréat, Charles mène une vie de bohème. Inquiète, la famille décide de l'éloigner. Baudelaire découvre ainsi l'île Maurice et l'île de la Réunion en 1841. De retour à Paris, il dilapide l'argent hérité de son père et mène la vie d'un dandy élégant et raffiné. Effrayée par ses dépenses, sa mère lui impose un conseil judiciaire : Baudelaire perçoit désormais une modeste rente mensuelle. Il publie ses poèmes dans des revues et ses comptes rendus des Salons. Ami de Delacroix, Baudelaire porte un regard neuf et passionné sur la peinture. Souvent mélancolique, il retrouve auprès de Jeanne Duval, une métisse, le souvenir ébloui du voyage dans les îles. À trente-six ans, en 1857, Baudelaire publie *Les Fleurs du mal*. Le recueil fait scandale et la justice condamne six pièces pour immoralité. La correspondance de Baudelaire montre combien il est accablé par les dettes et la maladie. C'est pour fuir ses tourments qu'il s'installe à Bruxelles, où il est victime d'un grave malaise. Ramené à Paris, il meurt le 31 août 1867.

ŒUVRES PRINCIPALES

Essais
Du vin et du haschich (1851),
Les Paradis artificiels (1860).

Critique d'art
Salons (1845, 1846, 1859).

Poésie
Les Fleurs du mal (1857), *Petits Poèmes en prose* (1868).

▶ L'œuvre de Baudelaire

● **L'exaltation de l'art moderne.** De 1845 à 1863, Baudelaire défend, à travers ses comptes rendus des Salons de peinture et les essais esthétiques qu'il consacre aux peintres, une nouvelle vision de l'art, fondée sur l'idée de modernité : à ses yeux, l'artiste doit être capable de fixer dans son œuvre les impressions fugitives et transitoires du monde moderne.

● **L'étude des paradis artificiels.** Dans ses essais consacrés à l'alcool, au haschich et au tabac, Baudelaire réfléchit sur la tentation des drogues. Il publie ainsi *Du vin et du haschich* en 1851 et *Les Paradis artificiels* en 1860.

● **La première traduction d'Edgar Poe.** Admirateur d'Edgar Poe, en qui il voit un double de lui-même, Baudelaire écrit la première traduction de ses *Histoires extraordinaires* en 1856, mais aussi de nombreuses autres œuvres de l'écrivain américain.

● **La poésie du spleen et de l'idéal.** Les poèmes des *Fleurs du mal*, en 1857, expriment la tension entre l'expérience amère et mélancolique du spleen et l'exaltation du rêve et de la beauté. Baudelaire poursuit, à travers la forme nouvelle du poème en prose, l'exploration d'un univers intérieur confronté à la violence de la vie urbaine. Les *Petits Poèmes en prose* sont publiés après sa mort, en 1868.

Gustave Courbet, *Baudelaire à sa table de travail*, 1847.

▶ Le poète de la modernité

Les Fleurs du mal constituent l'unique recueil de poèmes en vers écrit par Baudelaire. Les six sections du livre – « Spleen et Idéal », « Tableaux parisiens », « Le Vin », « Les Fleurs du mal », « Révolte », « La Mort » – mettent en évidence les tensions qui caractérisent l'esprit de la modernité. Entre l'exaltation de la beauté et l'accablement de l'ennui, entre l'expression de la sensualité et celle de la douleur, Baudelaire témoigne des déchirements de l'homme moderne plongé au cœur des grandes villes. La poésie doit tout dire : la révolte et l'écrasement, les délices de la rêverie et de la volupté, l'expérience de la solitude.

Le XIXᵉ siècle ■

OBJET D'ÉTUDE 2ⁿᵈᵉ **La poésie : du romantisme au surréalisme** → voir p. 278

1857

Les Fleurs du mal

Dans la première section des *Fleurs du mal*, « Spleen et Idéal », Baudelaire consacre quatre poèmes au spleen, c'est-à-dire au sentiment d'accablement et de désespoir. À travers le spleen, c'est son angoisse devant la mort qu'exprime le poète.

1. Spleen : mot d'origine anglaise qui désigne, en même temps que le climat froid et sombre, un sentiment de dépression et de mélancolie.

2. opiniâtrement : avec obstination, entêtement.

Spleen[1]

Quand le ciel bas et lourd pèse comme un couvercle
Sur l'esprit gémissant en proie aux longs ennuis,
Et que de l'horizon embrassant tout le cercle
Il nous verse un jour noir plus triste que les nuits ;

5 Quand la terre est changée en un cachot humide,
Où l'Espérance, comme une chauve-souris,
S'en va battant les murs de son aile timide
Et se cognant la tête à des plafonds pourris ;

Quand la pluie étalant ses immenses traînées
10 D'une vaste prison imite les barreaux,
Et qu'un peuple muet d'infâmes araignées
Vient tendre ses filets au fond de nos cerveaux,

Des cloches tout à coup sautent avec furie
Et lancent vers le ciel un affreux hurlement,
15 Ainsi que des esprits errants et sans patrie
Qui se mettent à geindre opiniâtrement[2].

– Et de longs corbillards, sans tambours ni musique,
Défilent lentement dans mon âme ; l'Espoir,
Vaincu, pleure, et l'Angoisse atroce, despotique,
20 Sur mon crâne incliné plante son drapeau noir.

Charles Baudelaire, *Les Fleurs du mal*, 1857.

1800
▼
1900

Observation

1. Après avoir repéré l'anaphore, étudiez la construction générale du poème et le rôle de la dernière strophe.

2. Quel est le thème de chaque strophe ? Montrez qu'elles associent un élément du paysage et une sensation.

Analyse

3. Repérez les mots qui commencent par une majuscule. Comment celle-ci s'explique-t-elle ?

4. Choisissez et analysez dans chaque strophe une image poétique exprimant le sentiment du spleen.

5. Comment Baudelaire partage-t-il son angoisse avec le lecteur ? Étudiez les pronoms et les adjectifs possessifs.

Comparer des textes. Recherchez les trois autres poèmes des *Fleurs du mal* intitulés « Spleen ». Quels sont leurs points communs ? Présentez chacun d'eux en quelques lignes.

Notion

L'image poétique

Le texte poétique privilégie l'usage de l'image, à travers la comparaison et la métaphore. Celles-ci permettent de mettre en relation deux éléments appartenant à des univers différents. La liberté et l'originalité de l'image poétique sont l'expression de l'imaginaire personnel du poète.

345 ■

Baudelaire

OBJET D'ÉTUDE 1ʳᵉ **Écriture poétique et quête du sens** → voir p. 281

1857 Les Fleurs du mal

Parfum exotique

Quand, les deux yeux fermés, en un soir chaud d'automne,
Je respire l'odeur de ton sein chaleureux,
Je vois se dérouler des rivages heureux
Qu'éblouissent les feux d'un soleil monotone ;

5 Une île paresseuse où la nature donne
Des arbres singuliers et des fruits savoureux ;
Des hommes dont le corps est mince et vigoureux,
Et des femmes dont l'œil par sa franchise étonne.

Guidé par ton odeur vers de charmants climats,
10 Je vois un port rempli de voiles et de mâts
Encor[1] tout fatigués par la vague marine,

Pendant que le parfum des verts tamariniers[2],
Qui circule dans l'air et m'enfle la narine,
Se mêle dans mon âme au chant des mariniers.

Charles Baudelaire, *Les Fleurs du mal*, 1857-1861.

1. Encor : mis pour « encore » ; licence poétique qui permet de ne compter que deux syllabes.
2. tamariniers : grands arbres des régions tropicales.

La mort des amants

Nous aurons des lits pleins d'odeurs légères,
Des divans profonds comme des tombeaux,
Et d'étranges fleurs sur des étagères,
5 Écloses pour nous sous des cieux plus beaux.

Usant à l'envi[1] leurs chaleurs dernières,
Nos deux cœurs seront deux vastes flambeaux,
Qui réfléchiront leurs doubles lumières
Dans nos deux esprits, ces miroirs jumeaux.
10

Un soir fait de rose et de bleu mystique[2],
Nous échangerons un éclair unique,
Comme un long sanglot, tout chargé d'adieux ;

Et plus tard un Ange, entr'ouvrant les portes,
Viendra ranimer, fidèle et joyeux,
Les miroirs ternis[3] et les flammes mortes.

Charles Baudelaire, *Les Fleurs du mal*, 1857-1861.

1. à l'envi : en rivalisant.
2. mystique : qui recherche le mystère et l'absolu.
3. ternis : sans éclat.

Le XIXᵉ siècle

L'albatros

Souvent, pour s'amuser, les hommes d'équipage
Prennent des albatros, vastes oiseaux des mers,
Qui suivent, indolents compagnons de voyage,
Le navire glissant sur les gouffres amers.

5 À peine les ont-ils déposés sur les planches,
Que ces rois de l'azur[1], maladroits et honteux,
Laissent piteusement[2] leurs grandes ailes blanches
Comme des avirons traîner à côté d'eux.

Ce voyageur ailé, comme il est gauche et veule[3] !
10 Lui, naguère si beau, qu'il est comique et laid !
L'un agace son bec avec un brûle-gueule[4],
L'autre mime, en boitant, l'infirme qui volait !

Le Poète est semblable au prince des nuées[5]
Qui hante la tempête et se rit de l'archer ;
15 Exilé sur le sol au milieu des huées,
Ses ailes de géant l'empêchent de marcher.

Charles Baudelaire, *Les Fleurs du mal*, 1857-1861.

1. **l'azur :** le ciel, en poésie.
2. **piteusement :** pitoyablement, lamentablement.
3. **veule :** sans énergie.
4. **brûle-gueule :** pipe à tuyau très court.
5. **nuées :** nuages, en poésie.

1800 ▾ 1900

Observation

1. Comparez la construction de ces trois poèmes. Lesquels sont des sonnets ? Justifiez votre réponse.

2. Dégagez le thème de chaque poème. Expliquez le titre de chacun d'eux.

3. Repérez et expliquez le système énonciatif mis en place par chaque poème.

Analyse

4. Étudiez la circulation du thème du parfum dans le premier poème.

5. Analysez l'opposition de l'ombre et de la lumière dans « La mort des amants ». Quelle impression finale laisse le poème ?

6. Commentez la comparaison symbolique du poète et de l'albatros dans le dernier poème. Comment Baudelaire anime-t-il son récit ?

Vers le commentaire. Vous commenterez l'un de ces trois poèmes au choix sous la forme d'un paragraphe entièrement rédigé et illustré d'exemples précis.

Notion

Le symbole

Baudelaire utilise le symbole sous la forme d'une image associée à une idée qui se précise à la fin du poème. C'est par exemple le cas de l'albatros échoué sur le pont d'un navire, qui symbolise la détresse du poète perdu parmi les hommes. Baudelaire sert ainsi de trait d'union entre les poètes romantiques de la première moitié du siècle et les poètes symbolistes de la fin du XIXᵉ siècle.

ÉVÉNEMENT littéraire

1857

Baudelaire et le procès des *Fleurs du mal*

Le 20 août 1857, Charles Baudelaire et son éditeur sont condamnés par la justice pour « outrage à la morale publique et aux bonnes mœurs ». Le procès des *Fleurs du mal* pose à nouveau, plus de cinquante ans après l'abolition de la censure par la Révolution française, la question des rapports de l'écrivain avec la liberté d'expression.

Chronologie du procès des *Fleurs du mal*

- **21 juin 1857.** Parution des *Fleurs du mal*, à Paris, éditées par Poulet-Malassis et De Broise, à 1 100 exemplaires.
- **Juin-juillet 1857.** Une série d'articles de presse accusent Baudelaire d'immoralité.
- **17 juillet 1857.** Le procureur général ordonne la saisie des exemplaires.
- **20 août 1857.** Procès et condamnation des Fleurs du mal : l'auteur doit verser une amende de 300 francs, six poèmes sont retirés du recueil.
- **1861.** Deuxième édition des *Fleurs du mal*, amputée des six poèmes condamnés mais augmentée de trente et un poèmes nouveaux.
- **1866.** Publication à Bruxelles, par Poulet-Malassis, d'un recueil de poèmes de Baudelaire, *Les Épaves*, contenant les poèmes interdits en France.
- **6 mai 1866.** Condamnation des Épaves par le tribunal correctionnel de Lille.

Charles Baudelaire photographié vers 1855 par son ami Nadar.

■ Les écrivains face à l'ordre moral du Second Empire

Sous le Second Empire, la justice engage régulièrement des poursuites contre les écrivains qu'elle accuse de publier des oeuvres immorales. C'est ainsi qu'en 1853 les frères Goncourt sont poursuivis pour un article qui leur vaut d'être blâmés. Au début de l'année 1857, un procès est intenté à Gustave Flaubert pour son roman *Madame Bovary*. Flaubert est acquitté le 7 février. C'est dans ce contexte que paraissent *Les Fleurs du mal* de Baudelaire au mois de juin 1857, suscitant le déchaînement de la presse qui dénonce « de semblables monstruosités ».

■ Le scandale des *Fleurs du mal*

Les attaques des journalistes attirent l'attention de la justice sur un certain nombre de poèmes, considérés « comme un défi aux lois qui protègent la religion et la morale ». Aux arguments de ceux qui incriminent quelques expressions ou passages jugés choquants, Baudelaire oppose le sens général de son œuvre : « Le livre doit être jugé *dans son ensemble*, et alors il en ressort une terrible moralité. » C'est en vain qu'il fait intervenir ses amis, Théophile Gautier ou Prosper Mérimée. Barbey d'Aurevilly écrit un article qui fait l'éloge du livre, mais le journal refuse de le publier. La police saisit les exemplaires des *Fleurs du mal*. Le procès est fixé au 20 août.

Le XIXᵉ siècle

■ Le procès et la condamnation

Le réquisitoire est prononcé par Ernest Pinard, qui était aussi le procureur général dans le procès intenté à *Madame Bovary*. Il accuse la poésie de Baudelaire de manquer « au sens de la pudeur », de multiplier « les peintures lascives ». L'avocat du poète plaide l'indépendance de l'artiste et la beauté de l'œuvre. Persuadé qu'il sera acquitté, Baudelaire est abasourdi quand tombe la sentence. En effet, le livre est condamné pour « délit d'outrage à la morale publique et aux bonnes mœurs », à cause de « passages ou expressions obscènes et immorales ». Baudelaire et son éditeur doivent payer une amende et retirer six poèmes du livre.

Dans ce tableau intitulé *Le Péché*, peint en 1893, Franz von Stuck retrouve l'esprit des *Fleurs du mal*.

■ Le poète maudit

Le soir même du verdict, Baudelaire apparaît dans une brasserie parisienne en « toilette de guillotiné », portant une chemise sans col et les cheveux rasés. Il éprouve un profond sentiment d'injustice qui ne le quittera plus. La seconde édition des *Fleurs du mal* lui permet d'ajouter de nouveaux poèmes au recueil, mais Baudelaire se sent incompris par le public et rejeté par la société. Il faut attendre la mort du poète, en 1867, pour que le livre rencontre le succès et soit reconnu comme un chef-d'œuvre. En 1949, la Cour de cassation annule la condamnation des *Fleurs du mal*, considérant que les poèmes « ne renferment aucun terme obscène ou même grossier ».

1800 ▼ 1900

« Sans cesse à mes côtés s'agite le démon
Il nage autour de moi comme un air impalpable »
En 1890, Odilon Redon, peintre symboliste, offre à travers ses noirs somptueux, une interprétation des *Fleurs du mal*.

Jeanne Duval, inspiratrice de nombreux poèmes des *Fleurs du mal*. Dessin de Baudelaire.

■ La littérature et la censure

Sous l'Ancien Régime, les auteurs doivent communiquer leurs manuscrits à un censeur royal pour obtenir la permission d'imprimer. Les représentations d'une pièce peuvent être interrompues, comme ce fut le cas pour *Tartuffe* ou *Dom Juan*. La Déclaration des droits de l'homme de 1789 proclame que tout citoyen peut « parler, écrire, imprimer librement, sauf à répondre de l'abus de cette liberté dans les cas déterminés par la loi ». La censure préalable est abolie, mais les livres peuvent être attaqués en justice pour atteinte aux bonnes mœurs. De nos jours, la censure s'exerce pour protéger les publications destinées à la jeunesse. Les ouvrages à caractère raciste sont poursuivis devant les tribunaux.

Comprendre l'essentiel

1. Comment la volonté d'instaurer un « ordre moral » se manifeste-t-elle sous le Second Empire ?

2. Quels sont les arguments des adversaires de Baudelaire ? Comment se défend-il ?

3. Quel sens peut-on donner, selon vous, au jugement prononcé par le tribunal ?

4. Quel rôle la condamnation des *Fleurs du mal* joue-t-elle dans la vie de Baudelaire ?

349

Baudelaire

OBJET D'ÉTUDE 1re **La question de l'Homme dans les genres de l'argumentation** → voir p. 282

1863 Le Peintre de la vie moderne

Poète de la vie moderne, Baudelaire défend dans ses écrits sur la peinture l'idéal d'un artiste qui, comme lui, mêlerait le sens de l'actualité à celui de la beauté éternelle. Il en appelle ainsi à un peintre capable de saisir dans son œuvre le sens de la modernité.

1. **cet homme :**
le peintre moderne.

2. **transitoire :**
passager.

3. **David :** Louis David,
peintre français
du xviiie siècle,
représentant du retour
à l'Antiquité.

4. **contingent :** qui
n'est pas fondamental,
qui n'est pas
nécessaire.

5. **immuable :**
qui ne change pas.

Ainsi il va, il court, il cherche. Que cherche-t-il ? À coup sûr, cet homme[1], tel que je l'ai dépeint, ce solitaire doué d'une imagination active, toujours voyageant à travers le grand désert d'hommes, a un but plus élevé que celui d'un pur flâneur, un but plus général, autre que le plaisir fugitif de la circonstance. Il cherche ce quelque chose qu'on nous
5 permettra d'appeler la modernité ; car il ne se présente pas de meilleur mot pour exprimer l'idée en question. Il s'agit, pour lui, de dégager de la mode ce qu'elle peut contenir de poétique dans l'historique, de tirer l'éternel du transitoire[2]. Si nous jetons un coup d'œil sur nos expositions de tableaux modernes, nous sommes frappés de la tendance générale des artistes à habiller tous les sujets de costumes anciens. Presque tous se ser-
10 vent des modes et des meubles de la Renaissance, comme David[3] se servait des modes et des meubles romains. Il y a cependant cette différence, que David, ayant choisi des sujets particulièrement grecs ou romains, ne pouvait pas faire autrement que de les habiller à l'antique, tandis que les peintres actuels, choisissant des sujets d'une nature générale applicable à toutes les époques, s'obstinent à les affubler des costumes du Moyen Age,
15 de la Renaissance ou de l'Orient. C'est évidemment le signe d'une grande paresse ; car il est beaucoup plus commode de déclarer que tout est absolument laid dans l'habit d'une époque, que de s'appliquer à en extraire la beauté mystérieuse qui y peut être contenue, si minime ou si légère qu'elle soit. La modernité, c'est le transitoire, le fugitif, le contingent[4], la moitié de l'art, dont l'autre moitié est l'éternel et l'immuable[5]. Il y a eu une
20 modernité pour chaque peintre ancien ; la plupart des beaux portraits qui nous restent des temps antérieurs sont revêtus des costumes de leur époque. Ils sont parfaitement harmonieux, parce que le costume, la coiffure et même le geste, le regard et le sourire (chaque époque a son port, son regard et son sourire) forment un tout d'une complète vitalité. Cet élément transitoire, fugitif, dont les métamorphoses sont si fréquentes, vous
25 n'avez pas le droit de le mépriser ou de vous en passer. En le supprimant, vous tombez forcément dans le vide d'une beauté abstraite et indéfinissable, comme celle de l'unique femme avant le premier péché. Si au costume de l'époque, qui s'impose nécessairement, vous en substituez un autre, vous faites un contre-sens qui ne peut avoir d'excuse que dans le cas d'une mascarade voulue par la mode.

Charles Baudelaire, *Le Peintre de la vie moderne*, 1863.

Observation

1. Quelles qualités Baudelaire attribue-t-il au peintre de la vie moderne ? Que reproche-t-il aux autres peintres ?

2. Que cherche le peintre dans les premières lignes du texte ? Pourquoi peut-on dire qu'il ressemble à un poète ?

Analyse

3. Comment le locuteur implique-t-il progressivement le lecteur ? Analysez le jeu des pronoms dans l'argumentation.

4. Relevez et expliquez la présence du champ lexical du costume dans le texte.

5. Comment Baudelaire définit-il la modernité ? Étudiez le jeu des oppositions sur lequel s'appuie sa définition.

Recherche documentaire. Recherchez trois tableaux du xixe siècle qui pourraient correspondre à cette définition du « peintre de la vie moderne ». Justifiez votre choix par une légende pour chaque œuvre.

■ 350

Le XIXe siècle

La beauté moderne

Constantin Guys, *Dans la rue*

Constantin Guys (1802-1892) est le peintre de la vie moderne évoqué dans le texte de Baudelaire. Il est celui qui saisit la beauté des « mœurs du présent ».

Constantin Guys, *Dans la rue*, vers 1860, huile sur toile.

1800 ▼ 1900

Guys restitue les scènes de la vie parisienne. Cette huile traduit une rapidité d'exécution, avec une touche épaisse, très visible.

La profondeur est rendue par un jeu subtil sur les tons, qui oppose les noirs et les marrons, saturés à l'avant-plan, aux couleurs vives.

Les détails sont absents. Les personnages ne sont pas reconnaissables. C'est l'animation de la foule urbaine qui est représentée.

Lecture d'image

1. En analysant les personnages, au premier-plan à droite, expliquez comment l'artiste traduit le mouvement.

2. Expliquez pourquoi on peut dire que la foule sature la scène.

3. Quelle phrase du texte de Baudelaire vous paraît être illustrée par l'œuvre de Constantin Guys ? Justifiez votre réponse.

4. Quelle impression ce tableau produit-il finalement sur le spectateur ?

La peinture des mœurs

Le développement de la presse au XIXe siècle offre aux artistes la possibilité de croquer leurs contemporains à travers dessins et gravures. Constantin Guys travaille pour l'*Illustrated London News* auquel il fournit de véritables reportages en dessins. Honoré Daumier possède le génie de la caricature et tourne en ridicule les politiques et les bourgeois de son époque dans *Le Charivari*.

Flaubert

▶ **Gustave Flaubert**
▶ Né à Rouen le 12 décembre 1821.
▶ Décédé à Rouen le 8 mai 1880.

Fils du chirurgien chef de l'hôpital de Rouen, le jeune Flaubert grandit entouré de l'affection de sa sœur Caroline et de son ami Alfred Le Poitevin. À quinze ans, il tombe amoureux d'Elisa Schlesinger, de onze ans son aînée, rencontrée sur la plage de Trouville. Après le baccalauréat, Flaubert entreprend des études de droit qui l'ennuient. Frappé d'une grave crise d'épilepsie, il décide de vivre à Croisset, la propriété familiale au bord de la Seine, et de se consacrer à l'écriture. En 1849 cependant, il effectue un long voyage en Orient, au cours duquel il découvre l'Égypte. La publication de *Madame Bovary*, en 1857, lui vaut d'être poursuivi en justice pour immoralité. Acquitté, Flaubert est désormais célèbre. De nombreux écrivains lui témoignent leur admiration, comme les frères Goncourt, le romancier russe Ivan Tourgueniev, Alphonse Daudet. Mais les romans qui suivent ne rencontrent pas le succès espéré. Préoccupé par des soucis d'argent, épuisé par le travail, Flaubert meurt à Croisset en laissant inachevé son dernier roman, *Bouvard et Pécuchet*.

ŒUVRES PRINCIPALES

Romans
Les Mémoires d'un fou (1838), *Madame Bovary* (1857), *Salammbô* (1862), *L'Éducation sentimentale* (1869), *La Tentation de saint Antoine* (1874), *Trois Contes* (1877), *Bouvard et Pécuchet* (inachevé, édition posthume).

▶ L'œuvre de Flaubert

● **L'exploration du réel et du désenchantement.** À travers ses romans, *Madame Bovary* en 1857, *L'Éducation sentimentale* en 1869, *Bouvard et Pécuchet* qu'il laisse inachevé, Flaubert s'affirme comme un maître du réalisme. Chacun de ses romans fait le constat de l'échec, d'une expérience amère et désenchantée du monde. S'inspirant d'un fait divers, Flaubert raconte le destin d'une femme, Emma Bovary, qui est confrontée dès le début du mariage au désenchantement. On retrouve, en 1877, la même exigence du vrai dans « Un cœur simple », le premier de ses *Trois Contes*.

● **La fascination pour l'Antiquité et l'Orient.** Entreprise dès 1848, *La Tentation de saint Antoine*, que Flaubert achève en 1872, reflète son émerveillement face à l'atmosphère, aux paysages et à l'histoire du monde oriental. L'Antiquité est également le cadre de *Salammbô*, en 1862, qui reconstitue avec minutie les guerres puniques, opposant Rome aux Carthaginois.

▶ Le réalisme et l'exigence du style

Admirateur de Balzac, obsédé par le désir de « fouiller le vrai », Flaubert s'impose comme le chef de file des écrivains réalistes de sa génération. Mais le réalisme est chez lui au service de l'art. Flaubert mène un travail passionné et minutieux conduit par l'exigence du style. Il multiplie les brouillons, soigne chacune de ses phrases, qu'il passe à l'épreuve du « gueuloir » : après une nuit de travail, dans la solitude de son bureau, le romancier lit son texte à voix haute pour en vérifier le rythme et les sonorités. C'est ainsi qu'au moment d'écrire *Madame Bovary*, Flaubert rêve d'un « livre sur rien », d'un roman « qui se tiendrait de lui-même par la force interne de son style ». Ses nombreuses descriptions témoignent à la fois de ce souci de multiplier les tableaux de la réalité ainsi que de cette puissance d'enchantement de l'écriture.

Le repas du mariage de Emma et Charles Bovary.

Le XIXᵉ siècle ■

OBJET D'ÉTUDE 2ⁿᵈᵉ | Le roman et la nouvelle : réalisme et naturalisme → voir p. 272

1857

Madame Bovary

Dès les premières lignes de son roman, Gustave Flaubert fait apparaître Charles Bovary, un être ordinaire sans passion ni relief.

Nous étions à l'Étude, quand le Proviseur entra, suivi d'un *nouveau* habillé en bourgeois et d'un garçon de classe qui portait un grand pupitre. Ceux qui dormaient se réveillèrent, et chacun se leva comme surpris dans son travail.

Le Proviseur nous fit signe de nous rasseoir ; puis, se tournant vers le maître d'études :

5 — Monsieur Roger, lui dit-il à demi-voix, voici un élève que je vous recommande, il entre en cinquième. Si son travail et sa conduite sont méritoires, il passera *dans les grands*, où l'appelle son âge.

Resté dans l'angle, derrière la porte, si bien qu'on l'apercevait à peine, le *nouveau* était un gars de la campagne, d'une quinzaine d'années environ, et plus haut de taille
10 qu'aucun de nous tous. Il avait les cheveux coupés droit sur le front, comme un chantre de village, l'air raisonnable et fort embarrassé. Quoiqu'il ne fût pas large des épaules, son habit-veste de drap vert à boutons noirs devait le gêner aux entournures et laissait voir, par la fente des parements, des poignets rouges habitués à être nus. Ses jambes, en bas bleus, sortaient d'un pantalon jaunâtre très tiré par les bretelles. Il était chaussé de
15 souliers forts, mal cirés, garnis de clous.

On commença la récitation des leçons. Il les écouta de toutes ses oreilles, attentif comme au sermon, n'osant même croiser les cuisses, ni s'appuyer sur le coude, et, à deux heures, quand la cloche sonna, le maître d'études fut obligé de l'avertir, pour qu'il se mît avec nous dans les rangs.

20 Nous avions l'habitude, en entrant en classe, de jeter nos casquettes par terre, afin d'avoir ensuite nos mains plus libres ; il fallait, dès le seuil de la porte, les lancer sous le banc, de façon à frapper contre la muraille en faisant beaucoup de poussière ; c'était là le *genre*.

Mais, soit qu'il n'eût pas remarqué cette manœuvre ou qu'il n'eût osé s'y soumettre, la prière était finie que le *nouveau* tenait encore sa casquette sur ses deux genoux. C'était une
25 de ces coiffures d'ordre composite, où l'on retrouve les éléments du bonnet à poil, du chapska[1], du chapeau rond, de la casquette de loutre et du bonnet de coton, une de ces pauvres choses, enfin, dont la laideur muette a des profondeurs d'expression comme le visage d'un imbécile. Ovoïde et renflée de baleines, elle commençait par trois boudins circulaires ; puis s'alternaient, séparés par une bande rouge, des losanges de velours et de poils de lapin ;
30 venait ensuite une façon de sac qui se terminait par un polygone cartonné, couvert d'une broderie en soutache[2] compliquée, et d'où pendait, au bout d'un long cordon trop mince, un petit croisillon de fils d'or, en manière de gland. Elle était neuve ; la visière brillait.

— Levez-vous, dit le professeur.

Il se leva ; sa casquette tomba. Toute la classe se mit à rire.

Gustave Flaubert, *Madame Bovary*, 1857.

1. chapska : coiffure militaire.
2. soutache : sorte de galon.

1800 ▼ 1900

Observation

1. Repérez et justifiez l'emploi du pronom « nous » dans l'extrait.

2. Relevez les détails qui font de ce roman un roman réaliste.

Analyse

3. Expliquez l'usage de l'italique. Quel est l'effet recherché ?

4. Montrez comment, dans cet extrait, Flaubert fait de Charles Bovary un anti-héros.

Vers le commentaire. Analysez la description de la casquette (lignes 24 à 32) sous la forme d'un paragraphe rédigé. Montrez que le narrateur y mêle le souci de la précision objective et les commentaires subjectifs.

Notion

La description réaliste

Par la précision du détail, la description réaliste donne l'illusion de la réalité. En représentant de manière minutieuse ce qu'elle prend pour thème – paysage, individu, objet –, elle devient, avec Balzac puis Flaubert, un enjeu essentiel du roman.

353 ■

Flaubert

OBJET D'ÉTUDE 1ʳᵉ **Le personnage de roman** → voir p. 274

1857 Madame Bovary

Dès le début de son mariage avec Charles Bovary, Emma est confrontée à l'expérience du désenchantement. Elle qui rêvait d'îles lointaines et d'aventures chevaleresques souffre d'avoir épousé un officier de santé sans ambition.

1. Monsieur : Charles Bovary, le mari d'Emma.

2. levrette : la chienne d'Emma, femelle du lévrier.

3. hêtrée : hêtraie, lieu planté de hêtres.

4. les digitales : fleurs qui ont la forme d'un doigt de gant.

5. les ravenelles : nom donné à la moutarde des champs.

Un garde-chasse, guéri par Monsieur[1] d'une fluxion de poitrine, avait donné à Madame une petite levrette[2] d'Italie ; elle la prenait pour se promener, car elle sortait quelquefois, afin d'être seule un instant et de n'avoir plus sous les yeux l'éternel jardin avec la route poudreuse.

5 Elle allait jusqu'à la hêtrée[3] de Banneville, près du pavillon abandonné qui fait l'angle du mur, du côté des champs. Il y a dans le saut-de-loup, parmi les herbes, de longs roseaux à feuilles coupantes.

Elle commençait par regarder tout alentour, pour voir si rien n'avait changé depuis la dernière fois qu'elle était venue. Elle retrouvait aux mêmes places les digitales[4] et les 10 ravenelles[5], les bouquets d'orties entourant les gros cailloux, et les plaques de lichen le long des trois fenêtres, dont les volets toujours clos s'égrenaient de pourriture, sur leurs barres de fer rouillées. Sa pensée, sans but d'abord, vagabondait au hasard, comme la levrette, qui faisait des cercles dans la campagne, jappait après les papillons jaunes, donnait la chasse aux musaraignes, ou mordillait les coquelicots sur les bords d'une pièce 15 de blé. Puis ses idées peu à peu se fixaient, et, assise sur le gazon, qu'elle fouillait à petits coups avec le bout de son ombrelle, Emma se répétait :

– Pourquoi, mon Dieu ! me suis-je mariée ?

Elle se demandait s'il n'y aurait pas eu moyen, par d'autres combinaisons du hasard, de rencontrer un autre homme ; et elle cherchait à imaginer quels eussent été 20 ces événements non survenus, cette vie différente, ce mari qu'elle ne connaissait pas. Tous, en effet, ne ressemblaient pas à celui-là. Il aurait pu être beau, spirituel, distingué, attirant, tels qu'ils étaient sans doute, ceux qu'avaient épousés ses anciennes camarades du couvent. Que faisaient-elles maintenant ? À la ville, avec le bruit des rues, le bourdonnement des théâtres et les clartés du bal, elles avaient des existences où le cœur se 25 dilate, où les sens s'épanouissent. Mais elle, sa vie était froide comme un grenier dont la lucarne est au nord, et l'ennui, araignée silencieuse, filait sa toile dans l'ombre à tous les coins de son cœur.

Gustave Flaubert, *Madame Bovary*, 1857.

Observation

1. À travers quels indices le narrateur fait-il percevoir la mélancolie d'Emma ?

2. Observez la progression du passage. Montrez comment le lecteur pénètre progressivement dans l'intimité du personnage.

Analyse

3. Relevez et commentez les éléments du paysage qui font écho aux sentiments éprouvés par Emma.

4. Repérez le passage au discours indirect libre dans le texte. Quel est, selon vous, l'intérêt de ce procédé ?

5. Analysez l'image développée dans la dernière phrase du passage. Pourquoi peut-on dire qu'il s'agit d'une métaphore filée ?

Vers le commentaire. Commentez l'originalité du style de Flaubert dans un paragraphe entièrement rédigé et illustré d'exemples.

Notion

Le discours indirect libre

Dans le roman, le discours indirect libre rapporte les paroles ou les pensées du personnage, sans indiquer le changement de système énonciatif. En effet, il n'affiche pas les guillemets, qui sont la marque du discours direct ; les pronoms et les temps des verbes deviennent ceux du discours indirect, sans subordination.

Le XIXᵉ siècle

OBJET D'ÉTUDE 2ⁿᵈᵉ **Le roman et la nouvelle : réalisme et naturalisme** → voir p. 272

1857

Madame Bovary

Charles et Emma Bovary sont invités au bal donné au château de La Vaubyessard. Emma découvre alors le monde aristocratique dont elle a toujours rêvé. C'est pour elle un moment de bonheur intense qu'elle ne pourra plus oublier.

L'air du bal était lourd ; les lampes pâlissaient. On refluait dans la salle de billard. Un domestique monta sur une chaise et cassa deux vitres ; au bruit des éclats de verre, madame Bovary tourna la tête et aperçut dans le jardin, contre les carreaux, les faces des paysans qui regardaient. Alors le souvenir des Bertaux[1] lui arriva. Elle revit la ferme,
5 la mare bourbeuse, son père en blouse sous les pommiers, et elle se revit elle-même, comme autrefois, écrémant avec son doigt les terrines de lait dans la laiterie. Mais, aux fulgurations de l'heure présente, sa vie passée, si nette jusqu'alors, s'évanouissait tout entière, et elle doutait presque de l'avoir vécue. Elle était là ; puis autour du bal, il n'y avait plus que de l'ombre, étalée sur tout le reste. Elle mangeait alors une glace au ma-
10 rasquin[2], qu'elle tenait de la main gauche dans une coquille de vermeil[3], et fermait à demi les yeux, la cuiller entre les dents.

Une dame, près d'elle, laissa tomber son éventail. Un danseur passait.

– Que vous seriez bon, monsieur, dit la dame, de vouloir bien ramasser mon éventail, qui est derrière ce canapé !

15 Le monsieur s'inclina, et, pendant qu'il faisait le mouvement d'étendre son bras, Emma vit la main de la jeune dame qui jetait dans son chapeau quelque chose de blanc, plié en triangle. Le monsieur, ramenant l'éventail, l'offrit à la dame, respectueusement ; elle le remercia d'un signe de tête et se mit à respirer son bouquet.

Après le souper, où il y eut beaucoup de vins d'Espagne et de vins du Rhin, des
20 potages à la bisque et au lait d'amandes, des puddings à la Trafalgar et toutes sortes de viandes froides avec des gelées alentour qui tremblaient dans les plats, les voitures, les unes après les autres, commencèrent à s'en aller. En écartant du coin le rideau de mousseline, on voyait glisser dans l'ombre la lumière de leurs lanternes. Les banquettes s'éclaircirent ; quelques joueurs restaient encore ; les musiciens rafraîchissaient, sur leur
25 langue, le bout de leurs doigts ; Charles dormait à demi, le dos appuyé contre une porte.

Gustave Flaubert, *Madame Bovary*, 1857.

1. les Bertaux : nom de la ferme dans laquelle a grandi Emma.

2. glace au marasquin : glace à la cerise.

3. coquille de vermeil : coupe en argent doré.

1800 ▾ 1900

Observation

1. Découpez ce passage en trois parties et donnez-leur un titre.

2. Quels univers s'opposent ici ? Quels sentiments Emma éprouve-t-elle ?

3. Par quels détails Flaubert renforce-t-il l'illusion de la réalité ?

Analyse

4. Analysez l'emploi des temps verbaux depuis « Elle était là... » jusque « son bouquet » (lignes 8 à 18).

5. Analysez l'énumération des lignes 19 à 21. Quel effet produit-elle ?

6. Expliquez l'événement des lignes 12 à 18. Par qui est-il perçu ?

7. Commentez la proposition qui termine l'extrait. Quelle suite du récit laisse-t-elle présager ?

Vers le commentaire. Dans un paragraphe entièrement rédigé, vous montrerez comment le personnage d'Emma apparaît au lecteur dans cette scène.

Notion

Les temps du récit

La narration dans le récit se développe à travers l'alternance de l'imparfait et du passé simple. L'imparfait exprime ainsi les valeurs de durée, de répétition ou de description, tandis que le passé simple marque l'irruption ou la succession dynamique des actions.

Flaubert

OBJET D'ÉTUDE 1re **Le personnage de roman** → voir p. 274

1869 L'Éducation sentimentale

L'Éducation sentimentale raconte l'histoire de Frédéric Moreau, jeune bachelier de province aux ambitions incertaines. Sur le bateau entre Paris et Nogent-sur-Seine, il fait une rencontre qui marquera toute son existence.

1. des Premières : les places de première classe, sur le bateau.

2. mousseline : étoffe légère, souple et transparente.

Frédéric, pour rejoindre sa place, poussa la grille des Premières[1], dérangea deux chasseurs avec leurs chiens.

Ce fut comme une apparition :

Elle était assise, au milieu du banc, toute seule ; ou du moins il ne distingua per-
5 sonne, dans l'éblouissement que lui envoyèrent ses yeux. En même temps qu'il passait, elle leva la tête ; il fléchit involontairement les épaules ; et, quand il se fut mis plus loin, du même côté, il la regarda.

Elle avait un large chapeau de paille, avec des rubans roses qui palpitaient au vent derrière elle. Ses bandeaux noirs, contournant la pointe de ses grands sourcils, descen-
10 daient très bas et semblaient presser amoureusement l'ovale de sa figure. Sa robe de mousseline[2] claire, tachetée de petits pois, se répandait à plis nombreux. Elle était en train de broder quelque chose ; et son nez droit, son menton, toute sa personne se découpait sur le fond de l'air bleu.

Comme elle gardait la même attitude, il fit plusieurs tours de droite et de gauche
15 pour dissimuler sa manœuvre ; puis il se planta tout près de son ombrelle, posée contre le banc, et il affectait d'observer une chaloupe sur la rivière.

Jamais il n'avait vu cette splendeur de sa peau brune, la séduction de sa taille, ni cette finesse des doigts que la lumière traversait… Il considérait son panier à ouvrage avec ébahissement, comme une chose extraordinaire. Quels étaient son nom, sa demeure, sa vie, son
20 passé ? Il souhaitait connaître les meubles de sa chambre, toutes les robes qu'elle avait portées, les gens qu'elle fréquentait ; et le désir de la possession physique même disparaissait sous une envie plus profonde, dans une curiosité douloureuse qui n'avait pas de limites. […]

Cependant, un long châle à bandes violettes était placé derrière son dos, sur le bordage de cuivre. Elle avait dû, bien des fois, au milieu de la mer, durant les soirs humides, en
25 envelopper sa taille, s'en couvrir les pieds, dormir dedans ! Mais entraîné par les franges, il glissait peu à peu, il allait tomber dans l'eau ; Frédéric fit un bond et le rattrapa. Elle lui dit :

– Je vous remercie, monsieur.

Leurs yeux se rencontrèrent.

– Ma femme, es-tu prête ? cria le sieur Arnoux apparaissant dans le capot de l'escalier.

Gustave Flaubert, *L'Éducation sentimentale*, 1869.

Observation

1. Relevez la présence dans le texte du champ lexical de la vue. Comment expliquer cette présence ?

2. Repérez les passages écrits au discours indirect libre. Comment contribuent-ils à caractériser le personnage de Frédéric Moreau ?

Analyse

3. Quel regard Flaubert porte-t-il sur son personnage ? Relisez le texte en repérant les passages dans lesquels il fait preuve d'ironie à l'égard de son héros.

4. Commentez la dernière phrase de l'extrait. Montrez comment l'irruption d'un nouveau personnage vient relancer l'action.

Vers le commentaire. Vous ferez le plan détaillé d'un commentaire composé de ce passage en montrant comment il s'affirme comme le début d'un roman d'apprentissage.

Notion

Le roman d'apprentissage

Le roman d'apprentissage retrace les tentatives d'un jeune héros pour s'insérer dans le monde. Ambitions professionnelles, sociales ou amoureuses animent le héros et constituent le cœur de l'intrigue. Souvent, cependant, le personnage échoue à se réaliser pleinement, par manque d'expérience, incapable de surmonter l'ensemble des difficultés qui se présentent à lui.

Le XIXᵉ siècle ■

OBJET D'ÉTUDE 2ⁿᵈᵉ **Le roman et la nouvelle : réalisme et naturalisme** → voir p. 272

1881

Bouvard et Pécuchet

Le dernier roman de Flaubert, inachevé, s'ouvre sur la rencontre de Bouvard et Pécuchet, qui se lient d'amitié dès les premières lignes du récit. Il s'agit pour Flaubert, à travers les échecs successifs qui ponctuent les aventures de ses deux anti-héros, d'écrire le « roman de la bêtise ».

Comme il faisait une chaleur de trente-trois degrés, le boulevard Bourdon se trouvait absolument désert.

Plus bas, le canal Saint-Martin, fermé par les deux écluses, étalait en ligne droite son eau couleur d'encre. Il y avait au milieu, un bateau plein de bois, et sur la berge deux
5 rangs de barriques.

Au delà du canal, entre les maisons que séparent des chantiers le grand ciel pur se découpait en plaques d'outremer¹, et sous la réverbération du soleil, les façades blanches, les toits d'ardoises, les quais de granit éblouissaient. Une rumeur confuse montait du loin dans l'atmosphère tiède ; et tout semblait engourdi par le désœuvrement du di-
10 manche et la tristesse des jours d'été.

Deux hommes parurent.

L'un venait de la Bastille, l'autre du Jardin des Plantes. Le plus grand, vêtu de toile, marchait le chapeau en arrière, le gilet déboutonné et sa cravate à la main. Le plus petit, dont le corps disparaissait dans une redingote² marron, baissait la tête sous une
15 casquette à visière pointue.

Quand ils furent arrivés au milieu du boulevard, ils s'assirent à la même minute, sur le même banc.

Pour s'essuyer le front, ils retirèrent leurs coiffures, que chacun posa près de soi ; et le petit homme aperçut écrit dans le chapeau de son voisin : Bouvard ; pendant que celui-
20 ci distinguait aisément dans la casquette du particulier en redingote le mot : Pécuchet.

« Tiens ! dit-il, nous avons eu la même idée, celle d'inscrire notre nom dans nos couvre-chefs.

– Mon Dieu, oui ! on pourrait prendre le mien à mon bureau !

– C'est comme moi, je suis employé. »
25 Alors ils se considérèrent³.

Gustave Flaubert, *Bouvard et Pécuchet*, éd. posth., 1881.

1. **d'outremer :** couleur d'un bleu d'azur.
2. **redingote :** veste de costume en usage au XIXᵉ siècle.
3. **ils se considérèrent :** ils se respectèrent.

1800
▾
1900

Observation

1. Repérez la progression du récit en distinguant les trois étapes qui constituent l'extrait.

2. À travers quels effets de contraste et de symétrie le portrait des deux personnages s'organise-t-il ?

Analyse

3. Pourquoi peut-on dire de ces deux personnages qu'ils incarnent chacun un « anti-héros » ?

4. Commentez le dialogue entre les deux hommes.

5. En quoi l'incipit de *Bouvard et Pécuchet* répond-il aux exigences d'un début de roman réaliste ?

Recherche documentaire. Recherchez des extraits du « Dictionnaire des idées reçues » que Gustave Flaubert voulait placer à la fin de son roman. Quelle était, selon vous, l'ambition de l'écrivain ?

Notion

L'incipit réaliste

Dans le roman réaliste, l'incipit, c'est-à-dire les premières lignes du texte, situe avec précision le lieu et l'époque de l'action. Il montre le héros dans son cadre de vie et peut utiliser la focalisation externe, qui place le narrateur en position d'observateur extérieur, neutre et objectif.

357 ■

Leconte de Lisle

▶ **Charles Marie Leconte de Lisle**
▶ Né dans l'île de la Réunion, le 22 octobre 1818.
▶ Décédé près de Louveciennes, le 18 juillet 1894.

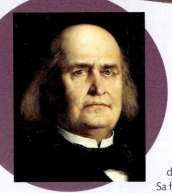

Né à la Réunion, fils d'un chirurgien de l'armée devenu planteur, Charles Marie Leconte de Lisle est élevé à Nantes. Il rejoint à l'âge de dix ans l'île de la Réunion, qui l'éblouit par la nature exotique. Lorsqu'il regagne Paris pour y mener des études de droit, c'est l'échec. Il revient dans son île natale qui lui offre, une dernière fois, l'envoûtement de ses paysages luxuriants. Rentré définitivement en France en 1845, Leconte de Lisle s'engage dans le combat social. Très actif pendant la Révolution de 1848, il publie un manifeste réclamant l'abolition de l'esclavage. Sa famille lui retire alors tout moyen d'existence. Leconte de Lisle vit désormais de ses traductions des auteurs de l'Antiquité. À l'âge de trente-quatre ans, son premier recueil, *Poèmes antiques*, le fait connaître. Dix ans plus tard, ses *Poèmes barbares* lui valent une pension de l'Empereur. Célèbre, admiré, il devient le chef de file du Parnasse. Il est élu à l'Académie française en 1886, où il succède à Victor Hugo.

ŒUVRES PRINCIPALES

Poésie
Poèmes antiques (1852),
Poèmes barbares (1862).

Le maître du Parnasse

Le mouvement du Parnasse emprunte son nom à une montagne de Grèce, consacrée dans l'Antiquité aux Muses et aux poètes. Il regroupe autour de Leconte de Lisle les poètes attachés à la théorie de « l'art pour l'art », que défend également Théophile Gautier. Les parnassiens, comme Théodore de Banville, Sully Prudhomme ou François Coppée, revendiquent le souci de la perfection formelle. Ils opposent à l'épanchement lyrique le culte de l'art pur. Leconte de Lisle veut faire de chaque poème « un bijou ciselé ». S'inspirant de l'Antiquité et des paysages exotiques, sa poésie trouve dans le spectacle de la nature et dans la résurrection des mythes anciens les images fortes et belles qui conduisent le lecteur hors du monde moderne.

OBJET D'ÉTUDE 2nde La poésie : du romantisme au surréalisme ➔ voir p. 278

1862 Poèmes barbares

En réaction contre le lyrisme romantique, Leconte de Lisle cherche la perfection de la forme à travers l'évocation d'animaux symboliques ou la représentation exotique du monde oriental. C'est ainsi que les *Poèmes barbares* offrent au lecteur une succession de tableaux colorés.

Le rêve du jaguar

Sous les noirs acajous, les lianes en fleur,
Dans l'air lourd, immobile et saturé de mouches,
Pendent, et, s'enroulant en bas parmi les souches,
Bercent le perroquet splendide et querelleur,
5   L'araignée au dos jaune et les signes farouches.
C'est là que le tueur de bœufs et de chevaux,
Le long des vieux troncs morts à l'écorce moussue,
Sinistre et fatigué, revient à pas égaux.
Il va, frottant ses reins musculeux qu'il bossue[1] ;

1. **qu'il bossue :** qu'il contracte, qu'il déforme.

Le XIXe siècle ■

2. **le mufle** : le museau.

10 Et, du mufle[2] béant par la soif alourdi,
Un souffle rauque et bref, d'une brusque secousse,
Trouble les grands lézards, chauds des feux de midi,
Dont la fuite étincelle à travers l'herbe rousse.
En un creux du bois sombre interdit au soleil
15 Il s'affaisse, allongé sur quelque roche plate ;
Il cligne ses yeux d'or hébétés de sommeil ;
Et, dans l'illusion de ses forces inertes,
Faisant mouvoir sa queue, et frissonner ses flancs,
Il rêve qu'au milieu des plantations vertes,
20 Il enfonce d'un bond ses ongles ruisselants
Dans la chair des taureaux effarés et beuglants.

Leconte de Lisle, *Poèmes barbares*, 1862.

Le sommeil de Leïlah

Ni bruits d'aile, ni sons d'eau vive, ni murmures ;
La cendre du soleil nage sur l'herbe en fleur,
Et de son bec furtif le bengali[1] siffleur
Boit, comme un sang doré, le jus des mangues[2] mûres.

5 Dans le verger royal où rougissent les mûres,
Sous le ciel clair qui brûle et n'a plus de couleur,
Leïlah, languissante et rose de chaleur,
Clôt ses yeux aux longs cils à l'ombre des ramures[3].

Son front ceint de rubis presse son bras charmant ;
10 L'ambre[4] de son pied nu colore doucement
Le treillis emperlé de l'étroite babouche.

Elle rit et sommeille et songe au bien-aimé,
Telle qu'un fruit de pourpre, ardent et parfumé,
Qui rafraîchit le cœur en altérant la bouche.

Leconte de Lisle, *Poèmes barbares*, 1862.

1. **le bengali** : petit oiseau de couleur rouge.
2. **la mangue** : fruit exotique.
3. **ramures** : l'ensemble des branches et des rameaux.
4. **ambre** : pierre de couleur ocre.

1800
▼
1900

Observation

1. Recherchez les réseaux lexicaux dominants dans les deux poèmes. Quel univers mettent-ils en place ?

2. Retrouvez la présence des cinq sens dans « Le sommeil de Leïlah ». Que signifie cette présence ?

Analyse

3. Dans « Le rêve du jaguar », montrez comment la dernière phrase souligne la puissance de l'animal.

4. Confrontez les images présentes au vers 13 du « Rêve du jaguar » et au vers 2 du « Sommeil de Leïlah ». Retrouvez dans les deux poèmes d'autres images appartenant au même imaginaire.

Vers la dissertation. Présentez, sous la forme d'un paragraphe argumenté et illustré d'exemples tirés de ces deux poèmes, les ambitions du chef de file du Parnasse.

Notion

Le Parnasse

Les poètes parnassiens s'inspirent de la formule de Théophile Gautier : « Il n'y a de vraiment beau que ce qui ne sert à rien. » Ils opposent aux images du monde moderne la représentation de scènes, de personnages qui appartiennent à l'Antiquité ou à une nature exotique. C'est ainsi que leur culte de la forme les conduit à privilégier la rigueur et le rythme du vers classique.

359 ■

Les frères Goncourt

▶ **Edmond et Jules de Goncourt**
▶ Nés à Nancy le 22 mai 1822 (Edmond) et à Paris le 17 décembre 1830 (Jules).
▶ Décédés le 20 juin 1870 (Jules) et le 16 juillet 1896 (Edmond).

Edmond de Goncourt naît à Nancy. Son père, ancien officier de Napoléon, vit du revenu de ses terres. C'est à Paris, où la famille s'est installée en 1823, que Jules voit le jour. Une fois leurs études terminées, les deux frères se consacrent à l'art et à la littérature. Ensemble, ils écrivent des romans qui revendiquent une esthétique naturaliste. À partir de 1851, leur *Journal* rapporte des anecdotes et des témoignages souvent féroces ou ironiques sur le monde des lettres. À côté de leurs romans, ils consacrent des essais à la société du XVIIIe siècle et constituent une riche collection d'objets d'art. Après la mort de Jules, victime de la syphilis, Edmond poursuit leur œuvre. Reconnu comme un maître, il reçoit dans son « grenier » Flaubert, Daudet, Zola. À sa mort, il lègue sa fortune à une académie chargée d'attribuer chaque année à un roman, un prix qui porte le nom des deux frères : le prix Goncourt.

ŒUVRES PRINCIPALES

Romans
Germinie Lacerteux (1865), *Manette Salomon* (1868).

Journal
Journal, mémoires de la vie littéraire (1851-1896, publication posthume).

Les précurseurs du naturalisme

De *Sœur Philomène* à *Renée Mauperin*, de *Germinie Lacerteux* à *Manette Salomon*, les romans des Goncourt dressent le tableau de la société de leur temps, tout en revendiquant l'exigence du style, une « écriture artiste ». Ils s'appuient sur des faits vécus et sur l'observation minutieuse de la réalité pour dénoncer les hypocrisies sociales et la souffrance du peuple. C'est ainsi que *Germinie Lacerteux*, précédé d'un manifeste en faveur du naturalisme, fait scandale en 1865. On reproche aux romanciers de se complaire dans la description de la misère et de la maladie tandis qu'ils réclament la nécessité de « toucher du vrai », de fouiller « les documents humains » et de « toujours étudier la vie des êtres et des choses » dans le roman.

OBJET D'ÉTUDE 2nde Le roman et la nouvelle : réalisme et naturalisme → voir p. 272

1865 — Germinie Lacerteux

Pour faire le portrait de Germinie Lacerteux, les Goncourt s'inspirent de leur bonne, dont ils découvrent la vie cachée après sa mort. C'est ainsi que Germinie, domestique attachée au service d'une vieille dame, tombe amoureuse d'un voisin, Jupillon, pour qui elle s'endette et sombre peu à peu dans la misère.

De huit jours, Germinie ne remit pas les pieds dans la boutique.
Les Jupillon[1], ne la voyant pas revenir, commençaient à désespérer. Enfin, un soir, sur les dix heures et demie, elle poussa la porte, entra sans dire bonjour ni bonsoir, alla à la petite table où étaient assis la mère et le fils à demi sommeillants, posa sous sa main,
5 fermée avec un serrement de griffe, un vieux morceau de toile qui sonna.
– Voilà, fit-elle.
Et lâchant les coins du morceau de toile, elle répandit ce qui était dedans : il coula sur la table de gras billets de banque recollés par derrière, rattachés avec des épingles,

1. **Les Jupillon :** la mère et le fils, dont Germinie est amoureuse.

Le XIXᵉ siècle

de vieux louis à l'or verdi, des pièces de cent sous toutes noires, des pièces de quarante
sous, des pièces de dix sous, de l'argent de pauvre, de l'argent de travail, de l'argent de
tirelire, de l'argent sali par des mains sales, fatigué dans le porte-monnaie de cuir, usé
dans le comptoir plein de sous, – de l'argent sentant la sueur. Un moment, elle regarda
tout ce qui était étalé comme pour se convaincre les yeux ; puis avec une voix triste et
douce, la voix de son sacrifice, elle dit seulement à Mme Jupillon :

– Ça y est… C'est les deux mille trois cents francs… pour qu'il se rachète[2]…

– Ah ! ma bonne Germinie ! fit la grosse femme en suffoquant sous une première
émotion ; elle se jeta au cou de Germinie qui se laissa embrasser. Oh ! vous allez prendre
quelque chose avec nous, une tasse de café…

– Non, merci, dit Germinie, je suis rompue… Dame ! j'ai eu à courir, allez, pour les
trouver… Je vais me coucher… Une autre fois…

Et elle sortit.

Elle avait eu « à courir », comme elle disait, pour retrouver une pareille somme,
réaliser cette chose impossible : trouver deux mille trois cents francs, deux mille trois
cents francs dont elle n'avait pas les premiers cinq francs ! Elle les avait quêtés, mendiés,
arrachés pièce à pièce, presque sou à sou. Elle les avait ramassés, grattés ici et là, sur les
uns, sur les autres, par emprunts de deux cents, de cent francs, de cinquante francs, de
vingt francs, de ce qu'on avait voulu. Elle avait emprunté à son portier, à son épicier,
à sa fruitière, à sa marchande de volailles, à sa blanchisseuse ; elle avait emprunté aux
fournisseurs des quartiers qu'elle avait d'abord habités avec mademoiselle[3]. Elle avait
fait entrer dans la somme tous les argents, jusqu'à la misérable monnaie de son porteur
d'eau. Elle avait quémandé partout, exhorté humblement, prié, supplié, inventé des
histoires, dévoré la honte de mentir et de voir qu'on ne la croyait pas. L'humiliation
d'avouer qu'elle n'avait pas d'argent placé, comme on le croyait et comme par orgueil
elle le laissait croire, la commisération[4] de gens qu'elle méprisait, les refus, les aumônes,
elle avait tout subi, essuyé ce qu'elle n'aurait pas essuyé pour trouver du pain, et non
une fois auprès d'une personne, mais auprès de trente, de quarante, auprès de tous ceux
qui lui avaient donné ou dont elle avait espéré quelque chose.

Enfin cet argent, elle l'avait réuni ; mais il était son maître et la possédait pour
toujours.

Edmond et Jules de Goncourt, *Germinie Lacerteux*, 1865.

---

2. pour qu'il se rachète : pour éviter d'effectuer son service militaire, l'appelé pouvait alors « acheter » un remplaçant.

3. mademoiselle : mademoiselle de Varandeuil, la vieille aristocrate qui emploie Germinie.

4. commisération : pitié.

1800
▼
1900

Observation

1. Comment le personnage de Germinie apparaît-il dans ce passage ? Quelles sont ses caractéristiques morales ?

2. Relevez dans le texte les différentes figures d'insistance qui soulignent les difficultés qu'a dû affronter la domestique dans sa quête d'argent.

Analyse

3. Quelles sont les différentes caractéristiques attribuées à l'argent dans ce passage ? Commentez la dernière phrase de l'extrait.

4. À travers quels personnages le milieu auquel appartient Germinie est-il évoqué ? Quelle représentation l'écrivain en donne-t-il ? Illustrez votre réponse par des exemples précis.

Vers la dissertation. On a souvent accusé les auteurs naturalistes de noircir le tableau de la société et de se complaire dans la description du mal. Pensez-vous que l'extrait étudié justifie ce jugement ? Vous répondrez à cette question sous la forme d'un paragraphe argumenté.

Notion

L'exploration naturaliste des milieux

De Balzac à Zola, le roman est pour l'écrivain réaliste l'occasion d'explorer les différents milieux qui constituent la société. L'écrivain naturaliste va plus loin que son prédécesseur réaliste : il revendique pleinement la représentation du peuple sous tous ses aspects, mêmes les plus scandaleux, à travers ses mœurs, son langage, ses préoccupations, sa misère et ses vices.

Verlaine

▶ **Paul Verlaine**
▶ Né à Metz le 30 mars 1844.
▶ Décédé à Paris le 8 janvier 1896.

Verlaine a sept ans quand sa famille quitte Metz pour Paris. Après son baccalauréat, il mène une vie de bohème. Inquiets, ses parents lui trouvent un emploi à la mairie de Paris. Verlaine continue pourtant de se mêler aux cercles littéraires. Son premier recueil, *Poèmes saturniens*, paraît en 1866. Trois ans plus tard, ce sont les *Fêtes galantes*. Verlaine, qui est désormais un poète reconnu, se marie. Mais en 1872, il abandonne sa femme pour suivre Arthur Rimbaud en Angleterre et en Belgique. La relation violente et passionnée des deux poètes s'achève le soir où Verlaine, ivre, tire deux coups de feu sur Rimbaud. Condamné à deux ans de prison, il se réfugie dans la religion. Une fois libéré, ses tentatives pour mener une vie stable échouent. Il revient à Paris, où il glisse peu à peu dans la misère. Une légende entoure ce « poète maudit » que ses admirateurs rencontrent dans les cafés. Il meurt ainsi en 1896 dans le plus complet dénuement. Une foule nombreuse accompagne son cercueil au cimetière des Batignolles.

ŒUVRES PRINCIPALES

Poésie
Poèmes saturniens (1866), *Fêtes galantes* (1869), *La Bonne Chanson* (1870), *Romances sans paroles* (1874), *Sagesse* (1880), *Jadis et Naguère* (1884), *Amour* (1888), *Parallèlement* (1889).

Essai
Les Poètes maudits (1883).

La musique du vers

La vie mouvementée de Verlaine, la violence destructrice de son existence contrastent avec l'harmonie et la douceur de sa poésie. Car la musicalité du vers est le premier souci du poète. Ennemi de la régularité, il invente l'usage du vers impair, il multiplie les coupes et les enjambements inattendus, qui donnent un rythme neuf à ses poèmes, en accord avec la simplicité recherchée du langage. Les paysages mélancoliques de ses poèmes expriment ses états d'âme. Subtil et délicat, son lyrisme confidentiel séduit le lecteur par son calme et sa naïveté apparente. La nostalgie et les regrets, la douleur du temps qui passe se transforment en une tristesse langoureuse, bercée par la mélancolie des paysages et le rappel lancinant du souvenir.

OBJET D'ÉTUDE 2nde La poésie : du romantisme au surréalisme → voir p. 278

1866 Poèmes saturniens

Verlaine place son premier recueil de poèmes sous le signe de la mélancolie et de la rêverie amoureuse. Il exprime sa peine en empruntant aux poètes romantiques les thèmes de la nature et de la femme idéale, qui consolent le poète de sa solitude et de l'incompréhension.

Soleils couchants

Une aube affaiblie
Verse par les champs
La mélancolie
Des soleils couchants.
5 La mélancolie
Berce de doux chants
Mon cœur qui s'oublie
Aux soleils couchants.

Le XIXᵉ siècle

Et d'étranges rêves,
10 Comme des soleils
Couchants sur les grèves[1],
Fantômes vermeils[2],
Défilent sans trêves,
Défilent, pareils
15 À de grands soleils
Couchants sur les grèves.

1. grèves : plages.
2. vermeils : rouges.

Paul Verlaine, *Poèmes saturniens*, 1866.

Mon rêve familier

Je fais souvent ce rêve étrange et pénétrant
D'une femme inconnue, et que j'aime, et qui m'aime
Et qui n'est, chaque fois, ni tout à fait la même
Ni tout à fait une autre, et m'aime et me comprend.

5 Car elle me comprend, et mon cœur transparent
Pour elle seule, hélas ! cesse d'être un problème
Pour elle seule, et les moiteurs de mon front blême[1],
Elle seule les sait rafraîchir, en pleurant.

Est-elle brune, blonde ou rousse ? – Je l'ignore.
10 Son nom ? Je me souviens qu'il est doux et sonore
Comme ceux des aimés que la Vie exila.

Son regard est pareil au regard des statues,
Et, pour sa voix, lointaine, et calme, et grave, elle a
L'inflexion[2] des voix chères qui se sont tues.

1. blême : pâle, livide.
2. l'inflexion : le ton, l'accent d'une voix.

Paul Verlaine, *Poèmes saturniens*, 1866.

1800 ▾ 1900

Observation

1. Confrontez les deux poèmes : composition, mesure des vers, disposition des rimes.

2. Quelles sont les caractéristiques du paysage évoqué dans « Soleils couchants » ? En quoi ce paysage favorise-t-il la mélancolie ?

3. Repérez et analysez les répétitions dans la dernière phrase de « Soleils couchants » (v. 9 à 16). Quel est l'effet produit ?

Analyse

4. Analysez le rythme des quatre strophes de « Mon rêve familier », en repérant la diversité des rythmes du vers et l'effet ainsi recherché.

5. Pourquoi peut-on dire que les deux poèmes sont lyriques ? Justifiez votre réponse.

Vers le commentaire. Vous commenterez sous la forme d'un paragraphe rédigé l'un de ces deux poèmes, au choix.

Notion

Le rythme du vers

En poésie, l'accent rythmique porte sur la dernière syllabe d'un mot ou d'un groupe de mots. Le vers comporte des pauses, appelées coupes, situées après chaque syllabe accentuée. L'alexandrin comporte plusieurs coupes : la plus fréquente, placée au milieu du vers, est la césure. En multipliant les coupes au sein du vers, Verlaine souligne les émotions qu'il veut transmettre.

Verlaine

OBJET D'ÉTUDE 1ʳᵉ **Écriture poétique et quête du sens** → voir p. 280

1869 Fêtes galantes

« Colloque sentimental » est le dernier poème du bref recueil des *Fêtes galantes*. Le poète y évoque avec une profonde mélancolie la promenade de deux âmes tourmentées par le souvenir amoureux.

Colloque sentimental

Dans le vieux parc solitaire et glacé
Deux formes ont tout à l'heure passé.

Leurs yeux sont morts et leurs lèvres sont molles,
Et l'on entend à peine leurs paroles.

5 Dans le vieux parc solitaire et glacé
Deux spectres ont évoqué le passé.

– Te souvient-il de notre extase ancienne ?
– Pourquoi voulez-vous donc qu'il m'en souvienne ?

– Ton cœur bat-il toujours à mon seul nom ?
10 Toujours vois-tu mon âme en rêve ? – Non.

– Ah ! les beaux jours de bonheur indicible
Où nous joignions nos bouches ! – C'est possible.

– Qu'il était bleu, le ciel, et grand, l'espoir !
– L'espoir a fui, vaincu, vers le ciel noir.

15 Tels ils marchaient dans les avoines folles,
Et la nuit seule entendit leurs paroles.

Paul Verlaine, « Colloque sentimental »,
Fêtes galantes, 1869.

Observation

1. Observez la composition du poème : strophes, rimes, vers. En quoi est-elle en harmonie avec le thème général du poème ?

2. Relevez l'ensemble des termes qui désignent les deux personnages. À quoi sont-ils comparés ? Comment expliquer, selon vous, cette comparaison ?

3. Relevez les pronoms et la modalité des phrases utilisés dans le dialogue. Quel contraste apparaît ? Quel est l'effet produit ?

Analyse

4. Que symbolisent, selon vous, les adjectifs de couleurs employés dans l'avant-dernier distique ?

5. Analysez le titre du poème en le confrontant au dernier vers.

Vers le commentaire. En quoi Verlaine renouvelle-t-il la tradition poétique du dialogue amoureux ? Vous répondrez à cette question sous la forme d'un paragraphe entièrement rédigé et illustré d'exemples.

Notion

La tradition poétique

Depuis le Moyen Âge, qui reprend lui-même les thèmes de l'Antiquité, la poésie privilégie un certain nombre de thèmes : l'amour, la nature, le temps qui passe, la mélancolie, le souvenir... Tout en s'inscrivant dans la tradition, chaque poète renouvelle l'expression de ces sentiments à travers un style personnel et sa sensibilité propre.

■ 364

Le XIXᵉ siècle ■

OBJET D'ÉTUDE 2ⁿᵈᵉ | **La poésie : du romantisme au surréalisme** → voir p. 278

1874

Romances sans paroles

Le recueil de *Romances sans paroles* comprend une vingtaine de petits poèmes. Verlaine y restitue des impressions fugitives. Annonçant le mouvement symboliste, l'écriture poétique privilégie la musicalité du vers pour recréer une atmosphère intime.

Il pleut doucement sur la ville.
ARTHUR RIMBAUD.

Il pleure dans mon cœur
Comme il pleut sur la ville ;
Quelle est cette langueur[1]
Qui pénètre mon cœur ?

5 Ô bruit doux de la pluie
Par terre et sur les toits !
Pour un cœur qui s'ennuie
Ô le chant de la pluie !

Il pleure sans raison
10 Dans ce cœur qui s'écœure.
Quoi ! nulle trahison ?...
Ce deuil est sans raison.

C'est bien la pire peine
De ne savoir pourquoi
15 Sans amour et sans haine
Mon cœur a tant de peine !

Paul Verlaine, *Romances sans paroles*, 1874.

1. langueur : lassitude, tristesse, abattement inexpliqués.

1800 ▾ 1900

Observation

1. Observez la répétition du mot « cœur ». Quel déterminant l'accompagne à chaque fois ? Quels sentiments exprime-t-il ?

2. Que représente le pronom « il » au vers 1 ? Quel est l'effet recherché ?

Analyse

3. Commentez les sonorités de la première strophe : rimes, allitérations et assonances. Pourquoi peut-on parler d'harmonie imitative ?

4. Étudiez et commentez l'alternance des phrases exclamatives et des phrases interrogatives.

5. Repérez et commentez les effets de répétitions dans ce poème.

Comparer deux textes. Confrontez ce poème avec le poème intitulé « Spleen » de Baudelaire (page 345). Montrez comment, en reprenant un thème identique, Verlaine donne à ses vers une tonalité différente.

Notion

Les effets de répétitions

S'inspirant du chant et de l'incantation, le poème multiplie les répétitions en reprenant les mêmes mots, les mêmes constructions syntaxiques, la même mesure du vers, des strophes identiques, et les mêmes sons, à travers les rimes, les assonances et les allitérations.

365 ■

Lautréamont

▶ **Isidore Ducasse – Pseudonyme : Lautréamont**
▶ Né à Montevideo, en Uruguay, le 4 avril 1846.
▶ Décédé à Paris le 24 novembre 1870.

Fils d'un diplomate en poste en Uruguay, le jeune Isidore Ducasse reste souvent enfermé dans la demeure paternelle, loin de l'agitation des rues. Père et fils se supportent difficilement. À quatorze ans, l'adolescent est envoyé en France pour y poursuivre ses études à Tarbes, puis à Pau. Il travaille beaucoup et se lie difficilement avec ses camarades. Délivré du lycée, Isidore Ducasse mène à Paris une vie solitaire, s'enfermant dans sa chambre où il se plonge dans la lecture et l'écriture. Il lit *La Divine Comédie* de Dante, les poètes romantiques, les romans noirs anglais, pleins d'angoisse et de violence. Il publie en 1869 *Les Chants de Maldoror*, qu'il signe « comte de Lautréamont ». Le livre choque le public par ses invectives et ses fantasmes étranges. La diffusion en est suspendue. L'écrivain annonce alors qu'il « ne veut plus chanter que l'espoir ». Mais il meurt à l'âge de vingt-quatre ans, pendant le siège de Paris de 1870.

ŒUVRE PRINCIPALE

Poésie
Les Chants de Maldoror (1869).

Le poète révolté

Méconnu de son vivant, Lautréamont est redécouvert près de cinquante ans après sa mort par les poètes surréalistes, qui voient en lui un précurseur. *Les Chants de Maldoror* expriment en effet, à travers leur extraordinaire violence verbale, une révolte contre la société et la raison, proche du rêve, de la folie et de la mort. Cette suite de poèmes en prose raconte les métamorphoses de Maldoror, ange déchu qui devient tour à tour aigle, poulpe, tarentule et requin. L'œuvre puise ses sources dans une multitude d'univers, se présentant comme une réécriture des textes d'Homère, de la Bible, de Sade, de Baudelaire ou de Hugo. Porté par une imagination exacerbée, Lautréamont fait preuve d'audace et de liberté créatrice, comme un défi lancé aux hommes et à la littérature.

OBJET D'ÉTUDE 2nde La poésie : du romantisme au surréalisme ➜ voir p. 278

1869 Les Chants de Maldoror

Révolté contre les dieux et contre les hommes, le héros des *Chants de Maldoror* disparaît et réapparaît sous les formes les plus diverses. Isidore Ducasse enchaîne ainsi une suite de tableaux énigmatiques qui inscrivent le poème en prose dans le registre fantastique.

Au clair de la lune, près de la mer, dans les endroits isolés de la campagne, l'on voit, plongé dans d'amères réflexions, toutes les choses revêtir des formes jaunes, indécises, fantastiques. L'ombre des arbres, tantôt vite, tantôt lentement, court, vient, revient, par diverses formes, en s'aplatissant, en se collant contre la terre. Dans le temps, lorsque
5 j'étais emporté sur les ailes de la jeunesse, cela me faisait rêver, me paraissait étrange ; maintenant, j'y suis habitué. Le vent gémit à travers les feuilles ses notes langoureuses, et le hibou chante sa grave complainte[1], qui fait dresser les cheveux à ceux qui l'entendent. Alors, les chiens, rendus furieux, brisent leurs chaînes, s'échappent des fermes lointaines ; ils courent dans la campagne, çà et là, en proie à la folie. Tout à coup, ils
10 s'arrêtent, regardent de tous les côtés avec une inquiétude farouche[2], l'œil en feu ; et,

1. **complainte :** chanson populaire consacrée aux malheurs d'un personnage légendaire.
2. **farouche :** attitude sauvage, peu sociable, violente.

■ 366

Le XIXᵉ siècle

de même que les éléphants, avant de mourir, jettent dans le désert un dernier regard au ciel, élevant désespérément leur trompe, laissant leurs oreilles inertes, de même les chiens laissent leurs oreilles inertes, élèvent la tête, gonflent le cou terrible, et se mettent à aboyer, tour à tour, soit comme un enfant qui crie sa
15 faim, soit comme un chat blessé au ventre au-dessus d'un toit, soit comme une femme qui va enfanter, soit comme un moribond atteint de la peste à l'hôpital, soit comme une jeune fille qui chante un air sublime, contre les étoiles au nord, contre les étoiles à l'est, contre les étoiles au sud, contre les étoiles à l'ouest ; contre la lune ; contre les montagnes, semblables au loin à des roches géantes,
20 gisantes dans l'obscurité ; contre l'air froid qu'ils aspirent à pleins poumons, qui rend l'intérieur de leur narine, rouge, brûlant ; contre le silence de la nuit ; contre les chouettes, dont le vol oblique leur rase le museau, emportant un rat ou une grenouille dans le bec, nourriture vivante, douce pour les petits ; contre les lièvres, qui disparaissent en un clin d'œil ; contre le voleur, qui s'enfuit au ga-
25 lop de son cheval après avoir commis un crime ; contre les serpents, remuant les bruyères, qui leur font trembler la peau, grincer les dents ; contre leurs propres aboiements, qui leur font peur à eux-mêmes ; contre les crapauds, qu'ils broient d'un coup sec de mâchoire (pourquoi se sont-ils éloignés du marais ?) ; contre les arbres, dont les feuilles, mollement bercées, sont autant de mystères qu'ils ne
30 comprennent pas, qu'ils veulent découvrir avec leurs yeux fixes, intelligents ; contre les araignées, suspendues entre leurs longues pattes, qui grimpent sur les arbres pour se sauver ; contre les corbeaux, qui n'ont pas trouvé de quoi man-ger pendant la journée, et qui s'en reviennent au gîte l'aile fatiguée ; contre les rochers du rivage ; contre les feux, qui paraissent au mât des navires invisibles ;
35 contre le bruit sourd des vagues ; contre les grands poissons, qui, nageant, mon-trent leur dos noir, puis s'enfoncent dans l'abîme ; et contre l'homme qui les rend esclaves. Après quoi, ils se mettent de nouveau à courir la campagne, en sautant, de leurs pattes sanglantes, par dessus les fossés, les chemins, les champs, les herbes et les pierres escarpées³.

3. **pierres escarpées** : rochers abrupts, difficiles d'accès.

Lautréamont, *Les Chants de Maldoror*, 1869.

1800 ▼ 1900

Observation

1. Au début du texte, relevez et com-mentez les différents éléments qui constituent le décor de ce récit.

2. De la ligne 9 à la ligne 34, comment la phrase est-elle construite ? Quel sens peut-on donner à ce choix stylistique ?

3. Repérez dans le texte les différents thèmes qui donnent une atmosphère fantastique au poème.

Analyse

4. Expliquez comment les comparai-sons font basculer la réalité dans un univers fantastique.

5. Quelles caractéristiques du poème en prose retrouve-t-on dans ce texte ? Illustrez votre réponse par des exemples précis.

Vers la dissertation. « Beau comme la rencontre d'un parapluie et d'une machine à coudre sur une table de dis-section » : cette phrase de Lautréamont deviendra le mot d'ordre des artistes surréalistes.
Comment comprenez-vous cette concep-tion de l'image poétique ? Répondez sous la forme d'un paragraphe argumenté.

Notion

Le poème en prose

Le poème en prose est une forme poétique qui apparaît au milieu du XIXᵉ siècle. Le texte présente un aspect narratif, mais les effets de répétitions, le jeu des sonorités, l'impor-tance des images, le rythme de la phrase lui donnent un carac-tère poétique. Le texte narra-tif s'efface ainsi au profit de la description d'un univers qui exprime une émotion intime.

367

Rimbaud

▶ **Arthur Rimbaud**

▶ Né à Charleville, dans les Ardennes, le 20 octobre 1854.

▶ Décédé à Marseille le 10 novembre 1891.

Rimbaud a six ans lorsque ses parents se séparent. Élevé par une mère autoritaire, il manifeste très vite un sentiment de révolte et un désir de fuite. Au collège de Charleville, Rimbaud se montre un élève brillant, mais indépendant. En août 1870, il s'enfuit en prenant le train pour Paris. Arrêté par la police, il est libéré grâce à son professeur et ami Jean Izambart. En 1871, Rimbaud gagne enfin la capitale, où il fait la rencontre de Verlaine, dont il admire les vers. Il se distingue dans la bohème littéraire par ses outrances et ses provocations, avant d'entraîner Verlaine dans un voyage en Angleterre, puis en Belgique. L'odyssée des deux amis se termine à Bruxelles. Verlaine, ivre, tire deux coups de feu sur Rimbaud ; il est emprisonné, et Rimbaud repart pour Londres. Il rencontre Verlaine une dernière fois, à Stuttgart, en 1875. Le poète cesse alors d'écrire, et commence une série de voyages qui le conduisent à Aden, en Arabie, où il devient gérant de comptoirs commerciaux et trafiquant d'armes. En 1891, il rentre en France pour soigner une tumeur au genou. Amputé de la jambe, il meurt quelques mois après son arrivée à Marseille.

ŒUVRES PRINCIPALES

Poésie
Une saison en enfer (1873), *Illuminations* (1886) ; *Poésies* (1891) ; *Poésies complètes*, avec une préface de Verlaine (1895, édition posthume).

▶ L'œuvre de Rimbaud

● **La poésie de la révolte.** Rimbaud, qui écrit ses premiers poèmes dès l'adolescence, fait très vite preuve d'une étonnante virtuosité. Se refusant à imiter ses prédécesseurs, il trouve d'emblée une inspiration très personnelle, exprimant sa colère contre la société bourgeoise, faisant aussi partager son goût pour le vagabondage, la rêverie et l'intensité des premiers désirs amoureux. Éprise de bohème et de liberté, la poésie de Rimbaud témoigne également, avec « Bateau ivre » ou « Voyelles », de la recherche d'une écriture nouvelle, fondée sur la fusion des sensations et la multiplication des images étonnantes.

● **La poésie des illuminations.** Avec *Une saison en enfer* en 1873 et *Illuminations* en 1886, Rimbaud abandonne la versification. Ses poèmes en prose ont pour but de fixer des vertiges, des images hallucinatoires, pour lesquelles le vers ne convient plus. « Si ce que [le poète] rapporte de là-bas a forme, il donne forme ; si c'est informe, il donne de l'informe. » Rimbaud crée ainsi un univers féerique, un « opéra fabuleux », où le rêve et la réalité se confondent, à travers des architectures imaginaires et des moments d'extase et de liberté.

▶ Rimbaud, le voleur de feu

Dans sa « Lettre du voyant », adressée en 1871 à son ami Paul Demeny, Rimbaud expose sa conception de la poésie. Le poète est « un voleur de feu », qui doit arriver à l'inconnu, pour en rapporter ses visions. L'acte poétique est, en effet, l'exploration d'un monde nouveau, qu'il faut aborder à travers « un long, immense et raisonné dérèglement de tous les sens ». La poésie réclame ainsi la révolte et le refus. Elle conduit l'artiste à abandonner ses habitudes de vivre et de penser : « Je est un autre », écrit Rimbaud. Et le dérèglement nécessaire s'applique aussi au langage : Rimbaud libère la poésie des règles de la versification, pratique le vers libre et recherche les images violentes et inattendues dans ses poèmes en prose, annonçant les recherches et la liberté de la poésie moderne.

Le xixᵉ siècle

OBJET D'ÉTUDE 2ⁿᵈᵉ La poésie : du romantisme au surréalisme → voir p. 278

Poésies

L'œuvre de Rimbaud est intimement liée à sa propre vie. C'est ainsi qu'il exprime dans plusieurs de ses poèmes, comme il le fait dans « Le dormeur du val », l'indignation ressentie devant les horreurs de la guerre de 1870.

Le dormeur du val

C'est un trou de verdure où chante une rivière
Accrochant follement aux herbes des haillons[1]
D'argent, où le soleil, de la montagne fière,
Luit : c'est un petit val qui mousse de rayons.

5 Un soldat jeune, bouche ouverte, tête nue,
Et la nuque baignant dans le frais cresson bleu,
Dort ; il est étendu dans l'herbe, sous la nue[2],
Pâle dans son lit vert où la lumière pleut.

Les pieds dans les glaïeuls, il dort. Souriant comme
10 Sourirait un enfant malade, il fait un somme :
Nature, berce-le chaudement : il a froid.

Les parfums ne font pas frissonner sa narine ;
Il dort dans le soleil, la main sur sa poitrine
Tranquille. Il a deux trous rouges au côté droit.

Octobre 1870.

Arthur Rimbaud, *Poésies*, 1891.

1. **haillons** : lambeaux de vêtement.
2. **la nue** : les nuages.

1800 ▼ 1900

Observation

1. Étudiez la progression du poème en montrant comment chaque strophe découpe une partie précise d'un tableau.

2. Quel est le rôle du dernier vers dans le poème ? Relevez tous les indices qui annoncent la révélation finale de la mort du soldat.

Analyse

3. Relevez et analysez les images – comparaisons et métaphores – présentes dans le poème.

4. Repérez et étudiez les enjambements contenus dans ce poème. Quels sont les différents effets que produisent ces ruptures de rythme ?

5. Étudiez les allitérations présentes dans le dernier tercet.

6. En quoi ce poème constitue-t-il une dénonciation de la guerre ?

Vers le commentaire. Construisez le plan du commentaire composé de ce poème en deux parties détaillées et illustrées d'exemples.

Notion

L'enjambement

Dans la poésie classique, la fin du vers est marquée par une pause qui coïncide avec la fin d'un groupe syntaxique. L'enjambement consiste à supprimer cette pause parce qu'un groupe syntaxique se prolonge au vers suivant, par le rejet d'un mot ou d'un groupe de mots. L'enjambement crée un effet de surprise et modifie le rythme du poème.

Rimbaud

OBJET D'ÉTUDE 1ʳᵉ **Écriture poétique et quête du sens** → voir p. 280

1870 ## Poésies

Rimbaud évoque dans ses poèmes l'univers d'un adolescent en révolte contre la société, mais il exprime aussi l'intensité des premières impressions amoureuses et l'émoi d'un premier rendez-vous.

Roman

I

On n'est pas sérieux, quand on a dix-sept ans
– Un beau soir, foin des bocks[1] et de la limonade,
Des cafés tapageurs aux lustres éclatants !
– On va sous les tilleuls verts de la promenade.

5 Les tilleuls sentent bon dans les bons soirs de juin !
L'air est parfois si doux, qu'on ferme la paupière ;
Le vent chargé de bruits, – la ville n'est pas loin, –
À des parfums de vigne et des parfums de bière…

II

– Voilà qu'on aperçoit un tout petit chiffon
10 D'azur sombre, encadré d'une petite branche,
Piqué d'une mauvaise étoile, qui se fond
Avec de doux frissons, petite et toute blanche…

Nuit de juin ! Dix-sept ans ! – On se laisse griser[2].
La sève est du champagne et vous monte à la tête…
15 On divague ; on se sent aux lèvres un baiser
Qui palpite là, comme une petite bête…

III

Le cœur fou Robinsonne[3] à travers les romans,
– Lorsque, dans la clarté d'un pâle réverbère,
Passe une demoiselle aux petits airs charmants,
20 Sous l'ombre du faux col effrayant de son père…

Et, comme elle vous trouve immensément naïf,
Tout en faisant trotter ses petites bottines,
Elle se tourne, alerte et d'un mouvement vif…
– Sur vos lèvres alors meurent les cavatines[4]…

1. **bocks :** verres de bière.
2. **griser :** éprouver une légère ivresse.
3. **Robinsonne :** allusion au roman de Daniel Defoe, *Robinson Crusoé*.
4. **cavatines :** petits airs de musique.

IV

25 Vous êtes amoureux. Loué jusqu'au mois d'août.
Vous êtes amoureux. – Vos sonnets La font rire.
Tous vos amis s'en vont, vous êtes *mauvais goût*.
– Puis l'adorée, un soir, a daigné vous écrire… !

– Ce soir-là,… – vous rentrez aux cafés éclatants,
30 Vous demandez des bocks ou de la limonade…
– On n'est pas sérieux, quand on a dix-sept ans
Et qu'on a des tilleuls verts sur la promenade.

29 septembre 1870.

Arthur Rimbaud, *Poésies*, 1870.

Edgar Degas (1834-1917), *Femmes à la terrasse d'un café*, 1877.

Observation

1. Étudiez la composition du poème. Quel titre pourrait-on attribuer à chacune des quatre parties ?

2. Relevez sous forme de tableau la présence des cinq sens dans le texte. En quoi contribuent-ils à souligner l'atmosphère euphorique du poème ?

3. Relevez les différents pronoms personnels utilisés et indiquez leur valeur d'emploi.

Analyse

4. Analysez la métaphore contenue dans la troisième strophe.

5. Quelle est la fonction du titre « Roman » choisi par Rimbaud ? Justifiez ce choix en recherchant les échos qu'il rencontre à l'intérieur du poème.

6. Montrez comment les première et dernière strophes se répondent et participent à la structure circulaire du poème.

Vers le commentaire. Vous commenterez ce poème sous la forme d'un paragraphe argumenté et illustré d'exemples.

Notion

Le titre du poème

À travers l'histoire de la poésie, certains poèmes se présentent sans titre : on les désigne alors par leur premier vers. D'autres au contraire affichent un titre qui fait partie du texte poétique. La fonction du titre est alors d'interpeller ou de séduire le lecteur, de donner du sens au texte, d'orienter sa lecture ou son interprétation.

Rimbaud

OBJET D'ÉTUDE 1ʳᵉ **Écriture poétique et quête du sens** → voir p. 280

1870 Poésies

À travers ses poèmes, Rimbaud raconte son expérience de la bohème. Lancé sur les chemins, le jeune vagabond cherche des images et des rimes, il rêve sous les étoiles ou savoure les haltes à l'auberge, qui sont à la fois un moment de repos et l'occasion de faire des rencontres.

1. **Au Cabaret-Vert :** il s'agit du café La Maison Verte, appelé ainsi à cause de la couleur verte des meubles et des volets

2. **l'épeure :** lui fait peur, l'intimide ; prononciation ardennaise pour « apeure ».

Au Cabaret-Vert[1]

Cinq heures du soir

Depuis huit jours, j'avais déchiré mes bottines
Aux cailloux des chemins. J'entrais à Charleroi.
– *Au Cabaret-Vert* : je demandai des tartines
De beurre et du jambon qui fût à moitié froid.

5 Bienheureux, j'allongeai les jambes sous la table
Verte : je contemplai les sujets très naïfs
De la tapisserie. – Et ce fut adorable,
Quand la fille aux tétons énormes, aux yeux vifs,

– Celle-là, ce n'est pas un baiser qui l'épeure[2] ! –
10 Rieuse, m'apporta des tartines de beurre,
Du jambon tiède, dans un plat colorié,

Du jambon rose et blanc parfumé d'une gousse
D'ail, – et m'emplit la chope immense, avec sa mousse
Que dorait un rayon de soleil arriéré.

Octobre 1870.

Arthur Rimbaud, *Poésies*, 1891.

Observation

1. Quelles sont les satisfactions successives qui contribuent au sentiment de bien-être éprouvé par le poète ? En quoi sont-elles surprenantes dans un poème ?

2. Observez la construction de la phrase, du vers 7 au vers 14. Montrez comment elle remet en cause les règles du sonnet.

Analyse

3. Étudiez l'enchaînement des épisodes qui constituent la scène du Cabaret-Vert. Montrez que le lexique, les temps verbaux et le rythme participent à cette dimension narrative du poème.

4. Relevez tous les adjectifs présents dans ce poème et étudiez leurs connotations. Quelles sensations et quels sentiments mettent-ils en évidence ?

Comparer deux textes. Recherchez sur Internet ou au CDI le poème de Verlaine intitulé « L'Auberge » (*Jadis et Naguère*, 1884). Confrontez-le avec celui de Rimbaud : quels points communs, quelles différences constatez-vous ?

Notion

Poésie et narration

Dans l'épopée ou la chanson de geste, la poésie est narrative, c'est-à-dire qu'elle raconte un épisode de la mythologie, de l'Histoire ou de la vie d'un personnage célèbre. Un poème peut aussi rapporter une scène intime, autobiographique ou non, en associant les exigences de la versification à celles du récit.

Le XIXᵉ siècle

OBJET D'ÉTUDE 1ⁿᵈᵉ **La poésie : du romantisme au surréalisme** → voir p. 278

1886

Illuminations

Chacun des poèmes qui constituent le recueil des *Illuminations* apparaît comme une scène féerique ou hallucinatoire, un « instantané » d'extase. Avec « Aube », Rimbaud renouvelle l'évocation du petit matin, souvent célébrée dans l'histoire de la poésie.

1. **aube :** première lueur du jour qui apparaît à l'horizon.
2. **entreprise :** conquête.
3. **wasserfall :** mot allemand signifiant chute d'eau.

Aube[1]

J'ai embrassé l'aube d'été.

Rien ne bougeait encore au front des palais. L'eau était morte. Les camps d'ombres ne quittaient pas la route du bois. J'ai marché, réveillant les haleines vives et tièdes, et les pierreries regardèrent, et les ailes se levèrent sans bruit.

5 La première entreprise[2] fut, dans le sentier déjà empli de frais et blêmes éclats, une fleur qui me dit son nom.

Je ris au wasserfall[3] blond qui s'échevela à travers les sapins : à la cime argentée je reconnus la déesse.

Alors je levai un à un les voiles. Dans l'allée, en agitant les bras. Par la plaine, où
10 je l'ai dénoncée au coq. À la grand'ville elle fuyait parmi les clochers et les dômes, et courant comme un mendiant sur les quais de marbre, je la chassais.

En haut de la route, près d'un bois de lauriers, je l'ai entourée avec ses voiles amassés, et j'ai senti un peu son immense corps. L'aube et l'enfant tombèrent au bas du bois.

Au réveil il était midi.

Arthur Rimbaud, *Illuminations*, 1886.

1800 ▾ 1900

Observation

1. Relevez les moments successifs du récit présent dans ce poème en prose. Sur quelles indications spatiales et temporelles repose-t-il ?

2. Quelle interprétation donnez-vous à la dernière phrase du poème ? À quoi pourrait-on comparer cette « illumination » poétique ?

Analyse

3. En quoi les images participent-elles à transformer le réel en univers féerique ?

4. Étudiez la présence du « je » dans le poème. À travers l'expression de quelles émotions le lyrisme du poème se développe-t-il ?

5. Relevez et étudiez les termes qui, selon vous, donnent au texte une dimension symbolique.

Vers l'oral. Lisez ce texte à voix haute en prenant soin de respecter la ponctuation. Rédigez et présentez l'introduction de votre explication orale.

Notion

Les images symboliques

Le symbole participe aux traditions culturelles, religieuses ou politiques. Il est très présent dans la littérature où les mots renvoient par analogie à une réalité absente, un signifié abstrait. La poésie permet ainsi de donner une puissance symbolique à des objets, des sensations, des réalités concrètes et familières au lecteur.

Zola

▶ **Émile Zola**
▶ Né à Paris le 12 avril 1840.
▶ Décédé dans la nuit du 29 au 30 septembre 1902 à Paris

Émile Zola grandit à Aix-en-Provence. Après la mort de son père, en 1847, il mène auprès de sa mère une vie modeste et se lie d'amitié avec le jeune Paul Cézanne. Après avoir échoué au baccalauréat, Zola travaille à Paris comme livreur, puis comme directeur de la publicité chez Hachette. À vingt-quatre ans, il publie un recueil de nouvelles et s'exerce à la critique d'art, en défendant la peinture impressionniste. C'est alors qu'il entreprend la vaste fresque des *Rougon-Macquart*. Avec *L'Assommoir*, en 1877, Émile Zola devient le romancier le plus célèbre de son temps. Chef de file du mouvement naturaliste, il réunit ses disciples, Mirbeau, Huysmans, Maupassant, dans sa propriété de Médan et publie avec eux un recueil de nouvelles : *Les Soirées de Médan*, en 1881. Le naturalisme triomphe, en feuilletons, dans le roman et au théâtre. Un nouveau combat attend Émile Zola : persuadé de l'innocence du capitaine Dreyfus, condamné pour espionnage, l'écrivain s'engage pour sa réhabilitation : « J'accuse ! » est publié en 1898 dans le journal *L'Aurore*. Condamné à la prison, Zola se réfugie en Angleterre. De retour à Paris, il meurt en 1902, d'une asphyxie due à un système de chauffage défectueux, peut-être d'origine criminelle.

ŒUVRES PRINCIPALES

Romans
La série des *Rougon-Macquart* : *L'Assommoir* (1877), *Au Bonheur des dames* (1883), *Germinal* (1885), *La Terre* (1887), *La Bête humaine* (1890), *Le Docteur Pascal* (1893), etc.

Essai
Le Roman expérimental (1880).

Dessin réalisé après la publication de *Paris*, roman qui défend le progrès et l'éducation.

▶ L'œuvre de Zola

● **La critique d'art et la polémique.** Collaborant à de nombreux journaux, Zola défend les peintres modernes, Cézanne, Manet, Renoir, contre l'hostilité du public. Il réunit ses études dans des recueils, comme dans *Mes Haines* en 1866.

● **Le théoricien du naturalisme.** Fondateur et chef de file du mouvement naturaliste, Zola expose sa doctrine dans *Le Roman expérimental*, en 1880, manifeste du mouvement. De nombreux écrivains partagent ses principes, comme Octave Mirbeau dans le roman ou Henri Becque au théâtre.

● **La fresque des *Rougon-Macquart*.** Zola applique dans son œuvre sa conception naturaliste de la littérature. C'est ainsi que les vingt romans de la fresque des *Rougon-Macquart*, histoire naturelle et sociale d'une famille sous le Second Empire, paraissent de 1871 à 1893, explorant l'ensemble de la société des années 1851 à 1871.

● **L'œuvre engagée et humaniste.** Marqué par le développement de la misère, Zola défend le progrès et l'éducation dans les *Trois Villes* : *Lourdes*, *Rome*, *Paris* (1894-1897). Après la bataille en faveur de Dreyfus, il expose son rêve utopique, dans le cycle des *Quatre Évangiles* : *Fécondité*, *Travail*, *Vérité* et *Justice*, inachevé.

▶ Le triomphe du naturalisme

Rivalisant avec *La Comédie humaine* de Balzac, *Les Rougon-Macquart* de Zola se présentent comme l'« histoire naturelle et sociale d'une famille sous le Second Empire ». Zola définit le romancier comme un scientifique et le roman permet d'expérimenter les lois de l'hérédité et l'influence du milieu sur l'évolution des individus. À partir de la folie de la vieille tante Adélaïde, il montre comment une « fêlure » originelle se développe parmi les membres d'une famille. Chaque roman explore ainsi un univers nouveau, le monde de la finance, des ouvriers, des mineurs, des paysans. Les objets et les lieux familiers – comme l'alambic, la locomotive ou la mine – apparaissent comme des forces menaçantes. Romancier naturaliste, Zola est aussi un visionnaire dans la peinture épique des foules en mouvement ou celle des immenses bouleversements de la société.

Le XIXᵉ siècle

OBJET D'ÉTUDE 2ⁿᵈᵉ | **Le roman et la nouvelle : réalisme et naturalisme** → voir p. 272

1871

La Fortune des Rougon

Au moment où il publie le premier roman de la série des *Rougon-Macquart* en 1871, Zola présente au lecteur la vaste fresque qu'il entreprend. Son projet est fixé : il en explique la genèse et en définit les principes en annonçant les vingt romans à venir.

Préface

Je veux expliquer comment une famille, un petit groupe d'êtres, se comporte dans une société, en s'épanouissant pour donner naissance à dix, à vingt individus, qui paraissent, au premier coup d'œil, profondément dissemblables, mais que l'analyse montre intimement liés les uns aux autres. L'hérédité[1] a ses lois, comme la pesanteur.

5 Je tâcherai de trouver et de suivre, en résolvant la double question des tempéraments et des milieux, le fil qui conduit mathématiquement d'un homme à un autre homme. Et quand je tiendrai tous les fils, quand j'aurais entre les mains tout un groupe social, je ferai voir ce groupe à l'œuvre, comme acteur d'une époque historique, je le créerai agissant dans la complexité de ses efforts, j'analyserai à la fois la somme de volonté de 10 chacun de ses membres et la poussée générale de l'ensemble.

Les Rougon-Macquart, le groupe, la famille que je me propose d'étudier, a pour caractéristique le débordement des appétits, le large soulèvement de notre âge, qui se rue aux jouissances. Physiologiquement[2], ils sont la lente succession des accidents nerveux et sanguins qui se déclarent dans une race, à la suite d'une première lésion organique[3], et qui 15 déterminent, selon les milieux, chez chacun des individus de cette race, les sentiments, les désirs, les passions, toutes les manifestations humaines, naturelles et instinctives, dont les produits prennent les noms convenus de vertus et de vices. Historiquement, ils partent du peuple, ils s'irradient dans toute la société contemporaine, ils montent à toutes les situations, par cette impulsion essentiellement moderne que reçoivent les basses classes 20 en marche à travers le corps social, et ils racontent ainsi le second Empire, à l'aide de leurs drames individuels, du guet-apens du coup d'État à la trahison de Sedan[4].

Depuis trois années, je rassemblais les documents de ce grand ouvrage, et le présent volume était même écrit, lorsque la chute des Bonaparte, dont j'avais besoin comme artiste, et que toujours je trouvais fatalement au bout du drame, sans oser l'espérer si 25 prochaine, est venue me donner le dénouement terrible et nécessaire de mon œuvre. Celle-ci est, dès aujourd'hui, complète ; elle s'agite dans un cercle fini ; elle devient le tableau d'un règne mort, d'une étrange époque de folie et de honte.

Cette œuvre, qui formera plusieurs épisodes, est donc, dans ma pensée, l'Histoire naturelle et sociale d'une famille sous le second Empire. Et le premier épisode : *La For-* 30 *tune des Rougon*, doit s'appeler de son titre scientifique : *Les Origines*.

Émile Zola, *La Fortune des Rougon*, Préface, 1871.

1. l'hérédité : transmission des caractères, de génération en génération.

2. physiologiquement : la physiologie, la science qui étudiait le fonctionnement des organismes.

3. une première lésion organique : ce sera, dans l'œuvre, la folie de la tante Dide, l'ancêtre des Rougon-Macquart.

4. la trahison de Sedan : le premier roman de la série s'ouvre sur le coup d'État de Louis-Napoléon Bonaparte, en 1851 ; le dernier coïncide avec la défaite de Sedan et la fin de l'Empire, en 1870.

1800 ▾ 1900

Observation

1. Repérez ce qui caractérise le groupe familial que le romancier veut mettre en scène. Que veut dire Zola lorsqu'il affirme que « l'hérédité a ses lois, comme la pesanteur » (l. 4) ?

2. Repérez la présence du lexique scientifique. Quelle est la fonction donnée à la science dans sa Préface par le romancier ?

Analyse

3. Quel est le rôle de la société dans l'histoire de cette famille ?

4. À travers quels procédés l'écrivain s'implique-t-il pour convaincre ?

Comparer des textes. Résumez le projet de Zola. En quoi les extraits proposés aux pages 376 à 380 répondent-ils à son ambition ?

Notion

Le projet du romancier

La préface permet à un écrivain de revenir sur la genèse de son projet, d'annoncer au lecteur les différentes étapes à travers lesquelles son œuvre se développera. Zola définit clairement l'objet de la fresque qu'il entreprend. Il permet ainsi au lecteur de comprendre les enjeux de son œuvre.

Zola

OBJET D'ÉTUDE 2nde **Le roman et la nouvelle : réalisme et naturalisme** → voir p. 272

1877 L'Assommoir

Fidèle à sa volonté de décrire l'influence du milieu social sur ses personnages, Zola décrit la lente déchéance de Gervaise, entraînée malgré elle dans l'alcoolisme. Le romancier la montre pénétrant pour la première fois dans « l'Assommoir », le café qui joue un rôle capital dans le roman.

L'Assommoir s'était empli. On parlait très fort, avec des éclats de voix qui déchiraient le murmure gras des enrouements. Des coups de poing sur le comptoir, par moments, faisaient tinter les verres. Tous debout, les mains croisées sur le ventre ou rejetées derrière le dos, les buveurs formaient de petits groupes, serrés les uns contre les autres ;
5 il y avait des sociétés[1], près des tonneaux, qui devaient attendre un quart d'heure, avant de pouvoir commander leurs tournées au père Colombe.

« Comment ! c'est cet aristo[2] de Cadet-Cassis[3] ! cria Mes-Bottes, en appliquant une rude tape sur l'épaule de Coupeau. Un joli monsieur qui fume du papier et qui a du linge !… On veut donc épater sa connaissance, on lui paie des douceurs !

10 – Hein ! ne m'embête pas, répondit Coupeau, très contrarié.

Mais l'autre ricanait.

« Suffit ! on est à la hauteur, mon bonhomme… Les mufes[4] sont des mufes, voilà ! »

Il tourna le dos, après avoir louché terriblement, en regardant Gervaise. Celle-ci se reculait, un peu effrayée. La fumée des pipes, l'odeur forte de tous ces hommes, montaient dans l'air chargé d'alcool ; et elle étouffait, prise d'une petite toux.
15 « Oh ! c'est vilain de boire ! » dit-elle à demi-voix.

Et elle raconta qu'autrefois, avec sa mère, elle buvait de l'anisette, à Plassans[5]. Mais elle avait failli en mourir un jour, et ça l'avait dégoûtée ; elle ne pouvait plus voir les liqueurs.

20 « Tenez, ajouta-t-elle en montrant son verre, j'ai mangé ma prune ; seulement, je laisserai la sauce, parce que ça me ferait du mal. »

Coupeau, lui aussi, ne comprenait pas qu'on pût avaler de pleins verres d'eau-de-vie. Une prune par-ci par-là, ça n'est pas mauvais. Quant au vitriol[6], à l'absinthe et aux autres cochonneries, bonsoir ! il n'en fallait pas. Les camarades avaient beau le
25 blaguer, il restait à la porte lorsque ces cheulards-là[7] entraient à la mine à poivre. Le papa Coupeau, qui était zingueur comme lui, s'était écrabouillé la tête sur le pavé de la rue Coquenard, en tombant un jour de ribote[8], de la gouttière du n° 25 ; et ce souvenir, dans la famille, les rendait tous sages. Lui, lorsqu'il passait rue Coquenard et qu'il voyait la place, il aurait plutôt bu l'eau du ruisseau que d'avaler un canon gratis chez le mar-
30 chand de vin. Il conclut par cette phrase :

« Dans notre métier, il faut des jambes solides. »

Gervaise avait repris son panier. Elle ne se levait pourtant pas, le tenait sur ses genoux, les regards perdus, rêvant, comme si les paroles du jeune ouvrier éveillaient en elle des pensées lointaines d'existence. Et elle dit encore, lentement, sans transition
35 apparente :

« Mon Dieu ! je ne suis pas ambitieuse, je ne demande pas grand-chose… Mon idéal, ce serait de travailler tranquille, de manger toujours du pain, d'avoir un trou un peu propre pour dormir, vous savez, un lit, une table et deux chaises, pas davantage… Ah ! je voudrais aussi élever mes enfants, en faire de bons sujets, si c'était possible… Il y a
40 encore un idéal, ce serait de ne pas être battue, si je me remettais jamais en ménage ; non, ça ne me plairait pas d'être battue… Et c'est tout, vous voyez, c'est tout… »

Elle cherchait, interrogeait ses désirs, ne trouvait plus rien de sérieux qui la tentât.

---

1. des sociétés : des groupes d'amis.

2. aristo : terme d'argot signifiant « qui se croit plus que les autres ».

3. Cadet-Cassis : surnom de Coupeau.

4. mufes : idiots ou lâches, dans la langue argotique.

5. Plassans : lieu d'origine de la famille des Rougon-Macquart.

6. le vitriol : acide puissant qui désigne par métaphore un alcool fort.

7. cheulard : ivrogne, dans la langue argotique.

8. ribote : excès de table et de boisson.

Le XIXe siècle ■

Cependant, elle reprit, après avoir hésité :

« Oui, on peut à la fin avoir le désir de mourir dans son lit… Moi, après avoir bien
45 trimé toute ma vie, je mourrais volontiers dans mon lit, chez moi. »

Et elle se leva. Coupeau, qui approuvait vivement ses souhaits, était déjà debout,
s'inquiétant de l'heure. Mais ils ne sortirent pas tout de suite ; elle eut la curiosité d'aller
regarder, au fond, derrière la barrière de chêne, le grand alambic de cuivre rouge, qui
fonctionnait sous le vitrage clair de la petite cour ; et le zingueur qui l'avait suivie, lui
50 expliqua comment ça marchait, indiquant du doigt les différentes pièces de l'appareil,
montrant l'énorme cornue d'où tombait un filet limpide d'alcool. L'alambic, avec ses
récipients de forme étrange, ses enroulements sans fin de tuyaux, gardait une mine
sombre ; pas une fumée ne s'échappait ; à peine entendait-on un souffle intérieur, un
ronflement souterrain ; c'était comme une besogne de nuit faite en plein jour, par un
55 travailleur morne, puissant et muet. Cependant, Mes-Bottes, accompagné de ses deux
camarades, était venu s'accouder sur la barrière, en attendant qu'un coin du comptoir
fût libre. Il avait un rire de poulie mal graissée, hochant la tête, les yeux attendris, fixés
sur la machine à soûler. Tonnerre de Dieu ! elle était bien gentille ! Il y avait, dans ce
gros bedon[9] de cuivre, de quoi se tenir le gosier au frais pendant huit jours. Lui, aurait
60 voulu qu'on lui soudât le bout du serpentin entre les dents, pour sentir le vitriol encore
chaud l'emplir, lui descendre jusqu'aux talons, toujours, toujours, comme un petit ruisseau. Dame ! il ne se serait plus dérangé, ça aurait joliment remplacé les dés à coudre
de ce rousin[10] de père Colombe ! Et les camarades ricanaient, disaient que cet animal
de Mes-Bottes avait un fichu grelot, tout de même. L'alambic, sourdement, sans une
65 flamme, sans une gaieté dans les reflets éteints de ses cuivres, continuait, laissait couler
sa sueur d'alcool, pareil à une source lente et entêtée, qui à la longue devait envahir la
salle, se répandre sur les boulevards extérieurs, inonder le trou immense de Paris. Alors,
Gervaise, prise d'un frisson, recula ; et elle tâchait de sourire, en murmurant : « C'est
bête, ça me fait froid, cette machine… la boisson me fait froid… »

Émile Zola, *L'Assommoir*, 1877.

---

9. bedon : ventre,
en argot.
**10. rousin (ou
« roussin ») :**
policier, en argot.

1800
▼
1900

Observation

1. À travers quels sens le café apparaît-il à Gervaise au début du passage ?
Quelles impressions en retire-t-elle ?

2. Comment les réticences de Gervaise
et de Coupeau à l'égard de l'alcool s'expliquent-elles ?

3. Relevez les passages qui rapportent
les discours des personnages au style
indirect libre. Quel est l'intérêt de ce
procédé pour le lecteur ?

Analyse

4. Relevez et étudiez la présence
des termes argotiques dans le texte.

À travers quelles images, quelles
expressions, quelles constructions
grammaticales ce parler populaire se
retrouve-t-il également ?

5. Étudiez la description de l'alambic
(l. 51 à 67). Expliquez les réactions de
Gervaise devant la machine.

6. Pourquoi, selon vous, Émile Zola
a-t-il choisi d'intituler son roman *L'Assommoir* ?

Vers le commentaire. Vous ferez le
commentaire de ce passage sous la
forme d'un paragraphe entièrement
rédigé et illustré d'exemples.

Notion

L'argot dans le roman naturaliste

L'écrivain, dans sa volonté d'explorer tous les milieux sociaux,
a recours à la diversité des
langages : c'est par exemple le
langage technique des mineurs,
des artistes ou de la finance,
l'argot des ouvriers ou le patois
paysan. Cet usage participe
pleinement au projet du romancier naturaliste d'introduire la
réalité sociale dans le roman.

377 ■

Zola

OBJET D'ÉTUDE 2ⁿᵈᵉ **Le roman et la nouvelle : réalisme et naturalisme** → voir p. 272

1885 | Germinal

En grève depuis deux mois, les mineurs, qui n'ont obtenu aucun résultat, laissent éclater leur révolte, sous les yeux du directeur de la mine et de sa famille. Zola dépasse alors la représentation familière du milieu de la mine pour donner au texte romanesque une dimension épique.

1. **Jeanlin :** enfant employé à la mine.
2. **Négrel :** ingénieur à la mine.
3. **galibots :** apprentis-mineurs.
4. **haveurs :** ouvriers qui entaillent les galeries.
5. **raccommodeurs :** ouvriers qui maintiennent en état les charpentes et les voies.
6. **Mme Hennebeau :** femme du directeur de la mine.

Le roulement de tonnerre approchait, la terre fut ébranlée, et Jeanlin[1] galopa le premier, soufflant dans sa corne.

« Prenez vos flacons, la sueur du peuple qui passe ! » murmura Négrel[2], qui, malgré ses convictions républicaines, aimait à plaisanter la canaille avec les dames.

5 Mais son mot spirituel fut emporté dans l'ouragan des gestes et des cris. Les femmes avaient paru, près d'un millier de femmes, aux cheveux épars, dépeignées par la course, aux guenilles montrant la peau nue, des nudités de femelles lasses d'enfanter des meurt-de-faim. Quelques-unes tenaient leur petit entre les bras, le soulevaient, l'agitaient, ainsi qu'un drapeau de deuil et de vengeance. D'autres, plus jeunes, avec des gorges gonflées 10 de guerrières, brandissaient des bâtons ; tandis que les vieilles, affreuses, hurlaient si fort, que les cordes de leurs cous décharnés semblaient se rompre. Et les hommes déboulèrent ensuite, deux mille furieux, des galibots[3], des haveurs[4], des raccommodeurs[5], une masse compacte qui roulait d'un seul bloc, serrée, confondue, au point qu'on ne distinguait ni les culottes déteintes, ni les tricots de laine en loques, effacés dans la même uniformité 15 terreuse. Les yeux brûlaient, on voyait seulement les trous des bouches noires, chantant La Marseillaise, dont les strophes se perdaient en un mugissement confus, accompagné par le claquement des sabots sur la terre dure. Au-dessus des têtes, parmi le hérissement des barres de fer, une hache passa, portée toute droite ; et cette hache unique, qui était comme l'étendard de la bande, avait, dans le ciel clair, le profil aigu d'un couperet de guillotine.

20 « Quels visages atroces ! » balbutia Mme Hennebeau[6].

Négrel dit entre ses dents :

« Le diable m'emporte si j'en reconnais un seul ! D'où sortent-ils donc, ces bandits-là ? »

Et, en effet, la colère, la faim, ces deux mois de souffrance et cette débandade enragée au travers des fosses, avaient allongé en mâchoires de bêtes fauves les faces placides des 25 houilleurs de Montsou. À ce moment, le soleil se couchait, les derniers rayons, d'une pourpre sombre, ensanglantaient la plaine. Alors, la route sembla charrier du sang, les femmes, les hommes continuaient à galoper, saignants comme des bouchers en pleine tuerie.

« Oh ! superbe ! » dirent à demi-voix Lucie et Jeanne, remuées dans leur goût d'artistes par cette belle horreur.

Émile Zola, *Germinal*, 1885.

Observation

1. Quels détails mettent en évidence la misère des mineurs et la colère violente qui les anime ?

2. Quels sentiments à l'égard des mineurs traduisent les réactions des témoins de la scène ? Que veut souligner le romancier ?

Analyse

3. Quels procédés, quelles expressions contribuent à faire des grévistes une foule compacte, indistincte et solidaire ?

4. Comment Zola transforme-t-il des éléments de la réalité en symboles ? Quelle est leur signification ?

5. Commentez l'expression « belle horreur », à la dernière ligne du texte.

Vers le commentaire. Montrez dans un paragraphe rédigé comment le romancier naturaliste fait de la foule en grève un héros collectif.

Notion

Le héros collectif

Le héros véritable du roman naturaliste est très souvent un héros collectif : mineurs du Nord, commerçants des Halles, ouvriers des faubourgs de Paris, employés des grands magasins, occupants d'un immeuble, etc. Le groupe incarne des valeurs, des modes de vie, un langage, des problèmes et des espoirs que découvre le lecteur du roman.

378

Le XIXᵉ siècle

La colère et la lutte

Jules Adler, *La Grève au Creusot*

En 1899, les ouvriers de l'usine Schneider au Creusot se mettent en grève et manifestent contre l'accélération des cadences de travail et surtout pour pouvoir s'organiser en syndicat. Le 24 septembre, 7 000 personnes se retrouvent pour une impressionnante manifestation.

Jules Adler (1865-1952), *La Grève au Creusot*, 1899, huile sur toile.

1800 ▼ 1900

Jules Adler représente une lutte collective, où la fraternité dans la révolte se traduit par le rapprochement des corps et des mains.

À travers les femmes et les enfants, c'est la survie des familles qui est en jeu. Le rameau est le signe de la paix.

La protestation revendique un caractère républicain, comme le souligne la présence des drapeaux tricolores.

Lecture d'image

1. Montrez comment les lignes directrices et la disposition des personnages traduisent la force de la manifestation.

2. La tonalité d'ensemble est sombre. Comment interprétez-vous cela ? Par quel élément du tableau l'artiste traduit-il symboliquement l'idée d'un avenir qui pourrait être meilleur ?

3. Relevez les éléments du texte de Zola que pourrait illustrer le tableau.

La peinture naturaliste

Au milieu du XIXᵉ siècle, les peintres réalistes comme Courbet ou Millet représentent des scènes de la vie quotidienne. En mettant l'accent sur la question sociale, c'est un véritable courant naturaliste qui se développe dans le dernier quart du siècle. À l'image du projet de Zola, il montre la nature des vies paysanne et ouvrière, et les tensions qui les traversent.

Zola

OBJET D'ÉTUDE 2ⁿᵈᵉ **Le roman et la nouvelle : réalisme et naturalisme** → voir p. 272

1890

La Bête humaine

Après avoir décrit les Halles de Paris, les grands magasins ou la mine, Zola met en scène dans *La Bête humaine* le monde du chemin de fer. Les conflits qui éclatent entre les personnages conduisent au déraillement de la locomotive dans une catastrophe tragique.

Alors, à vingt mètres d'eux, au bord de la voie où l'épouvante les clouait, Misard et Cabuche les bras en l'air, Flore les yeux béants, virent cette chose effrayante : le train se dresser debout, sept wagons monter les uns sur les autres, puis retomber avec un abominable craquement, en une débâcle informe de débris. Les trois premiers étaient réduits
5   en miettes, les quatre autres ne faisaient plus qu'une montagne, un enchevêtrement de toitures défoncées, de roues brisées, de portières, de chaînes, de tampons, au milieu de morceaux de vitre. Et, surtout, l'on avait entendu le broiement de la machine contre les pierres, un écrasement sourd terminé en un cri d'agonie. La Lison[1], éventrée, culbutait à gauche, par-dessus le fardier[2] ; tandis que les pierres, fendues, volaient en éclats, comme
10 sous un coup de mine, et que, des cinq chevaux, quatre, roulés, traînés, étaient tués net. La queue du train, six wagons encore, intacts, s'étaient arrêtés, sans même sortir des rails.

Mais des cris montèrent, des appels dont les mots se perdaient en hurlements inarticulés de bête.

« À moi ! Au secours !… Oh ! mon Dieu ! je meurs ! Au secours ! Au secours ! »

15 On n'entendait plus, on ne voyait plus. La Lison, renversée sur les reins, le ventre ouvert, perdait sa vapeur, par les robinets arrachés, les tuyaux crevés, en des souffles qui grondaient, pareils à des râles furieux de géante. Une haleine blanche en sortait, inépuisable, roulant d'épais tourbillons au ras du sol ; pendant que, du foyer, les braises tombées, rouges comme le sang même de ses entrailles, ajoutaient leurs fumées noires. La cheminée,
20 dans la violence du choc, était entrée en terre ; à l'endroit où il avait porté, le châssis s'était rompu, faussant les deux longerons ; et, les roues en l'air, semblable à une cavale monstrueuse, décousue par quelque formidable coup de corne, la Lison montrait ses bielles tordues, ses cylindres cassés, ses tiroirs et leurs excentriques[3] écrasés, toute une affreuse plaie bâillant au plein air, par où l'âme continuait de sortir, avec un fracas d'enragé déses-
25 poir. Justement, près d'elle, le cheval qui n'était pas mort gisait lui aussi, les deux pieds de devant emportés, perdant également ses entrailles par une déchirure de son ventre. À sa tête droite, raidie dans un spasme d'atroce douleur, on le voyait râler, d'un hennissement terrible, dont rien n'arrivait à l'oreille, au milieu du tonnerre de la machine agonisante.

Les cris s'étranglèrent, inentendus, perdus, envolés.

30 « Sauvez-moi ! Tuez-moi !… Je souffre trop, tuez-moi ! tuez-moi donc ! »

Émile Zola, *La Bête humaine*, 1890.

---

1. La Lison : surnom donné à sa locomotive par le héros du roman, Jacques Lantier.

2. fardier : chariot tiré par des chevaux, qui transporte des blocs de pierre. C'est ce chariot, au milieu de la voie, qui est la cause de l'accident.

3. excentriques : pièces de la mécanique.

Observation

1. Quels sont les témoins de la scène ? Comment la perception de la catastrophe se développe-t-elle dans le texte ? Étudiez l'emploi du pronom « on ».

2. Repérez les passages au style direct. Quelle est leur fonction ? Montrez qu'ils correspondent au pathétique de la situation.

3. Relevez et classez le lexique qui donne une vision réaliste de la catastrophe.

Analyse

4. Analysez le procédé de l'accumulation dans le texte. Quel est l'effet recherché ?

5. Étudiez, de la ligne 15 à 28, le développement de la personnification de la locomotive.

Vers le commentaire. Vous ferez le commentaire de ce passage sous la forme d'un paragraphe rédigé, argumenté et illustré d'exemples tirés du texte.

Notion

La personnification

Le romancier peut donner à un objet la dimension d'un véritable personnage en lui prêtant des mouvements, des pensées et des sentiments. Il utilise alors les procédés de la personnification qui font de l'objet représenté un être vivant.

Le XIXᵉ siècle

OBJET D'ÉTUDE 1ʳᵉ : La question de l'Homme dans les genres de l'argumentation → voir p. 282

1898

J'accuse !

À la suite de la condamnation injuste du capitaine Dreyfus pour espionnage, Émile Zola prend sa défense et, après une longue enquête, publie une lettre ouverte au président de la République, publiée à la Une du journal *L'Aurore*. Il met son éloquence au service du combat contre l'antisémitisme et toutes les formes d'injustices.

J'accuse le général de Pellieux et le commandant Ravary d'avoir fait une enquête scélérate, j'entends par là une enquête de la plus monstrueuse partialité, dont nous avons, dans le rapport du second, un impérissable monument de naïve audace.

5   J'accuse les trois experts en écritures, les sieurs Belhomme, Varinard et Couard, d'avoir fait des rapports mensongers et frauduleux, à moins qu'un examen médical ne les déclare atteints d'une maladie de la vue et du jugement.

J'accuse les bureaux de la Guerre d'avoir mené dans la presse, particulièrement dans *L'Éclair* et dans *L'Écho de Paris*, une campagne abominable, pour égarer l'opinion et couvrir leur faute.

10 J'accuse enfin le premier conseil de guerre d'avoir violé le droit, en condamnant un accusé sur une pièce[1] restée secrète, et j'accuse le second conseil de guerre d'avoir couvert cette illégalité, par ordre, en commettant à son tour le crime juridique d'acquitter sciemment un coupable[2].

En portant ces accusations, je n'ignore pas que je me mets sous le coup des ar-
15 ticles 30 et 31 de la loi sur la presse du 29 juillet 1881, qui punit les délits de diffamation. Et c'est volontairement que je m'expose.

Quant aux gens que j'accuse, je ne les connais pas, je ne les ai jamais vus, je n'ai contre eux ni rancune ni haine. Ils ne sont pour moi que des entités, des esprits de malfaisance sociale. Et l'acte que j'accomplis ici n'est qu'un moyen révolutionnaire pour
20 hâter l'explosion de la vérité et de la justice.

Je n'ai qu'une passion, celle de la lumière, au nom de l'humanité qui a tant souffert et qui a droit au bonheur. Ma protestation enflammée n'est que le cri de mon âme. Qu'on ose donc me traduire en cour d'assises et que l'enquête ait lieu au grand jour ! J'attends.

25 Veuillez agréer, monsieur le Président[3], l'assurance de mon profond respect.

Émile Zola, « J'accuse ! », *L'Aurore* du 13 janvier 1898.

1. une pièce : un document.
2. acquitter sciemment un coupable : le véritable coupable a été protégé par sa hiérarchie pendant les procès.
3. monsieur le Président : le président de la République, Félix Faure.

1800 ▾ 1900

Observation

1. Qui est ici l'émetteur ? Quel est son statut ? Expliquez : « C'est volontairement que je m'expose. »

2. À quel endroit de la lettre le destinataire apparaît-il ? Au-delà, quel est le destinataire véritable ?

3. Quelle est la thèse défendue par Zola ? Reformulez-la en une phrase.

Analyse

4. Relevez les informations données par l'émetteur sur lui-même. Quelle image de lui transmet-il au lecteur ? Dans quelle intention ?

5. Relevez et analysez les principaux procédés de l'éloquence dans cette lettre ouverte.

Recherche documentaire. Recherchez les différentes étapes de l'affaire Dreyfus. Quels problèmes de la société française de la IIIᵉ République met-elle en évidence ? Présentez votre travail sous la forme d'une fiche.

Notion

L'éloquence oratoire

L'éloquence oratoire concerne l'art de parler en public. Que son discours soit écrit ou effectivement prononcé, l'orateur s'appuie pour convaincre sur le lexique et les termes forts, le rythme de la phrase, l'anaphore et les formes d'insistance et de répétition. Il peut recourir aux grandes figures de style comme la comparaison et la métaphore.

Maupassant

▶ **Guy de Maupassant**
▶ Né au château de Miromesnil, en Normandie, le 5 août 1850.
▶ Décédé à Paris le 6 juillet 1893.

Guy de Maupassant grandit en Normandie, au contact des paysans, des marins et des chasseurs dont il décrira les mœurs dans ses nouvelles. Après la guerre franco-prussienne de 1870, il devient fonctionnaire à Paris, mais il déteste la vie de bureau, qu'il compense par de joyeuses parties de canotage avec ses amis, sur les bords de la Seine. Il écrit des poèmes, des pièces de théâtre, des nouvelles. Flaubert, le grand ami de la famille, le conseille. En 1880, le jeune écrivain se fait remarquer en publiant *Boule de suif* dans *Les Soirées de Médan*. Un an plus tard, son premier recueil de contes et nouvelles, *La Maison Tellier*, connaît un immense succès. Dès lors, chaque année, Maupassant livre à un public impatient ses romans ou ses recueils de contes. Il voyage, fréquente les écrivains et les journalistes à la mode, se partageant entre la Normandie, Paris et la Côte d'Azur, où l'attend son yacht, le *Bel-Ami*. Malade de la syphilis, il tente vainement de soulager ses douleurs. Sa santé se détériore. Après une tentative de suicide en 1891, il est interné à Paris, dans la maison de santé du docteur Blanche, où il meurt deux ans plus tard.

ŒUVRES PRINCIPALES

Contes et nouvelles
La Maison Tellier (1881), *Les Contes de la bécasse* (1883), *Le Horla* (1887).

Romans
Une vie (1883), *Bel-Ami* (1885), *Pierre et Jean* (1888).

▶ L'œuvre de Maupassant

● **La virtuosité du conteur.** En onze années, de 1880 à 1891, Maupassant publie dans les journaux puis en recueils près de trois cents contes et nouvelles qui font de lui le maître incontesté de ce genre dans la littérature française. À travers la diversité des situations et des personnages qu'elles abordent, ses nouvelles explorent tous les milieux de la société du XIXe siècle.

● **Le regard aigu du romancier.** Héritier de Flaubert et de Zola, Maupassant écrit six romans qui connaissent un grand succès de librairie, parmi lesquels *Une vie* en 1883, *Bel-Ami* en 1885, *Pierre et Jean* en 1888. Partagé entre réalisme et naturalisme, il porte sur la société de son temps un regard souvent amer et pessimiste.

● **La lucidité du chroniqueur.** Après le succès de *Boule de suif*, qui le lance dans la vie littéraire en 1880, Maupassant multiplie les chroniques dans les journaux : *Le Gaulois*, *Gil Blas* ou *Le Figaro*. Au-delà de la critique littéraire et artistique, il prend position dans les débats de son temps, en faisant campagne pour le divorce, en dénonçant la guerre et le colonialisme, ou en s'opposant à la construction de la tour Eiffel.

▶ Maupassant, entre réalisme et naturalisme

Profondément influencé par son maître et ami Gustave Flaubert, Maupassant partage avec lui les mêmes exigences de réalisme. Histoires de chasse, récits de guerre, farces normandes, drames bourgeois : sous leur apparence anecdotique, écrites dans une langue claire et limpide, les nouvelles mais aussi les romans de Maupassant sont autant d'observations lucides, amères ou burlesques, de la société du XIXe siècle. Parallèlement, il épouse en partie les thèses naturalistes d'Émile Zola, dont il admire la capacité à représenter les milieux sociaux et les mutations du monde moderne. Son génie s'exprime enfin à travers ses nouvelles fantastiques qui explorent l'univers inquiétant des doubles et des apparitions. Ce sont ainsi ses propres angoisses que Maupassant affronte et cherche à conjurer, devant la présence cachée de la mort.

Le personnage central du *Horla*.

Le XIXᵉ siècle

OBJET D'ÉTUDE 1ʳᵉ **Le personnage de roman** → voir p. 274

1880

Boule de suif

Publié dans le recueil des *Soirées de Médan*, qui apparaît comme l'acte fondateur de l'école naturaliste, *Boule de suif* raconte la fuite en diligence d'un groupe d'habitants de la « bonne société » de Rouen devant l'invasion prussienne de 1870.

En face des deux religieuses, un homme et une femme attiraient les regards de tous.

L'homme, bien connu, était Cornudet le démoc, la terreur des gens respectables. Depuis vingt ans, il trempait sa barbe rousse dans les bocks de tous les cafés démocratiques. Il avait mangé avec les frères et amis une assez belle fortune qu'il tenait de son
5 père, ancien confiseur, et il attendait impatiemment la République pour obtenir enfin la place méritée par tant de consommations révolutionnaires. Au quatre septembre[1], par suite d'une farce peut-être, il s'était cru nommé préfet ; mais quand il voulut entrer en fonctions, les garçons de bureau, demeurés seuls maîtres de la place, refusèrent de le reconnaître, ce qui le contraignit à la retraite. Fort bon garçon du reste, inoffensif et
10 serviable, il s'était occupé avec une ardeur incomparable d'organiser la défense. Il avait fait creuser des trous dans les plaines, coucher tous les jeunes arbres des forêts voisines, semé des pièges sur toutes les routes, et, à l'approche de l'ennemi, satisfait de ses préparatifs, il s'était vivement replié vers la ville. Il pensait maintenant se rendre plus utile au Havre, où de nouveaux retranchements allaient être nécessaires.

15 La femme, une de celles appelées galantes, était célèbre par son embonpoint précoce qui lui avait valu le surnom de Boule de suif[2]. Petite, ronde de partout, grasse à lard, avec des doigts bouffis, étranglés aux phalanges, pareils à des chapelets de courtes saucisses, avec une peau luisante et tendue, une gorge énorme qui saillait sous sa robe, elle restait cependant appétissante et courue, tant sa fraîcheur faisait plaisir à voir. Sa figure était
20 une pomme rouge, un bouton de pivoine prêt à fleurir ; et là-dedans s'ouvraient, en haut, deux yeux noirs magnifiques, ombragés de grands cils épais qui mettaient une ombre dedans ; en bas, une bouche charmante, étroite, humide pour le baiser, meublée de quenottes[3] luisantes et microscopiques.

Elle était de plus, disait-on, pleine de qualités inappréciables.

25 Aussitôt qu'elle fut reconnue, des chuchotements coururent parmi les femmes honnêtes, et les mots de « prostituée », de « honte publique » furent chuchotés si haut qu'elle leva la tête. Alors elle promena sur ses voisins un regard tellement provocant et hardi qu'un grand silence aussitôt régna, et tout le monde baissa les yeux.

Guy de Maupassant, *Boule de suif*, 1880.

1. Au quatre septembre : jour de la proclamation de la IIIᵉ République, après la chute de Napoléon III.
2. suif : graisse animale
3. quenottes : dents.

1800 ▾ 1900

Observation

1. Comment s'organise ce double portrait ? Repérez les différentes parties de l'extrait.

2. Quel type d'informations Maupassant apporte-t-il sur le personnage de Cornudet ? Montrez le mélange d'ironie et de sympathie présent dans ce portrait.

3. Quel type d'informations Maupassant apporte-t-il sur le personnage de Boule de suif ? Sur quel contraste la description repose-t-elle ? Repérez les images des lignes 16 à 23.

Analyse

4. Expliquez la première phrase. Qu'est-ce qui distingue les deux personnages des autres voyageurs ?

5. Analysez les réactions des passagers de la diligence à la fin du texte. Quel trait de caractère montre alors l'héroïne ?

Vers le commentaire. Vous ferez le commentaire du portrait de l'héroïne de *Boule de suif* sous la forme d'un paragraphe rédigé et illustré d'exemples. Vous vous attacherez à l'analyse du lexique et des images.

Notion

La caractérisation des personnages

Le personnage est un être fictif auquel le romancier attribue une identité, des traits physiques, un caractère, une situation familiale et sociale. Le lecteur peut aussi découvrir le personnage à travers son comportement ou ses paroles, qui sont autant d'indices.

Maupassant

OBJET D'ÉTUDE 2ⁿᵈᵉ **Le roman et la nouvelle : réalisme et naturalisme** → voir p. 272

1881 Une partie de campagne

Publiée en 1881 dans *La Maison Tellier*, « Une partie de campagne » confronte deux univers familiers à l'auteur : celui des canotiers des bords de la Seine et celui des bourgeois parisiens grisés par une excursion à la campagne.

C'étaient deux solides gaillards, posant beaucoup pour la vigueur, mais qui montraient en tous leurs mouvements cette grâce élastique des membres qu'on acquiert par l'exercice, si différente de la déformation qu'imprime à l'ouvrier l'effort pénible, toujours le même.

5 Ils échangèrent rapidement un sourire en voyant la mère, puis un regard en apercevant la fille. « Donnons notre place, dit l'un, ça nous fera faire connaissance. » L'autre aussitôt se leva et, tenant à la main sa toque¹ mi-partie rouge et mi-partie noire, il offrit chevaleresquement de céder aux dames le seul endroit du jardin où ne tombât point le soleil. On accepta en se confondant en excuses ; et pour que ce fût plus champêtre, la

10 famille s'installa sur l'herbe sans table ni sièges.

Les deux jeunes gens portèrent leur couvert quelques pas plus loin et se remirent à manger. Leurs bras nus, qu'ils montraient sans cesse, gênaient un peu la jeune fille. Elle affectait même de tourner la tête et de ne point les remarquer, tandis que Mme Dufour, plus hardie, sollicitée par une curiosité féminine qui était peut-être du désir, les regardait

15 à tout moment, les comparant sans doute avec regret aux laideurs secrètes de son mari.

Elle s'était éboulée² sur l'herbe, les jambes pliées à la façon des tailleurs, et elle se trémoussait continuellement, sous prétexte que des fourmis lui étaient entrées quelque part. M. Dufour, rendu maussade par la présence et l'amabilité des étrangers, cherchait une position commode qu'il ne trouva pas du reste, et le jeune homme aux cheveux

20 jaunes³ mangeait silencieusement comme un ogre.

« Un bien beau temps, monsieur », dit la grosse dame à l'un des canotiers. Elle voulait être aimable à cause de la place qu'ils avaient cédée. « Oui, madame, répondit-il ; venez-vous souvent à la campagne ?

– Oh ! une ou deux fois par an seulement, pour prendre l'air ; et vous, monsieur ?

25 – J'y viens coucher tous les soirs.

– Ah ! ça doit être bien agréable ?

– Oui, certainement, madame. »

Et il raconta sa vie de chaque jour, poétiquement, de façon à faire vibrer dans le cœur de ces bourgeois privés d'herbe et affamés de promenades aux champs cet amour

30 bête de la nature qui les hante toute l'année derrière le comptoir de leur boutique.

Guy de Maupassant, « Une partie de campagne », *La Maison Tellier*, 1881.

Notes (marge) :

1. **toque :** chapeau sans bords.
2. **éboulée :** étalée.
3. **le jeune homme aux cheveux jaunes :** l'employé de la boutique que M. et Mme Dufour ont emmené avec eux.

Observation

1. À travers quels éléments Maupassant crée-t-il le décor d'une partie de campagne ?

2. Relevez les caractéristiques apportées sur les deux groupes de personnages. Comment et pourquoi entrent-ils en relation ?

3. Relevez la présence de la nature dans le texte. Quelle importance revêt-elle pour chacun des groupes de personnages ?

Analyse

4. Comment les personnages du mari et du commis apparaissent-ils dans l'extrait ? Montrez comment ils s'opposent aux deux canotiers.

5. Commentez la dernière phrase de l'extrait.

Vers l'écriture d'invention. Vous poursuivrez le texte en imaginant le discours du canotier évoquant sa vie sur les bords de la Seine et les réactions des deux femmes à son écoute.

Le XIXe siècle

Les lumières de l'instant
Claude Monet, *Baigneurs à la Grenouillère*

Située sur l'île de Croissy, la Grenouillère est un établissement célèbre des bords de Seine dans la seconde moitié du XIXe siècle. À la fin de l'été 1869, Auguste Renoir et Claude Monet y peignent six toiles qui annoncent l'impressionnisme.

Claude Monet (1840-1926), *Baigneurs à la Grenouillère*, 1869, huile sur toile.

L'invention du tube de peinture permet de quitter l'atelier. Monet peint « sur le motif », sans étude préparatoire.

Les touches de couleurs sont séparées. Monet restitue le scintillement de la lumière sur l'eau et sur les feuilles.

Monet saisit les effets fugitifs de la lumière. Les personnages sont réduits à quelques traits.

Lecture d'image

1. Décrivez les activités des différents personnages. Comment peut-on qualifier l'atmosphère de la scène ?

2. Depuis le XVIIe siècle, l'histoire de la peinture est traversée par un débat opposant les partisans des lignes nettes du dessin et ceux de la couleur. Qu'est-ce qui est privilégié ici ? Justifiez votre réponse.

3. Pourquoi peut-on dire que le texte de Maupassant et le tableau de Monet expriment une sensibilité de l'instant ?

L'impressionnisme

Né officiellement en 1874, à partir du titre d'un tableau de Monet raillé par un journaliste (*Impression, soleil levant*), l'impressionnisme est une révolution de l'art de peindre. Contre l'application de règles académiques visant une beauté idéale élaborée dans l'atelier, l'artiste recherche le plein air aux mille reflets changeants, travaille la lumière et ses effets, refuse les mélanges colorés pour la juxtaposition de touches vives qui s'éclairent les unes les autres.

Maupassant

OBJET D'ÉTUDE 1ʳᵉ **Le personnage de roman** → voir p. 274

1885

Bel-Ami

S'inspirant de sa connaissance des milieux journalistiques, Maupassant dresse le portrait d'un séducteur cynique, Georges Duroy, qui gravit les étapes menant à la richesse. Il apparaît aux premières lignes du roman.

Quand la caissière lui eut rendu la monnaie de sa pièce de cent sous, Georges Duroy sortit du restaurant.

Comme il portait beau par nature et par pose d'ancien sous-officier, il cambra sa taille, frisa sa moustache d'un geste militaire et familier, et jeta sur les dîneurs attardés
5 un regard rapide et circulaire, un de ces regards de joli garçon, qui s'étendent comme des coups d'épervier.

Les femmes avaient levé la tête vers lui, trois petites ouvrières, une maîtresse de musique entre deux âges, mal peignée, négligée, coiffée d'un chapeau toujours poussiéreux et vêtue toujours d'une robe de travers, et deux bourgeoises avec leurs maris, habituées
10 de cette gargote¹ à prix fixe.

Lorsqu'il fut sur le trottoir, il demeura un instant immobile, se demandant ce qu'il allait faire. On était au 28 juin, et il lui restait juste en poche trois francs quarante pour finir le mois. Cela représentait deux dîners sans déjeuners, ou deux déjeuners sans dîners, au choix. Il réfléchit que les repas du matin étant de vingt-deux sous, au lieu de
15 trente que coûtaient ceux du soir, il lui resterait, en se contentant des déjeuners, un franc vingt centimes de boni², ce qui représentait encore deux collations au pain et au saucisson, plus deux bocks³ sur le boulevard. C'était là sa grande dépense et son grand plaisir des nuits ; et il se mit à descendre la rue Notre-Dame-de-Lorette.

Il marchait ainsi qu'au temps où il portait l'uniforme des hussards, la poitrine bombée,
20 les jambes un peu entrouvertes comme s'il venait de descendre de cheval ; et il avançait brutalement dans la rue pleine de monde, heurtant les épaules, poussant les gens pour ne point se déranger de sa route. Il inclinait légèrement sur l'oreille son chapeau à haute forme assez défraîchi, et battait le pavé de son talon. Il avait l'air de toujours défier quelqu'un, les passants, les maisons, la ville entière, par chic de beau soldat tombé dans le civil.
25 Quoique habillé d'un complet de soixante francs, il gardait une certaine élégance tapageuse, un peu commune, réelle cependant. Grand, bien fait, blond, d'un blond châtain vaguement roussi, avec une moustache retroussée, qui semblait mousser sur sa lèvre, des yeux bleus, clairs, troués d'une pupille toute petite, des cheveux frisés naturellement, séparés par une raie au milieu du crâne, il ressemblait bien au mauvais sujet
30 des romans populaires.

Guy de Maupassant, *Bel-Ami*, 1885.

---

1. **gargote :** restaurant bon marché.
2. **boni :** excédent de la dépense, somme restante.
3. **deux bocks :** deux verres de bière.

Observation

1. Qu'apprend-on sur le personnage de Georges Duroy ? Relevez les informations données sur son « état civil ».

2. Quels sont les différents lieux évoqués dans ce passage ? Montrez que l'univers du roman s'installe au gré des déplacements du héros.

3. Quels sont les personnages secondaires de l'extrait. Quelle est leur fonction ?

Analyse

4. Quels sont les traits dominants, physiques et psychologiques, du héros ?

5. Commentez l'importance donnée à l'argent tout au long de l'extrait.

Vers la dissertation. Montrez dans un paragaraphe rédigé, illustré d'exemples, en quoi Bel-Ami peut ressembler « au mauvais sujet des romans populaires ».

Notion

Le personnage de l'ambitieux

Les romans réalistes et naturalistes montrent le destin de personnages prêts à tout pour obtenir gloire et fortune au risque de tout perdre : Rastignac chez Balzac, Julien Sorel chez Stendhal, Aristide Saccard chez Zola, Georges Duroy chez Maupassant...

Le XIXᵉ siècle

OBJET D'ÉTUDE 2ⁿᵈᵉ **Le roman et la nouvelle : réalisme et naturalisme** → voir p. 272

1888

Pierre et Jean

Maupassant publie en préface à son roman *Pierre et Jean* un essai qu'il intitule « Le roman ». Il insiste sur sa volonté réaliste de représenter le monde, mais aussi sur la nécessité pour l'artiste de présenter une vision personnelle de la réalité.

Le réaliste, s'il est un artiste, cherchera, non pas à nous montrer la photographie banale de la vie, mais à nous en donner la vision la plus complète, plus saisissante, plus probante[1] que la réalité même.

Raconter tout serait impossible, car il faudrait alors un volume au moins par journée, 5 pour énumérer les multitudes d'incidents insignifiants qui emplissent notre existence.

Un choix s'impose donc – ce qui est une première atteinte à la théorie de toute la vérité.

La vie, en outre, est composée des choses les plus différentes, les plus imprévues, les plus contraires, les plus disparates[2] ; elle est brutale, sans suite, sans chaîne, pleine 10 de catastrophes inexplicables, illogiques et contradictoires qui doivent être classées au chapitre *faits divers*.

Voilà pourquoi l'artiste, ayant choisi son thème, ne prendra dans cette vie encombrée de hasards et de futilités que les détails caractéristiques utiles à son sujet, et il rejettera tout le reste, tout l'à-côté.

15 Un exemple entre mille :

Le nombre des gens qui meurent chaque jour par accident est considérable sur la terre. Mais pouvons-nous faire tomber une tuile sur la tête d'un personnage principal, ou le jeter sous les roues d'une voiture, au milieu d'un récit, sous prétexte qu'il faut faire la part de l'accident ?

20 La vie encore laisse tout au même plan, précipite les faits ou les traîne indéfiniment. L'art, au contraire, consiste à user de précautions, de préparations, à ménager des transitions savantes ou dissimulées, à mettre en pleine lumière, par la seule adresse de la composition, les événements essentiels et à donner à tous les autres le degré de relief qui leur convient, suivant leur importance, pour produire la sensation profonde de la 25 vérité spéciale qu'on veut montrer.

Faire vrai consiste donc à donner l'illusion complète du vrai, suivant la logique ordinaire des faits, et non à les transcrire servilement dans le pêle-mêle de leur succession.

J'en conclus que les Réalistes de talent devraient s'appeler plutôt des Illusionnistes.

Guy de Maupassant, Préface de *Pierre et Jean*, 1888.

---

1. probante : qui a valeur de preuve.
2. disparates : diverses, variées, hétérogènes.

1800 ▼ 1900

Observation

1. Quelle est la thèse développée ? Relevez les arguments et les exemples apportés.

2. Repérez les termes d'articulation utilisés et indiquez le lien logique qu'ils établissent.

Analyse

3. Que révèle l'opposition établie entre la vie et l'art ?

4. Commentez la dernière phrase de l'extrait. Quel est, en définitive, le travail de l'écrivain réaliste ?

Comparer des textes. Vous comparerez cette préface avec celle de Balzac (p. 309) et celle de Zola (p. 375). Présentez votre travail sous forme de fiche présentant les trois écrivains : repères biographiques, principes théoriques, œuvres principales.

Notion

Le réalisme de Maupassant

Alors que Balzac et Zola s'appuient sur des modèles scientifiques pour expliquer leur conception du roman, Guy de Maupassant s'en tient au souci de « faire vrai » aux yeux du lecteur en explorant la société de son temps : paysans, employés, aristocratie, petits et grands bourgeois... Chaque roman, chaque nouvelle reconstituent un univers plein d'authenticité.

387

Mallarmé

▶ **Stéphane Mallarmé**
▶ Né à Paris le 18 mars 1842.
▶ Décédé à Valvins, en Seine-et-Marne, le 9 septembre 1898.

La mère de Mallarmé meurt quand il a cinq ans. Rêveur et solitaire, Mallarmé se réfugie dans la poésie, s'enthousiasme à la lecture des *Fleurs du mal* et à son tour écrit des vers. Après le baccalauréat et le mariage, il commence une carrière de professeur d'anglais. Il enseigne à Toulon, et se retire, la nuit, dans la solitude de son bureau, pour affronter la page blanche. En 1871, Mallarmé est nommé à Paris. Il sort alors de son isolement. Il est l'ami de Manet et de Zola ; son domicile de la rue de Rome devient peu à peu un salon littéraire, où il reçoit chaque mardi des disciples passionnés. En 1884, Verlaine le reconnaît comme un maître dans *Les Poètes maudits*. Il exerce sur de jeunes écrivains – Valéry, Gide, Claudel – une influence considérable. Debussy met en musique certains de ses poèmes. En 1896, Mallarmé est élu « prince des poètes ». Il meurt deux ans plus tard dans sa maison de Valvins, laissant le poème *Hérodiade* inachevé.

ŒUVRES PRINCIPALES

Poésie
L'Après-midi d'un faune (1876
Hommages et Tombeaux (18
*Un coup de dés jamais n'abo
le hasard* (1897), *Poésies* (18

Traduction
Les poèmes d'Edgar Poe (18

Le poète symboliste

Toute la poésie de Mallarmé est à la recherche de la perfection. Inspirateur du mouvement symboliste, l'écrivain oppose la quête de l'Idéal à l'expérience décevante du réel. Son œuvre est habitée par les images de la transparence et de la pureté, la tension vers le « vierge azur », l'envol impossible du cygne pris dans les glaces. La poésie est pour Mallarmé une langue sacrée, exigeante et exaltante, subtile et raffinée. Le poème crée ainsi un univers mystérieux, où les objets ne sont pas décrits, mais évoqués, suggérés par le jeu du rythme et des images. Ce qui compte, c'est le reflet, c'est « peindre non la chose, mais l'effet qu'elle produit ». Tel est l'enjeu du poème pour l'écrivain symboliste.

OBJET D'ÉTUDE 2nde La poésie : du romantisme au surréalisme → voir p. 278

1887 Poésies

Profondément influencé par Baudelaire, Mallarmé rassemble en 1887 l'essentiel de sa production poétique dans un recueil intitulé *Poésies*. Les poèmes, regroupés dans l'ordre chronologique de leur composition, témoignent du travail de l'écriture et d'une langue toujours plus recherchée et difficile.

Apparition

1. **séraphins** : anges.
2. **archet** : baguette servant à jouer du violon.
3. **violes** : instruments anciens rappelant le violon.
4. **corolles** : ensemble formé par les pétales d'une fleur.

La lune s'attristait. Des séraphins[1] en pleurs
Rêvant, l'archet[2] aux doigts, dans le calme des fleurs
Vaporeuses, tiraient de mourantes violes[3]
De blancs sanglots glissant sur l'azur des corolles[4].
5 – C'était le jour béni de ton premier baiser.
Ma songerie aimant à me martyriser
S'enivrait savamment du parfum de tristesse
Que même sans regret et sans déboire laisse
La cueillaison d'un Rêve au cœur qui l'a cueilli.

Le XIXe siècle

10 J'errais donc, l'œil rivé sur le pavé vieilli
Quand avec du soleil aux cheveux, dans la rue
Et dans le soir, tu m'es en riant apparue
Et j'ai cru voir la fée au chapeau de clarté
Qui jadis sur mes beaux sommeils d'enfant gâté
15 Passait, laissant toujours de ses mains mal fermées
Neiger de blancs bouquets d'étoiles parfumées.

Stéphane Mallarmé, « Apparition », *Poésies*, 1887.

Brise marine

La chair est triste, hélas ! et j'ai lu tous les livres.
Fuir ! là-bas fuir ! Je sens que les oiseaux sont ivres
D'être parmi l'écume inconnue et les cieux !
Rien, ni les vieux jardins reflétés par les yeux,
5 Ne retiendra ce cœur qui dans la mer se trempe,
Ô nuits ! ni la clarté déserte de ma lampe
Sur le vide papier que la blancheur défend
Et ni la jeune femme allaitant son enfant[1].
Je partirai ! Steamer[2] balançant ta mâture,
10 Lève l'ancre pour une exotique nature !
Un Ennui, désolé par les cruels espoirs,
Croit encore à l'adieu suprême des mouchoirs !
Et, peut-être, les mâts, invitant les orages,
Sont-ils ceux qu'un vent penche sur les naufrages
15 Perdus, sans mâts, sans mâts ni fertiles îlots…
Mais, ô mon cœur, entends le chant des matelots !

Stéphane Mallarmé, « Brise marine », *Poésies*, 1887.

1. son enfant : Mallarmé, depuis quelques mois, est père d'une petite fille.
2. Steamer : mot anglais qui désigne le navire à vapeur.

1800 ▾ 1900

Observation

1. Relevez les différents champs lexicaux présents dans « Apparition ». Quelle atmosphère mettent-ils en place ?

2. Quel est le constat établi par le poète dans le premier vers de « Brise marine » ? Quelles réponses le reste du poème apporte-t-il ?

Analyse

3. Relevez dans les vers 6 à 10 du poème « Apparition » des exemples d'allitérations et d'assonances. En quoi ces sonorités contribuent-elles à la mélancolie du poème ?

4. En quoi « Brise marine » s'inscrit-il dans le registre lyrique ? Étudiez les procédés mis en place par Mallarmé pour exprimer l'appel du « départ ».

5. Recherchez dans ces deux textes ce qui fait d'eux des poèmes symbolistes.

Vers le commentaire. Vous commenterez au choix l'un de ces deux poèmes sous la forme d'un paragraphe argumenté et illustré d'exemples.

Notion

Le poème symboliste

La poésie symboliste privilégie l'exploration du monde du rêve et des idées. Elle cherche à créer une impression de mystère. Pour cela, le poème développe un langage et des images énigmatiques, tout en valorisant le rythme et la musicalité du vers.

389

Jarry

▶ **Alfred Jarry**
▶ Né à Laval le 8 septembre 1873.
▶ Décédé à Paris le 3 novembre 1907.

Alfred Jarry grandit à Saint-Brieuc, puis à Rennes, avec sa mère et sa sœur. À quinze ans, il fait jouer au théâtre de marionnettes de son lycée une pièce intitulée *Ubu cocu* : le personnage d'Ubu, inspiré d'un professeur, est né. À la mort de sa mère, en 1893, Jarry se lance dans le Paris journalistique et littéraire. Le visage poudré, habillé en tenue de cycliste, parlant avec l'accent de Guignol, il se fait vite un nom. *Ubu Roi* est jouée pour la première fois en 1896. L'orchestre prévu pour couvrir les sifflets ne suffit pas : on se bat entre spectateurs et critiques. Le scandale assure la gloire de l'auteur, mais l'échec commercial de la pièce l'a ruiné. Jarry loge chez des amis, puis habite dans une cabane au Plessis-Coudray, lançant de sa fenêtre une échelle de corde à ceux qui viennent le visiter. Il passe son temps à pêcher et à écrire. Son humour déconcerte lecteurs et amis. Il meurt d'une méningite tuberculeuse, à l'âge de trente-quatre ans.

ŒUVRES PRINCIPALES

Théâtre
Ubu Roi (1896), *Ubu enchaîné* (1900), *Ubu cocu* (posthume 1944).

Le théâtre de la provocation

Dès le premier mot de sa pièce, « Merdre ! », Alfred Jarry remet en cause le langage théâtral. *Ubu Roi* utilise ainsi les injures et les jurons, le langage argotique, les effets de comique et de bouffonnerie pour réaliser la parodie du théâtre classique. La pièce de Jarry reprend en effet l'intrigue de *Macbeth* de Shakespeare et montre dans le personnage d'Ubu un être violent et cruel, proche du théâtre de Grand Guignol, qui incarne la bêtise et la méchanceté. Les costumes et les décors participent de la même manière à cette remise en cause du théâtre classique. C'est cette puissance de subversion du langage et de la représentation théâtrale qui conduit la pièce à être souvent mise en scène, par Jean Vilar, Peter Brook ou Antoine Vitez.

OBJET D'ÉTUDE 1re Le texte théâtral et sa représentation ➔ voir p. 276

1896 Ubu Roi

L'action d'*Ubu Roi* se déroule en Pologne, « c'est-à-dire nulle part ». Le père Ubu est l'officier de confiance du roi Ladislas. Au début de la pièce, son épouse le pousse à trahir le roi pour usurper sa place.

Père Ubu. – Merdre !
Mère Ubu. – Oh ! voilà du joli, Père Ubu, vous estes un fort grand voyou.
Père Ubu. – Que ne vous assom-je, Mère Ubu !
Mère Ubu. – Ce n'est pas moi, Père Ubu, c'est un autre qu'il faudrait assassiner.
5 Père Ubu. – De par ma chandelle verte, je ne comprends pas.
Mère Ubu. – Comment, Père Ubu, vous estes content de votre sort ?
Père Ubu. – De par ma chandelle verte, merdre, madame, certes oui, je suis content. On le serait à moins : capitaine de dragons, officier de confiance du roi Venceslas, décoré de l'ordre de l'Aigle rouge de Pologne et ancien roi d'Aragon, que voulez-vous
10 de mieux ?
Mère Ubu. – Comment ! Après avoir été roi d'Aragon, vous vous contentez de mener aux revues une cinquantaine d'estafiers[1] armés de coupe-choux, quand vous pourriez faire succéder sur votre fiole la couronne de Pologne à celle d'Aragon ?

1. **estafiers** : terme dévalorisant pour désigner les laquais, les valets.

390

Le XIXᵉ siècle

Père Ubu. – Ah ! Mère Ubu, je ne comprends rien de ce que tu dis.

Mère Ubu. – Tu es si bête !

Père Ubu. – De par ma chandelle verte, le roi Venceslas est encore bien vivant ; et même en admettant qu'il meure, n'a-t-il pas des légions d'enfants ?

Mère Ubu. – Qui t'empêche de massacrer toute la famille et de te mettre à leur place ?

Père Ubu. – Ah ! Mère Ubu, vous me faites injure et vous allez passer tout à l'heure par la casserole.

Mère Ubu. – Eh ! pauvre malheureux, si je passais par la casserole, qui te raccommoderait tes fonds de culotte ?

Père Ubu. – Eh vraiment ! et puis après ? N'ai-je pas un cul comme les autres ?

Mère Ubu. – À ta place, ce cul, je voudrais l'installer sur un trône. Tu pourrais augmenter indéfiniment tes richesses, manger fort souvent de l'andouille et rouler carrosse par les rues.

Père Ubu. – Si j'étais roi, je me ferais construire une grande capeline[2] comme celle que j'avais en Aragon et que ces gredins d'Espagnols m'ont impudemment[3] volée.

Mère Ubu. – Tu pourrais aussi te procurer un parapluie et un grand caban qui te tomberait sur les talons.

Père Ubu. – Ah ! je cède à la tentation. Bougre de merdre, merdre de bougre, si jamais je le rencontre au coin d'un bois, il passera un mauvais quart d'heure.

Mère Ubu. – Ah ! bien, Père Ubu, te voilà devenu un véritable homme.

Alfred Jarry, *Ubu Roi*, 1896.

2. **capeline** : chapeau de femme à larges bords.
3. **impudemment** : de manière offensante, insultante.

La mère Ubu (Anne Kessler) et le père Ubu (Serge Bagdassarian) dans *Ubu Roi*, mis en scène par Jean-Pierre Vincent, 2009.

1800 ▼ 1900

Observation

1. Retracez le portrait d'Ubu.

2. Quel est le rôle de la mère Ubu dans le développement de l'action ?

3. Retrouvez ce qui fait de cette scène une parodie du théâtre classique.

Analyse

4. En quoi, selon vous, le langage utilisé a-t-il pu provoquer le scandale ?

5. Retrouvez et commentez des exemples de procédés du comique bouffon dans ce passage.

6. Montrez comment, à travers le comique de la représentation, Jarry développe une réflexion sur le pouvoir.

Recherche documentaire. Recherchez sur Internet des images représentant le personnage d'Ubu dans les différentes mises en scène de la pièce. Relevez et commentez les détails surprenants du décor et des costumes sur scène. Présentez en quelques lignes la mise en scène que vous préférez.

Notion

La bouffonnerie

À l'origine, le bouffon est un personnage de théâtre qui fait rire par des gestes et des plaisanteries de mauvais goût. La bouffonnerie se caractérise ainsi par l'utilisation des injures et des jurons, le recours au langage grossier, l'amplification grotesque des gestes et des effets comiques.

391

SUJET VERS LE BAC

OBJET D'ÉTUDE 2nde ▶ **Le roman et la nouvelle au XIXe siècle : réalisme et naturalisme**

TEXTES

Texte A : Honoré de Balzac, *Le Curé de Tours*, 1843.
Texte B : Émile Zola, *Thérèse Raquin*, 1867.
Document iconographique : Charles Marville, *Rue des Cannettes, VIe arrondissement de Paris*, XIXe s.

Texte A

Au commencement de l'automne de l'année 1826, l'abbé Birotteau, principal personnage de cette histoire, fut surpris par une averse en revenant de la maison où il était allé passer la soirée. Il traversait donc aussi promptement que son embonpoint pouvait le lui permettre, la petite place déserte nommée le Cloître, qui se trouve derrière le chevet de Saint-Gatien, à Tours.

L'abbé Birotteau, petit homme court, de constitution apoplectique, âgé d'environ soixante ans, avait déjà subi plusieurs attaques de goutte[1]. Or, entre toutes les petites misères de la vie humaine, celle pour laquelle le bon prêtre éprouvait le plus d'aversion, était le subit arrosement de ses souliers à larges agrafes d'argent et l'immersion de leurs semelles. En effet, malgré les chaussons de flanelle dans lesquels il s'empaquetait en tout temps les pieds avec le soin que les ecclésiastiques prennent d'eux-mêmes, il y gagnait toujours un peu d'humidité ; puis, le lendemain, la goutte lui donnait infailliblement quelques preuves de sa constance. Néanmoins, comme le pavé du Cloître est toujours sec, que l'abbé Birotteau avait gagné trois livres dix sous au whist[2] chez madame de Listomère, il endura la pluie avec résignation depuis le milieu de la place de l'Archevêché, où elle avait commencé à tomber en abondance.

> Honoré de Balzac, *Le Curé de Tours*, 1843

1. **goutte :** maladie chronique douloureuse, qui affecte d'abord le gros orteil.
2. **whist :** jeu de cartes.

Texte B

Au bout de la rue Guénégaud, lorsqu'on vient des quais, on trouve le passage du Pont-Neuf, une sorte de corridor étroit et sombre qui va de la rue Mazarine à la rue de Seine. Ce passage a trente pas de long et deux de large, au plus ; il est pavé de dalles jaunâtres, usées, descellées, suant toujours une humidité âcre ; le vitrage qui le couvre, coupé à angle droit, est noir de crasse.

Par les beaux jours d'été, quand un lourd soleil brûle les rues, une clarté blanchâtre tombe des vitres sales et traîne misérablement dans le passage. Par les vilains jours d'hiver, par les matinées de brouillard, les vitres ne jettent que de la nuit sur les dalles gluantes, de la nuit salie et ignoble.

À gauche, se creusent des boutiques obscures, basses, écrasées, laissant échapper des souffles froids de caveau. Il y a là des bouquinistes, des marchands de jouets d'enfant, des cartonniers, dont les étalages gris de poussière dorment vaguement dans l'ombre ; les vitrines, faites de petits carreaux, moirent[1] étrangement les marchandises de reflets verdâtres ; au-delà, derrière les étalages, les boutiques pleines de ténèbres sont autant de trous lugubres dans lesquels s'agitent des formes bizarres.

À droite, sur toute la longueur du passage, s'étend une muraille contre laquelle les boutiquiers d'en face ont plaqué d'étroites armoires ; des objets sans nom, des marchandises oubliées là depuis vingt ans s'y étalent le long de minces planches peintes d'une horrible couleur brune. Une marchande de bijoux faux s'est établie dans une des armoires ; elle y vend des bagues de quinze sous, délicatement posées sur un lit de velours bleu, au fond d'une boîte en acajou.

Au-dessus du vitrage, la muraille monte, noire, grossièrement crépie, comme couverte d'une lèpre et toute couturée de cicatrices.

> Émile Zola, *Thérèse Raquin*, 1867.

1. **moirent :** donnent des reflets changeants.

Le XIXᵉ siècle

Document iconographique

Le quartier de Paris proche de la rue Guénégaud, évoqué par Zola et photographié par Charles Marville dans la seconde moitié du XIXᵉ siècle.

1800 ▼ 1900

❶ Vous répondrez d'abord aux questions suivantes (6 points).

1. Comparez les deux débuts de roman (textes A et B) et le document iconographique. Quels points communs montrent-ils ?
2. Quelle image de la réalité le roman de Zola cherche-t-il à donner ?

❷ Vous traiterez ensuite, au choix, l'un des sujets suivants (14 points).

1. Vers le commentaire
Dans un paragraphe qui s'appuiera sur des citations précises, vous expliquerez comment le roman de Zola (texte B) s'inscrit dans le mouvement naturaliste.

2. Vers la dissertation
L'ambition des romanciers réalistes, puis naturalistes, est de représenter le monde en donnant l'illusion de la réalité. Partagez-vous cette conception du roman et de la nouvelle ? Pensez-vous au contraire qu'il existe d'autres formes d'art plus aptes à remplir cette fonction ?

3. Vers le sujet d'invention
Vous poursuivrez le texte de Zola (texte B), en faisant apparaître un personnage réaliste dans le décor évoqué par l'auteur. Vous tenterez, dans la mesure du possible, de conserver dans votre portrait le ton et le style caractéristiques des romanciers naturalistes.

SUJET DU BAC *Toutes séries*

OBJET D'ÉTUDE 1ʳᵉ ▶ **Le personnage de roman du XVIIᵉ siècle jusqu'à nos jours**

TEXTES

Texte A : Antoine-François Prévost, *Histoire du chevalier Des Grieux et de Manon Lescaut*, 1731.
Texte B : Eugène Fromentin, *Dominique*, 1862.
Texte C : Marguerite Duras, *L'Amant*, 1984.
Documents iconographiques : Photographies du film *L'Amant*, réalisé par Jean-Jacques Arnaud, en 1992.

Texte A

À la demande du père du narrateur, le chevalier Des Grieux, Manon Lescaut, sa maîtresse, est condamnée à l'exil en Amérique. Les deux amants se retrouvent alors que Manon est conduite sous bonne escorte vers le navire qui doit l'emmener.

1. languissamment : avec abattement.
2. idolâtrie : culte rendu aux dieux antiques.
3. archers : soldats qui gardent le chariot des condamnés.
4. par avarice : par appât du gain (le narrateur les paye).

Figurez-vous ma pauvre maîtresse enchaînée par le milieu du corps, assise sur quelques poignées de paille, la tête appuyée languissamment[1] sur un côté de la voiture, le visage pâle et mouillé d'un ruisseau de larmes qui se faisaient un passage au travers de ses paupières, quoiqu'elle eût continuellement les yeux fermés. Elle n'avait pas même eu la curiosité de les ouvrir lorsqu'elle avait entendu le bruit de ses gardes, qui craignaient d'être attaqués. Son linge était sale et dérangé, ses mains délicates exposées à l'injure de l'air ; enfin, tout ce composé charmant, cette figure capable de ramener l'univers à l'idolâtrie[2], paraissait dans un désordre et un abattement inexprimables. J'employai quelque temps à la considérer, en allant à cheval à côté du chariot. J'étais si peu à moi-même que je fus sur le point, plusieurs fois, de tomber dangereusement. Mes soupirs et mes exclamations fréquentes m'attirèrent d'elle quelques regards. Elle me reconnut, et je remarquai que, dans le premier mouvement, elle tenta de se précipiter hors de la voiture pour venir à moi ; mais, étant retenue par sa chaîne, elle retomba dans sa première attitude.

Je priai les archers[3] d'arrêter un moment par compassion ; ils y consentirent par avarice[4]. Je quittai mon cheval pour m'asseoir auprès d'elle. Elle était si languissante et si affaiblie qu'elle fut longtemps sans pouvoir se servir de sa langue ni remuer ses mains. Je les mouillais pendant ce temps-là de mes pleurs, et, ne pouvant proférer moi-même une seule parole, nous étions l'un et l'autre dans une des plus tristes situations dont il y ait jamais eu d'exemple. Nos expressions ne le furent pas moins, lorsque nous eûmes retrouvé la liberté de parler. Manon parla peu. Il semblait que la honte et la douleur eussent altéré les organes de sa voix ; le son en était faible et tremblant. Elle me remercia de ne l'avoir pas oubliée, et de la satisfaction que je lui accordais, dit-elle en soupirant, de me voir du moins encore une fois et de me dire le dernier adieu. Mais, lorsque je l'eus assurée que rien n'était capable de me séparer d'elle et que j'étais disposé à la suivre jusqu'à l'extrémité du monde pour prendre soin d'elle, pour la servir, pour l'aimer et pour attacher inséparablement ma misérable destinée à la sienne, cette pauvre fille se livra à des sentiments si tendres et si douloureux que j'appréhendai quelque chose pour sa vie d'une si violente émotion. Tous les mouvements de son âme semblaient se réunir dans ses yeux. Elle les tenait fixés sur moi. Quelquefois elle ouvrait la

■ 394

Le XIXᵉ siècle

bouche, sans avoir la force d'achever quelques mots qu'elle commençait. Il lui en échappait néanmoins quelques-uns. C'étaient des marques d'admiration sur mon amour, de tendres plaintes de son excès, des doutes qu'elle pût être assez heureuse pour m'avoir inspiré une passion si parfaite, des instances pour me faire renoncer au dessein de la suivre et chercher ailleurs un bonheur digne de moi, qu'elle me disait que je ne pouvais espérer avec elle.

Antoine-François Prévost, Histoire du chevalier Des Grieux et de Manon Lescaut, 1734.

Texte B

Le narrateur, jeune poète, raconte comment il est tombé amoureux de la cousine de son meilleur ami.

J'étais assis près de Madeleine, d'après une ancienne habitude où la volonté de l'un et de l'autre n'entrait pour rien. Tout à coup l'idée me vint de changer de place. Pourquoi ? Je n'aurais pu le dire. Il me sembla seulement que la lumière des lampes me blessait et qu'ailleurs je me trouverais mieux. En levant les yeux qu'elle tenait abaissés sur son jeu, Madeleine me vit assis de l'autre côté de la table, précisément vis-à-vis[1] d'elle.

1. vis-à-vis : en face.
2. un faisceau : un ensemble.

« Eh bien ! » dit-elle avec un air de surprise.

Mais nos yeux se rencontrèrent ; je ne sais ce qu'elle aperçut d'extraordinaire dans les miens qui la troubla légèrement et ne lui permit pas d'achever.

Il y avait plus de dix-huit mois que je vivais près d'elle, et pour la première fois je venais de la regarder comme on regarde quand on veut voir. Madeleine était charmante, mais beaucoup plus qu'on ne le disait, et bien autrement que je ne l'avais cru. De plus, elle avait dix-huit ans. Cette illumination soudaine, au lieu de m'éclairer peu à peu m'apprit en une demi-seconde tout ce que j'ignorais d'elle et de moi-même. Ce fut comme une révélation définitive qui compléta les révélations des jours précédents, les réunit pour ainsi dire en un faisceau[2] d'évidences, et, je crois, les expliqua toutes.

Eugène Fromentin, Dominique, 1862.

Texte C

S'inspirant de sa propre existence, Marguerite Duras évoque sa première rencontre amoureuse, au bord du fleuve Mékong, en Indochine, où elle a grandi.

1. feutre : chapeau.

L'homme élégant est descendu de la limousine, il fume une cigarette anglaise. Il regarde la jeune fille au feutre[1] d'homme et aux chaussures d'or. Il vient vers elle lentement. C'est visible, il est intimidé. Il ne sourit pas tout d'abord. Tout d'abord il lui offre une cigarette. Sa main tremble. Il y a cette différence de race, il n'est pas blanc, il doit la surmonter, c'est pourquoi il tremble. Elle lui dit qu'elle ne fume pas, non merci. Elle ne dit rien d'autre, elle ne lui dit pas laissez-moi tranquille. Alors il a moins peur. Alors il lui dit qu'il croit rêver. Elle ne répond pas.

1800
1900

SUJET VERS LE BAC — *Toutes séries*

2. **Sadec :** nom de la ville dans laquelle vit l'héroïne.

3. **concession :** terres agricoles achetées par la mère de l'héroïne.

Ce n'est pas la peine qu'elle réponde, que répondrait-elle ? Elle attend. Alors il le lui demande : mais d'où venez-vous ? Elle dit qu'elle est la fille de l'institutrice de l'école de filles de Sadec². Il réfléchit et puis il dit qu'il a déjà entendu parler de cette dame, sa mère, de son manque de chance, avec cette concession³ qu'elle aurait achetée au Cambodge, c'est bien ça n'est-ce pas ? Oui c'est ça.

Il répète que c'est tout à fait extraordinaire de la voir sur ce bac. Si tôt le matin, une jeune fille belle comme elle l'est, vous ne vous rendez pas compte, c'est très inattendu, une jeune fille blanche dans un car indigène.

Il lui dit que le chapeau lui va bien, très bien, même, que c'est... original... un chapeau d'homme, pourquoi pas ? elle est si jolie, elle peut tout se permettre.

Elle le regarde. Elle lui demande qui il est. Il dit qu'il revient de Paris où il a fait ses études, qu'il habite Sadec lui aussi, justement sur le fleuve, la grande maison avec les grandes terrasses aux balustrades de céramique bleue. Elle lui demande ce qu'il est. Il dit qu'il est chinois, que sa famille vient de la Chine du Nord, de Fou-Chouen. Voulez-vous me permettre de vous ramener chez vous à Saigon ? Elle est d'accord. Il dit au chauffeur de prendre les bagages de la jeune fille dans le car et de les mettre dans l'auto noire.

Marguerite Duras, *L'Amant*, Éd. de Minuit, 1984.

Documents iconographiques

La scène de la Rencontre dans le film de Jean-Jeacques Arnaud adapté du roman de Marguerite Duras, en 1992.

Le XIXe siècle

"Il regarde la jeune fille au feutre d'homme et aux chaussures d'or."

1800
1900

❶ Vous répondrez d'abord aux questions suivantes (4 points).

1. Justifiez le rapprochement de ces trois textes et les deux documents iconographiques en expliquant ce qui distingue les trois couples de personnages en présence.

2. Qui prend en charge le récit dans les textes A et B ? Justifiez l'emploi de ce mode de narration.

❷ Vous traiterez ensuite au choix un des sujets suivants (16 points).

1. Commentaire
Vous commenterez l'extrait du roman de Marguerite Duras (texte C).

2. Dissertation
« Il n'y a de roman que d'amour », écrit le romancier contemporain Philippe Forest. Pensez-vous, comme lui, que le destin d'un personnage de roman est nécessairement conduit par la passion amoureuse ? Vous appuierez votre réflexion sur les textes du corpus et les lectures que vous avez faites.

3. Invention
Rédigez la lettre que le chevalier Des Grieux adresse à son père pour implorer la grâce de Manon Lescaut, au nom de l'amour qu'il lui porte et devant la cruauté de ses conditions de détention.

397

Pablo Picasso (1881-1973), Le peintre et son modèle, 1928, huile sur toile, 129,8 x 163 cm.

1900 2010

Le XXᵉ siècle

Dans la première moitié du XXᵉ siècle, le génie créateur de toutes les avant-gardes artistiques, en peinture comme en littérature, est confronté à la tragédie des guerres et des génocides. Les écrivains représentent alors un monde marqué par le vertige de la consommation. Ils affrontent au début du XXIᵉ siècle les nouvelles technologies et la mondialisation, en écho aux interrogations et aux défis d'une société en mutation.

CONTEXTE HISTORIQUE

Le XXe siècle

Le temps des ruptures

Le désastre des deux guerres mondiales marque profondément la France du XXe siècle, qui perd son statut d'empire colonial pour devenir progressivement un pays moderne. Les découvertes de la science et les innovations technologiques modifient radicalement les modes de vie. L'apparition de la société de consommation ouvre la voie à des comportements nouveaux, tournés vers la recherche du bien-être personnel et des loisirs.

Marcel Gromaire (1892-1971), *La Guerre*, 1925, peinture à l'huile.

Le monde marqué par les guerres

▶ **En 1914, la déclaration de la guerre** entre l'Allemagne et la France met fin à l'insouciance de la Belle Époque. Des millions d'hommes se sacrifient dans des conditions épouvantables : venus du monde entier, et notamment des colonies des grands empires, les soldats s'affrontent durant quatre années dans un face-à-face sanglant. En 1918, le camp des démocraties emporte la victoire, mais celle-ci laisse de profonds traumatismes.

▶ **Les années 1930** sont ainsi marquées par la montée du fascisme et du nazisme, qui précipitent à nouveau le monde dans une guerre effroyable. L'allégresse de la Libération, en 1944, cède vite place à l'angoisse devant la découverte des camps d'extermination nazis et de la terrifiante puissance dévastatrice de l'arme atomique.

▶ **La reconstruction de la France** s'accompagne d'un vaste mouvement de décolonisation qui amène à la création, en 1958, de la Ve République. Le monde et la France entrent progressivement dans la société de consommation.

▶ **En 1990, la chute du mur de Berlin** met fin à la « guerre froide ». Les pays d'Europe peuvent enfin se mobiliser dans la construction d'une Union, concrétisée par l'apparition de l'euro, en 1999. Cependant, la succession d'attentats terroristes et de conflits qui frappent le monde depuis le début du XXIe siècle vient remettre en cause cet équilibre.

LES SCIENCES

Les enthousiasmes et les interrogations

▶ **Au début du XXe siècle,** le cinéma, le téléphone, l'automobile, le phonographe, l'aviation bouleversent la vie des hommes. Einstein découvre les lois de la relativité et obtient, en 1922, le prix Nobel de physique. La médecine est révolutionnée par la découverte de la pénicilline en 1927 et les recherches de Pierre et Marie Curie sur la radioactivité.

L'astronaute américain Dave Wolf au cours d'une mission spatiale.

Le XXᵉ siècle

▶ **En 1969, les premiers pas de l'Homme sur la Lune** concrétisent les rêves de conquête spatiale, tandis que l'invention de la carte à puce fait entrer l'informatique dans la vie quotidienne. En 1992, le réseau Internet devient accessible à tous.

▶ **L'espérance de vie** ne cesse de s'allonger grâce aux découvertes de la médecine

Cependant, la science commence à susciter de nouvelles interrogations lorsqu'elle devient un instrument de destruction : les gaz dans les tranchées, les armes de destruction massive, l'explosion de la centrale nucléaire de Tchernobyl, en 1985, terrifient l'opinion publique.

Parallèlement, un grand nombre de scientifiques s'interroge sur les graves menaces qui pèsent sur le système écologique planétaire.

Affiche de la CGT pour le 1ᵉʳ mai 1936.

LA SOCIÉTÉ

Vers la société de consommation

▶ **La Révolution russe de 1917** et la création de l'URSS mettent en évidence une opposition frontale entre deux conceptions différentes de la société. Le communisme devient un modèle à suivre pour les ouvriers des démocraties libérales comme la France, la Grande-Bretagne ou les États-Unis.

▶ **En 1936, la victoire du Front populaire** de Léon Blum instaure des lois sociales qui apportent des progrès fondamentaux : la semaine de quarante heures et les congés payés. Au lendemain de la guerre, la société française tente de se réconcilier.

▶ **Le retour de la croissance économique** permet la reconstruction d'une France moderne, urbaine et tournée vers l'Europe. La société de consommation, violemment contestée par la jeunesse en mai 1968, devient le modèle dominant.

Cependant, des crises économiques profondes bouleversent les rapports sociaux en accroissant les problèmes du chômage et de l'exclusion qui sont désormais partagés à l'échelle

LA CULTURE

L'essor de nouveaux loisirs

▶ **La lecture demeure un loisir essentiel.** Mais elle est concurrencée par de nouveaux médias. Le développement du cinématographe répond à un besoin de distractions nouvelles. Les foules se précipitent au cinéma qui, de muet, devient parlant dans les années 1930. Les « vedettes » d'Hollywood font rêver les spectateurs et animent les pages des magazines spécialisés.

▶ **La musique prend une place** de plus en plus importante dans la vie des hommes. Le phonographe, la radio puis la télévision assurent le succès de chanteurs populaires et le développement de styles musicaux nouveaux, comme le jazz ou le rock'n roll. L'industrie du cinéma, du disque ou du livre connaissent ainsi leur apogée à la fin du XXᵉ siècle.

▶ **L'irruption d'Internet** dans la vie quotidienne, le développement permanent des nouvelles technologies bouleversent les échanges entre les hommes. La mondialisation ne concerne plus seulement le domaine de l'économie : elle modifie l'ensemble des pratiques artistiques et oblige à redéfinir la notion de culture elle-même.

1900 ▼ 2000

401

REPÈRES littéraires

OBJET D'ÉTUDE *PREMIÈRE*

Le personnage de roman du XVIIe siècle à nos jours

Le personnage de roman au XXe siècle

Au XXe siècle, le roman continue de se diversifier. Les formes du récit connaissent de nombreuses mutations, privilégiant l'usage de la première personne. Le personnage lui-même se complexifie, à l'image des bouleversements et des interrogations de la société qu'il reflète.

Le jeune Marcel Proust, à droite, et son frère Robert.

Tardi, l'auteur de bandes dessinées, illustre l'œuvre de Céline.

L'auteur narrateur de lui-même

Dans *La Recherche du temps perdu*, Marcel Proust s'inspire de son existence pour inventer un nouveau type de personnage : le personnage principal, double fictif de l'auteur, raconte son histoire à la première personne. Il devient ainsi le témoin privilégié des mutations du monde.

Ce principe du regard ironique porté sur soi se retrouve dans l'œuvre romanesque de Louis-Ferdinand Céline : Ferdinand Bardamu dans le *Voyage au bout de la nuit* apparaît comme le double de l'auteur.

Cette dimension autobiographique habite les romans de nombreux auteurs qui, comme Patrick Modiano, nourrissent leurs personnages de leurs propres souvenirs et de leurs propres doutes.

Le héros engagé

Le contexte tragique du XXe siècle conduit à créer des personnages qui défendent un idéal et luttent contre l'oppression. Les héros de *L'Espoir*, d'André Malraux, se battent ainsi auprès des Républicains espagnols. Le héros engagé incarne de cette manière les valeurs universelles de liberté et de fraternité. C'est ainsi que le docteur Rieux, le héros de *La Peste* d'Albert Camus, lutte contre l'épidémie de peste au nom de la solidarité.

André Malraux qui crée dans ses romans des héros engagés.

Le XXe siècle

Héros et anti-héros

À côté des héros qui mènent l'action, comme le commissaire Maigret de Simenon ou Angélo, le hussard de Giono, les romanciers modernes surprennent le lecteur avec des anti-héros. Dépourvu de qualités particulières, l'anti-héros subit les événements, comme le Roquentin de *La Nausée* de Sartre, qui s'enfonce dans la solitude. De même, plongé dans une vie sans relief, Meursault, l'étranger de Camus, échoue à communiquer avec autrui. Le lecteur est de cette manière amené à réfléchir sur son existence dans un monde déshumanisé.

Le monde contemporain, en 1975, vu par Fromanger.

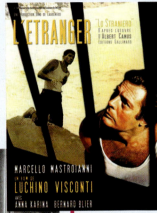

Le personnage déraciné

Questionnant le monde contemporain, partagé entre deux cultures, le personnage de roman reflète une dimension essentielle du monde moderne. Déraciné, il cherche sa place dans une société qui le rejette. Son itinéraire est parsemé d'obstacles mais aussi de rencontres qui lui permettent d'échanger avec les autres. C'est le cas des héros de Ben Jelloun ou de Le Clézio, qui découvrent la vie cruelle de la société occidentale.

Le personnage en quête d'une identité vu par Magritte.

Une adaptation au cinéma de *L'Étranger*.

1900 ▼ 2000

Philosophe de l'existentialisme, Sartre fait de ses personnages des anti-héros.

Jacques Tati crée au cinéma un anti-héros attachant, monsieur Hulot.

> **ŒUVRES À CONSULTER**
>
> **Proust :** *Du côté de chez Swann* → p. 417-419
> **Alain-Fournier :** *Le Grand Meaulnes* → p. 428
> **Gide :** *Les Faux-Monnayeurs* → p. 442
> **Mauriac :** *Le Nœud de vipères* → p. 448
> **Céline :** *Voyage au bout de la nuit* → p. 450
> **Céline :** *Mort à crédit* → p. 452
> **Simenon :** *L'Affaire Saint-Fiacre* → p. 454
> **Colette :** *La Chatte* → p. 456
> **Malraux :** *L'Espoir* → p. 462
> **Queneau :** *Zazie dans le métro* → p. 487
> **Giono :** *Le Hussard sur le toit* → p. 490
> **Gracq :** *Le Rivage des Syrtes* → p. 492
> **Robbe-Grillet :** *Les Gommes* → p. 502
> **Robbe-Grillet :** *La Jalousie* → p. 504
> **Butor :** *La Modification* → p. 506
> **Duras :** *Moderato cantabile* → p. 508
> **Simon :** *La Route des Flandres* → p. 510
> **Tournier :** *Le roi des Aulnes* → p. 520
> **Chraïbi :** *La Civilisation, ma mère !...* → p. 522
> **Modiano :** *Rue des boutiques obscures* → p. 524
> **Perec :** *La Vie mode d'emploi* → p. 528
> **Le Clézio :** *Désert* → p. 532
> **Michon :** *Vies minuscules* → p. 540
> **Ben Jelloun :** *L'Enfant de Sable* → p. 544
> **Djebar :** *Vaste est la prison* → p. 552
> **Echenoz :** *Je m'en vais* → p. 554
> **Houellebecq :** *La Carte et le territoire* → p. 556

REPÈRES littéraires

OBJET D'ÉTUDE *PREMIÈRE*

Le texte théâtral et sa représentation : du XVIIe siècle à nos jours

Le texte théâtral et sa représentation au XXe siècle

Tout au long du XXe siècle, le théâtre a connu des évolutions multiples, favorisées par les avancées de la technique. Les attentes de publics nouveaux, les tragédies de l'histoire politique, la concurrence du cinéma et de la télévision ont provoqué des crises qui ont jeté les gens de théâtre sur les voies d'une création ouverte à toutes les nouveautés.

Le rayonnement du TNP dirigé par Jean Vilar.

Le rôle des metteurs en scène

En 1927, les metteurs en scène Charles Dullin, Louis Jouvet, Gaston Baty et Georges Pitoëff fondent le Cartel des Quatre pour défendre un théâtre littéraire exigeant et séduisant. Alternant les interprétations de classiques français et étrangers et les créations de Jean Giraudoux, Jean Anouilh, Jean-Paul Sartre, Albert Camus, ce théâtre voudrait être l'école du soir de la cité. Au festival d'Avignon qu'il crée en 1947 puis au Théâtre national populaire, Jean Vilar poursuit cet effort en cherchant à attirer un public plus nombreux vers un théâtre de qualité.

Le festival d'Avignon, lieu de création et de renouveau du théâtre.

Le théâtre symboliste

Dès les années 1880, l'usage de l'électricité transforme la représentation théâtrale. Elle plonge la salle dans le noir, crée de nouveaux espaces, éclaire un geste, un visage. Le metteur en scène devient alors indispensable. Mis en scène par Aurélien Lugné-Poë, le chant douloureux de Maurice Maeterlinck dans *Pelléas et Mélisande* comme le jeu de massacre sidérant d'Alfred Jarry dans *Ubu Roi*, ouvrent la voie d'un art neuf auquel le théâtre de Claudel donnera son plein épanouissement.

Auteur et metteur en scène, Albert Camus, dirige ses acteurs.

La pièce de Jarry fait l'objet de mises en scène toujours plus originales.

Le XXᵉ siècle

Le théâtre de l'absurde

À l'écart des succès commerciaux, dans des salles parfois minuscules, un théâtre expérimental qui remet en cause nos façons de parler et donc nos façons de vivre se développe dans les années 1950. Mis en scène par Roger Planchon, Jean-Marie Serreau, Roger Blin, les textes de Jean Tardieu, Eugène Ionesco, Jean Genet, Samuel Beckett mettent à l'épreuve les conventions théâtrales et créent des univers singuliers où des personnages dérisoires affrontent l'absurdité tragique de la condition humaine.

L'intensité et la ferveur du jeu des acteurs, dans une pièce de Wajdi Mouawad.

Le théâtre d'aujourd'hui

Les critiques formulées contre le théâtre occidental par Antonin Artaud, en 1930, produisent aujourd'hui leurs effets. Le texte n'est plus toujours au centre de créations qui font appel à la danse, au cirque, au spectacle de rue. Mais pour l'essentiel, les œuvres de Michel Vinaver, de Jean-Claude Grumberg, de Valère Novarina, de Bernard-Marie Koltès, de Philippe Minyana, de Wajdi Mouawad sont destinées à la lecture comme à la scène. Et c'est par la mise en jeu de la parole humaine que le théâtre reste merveilleusement vivant.

Une représentation du *Bagne* de Jean Genet en 2006.

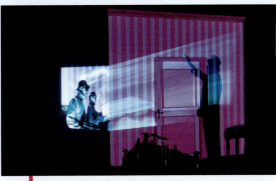

En 2007, Roger Planchon met en scène et interprète Ionesco.

Une nouvelle mise en scène, en 2005, d'une pièce de Beckett.

1900 ▼ 2000

> **ŒUVRES À CONSULTER**
>
> **Claudel :** *Le Soulier de satin* → p. 444
> **Giraudoux :** *La guerre de Troie n'aura pas lieu* → p. 458
> **Giraudoux :** *Électre* → p. 460
> **Sartre :** *Huis clos* → p. 470
> **Anouilh :** *Antigone* → p. 474
> **Ionesco :** *La Cantatrice chauve* → p. 494
> **Ionesco :** *Le roi se meurt* → p. 496
> **Beckett :** *En attendant Godot* → p. 498
> **Beckett :** *Fin de partie* → p. 500
> **Césaire :** *Une saison au Congo* → p. 516
> **Grumberg :** *L'Atelier* → p. 530
> **Koltès :** *Quai ouest* → p. 536
> **Koltès :** *Combat de nègre et de chiens* → p. 538
> **Vinaver :** *L'Émission de télévision* → p. 546
> **Reza :** « *Art* » → p. 548

REPÈRES littéraires

OBJET D'ÉTUDE *SECONDE*

La poésie du XIXᵉ au XXᵉ siècle : du romantisme au surréalisme.

La poésie : de l'avant-garde au surréalisme

Dans les premières années du XXᵉ siècle, les poètes expriment leur enthousiasme devant les transformations du monde moderne. Comme les peintres, ils bouleversent leur manière de représenter l'univers. Cette révolution trouve un aboutissement après la Première Guerre mondiale dans le mouvement surréaliste.

L'éclatement des formes poétiques

L'Avant-garde se définit à travers la création de nombreuses audaces stylistiques. Le vers libre s'impose comme le principe essentiel du texte poétique. Il fait alterner des vers très courts et très longs. Cette alternance crée des effets nouveaux en harmonie avec le rythme du monde moderne.

« *Paris-New York Maintenant, j'ai fait courir tous les trains le long de ma vie* » (Cendrars)

Apollinaire, calligramme.

De même, Cendrars puis Apollinaire suppriment presque toute ponctuation de leurs poèmes dès 1913. Seul le rythme du vers détermine le sens du texte et de la lecture.

Le poème devient alors un objet graphique dans une mise en page originale qui s'inspire du dessin, de l'affiche et de la publicité. C'est ainsi que les *Calligrammes* d'Apollinaire, qui disposent les mots du poème sous forme de dessin, participent aux recherches graphiques menées par l'avant-garde.

La publicité, le sport ou l'avion représentent le monde moderne pour le peintre R. Delaunay.

La trépidation du monde moderne

L'Avant-garde trouve une source d'inspiration dans le mouvement et la vitesse du monde moderne. Artistes et poètes inventent un langage original apte à exprimer cette perception renouvelée de l'univers. Les poètes de l'avant-garde chantent l'animation des grandes villes, les nouveaux moyens de communication et la multiplication des machines.

Pour Blaise Cendrars comme pour Guillaume Apollinaire, le train, le cinéma, le télégraphe, la bicyclette, le métro, l'automobile, l'avion s'inscrivent au cœur du poème pour constituer de nouveaux objets poétiques. Les poètes de l'Avant-garde expriment leur passion pour ce monde coloré et fragmenté. Les sensations, les souvenirs et les objets se juxtaposent, provoquant des effets de surprise.

> **ŒUVRES À CONSULTER**
> Apollinaire : *Alcools* → p. 422
> Apollinaire : *Calligrammes* → p. 424
> Cendrars : *Prose du Transsibérien* → p. 426
> Valéry : *Album de vers anciens* → p. 430
> Breton : *Manifeste du surréalisme* → p. 434
> Breton : *Clair de Terre* → p. 436
> Eluard : *Mourir de ne pas mourir* → p. 438
> Eluard : *Capitale de la douleur* → p. 440

406

Le XXᵉ siècle

L'exploration de l'inconscient et des rêves

En réaction aux atrocités de la Première Guerre mondiale, une génération de jeunes poètes explore un monde dans lequel la raison et la logique n'ont plus de place : la poésie devient « surréaliste ».

S'appuyant sur les recherches de Freud et de la psychanalyse, les poètes font du rêve un outil d'écriture : le rêve, qui n'est contrôlé ni par la morale, ni par la raison, offre aux surréalistes un domaine riche en découvertes poétiques. La poésie surréaliste, débarrassée des contraintes de la versification et de la logique, révèle la part mystérieuse et fascinante de l'inconscient.

André Breton et Philippe Soupault (sur l'échelle) en 1921.

Les artistes surréalistes créent des œuvres inattendues et déroutantes.

La revue, qui publie poèmes et illustrations, est l'organe du mouvement.

La célébration de l'amour fou

L'amour est la principale source d'inspiration des surréalistes. Il naît de rencontres inattendues et se développe dans une passion exclusive. Breton, Eluard, Aragon chez les poètes, Dali en peinture, Man Ray pour la photographie placent la femme aimée au cœur de leur univers artistique.

1900 ▸ 2000

Le jeu sur le langage

La liberté, qui est le maître mot des surréalistes, s'exprime aussi dans le langage. Les surréalistes considèrent la comparaison et la métaphore comme le moteur de la création poétique : les images inattendues rapprochent deux réalités sans lien entre elles. La force du poème repose alors sur la fulgurance de l'image produite. André Breton reprend à son compte la formule de Lautréamont : « Beau comme la rencontre fortuite d'un parapluie et d'une machine à coudre sur une table de dissection. »

De même, l'écriture automatique joue sur les associations verbales. Elle consiste à écrire sous la dictée de l'inconscient ou du hasard des phrases que la raison n'aurait jamais produites. Le surréalisme s'appuie sur les sonorités des mots et leurs connotations, créant un langage libéré de toute contrainte : « *Voyageurs, portez des plumes de paon aux filles de Pampelune.* » (Robert Desnos).

L'univers mystérieux et onirique de Salvador Dali.

407

REPÈRES littéraires

OBJET D'ÉTUDE *PREMIÈRE*
Écriture poétique et quête du sens, du Moyen Âge à nos jours

L'écriture poétique et la quête du sens au XXe siècle

La poésie du XXe siècle se caractérise par une volonté constante de renouveau. Devant la cruauté de la guerre et l'absurdité d'une société déshumanisée, mais aussi devant la beauté intacte de l'univers et des passions, chaque poète retrouve du sens au monde à travers ses recherches sur les mots et les formes.

La célébration d'un monde nouveau

Alors que Paul Valéry s'impose comme le dernier poète « classique », privilégiant la forme du sonnet, les poètes de l'avant-garde et les Surréalistes portent un regard résolument nouveau sur le monde moderne. Guillaume Apollinaire et Blaise Cendrars renouvellent le lyrisme poétique à travers l'utilisation du vers libre et une mise en forme originale du texte. Leur poésie associe à une profonde mélancolie des thématiques modernes comme le voyage, la guerre ou la ville.

À leur tour, les poètes surréalistes font scandale. Face au désastre de la guerre, ils ouvrent la poésie au monde du rêve et du hasard. S'appuyant sur la fulgurance des images poétiques, ils redonnent un sens au monde en chantant l'amour fou pour Gala, Elsa ou Nadja.

La poésie au service de la Résistance, de la liberté.

Poésie et résistances

La Seconde Guerre mondiale et l'occupation poussent les poètes à mettre leurs écrits au service de la Résistance. La poésie devient ainsi le moyen d'encourager au combat et de garder l'espoir au cours des années sombres. Le poème d'Eluard, « Liberté », ouvre son recueil *Poésie et Vérité*, imprimé clandestinement en 1942. Aragon réunit les poèmes écrits pendant la guerre dans *La Diane française* en 1944.

Le poème de Blaise Cendrars, poète de l'avant-garde, illustré par Sonia Delaunay.

Le poète Louis Aragon et sa compagne, Elsa Triolet.

408

Le XXᵉ siècle

Dans sa revue *Tropiques*, Aimé Césaire défend la culture antillaise.

Cette dimension essentielle du texte poétique se retrouve dans les œuvres des poètes issus de la colonisation. Défenseurs du concept de la « négritude », Léopold Sédar Senghor et Aimé Césaire combattent dans leur poésie pour l'accession des peuples africains à l'indépendance.

ŒUVRES À CONSULTER
Apollinaire : *Le pont Mirabeau* → p. 420
Michaux : *Emportez-moi* → p. 446
Michaux : *La nuit remue* → p. 447
Aragon : *La Diane française* → p. 476
Senghor : *Chants d'ombre* → p. 478
Prévert : *Familiale* → p. 482
Char : *Fureur et mystère* → p. 488
Ponge : *Le Grand Recueil* → p. 512
Jaccottet : *Airs* → p. 518

L'exploration du quotidien

En marge du mouvement surréaliste, Raymond Queneau et Jacques Prévert expriment leur attachement à toutes les ressources de la langue orale et de la culture populaire. Leur poésie, libérée des contraintes formelles et stylistiques, met en scène les faubourgs ouvriers, mêlant la critique sociale à la tendresse pour les déshérités et les marginaux : l'enfant rebelle, le clochard, le couple d'amoureux… Leur poésie touche ainsi un grand nombre de lecteurs, sensibles au langage argotique et à l'humour. Elle révèle à la fois la beauté cachée de l'univers quotidien et la révolte nécessaire devant les injustices.

Une œuvre de René Char illustrée par Nicols de Staël.

L'énigme du monde

La poésie a pour fonction première de donner du sens au monde. René Char, Henri Michaux, Francis Ponge et Philippe Jaccottet créent, chacun à leur manière, un univers poétique exigeant et original.

1900
▼
2000

René Char exalte la fureur et le mystère des paysages provençaux de son enfance : il utilise toutes les formes poétiques modernes pour éclairer les rapports de l'homme et de la nature.

Henri Michaux fait de la poésie un voyage intérieur qui lui permet de faire partager au lecteur les angoisses et les tourments qui habitent l'homme moderne.

Dans ses poèmes en prose, Francis Ponge fait de la description poétique des choses les plus simples – un fruit, un oiseau, un lézard ou un cageot – un défi pour retrouver un langage juste, débarrassé de tout lyrisme.

Philippe Jaccottet cherche à saisir dans ses poèmes, le plus souvent brefs, le caractère fugitif de l'existence. Il s'inspire ainsi du haïku japonais – court poème en trois vers – pour fixer l'intensité d'une émotion devant le spectacle du monde.

L'humour et la fantaisie de Raymond Queneau.

Les mots du poète, Jacques Prévert, et les couleurs du peintre, Joan Miro.

Paul Eluard et René Char, réunis à l'occasion d'une lecture.

409

REPÈRES littéraires

OBJET D'ÉTUDE *PREMIÈRE*
La question de l'homme dans les genres de l'argumentation du XVIᵉ siècle à nos jours

La question de l'homme dans l'argumentation au XXᵉ siècle

Au XXᵉ siècle, les intellectuels et les écrivains sont conduits à redéfinir la question de l'homme face aux crises qui déchirent le monde. Ils renouvellent dans leurs œuvres littéraires comme dans leurs essais l'image de la condition humaine qui a perdu ses repères dans un univers bouleversé.

L'affiche du film *L'Espoir*, réalisé par Malraux pendant la Guerre d'Espagne.

Une affiche russe sur la Révolution de 1917.

Albert Camus au journal *Combat* en 1944.

La conquête des libertés

Dans les années trente, Malraux revient sur l'idée de condition humaine et souligne la nécessité de s'engager dans l'action. C'est ce que font, sous l'Occupation, Sartre et Camus dans leurs pièces de théâtre et dans leurs essais.

De leur côté, Aimé Césaire et Léopold Sédar Senghor en appellent aux consciences dans leur lutte contre la colonisation et pour la reconnaissance de l'identité des peuples opprimés.

Écrivain et député, Aimé Césaire dénonce la colonisation.

La civilisation en péril

L'idéal de civilisation fondé par la Révolution française et celui reposant sur le progrès développé au XIXᵉ siècle sont remis en cause par les guerres et les affrontements idéologiques. En 1919, Paul Valéry s'interroge dans ses essais sur la définition de la civilisation.

Le XXe siècle

Simone de Beauvoir défend dans son œuvre le droit des femmes.

> **▶ ŒUVRES À CONSULTER**
> **Paul Valéry :** *La Crise de l'Esprit* ➜ p. 432
> **Camus :** *L'Étranger* ➜ p. 466
> **Camus :** *La Peste* ➜ p. 467
> **Camus :** *Les Justes* ➜ p. 468
> **Sartre :** *Situation III* ➜ p. 472
> **Beauvoir :** *La Force des choses* ➜ p. 514
> **Le Clézio :** *Dans la forêt des paradoxes* ➜ p. 534

L'apparition de la société de consommation coïncide avec le renouveau des revendications des mouvements féministes qui trouvent dans l'œuvre de Simone de Beauvoir des arguments et des réflexions à l'appui de leur cause.

Les médias au cœur de l'existence

L'omniprésence des médias dans la vie quotidienne offre de nouvelles tribunes aux écrivains, en modifiant les formes traditionnelles de l'argumentation. Le débat télévisé ou radiophonique permet aux écrivains et aux intellectuels de faire partager leurs idées au plus grand nombre. De même, cette médiatisation donne un écho retentissant à l'attribution des prix littéraires, comme le prix Goncourt.

À la fin du XXe siècle, le livre semble menacé par les autres médias en tant qu'instrument de culture et de savoir privilégié. Les écrivains, comme Jean-Marie Gustave Le Clézio dans son discours de réception du prix Nobel, prennent sa défense en réaffirmant leur attachement à la lecture comme moyen d'épanouissement.

1900 ▸ 2000

Tahar Ben Jelloun, passeur entre deux cultures.

Jean-Marie Gustave Le Clézio, l'écrivain ouvert sur toutes les cultures.

L'échange des cultures

La disparition des empires coloniaux et le brassage des populations causé par la mondialisation provoquent la crainte d'une perte d'identité culturelle et linguistique. Les écrivains francophones comme Driss Chraïbi, Tahar Ben Jelloun et Assia Djebar gardent cependant le souvenir de leurs racines en proposant à leurs lecteurs une richesse nouvelle fondée sur l'échange et le respect.

La place, lieu de rencontres entre les hommes, selon le sculpteur Giacometti.

REPÈRES littéraires

OBJET D'ÉTUDE *PREMIÈRE L*
Les réécritures du XVIIe siècle à nos jours

Les réécritures

Les formes de la réécriture sont très diverses. Un écrivain peut reprendre un texte antérieur, proposer une variation autour d'un personnage mythique, détourner le sens d'une œuvre en l'imitant ou encore adapter une œuvre dans un genre littéraire différent.

L'imitation

Depuis le XVIe siècle, les écrivains prennent pour modèle les grandes œuvres du passé. Ils peuvent respecter le cadre de leurs sources ou prendre avec elles une grande liberté.

Au XVIIe siècle, le principe de l'imitation de l'Antiquité s'impose à tous. Il ne s'agit pas de copier les œuvres antérieures, mais de reconnaître leur importance et de leur rendre hommage. Corneille et Racine s'inspirent ainsi des tragédies de l'Antiquité grecque, La Fontaine reprend les fables du poète grec Ésope.

Les fables de La Fontaine adaptées au théâtre.

Antigone, la pièce de Sophocle sur la scène de la Comédie-Française.

Les variations autour d'un thème ou d'un mythe

L'auteur partage avec d'autres écrivains l'exploitation d'un même thème, d'une même situation, d'un personnage mythique qui appartient à la mémoire collective. Il peut ainsi confronter et adapter ce thème à des problématiques contemporaines ou à ses propres préoccupations.

Par exemple, Don Juan, le personnage rendu célèbre par Molière, est repris par Mozart pour l'opéra, par Baudelaire en poésie ou par Montherlant dans le roman. De même, le mythe d'Antigone permet à Jean Anouilh de faire réfléchir les spectateurs sur le devoir de résistance contre l'oppression.

Le mythe de Don Juan revisité par le cinéma, ici en 1979.

Le masque, symbole du théâtre depuis l'Antiquité.

412

Le XXᵉ siècle

On retrouve personnages et lieux des *Exercices de style* de Queneau.

Le détournement

La parodie correspond à une vieille tradition littéraire. Elle consiste à reprendre une œuvre célèbre en changeant le genre, le ton, le langage, le cadre historique dans le but de faire rire. Au XVIIIᵉ siècle, Marivaux parodie Homère dans *L'Iliade travestie*. De manière originale, les *Exercices de style* de Raymond Queneau réécrivent une même histoire de multiples façons.

Le pastiche consiste à imiter le style d'un écrivain de manière amusante en amplifiant les procédés qu'il utilise, dans une intention de jeu et de complicité. Dans ses *Pastiches et Mélanges*, Marcel Proust imite le style de Balzac, de Flaubert ou encore des frères Goncourt.

India Song, film de la romancière Marguerite Duras.

L'adaptation

L'adaptation consiste à transposer un texte d'un genre à un autre et de lui faire subir ainsi un certain nombre de transformations. Des romanciers peuvent réécrire leur œuvre pour l'adapter au théâtre ; ils peuvent également en tirer un scénario et des dialogues en vue d'une adaptation pour la télévision ou le cinéma.

Émile Zola transpose ses plus grands succès romanesques sur la scène théâtrale. Les romans de Patrick Modiano sont souvent adaptés au cinéma. Les œuvres de Balzac, de Dumas ou de Maupassant sont régulièrement transposées en séries télévisées.

1900 ▼ 2000

La romancière Françoise Sagan passe derrière la caméra.

> ### ŒUVRES À CONSULTER
> Marie de France : *Le corbeau et le renard* → p. 60
> Ronsard : *Les Amours* → p. 99
> La Fontaine : *La Mort et le Bûcheron* → p. 164
> Proust : *Pastiches et mélanges* → p. 416
> Anouilh : *Antigone* → p. 474
> Queneau : *Exercices de style* → p. 484
> Queneau : *L'Instant fatal* → p. 486

413

Proust

▶ **Marcel Proust**
▶ Né à Auteuil le 10 juillet 1871.
▶ Décédé à Paris le 18 novembre 1922.

Issu de la haute bourgeoisie, entouré de l'affection maternelle, Marcel Proust reçoit une éducation brillante et raffinée. Son père est un médecin célèbre. Des crises d'asthme perturbent cependant une scolarité remarquable. Après sa licence en droit, Proust choisit la littérature. Il s'intègre rapidement aux cercles littéraires et mondains de la Belle Époque. Au moment de l'affaire Dreyfus, il prend parti pour l'officier injustement condamné. La mort de son père puis celle de sa mère l'affectent profondément. Il n'a publié jusqu'alors que quelques articles pour des revues. « Suis-je un romancier ? » se demande encore Proust en 1908. À trente-sept ans, il brille dans les salons de la haute société, ce « royaume du néant » qu'il va décrire dans ses romans.

Peu à peu, l'écrivain entre dans la rédaction de son œuvre, *À la recherche du temps perdu*. Proust se replie sur l'univers de son enfance, qu'il veut faire resurgir par la littérature. La Première Guerre mondiale l'éloigne un peu plus encore des mondanités. Il se consacre désormais exclusivement à l'écriture. La gloire éclate lorsqu'il obtient le prix Goncourt en 1919 pour *À l'ombre des jeunes filles en fleurs*. Le romancier ne vit alors plus que pour son art. Malade, il s'enferme dans sa chambre couverte de panneaux de liège pour éloigner les bruits de l'extérieur. Il construit sa « cathédrale ». L'écrivain rature ses brouillons, corrige ses épreuves, ajoutant des pages par milliers, au grand désespoir de son éditeur. À ce travail exténuant, Proust s'épuise jusqu'à la mort, en 1922. L'essentiel de la *Recherche du temps perdu* paraît à titre posthume.

ŒUVRES PRINCIPALES

Romans
À la recherche du temps perdu
Du côté de chez Swann (1913),
À l'ombre des jeunes filles en fleurs (1919), *Le Côté de Guermantes* (1921),
La Prisonnière (1923),
Albertine disparue (1925),
Le Temps retrouvé (1927).

Marcel Proust, debout, à côté de sa mère et de son frère Robert

▶ L'œuvre « cathédrale »

Toute l'œuvre de Proust, ses premières nouvelles comme ses textes de critique littéraire, prépare la rédaction d'*À la recherche du temps perdu*. Dans cette fresque magistrale, Proust fait vivre plus de cinq cents personnages sur lesquels il porte le regard minutieux d'un sociologue, à travers le point de vue autobiographique d'un narrateur qui en occupe la place centrale.

● **Les nouvelles et les pastiches.** En 1896, dans *Les Plaisirs et les Jours*, puis à partir de 1908, dans les *Pastiches et mélanges*, Proust rassemble une partie des textes publiés d'abord dans les journaux. Ses nouvelles et ses pastiches d'écrivains célèbres, comme Saint-Simon, Balzac, Flaubert ou les frères Goncourt, lui permettent d'affirmer une maîtrise stylistique remarquable.

● **Les textes critiques.** Le *Contre Sainte-Beuve*, publié en 1954, conteste le point de vue de ce célèbre critique littéraire. Aux yeux de Proust, la vie de l'écrivain et le jugement de ses contemporains comptent moins que l'originalité de son œuvre, de son style et de sa sensibilité.

● **La somme romanesque.** Après un roman inachevé écrit à la troisième personne, *Jean Santeuil*, Proust conçoit le cycle d'*À la recherche du temps perdu*, composé de sept romans autobiographiques rédigés à la première personne : *Du côté de chez Swann* (1913), *À l'ombre des jeunes filles en fleurs* (1919), *Le Côté de Guermantes* (1920-1921), *Sodome et Gomorrhe* (1921-1922), *La Prisonnière* (1923), *Albertine disparue* ou *La Fugitive* (1925) et *Le Temps retrouvé* (1927). La plupart d'entre eux sont publiés à titre posthume.

Le XXᵉ siècle

Les corrections et les retouches successives de Marcel Proust sur son manuscrit (*Du côté de chez Swann*).

▶ Les cinq thèmes principaux

Cinq thèmes principaux de la *Recherche* traversent cette somme romanesque.

● **Les souvenirs de l'enfance.** Le romancier fait revivre les lieux et les personnes de son enfance. Il explore les moments de bonheur, les chagrins, les paysages, les goûts et les odeurs qui l'ont marqué, et ressuscite le souvenir nostalgique de sa mère et de sa grand-mère maternelle, tendrement aimées.

● **La vanité des salons aristocratiques.** Proust représente, à travers la figure de Swann, le milieu de la haute bourgeoisie et de l'aristocratie que lui-même a longtemps fréquenté. Il fait revivre un monde qui disparaît avec la Première Guerre mondiale, tout en portant un regard ironique sur le snobisme, la bêtise et la cruauté des cercles mondains.

● **La perception du temps qui passe.** L'histoire de la *Recherche* se développe sur une période de près de vingt années. Elle rend sensibles le déclin d'un monde, les mutations techniques et sociales, les bouleversements de l'Histoire, le vieillissement et la mort des hommes. Proust donne ainsi « l'impression du temps ».

● **L'évolution d'une conscience.** Dans la *Recherche*, le narrateur découvre l'importance de la mémoire inconsciente à travers le brusque surgissement du souvenir : le simple fait de manger une madeleine trempée dans du thé ou de trébucher sur le pavé d'une cour fait revivre tout à coup le passé disparu. Proust s'interroge sur sa propre perception du monde et l'évolution de sa personnalité qui se forge à travers le temps.

● **L'importance de l'œuvre d'art.** La *Recherche* met en scène le personnage d'un musicien, Vinteuil, d'un peintre, Elstir, d'un écrivain, Bergotte. L'art joue en effet un rôle capital dans le roman, en permettant au narrateur de découvrir la beauté cachée du monde et la vérité profonde des êtres.

▶ L'écrivain, personnage principal de son œuvre

À travers la peinture de la société, le destin des personnages, le va-et-vient entre le passé et le présent, ce qui compte avant tout dans *À la recherche du temps perdu* est le regard que le « je » du narrateur-personnage porte sur le monde. Proust souligne ainsi l'importance des souvenirs, la perception subjective des êtres et des choses, qui se modifie elle-même aux différentes époques de l'existence. C'est cette primauté donnée à la conscience sur les événements extérieurs qui va marquer toute la littérature romanesque du XXᵉ siècle et faire ainsi de Proust le fondateur du roman moderne.

1900 ▼ 2010

Le peintre René Prinet restitue l'atmosphère des soirées mondaines d'*À la recherche du temps perdu*.

415

Proust

OBJET D'ÉTUDE 1re L **Les réécritures** ➜ voir p. 412

1908 Pastiches et mélanges

Marcel Proust publie dans le journal *Le Figaro*, de 1908 à 1909, huit pastiches d'écrivains célèbres. Il prend pour prétexte « l'affaire Lemoine », qui met en cause un faussaire ayant prétendu avoir découvert le secret de la fabrication du diamant.

L'affaire Lemoine dans un roman de Balzac

Tout à coup, la porte s'ouvrit devant l'illustre romancier Daniel d'Arthez[1]. Un physicien du monde moral qui aurait à la fois le génie de Lavoisier et de Bichat[2] – le créateur de la chimie organique – serait seul capable d'isoler les éléments qui composent la sonorité spéciale du pas des hommes supérieurs. En entendant résonner celui de d'Arthez vous
5 eussiez frémi. Seul pouvait ainsi marcher un sublime génie ou un grand criminel. [...]

Athénaïs ne se sentait plus de joie en voyant revenir chez elle l'amant qu'elle espérait bien enlever à sa meilleure amie. Aussi pressa-t-elle la main de la princesse en gardant le calme impénétrable que possèdent les femmes de la haute société au moment même où elles vous enfoncent un poignard dans le cœur.
10 « Je suis heureuse pour vous, ma chère, que M. d'Arthez soit venu, dit-elle à Mme de Cadignan, d'autant plus qu'il aura une surprise complète, il ne savait pas que vous seriez ici.

– Il croyait sans doute y rencontrer M. de Rubempré[1] dont il admire le talent, répondit Diane avec une moue câline qui cachait la plus mordante des railleries, car on savait que
15 Mme d'Espard ne pardonnait pas à Lucien de l'avoir abandonnée.

L'affaire Lemoine dans un roman de Flaubert

L'avocat de Lemoine, répliquant, fut bref. Mais il avait un accent méridional, faisait appel aux passions généreuses, ôtait à tout moment son lorgnon. En l'écoutant, Nathalie ressentait ce trouble où conduit l'éloquence ; une douceur l'envahit et son cœur s'étant soulevé, la batiste[1] de son corsage palpitait, comme une herbe au bord d'une fontaine
5 prête à sourdre[2], comme le plumage d'un pigeon qui va s'envoler. Enfin le président fit un signe, un murmure s'éleva, deux parapluies tombèrent : on allait entendre à nouveau l'accusé. Tout de suite, les gestes de colère des assistants le désignèrent ; pourquoi n'avait-il pas dit vrai, fabriqué du diamant, divulgué son invention ? Tous, et jusqu'au plus pauvre, auraient su – c'était certain – en tirer des millions. Même ils les voyaient
10 devant eux, dans la violence du regret où l'on croit posséder ce qu'on pleure.

Marcel Proust, *Pastiches et mélanges*, Éd. Gallimard, 1908-1909.

1. Daniel d'Arthez, Athénaïs d'Espard, Diane de Cadignan, Lucien de Rubempré : personnages de *La Comédie humaine* de Balzac.
2. Lavoisier et Bichat : chimistes célèbres au XIXe siècle.

1. batiste : toile de lin très fine.
2. sourdre : sortir de terre.

Observation

1. Repérez les personnages présents dans le premier pastiche. À quel univers social renvoient-ils ?

2. Quels sont les personnages présents dans le second pastiche ? Qu'est-ce qui, dans leurs attitudes, fait sourire le lecteur ?

Analyse

3. Retrouvez et expliquez les hyperboles présentes dans le premier texte.

4. Retrouvez et étudiez la présence du style indirect libre dans le pastiche de Flaubert.

5. Relevez les comparaisons présentes dans les deux textes. En quoi donnent-elles aux pastiches une tonalité comique ?

Vers le commentaire. À travers quels procédés Proust s'exerce-t-il à pasticher les auteurs qu'il admire ? Rédigez un paragraphe de synthèse.

Notion

Le pastiche

Le pastiche consiste à imiter le style d'un écrivain en amplifiant les procédés qu'il utilise. Il est ainsi une forme d'hommage rendu à un écrivain que l'on admire. C'est aussi pour le pasticheur l'occasion de manifester son talent à travers un exercice de style.

■ 416

Le XXᵉ siècle

OBJET D'ÉTUDE 1ʳᵉ Le personnage de roman → voir p. 402

1913

Du côté de chez Swann

Du côté de chez Swann ouvre le cycle d'*À la recherche du temps perdu*. Dès les premières lignes du texte, le narrateur se souvient des impressions de son enfance et s'impose comme le personnage principal du roman.

Longtemps, je me suis couché de bonne heure. Parfois, à peine ma bougie éteinte, mes yeux se fermaient si vite que je n'avais pas le temps de me dire : « Je m'endors. » Et, une demi-heure après, la pensée qu'il était temps de chercher le sommeil m'éveillait ; je voulais poser le volume que je croyais avoir encore entre les mains et souffler ma lu-
5 mière ; je n'avais pas cessé en dormant de faire des réflexions sur ce que je venais de lire, mais ces réflexions avaient pris un tour un peu particulier ; il me semblait que j'étais moi-même ce dont parlait l'ouvrage : une église, un quatuor[1], la rivalité de François Iᵉʳ et de Charles Quint[2]. Cette croyance survivait pendant quelques secondes à mon réveil ; elle ne choquait pas ma raison mais pesait comme des écailles sur mes yeux et les em-
10 pêchait de se rendre compte que le bougeoir n'était pas allumé. Puis elle commençait à me devenir inintelligible, comme après la métempsycose[3] les pensées d'une existence antérieure ; le sujet du livre se détachait de moi, j'étais libre de m'y appliquer ou non ; aussitôt je recouvrais la vue et j'étais bien étonné de trouver autour de moi une obs-curité, douce et reposante pour mes yeux, mais peut-être plus encore pour mon esprit,
15 à qui elle apparaissait comme une chose sans cause, incompréhensible, comme une chose vraiment obscure. Je me demandais quelle heure il pouvait être ; j'entendais le sifflement des trains qui, plus ou moins éloigné, comme le chant d'un oiseau dans une forêt, relevant les distances, me décrivait l'étendue de la campagne déserte où le voya-geur se hâte vers la station prochaine ; et le petit chemin qu'il suit va être gravé dans
20 son souvenir par l'excitation qu'il doit à des lieux nouveaux, à des actes inaccoutumés, à la causerie récente et aux adieux sous la lampe étrangère qui le suivent encore dans le silence de la nuit, à la douceur prochaine du retour.

J'appuyais tendrement contre les belles joues de l'oreiller qui, pleines et fraîches, sont comme les joues de notre enfance. Je frottais une allumette pour regarder ma montre.
25 Bientôt minuit. C'est l'instant où le malade, réveillé par une crise, se réjouit en aperce-vant sous la porte une raie de jour. Quel bonheur, c'est déjà le matin ! Dans un moment les domestiques seront levés, il pourra sonner, on viendra lui porter secours. L'espérance d'être soulagé lui donne du courage pour souffrir. Justement il a cru entendre des pas ; les pas se rapprochent, puis s'éloignent. Et la raie de jour qui était sous la porte a disparu.
30 C'est minuit ; on vient d'éteindre le gaz ; le dernier domestique est parti et il faudra rester toute la nuit à souffrir sans remède.

Marcel Proust, *Du côté de chez Swann*, *À la recherche du temps perdu*, Éd. Gallimard, 1913.

---

1. quatuor : morceau de musique écrit pour quatre instruments.
2. François Iᵉʳ et Charles Quint : respectivement roi de France et empereur d'Allemagne au xvıᵉ siècle.
3. métempsycose : réincarnation.

1900 ▾ 2010

Observation
1. Retrouvez les éléments du texte qui constituent le décor d'une scène d'enfance.
2. Relevez et classez l'ensemble des sensations éprouvées par le narrateur.

Analyse
3. Quel rôle joue la lecture dans l'imaginaire de l'enfant ? Montrez qu'elle modifie sa perception du monde.
4. En quoi les indications tempo-relles contribuent-elles à donner le sentiment du temps qui passe ?

Pratiquer l'écriture fictionnelle.
Récrivez les lignes 1 à 10 à la troi-sième personne du singulier. Quel est l'effet produit par ce changement de mode de narration ?

Notion

L'analyse des sensations

Le roman autobiographique conduit l'écrivain à évoquer les sensations et les sentiments qu'il a éprouvés. Il s'interroge sur leur origine et leur déve-loppement, et les fait revivre en s'appuyant sur le choix du lexique et le jeu des images.

417

Proust

OBJET D'ÉTUDE 1re Le personnage de roman → voir p. 402

1913 Du côté de chez Swann

Les multiples personnages d'*À la recherche du temps perdu* appartiennent pour la plupart au monde de l'aristocratie et de la bourgeoisie du début du xxe siècle. À travers le portrait de madame Verdurin, Proust fait la satire des milieux mondains.

« Qu'est-ce qu'ils ont à rire toutes ces bonnes gens-là, on a l'air de ne pas engendrer la mélancolie dans votre petit coin là-bas, s'écria Mme Verdurin. Si vous croyez que je m'amuse, moi, à rester toute seule en pénitence », ajouta-t-elle sur un ton dépité, en faisant l'enfant.

5 Mme Verdurin était assise sur un haut siège suédois en sapin ciré, qu'un violoniste de ce pays lui avait donné et qu'elle conservait quoiqu'il rappelât la forme d'un escabeau et jurât avec les beaux meubles anciens qu'elle avait, mais elle tenait à garder en évidence les cadeaux que les fidèles avaient l'habitude de lui faire de temps en temps, afin que les donateurs eussent le plaisir de les reconnaître quand ils venaient. Aussi tâchait-elle de 10 persuader qu'on s'en tînt aux fleurs et aux bonbons, qui du moins se détruisent ; mais elle n'y réussissait pas et c'était chez elle une collection de chauffe-pieds, de coussins, de pendules, de paravents, de baromètres, de potiches, dans une accumulation de redites et un disparate d'étrennes.

De ce poste élevé elle participait avec entrain à la conversation des fidèles et 15 s'égayait de leurs « fumisteries¹ », mais depuis l'accident qui était arrivé à sa mâchoire, elle avait renoncé à prendre la peine de pouffer² effectivement et se livrait à la place à une mimique conventionnelle qui signifiait, sans fatigue ni risques pour elle, qu'elle riait aux larmes. Au moindre mot que lâchait un habitué contre un ennuyeux ou contre un ancien habitué rejeté au camp des ennuyeux – et pour le plus grand désespoir de 20 M. Verdurin qui avait eu longtemps la prétention d'être aussi aimable que sa femme, mais qui riant pour de bon s'essoufflait vite et avait été distancé et vaincu par cette ruse d'une incessante et fictive hilarité –, elle poussait un petit cri, fermait entièrement ses yeux d'oiseau qu'une taie³ commençait à voiler, et brusquement, comme si elle n'eût eu que le temps de cacher un spectacle indécent ou de parer à un accès mortel, plongeant 25 sa figure dans ses mains qui la recouvraient et n'en laissaient plus rien voir, elle avait l'air de s'efforcer de réprimer, d'anéantir un rire qui, si elle s'y fût abandonnée, l'eût conduite à l'évanouissement. Telle, étourdie par la gaieté des fidèles, ivre de camaraderie, de médisance et d'assentiment⁴, Mme Verdurin, juchée sur son perchoir, pareille à un oiseau dont on eût trempé le colifichet⁵ dans du vin chaud, sanglotait d'amabilité.

Marcel Proust, *Du côté de chez Swann, À la recherche du temps perdu*, Éd. Gallimard, 1913.

---

1. fumisteries : farces, plaisanteries.
2. pouffer : éclater d'un rire involontaire.
3. taie : tache sur l'œil.
4. assentiment : accord, consentement.
5. colifichet : petit biscuit donné en nourriture aux oiseaux.

Observation

1. Quels sont les personnages présents dans cette scène ? Dans quelles circonstances se réunissent-ils ?

2. Quelle position dans l'assemblée le personnage principal occupe-t-il ? Que révèle-t-elle sur son caractère ?

Analyse

3. À travers quels détails l'auteur tourne-t-il en dérision madame Verdurin ?

4. Relevez l'ensemble des verbes conjugués au subjonctif. À travers quels autres procédés le récit s'inscrit-il dans un niveau de langue soutenu ?

5. Analysez la métaphore filée de l'oiseau dans le troisième paragraphe.

Vers le commentaire. Montrez comment Proust fait le portrait satirique d'un personnage mondain dans cette page.

Notion

Le portrait satirique

La satire se moque d'une personne ou des institutions. Elle attaque ainsi les vices et les ridicules des contemporains. Elle utilise les procédés de l'humour et de l'ironie pour faire partager son regard au lecteur.

Le XXᵉ siècle

OBJET D'ÉTUDE 1ʳᵉ **Le personnage de roman** → voir p. 402

1913

Du côté de chez Swann

Bien après ses années d'enfance, le narrateur vit une expérience curieuse : un morceau de madeleine ressuscite tout à coup un moment du passé.

Un jour d'hiver, comme je rentrais à la maison, ma mère, voyant que j'avais froid, me proposa de me faire prendre, contre mon habitude, un peu de thé. Je refusai d'abord et, je ne sais pourquoi, me ravisai. Elle envoya chercher un de ces gâteaux courts et dodus appelés Petites Madeleines qui semblent avoir été moulés dans la valve rainurée d'une
5 coquille de Saint-Jacques. Et bientôt, machinalement, accablé par la morne journée et la perspective d'un triste lendemain, je portai à mes lèvres une cuillerée du thé où j'avais laissé s'amollir un morceau de madeleine. Mais à l'instant même où la gorgée mêlée des miettes du gâteau toucha mon palais, je tressaillis, attentif à ce qui se passait d'extraordinaire en moi. Un plaisir délicieux m'avait envahi, isolé, sans la notion de sa cause. Il
10 m'avait aussitôt rendu les vicissitudes[1] de la vie indifférentes, ses désastres inoffensifs, sa brièveté illusoire, de la même façon qu'opère l'amour, en me remplissant d'une essence précieuse : ou plutôt cette essence n'était pas en moi, elle était moi. J'avais cessé de me sentir médiocre, contingent, mortel. D'où avait pu me venir cette puissante joie ? Je sentais qu'elle était liée au goût du thé et du gâteau, mais qu'elle le dépassait infiniment, ne
15 devait pas être de même nature. D'où venait-elle ? Que signifiait-elle ? [...]

Et tout d'un coup le souvenir m'est apparu. Ce goût, c'était celui du petit morceau de madeleine que le dimanche matin à Combray[2] (parce que ce jour-là je ne sortais pas avant l'heure de la messe), quand j'allais lui dire bonjour dans sa chambre, ma tante Léonie m'offrait après l'avoir trempé dans son infusion de thé ou de tilleul. La vue de la
20 petite madeleine ne m'avait rien rappelé avant que je n'y eusse goûté ; peut-être parce que, en ayant souvent aperçu depuis, sans en manger, sur les tablettes des pâtissiers, leur image avait quitté ces jours de Combray pour se lier à d'autres plus récents ; peut-être parce que, de ces souvenirs abandonnés depuis si longtemps hors de la mémoire, rien ne survivait, tout s'était désagrégé ; les formes – et celle aussi du petit coquillage
25 de pâtisserie, si grassement sensuel sous son plissage sévère et dévot – s'étaient abolies, ou, ensommeillées, avaient perdu la force d'expansion qui leur eût permis de rejoindre la conscience. Mais, quand d'un passé ancien rien ne subsiste, après la mort des autres, après la destruction des choses, seules, plus frêles mais plus vivaces, plus immatérielles, plus persistantes, plus fidèles, l'odeur et la saveur restent encore longtemps, comme
30 des âmes, à se rappeler, à attendre, à espérer, sur la ruine de tout le reste, à porter sans fléchir, sur leur gouttelette presque impalpable, l'édifice immense du souvenir.

Marcel Proust, *Du côté de chez Swann*, *À la recherche du temps perdu*, Éd. Gallimard, 1913.

1. **vicissitudes :** événements malheureux de l'existence.

2. **Combray :** le village où le narrateur passait ses vacances alors qu'il était enfant.

1900 ▼ 2010

Observation

1. Quelles sont les différentes étapes du récit ? Relevez et expliquez dans le premier paragraphe le contraste des sentiments et des émotions.

Analyse

2. Quel sens déclenche le travail de la mémoire ? Relevez son champ lexical.

3. Quelles sont les caractéristiques essentielles de la madeleine pour le narrateur ?

4. Comment le narrateur apparaît-il dans cet extrait ? Montrez qu'il est le centre du récit.

Vers le commentaire. Commentez la dernière phrase du texte en vous appuyant sur les pistes de lecture suivantes : l'opposition de la mort et du souvenir ; la construction de la phrase qui met en valeur son contenu ; le titre de l'œuvre : *À la recherche du temps perdu*.

Notion

Le roman autobiographique

L'autobiographie romancée permet à l'écrivain de mettre en scène les êtres qui l'ont marqué, mais de développer aussi des personnages et des situations inventés.

419

Apollinaire

▶ Guillaume de Kostrowitzky – Pseudonyme Apollinaire
▶ Né à Rome le 26 août 1880.
▶ Décédé à Paris le 9 novembre 1918.

Fils naturel d'une aventurière polonaise et d'un officier italien, Guillaume a cinq ans lorsque son père les abandonne, lui et son frère cadet. Leur mère les entraîne alors dans une vie d'errance fiévreuse : Monte-Carlo, Nice, Lyon, Spa… D'un casino à l'autre, leur itinéraire suit la passion maternelle pour le jeu. Avide de lectures, élégant et cultivé, Guillaume travaille pour subvenir aux besoins de sa famille. Il suit en Allemagne, comme précepteur, une jeune gouvernante anglaise, Annie Playden, dont il est tombé amoureux et qui lui inspire de nombreux poèmes. À partir de 1903, Apollinaire occupe une place importante au sein du Paris artistique. Il rencontre Jarry et Picasso, se lie avec Marie Laurencin. Il est de tous les mouvements et devient un défenseur obstiné de l'avant-garde. Lorsque la guerre éclate, Apollinaire demande la nationalité française pour pouvoir s'engager dans l'armée. C'est dans les tranchées qu'il écrit l'essentiel de ses *Calligrammes*. Il est emporté par l'épidémie de grippe espagnole qui ravage le monde en 1918. Son convoi funèbre traverse une foule en liesse : c'est l'Armistice.

ŒUVRES PRINCIPALES

Poésie
Alcools (1913), *Calligrammes* (1918).

Théâtre
Les Mamelles de Tirésias (19

Nouvelles
L'Hérésiarque et Cie (1910).

Le poète de l'avant-garde

Au premier rang de l'avant-garde poétique, défenseur de la modernité en poésie et en peinture, Apollinaire retranscrit aussi le surgissement du monde moderne dans ses poèmes. Il représente un univers où tout va en s'accélérant, dans lequel les images et les sons se télescopent à la vitesse du train, de l'automobile ou de l'aéroplane. Il supprime toute ponctuation de son premier recueil, *Alcools*, en 1913, pour reproduire ce rythme neuf dans ses vers. Mais Apollinaire est avant tout un poète lyrique, éternel amoureux de la vie, mélancolique hanté par le temps qui passe. L'expérience des tranchées est au cœur des poèmes graphiques de *Calligrammes*, publiés en 1918. La mise en espace originale, le lyrisme amoureux et les images violentes des combats y restituent de manière bouleversante la complexité d'une existence confrontée au scandale de la guerre.

OBJET D'ÉTUDE 1re Écriture poétique et quête du sens ➜ voir p. 408

1913 — Alcools

Publié en 1913, *Alcools* s'inscrit dans une longue tradition poétique : le poète associe l'exploration du sentiment amoureux à la fuite du temps, mais il montre aussi la volonté de renouveler les formes poétiques traditionnelles. C'est en corrigeant les dernières épreuves de son livre qu'Apollinaire décide de supprimer toute ponctuation.

Le pont Mirabeau

Sous le pont Mirabeau[1] coule la Seine
Et nos amours
Faut-il qu'il m'en souvienne
La joie venait toujours après la peine

---

1. le pont Mirabeau : pont de Paris, sur lequel Apollinaire aimait se promener.

Le XXᵉ siècle

5   Vienne la nuit sonne l'heure
     Les jours s'en vont je demeure

     Les mains dans les mains restons face à face
                Tandis que sous
             Le pont de nos bras passe
10   Des éternels regards l'onde² si lasse

     Vienne la nuit sonne l'heure
     Les jours s'en vont je demeure

     L'amour s'en va comme cette eau courante
                L'amour s'en va
15   Comme la vie est lente
     Et comme l'Espérance est violente

     Vienne la nuit sonne l'heure
     Les jours s'en vont je demeure

     Passent les jours et passent les semaines
20   Ni temps passé
             Ni les amours reviennent
     Sous le pont Mirabeau coule la Seine

     Vienne la nuit sonne l'heure
     Les jours s'en vont je demeure

Guillaume Apollinaire, *Alcools*,
Éd. Gallimard, 1913.

2. l'onde : terme utilisé en poésie pour désigner l'eau.

Observation

1. Étudiez la composition du poème : mesure des vers, construction des strophes, rôle du refrain.

2. Quels vers se trouvent en écart à l'intérieur de chaque quatrain ? Retrouvez les décasyllabes présents, à l'origine, dans le poème.

3. Observez le refrain. De quelle manière fait-il partager au lecteur la mélancolie du poète ?

Analyse

4. Analysez les images présentes dans la deuxième et la troisième strophe.

5. Repérez et étudiez les différents réseaux lexicaux développés dans le poème.

Vers le commentaire. Expliquez, dans un paragraphe rédigé, comment le lyrisme mélancolique associe dans ce poème les thèmes de l'amour et du temps.

Notion

Le lyrisme mélancolique

La poésie est le moyen privilégié d'exprimer le sentiment de la mélancolie. L'auteur expose à la première personne du singulier la peine qu'il éprouve, provoquée par un deuil, un chagrin amoureux, le sentiment de l'exil ou de l'ennui. Il dit sa tristesse devant le temps qui s'enfuit.

Apollinaire

OBJET D'ÉTUDE 2nde **Du romantisme au surréalisme** → voir p. 406

1913 ## Alcools

« Zone » est le dernier des poèmes écrits par Apollinaire pour composer le recueil d'Alcools. Il apparaît comme un manifeste en faveur d'une poésie d'avant-garde. C'est au dernier moment qu'il supprime toute ponctuation du poème, ouvrant ainsi la voie au renouveau de la poésie du xxe siècle.

À la fin tu es las[1] de ce monde ancien

Bergère ô tour Eiffel le troupeau des ponts bêle ce matin

Tu en as assez de vivre dans l'antiquité grecque et romaine

Ici même les automobiles ont l'air d'être anciennes
5 La religion seule est restée toute neuve la religion
Est restée simple comme les hangars de Port-Aviation [...]

Tu lis les prospectus les catalogues les affiches qui chantent tout haut
Voilà la poésie ce matin et pour la prose il y a les journaux
Il y a les livraisons à 25 centimes pleines d'aventures policières
10 Portraits des grands hommes et mille titres divers

J'ai vu ce matin une jolie rue dont j'ai oublié le nom
Neuve et propre du soleil elle était le clairon
Les directeurs les ouvriers et les belles sténo-dactylographes[2]
Du lundi matin au samedi soir quatre fois par jour y passent
15 Le matin par trois fois la sirène y gémit
Une cloche rageuse y aboie vers midi
Les inscriptions des enseignes et des murailles
Les plaques les avis à la façon des perroquets criaillent
J'aime la grâce de cette rue industrielle
20 Située à Paris entre la rue Aumont-Thiéville et l'avenue des Ternes [...]

Guillaume Apollinaire, « Zone », *Alcools*, Éd. Gallimard, 1913.

1. **las :** fatigué.
2. **sténo-dactylographes :** secrétaires.

Observation

1. Selon vous, à qui renvoie le « tu » qui ouvre le poème ?

2. Observez la composition du poème : strophes, vers, rimes et échos sonores.

3. Par quels spectacles du monde moderne le poète semble-t-il charmé ? Relevez les termes qui renvoient à l'univers du quotidien de ce début de xxe siècle.

4. Quels sons les sens les plus sollicités par le spectacle du monde ? Justifiez votre réponse au moyen d'un relevé précis.

Analyse

5. Analysez l'image présente dans le deuxième vers.

6. En quoi la poésie d'Apollinaire apparaît-elle elle-même comme moderne ? Étudiez l'utilisation du vers libre.

Vers le commentaire. Vous ferez le commentaire de cet extrait, sous la forme d'un paragraphe rédigé, en montrant comment le poète en fait un manifeste de l'avant-garde poétique.

Le XXᵉ siècle

Le bouleversement du cubisme
Pablo Picasso, *Bouteille de Vieux-Marc, verre et journal*

L'art moderne se caractérise par un renversement des valeurs esthétiques établies. Picasso est un des représentants emblématiques de cette mutation qu'Apollinaire réalise sur le plan poétique.

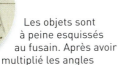

Les objets sont à peine esquissés au fusain. Après avoir multiplié les angles de vue d'un même objet (cubisme analytique), Picasso en propose ici une représentation simplifiée (cubisme synthétique).

L'œuvre appartient au genre des natures mortes. Le collage d'un papier peint ou d'un journal souligne la volonté d'une évocation plus directe du réel, en tension avec les traits au fusain.

Pablo Picasso (1881-1973), *Bouteille de Vieux-Marc, verre et journal*, 1913, fusain, papiers collés et épinglés sur papier.

1900 ▸ 2010

Lecture d'image
1. Expliquez que les différentes techniques utilisées s'opposent du point de vue de la couleur.
2. À propos de Picasso, Apollinaire écrit en 1913 : « Un Picasso étudie un objet comme un chirurgien dissèque un cadavre » (*Méditations esthétiques. Les peintres cubistes*). Illustrez cette phrase en repérant les différents modes de représentation utilisés ici.
3. Repérez les points de convergence entre le tableau de Picasso et le poème d'Apollinaire.

Le cubisme
Reprenant l'idée de Cézanne qui veut « traiter la nature par le cylindre, la sphère et le cône », Picasso et Braque créent le cubisme, l'un des mouvements fondateurs de l'art moderne. Ayant abandonné l'idée que la peinture est une imitation avec *Les Demoiselles d'Avignon* (1907), Picasso revendique un art de la conception, qu'il s'agisse d'un réel transfiguré ou d'une construction abstraite.

Apollinaire

OBJET D'ÉTUDE 2nde | **Du romantisme au surréalisme** voir p. 406

1918 Calligrammes

Calligrammes rassemble des textes écrits par Apollinaire de 1912 à 1917. Le recueil contient à la fois des poèmes de construction traditionnelle et des poèmes reflétant les recherches graphiques de l'avant-garde.

Le 31 du mois d'Août 1914
Je partis de Deauville un peu avant minuit
Dans la petite auto de Rouveyre[1]

Avec son chauffeur nous étions trois

5 Nous dîmes adieu à toute une époque
Des géants furieux se dressaient sur l'Europe
Les aigles quittaient leur aire[2] en attendant le soleil
Les poissons voraces montaient des abîmes
Les peuples accouraient pour se connaître à fond
10 Les morts tremblaient de peur dans leurs sombres demeures

Les chiens aboyaient vers là-bas où étaient les frontières
Je m'en allais portant en moi toutes ces armées qui se battaient
Je les sentais monter en moi et s'étaler les contrées où elles serpentaient
Avec les forêts les villages heureux de la Belgique
15 Francorchamps[3] avec l'Eau Rouge[4] et les pouhons[5]
Région par où se font toujours les invasions
Artères ferroviaires où ceux qui s'en allaient mourir
Saluaient encore une fois la vie colorée
Océans profonds où remuaient les monstres
20 Dans les vieilles carcasses naufragées
Hauteurs inimaginables où l'homme combat
Plus haut que l'aigle ne plane
L'homme y combat contre l'homme
Et descend tout à coup comme une étoile filante
25 Je sentais en moi des êtres neufs pleins de dextérité
Bâtir et aussi agencer un univers nouveau
Un marchand d'une opulence inouïe et d'une taille prodigieuse
Disposait un étalage extraordinaire
Et des bergers gigantesques menaient
30 De grands troupeaux muets qui broutaient les paroles
Et contre lesquels aboyaient tous les chiens sur la route

---

1. **Rouveyre** : André Rouveyre, ami d'Apollinaire.
2. **leur aire** : leur refuge.
3. **Francorchamps** : ville de Belgique, située dans les Ardennes.
4. **l'Eau Rouge** : côte très raide à proximité de Francorchamps.
5. **pouhons** : marécages.

■ 424

Le XXᵉ siècle

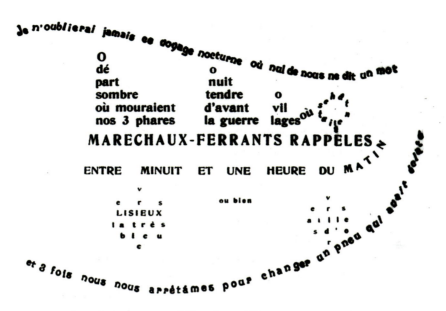

Et quand après avoir passé l'après-midi
Par Fontainebleau
Nous arrivâmes à Paris
35 Au moment où l'on affichait la mobilisation[6]
Nous comprîmes mon camarade et moi
Que la petite auto nous avait conduits dans une époque nouvelle
Et bien qu'étant déjà tous deux des hommes mûrs
Nous venions cependant de naître

Guillaume Apollinaire, *Calligrammes*, Éd. Gallimard, 1918.

6. la mobilisation : l'appel des soldats pour la guerre.

Observation

1. Étudiez la construction générale du poème. En quoi est-elle originale ?

2. Relevez les différentes étapes du parcours effectué par la « petite auto ». Quel événement fait passer les voyageurs dans « une époque nouvelle » (vers 37) ?

3. Quel dessin les lettres du calligramme forment-elles ? Relevez-en les différents détails.

Analyse

4. Analysez les vers 1 à 13 en comptant leur nombre de syllabes. Pourquoi peut-on parler de vers libres ?

5. Étudiez le passage des vers 21 à 31 pour montrer que l'univers de la modernité se traduit par le gigantisme : hyperbole, énumération, gradation, parallélisme.

6. Repérez les différents vers qui constituent le calligramme au milieu du poème. Montrez comment les anaphores font écho à la structure graphique du calligramme.

Vers l'écriture d'invention. Sur le modèle des calligrammes d'Apollinaire, vous écrirez un bref poème sur l'un des thèmes suivants : la pluie, un cœur, un oiseau, un jet d'eau.

Notion

Le calligramme

Le calligramme est une forme ancienne, en usage dans l'Antiquité. La mise en page des mots constitue un dessin qui redouble le titre et le thème du poème. Cette disposition singulière du texte participe aux recherches menées par l'avant-garde sur la mise en espace du poème.

Cendrars

▶ **Frédéric Louis Sauser – Pseudonyme : Blaise Cendrars**

▶ Né en Suisse, le 1er septembre 1887.

▶ Décédé à Paris le 21 janvier 1961.

Pendant son enfance en Suisse, Frédéric Sauser accompagne sa famille dans ses déplacements. À Neuchâtel, à quatorze ans, il quitte l'école de commerce pour travailler chez un joaillier russe et découvre Moscou et l'Extrême-Orient. Le désir de « bourlinguer » l'entraîne jusqu'aux États-Unis où il signe *Pâques à New York* du nom de Blaise Cendrars. Quand la guerre éclate, Cendrars s'engage dans la Légion étrangère. Blessé, amputé du bras droit, il abandonne l'écriture poétique pour le roman. Grand reporter, Cendrars se rend en Californie, puis en Espagne. Pendant la Seconde Guerre mondiale, le bourlingueur commence le premier des quatre volumes de son autobiographie. Il meurt à Paris en 1961.

ŒUVRES PRINCIPALES

Poésie
Pâques à New York (1912), *Prose du Transsibérien et de la petite Jehanne de Fra* (1913).

Romans
L'Or (1925), *Moravagine* (1926)

Autobiographie
La Main coupée (1946).

Le poème en vers libre

L'œuvre poétique de Blaise Cendrars s'inscrit dans les recherches de l'avant-garde au début du XXe siècle : abandon des formes fixes, suppression de la mesure régulière du vers et de la rime, abandon de la ponctuation. La *Prose du Transsibérien et de la petite Jehanne de France*, en 1913, se présente sous la forme d'un dépliant de deux mètres de long, dont les cent cinquante exemplaires publiés atteignent la hauteur de la tour Eiffel, symbole de modernité. Le poème fait revivre un voyage en chemin de fer : le rythme des vers souligne la précipitation des souvenirs, le défilement des paysages, tandis que les mots, les images et les sonorités s'entrechoquent.

OBJET D'ÉTUDE 2nde Du romantisme au surréalisme ➔ voir p. 406

1913 Prose du Transsibérien

La *Prose du Transsibérien*[1] épouse à la fois le rythme et les images du chemin de fer, juxtaposant les paysages et les souvenirs. Le poème de Blaise Cendrars s'impose ainsi comme un manifeste de l'avant-garde littéraire dont l'influence sur la poésie du XXe siècle sera considérable.

Le ciel est comme la tente déchirée d'un cirque pauvre dans un petit village de pêcheurs
En Flandres
Le soleil est un fumeux quinquet[2]
Et tout au haut d'un trapèze une femme fait la lune.
5 La clarinette le piston une flûte aigre et un mauvais tambour
Et voici mon berceau
Mon berceau
Il était toujours près du piano quand ma mère comme madame Bovary jouait les sonates de Beethoven
10 J'ai passé mon enfance dans les jardins suspendus de Babylone[3]
Et l'école buissonnière, dans les gares devant les trains en partance
Maintenant, j'ai fait courir tous les trains derrière moi

---

1. **Transsibérien :** ligne de chemin de fer qui va de Moscou à Vladivostok, en Asie.
2. **quinquet :** lampe à huile.
3. **jardins suspendus de Babylone :** jardins célèbres dans l'Antiquité.

Le XXᵉ siècle

Bâle-Tombouctou
J'ai aussi joué aux courses à Auteuil et à Longchamp
15 Paris-New York
Maintenant, j'ai fait courir tous les trains le long de ma vie
Madrid-Stockholm
Et j'ai perdu tous mes paris
Il n'y a plus que la Patagonie[4], la Patagonie, qui convienne à mon immense tristesse,
20 la Patagonie, et un voyage dans les mers du Sud
Je suis en route
J'ai toujours été en route
Je suis en route avec la petite Jehanne de France
Le train fait un saut périlleux et retombe sur toutes ses roues
25 Le train retombe sur ses roues
Le train retombe toujours sur toutes ses roues

« Blaise, dis, sommes-nous bien loin de Montmartre ? »

Nous sommes loin, Jeanne, tu roules depuis sept jours
Tu es loin de Montmartre, de la Butte qui t'a nourrie du Sacré-Cœur contre lequel tu
30 t'es blottie
Paris a disparu et son énorme flambée
Il n'y a plus que les cendres continues
La pluie qui tombe
La tourbe qui se gonfle
35 La Sibérie qui tourne
Les lourdes grappes de neige qui remontent
Et le grelot de la folie[5] qui grelotte dans un dernier désir dans l'air bleu
Le train qui palpite au cœur des horizons plombés
Et ton chagrin ricane…

40 « Dis, Blaise, sommes-nous loin de Montmartre ? »

Blaise Cendrars, *Prose du Transsibérien et de la petite Jehanne de France*, Éd. Denoël, 1913.

4. Patagonie : Terre de Feu, à la pointe de l'Amérique du Sud.

5. le grelot de la folie : sorte de clochette qui symbolise ici la folie.

1900 ▾ 2010

Observation

1. Repérez et expliquez la présence des noms de lieu dans le poème.

2. Repérez les principaux réseaux lexicaux qui parcourent le texte. À quelles réalités renvoient-ils ?

3. Retrouvez des exemples de l'alternance de vers courts et longs. En quoi leur rythme s'accorde-t-il avec celui du voyage, selon vous ?

Analyse

4. Analysez l'image développée dans les vers 1 à 5. Quel univers met-elle en place ?

5. Quel est le rôle joué par l'irruption du discours direct dans le poème ? Montrez comment le souvenir de Paris s'inscrit au cœur du poème.

6. Relevez la présence du « je » dans le texte. Étudiez ce qui donne au lecteur le sentiment d'un itinéraire vécu.

Lire un texte pour l'oral. Lisez ce texte à voix haute devant la classe en respectant le rythme du vers libre. Vous porterez particulièrement attention à respecter le souffle du vers long et à l'intensité sonore des vers courts.

Notion

Le rythme du vers libre

Délivré de la mesure régulière du vers, le poème en vers libres fait alterner des vers très courts et des vers plus longs, qui peuvent dépasser la mesure de l'alexandrin. Cette alternance crée des effets nouveaux, renforcés par la disparition presque totale de la ponctuation et par la suppression des rimes en fin de vers.

427

Alain-Fournier

▶ Henri Fournier – Pseudonyme : Alain-Fournier
▶ Né à La Chapelle-d'Angillon, le 3 octobre 1886.
▶ Décédé aux Éparges, dans la Meuse, le 22 septembre 1914.

Henri Fournier grandit dans le Berry, auprès de ses parents instituteurs et de sa petite sœur, Isabelle. À Paris, après le baccalauréat, il prépare l'École normale supérieure et rencontre Jacques Rivière qui, devenu son meilleur ami, épousera sa sœur. Le 1er juin 1905, il tombe amoureux d'une jeune fille croisée dans la rue, mais Yvonne, qui inspirera plus tard le personnage de l'héroïne du *Grand Meaulnes*, est fiancée. Après son service militaire, Alain-Fournier devient journaliste à *Paris-Journal* et commence la rédaction du *Grand Meaulnes*, qui associe ses souvenirs d'écolier et le choc de la rencontre amoureuse. Le roman paraît en 1913. Mobilisé l'année suivante, Alain-Fournier est tué au sud de Verdun dans les premiers combats. Son corps est retrouvé et identifié en 1991. Alain-Fournier est inhumé dans le cimetière de Saint-Rémy-la-Calonne, dans la Meuse.

ŒUVRE PRINCIPALE

Roman
Le Grand Meaulnes (1913).

L'apparition du héros

En écrivant *Le Grand Meaulnes*, Alain-Fournier recrée le monde de son enfance. Il reproduit l'ambiance chaleureuse de l'école communale, la simplicité du monde rural, la complicité des premières amitiés, la découverte du sentiment amoureux. Mais le roman d'aventures et d'initiation est aussi le roman du rêve et de la féerie, introduits par l'arrivée du héros dans l'univers du narrateur. L'écrivain donne aux paysages et aux individus un charme mystérieux et envoûtant, parfois proche du fantastique. C'est à travers cette fusion du rêve et de la réalité que le personnage d'Augustin Meaulnes s'inscrit dans la mémoire du lecteur.

OBJET D'ÉTUDE 1re Le personnage de roman ➔ voir p. 402

1913 Le Grand Meaulnes

François, le narrateur, dont les parents sont instituteurs, habite avec eux dans l'école du village. Ils y mènent une vie paisible jusqu'au jour où Augustin Meaulnes est accueilli dans la famille comme pensionnaire. Commence alors une complicité qui entraîne le narrateur et « le grand Meaulnes » à la découverte du monde, de l'amour et de l'amitié.

Au-dessus de nous, dans un réduit où s'entassaient les pièces d'artifice noircies du dernier Quatorze Juillet un pas inconnu, assuré, allait et venait, ébranlant le plafond, traversait les immenses greniers ténébreux du premier étage, et se perdait enfin vers les chambres d'adjoints abandonnées où l'on mettait sécher le tilleul et mûrir les pommes.

5 « Déjà, tout à l'heure, j'avais entendu ce bruit dans les chambres du bas, dit Millie[1] à mi-voix, et je croyais que c'était toi, François, qui étais rentré… »

Personne ne répondit. Nous étions debout tous les trois, le cœur battant, lorsque la porte des greniers qui donnait sur l'escalier de la cuisine s'ouvrit ; quelqu'un descendit les marches, traversa la cuisine, et se présenta dans l'entrée obscure de la salle
10 à manger.

« C'est toi Augustin ? » dit la dame[2].

1. **Millie** : la mère du narrateur.
2. **la dame** : la mère d'Augustin Meaulnes.

428

Le XXᵉ siècle

C'était un grand garçon de dix-sept ans environ. Je ne vis d'abord de lui, dans la nuit tombante, que son chapeau de feutre paysan coiffé en arrière et sa blouse noire sanglée d'une ceinture comme en portent les écoliers. Je pus distinguer aussi qu'il souriait...

15 Il m'aperçut et, avant que personne eût pu lui demander aucune explication :

« Viens-tu dans la cour ? » dit-il.

J'hésitai une seconde. Puis, comme Millie ne me retenait pas, je pris ma casquette et j'allai vers lui. Nous sortîmes par la porte de la cuisine et nous allâmes au préau, que l'obscurité envahissait déjà. À la lueur de la fin du jour, je regardais, en marchant, sa
20 face anguleuse au nez droit, à la lèvre duvetée[3].

3. duvetée : couverte d'un léger duvet.

« Tiens, dit-il, j'ai trouvé ça dans ton grenier. Tu n'y avais donc jamais regardé ? »

Il tenait à la main une petite roue en bois noirci ; un cordon de fusées déchiquetées courait tout autour ; ç'avait dû être le soleil ou la lune au feu d'artifice du Quatorze Juillet.

25 « Il y en a deux qui ne sont pas parties : nous allons toujours les allumer », dit-il d'un ton tranquille et de l'air de quelqu'un qui espère bien trouver mieux par la suite.

Il jeta son chapeau par terre et je vis qu'il avait les cheveux complètement ras comme un paysan. Il me montra les deux fusées avec leurs bouts de mèche en papier que la flamme avait coupés, noircis puis abandonnés. Il planta dans le sable le moyeu
30 de la roue, tira de sa poche – à mon grand étonnement, car cela nous était formellement interdit – une boîte d'allumettes. Se baissant avec précaution, il mit le feu à la mèche. Puis, me prenant par la main, il m'entraîna vivement en arrière.

Un instant après, ma mère qui sortait sur le pas de la porte, avec la mère de Meaulnes, après avoir débattu et fixé le prix de la pension, vit jaillir sous le préau, avec un bruit
35 de soufflet, deux gerbes d'étoiles rouges et blanches ; et elle put m'apercevoir, l'espace d'une seconde, dressé dans la lueur magique, tenant par la main le grand gars nouveau venu et ne bronchant pas...

Alain-Fournier, *Le Grand Meaulnes*, Éd. Fayard, 1913.

1900
▼
2010

Observation

1. Quelles sont les différentes étapes du récit ? Résumez l'épisode raconté dans ce passage.

2. Relevez les éléments qui constituent le portrait physique de Meaulnes. Quels gestes, quelles paroles, quelles attitudes renseignent le lecteur sur sa personnalité ?

3. Quelle image le narrateur donne-t-il de lui-même ? Expliquez le contraste qu'elle constitue avec le portrait de Meaulnes.

Analyse

4. Pourquoi, selon vous, Alain-Fournier a-t-il choisi pour son roman la narration à la première personne ?

5. Quel sens symbolique peut-on donner à l'épisode de la fusée ? Commentez l'expression « la lueur magique » (ligne 36).

Vers le commentaire. Sous la forme d'un paragraphe rédigé, montrez ce qui, dans cette scène, fait de Meaulnes le héros du roman, qui va initier le narrateur à la découverte du monde.

Notion

Le roman d'apprentissage

Le roman d'apprentissage raconte l'itinéraire d'un personnage qui quitte progressivement l'univers de l'enfance pour s'inscrire dans la réalité sociale des adultes : la découverte de l'amitié, l'initiation à l'amour, les échecs et les succès de la vie professionnelle.

429

Valéry

▶ **Paul Valéry**
▶ Né à Sète le 30 octobre 1871
▶ Décédé à Paris le 20 juillet 1945

Paul Valéry naît à Sète, en 1871, d'un père corse et d'une mère génoise. Élève brillant, il admire Mallarmé à qui il envoie ses premiers poèmes. En 1894, à Paris, abandonnant ses études de droit pour un emploi au ministère, il devient le disciple le plus proche de Mallarmé, le chef de file des symbolistes, et publie de nombreux poèmes en revue. Mais cet esprit sceptique ne se satisfait pas de la poésie. Passionné de mathématiques et de philosophie, il explore tout ce qui concerne « la vie de l'esprit » et nourrit chaque matin ses *Cahiers* de réflexions sur le monde et la société. Marqué par le désastre de la Première Guerre mondiale, il interpelle les consciences sur les valeurs perdues de l'Europe dans « La crise de l'esprit ». En 1920, il rassemble ses anciens poèmes, qui connaissent un grand succès. Poète de la République, Paul Valéry entre à l'Académie française en 1927. Professeur de poétique au Collège de France, son attitude pendant l'Occupation est exemplaire. Après avoir assisté à la libération de Paris en août 1944, il meurt le 20 juillet 1945. La France lui consacre des obsèques nationales.

ŒUVRES PRINCIPALES

Poésie
La Jeune Parque (1917), *Album de vers anciens* (1920), *Charm* (1922).

Récit
Monsieur Teste (1926).

Essais
Variété I à V (de 1924 à 1944).

Théâtre
Mon Faust (1946).

Le poète au travail

À la fois poète et penseur, Valéry apparaît comme un esprit supérieur. Admirateur de Stéphane Mallarmé, il poursuit dans ses poèmes les recherches nées du symbolisme, à l'écart des avant-gardes. Il refuse pendant près de vingt ans de publier ses poèmes, parce qu'il voudrait atteindre la « poésie pure ». Toute sa vie d'intellectuel est consacrée à une profonde réflexion personnelle sur les hommes, la culture et la civilisation. Ses essais et ses conférences, rassemblés dans les cinq livres des *Variétés*, de 1924 à 1944, invitent ses contemporains à s'appuyer sur les valeurs de la morale et de l'intelligence pour échapper au risque de la barbarie.

OBJET D'ÉTUDE 2nde Du romantisme au surréalisme → voir p. 406

1920 Album de vers anciens

Héritier du symbolisme de Mallarmé, Valéry séduit ses lecteurs par le rythme envoûtant de sa poésie. Il associe une certaine préciosité du langage à la douceur mélodieuse des sonorités. Semblable à « La fileuse », Valéry déroule le fil du langage jusqu'au vertige.

La fileuse

Assise, la fileuse au bleu de la croisée[1]
Où le jardin mélodieux se dodeline ;
Le rouet[2] ancien qui ronfle l'a grisée.

Lasse, ayant bu l'azur[3], de filer la câline
5 Chevelure, à ses doigts fragiles évasive,
Elle songe, et sa tête petite s'incline.

---

1. **la croisée :** la fenêtre.
2. **le rouet :** instrument à roue servant à filer la laine.
3. **l'azur :** le ciel, pour les symbolistes.

Le xxᵉ siècle

Un arbuste et l'air pur font une source vive
Qui, suspendue au jour, délicieuse arrose
De ses pertes de fleurs le jardin de l'oisive[4].

10 Une tige, où le vent vagabond se repose,
Courbe le salut vain de sa grâce étoilée,
Dédiant magnifique, au vieux rouet, sa rose.

Mais la dormeuse file une laine isolée ;
Mystérieusement l'ombre frêle se tresse
15 Au fil de ses doigts longs et qui dorment, filée.

Le songe se dévide avec une paresse
Angélique, et sans cesse, au doux fuseau[5] crédule,
La chevelure ondule au gré de la caresse…

Derrière tant de fleurs, l'azur se dissimule,
20 Fileuse de feuillage et de lumière ceinte[6] :
Tout le ciel vert se meurt. Le dernier arbre brûle.

Ta sœur, la grande rose où sourit une sainte,
Parfume ton front vague au vent de son haleine
Innocente, et tu crois languir[7]… Tu es éteinte

25 Au bleu de la croisée où tu filais la laine.

Paul Valéry, « La fileuse » (1899),
Album de vers anciens, Éd. Gallimard, 1920.

4. oisive : celle qui est sans occupation.
5. fuseau : bobine pour dérouler le fil.
6. ceinte : entourée.
7. languir : soupirer dans l'attente de quelque chose.

1900 ▼ 2010

Observation

1. Observez la construction du poème : strophes, rimes, mesure des vers. Quelle est la nature des rimes ? Quel effet le poète cherche-t-il ?

2. Relevez les caractéristiques physiques et psychologiques de la jeune fileuse.

3. Confrontez le premier et le dernier vers du poème. Quel est l'effet recherché ?

Analyse

4. Relevez et étudiez la présence des cinq sens dans le poème. Montrez comment elle produit une impression d'harmonie.

5. Relevez des exemples d'assonances et d'allitérations. Comment leur présence se justifie-t-elle ?

6. Repérez et analysez les enjambements présents dans le poème. En quoi participent-ils au rythme envoûtant du texte ?

Comparer des textes. Lisez les poèmes symbolistes de Stéphane Mallarmé (page 388). Quels points communs présentent-ils avec ce poème de Paul Valéry ? Pourquoi peut-on dire que Valéry poursuit l'héritage de Mallarmé ?

Notion

La rime féminine

Une rime est féminine quand elle se termine par un « e » muet, même si ce « e » muet est suivi par la marque du pluriel, comme dans *repose/osent* ou *charmes/larmes*. À partir du xviᵉ siècle, la poésie impose l'alternance des rimes masculines et féminines. Certains poèmes n'appliquent pas cette règle en n'utilisant que des rimes féminines ou que des rimes masculines.

Valéry

OBJET D'ÉTUDE 1re **La question de l'Homme dans les genres de l'argumentation** → voir p. 410

1919 La Crise de l'esprit

Après la Première Guerre mondiale, Paul Valéry s'interroge sur le sens du progrès lorsqu'il se retourne contre l'homme et contribue à la destruction de la civilisation.

Nous autres, civilisations, nous savons maintenant que nous sommes mortelles.

Nous avions entendu parler de mondes disparus tout entiers, d'empires coulés à pic avec tous leurs hommes et tous leurs engins ; descendus au fond inexplorable des siècles avec leurs dieux et leurs lois, leurs académies et leurs sciences pures et appliquées, avec
5 leurs grammaires, leurs dictionnaires, leurs classiques, leurs romantiques et leurs symbolistes, leurs critiques et les critiques de leurs critiques. Nous savions bien que toute la terre apparente est faite de cendres, que la cendre signifie quelque chose. Nous apercevions à travers l'épaisseur de l'histoire, les fantômes d'immenses navires qui furent chargés de richesse et d'esprit. Nous ne pouvions pas les compter. Mais ces naufrages,
10 après tout, n'étaient pas notre affaire.

Élam, Ninive, Babylone[1] étaient de beaux noms vagues, et la ruine totale de ces mondes avait aussi peu de signification pour nous que leur existence même. Mais *France, Angleterre, Russie…* ce seraient aussi de beaux noms. *Lusitania*[2] aussi est un beau nom. Et nous voyons maintenant que l'abîme de l'histoire est assez grand pour tout le
15 monde. Nous sentons qu'une civilisation a la même fragilité qu'une vie. Les circonstances qui enverraient les œuvres de Keats[3] et celles de Baudelaire rejoindre les œuvres de Ménandre[4] ne sont plus du tout inconcevables : elles sont dans les journaux.

Ce n'est pas tout. La brûlante leçon est plus complète encore. [Notre génération…] a vu, dans l'ordre de la pensée, du sens commun, et du sentiment, se produire des phéno-
20 mènes extraordinaires, des réalisations brusques de paradoxes[5], des déceptions brutales de l'évidence.

Je n'en citerai qu'un exemple : les grandes vertus des peuples allemands ont engendré plus de maux que l'oisiveté jamais n'a créé de vices. Nous avons vu, de nos yeux vu, le travail consciencieux, l'instruction la plus solide, la discipline et l'application les plus
25 sérieuses, adaptés à d'épouvantables desseins[6].

Tant d'horreurs n'auraient pas été possibles sans tant de vertus. Il a fallu, sans doute, beaucoup de science pour tuer tant d'hommes, dissiper tant de biens, anéantir tant de villes en si peu de temps ; mais il a fallu non moins de *qualités morales*. Savoir et Devoir, vous êtes donc suspects ?

Paul Valéry, *La Crise de l'esprit*, Éd. Gallimard, 1919.

---

1. *Élam, Ninive, Babylone* : puissantes civilisations anciennes disparues.

2. *Lusitania* : paquebot britannique coulé par les forces allemandes en 1915.

3. **Keats** : poète romantique anglais du xixe siècle.

4. **Ménandre** : auteur comique grec, dont les œuvres sont considérées comme perdues au début du xxe siècle.

5. **paradoxes** : ici, contradictions devenues réalités.

6. **desseins** : projets.

Observation

1. Reformulez la thèse défendue par Valéry dans la première phrase de l'extrait.

2. Repérez et expliquez les exemples qui illustrent son point de vue.

Analyse

3. Retrouvez trois exemples parmi les procédés de l'éloquence utilisés dans le texte : anaphore, énumération, hyperbole, antithèse, parallélisme, rythme ternaire.

4. Justifiez le titre du texte en expliquant la phrase : « Tant d'horreurs n'auraient pas été possibles sans tant de vertus. » (l. 26)

Vers la dissertation. Valéry, Gide, Giraudoux, Camus, Sartre, Césaire, Le Clézio… se sont interrogés sur l'évolution de la société. Pensez-vous que c'est le rôle de l'écrivain de porter un jugement critique sur son temps ? Vous répondrez sous la forme d'un plan en trois parties.

Le XXᵉ siècle

La tragédie de la guerre

Félix Vallotton, *Le Cimetière de Châlons-sur-Marne*

Au début de la guerre, Félix Vallotton, trop âgé, ne peut s'engager comme soldat. Après s'être rendu sur le front en 1917 comme peintre aux armées, c'est toute l'horreur d'une tragédie sans équivalent qu'il évoque, avec une grande économie de moyens.

Félix Vallotton, *Le Cimetière de Châlons-sur-Marne*, 1917, huile sur toile.

1900 ▸ 2010

Alignées à perte de vue, les croix, inombrables, évoquent l'infinie multitude des morts, en toute objectivité, sans effet macabre.

Les drapeaux, les couronnes, les cocardes tricolores honorent les soldats morts pour la France en se répondant visuellement.

Indistinctes, réduites à des ombres minuscules au lointain, des personnes rendent visite aux morts.

Lecture d'image

1. Quel contraste apparaît entre le premier et le dernier plan ? De quelle manière contribue-t-il à créer une atmosphère de recueillement et de silence ?

2. Que veut montrer le peintre lorsqu'il choisit de représenter cette scène plutôt que les combats eux-mêmes ?

3. Quel regard commun Paul Valéry et Félix Vallotton portent-ils sur la guerre ? Montrez comment le peintre et l'écrivain font, chacun à sa manière, le constat d'une crise de la civilisation.

Les peintres et la Grande Guerre

De nombreux artistes, mobilisés en 1914, témoigneront de la violence de la guerre. Vallotton ou Vuillard seront même missionnés par l'armée ou le ministère des Beaux-Arts. Certains pourtant, tels Derain ou Braque, ce dernier grièvement blessé en 1915, occulteront totalement cette expérience dans leur œuvre.

Breton

▶ **André Breton**
▶ Né dans l'Orne le 19 février 1896.
▶ Décédé à Paris le 28 septembre 1966.

Issu d'une famille modeste, André Breton s'inscrit en faculté de médecine. Mobilisé en 1915, il est infirmier militaire à Nantes. Il fait la rencontre de Louis Aragon et de Philippe Soupault et, rejoints par Paul Eluard, ils adhèrent au mouvement Dada, animé par Tristan Tzara. Ensemble, ils enchaînent provocations et scandales. Breton fonde alors le mouvement surréaliste qui réclame une poésie en rupture totale avec la tradition. Il en définit les principes en 1924 dans le *Manifeste du surréalisme*. Le mouvement exerce une influence considérable en France et en Europe, mais la Seconde Guerre mondiale oblige Breton à se réfugier aux États-Unis en 1941. À son retour en France, l'écrivain multiplie les conférences, fonde plusieurs revues, plongeant sa plume dans l'encrier d'Apollinaire qui trône sur son bureau. « Je cherche l'or du temps » sont les mots inscrits sur le faire-part de décès du poète, mort en septembre 1966.

ŒUVRES PRINCIPALES

Poésie
Les Champs magnétiques (192 avec Philippe Soupault ; *Clair de terre* (1931).

Romans
Nadja (1928), *L'Amour fou* (193

Essai
Manifeste du surréalisme (192

Le poète et théoricien du surréalisme

L'œuvre de Breton se confond avec l'histoire du mouvement surréaliste, dont il est à la fois le fondateur, le chef de file et le plus illustre représentant. La contestation de la société bourgeoise – qui a conduit aux millions de morts de la Première Guerre mondiale – le pousse à réclamer une révolution sociale et culturelle, inséparable de la poésie, mais une poésie qui laisse place à l'inconscient, que vient de découvrir le psychanalyste Sigmund Freud. L'inconscient, la passion amoureuse, le hasard des rencontres libèrent l'écriture du poète. Ainsi, pour Breton, l'image poétique est d'autant plus forte qu'elle rapproche deux réalités éloignées l'une de l'autre. Conçue comme un hymne fulgurant à la femme et à l'imaginaire, la poésie surréaliste crée un univers où dominent le rêve, le hasard et l'amour.

OBJET D'ÉTUDE 2nde **Du romantisme au surréalisme** → voir p. 406

1924 Manifeste du surréalisme

Paru d'abord en revue, le *Manifeste du surréalisme* se présente comme l'acte de naissance du mouvement. Breton y définit avec enthousiasme les principes de la poésie nouvelle. Il souligne l'importance de l'écriture automatique et la puissance de l'image surréaliste.

Les types innombrables d'images surréalistes appelleraient une classification que, pour aujourd'hui, je ne me propose pas de tenter. Les grouper selon leurs affinités particulières m'entraînerait trop loin ; je veux tenir compte, essentiellement, de leur commune vertu. Pour moi, la plus forte est celle qui présente le degré d'arbitraire[1] le
5 plus élevé, je ne le cache pas ; celle qu'on met le plus longtemps à traduire en langue pratique, soit qu'elle recèle une dose énorme de contradiction apparente, soit que l'un de ses termes en soit curieusement dérobé, soit que s'annonçant sensationnelle, elle ait l'air de se dénouer faiblement (qu'elle ferme brusquement l'angle de son compas), soit qu'elle tire d'elle-même une justification *formelle* dérisoire, soit qu'elle soit d'ordre
10 hallucinatoire, soit qu'elle prête très naturellement à l'abstrait le masque du concret, ou

1. **arbitraire** : qui n'est pas justifié par la raison, qui est produit par la seule volonté.

■ 434

Le XXᵉ siècle

inversement, soit qu'elle implique la négation de quelque propriété physique élémentaire, soit qu'elle déchaîne le rire. En voici, dans l'ordre, quelques exemples :

Le rubis du champagne. Lautréamont.

Beau comme la loi de l'arrêt du développement de la poitrine chez les adultes dont la pro-
15 *pension à la croissance n'est pas en rapport avec la quantité de molécules que leur organisme*
s'assimile. Lautréamont.

Une église se dressait éclatante comme une cloche. Philippe Soupault.

Dans le sommeil de Rrose Sélavy il y a un nain sorti d'un puits qui vient manger son pain
la nuit. Robert Desnos.

20 *Sur le pont la rosée à tête de chat se berçait.* André Breton.

Un peu à gauche, dans mon firmament deviné, j'aperçois – mais sans doute n'est-ce qu'une
vapeur de sang et de meurtre – le brillant dépoli des perturbations de la liberté. Louis Aragon.

Dans la forêt incendiée,
Les lions étaient frais. Robert Vitrac.

25 *La couleur des bas d'une femme n'est pas forcément à l'image de ses yeux, ce qui a fait dire*
à un philosophe qu'il est inutile de nommer : « Les céphalopodes² ont plus de raisons que les
quadrupèdes de haïr le progrès. » Max Morise.

Qu'on le veuille ou non, il y a là de quoi satisfaire à plusieurs exigences de l'esprit.

André Breton, *Manifeste du surréalisme*, Éd. Jean-Jacques Pauvert, 1924.

---

2. céphalopodes : mollusques dont la tête porte des tentacules, comme la pieuvre.

1900 ▾ 2010

Observation

1. Quelles sont, dans cet extrait, les caractéristiques présentes du manifeste littéraire ? Identifiez les auteurs cités en exemple et justifiez leur présence.

2. Quelle est la propriété essentielle de l'image surréaliste ? Commentez l'expression « le degré d'arbitraire le plus élevé ».

3. Parmi les exemples fournis, quelle image poétique préférez-vous ? Justifiez votre choix.

4. Quel est le poète cité qui n'appartient pas au mouvement surréaliste ?

Analyse

5. Relevez les caractéristiques de l'image surréaliste (lignes 4 à 12). Associez à chaque exemple la caractéristique qui lui correspond.

6. En quoi les exemples donnés justifient-ils l'importance du rêve et du hasard revendiquée par le surréalisme ?

Recherche documentaire. Recherchez un poème écrit par les poètes cités. Relevez une image surréaliste dans chaque poème. Justifiez l'unité de votre corpus au moyen d'un paragraphe introductif.

Notion

Le manifeste littéraire

Le manifeste est l'acte de baptême d'un mouvement littéraire et culturel, dont il définit les principes et les enjeux. Il rassemble autour d'un chef de file et d'un objectif commun les adeptes du mouvement. Il rappelle les sources dont il s'inspire et souligne la rupture opérée avec la tradition.

Breton

OBJET D'ÉTUDE 2ⁿᵈᵉ **Du romantisme au surréalisme** → voir p. 406

1931

Clair de Terre

L'exaltation de la femme est l'un des thèmes dominants de l'œuvre d'André Breton comme de l'ensemble des poètes surréalistes. Le désir et l'amour sont à leurs yeux des sentiments révolutionnaires trop longtemps étouffés par le carcan de la morale, des conventions sociales ou de la religion.

Ma femme à la chevelure de feu de bois
Aux pensées d'éclairs de chaleur
À la taille de sablier
Ma femme à la taille de loutre entre les dents du tigre
5 Ma femme à la bouche de cocarde et de bouquet d'étoiles de dernière grandeur
Aux dents d'empreintes de souris blanche sur la terre blanche
À la langue d'ambre[1] et de verre frottés
Ma femme à la langue d'hostie[2] poignardée
À la langue de poupée qui ouvre et ferme les yeux
10 À la langue de pierre incroyable
Ma femme aux cils de bâtons d'écriture d'enfant
Aux sourcils de bord de nid d'hirondelle
Ma femme aux tempes d'ardoise de toit de serre
Et de buée aux vitres
15 Ma femme aux épaules de champagne
Et de fontaine à têtes de dauphins sous la glace
Ma femme aux poignets d'allumettes
Ma femme aux doigts de hasard et d'as de cœur
Aux doigts de foin coupé
20 Ma femme aux aisselles de martre[3] et de fênes[4]
De nuit de la Saint-Jean
De troène et de nid de scalares[5]
Aux bras d'écume de mer et d'écluse
Et de mélange du blé et du moulin
25 Ma femme aux jambes de fusée
Aux mouvements d'horlogerie et de désespoir
Ma femme aux mollets de moelle de sureau[6]
Ma femme aux pieds d'initiales
Aux pieds de trousseaux de clés aux pieds de calfats[7] qui boivent
30 Ma femme au cou d'orge imperlé[8]
Ma femme à la gorge de Val d'or
De rendez-vous dans le lit même du torrent
Aux seins de nuit
Ma femme aux seins de taupinière marine
35 Ma femme aux seins de creuset du rubis
Aux seins de spectre de la rose sous la rosée
Ma femme au ventre de dépliement d'éventail des jours
Au ventre de griffe géante
Ma femme au dos d'oiseau qui fuit vertical
40 Au dos de vif-argent

1. ambre : résine fossile utilisée en bijouterie.
2. hostie : pain consacré à la messe dans la religion catholique.
3. martre : petit mammifère.
4. fênes : ou faines, fruits du hêtres.
5. scalares : nom savant du scalaire, poisson à ventre plat.
6. sureau : petit arbuste sauvage.
7. calfats : oiseaux exotiques.
8. orge imperlé : grain de céréale non décortiqué.

■ 436

Le XXe siècle

Au dos de lumière
À la nuque de pierre roulée et de craie mouillée
Et de chute d'un verre dans lequel on vient de boire
45 Ma femme aux hanches de nacelle
Aux hanches de lustre et de pennes de flèche
Et de tiges de plumes de paon blanc
De balance insensible
Ma femme aux fesses de grès et d'amiante
50 Ma femme aux fesses de dos de cygne
Ma femme aux fesses de printemps
Au sexe de glaïeul
Ma femme au sexe de placer et d'ornithorynque
Ma femme au sexe d'algue et de bonbons anciens
55 Ma femme au sexe de miroir
Ma femme aux yeux pleins de larmes
Aux yeux de panoplie violette et d'aiguille aimantée
Ma femme aux yeux de savane
Ma femme aux yeux d'eau pour boire en prison
60 Ma femme aux yeux de bois toujours sous la hache
Aux yeux de niveau d'eau de niveau d'air de terre et de feu

André Breton, « L'union libre », *Clair de Terre*,
Éd. Gallimard, 1931.

1900
2010

Observation

1. Quelles sont les différentes parties du corps successivement abordées par ce blason féminin original ?

2. Quelle est la composition du poème ? Appuyez votre réponse sur la structure syntaxique des vers.

3. À travers quelles répétitions le rythme du poème s'affirme-t-il ?

Analyse

4. Sur quelle technique l'image surréaliste repose-t-elle ? Appuyez votre réponse sur trois exemples précis.

5. Quelle particularité rythmique l'utilisation du vers libre produit-elle dans le poème ? En quoi ce rythme s'accorde-t-il avec les sentiments exprimés par le poète ?

6. Analysez le dernier vers. Montrez comment il concentre les différents aspects de la femme aimée à travers l'évocation des quatre éléments.

Vers le commentaire. Montrez en un paragraphe rédigé comment la poésie surréaliste renouvelle complètement le genre du blason du corps féminin.

Notion

Le blason féminin

Le blason se présente comme un poème qui décrit de manière détaillée l'ensemble du corps féminin ou une partie de celui-ci. Il permet ainsi au poète de faire l'éloge des beautés de la femme aimée. Très en vogue au XVIe siècle, on le retrouve dans toute l'histoire de la poésie.

Eluard

▶ Eugène Grindel – Pseudonyme : Paul Eluard
▶ Né à Saint-Denis le 15 décembre 1895.
▶ Décédé à Charenton le 18 novembre 1952.

L'adolescence d'Eugène Grindel est marquée par la tuberculose et de longs séjours au sanatorium. Il y tombe amoureux d'une jeune fille russe qu'il surnomme Gala. Lorsque la guerre éclate, il a vingt ans. D'abord infirmier militaire, il demande à rejoindre l'infanterie. Une permission lui permet d'épouser Gala. En 1919, Eluard rencontre Breton, Aragon et Soupault. Il s'engage alors dans l'aventure du surréalisme, participant aux manifestations tapageuses du groupe. En 1924, à la suite d'un chagrin d'amour, il part pour Tahiti. Mais Gala et le peintre Max Ernst le ramènent à Paris peu avant la parution du *Manifeste du surréalisme*. Pendant l'Occupation, son poème *Liberté* est traduit et parachuté à tous les résistants d'Europe. En 1946, à la mort de sa nouvelle compagne, Nusch, Eluard traverse une crise profonde, qui l'entraîne au bord de la folie. Marié une nouvelle fois, il tombe gravement malade. Une crise cardiaque emporte le poète qui n'a cessé de chanter la femme aimée.

ŒUVRES PRINCIPALES

Poésie
Mourir de ne pas mourir (192
Capitale de la douleur (1926),
L'Amour, la poésie (1929),
Les Yeux fertiles (1936),
Poésie et Vérité (1942), *Poés
ininterrompue* (1946-1953).

Eluard, l'amour, la poésie

La poésie d'Eluard naît avec le mouvement surréaliste. Il participe aux heures de gloire du groupe, aux côtés d'André Breton, avant de s'en éloigner lorsque les surréalistes prennent leurs distances avec le parti communiste auquel il adhère. Dans sa poésie, Eluard renouvelle l'expression de l'amour, essentielle pour lui. Désormais les rapprochements inattendus donnent toute leur force aux images, libérées des contraintes de la raison. Écrivain engagé, Eluard utilise un langage accessible à tous, car « les poètes ont le droit et le devoir de soutenir qu'ils sont profondément enfoncés dans la vie des autres hommes, dans la vie commune ». Aussi le lyrisme d'Eluard est-il universel derrière la modernité de l'expression.

OBJET D'ÉTUDE 2nde Du romantisme au surréalisme → voir p. 406

1924 Mourir de ne pas mourir

Publié en 1924, *Mourir de ne pas mourir* devait être pour Eluard son « dernier recueil ». Il s'enfuit la veille de sa publication, décidé à disparaître comme Rimbaud cinquante ans auparavant. La poésie d'Eluard repose sur la simplicité des mots, traits d'union entre le rêve et la réalité.

L'amoureuse

Elle est debout sur mes paupières
Et ses cheveux sont dans les miens,
Elle a la forme de mes mains,
Elle a la couleur de mes yeux,
5 Elle s'engloutit dans mon ombre
Comme une pierre sur le ciel.

Le XXᵉ siècle

Elle a toujours les yeux ouverts
Et ne me laisse pas dormir.
Ses rêves en pleine lumière
10 Font s'évaporer les soleils,
Me font rire, pleurer et rire,
Parler sans avoir rien à dire.

Le jeu de construction

L'homme s'enfuit, le cheval tombe,
La porte ne peut pas s'ouvrir,
L'oiseau se tait, creusez sa tombe,
Le silence le fait mourir.

5 Un papillon sur une branche
Attend patiemment l'hiver,
Son cœur est lourd, la branche penche,
La branche se plie comme un ver.

Pourquoi pleurer la fleur séchée
10 Et pourquoi pleurer les lilas ?
Pourquoi pleurer la rose d'ambre¹ ?

Pourquoi pleurer la pensée tendre ?
Pourquoi chercher la fleur cachée
Si l'on n'a pas de récompense ?

15 — Mais pour ça, ça et ça.

Paul Eluard, *Mourir de ne pas mourir*,
Éd. Gallimard, 1924.

1. ambre : résine fossile utilisée en bijouterie.

1900 ▾ 2010

Observation

1. Définissez la mesure des vers et le schéma des rimes. Dans quelle mesure obéissent-ils aux règles de la versification ?

2. Sur quel réseau lexical dominant repose chaque poème ? De quelle manière le poète renouvelle-t-il la tradition ?

3. Quel effet produisent les anaphores dans chacun de ces deux poèmes ?

Analyse

4. Relevez et analysez les images qui participent à la création d'un univers onirique.

5. Quels sont les sentiments dominants dans chaque poème ? Montrez qu'ils leur donnent une dimension lyrique.

6. Relevez dans « Le jeu de construction » le vocabulaire de la tristesse. Comment le dernier vers vient-il redonner un sens optimiste au poème ?

Vers le commentaire. Expliquez sous la forme d'un paragraphe rédigé comment la poésie de Paul Eluard s'inscrit complètement dans le mouvement surréaliste

Notion

L'anaphore

L'anaphore est la répétition du même mot ou d'une même expression en tête de phrase ou de paragraphe. En poésie, l'anaphore est utilisée au début du vers. Elle crée ainsi un effet d'insistance, un rythme incantatoire qui inscrit le poème dans la mémoire et souligne sa dimension musicale.

Eluard

OBJET D'ÉTUDE 2ⁿᵈᵉ **Du romantisme au surréalisme** → voir p. 406

1926 ## Capitale de la douleur

Marquée par la célébration de l'amour fou, la poésie d'Eluard donne à voir le monde dans toute sa pureté, un monde ici sans angoisse où le thème du regard est prédominant.

1. **auréole :** couronne de lumière.

2. **aurores :** naissances du jour.

3. **qui gît :** qui est étendu.

La courbe de tes yeux fait le tour de mon cœur,
Un rond de danse et de douceur,
Auréole[1] du temps, berceau nocturne et sûr,
Et si je ne sais plus tout ce que j'ai vécu
5 C'est que tes yeux ne m'ont pas toujours vu.

Feuilles de jour et mousse de rosée,
Roseaux du vent, sourires parfumés,
Ailes couvrant le monde de lumière,
Bateaux chargés du ciel et de la mer,
10 Chasseurs des bruits et sources des couleurs,

Parfums éclos d'une couvée d'aurores[2]
Qui gît[3] toujours sur la paille des astres,
Comme le jour dépend de l'innocence
Le monde entier dépend de tes yeux purs
15 Et tout mon sang coule dans leurs regards.

Paul Eluard, *Capitale de la douleur*,
Éd. Gallimard, 1926.

Observation

1. Quelle est la composition du poème ? Quelle particularité le schéma de rimes de chaque strophe présente-t-il ?

2. Comment la figure du cercle se développe-t-elle dans la première strophe ? Relevez l'ensemble des mots qui correspondent à ce thème à travers leur sens dénoté, mais aussi leurs connotations.

3. Repérez l'alternance de la première et de la deuxième personne dans le poème. En quoi cet échange participe-t-il au lyrisme du texte ?

Analyse

4. Relevez et analysez la présence des cinq sens dans le poème. À quelle impression générale sont-ils associés ?

5. Étudiez la façon dont le thème du regard est développé dans le poème. Confrontez le premier et le dernier vers.

Comparer deux poèmes. Comparez ce poème avec « Parfum exotique » de Charles Baudelaire (p. 346). Montrez dans un paragraphe rédigé comment la présence de la femme aimée permet au poète d'entreprendre un voyage onirique.

Le XXᵉ siècle

Le rapprochement surréaliste
Man Ray, *Noire et Blanche*

Arrivé à Paris en 1921, Man Ray rencontre Kiki de Montparnasse qui devient sa compagne et son modèle. Dans la photographie *Noire et Blanche*, l'artiste dévoile les correspondances cachées entre la beauté de l'amante et celle du monde.

Man Ray (1890-1976), *Noire et Blanche*, 1926, photographie noir et blanc.

1900 ▼ 2010

 Artiste complet, Man Ray est un des fondateurs de la photographie moderne. La construction de l'image et le jeu de la lumière sont ici très élaborés.

 La courbe du visage et les traits de la jeune femme font écho à ceux du masque. Ils possèdent une beauté universelle, inscrite dans l'objet d'art africain.

 Le jeu du noir et du blanc détermine une complémentarité entre deux mondes, renforcée par les inversions au niveau des chevelures, des cils et des bouches.

Lecture d'image

1. Quelle est la forme privilégiée dans cette photographie. Qu'en concluez-vous ?

2. Repérez les sources de lumière. Que mettent-elles en valeur ?

3. Pour les surréalistes, le rêve exprime une réalité d'ordre supérieur. Comment cela apparaît-il ici ?

4. Rédigez un court texte expliquant en quoi le texte d'Eluard et la photographie de Man Ray illustrent la phrase suivante d'André Breton : l'amour « ouvre les portes du monde ».

L'art surréaliste

Dans les années 1920-1930, les surréalistes cherchent à montrer la réalité inconsciente de la pensée. Ils pratiquent le dessin automatique, le cadavre exquis, utilisent le collage, le photomontage, les hasards du frottage. Ils créent des sculptures au fonctionnement symbolique et transforment l'écriture cinématographique.

Gide

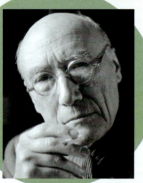

▶ **André Gide**
▶ Né à Paris le 22 novembre 1869.
▶ Décédé à Paris le 19 février 1951.

Timide, inquiet, élevé par sa mère dans la religion protestante, le jeune André Gide se passionne très vite pour la littérature et écrit son *Journal*. Disciple de Mallarmé, il publie des textes symbolistes. Cependant, en 1893, son voyage en Algérie est pour lui une révélation : guéri d'une grave crise de tuberculose, il découvre son homosexualité. À Paris, ses premières œuvres ne rencontrent d'abord aucun succès. En 1909, Gide fonde *La Nouvelle Revue Française* qui devient une maison d'édition prestigieuse sous l'impulsion de Gaston Gallimard. Il multiplie essais et récits. En 1925, son roman, *Les Faux-Monnayeurs*, marque l'aboutissement de son œuvre narrative. Mais l'engagement politique devient sa préoccupation majeure. Gide dénonce la colonisation de l'Afrique et les totalitarismes en Europe. Il s'impose ainsi comme le maître à penser, « le contemporain capital », de sa génération. Couronné en 1947 par le prix Nobel, Gide meurt quatre ans plus tard, emporté par une congestion pulmonaire.

ŒUVRES PRINCIPALES

Romans
Les Nourritures terrestres (1...
La Porte étroite (1909),
Les Caves du Vatican (1914),
Les Faux-Monnayeurs (1925).

Textes autobiographiques
Journal (1889-1950), *Si le gra... ne meurt* (1920-1924).

L'interrogation du roman

Essais, récits, journal, romans, pièces de théâtre, articles, traductions… Des œuvres lyriques aux écrits ironiques, de l'incitation à la liberté à la nécessité de l'engagement, André Gide met la littérature au service de la ferveur sensuelle et de l'esprit critique. C'est ainsi que toutes ses œuvres narratives sont marquées par une constante interrogation sur le récit. Gide refuse l'illusion du vrai, la vraisemblance psychologique et la narration linéaire. Il oppose à la construction traditionnelle du roman le procédé de la « mise en abyme » qui consiste à transposer à l'intérieur du roman le sujet du roman lui-même dont on trouve l'aboutissement dans *Les Faux-Monnayeurs*.

OBJET D'ÉTUDE 1re Le personnage de roman ➔ voir p. 402

1925 Les Faux-Monnayeurs

Édouard, le personnage principal des *Faux-Monnayeurs*, est lui-même un romancier qui écrit un roman intitulé *Les Faux-Monnayeurs*. Gide s'interroge ainsi sur les mécanismes de l'écriture romanesque et s'amuse à surprendre son lecteur.

[Édouard] se dit que les romanciers, par la description trop exacte de leurs personnages, gênent plutôt l'imagination qu'ils ne la servent et qu'ils devraient laisser chaque lecteur représenter chacun de ceux-ci comme il lui plaît. Il songe au roman qu'il prépare, qui ne doit ressembler à rien de ce qu'il a écrit jusqu'alors. Il n'est pas assuré
5 que *Les Faux-Monnayeurs* soient un bon titre. Il a eu tort de l'annoncer. Absurde, cette coutume d'indiquer les « en préparation » afin d'allécher les lecteurs. Cela n'allèche personne et cela vous lie. Il n'est pas assuré non plus que le sujet soit très bon. Il y pense sans cesse et depuis longtemps mais il n'en a pas écrit encore une ligne. Par contre, il transcrit sur un carnet ses notes et ses réflexions.
10 Il sort de sa valise ce carnet. De sa poche, il sort un stylo. Il écrit :

■ 442

Le XXᵉ siècle

« Dépouiller le roman de tous les éléments qui n'appartiennent pas spécifiquement[1] au roman. De même que la photographie, naguère, débarrassa la peinture du souci de certaines exactitudes, le phonographe[2] nettoiera sans doute demain le roman de ses dialogues rapportés dont le réaliste souvent se fait gloire. Les événements extérieurs, les accidents, les traumatismes, appartiennent au cinéma ; il sied[3] que le roman les lui laisse. Même la description des personnages ne me paraît point appartenir proprement au genre. Oui, vraiment, il ne me paraît pas que le *roman pur* (et en art, comme partout, seule la pureté m'importe) ait à s'en occuper. Non plus que ne fait le drame. Et qu'on ne vienne point dire que le dramaturge ne décrit pas ses personnages parce que le spectateur est appelé à les voir portés tout vivants sur la scène ; car combien de fois n'avons-nous pas été gênés, au théâtre, par l'acteur, et souffert de ce qu'il ressemblât si mal à ce que, sans lui, nous nous représentions si bien. – Le romancier, d'ordinaire, ne fait point suffisamment crédit à l'imagination du lecteur. »

André Gide, *Les Faux-Monnayeurs,* Éd. Gallimard, 1925.

1. spécifiquement : uniquement, particulièrement.
2. phonographe : appareil destiné à reproduire les sons.
3. il sied : il convient.

René Magritte (1898-1967), *Éloge de la dialectique*, 1936.

1900 ▼ 2010

Observation

1. L'extrait peut être découpé en deux parties distinctes. Lesquelles ? Quels sont les changements énonciatifs intervenus de l'un à l'autre ?

2. Sur quoi portent les interrogations d'Édouard ? De quelle manière peuvent-elles intéresser un lecteur de roman ?

3. Quelle est la fonction assignée au lecteur par l'extrait ?

Analyse

4. Quelles sont les critiques successivement formulées par Édouard à l'encontre des romanciers ?

5. En quoi ces critiques tiennent-elles compte de l'évolution de la société ? Sur quels exemples s'appuient-elles ?

6. Comment Gide conçoit-il le personnage de roman ? En quoi cette conception est-elle différente de celle du romancier réaliste ?

7. Expliquez la dernière phrase de l'extrait.

Vers le commentaire. Expliquez sous la forme d'un paragraphe rédigé comment cet extrait et le tableau illustrent le procédé de la mise en abyme cher à André Gide.

Notion

La mise en abyme

En peinture, le procédé de la mise en abyme consiste, par un jeu de miroir, à renvoyer une même image produite à l'infini. Dans le roman, il permet à l'écrivain de se représenter lui-même sous les traits d'un être fictif en train d'écrire son œuvre.

443

Claudel

▶ **Paul Claudel**
▶ Né dans l'Aisne, le 6 août 1868.
▶ Décédé dans le Dauphiné, le 23 février 1955.

À l'âge de dix-huit ans, Claudel est bouleversé par la découverte de Rimbaud. La même année, entré dans Notre-Dame de Paris, le jour de Noël, il a la révélation de la foi catholique. Disciple de Mallarmé, il rencontre chez lui Gide et Valéry. Parallèlement, il prépare le concours du ministère des Affaires étrangères, et achève sa première pièce de théâtre, *Tête d'or*. Sa carrière diplomatique le conduit à New York, puis en Chine, où il écrit des poèmes en prose. L'année 1900 marque le début d'une passion amoureuse qui met sa carrière en péril. Après un mariage de raison, en 1906, l'écrivain se consacre à son œuvre. Il commence en 1919 la vaste fresque du *Soulier de satin*. Claudel se retire en 1935 dans son manoir du Dauphiné, s'y consacrant à l'étude de la Bible. Il meurt en 1955.

ŒUVRES PRINCIPALES

Poésie
Connaissance de l'Est (1895-1909), *Cinq Grandes Odes* (1910).

Théâtre
Tête d'or (1890), *L'Échange* (1894), *Partage de midi* (19..), *Le Pain dur* (1918), *Le Soul. de satin* (1929).

Le dramaturge de la spiritualité

C'est à travers sa foi en Dieu que Claudel conçoit le développement de son œuvre : dans le travail de l'écriture, le poète imite le Créateur. En donnant un rythme, un souffle nouveaux au texte, Claudel tente de donner sens au mot « inspiration ». Il s'agit de reproduire, notamment à travers l'utilisation du verset repris à la Bible, le rythme naturel du monde, libéré des conventions de la poésie classique. Le théâtre de Claudel a la même ambition. Il met en scène la marche chaotique de l'humanité vers la victoire, c'est-à-dire la reconnaissance de Dieu. Mais le destin des individus s'achève dans le renoncement, le sacrifice et la mort, qui témoignent de la dimension tragique de la condition humaine.

OBJET D'ÉTUDE 1re Le texte théâtral et sa représentation ➜ voir p. 404

1929 — Le Soulier de satin

Le Soulier de satin est une pièce immense, dont la représentation dure neuf heures. Mariée à Don Pélage, un grand seigneur espagnol, Doña Prouhèze est amoureuse du jeune Rodrigue. Alors qu'il doit regagner son poste, Don Pélage confie son épouse à Don Balthazar, un vieil ami de la famille qui incarne la vertu.

DOÑA PROUHÈZE
Maintenant c'est vous qui êtes responsable et chargé de me défendre.

DON BALTHAZAR
Il faut m'aider, Prouhèze.

DOÑA PROUHÈZE
Ah ! ce serait trop facile ! Je ne cherche point d'occasion, j'attends qu'elle vienne me trouver.
5 Et je vous ai loyalement averti, la campagne s'ouvre[1].
C'est vous qui êtes mon défenseur. Tout ce que je pourrai faire pour vous échapper et rejoindre Rodrigue,
Je vous donne avertissement que je le ferai.

1. **la campagne s'ouvre** : la guerre contre vous commence.

444

Le XXᵉ siècle

DON BALTHAZAR

Vous voulez cette chose détestable ?

DOÑA PROUHÈZE

10 Ce n'est point vouloir que prévoir. Et vous voyez que je me défie tellement de ma liberté
que je l'ai remise entre vos mains.

DON BALTHAZAR

N'aimez-vous point votre mari ?

DOÑA PROUHÈZE

Je l'aime.

DON BALTHAZAR

L'abandonneriez-vous à cette heure où le Roi lui-même l'oublie,
15 Tout seul sur cette côte sauvage[2] au milieu des infidèles[3],
Sans troupes, sans argent, sans sécurité d'aucune sorte ?

DOÑA PROUHÈZE

Ah ! cela me touche plus que tout le reste. Oui, l'idée de trahir ainsi l'Afrique et notre
pavillon[4],
Et l'honneur du nom de mon mari, je sais qu'il ne peut se passer de moi,
20 Ces tristes enfants que j'ai recueillis, à la place de ceux que Dieu ne m'a pas donnés, ces
femmes qu'on soigne à l'infirmerie, ces partisans rares et pauvres qui se sont donnés à
nous, abandonner tout cela,
Je peux dire que cela me fait horreur.

DON BALTHAZAR

Et qu'est-ce donc qui vous appelle ainsi vers ce cavalier ?

DOÑA PROUHÈZE

25 Sa voix.

DON BALTHAZAR

Vous ne l'avez connu que peu de jours.

DOÑA PROUHÈZE

Sa voix ! Je ne cesse de l'entendre.

DON BALTHAZAR

Et que vous dit-elle donc ?

DOÑA PROUHÈZE

Ah ! si vous voulez m'empêcher d'aller à lui,
30 Alors du moins liez-moi, ne me laissez pas cette cruelle liberté !
Mettez-moi dans un cachot profond derrière des barres de fer !
Mais quel cachot serait capable de me retenir quand celui même de mon corps menace
de se déchirer ?

Paul Claudel, *Le Soulier de satin*, Première Journée, scène 5,
Éd. Gallimard, 1929.

2. côte sauvage :
la côte africaine
où Don Pélage est
gouverneur.
3. infidèles : ceux
qui n'ont pas la
religion chrétienne.
4. notre pavillon :
le drapeau
espagnol.

1900
▼
2010

Observation

1. Quelle est la situation des personnages au début de l'extrait ? Quelles caractéristiques du théâtre classique y retrouve-t-on ?

2. Qu'est-ce qui anime la quête de l'héroïne ? Quels sentiments contradictoires rendent celle-ci difficile ?

3. Quelle est la fonction de Don Balthazar dans cette scène ? Sur quelles valeurs son discours repose-t-il ?

Analyse

4. Qui domine l'échange de paroles ? Montrez quel personnage est en position d'infériorité.

5. Analysez le lexique et les images utilisés dans la dernière réplique.

Vers le commentaire. Montrez dans un paragraphe rédigé que Doña Prouhèze incarne le conflit classique de l'être partagé entre le devoir et la passion amoureuse.

Notion

Le conflit au théâtre

Le théâtre tragique met en scène des personnages torturés par un conflit entre des sentiments, des valeurs, des ambitions, des intérêts contraires devant lesquels il faut opérer un choix. La tension dramatique repose sur la situation de crise ainsi créée.

445

Michaux

▶ **Henri Michaux**
▶ Né à Namur, en Belgique, le 24 mai 1899.
▶ Décédé à Paris le 19 octobre 1984.

Henri Michaux naît en Belgique, d'un père ardennais et d'une mère wallonne. La guerre l'oblige à interrompre ses études en 1916. Après la guerre, ses premiers voyages l'emmènent au Brésil. À vingt-cinq ans, il s'installe à Paris où il se passionne pour la poésie, la peinture surréaliste et l'art abstrait. Il multiplie les voyages, comme autant de tentatives de fuite et de renouvellement. À trente-huit ans, il expose ses premiers dessins. Pendant l'Occupation, il s'installe au Lavandou, en 1941, où il rencontre sa future femme. Celle-ci meurt au cours d'un tragique accident. Michaux se consacre dès lors à la peinture, dans une solitude grandissante. Il meurt en 1984, laissant derrière lui une œuvre poétique et picturale originale et inquiétante.

ŒUVRES PRINCIPALES

Poésie
Mes propriétés (1929),
Un certain Plume (1930),
La nuit remue (1935),
L'Espace du dedans (1944),
Ailleurs (1948), *L'Infini turbulent* (1957).

La poésie et l'aventure intérieure

L'œuvre de Henri Michaux est l'exploration d'un univers intérieur. *Mes propriétés*, en 1929, mêlent des styles très variés qui passent de l'humour noir au fantastique et au lyrique mélancolique ; *Un certain Plume*, en 1930, joue de la fantaisie verbale héritée des surréalistes. Mais Michaux ne peut être classé dans aucun mouvement. À travers l'extrême diversité de ses formes, la poésie s'affirme comme une recherche constante, qui la rapproche peu à peu de l'idéogramme. Cette quête du sens, à travers le poème, le dessin ou la peinture, devient un autre mode d'expression de soi, totalement libérée des contraintes du langage ordinaire.

OBJET D'ÉTUDE 1re Écriture poétique et quête du sens → voir p. 408

1929 Mes propriétés

Pour Michaux, les voyages et l'écriture poétique se font perpétuellement écho. C'est ainsi que son poème « Emportez-moi » est publié à la suite d'un voyage en Équateur.

Emportez-moi

Emportez-moi dans une caravelle,
Dans une vieille et douce caravelle,
Dans l'étrave, ou si l'on veut, dans l'écume,
Et perdez-moi, au loin, au loin.

5 Dans l'attelage d'un autre âge.
Dans le velours trompeur de la neige.
Dans l'haleine de quelques chiens réunis.
Dans la troupe exténuée des feuilles mortes.

Emportez-moi sans me briser, dans les baisers,
10 Dans les poitrines qui se soulèvent et respirent,
Sur les tapis des paumes et leur sourire,
Dans les corridors des os longs et des articulations.

Emportez-moi, ou plutôt enfouissez-moi.

Henri Michaux, *Mes propriétés*,
Éd. Gallimard, 1929.

■ 446

Le XXe siècle

1935

La nuit remue

La nuit remue mêle poèmes en vers et poèmes en prose dans lesquels Michaux exprime ses angoisses. Dans le poème intitulé « Icebergs », il parvient à créer un monde idéal où le temps et l'espace participent à la création d'un univers poétique fait d'une infinie pureté.

Icebergs

Icebergs, sans garde-fou, sans ceinture, où de vieux cormorans[1] abattus et les âmes des matelots morts récemment viennent s'accouder aux nuits enchanteresses de l'hyperboréal[2].

Icebergs, Icebergs, cathédrales sans religion de l'hiver éternel,
5 enrobés dans la calotte glaciaire de la planète Terre.
Combien hauts, combien purs sont vos bords enfantés par le froid.

Icebergs, Icebergs, dos du Nord-Atlantique, augustes Bouddhas[3] gelés sur des mers incontemplées, Phares scintillants de la Mort sans issue, le cri éperdu du silence dure des siècles.

10 Icebergs, Icebergs, Solitaires sans besoin, des pays bouchés, distants, et libres de vermine. Parents des îles, parents des sources, comme je vous vois, comme vous m'êtes familiers…

Henri Michaux, « Icebergs », *La nuit remue*,
Éd. Gallimard, 1935.

1. **cormorans :**
oiseaux pêcheurs.
2. **hyperboréal :**
de l'extrême Nord.
3. **Bouddhas :**
statues représentant
le fondateur du
bouddhisme.

**1900
▼
2010**

Observation

1. Relevez et étudiez les réseaux lexicaux dominants dans chacun des deux poèmes.

2. Confrontez la forme poétique de chaque texte. En quoi ces textes participent-ils au renouveau de la poésie moderne ?

Analyse

3. Analysez la deuxième strophe d'« Emportez-moi » : syntaxe, ponctuation, mesure des vers. Quel est l'effet produit par son rythme ascendant ?

4. Analysez les métaphores développées dans « Icebergs ».

5. Quel type de phrase domine dans chaque poème. Quel est, à chaque fois, l'effet recherché ?

6. Pour Michaux, la poésie et la musique sont « litanie, litanie comme la vie ». Justifiez cette définition en étudiant le rôle joué par les anaphores dans les deux poèmes.

Recherche documentaire. Recherchez sur Internet des peintures d'Henri Michaux. Illustrez chacun de ces poèmes par l'œuvre de votre choix. Indiquez leurs références.

Notion

L'apostrophe en poésie

L'apostrophe est une figure de style qui permet à un orateur d'interrompre son discours pour s'adresser directement à quelqu'un. Cette figure de rhétorique rythme le discours et permet de mettre en valeur l'un de ses éléments. Dans la poésie, l'apostrophe participe au lyrisme en inscrivant la présence du poète dans l'univers qu'il évoque.

447

Mauriac

▶ **François Mauriac**
▶ Né à Bordeaux le 11 octobre 1885.
▶ Décédé à Paris le 1er septembre 1970.

François Mauriac n'a que deux ans lorsque son père meurt. Sous l'influence maternelle, il fréquente les institutions catholiques de la région bordelaise, qui imprégnera profondément ses romans. Très vite, sa vocation d'écrivain s'impose. *Le Baiser au lépreux*, en 1922, *Thérèse Desqueyroux*, en 1927, *Le Nœud de vipères*, en 1932, font de Mauriac un romancier renommé qui éclaire d'une lumière crue la haine et le péché qui caractérisent ses personnages. Il est élu à l'Académie française en 1933. Face aux bouleversements politiques de l'entre-deux-guerres, l'écrivain s'engage et dénonce les crimes de la guerre d'Espagne et la montée du fascisme. Pendant l'Occupation, partisan du général de Gaulle, il publie clandestinement son journal, *Le Cahier noir*. Après la guerre, journaliste brillant, polémiste redouté, il dénonce le colonialisme et obtient le prix Nobel de littérature en 1952. Il meurt à l'âge de quatre-vingt-quatre ans, laissant derrière lui une œuvre considérable.

ŒUVRES PRINCIPALES

Romans
Le Baiser au lépreux (1922), *Génitrix* (1923), *Le Désert de l'amour* (1925), *Thérèse Desqueyroux* (1927), *Le Nœud vipères* (1932), *Le Sagouin* (195

Essai
Le Bloc-Notes (1952-1957).

Des personnages à la conscience tourmentée

Dès 1922, dans *Le Baiser au lépreux*, Mauriac décrit les mœurs de la société bourgeoise catholique, dont il dénonce l'hypocrisie, les traditions et les préjugés. L'arrière-plan religieux qui imprègne son œuvre met en relief l'inquiétude des personnages, écartelés entre l'obéissance à leur foi et leur attirance pour le Mal. L'univers de François Mauriac est ainsi celui des consciences tourmentées, qui expriment leur sentiment d'échec, le sacrifice de leur vie affective au nom de la réussite sociale. Les techniques narratives s'accordent avec ce retour sur soi-même : monologue intérieur, roman épistolaire, discours indirect libre. Plutôt qu'un romancier catholique, Mauriac est donc, comme il se définissait lui-même, « un catholique qui écrit des romans ».

OBJET D'ÉTUDE 1re Le personnage de roman → voir p. 402

1932 Le Nœud de vipères

Le roman de Mauriac se présente comme une longue lettre. Âgé et malade, Louis s'adresse à son épouse, issue de la haute société bordelaise, pour lui dire l'échec de leur existence commune. Mêlant passé et présent, il exprime sa solitude au sein de sa propre famille qui complote contre lui et convoite sa fortune.

Voilà ce qui me reste : ce que j'ai gagné au long de ces années affreuses, cet argent dont vous avez la folie de vouloir que je me dépouille. Ah ! l'idée même m'est insupportable que vous en jouissiez après ma mort. Je t'ai dit en commençant que mes dispositions avaient d'abord été prises pour qu'il ne vous en restât rien. Je t'ai laissé entendre
5 que j'avais renoncé à cette vengeance… Mais c'était méconnaître ce mouvement de marée qui est celui de la haine de mon cœur. Et tantôt elle s'éloigne, et je m'attendris… Puis elle revient, et ce flot bourbeux me recouvre.

Depuis aujourd'hui, depuis cette journée de Pâques, après cette offensive pour me dépouiller au profit de votre Phili[1], et lorsque j'ai revu au complet cette meute familiale

1. **Phili** : le mari de la petite-fille du narrateur.

Le XXᵉ siècle

10 assise en rond devant la porte et m'épiant, je suis obsédé par la vision des partages, – de ces partages qui vous jetteront les uns contre les autres : car vous vous
battrez comme des chiens autour de mes terres, autour de mes titres². Les terres
seront à vous, mais les titres n'existent plus. Ceux dont je te parlais, à la première
page de cette lettre, je les ai vendus, la semaine dernière, au plus haut : depuis, ils
15 baissent chaque jour. Tous les bateaux sombrent, dès que je les abandonne ; je ne
me trompe jamais. Les millions liquides, vous les aurez aussi, vous les aurez si j'y
consens. Il y a des jours où je décide que vous n'en retrouverez pas un centime...

J'entends votre troupeau chuchotant qui monte l'escalier. Vous vous arrêtez ;
vous parlez sans crainte que je m'éveille (il est entendu que je suis sourd) ; je
20 vois sous la porte la lueur de vos bougies. Je reconnais le fausset³ de Phili (on
dirait qu'il mue encore) et soudain des rires étouffés, les gloussements des jeunes
femmes. Tu les grondes ; tu vas leur dire : « Je vous assure qu'il ne dort pas... »
Tu t'approches de ma porte ; tu écoutes ; tu regardes par la serrure ; ma lampe
me dénonce. Tu reviens vers la meute ; tu dois leur souffler : « Il veille encore, il
25 vous écoute... »

Ils s'éloignent sur leurs pointes. Les marches de l'escalier craquent ; une à
une, les portes se ferment. Dans la nuit de Pâques, la maison est chargée de
couples. Et moi, je pourrais être le tronc vivant de ces jeunes rameaux. La plupart des pères sont aimés. Tu étais mon ennemie et mes enfants sont passés à
30 l'ennemi.

C'est à cette guerre qu'il faut en venir maintenant. Je n'ai plus la force d'écrire.
Et pourtant je déteste de me coucher, de m'étendre, même lorsque l'état de mon
cœur me le permet. À mon âge, le sommeil attire l'attention de la mort, il ne faut
pas faire semblant d'être mort. Tant que je resterai debout, il me semble qu'elle ne
35 peut pas venir. Ce que je redoute d'elle, est-ce l'angoisse du dernier hoquet ? Non,
mais c'est qu'elle est ce qui n'existe pas, ce qui ne peut se traduire que par le signe –.

François Mauriac, *Le Nœud de vipères*, 1932, © Éd. Grasset et Fasquelle, 1979.

2. les titres : actions cotées en Bourse.
3. le fausset : voix grêle, aiguë.

1900 ▾ 2010

Observation

1. Quelle situation d'énonciation le roman met-il en place ? En quoi est-elle originale dans un récit ?

2. Quel bilan le narrateur fait-il de son existence dans le premier paragraphe ? Quels sentiments exprime-t-il ?

3. Relevez, dans la suite du texte, des exemples de vocabulaire péjoratif et d'images dévalorisantes. Comment les sentiments du narrateur évoluent-ils ?

Analyse

4. Comment le narrateur exprime-t-il sa volonté de puissance, son pouvoir à l'égard de sa famille ?

5. Étudiez le jeu des temps verbaux dans l'extrait. En quoi participe-t-il à l'expression des doutes et des réflexions du narrateur ?

6. Comment le passage met-il en évidence la solitude du narrateur ? Commentez l'avant-dernier paragraphe.

7. Présentez, en quelques lignes, le portrait du narrateur.

Vers le commentaire. Expliquez sous la forme d'un paragraphe argumenté et illustré d'exemples comment Mauriac, à travers une technique d'écriture particulière, permet de faire pénétrer le lecteur dans la conscience tourmentée de ses personnages.

Notion

Le discours intérieur

Le discours intérieur permet au romancier de créer un univers original, qui mêle l'évocation des souvenirs et l'expression de l'action en train de se faire. Ce va-et-vient entre le passé, le présent et l'avenir est exprimé à travers le jeu des temps verbaux. Il donne toute sa densité au discours intérieur en reproduisant ainsi le mouvement d'une conscience intime.

449

Céline

▶ **Louis-Ferdinand Destouches**
Pseudonyme : Louis-Ferdinand Céline

▶ Né à Courbevoie le 27 mai 1894.

▶ Décédé à Meudon le 1er juillet 1961.

Louis-Ferdinand Destouches grandit à Paris, au passage des Panoramas où il entre en conflit avec ses parents, modestes commerçants, préoccupés par les soucis d'argent. En 1914, à dix-huit ans, il s'engage dans un régiment de cuirassiers. Il est blessé au combat, un an plus tard. Après avoir voyagé en Angleterre, en Afrique et en Amérique, il poursuit des études de médecine et s'installe au dispensaire de Clichy, « pour y soigner les pauvres ». En 1932, *Voyage au bout de la nuit*, publié sous le pseudonyme de Céline, obtient le prix Renaudot. Le livre fait scandale par la violence amère du récit, comme par un style étonnant, qui utilise le langage parlé. Quatre ans plus tard, la publication de *Mort à crédit* impose Céline comme l'un des plus grands écrivains du siècle. La fin des années 1930 voit l'écrivain s'engager auprès de l'Allemagne hitlérienne, puis du pétainisme. Céline écrit des pamphlets antisémites qui lui valent la prison, au Danemark, à la Libération. Amnistié, il s'installe à Meudon, dans l'isolement, poursuivant son œuvre romanesque jusqu'à sa mort, en 1961.

ŒUVRES PRINCIPALES

Romans
Voyage au bout de la nuit (1932), *Mort à crédit* (1936), *D'un château l'autre* (1957), *Rigodon* (1969, posthume).

L'émotion du langage parlé

Céline renouvelle complètement l'écriture romanesque en supprimant la frontière entre l'écrit et l'oral. Le roman doit recréer l'intensité de l'émotion, à travers l'énergie et le dynamisme du langage parlé. Les romans de Céline, toujours autobiographiques, mettent en scène un narrateur, personnage d'origine modeste, confronté à l'absurdité du monde comme à la bêtise et à la lâcheté des hommes. L'usage de l'argot, les onomatopées, les répétitions, le flux incessant des mots bouleversent la forme traditionnelle du récit et font des personnages de Céline des êtres familiers, proches du lecteur. Derrière sa misanthropie apparente, le romancier redonne ainsi toute sa puissance à la « petite musique » des émotions humaines.

OBJET D'ÉTUDE 1re Le personnage de roman → voir p. 402

1932 Voyage au bout de la nuit

Roman autobiographique, *Voyage au bout de la nuit* commence avec l'engagement volontaire du narrateur dans l'armée française au début de la Première Guerre mondiale. Céline dénonce ainsi l'atrocité des combats, l'incapacité et l'aveuglement des officiers, l'absurdité d'un conflit inutile.

Le messager vacillant se remit au « garde-à-vous », les petits doigts sur la couture du pantalon, comme il se doit dans ces cas-là. Il oscillait ainsi, raide, sur le talus, la transpiration lui coulant le long de la jugulaire, et ses mâchoires tremblaient si fort qu'il en poussait de petits cris avortés, tel un petit chien qui rêve. On ne pouvait démêler s'il
5 voulait nous parler ou bien s'il pleurait.

Nos Allemands accroupis au fin fond de la route venaient justement de changer d'instrument. C'est à la mitrailleuse qu'ils poursuivaient à présent leurs sottises ; ils en craquaient comme de gros paquets d'allumettes et tout autour de nous venaient voler comme des essaims de balles rageuses, pointilleuses comme des guêpes.

Le XXe siècle

10 L'homme arriva tout de même à sortir de sa bouche quelque chose d'articulé :
– Le maréchal des logis[1] Barousse vient d'être tué, mon colonel, qu'il dit tout d'un trait[2].
– Et alors ?
– Il a été tué sur la route des Etrapes, mon colonel !
– Et alors ?
15 – Il a été éclaté par un obus !
– Et alors, nom de Dieu !
– Et voilà ! Mon colonel...
– C'est tout ?
– Oui, c'est tout, mon colonel.
20 – Et le pain ? demanda le colonel.
Ce fut la fin de ce dialogue parce que je me souviens bien qu'il a eu le temps de dire tout juste : « Et le pain ? » Et puis ce fut tout. Après ça, rien que du feu et puis du bruit avec. Mais alors un de ces bruits comme on ne croirait jamais qu'il en existe. On en a eu tellement plein les yeux, les oreilles, le nez, la bouche, tout de suite, du bruit, que je 25 croyais bien que c'était fini, que j'étais devenu du feu et du bruit moi-même...

Et puis non, le feu est parti, le bruit est resté longtemps dans ma tête, et puis les bras et les jambes qui tremblaient comme si quelqu'un vous les secouait par-derrière. Ils avaient l'air de me quitter, et puis ils me sont restés quand même mes membres. Dans la fumée qui piqua les yeux encore pendant longtemps, l'odeur pointue de la poudre et du soufre nous 30 restait comme pour tuer les punaises et les puces de la terre entière.

Tout de suite après ça, j'ai pensé au maréchal des logis Barousse qui venait d'éclater comme l'autre nous l'avait appris. C'était une bonne nouvelle. Tant mieux ! que je pensais tout de suite ainsi : « C'est une bien grande charogne en moins dans le régiment ! » Il avait voulu me faire passer au Conseil[3] pour une boîte de conserve. « Chacun sa 35 guerre ! » que je me dis. De ce côté-là, faut en convenir, de temps en temps, elle avait l'air de servir à quelque chose la guerre ! J'en connaissais bien encore trois ou quatre dans le régiment, de sacrées ordures que j'aurais aidé bien volontiers à trouver un obus comme Barousse.

Quant au colonel, lui, je ne lui voulais pas de mal. Lui pourtant aussi il était mort.

Louis-Ferdinand Céline, *Voyage au bout de la nuit*, Éd. Gallimard, 1932.

1. **maréchal des logis :** sous-officier dans l'artillerie.

2. **tout d'un trait :** à toute vitesse.

3. **au Conseil :** le conseil de discipline.

1900 ▸ 2010

Observation

1. Retrouvez les différentes étapes qui constituent cet épisode.

2. À travers quels événements l'horreur de la guerre se manifeste-t-elle ?

3. En quoi le dialogue entre les deux personnages met-il en évidence deux attitudes opposées devant la guerre ?

4. Quel effet produit l'usage du langage familier ? Appuyez votre réponse sur des exemples précis.

Analyse

5. Étudiez l'expression des sensations dans le texte, de la ligne 23 à la ligne 30.

6. En quoi la situation mise en scène par le récit constitue-t-elle une dénonciation de l'absurdité de la guerre ?

7. Pourquoi le narrateur peut-il être qualifié d'anti-héros ?

Recherche documentaire. Recherchez d'autres personnages plongés dans la Première Guerre mondiale. Établissez leur fiche d'identité.

Notion

L'anti-héros

À l'opposé de la représentation traditionnelle du héros, moteur de l'action et incarnation des valeurs positives, l'anti-héros se présente comme un être passif, solitaire et parfois hostile, plongé au cœur d'un univers qu'il ne comprend pas. Dès lors, il subit les événements et constate le désordre du monde.

451

Céline

OBJET D'ÉTUDE 1re   **Le personnage de roman**   → voir p. 402

1936   # Mort à crédit

Dans *Mort à crédit*, le narrateur revient sur les souvenirs de son enfance et, en particulier, sur sa rencontre avec un personnage extravagant qui le prend à son service :
Courtial des Pereires. Celui-ci organise des démonstrations d'envols dans son ballon
dirigeable, le « Zélé ». Mais le ballon, vieilli, usé, ne parvient plus à s'élever...

Un malheur arrive jamais seul !... Nous eûmes de nouveaux déboires avec le « Zélé »
toujours de plus en plus fendu, ravaudé, perclus de raccrocs... tellement perméable et
foireux qu'il s'effondrait dans ses cordes !...

L'automne arrivait, ça commençait à souffler ! Il flanchait dans la rafale, il s'affais-
5   sait, le malheureux, au départ même, au lieu de s'élancer dans les airs... Il nous ruinait
en hydrogène, en gaz méthanique... À force de pomper tout de même, il prenait un
petit élan... Avec deux ou trois soubresauts il franchissait assez bien les premiers arbustes... s'il arrachait une balustrade, il fonçait alors dans le verger... Il repartait encore
une secousse... Il ricochait contre l'église... Il emportait la girouette... Il refoulait vers
10   la campagne... Les bourrasques le ramenaient en vache... en plein dans les peupliers...
Des Pereires attendait plus... Il lâchait tous les pigeons... Il envoyait un grand coup de
bugle[1]... Il me déchirait toute la sphère... Le peu de gaz s'évaporait... J'ai dû comme ça
le ramasser en situation périlleuse aux quatre coins de la Seine-et-Oise, dans la Champagne et même dans l'Yonne ! Il a raclé avec son cul toutes les betteraves du Nord-Est.
15   La belle nacelle en rotin, elle avait plus de forme à force... Sur le plateau d'Orgemont, il
est resté deux bonnes heures entièrement enfoui, coincé dans le milieu de la mare, un
purin énorme ! Mouvant, floconnant, prodigieux !... Tous les croquants[2] des abords ils
se poêlaient à se casser les côtes... Quand on a replié le « Zélé », il sentait si fortement
les matières et le jus de la fosse, et Courtial d'ailleurs aussi, entièrement capitonné,
20   fangeux, enrobé, soudé dans la pâte à merde ! qu'on a jamais voulu de nous dans le
compartiment... On a voyagé dans le fourgon, avec les ustensiles, les agrès[3], la came[4].

En rentrant au Palais-Royal, c'était pas fini !... Notre aérostat joli, il empestait encore
si fort, comme ça même au tréfonds de la cave, qu'il a fallu que nous brûlions et pendant presque tout l'été au moins dix casseroles de benjoin[5], de santal et d'eucalyptus...
25   Des rames de papier d'Arménie !... On nous aurait expulsés ! Y avait des pétitions...

Tout ça encore c'était remédiable... ça faisait partie des aléas, des avatars du métier...
Mais le pire, le coup fatal il nous fut certainement porté par la concurrence des avions...
On peut pas dire le contraire... Ils nous soulevaient tous nos clients... Même nos plus
fidèles comités... ceux qu'avaient entièrement confiance, qui nous prenaient presque
30   à coup sûr... Péronne, Brives-la-Vilaine, par exemple ! Carentan-sur-Loing... Mézeux...
Des assemblées de tout repos, entièrement dévouées à Courtial... qui le connaissaient
depuis trente-cinq ans... Des endroits où depuis toujours on ne jurait que par lui...
Tout ce monde-là se trouvait soudain des bizarres prétextes pour nous remettre à plus
tard !... des subterfuges ! des foirures ! C'était la fonte ! La débandade !... C'est surtout à
35   partir de mai et de juin-juillet 1911 que les choses se gâtèrent vraiment... Le dénommé
Candemare Julien, pour ne citer que celui-ci, avec sa seule « Libellule » il nous pauma
plus de vingt clients !...

Nous avions pourtant consenti à des rabais à peine croyables... Nous allions de plus
en plus loin... Nous emportions notre hydrogène... la pompe... le condensimètre...
40   Nous sommes allés à Nuits-sur-Somme pour cent vingt-cinq francs ! gaz compris ! Et
transport en sus !... C'était plus tenable à vrai dire ! Les bourgs les plus suppureux...

**1. un grand coup
de bugle :** coup de
trompette ou de cor.
2. les croquants : en
argot, les paysans.
3. les agrès : ensemble
des cordages.
4. la came : en argot,
le matériel.
5. benjoin : parfum.

452

Le XXᵉ siècle

Les sous-préfectures les plus rances ne juraient plus que par cellule et biplan !... Wilbur Wright et les « métinges »[6] !...

Courtial avait bien compris que c'était la lutte à mort... Il a voulu réagir...
45 Il a tenté l'impossible. Il a publié coup sur coup, en pas l'espace de deux mois, quatre manuels et douze articles dans les colonnes de son cancan, pour démontrer « mordicus » que les avions voleraient jamais !... Que c'était un faux progrès !... un engouement contre nature !... une perversion de la technique !... Que tout ça finirait bientôt dans une capilotade atroce ! Que lui, Courtial des
50 Pereires, qu'avait trente-deux ans d'expérience, ne répondait plus de rien ! Sa photographie dans l'article !... Mais il était déjà en retard sur le courant des lecteurs !... Absolument dépassé ! Submergé par la vogue croissante ! En réponse à ses diatribes, à ses philippiques virulentes il ne reçut que des injures, des bordées farouches et des menaces comminatoires... Le public des inventeurs ne suivait plus des Pereires !... C'était l'exacte vérité... Il s'est entêté quand même...
55 Il voulait pas en démordre !... Il a même repris l'offensive !... C'est ainsi qu'il a fondé la société « La Plume au Vent » à l'instant même le plus critique !... « Pour la défense du sphérique, du beaucoup plus léger que l'air ! » Exhibitions ! Démonstrations ! Conférences ! Fêtes ! Réjouissances ! Siège social au « Génitron ». Il est pas venu dix adhérences ! Ça sentait la terrible poisse ! Je suis retourné aux rafistolages...
60 Dans « l'Archimède », le vieux captif, j'avais déjà tellement tapé que je ne trouvais plus un bout de convenable !... C'était plus que des morceaux pourris !... Et le « Zélé » valait guère mieux... Il était réduit à la corde ! On lui voyait la trame partout...

Louis-Ferdinand **Céline**, *Mort à crédit*,
Éd. Gallimard, 1936.

6. les « métinges » : les « meetings » aériens.

1900
2010

Observation

1. Comment la situation du « Zélé » évolue-t-elle tout au long du texte ? Relevez les étapes de sa dégradation.

2. Quelles réactions le ballon suscite-t-il chez les spectateurs ? En quoi ces réactions participent-elles au comique du récit ?

3. Quelles sont les caractéristiques du personnage central, Courtial des Pereires ? En quoi apparaît-il comme un personnage comique ?

Analyse

4. À travers quels détails le narrateur souligne-t-il le caractère dérisoire du ballon et de l'aérostier ?

5. À travers quels procédés Céline rend-il cette scène burlesque ? Montrez que le comique repose essentiellement sur les effets de grossissement et d'amplification de la réalité.

6. Étudiez les indices de l'oralité du récit dans ce passage.

Vers le commentaire. Vous ferez le commentaire de ce passage en développant les pistes de lecture suivantes sous la forme de deux paragraphes rédigés :

– des personnages et des situations cocasses ;

– un style argotique qui amplifie le comique de la scène.

Notion

L'oralité dans le récit

En faisant prendre en charge le récit par un personnage acteur ou témoin de l'histoire racontée, la narration à la première personne permet de créer l'illusion d'un style oral, populaire, familier au lecteur. L'usage de termes argotiques, d'un niveau de langage familier, d'une ponctuation originale et d'une syntaxe relâchée caractérise le style oral de Céline.

453

Simenon

▶ **Georges Simenon**
▶ Né à Liège, en Belgique, le 13 février 1903.
▶ Décédé à Lausanne, le 4 septembre 1989.

Fils d'un employé d'assurances, le jeune Simenon interrompt ses études secondaires. Apprenti pâtissier, puis employé de librairie, il entre à quinze ans à la *Gazette de Liège*, à la rubrique des « chiens écrasés ». Il a dix-huit ans lorsque paraît son premier roman sous le nom de Georges Sim. Un an plus tard, il part à la conquête de Paris, collabore au journal *Le Matin*, où l'a introduit la romancière Colette, et y écrit plus d'un millier de contes. Parallèlement, Simenon publie des romans populaires sous divers pseudonymes. C'est en 1931 qu'est lancé le personnage de Jules Maigret dans *Pietr le Letton*, signé Georges Simenon. Le succès est immédiat. Les traductions se multiplient, de même que les adaptations cinématographiques. L'écrivain multiplie sorties nocturnes, rencontres et voyages. À côté de la série des « Maigret », il écrit des œuvres psychologiques d'une grande intensité. Après le suicide de sa fille Marie-Jo, en 1978, il rédige ses mémoires intimes. Il meurt à l'âge de quatre-vingt-six ans, couvert de gloire.

ŒUVRES PRINCIPALES

Romans
La Nuit du carrefour (1932), *L'Aff Saint-Fiacre* (1932), *Les Fiançail de M. Hire* (1933), *Le Chien jaune* (1936), *Les Inconnus dans la ma* (1940), *La Veuve Couderc* (1942), *L'Aîné des Ferchaux* (1945), *Trois Chambres à Manhattan* (1946), *Lettre à mon juge* (1947), *Maigre et son mort* (1948), *La neige étai sale* (1948).

Le personnage du commissaire Maigret

On retrouve dans *L'Affaire Saint-Fiacre* tout ce qui caractérise les enquêtes du commissaire Maigret. Celles-ci reposent moins sur la recherche des indices que sur la plongée dans une atmosphère particulière. La banalité des lieux cache la solitude des êtres dont le commissaire reconstitue le destin. Simenon recrée la poésie des villes et des banlieues, étranges et insolites au milieu des brumes et du crachin. Entre le Quai des Orfèvres et son appartement du boulevard Richard-Lenoir, Maigret « s'installe dans une enquête comme on met ses pantoufles ». L'apparente simplicité du style de Georges Simenon crée un malaise lent et continu, qui n'est dissipé qu'avec l'élucidation du crime.

OBJET D'ÉTUDE 1re Le personnage de roman ➔ voir p. 402

1932 L'Affaire Saint-Fiacre

La comtesse de Saint-Fiacre a succombé pendant la messe des morts à une crise cardiaque due à une émotion violente. Le commissaire Maigret mène l'enquête, qui le ramène sur les lieux de son enfance, son père ayant été le régisseur du château.

Maigret ne sourit pas. L'atmosphère, d'ailleurs, ne prêtait pas à l'ironie.
Le château était vaste. Du dehors, il ne manquait pas d'allure. Mais l'intérieur avait un aspect aussi miteux que le pyjama du jeune homme. Partout de la poussière, des vieilles choses sans beauté, un amas d'objets inutiles. Les tentures étaient fanées.
5   Et sur les murs, on voyait des traces plus claires qui prouvaient que des meubles avaient été enlevés.
Les plus beaux, évidemment ! Ceux qui avaient quelque valeur !
« Vous êtes devenu l'amant de la comtesse…
– Chacun est libre d'aimer qui…
10 – Imbécile ! » gronda Maigret en tournant le dos à son interlocuteur.

Le XXᵉ siècle

Comme si les choses n'étaient pas évidentes par elles-mêmes ! Il n'y avait qu'à regarder Jean ! Il n'y avait qu'à respirer quelques instants l'air du château ! Et surprendre les regards des domestiques !

« Vous saviez que son fils allait venir ?

15 – Non… Qu'est-ce que cela peut me faire ? »

Et son regard fuyait toujours. De la main droite, il tiraillait les doigts de la main gauche.

« Je voudrais bien m'habiller… Il fait froid… Mais pourquoi la police s'occupe-t-elle de… ?

20 – Allez vous habiller, oui ! »

Et Maigret poussa la porte de la chambre, évita de regarder vers le lit sur lequel la morte était entièrement nue.

La chambre ressemblait au reste de la maison. Elle était trop vaste, trop froide, encombrée de vieux objets dépareillés. En voulant s'accouder au marbre de la cheminée, 25 Maigret s'aperçut qu'il était cassé.

« Vous avez trouvé quelque chose ? demanda le commissaire à Bouchardon… Un instant… Vous voulez nous laisser, mademoiselle ? »

Et il referma la porte derrière la femme de chambre, alla coller son front à la fenêtre, laissant errer son regard sur le parc tout feutré de feuilles mortes et de grisaille.

30 « Je ne puis que vous confirmer ce que je vous ai dit tout à l'heure. La mort est due à un arrêt brusque du cœur.

– Provoqué par ?… »

Geste vague du médecin, qui jeta une couverture sur le cadavre et rejoignit Maigret à la fenêtre, alluma sa pipe.

35 « Peut-être par une émotion… Peut-être par le froid… Est-ce qu'il faisait froid dans l'église ?

– Au contraire ! Bien entendu, vous n'avez trouvé aucune trace de blessure ?

– Aucune !

– Pas même la trace à peine perceptible d'une piqûre ?

40 – J'y ai pensé… Rien !… Et la comtesse n'a absorbé aucun poison… Vous voyez qu'il serait difficile de prétendre… »

Maigret avait le front dur. Il apercevait à gauche, sous les arbres, le toit rouge de la maison du régisseur, où il était né.

Georges Simenon, *L'Affaire Saint-Fiacre*,
© Georges Simenon Ltd, 1932.

1900 ▸ 2010

Observation

1. Relevez les caractéristiques du personnage de Maigret. Comment apparaît-il dans cet extrait ?

2. Quels sont les autres personnages présents ? Quel est leur rôle dans l'intrigue policière ?

3. Repérez tous les éléments du décor. En quoi contribuent-ils à mettre en place une atmosphère de tristesse et de dégradation ?

Analyse

4. Comment le dialogue entre le commissaire et le médecin met-il en place l'énigme policière ?

5. Quels sentiments le commissaire éprouve-t-il à la fin de l'extrait ?

Recherche documentaire. Recherchez trois exemples d'acteurs ayant interprété le rôle de Maigret au cinéma ou à la télévision. En quoi correspondent-ils au personnage du roman ?

Notion

Le héros de roman policier

À la suite d'un délit ou d'un crime, le héros trouve des indices et interroge les suspects pour résoudre l'énigme. Il se présente comme un personnage fortement caractérisé par son aspect physique, ses attitudes, son langage, et ses capacités d'observation et de raisonnement hors du commun.

455

Colette

▶ **Gabrielle Colette**
▶ Née à Saint-Sauveur-en-Puisaye, 28 janvier 1873
▶ Décédée à Paris le 3 août 1954.

Gabrielle Colette naît et grandit dans un petit village de Bourgogne. Son père, ancien militaire, fait aimer la littérature à l'enfant, tandis que sa mère, surnommée Sido, lui fait découvrir la nature. À vingt ans, Colette se marie avec l'écrivain Henry Gauthier-Villars, dit Willy. Celui-ci l'incite à écrire ses souvenirs d'enfance, qu'il signe de son nom. Le succès qui accueille la série des *Claudine* est considérable. Mais un divorce vient mettre un terme à cette collaboration. Colette monte sur la scène du music-hall et devient le symbole d'une génération de femmes qui accède à l'indépendance. Un deuxième mariage la conduit au journalisme. Les articles et les romans se succèdent. *Chéri* en 1920, *Le Blé en herbe* en 1923 font scandale. Un dernier mariage, en 1935, la pousse à s'installer définitivement à Paris. Elle y meurt entourée de ses chats, à quatre-vingt-un ans, en pleine gloire, dans son appartement du Palais-Royal.

ŒUVRES PRINCIPALES

Romans
Claudine à l'école (1900),
Les Vrilles de la vigne (1908),
Chéri (1920),
Le Blé en herbe (1923),
Sido (1929),
La Chatte (1933).

L'amour de la vie

L'œuvre entière de Colette est imprégnée des bruits, des couleurs, des odeurs et des paysages naturels de sa jeunesse. Dès 1900, la série des *Claudine*, romans d'apprentissage, explore ainsi les lieux de l'enfance. Avec les romans de la maturité, Colette s'attache à exalter son amour pour la nature et la vie. Elle fait scandale en dressant le portrait de femmes qui choquent les conventions en faisant usage de leur liberté : *Mitsou*, *Chéri*, *Le Blé en herbe* annoncent l'indépendance des femmes dans leurs choix amoureux. Avec *La Chatte*, Colette mêle deux thématiques présentes dans toute son œuvre : l'amour passionné pour les animaux face aux tensions amoureuses au sein du couple.

OBJET D'ÉTUDE 1re Le personnage de roman → voir p. 402

1933 La Chatte

Alain et Camille viennent de se marier. Seul sujet de contrariété dans le jeune couple : Saha, la chatte d'Alain, est rejetée par Camille, au point que le jeune homme a été contraint d'abandonner son animal favori chez ses parents. Il le retrouve au cours d'une visite...

Le soir de juin, gorgé de lumière, tardait à pencher du côté de la nuit. Des verres vides, sur un guéridon de paille, retenaient les gros bourdons roux, mais sous les arbres, sauf sous les pins, s'élargissait une zone d'humidité impalpable, une promesse de fraîcheur. Ni les géraniums rosats qui prodiguaient leur méridional parfum, ni les pavots
5 de feu ne souffraient du rude été commençant. « Pas ici, pas ici... », martelait Alain au rythme de son pas. Il cherchait Saha et ne voulait pas l'appeler à pleine voix, il la rencontra couchée sur le petit mur bas qui étayait une butte bleue, couverte de lobélias[1]. Elle dormait ou paraissait dormir, roulée en turban. « En turban ? À cette heure et par ce temps ? C'est une posture d'hiver, le sommeil en turban... »

1. **lobélias** : plantes ornementales aux fleurs bleues.

456

Le XXᵉ siècle

10 – Saha chérie !

Elle ne tressaillit pas quand il la prit et l'éleva en l'air, et elle ouvrait des yeux caves, très beaux, presque indifférents.

– Mon Dieu, que tu es légère ! Mais tu es malade, mon petit puma !

Il l'emporta, rejoignit en courant sa mère et Camille.

15 – Mais, maman, Saha est malade ! Elle a mauvais poil, elle ne pèse rien, et vous ne me le dites pas !

– C'est qu'elle ne mange guère, dit Mme Amparat. Elle ne veut pas manger.

– Elle ne mange pas, et quoi encore ?

20 Il berçait la chatte contre sa poitrine et Saha s'abandonnait, le souffle court et les narines sèches. Les yeux de Mme Amparat, sous ses grosses frisures blanches, passèrent intelligemment sur Camille.

– Et puis rien, dit-elle.

– Elle s'ennuie de toi, dit Camille. C'est ta chatte, n'est-ce pas ?

25 Il crut qu'elle se moquait et releva la tête avec défi. Mais Camille n'avait pas changé de visage et considérait curieusement Saha, qui sous sa main referma les yeux.

– Touche ses oreilles, dit brusquement Alain, elles sont brûlantes.

Il ne réfléchit qu'un instant.

30 – Bon. Je l'emmène. Maman, faites-moi donner son panier, voulez-vous ? Et un sac de sable pour le plat². Pour le reste, nous avons tout ce qu'il faut. Vous comprenez que je ne veux absolument pas... Cette chatte croit que...

Il s'interrompit et se tourna tardivement vers sa femme.

35 – Ça ne te gêne pas, Camille, que je prenne Saha en attendant que nous revenions ici ?

– Quelle question !... Mais où comptes-tu l'installer la nuit ? ajouta-t-elle, si naïvement qu'Alain rougit à cause de la présence de sa mère, et qu'il répondit d'un ton sec :

40 – Elle choisira.

Ils partirent en petit cortège, Alain portant Saha muette dans son panier de voyage.

Colette, *La Chatte*, Librairie Arthème Fayard, 2007.

2. **le plat :** ici, la litière du chat.

1900 ▸ 2010

Observation

1. Relevez et caractérisez les personnages présents dans ce passage.

2. La chatte Saha peut-elle être considérée comme un personnage ?

3. Quelles sont les différentes étapes narratives qui composent cet épisode ?

Analyse

4. Étudiez la composition du premier paragraphe. Comment l'apparition des personnages est-elle mise en valeur ?

5. Analysez le dialogue entre les deux jeunes mariés. Comment la tension qui les oppose s'exprime-t-elle ?

6. Quelles hypothèses de lecture pouvez-vous émettre sur la suite du roman ?

Vers l'écriture d'invention. Transposez ce dialogue romanesque sous la forme d'un dialogue théâtral. Vous donnez en quelques lignes des indications sur le décor de la scène. Vous transposerez les gestes et attitudes des personnages sous la forme de didascalies.

Notion

Le dialogue romanesque

Dans un récit, le narrateur peut rapporter directement les paroles prononcées par les personnages au moyen d'un dialogue. Le dialogue renseigne le lecteur sur le statut social des personnages, leur caractère, leurs intentions. Il contribue à donner vie aux personnages et à les rendre plus proches du lecteur.

Giraudoux

▶ **Jean Giraudoux**
▶ Né dans le Limousin le 29 octobre 1882.
▶ Décédé à Paris le 31 janvier 1944.

Jean Giraudoux grandit au cœur du Limousin. Des études brillantes le conduisent à la prestigieuse École normale supérieure de la rue d'Ulm, à Paris. Il voyage en Allemagne et aux États-Unis, s'essaye au journalisme. Il choisit cependant la carrière diplomatique, où il obtiendra des postes élevés. Après avoir publié plusieurs romans, sa rencontre avec le metteur en scène et comédien Louis Jouvet est décisive : Giraudoux écrit désormais pour le théâtre.

Diplomate lucide, il mesure la montée du fascisme en Europe et exprime son inquiétude par le prophétisme sombre de ses deux pièces les plus célèbres, *La guerre de Troie n'aura pas lieu*, en 1935, et *Électre*, deux ans plus tard. La débâcle de 1940 le pousse à prendre sa retraite, pour se consacrer à l'écriture. Giraudoux meurt quelques mois avant la Libération. Jouvet monte alors *La Folle de Chaillot*, qui connaît un grand succès.

ŒUVRES PRINCIPALES

Romans
Suzanne et le Pacifique (1921), *Juliette au pays des hommes* (1924)

Théâtre
Amphitryon 38 (1929), *Intermezzo* (1933), *La guerre de Troie n'aura pas lieu* (1935), *Électre* (1937), *Ondine* (1939).

Essais
Pleins pouvoirs (1939), *Sans pouvoirs* (1946).

Le renouveau du tragique

Dans les années 1930, le ton léger, précieux, des premières œuvres de Giraudoux laisse place au pessimisme lucide de *La guerre de Troie n'aura pas lieu*. Inspirée de l'*Iliade* du poète grec Homère, la pièce fait le constat de la montée des périls en Europe. Giraudoux donne ainsi une actualité aux mythes de l'Antiquité, qui rejoignent le thème majeur de son œuvre : celui du destin. Les révoltes devant la fatalité ne servent aux hommes qu'à mesurer leur impuissance. Ce renouveau du tragique sera confirmé par Cocteau, Sartre, Camus ou Anouilh, qui, à leur tour, y chercheront des réponses aux dangers et aux interrogations que suscite l'Histoire dans la première moitié du xxe siècle.

OBJET D'ÉTUDE 1re Le texte théâtral et sa représentation → voir p. 404

1935 — La guerre de Troie n'aura pas lieu

À travers la guerre de Troie, qui oppose les Grecs aux Troyens, Giraudoux met en garde les spectateurs contre l'imminence des conflits qui s'annoncent en Europe. C'est ainsi que le héros troyen Pâris et sa mère Hécube s'opposent à Demokos et à ceux qui ne voient dans la guerre qu'une occasion de se mettre en valeur.

DEMOKOS. – Puis-je enfin réclamer un peu de silence, Pâris ?…. Abnéos, et toi, Géomètre, et vous mes amis, si je vous ai convoqués ici avant l'heure, c'est pour tenir notre premier conseil. Et c'est de bon augure[1] que ce premier conseil de guerre ne soit pas celui des généraux, mais celui des intellectuels. Car il ne suffit pas, à la guerre, de
5 fourbir des armes à nos soldats. Il est indispensable de porter au comble leur enthousiasme. L'ivresse physique, que leurs chefs obtiendront à l'instant de l'assaut par un vin à la résine[2] vigoureusement placé, restera vis-à-vis des Grecs inefficiente[3], si elle ne se double de l'ivresse morale que nous, les poètes, allons leur verser. Puisque l'âge nous éloigne du combat, servons du moins à le rendre sans merci. Je vois que tu as des idées
10 là-dessus, Abnéos, et je te donne la parole.

1. **de bon augure :** de bon présage.
2. **vin à la résine :** vin grec parfumé à la résine.
3. **inefficiente :** inefficace, sans effet.

Le XXᵉ siècle

Abnéos. – Oui. Il nous faut un chant de guerre.

Demokos. – Très juste. La guerre exige un chant de guerre.

Pâris. – Nous nous en sommes passé jusqu'ici.

Hécube. – Elle chante assez fort elle-même…

15 Abnéos. – Nous nous en sommes passé, parce que nous n'avons jamais combattu que des Barbares. C'était de la chasse. Le cor suffisait. Avec les Grecs, nous entrons dans un domaine de guerre autrement relevé.

Demokos. – Très exact, Abnéos. Ils ne se battent pas avec tout le monde.

Pâris. – Nous avons déjà un chant national.

20 Abnéos. – Oui. Mais c'est un chant de paix.

Pâris. – Il suffit de chanter un chant de paix avec grimace et gesticulation pour qu'il devienne un chant de guerre… Quelles sont déjà les paroles du nôtre ?

Abnéos. – Tu le sais bien. Anodines[4]. « C'est nous qui fauchons les moissons, qui pressons le sang de la vigne ! »

25 Demokos. – C'est tout au plus un chant de guerre contre les céréales. Vous n'effraierez pas les Spartiates[5] en menaçant le blé noir.

Pâris. – Chante-le avec un javelot à la main et un mort à tes pieds, et tu verras.

Hécube. – Il y a le mot sang, c'est toujours cela.

Pâris. – Le mot moisson aussi. La guerre l'aime assez.

30 Abnéos. – Pourquoi discuter, puisque Demokos peut nous en livrer un tout neuf dans les deux heures.

Demokos. – Deux heures, c'est un peu court.

Hécube. – N'aie aucune crainte, c'est plus qu'il ne te faut ! Et après le chant, ce sera l'hymne[6], et après l'hymne la cantate[7]. Dès que la guerre est déclarée, impossible de

35 tenir les poètes. La rime, c'est encore le meilleur tambour.

Demokos. – Et le plus utile, Hécube, tu ne crois pas si bien dire. Je la connais la guerre. Tant qu'elle n'est pas là, tant que les portes sont fermées, libre à chacun de l'insulter et de la honnir. Elle dédaigne les affronts du temps de paix. Mais, dès qu'elle est présente, son orgueil est à vif, on ne gagne pas sa faveur, on ne la gagne, que si on la compli-

40 mente et la caresse. C'est alors la mission de ceux qui savent parler et écrire, de louer la guerre, de l'aduler à chaque heure du jour, de la flatter sans arrêt aux places claires ou équivoques de son énorme corps, sinon on se l'aliène[8].

> **Jean Giraudoux**, *La guerre de Troie n'aura pas lieu*,
> Acte II, scène 4, © Fondation de France / J. et J.-P. Giraudoux, 1935.

4. anodines : banales.

5. Spartiates : guerriers de Sparte célèbres pour leur vaillance.

6. hymne : poème en l'honneur des dieux et des héros.

7. cantate : composition musicale sollicitant chœur et orchestre.

8. on se l'aliène : on perd ses faveurs.

1900 ▾ 2010

Observation

1. Dressez la liste des personnages en présence en indiquant leur rôle dans l'action.

2. Quelles sont les caractéristiques de Demokos ? Quelles attitudes Giraudoux dénonce-t-il à travers lui ?

3. Identifiez les deux groupes qui s'opposent. Quelle est la thèse défendue par chaque groupe ?

4. Comment la dernière réplique de Demokos fait-elle de la guerre un véritable personnage, une sorte de divinité ?

Analyse

5. Relevez les arguments de Pâris et de Hécube. Pourquoi peut-on dire qu'ils sont ironiques ?

6. Derrière le chant évoqué par la pièce, quel est en réalité pour Giraudoux l'enjeu de ce dialogue argumentatif ?

Vers le commentaire. Montrez, dans un paragraphe d'analyse, comment Giraudoux utilise les caractéristiques de la tragédie antique pour dénoncer au XXᵉ siècle l'imminence de la guerre.

Notion

L'univers tragique

La dramaturgie du XXᵉ siècle reprend les caractéristiques de la tragédie classique pour exprimer des inquiétudes contemporaines. Elle utilise ainsi les personnages, les situations et le langage appartenant à l'Antiquité gréco-romaine pour recréer l'espace tragique. Le metteur en scène peut créer un décor solennel ou, au contraire, jouer sur des anachronismes

Giraudoux

OBJET D'ÉTUDE 1ʳᵉ **Le texte théâtral et sa représentation** → voir p. 404

1937 Électre

Selon une légende grecque, Agamemnon, le roi de Mycènes, a été tué par sa femme Clytemnestre. Éloigné pendant de nombreuses années, Oreste, leur fils, rentre au palais conduit par les déesses de la vengeance, les Euménides. Il y rencontre sa sœur Électre, qui est déterminée à venger leur père.

Scène X

Électre, Oreste, le mendiant.

ORESTE. – Dis-la-moi, Électre ! Dis-la-moi !

ÉLECTRE. – Te dire quoi ?

ORESTE. – Ta haine. La raison de ta haine. Tu la connais maintenant. Tout à l'heure, en parlant à Clytemnestre, tu t'es presque évanouie dans mes bras. On eût dit de joie ou
5 d'horreur.

ÉLECTRE. – C'était de joie et d'horreur… Es-tu fort ou faible, Oreste ?

ORESTE. – Dis-moi ton secret, et je vais le savoir.

ÉLECTRE. – Je ne connais pas mon secret encore. Je n'ai que le début du fil. Ne t'inquiète pas. Tout va suivre… Méfie-toi. La voilà.

10 *Apparaît au fond Clytemnestre.*

Scène XI

Électre, Clytemnestre, Oreste, le mendiant.

CLYTEMNESTRE. – Ainsi c'est toi, Oreste ?

ORESTE. – Oui, mère, c'est moi.

CLYTEMNESTRE. – C'est doux, à vingt ans, de voir une mère ?

ORESTE. – Une mère qui vous a chassé, triste et doux.

5 CLYTEMNESTRE. – Tu la regardes de bien loin.

ORESTE. – Elle est ce que j'imaginais.

CLYTEMNESTRE. – Mon fils aussi. Beau. Souverain. Et pourtant je m'approche.

ORESTE. – Moi non. À distance c'est une splendide mère.

CLYTEMNESTRE. – Qui te dit que de près sa splendeur subsiste ?

10 ORESTE. – Ou sa maternité ?… C'est bien pour cela que je reste immobile.

CLYTEMNESTRE. – Un mirage de mère, cela te suffit ?

ORESTE. – J'ai eu tellement moins jusqu'à ce jour. À ce mirage du moins, je peux dire ce que je ne dirai jamais à ma vraie mère.

CLYTEMNESTRE. – Si le mirage le mérite, c'est déjà cela. Que lui dis-tu ?

15 ORESTE. – Tout ce que je ne te dirai jamais. Tout ce qui, dit à toi, serait mensonge.

CLYTEMNESTRE. – Que tu l'aimes ?

ORESTE. – Oui.

CLYTEMNESTRE. – Que tu la respectes ?

ORESTE. – Oui.

20 CLYTEMNESTRE. – Que tu l'admires ?

ORESTE. – Sur ce point seul mirage et mère peuvent partager.

CLYTEMNESTRE. – Pour moi, c'est le contraire. Je n'aime pas le mirage de mon fils. Mais que mon fils soit lui-même devant moi, qu'il parle, qu'il respire, je perds mes forces.

ORESTE. – Songe à lui nuire[1], tu les retrouveras.

1. nuire : faire du mal.

460

CLYTEMNESTRE. – Pourquoi es-tu si dur ? Tu n'as pas l'air cruel, pourtant. Ta voix est douce.
ORESTE. – Oui. Je ressemble point par point au fils que j'aurais pu être. Toi aussi d'ailleurs ! À quelle mère admirable tu ressembles en ce moment. Si je n'étais pas ton fils, je m'y tromperais.
ÉLECTRE. – Alors, pourquoi parlez-vous tous les deux ? Que penses-tu gagner, mère, à cette ignoble coquetterie maternelle ? Puisque au milieu de la nuit, des haines, des menaces, s'est ouvert une minute ce guichet qui permet à la mère et au fils de s'entrevoir tels qu'ils ne sont pas, profitez-en, et refermez-le. La minute est écoulée.
CLYTEMNESTRE. – Pourquoi si vite ? Qui te dit qu'une minute d'amour maternel suffise à Oreste ?
ÉLECTRE. – Tout me dit que toi tu n'as pas droit, dans ta vie, à plus d'une minute d'amour filial. Tu l'as eue. Et comble... Quelle comédie joues-tu ? Va-t'en...
CLYTEMNESTRE. – Très bien. Adieu.
UNE PETITE EUMÉNIDE[2], *apparaissant derrière les colonnes*. – Adieu, vérité de mon fils.
ORESTE. – Adieu.
SECONDE PETITE EUMÉNIDE. – Adieu, mirage de ma mère.
ÉLECTRE. – Vous pouvez vous dire au revoir. Vous vous reverrez.

Jean Giraudoux, *Électre*, Acte I, scènes 10 et 11, © Fondation de France / J. et J.-P. Giraudoux, 1937.

2. les Euménides : divinités de la vengeance ; petites filles au début, les Euménides grandissent au fur et à fur mesure de la pièce.

Électre de Jean Giraudoux mis en scène par Claudia Morin, 1996.

Observation
1. Quels rapports Oreste et sa sœur entretiennent-ils dans la scène 10 ?

2. Relevez et expliquez dans la scène 11 l'opposition des champs lexicaux de la haine et de l'amour d'une part, de la proximité et de l'éloignement de l'autre.

Analyse
3. Repérez les interventions d'Électre dans le dialogue de la scène 11. Quelle volonté expriment-elles ?

4. Relevez l'origine et la fréquence des questions. Qui se trouve en position de demande, et donc de faiblesse ?

5. Analysez le tragique du passage en montrant que toute réconciliation semble impossible.

6. Quelle est la fonction occupée par les petites Euménides dans cet extrait ?

Vers le commentaire. Vous étudierez sous la forme d'un paragraphe rédigé la montée de la tension tragique dans cet extrait d'*Électre*.

Notion

La représentation du tragique

L'Antiquité met en scène les divinités dans la tragédie de manière à souligner l'affrontement de l'Homme opposé à des forces qui le dépassent. L'intervention des dieux est ainsi celle d'un destin fatal auquel on ne peut échapper.

Malraux

▶ André Malraux
▶ Né à Montmartre le 3 novembre 1901.
▶ Décédé à Créteil le 23 novembre 1976.

André Malraux a quatre ans lorsque ses parents se séparent. Passionné par l'art et la littérature, il promène sa jeunesse sur le pavé parisien. À vingt ans, il part pour l'Indochine où il est emprisonné, après avoir été mêlé à un trafic d'objets d'art. Il se forge une réputation d'aventurier, faisant de l'Extrême-Orient le cadre de ses premiers romans. *La Condition humaine* obtient le prix Goncourt en 1933. Malraux dénonce l'arrivée de Hitler au pouvoir en Allemagne. Il est à la tête d'une escadrille de fortune pendant la guerre d'Espagne, aux côtés des Républicains. *L'Espoir*, publié en 1937, alerte l'opinion sur les dangers du fascisme. Fait prisonnier lors de l'invasion allemande, Malraux s'évade et devient le « colonel Berger », commandant d'un groupe de résistants. Admirateur du général de Gaulle, il est son ministre de l'Information en 1945, puis son ministre de la Culture en 1958, poursuivant sa méditation sur l'art et la condition humaine jusqu'à sa mort.

ŒUVRES PRINCIPALES

Romans
Les Conquérants (1928), *La Voie royale* (1930), *La Condition humaine* (1933), *L'Espoir* (1937).

Essais
Les Voix du silence (1951), *La Métamorphose des dieux* (1957).

Texte autobiographique
Antimémoires (1967).

L'écrivain engagé dans son siècle

André Malraux est d'abord un homme d'action, pour qui l'écriture est un moyen d'agir. Engagé dans tous les combats où la liberté est menacée, l'écrivain s'interroge sur la condition humaine. Les personnages de ses premiers romans tirent les leçons de son expérience de l'Asie : *Les Conquérants*, en 1928, *La Voie royale*, en 1930 et *La Condition humaine* en 1933. L'ensemble forme une méditation sur l'action révolutionnaire, qui devient un moyen de donner un sens à sa vie, en la mettant au service d'une cause. C'est ce que fait Malraux lui-même pendant la guerre d'Espagne, puis pendant la Résistance.

OBJET D'ÉTUDE 1re Le personnage de roman → voir p. 402

1937 L'Espoir

Rédigé en plein cœur de la guerre civile espagnole, *L'Espoir* illustre la manière dont Malraux conçoit l'écriture : elle est une défense de valeurs universelles comme la fraternité, l'action et l'espérance. Sous les yeux de Shade, journaliste américain, les républicains espagnols subissent les bombardements des troupes du général Franco dans Madrid assiégée.

Le soir sans soleil couchant et sans autre vie que celle du feu, comme si Madrid eût été portée par une planète morte, faisait de cette fin de journée un retour aux éléments. Tout ce qui était humain disparaissait dans la brume de novembre crevée d'obus et roussie de flammes.
5 Une gerbe flamboyante fit éclater un petit toit dont Shade s'étonnait qu'il eût pu la cacher ; les flammes, au lieu de monter, descendirent le long de la maison qu'elles brûlèrent en remontant jusqu'au faîte. Comme un feu d'artifice bien ordonné, à la fin de l'incendie des tourbillons d'étincelles traversèrent la brume : un vol de flammèches obligea les journalistes à se baisser. Quand l'incendie rejoignait les maisons déjà brûlées,

462

Le XXᵉ siècle

il les éclairait par-derrière, fantomatiques et funèbres, et demeurait longtemps à rôder derrière leurs lignes de ruines. Un crépuscule sinistre se levait sur l'âge du feu. Les trois plus grands hôpitaux brûlaient. L'hôtel Savoy brûlait. Des églises brûlaient, des musées brûlaient, la Bibliothèque nationale brûlait, le ministère de l'Intérieur brûlait, une halle brûlait, les petits marchés de planches flambaient, les maisons s'écroulaient dans les envolées d'étincelles, deux quartiers striés de longs murs noirs rougeoyaient comme des grils sur des braises ; avec une solennelle lenteur, mais avec la rageuse ténacité du feu, par l'Atocha, par la rue de Léon, tout cela avançait vers le centre, vers la Puerta del Sol, qui brûlait aussi.

C'est le premier jour…, pensa Shade.

Les volées d'obus tombaient maintenant plus à gauche. Et du fond de la *Gran Via* que Shade surplombait et voyait mal, commença à monter, couvrant parfois la cloche des ambulances qui descendaient sans arrêt la rue, un son de litanies[1] barbares. Shade écoutait de toute son attention ce son venu de très loin dans le temps, sauvagement accordé au monde du feu : il semblait qu'après une phrase périodiquement prononcée, la rue entière, en matière de répons[2], imitât le battement des tambours funèbres : Dong-tongon-dong.

Enfin Shade, plus qu'il ne comprit, devina, car il avait entendu le même rythme un mois plus tôt : en réponse à une phrase qu'il n'entendait pas, le bruit de tambour humain scandait : *no pasaran*[3]. Shade avait vu la Passionnaria[4], noire, austère, veuve de tous les tués des Asturies[5], conduire dans une procession grave et farouche, sous des banderoles rouges qui portaient sa phrase fameuse « *Il vaut mieux être la veuve d'un héros que la femme d'un lâche* », vingt mille femmes qui, en réponse à une autre longue phrase indistincte, scandaient le même *no pasaran* ; il en avait été moins ému que cette foule bien moins nombreuse, mais invisible, dont l'acharnement dans le courage montait vers lui à travers la fumée des incendies.

André Malraux, *L'Espoir*, Éd. Gallimard, 1937.

---

1. litanies : prières.

2. répons : paroles sacrées prononcées par l'assemblée lors d'une messe.

3. *no pasaran* : « ils ne passeront pas », le mot d'ordre des troupes républicaines.

4. la Passionaria : surnom donné à une femme qui s'engage passionnément, jusqu'au bout, au service d'une cause.

5. Asturies : région d'Espagne.

1900 ▾ 2010

Observation

1. Qui perçoit la scène pour le lecteur ? Montrez, en relevant les verbes de perception utilisés, comment se développe la progression de l'action.

2. Dans le deuxième paragraphe, à travers quel procédé le romancier souligne-t-il l'avancée de l'incendie ?

3. Quels sentiments Shade éprouve-t-il à la fin de l'extrait ? Commentez la dernière phrase du texte (l. 27 à 35).

Analyse

4. En quoi ce passage illustre-t-il l'engagement de l'écrivain ? À travers quels procédés le romancier exalte-t-il l'image de ceux dont il défend la cause ?

5. Montrez comment l'extrait introduit progressivement une amplification épique.

Vers l'écriture de synthèse. Retrouvez des informations biographiques sur André Malraux. Expliquez en un paragraphe rédigé en quoi il illustre la figure de l'écrivain engagé, en puisant vos arguments à la fois dans la vie et dans l'œuvre du romancier.

Notion

Le roman engagé

À travers le roman engagé, l'écrivain met la littérature au service d'une cause. La dynamique du récit s'inscrit dans un contexte historique particulier. Le roman se fait le témoin de l'Histoire et le défenseur d'hommes et de femmes dévoués à un idéal qui illustre la condition tragique de l'Homme et les valeurs universelles de liberté et de solidarité.

463

ÉVÉNEMENT littéraire

1936-1945

Malraux et l'engagement des écrivains

Dès les premiers jours de la guerre d'Espagne, qui voit s'affronter les Républicains et les troupes du général Franco soutenues par Mussolini et Hitler, Malraux forme une escadrille internationale composée de volontaires de tous pays. Depuis longtemps engagé dans les débats idéologiques de son temps, l'écrivain prend part à l'action afin de défendre les valeurs fondamentales de la démocratie.

Chronologie de l'engagement de Malraux

- **17 juillet 1936.** Soulèvement militaire en Espagne ; début de la guerre civile espagnole.
- **Août 1936.** Fondation par Malraux de l'escadrille internationale España aux côtés des forces républicaines
- **1937.** Publication de *L'Espoir*
- **1938.** Tournage du film *Sierra de Teruel* dans Barcelone assiégée.
- **1939.** Victoire de Franco en Espagne ; début de la Seconde Guerre mondiale.
- **1940.** Évasion de Malraux, blessé et capturé par les troupes allemandes.
- **1944-1945.** Participation de Malraux à la Résistance, sous le nom de « Colonel Berger ».

■ La montée des totalitarismes

Marqué par le soulèvement des mouvements nationalistes chinois contre les puissances coloniales, Malraux témoigne dans ses premiers romans, *Les Conquérants* et *La Condition humaine*, de la nécessité de s'engager dans l'Histoire. Il multiplie alors les interventions contre les menaces que représentent le fascisme en Italie et le nazisme en Allemagne. Autour de lui, d'autres écrivains se mobilisent : c'est ainsi que Gide dénonce le colonialisme en Afrique et l'absence de liberté en URSS, tandis que Giraudoux alerte l'opinion sur la montée des périls en Europe. Tous s'inquiètent de l'impuissance des démocraties à s'opposer aux régimes totalitaires.

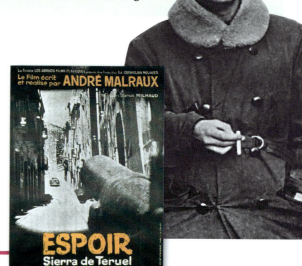

L'engagement dans la guerre d'Espagne

Affiche de Miro en 1936 en faveur de l'Espagne républicaine.

■ La nécessité de l'action

Lorsque éclate la guerre civile espagnole, en juillet 1936, Malraux décide de prendre les armes aux côtés des Républicains, en fondant une escadrille à la tête de laquelle il participe aux combats contre l'aviation nationaliste. D'autres écrivains, comme l'Américain Ernest Hemingway, rejoignent les Brigades internationales, et leurs œuvres témoignent des atrocités de la guerre. Malraux écrit *L'Espoir* et en réalise l'adaptation pour le cinéma au moment où il se trouve sur les lieux du combat. Il apparaît ainsi, en 1939, comme le symbole vivant de l'écrivain engagé.

Le XXᵉ siècle

Paul Eluard (en tête), Picasso (avec un chapeau à la main) et Raymond Queneau (en imperméable) lors d'une manifestation à la mémoire des victimes du nazisme, en octobre 1944.

Jean Paul Sartre et Simone de Beauvoir, en 1968, distribuant le journal *La Cause du peuple*.

■ L'engagement dans la Résistance

L'invasion de la France en 1940 par l'armée allemande oblige les écrivains à prendre position. Un certain nombre d'entre eux, comme Céline ou Drieu la Rochelle, collaborent avec l'occupant. Le plus grand nombre participe à la Résistance : Aragon, Eluard, Ponge, Vercors publient clandestinement des textes ou des revues qui appellent au combat pour la liberté. Robert Desnos et Max Jacob meurent en déportation. Antoine de Saint-Exupéry disparaît au cours d'une mission aérienne. Blessé au début de la guerre, capturé puis évadé, Malraux participe à la libération de Strasbourg à la tête de la brigade Alsace-Lorraine. Il est nommé ministre de l'Information en 1945.

■ Le débat des intellectuels

À la Libération, l'épuration jette l'interdit sur les œuvres d'une centaine d'auteurs, parmi lesquels Céline, Morand ou Montherlant. Les écrivains issus de la Résistance dominent la scène intellectuelle. À partir de 1944, Sartre et Camus croisent Prévert, Queneau ou Vian dans les « caves existentialistes » de Saint-Germain-des-Prés. Désormais, les prises de position des intellectuels, leur réflexion sur la place de l'homme dans la société et le destin des civilisations sont au cœur de tous les débats qui animent la vie politique. Malraux poursuit son engagement en devenant ministre des Affaires culturelles du général de Gaulle de 1959 à 1969.

1900 ▼ 2000

■ La littérature de combat

La révolution russe de 1917, les deux guerres mondiales, la violence des affrontements idéologiques de la première moitié du XXᵉ siècle donnent à la littérature une fonction nouvelle. Au-delà de son ambition esthétique, l'œuvre littéraire participe à une réflexion sur la société, sur l'engagement politique ou la condition humaine. Le théâtre, le roman ou la poésie se doivent de manifester une prise de position morale et philosophique. C'est ainsi que la création de nombreuses revues, depuis *La Révolution surréaliste* de Breton et Aragon, jusqu'aux *Temps modernes*, de Jean-Paul Sartre et Simone de Beauvoir, permet aux écrivains d'intervenir dans le débat social.

Comprendre l'essentiel

1. Quelles circonstances conduisent les écrivains à réfléchir sur leur rôle dans la société ?

2. Pourquoi Malraux est-il devenu, en 1939, le symbole de l'écrivain engagé ?

3. Quelles sont les deux attitudes adoptées par les écrivains français pendant l'Occupation ?

4. Quelles formes l'engagement des écrivains prend-t-il après la Seconde Guerre mondiale ?

465

Camus

▶ **Albert Camus**
▶ Né à Mondovi, en Algérie, le 7 novembre 1913.
▶ Décédé d'un accident de voiture le 4 janvier 1960.

Le père d'Albert Camus, ouvrier algérien, meurt sur les champs de bataille de la Marne. L'enfance de Camus, dans un quartier pauvre d'Alger, est illuminée par la présence de sa mère et les paysages de la Méditerranée. Étudiant, il s'occupe d'une compagnie de théâtre, dénonce les conditions de vie misérable des Algériens, tout en poursuivant des études de philosophie. En 1939, Camus se rend à Paris où il termine son premier roman, *L'Étranger*, publié en 1942. Il entre dans la clandestinité et participe activement à la Résistance. À la Libération, il prend la tête de la revue *Combat*, tandis qu'il s'affirme au théâtre à travers *Caligula* et *Le Malentendu*, mis en scène en 1944. La parution de *La Peste*, en 1947, fait de Camus un romancier célèbre. La situation de l'Algérie inquiète cependant l'écrivain, qui se retrouve peu à peu isolé par ses prises de position. C'est ainsi qu'il vit le déclenchement de la guerre d'Algérie comme un drame personnel. En 1957, le prix Nobel de littérature consacre son œuvre. Mais un accident de voiture met brutalement fin à ses jours, en 1960.

ŒUVRES PRINCIPALES

Romans
L'Étranger (1942), *La Peste* (1947), *La Chute* (1956).

Nouvelles
L'Exil et le Royaume (1957)

Théâtre
Caligula (1945), *Les Justes* (1949)

Essais
Le Mythe de Sisyphe (1942), *L'Homme révolté* (1951).

L'absurde et la révolte

L'absurde et la révolte sont les deux maîtres mots de l'œuvre de Camus. Marqué par la maladie – il a souffert de la tuberculose –, Camus ne peut oublier que la mort est au cœur de la vie. De là, l'absurdité de l'existence. Ses romans affirment la nécessité de l'amour des autres, de la solidarité, comme moyens de lutter contre la mort. Meursault, le héros de *L'Étranger*, indifférent au monde, ne parvient pas à trouver un sens à l'existence. Le docteur Rieux, narrateur de *La Peste*, trouve au contraire dans le combat contre l'épidémie une occasion de combattre l'absurde. C'est l'attitude d'un « homme révolté », celle de Camus lui-même, qui trouve dans la vie, dans la nature, dans l'humanité, des raisons d'espérer. L'absurde permet ainsi de revendiquer une liberté essentielle à l'homme.

OBJET D'ÉTUDE 1re — Le personnage de roman ➔ voir p. 402

1942 — L'Étranger

Avec *L'Étranger*, un personnage déroutant fait son entrée dans la littérature. Indifférent, passif, Meursault éprouve le sentiment de l'absurde à travers sa vie monotone. Assassin malgré lui, il assiste en spectateur à son procès, dans lequel s'affrontent le réquisitoire du procureur, qui lui reproche son insensibilité au moment de la mort de sa mère, et le plaidoyer de son avocat.

    L'après-midi, les grands ventilateurs brassaient toujours l'air épais de la salle et les petits éventails multicolores des jurés s'agitaient tous dans le même sens. La plaidoirie de mon avocat me semblait ne devoir jamais finir. À un moment donné, cependant, je l'ai écouté parce qu'il disait : « Il est vrai que j'ai tué. » Puis il a continué sur ce ton,
5 disant « je » chaque fois qu'il parlait de moi. J'étais très étonné. Je me suis penché vers un gendarme et je lui ai demandé pourquoi. Il m'a dit de me taire et, après un moment, il a ajouté : « Tous les avocats font ça. » Moi, j'ai pensé que c'était m'écarter encore

Le XXᵉ siècle

de l'affaire, me réduire à zéro et, en un certain sens, se substituer à moi. Mais je crois que j'étais déjà très loin de cette salle d'audience. D'ailleurs, mon avocat m'a semblé
10 ridicule. Il a plaidé la provocation très rapidement et puis lui aussi a parlé de mon âme. Mais il m'a paru qu'il avait beaucoup moins de talent que le procureur. « Moi aussi, a-t-il dit, je me suis penché sur cette âme, mais, contrairement à l'éminent représentant du ministère public[1], j'ai trouvé quelque chose et je puis dire que j'y ai lu à livre ouvert. » Il y avait lu que j'étais un honnête homme, un travailleur régulier, infatigable, fidèle à
15 la maison qui l'employait, aimé de tous et compatissant aux misères d'autrui. Pour lui, j'étais un fils modèle qui avait soutenu sa mère aussi longtemps qu'il avait pu. Finalement j'avais espéré qu'une maison de retraite donnerait à la vieille femme le confort que mes moyens ne me permettaient pas de lui procurer. « Je m'étonne, messieurs, a-t-il ajouté, qu'on ait mené si grand bruit autour de cet asile. Car enfin, s'il fallait donner
20 une preuve de l'utilité et de la grandeur de ces institutions, il faudrait bien dire que c'est l'État lui-même qui les subventionne. » Seulement, il n'a pas parlé de l'enterrement et j'ai senti que cela manquait dans sa plaidoirie. Mais à cause de toutes ces longues phrases, de toutes ces journées et ces heures interminables pendant lesquelles on avait parlé de mon âme, j'ai eu l'impression que tout devenait comme une eau incolore où
25 je trouvais le vertige.

À la fin, je me souviens seulement que, de la rue et à travers tout l'espace des salles et des prétoires[2], pendant que mon avocat continuait à parler, la trompette d'un marchand de glace a résonné jusqu'à moi. J'ai été assailli de souvenirs d'une vie qui ne m'appartenait plus, mais où j'avais trouvé les plus pauvres et les plus tenaces de mes
30 joies : des odeurs d'été, le quartier que j'aimais, un certain ciel du soir, le rire et les robes de Marie[3]. Tout ce que je faisais d'inutile en ce lieu m'est alors remonté à la gorge et je n'ai eu qu'une hâte, c'est qu'on en finisse et que je retrouve ma cellule avec le sommeil. C'est à peine si j'ai entendu mon avocat s'écrier, pour finir, que les jurés ne voudraient pas envoyer à la mort un travailleur honnête perdu dans une minute d'égarement, et
35 demander les circonstances atténuantes pour un crime dont je traînais déjà, comme le plus sûr de mes châtiments, le remords éternel. La cour a suspendu l'audience et l'avocat s'est assis d'un air épuisé. Mais ses collègues sont venus vers lui pour lui serrer la main. J'ai entendu : « Magnifique, mon cher. » L'un d'eux m'a même pris à témoin : « Hein ? » m'a-t-il dit. J'ai acquiescé, mais mon compliment n'était pas sincère, parce
40 que j'étais trop fatigué.

Albert Camus, *L'Étranger*, Éd. Gallimard, 1942.

---

1. l'éminent représentant du ministère public : le procureur, qui requiert contre l'accusé.
2. prétoires : salles d'audiences.
3. Marie : l'amie de Meursault.

1900 ▾ 2010

Observation

1. Quelle est la situation du personnage au début de l'extrait ? Quelle est sa situation à la fin ? Quels événements se sont déroulés entre ces deux moments ?

2. Relevez les indices qui montrent que Meursault assiste passivement à son procès. Quel effet son attitude produit-elle selon vous sur le jury ?

3. Relevez et classez les deux types d'arguments utilisés par l'avocat de Meursault. Selon vous, son plaidoyer est-il convaincant ?

Analyse

4. Analysez les formes du discours rapporté dans ce passage. Récrivez au discours direct le plaidoyer des lignes 14 à 18.

5. À quel moment transparaît la sensibilité du personnage ? Étudiez l'enchaînement des émotions ressenties par Meursault.

Vers le commentaire. Justifiez le titre du roman. Expliquez dans un paragraphe argumenté en quoi le narrateur apparaît comme un « étranger » à ce qui l'entoure.

Notion

Le plaidoyer

Le plaidoyer s'oppose au réquisitoire en défendant l'accusé. Il peut s'apparenter sur une démonstration logique en utilisant des arguments rationnels. Il peut également s'appuyer sur des facteurs affectifs et faire appel aux sentiments du destinataire, ainsi qu'aux valeurs communes partagées avec lui.

Camus

OBJET D'ÉTUDE 1re **La question de l'Homme dans les genres de l'argumentation** → voir p. 410

1947 La Peste

La Peste est la chronique d'une lutte : celle des habitants d'Oran confrontés à la peste qui ravage la ville. Devant le fléau, chacun éprouve le sentiment de la fragilité et de l'absurdité de l'existence. C'est ainsi que le docteur Rieux, le héros du roman, continue de lutter contre une maladie qui le dépasse.

– Quand je suis entré dans ce métier, je l'ai fait abstraitement, en quelque sorte, parce que j'en avais besoin, parce que c'était une situation comme les autres, une de celles que les jeunes gens se proposent. Peut-être aussi parce que c'était particulièrement difficile pour un fils d'ouvrier comme moi. Et puis il a fallu voir mourir. Savez-
5 vous qu'il y a des gens qui refusent de mourir ? Avez-vous jamais entendu une femme crier : « Jamais ! » au moment de mourir ? Moi, oui. Et je me suis aperçu alors que je ne pouvais pas m'y habituer. J'étais jeune et mon dégoût croyait s'adresser à l'ordre même du monde. Depuis, je suis devenu plus modeste. Simplement, je ne suis toujours pas habitué à voir mourir. Je ne sais rien de plus. Mais après tout…
10 Rieux se tut et se rassit. Il se sentait la bouche sèche.
– Après tout ? dit doucement Tarrou.
– Après tout…, reprit le docteur, et il hésita encore, regardant Tarrou avec attention, c'est une chose qu'un homme comme vous peut comprendre, n'est-ce pas, mais puisque l'ordre du monde est réglé par la mort, peut-être vaut-il mieux pour Dieu qu'on
15 ne croie pas en lui et qu'on lutte de toutes ses forces contre la mort, sans lever les yeux vers le ciel où il se tait.
– Oui, approuva Tarrou, je peux comprendre. Mais vos victoires seront toujours provisoires, voilà tout.
Rieux parut s'assombrir.
20 – Toujours, je le sais. Ce n'est pas une raison pour cesser de lutter.
– Non, ce n'est pas une raison. Mais j'imagine alors ce que doit être cette peste pour vous.
– Oui, dit Rieux. Une interminable défaite.
Tarrou fixa un moment le docteur, puis il se leva et marcha lourdement vers la porte. Et Rieux le suivit. Il le rejoignait déjà quand Tarrou qui semblait regarder ses pieds lui dit :
25 – Qui vous a appris tout cela, docteur ?
La réponse vint immédiatement :
– La misère.

Albert Camus, *La Peste*, Éd. Gallimard, 1947.

Observation

1. Relevez, dans les paroles prononcées par le docteur Rieux, l'ensemble des informations qu'il apporte sur lui-même. Comment le personnage apparaît-il au lecteur ?

2. En quoi l'épidémie de peste oblige-t-elle le docteur Rieux à se remettre en cause ? Expliquez l'expression : « une interminable défaite ».

Analyse

3. À travers quels termes la lutte de la vie et de la mort s'exprime-t-elle dans le texte ? Montrez que le docteur Rieux est partagé entre l'accablement et la révolte.

4. Quelle est la fonction de ce dialogue argumentatif ? Quel est le rôle joué par chacun des deux interlocuteurs ?

Vers l'écriture d'invention. Imaginez la suite de ce dialogue argumentatif en respectant les contraintes du récit. Vous chercherez les arguments que le docteur Rieux pourrait apporter pour justifier la poursuite de son combat.

Notion

Le dialogue argumentatif

Le dialogue argumentatif possède trois fonctions principales : une fonction polémique, lorsque les points de vue s'affrontent ; une fonction pédagogique, lorsqu'il sert à transmettre un savoir ; une fonction heuristique, lorsqu'il permet de découvrir une vérité ou un sentiment caché.

468

Le XXᵉ siècle ■

OBJET D'ÉTUDE 1ʳᵉ **La question de l'Homme dans les genres de l'argumentation** → voir p. 410

1949

Les Justes

Dans sa pièce *Les Justes*, Camus soulève le problème des limites des formes de l'action révolutionnaire. Il met en scène un groupe de jeunes révoltés qui projettent un attentat, en 1905, à Moscou. Dans cette scène, Kaliayev, poète épris de justice, explique pourquoi il n'a pu se résoudre à exécuter les ordres qui lui ont été donnés.

ANNENKOV. – Alors ?

STEPAN. – Il y avait des enfants dans la calèche du grand-duc[1].

ANNENKOV. – Des enfants ?

STEPAN. – Oui. Le neveu et la nièce du grand-duc.

5 ANNENKOV. – Le grand-duc devait être seul, selon Orlov.

STEPAN. – Il y avait aussi la grand-duchesse. Cela faisait trop de monde, je suppose, pour notre poète. Par bonheur, les mouchards[2] n'ont rien vu.

Annenkov parle à voix basse à Stepan. Tous regardent Kaliayev qui lève les yeux vers Stepan.

KALIAYEV, *égaré.* – Je ne pouvais pas prévoir… Des enfants, des enfants surtout. As-tu

10 regardé des enfants ? Ce regard grave qu'ils ont parfois… Je n'ai jamais pu soutenir ce regard… Une seconde auparavant, pourtant, dans l'ombre, au coin de la petite place, j'étais heureux. Quand les lanternes de la calèche ont commencé à briller au loin, mon cœur s'est mis à battre de joie, je te le jure. Il battait de plus en plus fort à mesure que le roulement de la calèche grandissait. Il faisait tant de bruit en moi. J'avais envie de

15 bondir. Je crois que je riais. Et je disais « oui, oui »… Tu comprends ?

Il quitte Stepan du regard et reprend son attitude affaissée.

J'ai couru vers elle. C'est à ce moment que je les ai vus. Il ne riaient pas, eux. Ils se tenaient tout droits et regardaient dans le vide. Comme ils avaient l'air triste ! Perdus dans leurs habits de parade, les mains sur les cuisses, le buste raide de chaque côté de

20 la portière ! Je n'ai pas vu la grand-duchesse. Je n'ai vu qu'eux. S'ils m'avaient regardé, je crois que j'aurais lancé la bombe. Pour éteindre au moins ce regard triste. Mais ils regardaient toujours devant eux.

Il lève les yeux vers les autres. Silence. Plus bas encore.

Alors, je ne sais pas ce qui s'est passé. Mon bras est devenu faible. Mes jambes trem-

25 blaient. Une seconde après, il était trop tard. (*Silence. Il regarde à terre.*) Dora, ai-je rêvé, il m'a semblé que les cloches sonnaient à ce moment ?

DORA. – Non, Yanek, tu n'as pas rêvé.

Albert Camus, *Les Justes,* Éd. Gallimard, 1949.

1. le grand-duc : l'oncle du tsar de Russie.
2. mouchards : espion de police.

1900 ▾ 2010

Observation

1. Quels sont les groupes qui s'opposent ?

2. Relevez, dans la tirade de Kaliayev les différentes étapes de son récit.

3. Pourquoi l'expression « notre poète » (l. 7) peut-elle être qualifiée d'ironique ?

Analyse

4. Relevez et étudiez les didascalies présentes dans ce passage.

5. Montrez qu'à travers ce dialogue argumentatif, Camus exprime un point de vue personnel au nom des valeurs humanistes qu'il défend.

Vers l'écriture d'invention. Rédigez une tirade argumentée dans laquelle Kaliayev renonce définitivement à toute forme d'action violente au nom de ses principes. Vous intégrerez à votre texte des didascalies mettant en évidence le jeu des différents acteurs.

Notion

L'humanisme moderne

Pour les humanistes de la Renaissance, l'homme peut se modeler lui-même : là est sa plus grande liberté. Les écrivains engagés du XXᵉ siècle, comme Malraux, Giraudoux, Sartre ou Camus, s'appuient à leur tour sur cette conception philosophique de l'être humain pour croire en un avenir meilleur.

Sartre

▶ **Jean-Paul Sartre**
▶ Né à Paris le 21 juin 1905.
▶ Décédé à Paris le 15 avril 1980.

Après la mort prématurée de son père, Sartre grandit à Meudon. À Paris il obtient l'agrégation de philosophie et rencontre Simone de Beauvoir. Il publie son premier roman, *La Nausée*, en 1938. En septembre 1939, Sartre est mobilisé. Fait prisonnier, libéré grâce à un faux certificat médical, il exprime son engagement à travers le théâtre. En 1943, sa pièce *Les Mouches* lui fait rencontrer Albert Camus. À la Libération, il fonde la revue *Les Temps modernes*. Sa philosophie de l'existentialisme connaît un immense retentissement. Le philosophe engagé devient alors le compagnon de route des communistes, se rendant en URSS, en Chine, à Cuba. En 1964, Sartre refuse le prix Nobel. Il participe à la révolte étudiante de Mai 68 et prend ensuite la direction du journal *Libération*. Il meurt en 1980. Cinquante mille personnes assistent à son enterrement.

ŒUVRES PRINCIPALES

Romans
La Nausée (1938), *Le Mur* (1939), *Les Chemins de la liberté* (1945-1949).

Autobiographie
Les Mots (1964).

Théâtre
Les Mouches (1943), *Huis clos* (1944), *Les Séquestrés d'Altona* (1959).

Essai
L'Être et le Néant (1943).

Le théâtre et l'action

Pour Sartre, la littérature est un moyen de rendre accessibles au grand public ses thèses philosophiques. Ses pièces et ses romans sont autant de réflexions sur la condition humaine : face à l'absurdité de l'existence, seule l'action dans l'Histoire donne un sens à la vie. L'engagement est donc au cœur de la philosophie de Sartre, l'existentialisme. Mais son théâtre témoigne d'une maîtrise profonde de la tension dramatique et des dialogues, abordant les sujets qui préoccupent la société contemporaine. Devenu l'un des écrivains majeurs de son siècle, Sartre réussit là où tant de ses personnages ont échoué : il parvient à affirmer sa liberté.

OBJET D'ÉTUDE 1ʳᵉ Le texte théâtral et sa représentation ➜ voir p. 404

Huis clos
1944

Dans *Huis clos*, le décor représente un salon Napoléon III dans lequel règne une chaleur étouffante : la scène est en enfer. Trois morts réunis par le hasard s'y affrontent dans un face-à-face perpétuel. Chacun est mis à nu sous le regard des autres.

Inès. – Pour qui jouez-vous la comédie ? Nous sommes entre nous.
Estelle, *avec insolence*. – Entre nous ?
Inès – Entre assassins. Nous sommes en enfer, ma petite, il n'y a jamais d'erreur et on ne damne jamais les gens pour rien.
5 Estelle. – Taisez-vous.
Inès. – En enfer ! Damnés ! Damnés !
Estelle – Taisez-vous. Voulez-vous vous taire ? Je vous défends d'employer des mots grossiers.
Inès. – Damnée, la petite sainte. Damné, le héros sans reproche. Nous avons eu notre
10 heure de plaisir, n'est-ce pas ? Il y a des gens qui ont souffert pour nous jusqu'à la mort

Le XXᵉ siècle ■

et cela nous amusait beaucoup. À présent, il faut payer.

GARCIN, *la main levée*. – Est-ce que vous vous tairez ?

INÈS, *le regarde sans peur, mais avec une immense surprise*. – Ha ! (*Un temps.*) Attendez ! J'ai compris, je sais pourquoi ils nous ont mis ensemble.

15 GARCIN. – Prenez garde à ce que vous allez dire.

INÈS. – Vous allez voir comme c'est bête. Bête comme chou ! Il n'y a pas de torture physique, n'est-ce pas ? Et cependant, nous sommes en enfer. Et personne ne doit venir. Personne. Nous resterons jusqu'au bout seuls ensemble. C'est bien ça ? En somme, il y a quelqu'un qui manque ici : c'est le bourreau.

20 GARCIN, *à mi-voix*. – Je le sais bien.

INÈS. – Eh bien, ils ont réalisé une économie de personnel. Voilà tout. Ce sont les clients qui font le service eux-mêmes, comme dans les restaurants coopératifs[1].

ESTELLE. – Que voulez-vous dire ?

INÈS. – Le bourreau, c'est chacun de nous pour les deux autres.

25 *Un temps. Ils digèrent la nouvelle.*

GARCIN, *d'une voix douce*. – Je ne serai pas votre bourreau. Je ne vous veux aucun mal et je n'ai rien à faire avec vous. C'est tout à fait simple. Alors voilà : chacun dans son coin ; c'est la parade[2]. Vous ici, vous ici, moi là. Et du silence. Pas un mot : ce n'est pas difficile, n'est-ce pas ? Chacun de nous a assez à faire avec lui-même. Je crois que je pourrais

30 rester dix mille ans sans parler.

ESTELLE. – Il faut que je me taise ?

GARCIN. – Oui. Et nous… nous serons sauvés. Se taire. Regarder en soi, ne jamais lever la tête. C'est d'accord ?

INÈS. – D'accord.

35 ESTELLE, *après hésitation*. – D'accord.

GARCIN. – Alors, adieu.

Il va à son canapé et se met la tête dans ses mains.

Silence. Inès se met à chanter…

Jean-Paul Sartre, *Huis clos*, Éd. Gallimard, 1944.

---

1. **les restaurants coopératifs :** les self-services.

2. **la parade :** la réponse à un coup, la défense.

1900 ▾ 2010

Observation

1. Caractérisez les personnages en présence.

2. Quel effet produisent les termes appartenant au langage familier ?

3. Que recherche le dramaturge à travers l'enfermement dans un lieu clos ?

Analyse

4. Montrez, à travers l'analyse de ses répliques, que c'est le personnage d'Inès qui domine l'échange.

5. Analysez la montée progressive de l'intensité dramatique.

6. En quoi consiste le tragique de la scène ?

Vers l'oral. Par groupes de trois élèves, interprétez de la manière la plus expressive possible cette scène de théâtre. Orientez votre lecture en vous appuyant sur les didascalies et les caractères des personnages.

Notion

Le huis clos tragique

Dans le langage judiciaire, le huis clos désigne une audience interdite au public. Au théâtre, l'expression caractérise une situation dans laquelle les personnages sont enfermés. Cette situation tragique favorise leur affrontement et la tension dramatique qui grandit tout au long de la pièce.

471 ■

Sartre

OBJET D'ÉTUDE 1re La question de l'Homme dans les genres de l'argumentation → voir p. 410

1949 Situations III

De 1947 à 1976, Jean-Paul Sartre rassemble ses essais sous le titre de *Situations*. Il y livre ses réflexions sur l'évolution de la société en apportant le regard du philosophe sur l'Homme face au monde dans lequel il est plongé. C'est ainsi qu'il découvre New York au lendemain de la Seconde Guerre mondiale.

J'aime New York. J'ai appris à l'aimer. Je me suis habitué à ses ensembles massifs, à ses grandes perspectives. Mes regards ne s'attardent plus sur les façades, en quête d'une maison qui, par impossible, ne serait pas identique aux autres maisons. Ils filent tout de suite à l'horizon chercher les buildings perdus dans la brume, qui ne sont plus rien
5 que des volumes, plus rien que l'encadrement austère du ciel. Quand on sait regarder les deux rangées d'immeubles qui, comme des falaises, bordent une grande artère, on est récompensé : leur mission s'achève là-bas, au bout de l'avenue, en de simples lignes harmonieuses, un lambeau¹ de ciel flotte entre elles.

New York ne se révèle qu'à une certaine hauteur, à une certaine distance, à une
10 certaine vitesse : ce ne sont ni la hauteur, ni la distance, ni la vitesse du piéton. Cette ville ressemble étonnamment aux grandes plaines andalouses² : monotone quand on la parcourt à pied, superbe et changeante quand on la traverse en voiture.

J'ai appris à aimer son ciel. Dans les villes d'Europe, où les toits sont bas, le ciel rampe au ras du sol et semble apprivoisé. Le ciel de New York est beau parce que les
15 gratte-ciel le repoussent très loin au-dessus de nos têtes. Solitaire et pur comme une bête sauvage, il monte la garde et veille sur la cité. Et ce n'est pas seulement une protection locale : on sent qu'il s'étale au loin sur toute l'Amérique ; c'est le ciel du monde entier.

J'ai appris à aimer les avenues de Manhattan. Ce ne sont pas de graves petites promenades encloses³ entre des maisons : ce sont des routes nationales. Dès que vous
20 mettez le pied sur l'une d'elles, vous comprenez qu'il faut qu'elle file jusqu'à Boston ou Chicago. Elle s'évanouit hors de la ville et l'œil peut presque la suivre dans la campagne. Un ciel sauvage au-dessus de grands rails parallèles : voilà ce qu'est New York, avant tout. Au cœur de la cité, vous êtes au cœur de la nature.

Il a fallu que je m'y habitue, mais, à présent que c'est chose faite, nulle part je ne
25 me sens plus libre qu'au sein des foules new-yorkaises. Cette ville légère, éphémère⁴, qui semble chaque matin, chaque soir, sous les rayons lumineux du soleil, la simple juxtaposition de parallélépipèdes rectangles, jamais n'opprime ni ne déprime. Ici, l'on peut connaître l'angoisse de la solitude, non celle de l'écrasement.

Jean-Paul Sartre, *Situations III*, Éd. Gallimard, 1949.

---

1. lambeau : fragment.
2. andalouses : d'Andalousie, région du sud de l'Espagne.
3. encloses : enfermées.
4. éphémère : passagère, momentanée.

Observation

1. Repérez les différents éléments qui composent successivement l'image de la ville de New York aux yeux de l'auteur.

2. Sur quels éléments de la ville porte-t-il un jugement positif ?

3. Relevez dans le texte des indices qui soulignent la subjectivité du jugement apporté.

Analyse

4. Commentez la présence des anaphores dans le texte.

5. Analysez les images des lignes 9 à 17.

6. À quelles idées reçues l'auteur s'oppose-t-il ? Montrez que son jugement apparaît parfois comme paradoxal.

Vers l'écriture d'invention. À la manière de Sartre, faites l'éloge d'une ville à travers sa description et les émotions qu'elle vous procure.

Le XXᵉ siècle

New York, la ville infinie

Richard Estes, *34ᵗʰ Street, Manhattan, looking east*

Immense et animée, la ville de New York est le symbole de l'urbanisme américain. Le peintre américain Richard Estes représente le paysage urbain avec une précision qui rappelle la photographie, métamorphosant l'évidence du réel en une image poétique.

Richard Estes (né en 1936), *34ᵗʰ Street, Manhattan, looking east*, 1982, huile sur toile.

1900 ▼ 2010

Richard Estes appartient au courant hyperréaliste. Le jeu des lumières et des reflets est reproduit avec une précision extrême.

Le géométrisme de l'urbanisme new-yorkais est mis en valeur par la rigueur des lignes. Les immeubles apparaissent comme les éléments d'un jeu de construction.

Parfaitement rectiligne, la rue semble se poursuivre jusqu'à l'horizon, ouvrant la ville à l'immensité du territoire américain.

Lecture d'image

1. En analysant la place des hommes dans le tableau, précisez qui en sont les personnages principaux.

2. En analysant le jeu des reflets sur la chaussée, expliquez comment se crée un lien entre le sol et le ciel.

3. Étudiez comment la composition du tableau évoque la grandeur des gratte-ciel sans les rendre écrasants.

4. Repérez dans le tableau les éléments qui vous semblent correspondre au texte de Sartre. Rédigez votre réponse.

L'hyperréalisme

Né aux États-Unis dans les années 1960, le mouvement hyperréaliste reproduit la réalité avec la précision de la photographie. Jouant sur le trouble provoqué par l'image ainsi produite, il remet en cause le statut de l'art et de la représentation.

Anouilh

▶ **Jean Anouilh**
▶ Né à Bordeaux le 23 juin 1910.
▶ Décédé à Lausanne en 1987.

Fils d'un père tailleur et d'une mère violoniste, Jean Anouilh découvre le théâtre alors qu'il est secrétaire du metteur en scène Louis Jouvet. Décidé à vivre uniquement du théâtre, Anouilh écrit de nombreuses pièces qui le rendent rapidement célèbre. Il donne ainsi *Le Voyageur sans bagages* en 1937, *Antigone* en 1944, *Becket ou l'Honneur de Dieu*, en 1960. La vie de Jean Anouilh est celle d'un auteur fécond : à l'exception d'une période de silence entre 1962 et 1968, il écrit presque une pièce chaque année. Le dramaturge classe lui-même son théâtre en pièces « roses », « noires », « brillantes », « grinçantes », « costumées ». En marge des recherches théâtrales de l'avant-garde, autant que des facilités du théâtre populaire, la plupart de ses œuvres connaissent un grand succès.

ŒUVRES PRINCIPALES

Théâtre
Le Voyageur sans bagages (1937), *Antigone* (1944), *Pauvre Bitos* (1956), *L'Hurluberlu ou le Réactionnaire amoureux* (1959).

Antigone, entre la révolte et le compromis

Le théâtre de Anouilh est marqué par l'opposition entre l'angoisse d'exister, l'obsession de la mort, et la pureté de l'enfance, le monde du rêve. Inspirée de l'Antiquité grecque, *Antigone* est une réécriture de la pièce de Sophocle. Représentée en costumes contemporains sous l'Occupation, elle développe l'héroïsme de la protestation et de la résistance face à un pouvoir injuste ou absurde. Confrontée à un destin qui la dépasse mais qu'elle assume, la figure d'Antigone prend un relief nouveau dans le contexte historique de l'Occupation. On retrouve dans la pièce l'opposition entre les héros purs et nobles, qui refusent les compromis, et les êtres dévoués au pouvoir, qui empêchent les héros d'accomplir leur destin.

OBJET D'ÉTUDE 1ʳᵉ L — Les réécritures → voir p. 412

1944 Antigone

Pour obéir aux lois divines, Antigone doit ensevelir son frère, Polynice, mort au combat pendant le siège de la ville de Thèbes. Comme punition de ce qu'il juge un forfait, le roi Créon, leur oncle, interdit, sous peine de mort, de lui accorder une sépulture. Mais Antigone désobéit aux ordres de Créon et, au péril de sa vie, recouvre de terre le corps de son frère.

Le chœur entre.
LE CHŒUR. – Et voilà. Maintenant le ressort est bandé. Cela n'a plus qu'à se dérouler tout seul. C'est cela qui est commode dans la tragédie. On donne le petit coup de pouce pour que cela démarre, rien, un regard pendant une seconde à une fille qui passe et lève
5 les bras dans la rue, une envie d'honneur un beau matin, au réveil, comme de quelque chose qui se mange, une question de trop qu'on se pose un soir… C'est tout. Après, on n'a plus qu'à laisser faire. On est tranquille. Cela roule tout seul. C'est minutieux, bien huilé depuis toujours. La mort, la trahison, le désespoir sont là, tout prêts, et les éclats, et les orages, et les silences, tous les silences : le silence quand le bras du bourreau se
10 lève à la fin, le silence au commencement quand les deux amants sont nus l'un en face

Le XXᵉ siècle

de l'autre pour la première fois, sans oser bouger tout de suite, dans la chambre sombre, le silence quand les cris de la foule éclatent autour du vainqueur – et on dirait un film dont le son s'est enrayé, toutes ces bouches ouvertes dont il ne sort rien, toute cette clameur qui n'est qu'une image, et le vainqueur, déjà vaincu, seul au milieu de son
15 silence…

C'est propre, la tragédie. C'est reposant, c'est sûr… Dans le drame, avec ces traîtres, avec ces méchants acharnés, cette innocence persécutée, ces vengeurs, ces terre-neuve[1], ces lueurs d'espoir, cela devient épouvantable de mourir, comme un accident. On aurait peut-être pu se sauver, le bon jeune homme aurait peut-être pu arriver à temps avec les
20 gendarmes. Dans la tragédie, on est tranquille. D'abord, on est entre soi. On est tous innocents en somme ! Ce n'est pas parce qu'il y en a un qui tue et l'autre qui est tué. C'est une question de distribution. Et puis, surtout, c'est reposant, la tragédie, parce qu'on sait qu'il n'y a plus d'espoir, le sale espoir ; qu'on est pris, qu'on est enfin pris comme un rat, avec tout le ciel sur son dos, et qu'on n'a plus qu'à crier – pas à gémir, non, pas
25 à se plaindre –, à gueuler à pleine voix ce qu'on avait à dire, qu'on n'avait jamais dit et qu'on ne savait peut-être même pas encore. Et pour rien : pour se le dire à soi, pour l'apprendre, soi. Dans le drame, on se débat parce qu'on espère en sortir. C'est ignoble, c'est utilitaire. Là, c'est gratuit. C'est pour les rois. Et il n'y a plus rien à tenter, enfin !
Antigone est entrée, poussée par les gardes.

30 Le chœur. – Alors, voilà, cela commence. La petite Antigone est prise. La petite Antigone va pouvoir être elle-même pour la première fois.
Le chœur disparaît, tandis que les gardes poussent Antigone en scène.

Le garde, *qui a repris tout son aplomb.* – Allez, allez, pas d'histoires ! Vous vous expliquerez devant le chef. Moi, je ne connais que la consigne. Ce que vous aviez à faire là, je
35 ne veux pas le savoir. Tout le monde a des excuses, tout le monde a quelque chose à objecter. S'il fallait écouter les gens, s'il fallait essayer de comprendre, on serait propres. Allez, allez ! Tenez-la, vous autres, et pas d'histoires ! Moi, ce qu'elle a à dire, je ne veux pas le savoir !

Antigone. – Dis-leur de me lâcher, avec leurs sales mains, ils me font mal.
40 Le garde. – Leurs sales mains ? Vous pourriez être polie, Mademoiselle… Moi, je suis poli.

Antigone. – Dis-leur de me lâcher. Je suis la fille d'Œdipe, je suis Antigone. Je ne me sauverai pas.

Jean Anouilh, *Antigone*, Éd. de la Table Ronde, 1946.

1. **terre-neuve :** race de chiens doux et fidèles.

1900 ▾ 2010

Observation

1. À quel moment le chœur intervient-il ? Expliquez l'expression : « Maintenant le ressort est bandé. » (l. 2)

2. Relevez les anachronismes présents dans le texte. Quel est l'effet recherché ?

3. En quoi le garde apparaît-il comme un personnage caricatural ?

Analyse

4. Quels sont les caractères généraux de la tragédie définie par le chœur ?

Sont-ils en accord avec la conception de la tragédie classique ?

5. Montrez que l'intervention du chœur éclaire le sens et le déroulement de la pièce aux yeux du spectateur.

6. Que révèle la dernière réplique sur le caractère d'Antigone ?

Vers l'écriture d'invention. Poursuivez cette scène en faisant intervenir le roi Créon qui vient demander des explications à sa nièce sur son comportement.

Notion

Le chœur antique et la tragédie

Dans le théâtre antique, le chœur est constitué par un groupe d'acteurs qui intervient pour commenter le destin tragique du héros. Il est utilisé chez Giraudoux ou Anouilh comme un relais entre la scène et la salle : le chœur est alors le porte-parole de l'auteur.

475

Aragon

▶ Louis Andrieux
Pseudonyme : Louis Aragon

▶ Né à Paris le 3 octobre 1897.
▶ Décédé à Paris le 24 décembre 1982.

Enfant illégitime, Aragon n'est pas reconnu par son père, ancien préfet de police et ambassadeur. Lycéen brillant, il étudie la médecine et rencontre André Breton à l'hôpital du Val-de-Grâce en 1917. Il traverse héroïquement la Grande Guerre, mais en sort révolté. Avec Breton, il participe à la création du mouvement surréaliste, alors très proche du parti communiste. Ce rapprochement est renforcé, chez Aragon, par sa rencontre avec une jeune femme d'origine russe, Elsa Triolet. Ses poèmes exaltent son amour pour elle. Il devient journaliste à *L'Humanité*, l'organe du parti, et se retire du mouvement surréaliste pour préserver ses amitiés politiques. Pendant l'Occupation, il s'engage dans la Résistance et, à la Libération, il entre au comité central du parti communiste. Mais la mort de Staline et les révélations qui la suivent plongent le poète dans le doute. La mort d'Elsa, en 1970, ajoute à son désarroi. Aragon meurt en 1982, après avoir publié un recueil de nouvelles au titre éloquent : *Le Mentir-vrai*.

ŒUVRES PRINCIPALES

Romans
Le Paysan de Paris (1926),
Les Beaux Quartiers (1936),
Blanche ou l'Oubli (1967).

Poésie
Le Mouvement perpétuel (1925),
Les Yeux d'Elsa (1942), *La Diane française* (1945), *Le Fou d'Elsa* (1963).

Essais
Pour un réalisme socialiste (1935),
Je n'ai jamais appris à écrire (1969).

Poésie et résistance

La rencontre avec Elsa Triolet, belle-sœur de l'écrivain soviétique Maïakovski, laisse une marque profonde dans l'œuvre d'Aragon. *Cantique à Elsa*, en 1941, *Les Yeux d'Elsa*, l'année suivante, comme *Le Fou d'Elsa* en 1963 sont autant d'hymnes à l'amour, écrits à la gloire de la compagne du poète. Mais l'influence d'Elsa s'exerce également à travers l'engagement politique d'Aragon, qui dénonce l'occupation allemande dans de nombreux poèmes, puis devient le chantre quasi officiel en France de l'Union soviétique. En célébrant son amour pour Elsa, le poète redonne également à la poésie son pouvoir de révolte devant l'oppression et les injustices.

OBJET D'ÉTUDE 1re   Écriture poétique et quête du sens   ➔ voir p. 408

1945   La Diane française

Engagé dans la Résistance pendant l'Occupation, Aragon publie en 1943 *Le Musée Grévin* sous le pseudonyme de François la Colère. Il revient sur cette période tragique de l'histoire de France à travers les poèmes qui constituent le recueil de *La Diane française* en 1945.

Elsa au miroir

C'était au beau milieu de notre tragédie
Et pendant un long jour assise à son miroir
Elle peignait ses cheveux d'or je croyais voir
Ses patientes mains calmer un incendie
5   C'était au beau milieu de notre tragédie

Et pendant un long jour assise à son miroir
Elle peignait ses cheveux d'or et j'aurais dit
C'était au beau milieu de notre tragédie
Qu'elle jouait un air de harpe sans y croire
10   Pendant tout ce long jour assise à son miroir

476

Le XXᵉ siècle

Elle peignait ses cheveux d'or et j'aurais dit
Qu'elle martyrisait à plaisir sa mémoire
Pendant tout ce long jour assise à son miroir
À ranimer les fleurs sans fin de l'incendie
15   Sans dire ce qu'une autre à sa place aurait dit

Elle martyrisait à plaisir sa mémoire
C'était au beau milieu de notre tragédie
Le monde ressemblait à ce miroir maudit
Le peigne partageait les feux de cette moire[1]
20   Et ces feux éclairaient des coins de ma mémoire

C'était au beau milieu de notre tragédie
Comme dans la semaine est assis le jeudi

Et pendant un long jour assise à sa mémoire
Elle voyait au loin mourir dans son miroir

25   Un à un les acteurs de notre tragédie
Et qui sont les meilleurs de ce monde maudit

Et vous savez leurs noms sans que je les aie dits
Et ce que signifient les flammes des longs soirs

Et ses cheveux dorés quand elle vient s'asseoir
30   Et peigner sans rien dire un reflet d'incendie

Louis Aragon, *La Diane française*,
Éd. Seghers, 1945.

1. moire : étoffe de soie présentant des reflets chatoyants.

Observation

1. Comment Elsa est-elle représentée dans le poème ? Quelles interprétations peut-on donner du tableau ainsi constitué ?

2. Observez le premier et le dernier vers de chaque quintil. En quoi cette construction peut-elle être rapprochée du titre du poème ?

3. Relevez les réseaux lexicaux et les images qui inscrivent le poème dans le registre tragique.

Analyse

4. Étudiez le schéma des rimes tout au long du poème. Quel est l'effet produit ?

5. Relevez et expliquez les références à la situation de la France occupée tout au long du poème. Quel est l'effet recherché par l'auteur ?

Recherche documentaire. Cherchez trois autres poèmes de la Résistance. Après avoir présenté leurs auteurs, justifiez l'unité de votre corpus dans un paragraphe argumenté.

Notion

La poésie et l'engagement

Le texte poétique s'engage dans l'Histoire, soit en se mettant au service d'une cause qu'il défend et dont il célèbre les valeurs, soit en inscrivant explicitement le contexte historique au cœur du poème, à travers les images ou le vocabulaire.

Senghor

▶ **Léopold Sédar Senghor**
▶ Né à Joal, au Sénégal, le 9 octobre 1906.
▶ Décédé en Normandie le 20 décembre 2001.

Né à Joal, petite ville côtière du Sénégal, le jeune Léopold Sédar est le fils d'un riche commerçant. Il grandit au sein d'une famille nombreuse et poursuit ses études au lycée Louis-le-Grand à Paris. Il fait la rencontre d'Aimé Césaire, avec qui il fonde une revue, *L'Étudiant noir*, où apparaît pour la première fois le terme de « négritude ». Devenu professeur à Tours puis à Saint-Maur, il est mobilisé en 1939 et fait prisonnier deux ans en Allemagne. À la Libération, Senghor publie *Chants d'ombre* qui sonne comme un appel à « l'Afrique future ». En 1947, il fonde avec Césaire la revue *Présence africaine*. Il entre au gouvernement français en 1955, puis, au moment de l'indépendance du Sénégal, il en devient le premier Président, de 1960 à 1979. Il lutte pour l'autonomie économique et politique de son pays, tout en continuant, jusqu'à sa mort, son œuvre littéraire. Il est élu à l'Académie française en 1983.

ŒUVRES PRINCIPALES

Poésie
Chants d'ombre (1945), *Éthiopiques* (1956), *Nocturnes* (1961).

Anthologie
Anthologie de la nouvelle poésie nègre et malgache (1948).

Essai
Liberté.

Le chant de la culture africaine

La double culture africaine et française de Senghor inspire son œuvre, marquée par un désir de réconciliation et par un profond humanisme qui dépasse les différences, sans les nier. Sensuelle, la poésie exprime la foi de l'écrivain dans l'Homme et dans « la civilisation de l'universel ». Elle évoque les forces de la terre et les valeurs ancestrales du pays natal. Elle emprunte souvent la forme du verset, qui convient à la densité des images et des évocations pleines de couleurs. Senghor nourrit ainsi son œuvre des rythmes et des chants de l'Afrique, dont il exalte la culture.

OBJET D'ÉTUDE 1re | Écriture poétique et quête du sens → voir p. 408

1945 Chants d'ombre

Lépoold Sédar Senghor retrouve le souffle et l'inspiration des poètes de l'Antiquité, ainsi que les grands textes religieux, pour célébrer la beauté de la terre africaine, la richesse de sa civilisation et le caractère tragique de son histoire. C'est ainsi qu'il exalte ici, en retrouvant le rythme des versets lyriques, la splendeur et la douceur de la femme africaine.

Femme nue, femme noire
Vêtue de ta couleur qui est vie, de ta forme qui est beauté !
J'ai grandi à ton ombre ; la douceur de tes mains bandait mes yeux.
Et voilà qu'au cœur de l'été et de midi, je te découvre, Terre promise, du haut d'un haut col calciné
5 Et ta beauté me foudroie en plein cœur, comme l'éclair d'un aigle.

Femme nue, femme obscure !
Fruit mûr à la chair ferme, sombres extases du vin noir, bouche qui fait lyrique ma bouche

Le XXᵉ siècle

Savane aux horizons purs, savane qui frémit aux caresses ferventes du Vent d'Est
Tamtam sculpté, tamtam tendu qui gronde sous les doigts du vainqueur
10   Ta voix grave de contre-alto est le chant spirituel de l'Aimée

Femme nue, femme obscure !
Huile que ne ride nul souffle, huile calme aux flancs de l'athlète, aux flancs des princes du Mali
Gazelle aux attaches célestes, les perles sont étoiles sur ta peau
Délices des jeux de l'esprit, les reflets de l'or rouge sur ta peau qui se moire.
15   À l'ombre de ta chevelure, s'éclaire mon angoisse aux soleils prochains de tes yeux.

Femme nue, femme noire !
Je chante ta beauté qui passe, forme que je fixe dans l'éternel
Avant que le Destin jaloux ne te réduise en cendres pour nourrir les racines de la vie.

Léopold Sédar Senghor, *Chants d'ombre*, dans *Œuvre Poétique*, Éd. du Seuil, 1945.

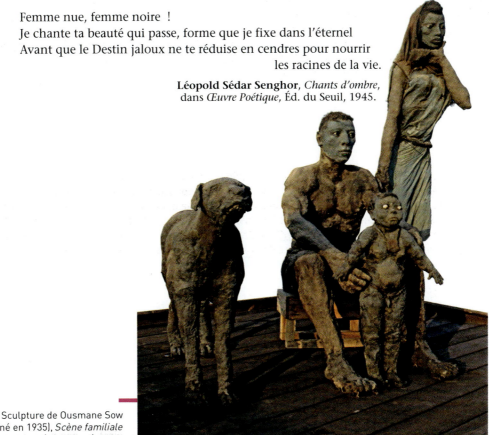

Sculpture de Ousmane Sow (né en 1935), *Scène familiale* (série Peul), 1999.

Observation

1. Quelles sont les différentes parties du corps successivement citées par le poète ? À travers quel refrain la progression du poème est-elle soulignée ?

2. Relevez le champ lexical du noir dans le texte. Justifiez sa présence.

3. À travers quels contrastes la « femme noire » est-elle célébrée ?

4. Quels rapprochements pouvez-vous établir entre le poème et la sculpture ?

Analyse

5. Relevez et analysez l'ensemble des termes qui renvoient à l'Afrique. Quelle atmosphère contribuent-ils à créer ?

6. Étudiez le rythme donné par le vers libre. Montrez qu'il reproduit le chant lyrique du poète.

Vers le commentaire. Vous ferez le commentaire de ce poème sous la forme d'un paragraphe rédigé, en vous attachant à montrer comment l'auteur fait l'éloge de la culture africaine.

Notion

L'éloge poétique

Dans l'Antiquité, les poètes font l'éloge des vertus et des valeurs de la cité. Ils mettent leur éloquence au service de ceux qui la représentent. La poésie perpétue aujourd'hui l'éloge poétique : le poète chante les qualités et la beauté de ceux qu'il aime, de sa culture ou de son pays natal.

Histoire des Arts

L'art du XXᵉ siècle

L'art du XXᵉ siècle se caractérise par un bouleversement des catégories esthétiques. L'opposition entre les arts majeurs et les arts mineurs est contestée. L'idée d'œuvre d'art totale, à laquelle concourent tous les genres et tous les sens, est largement défendue. De nouvelles techniques apparaissent comme le cinéma ou la vidéo. Débordant toute frontière nationale, l'art s'ouvre désormais à tous les possibles de la création.

Kandinsky, *Jaune-rouge-bleu*, 1925, huile sur toile, 128 x 201,5 cm. A partir des trois couleurs primaires, l'artiste compose une œuvre où l'équilibre d'ensemble naît d'un subtil jeu des oppositions et des complémentarités, exprimant « la nécessité interne au tableau ».

■ La naissance de la peinture abstraite

Dans les années 1910, des artistes abandonnent la peinture figurative et proposent des œuvres dont le contenu est abstrait. Le thème du tableau devient la peinture elle-même, la peinture pure. Les compositions de Wassily Kandinsky de Kasimir Malévitch ou de Piet Mondrian tentent de dégager les significations des formes et des couleurs considérées en tant que telles et dans leurs associations.

■ Le triomphe planétaire du cinéma

Le cinéma est né à la fin du XIXᵉ. En permettant d'enregistrer et reproduire le mouvement, il devient très rapidement une forme d'art à part entière qui touche simultanément des millions de personnes. En France, entre 1918 et 1928, le nombre de salles passe de 1500 à 3500 avec une capacité moyenne de plus de 450 places. Art d'abord muet, accompagné d'une musique, il provoque une émotion sans pareil, jouant sur le dépaysement et les effets mélodramatiques. Au début des années 1930, le développement du parlant renouvelle les capacités narratives du cinéma en multipliant la quantité d'informations transmises, tout en développant les nuances psychologiques. Dès cette époque, il devient l'enjeu d'un débat entre les partisans d'une exigence de qualité et ceux qui y voient d'abord une industrie du divertissement.

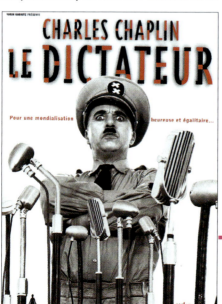

Le Dictateur, film de Charlie Chaplin, réalisé en 1940, qui dénonce le régime nazi et le totalitarisme.

Le XXᵉ siècle

La SCULPTURE dans tous ses états

Au début du XXᵉ siècle, la sculpture classique trouve une nouvelle expression dans les œuvres de Maillol ou Matisse. Mais de nombreux artistes modifient profondément les approches traditionnelles en multipliant les formes et les techniques

▶ L'invention de la sculpture par assemblage

Traditionnellement, une sculpture est une œuvre en trois dimensions obtenue par modelage, taille directe ou moulage. La technique de l'assemblage est mise en œuvre par des artistes cubistes ou Dada. Pablo Picasso est ainsi l'un des premiers à proposer cette nouvelle approche. Les matériaux les plus divers, comme l'acier, le carton, le bois..., sont assemblées pour créer un volume. Dans les années 1910, le peintre Marcel Duchamp fait scandale en utilisant des objets du quotidien qu'il assemble ou qu'il laisse en l'état. Ce sont des ready-mades (littéralement « déjà faits »).

▶ L'extension du domaine de la sculpture

À partir des années 1960-1970, le domaine de la sculpture connaît une extension sans précédent. La performance où l'artiste se met en scène directement devant un public, l'installation qui répartit des éléments dans un espace que l'on peut parcourir, l'usage de nouvelles technologies ou de matériaux récupérés... témoignent de l'éclatement du volume traditionnel de la sculpture au profit d'œuvres ouvertes aux limites effacées, sollicitant parfois les différents sens du spectateur.

Pablo Picasso, *Guitare*, 1912, tôle et fil de fer, 77,5 x 35 x 19,3 cm. La sculpture, sans socle, n'est ni modelée, ni taillée, ni moulée, mais créée par assemblage

1900 ▼ 2000

Marcel Duchamp, *Roue de bicyclette*, 1913

Gilbert et George, *Sculpture chantante*, 1970. Le corps de l'artiste devient une sculpture le temps d'une performance.

Perspective

À la recherche de la forme pure

À l'image des peintres abstraits, Constantin Brancusi recherche une expression pure de la sculpture. Il s'agit de ramener la forme à la plus grande simplicité, révélant l'essence même de la chose. À partir de 1921, il cherche ainsi à transcrire l'envol et la légèreté de l'*Oiseau dans l'espace* (ici version en bronze poli de 1934).

481

Prévert

▶ **Jacques Prévert**
▶ Né à Neuilly-sur-Seine le 4 février 1900.
▶ Décédé dans le Cotentin, le 12 avril 1977.

Jacques Prévert grandit dans le Paris des quartiers populaires. Il exerce divers petits métiers avant de rencontrer le peintre Yves Tanguy et Marcel Duhamel, futur directeur de la collection de romans policiers la Série Noire. Les trois amis s'installent à Montparnasse. Prévert hante les cinémas, flâne dans les rues. Ses premiers poèmes paraissent dans des revues. Écrivain engagé, il participe au groupe Octobre, une jeune troupe de théâtre militant, qui joue au milieu des ouvriers en grève, dans l'euphorie du Front populaire. Au cinéma, il collabore aux chefs-d'œuvre de Jean Renoir et Marcel Carné : *Quai des brumes*, *Les Enfants du paradis*. Ses poèmes sont rassemblés pendant la guerre par des professeurs et des élèves du lycée de Reims. *Paroles* est ainsi édité en 1945. Le succès du livre est relayé par la mise en musique des poèmes que chantent Yves Montand ou Juliette Gréco. En 1948, Prévert s'installe à Saint-Paul-de-Vence. Il écrit livres et scénarios, réalise des collages. Il meurt en 1977 d'un cancer du poumon.

ŒUVRES PRINCIPALES

Poésie
Paroles (1945), *Histoires* (1946), *Spectacle* (1951), *Charmes de Londres* (1952), *La Pluie et le Beau Temps* (1955).

Scénarios et dialogues de films
Drôle de drame, *Quai des brumes*, *Les Visiteurs du soir*, *Les Enfants du paradis*, *Les Disparus de Saint-Agil*.

Le poète des mots en liberté

Avec Prévert, la poésie retrouve un public populaire, sensible à un langage émouvant et simple. La poésie de Prévert est celle de la vie quotidienne. C'est là que réside l'extraordinaire succès de *Paroles*, où chaque poème affirme l'exigence de la liberté et l'amour de la vie. Prévert y dénonce les institutions sociales que sont l'armée, l'Église, la famille ou l'école. Son univers se constitue d'amoureux, d'animaux et d'enfants qui vivent libérés de toute contrainte. Le poète s'amuse de contrepèteries, établit des catalogues cocasses, explore l'humour noir ou de l'absurde. L'œuvre poétique de Prévert s'affirme ainsi comme un espace de jeu, ouvert à tous, dans lequel les mots sont en fête.

OBJET D'ÉTUDE 1re Écriture poétique et quête du sens → voir p. 408

1945 Paroles

Paroles dénonce toutes les formes de l'oppression : la guerre, la société, la religion et la politique y sont moquées, à travers l'évocation de situations familières, dans une langue qui se caractérise par sa simplicité.

Familiale

La mère fait du tricot
Le fils fait la guerre
Elle trouve ça tout naturel la mère
Et le père qu'est-ce qu'il fait le père ?
5 Il fait des affaires
Sa femme fait du tricot
Son fils la guerre
Lui des affaires
Il trouve ça tout naturel le père

■ 482

Le XXᵉ siècle

10   Et le fils et le fils
     Qu'est-ce qu'il trouve le fils ?
     Il ne trouve rien absolument rien le fils
     Le fils sa mère fait du tricot son père des affaires lui la guerre
     Quand il aura fini la guerre
15   Il fera des affaires avec son père
     La guerre continue la mère continue elle tricote
     Le père continue il fait des affaires
     Le fils est tué il ne continue plus
     Le père et la mère vont au cimetière
20   Ils trouvent ça naturel le père et la mère
     La vie continue la vie avec le tricot la guerre les affaires
     Les affaires la guerre le tricot la guerre
     Les affaires les affaires et les affaires
     La vie avec le cimetière.

Jacques Prévert, *Paroles*, Éd. Gallimard, 1945.

Jacques Prévert,
Les Règles de la guerre,
collage.

Observation

1. Étudiez la forme de ce poème. Quelles sont ses caractéristiques dominantes ?

2. Quels comportements Prévert dénonce-t-il ?

3. Observez le dernier vers du poème. Pourquoi peut-on parler de chute ?

Analyse

4. Pourquoi, selon vous, les personnages demeurent-ils anonymes ? Que souligne ainsi le poète aux yeux du lecteur ?

5. Relevez et analysez les répétitions sonores et lexicales. Quel est l'effet recherché ?

6. Quels liens pouvez-vous établir entre le poème et le collage réalisé également par Prévert ?

Vers le commentaire. Vous ferez le commentaire de ce poème sous la forme d'un paragraphe rédigé. Vous montrerez comment la simplicité du langage poétique de Prévert lui permet de dénoncer la résignation de ses contemporains devant le tragique de l'existence.

Notion

L'affrontement des valeurs

La poésie remet en cause les valeurs de la société, attaque les institutions, dénonce les hypocrisies. Le poète fait ainsi partager au lecteur ses sentiments d'indignation et de révolte, au nom de valeurs qui lui sont propres.

1900 ▸ 2010

483

Queneau

▶ **Raymond Queneau**
▶ Né au Havre le 21 février 1903.
▶ Décédé à Paris le 25 octobre 1976.

« Je naquis au Havre un vingt et un février / en mil neuf cent et trois. / Ma mère était mercière et mon père mercier / ils trépignaient de joie. » Raymond Queneau fait au lycée du Havre des études brillantes, puis il passe à Paris une licence de philosophie. En 1924, il adhère au mouvement surréaliste. Mais il rompt avec Breton en 1929. Son premier roman, *Le Chiendent*, en 1933, est un jeu sur le langage, une tentative d'écrire « comme on parle », qu'il poursuivra à travers toute son œuvre. Élu membre de l'Académie Goncourt en 1951, Queneau adhère la même année au Collège de Pataphysique, qui se moque des institutions. En 1959 paraît *Zazie dans le métro*. Louis Malle en tire un film. Mathématicien, esprit encyclopédique, poète, Queneau soutient l'OuLiPo, atelier d'écriture qui crée des textes à partir de règles formelles contraignantes. Très affecté par la mort de sa femme en 1972, il décède quatre ans plus tard.

ŒUVRES PRINCIPALES

Romans
Le Chiendent (1933), *Loin de Rueil* (1944), *Zazie dans le métro* (1959).

Poésie
Chêne et Chien (1937), *Le Chien à la mandoline* (1958), *Cent Mille Milliards de poèmes* (1961).

Chansons et dialogues de films

Les jeux de l'écriture

Toute l'œuvre de Queneau est une fête du langage. Avec une virtuosité étonnante, l'écrivain bouleverse les rapports entre le code de la langue écrite et l'usage oral du langage. Gardant le souvenir des remises en cause du surréalisme, Queneau multiplie dans son œuvre poétique et romanesque les jeux sur les mots, leurs connotations et leurs sonorités. Il crée ainsi un univers proche du quotidien, marqué par la fantaisie, l'humour et l'ironie. *Exercices de style*, en 1947, *L'Instant fatal*, en 1948, *Zazie dans le métro*, en 1959, allient ainsi la liberté du langage avec le plaisir de situations cocasses ou tendre, qui entraînent le rire et l'émotion du lecteur.

OBJET D'ÉTUDE 1re **Les réécritures** ➔ voir p. 412

1947 Exercices de style

Avec ses *Exercices de style*, Raymond Queneau propose au lecteur une série de quatre-vingt-dix-neuf variations sur la même histoire. À travers cet exercice de réécritures, il souligne à la fois les tics de langage et la richesse des figures de style de la langue française.

Récit

Un jour vers midi du côté du parc Monceau, sur la plate-forme arrière d'un autobus à peu près complet de la ligne S (aujourd'hui 84), j'aperçus un personnage au cou fort long qui portait un feutre mou entouré d'un galon tressé au lieu de ruban. Cet individu 5 interpella tout à coup son voisin en prétendant que celui-ci faisait exprès de lui marcher sur les pieds chaque fois qu'il montait ou descendait des voyageurs. Il abandonna d'ailleurs rapidement la discussion pour se jeter sur une place devenue libre.

Deux heures plus tard, je le revis devant la gare Saint-Lazare en grande conversation avec un ami qui lui conseillait de diminuer l'échancrure de son pardessus en faisant 10 remonter le bouton supérieur par quelque tailleur compétent.

Le XXᵉ siècle ■

Métaphoriquement

Au centre du jour, jeté dans le tas des sardines voyageuses d'un coléoptère à l'abdomen blanchâtre, un poulet au grand cou déplumé harangua soudain l'une, paisible, d'entre elles et son langage se déploya dans les airs, humide d'une protestation. Puis, attiré par un vide, l'oisillon s'y précipita.

Dans un morne désert urbain, je le revis le jour même se faisant moucher l'arrogance pour un quelconque bouton.

Alors

Alors l'autobus est arrivé. Alors j'ai monté dedans. Alors j'ai vu un citoyen qui m'a saisi l'œil. Alors j'ai vu son long cou et j'ai vu la tresse qu'il y avait autour de son chapeau. Alors il s'est mis à pester contre son voisin qui lui marchait alors sur les pieds. Alors, il est allé s'asseoir.

Alors, plus tard, je l'ai revu Cour de Rome. Alors il était avec un copain. Alors, il lui disait, le copain : tu devrais faire mettre un autre bouton à ton pardessus. Alors.

Lettre officielle

J'ai l'honneur de vous informer des faits suivants dont j'ai pu être le témoin aussi impartial qu'horrifié.

Ce jour même, aux environs de midi, je me trouvais sur la plate-forme d'un autobus qui remontait la rue de Courcelles en direction de la place Champerret. Ledit autobus était complet, plus que complet même, oserai-je dire, car le receveur avait pris en surcharge plusieurs impétrants, sans raison valable […].

Dans l'attente de votre réponse, je vous assure, Monsieur, de ma parfaite considération empressée au moins.

Litotes

Nous étions quelques-uns à nous déplacer de conserve. Un jeune homme, qui n'avait pas l'air très intelligent, parla quelques instants avec un monsieur qui se trouvait à côté de lui, puis il alla s'asseoir. Deux heures plus tard, je le rencontrai de nouveau ; il était en compagnie d'un camarade et parlait chiffons.

Raymond Queneau, *Exercices de style* (extraits), Éd. Gallimard, 1947.

1900 ▾ 2010

Observation

1. Quelle est la trame du récit répété dans ces quatre textes ? Retrouvez-en le schéma narratif.

2. Justifiez le titre donné à chacun des « exercices de style » en vous appuyant sur des indices précis.

3. Quel est l'effet produit par la répétition d'une même histoire racontée de manières différentes ?

4. En définitive, comment s'explique le mot « exercices » du titre ?

Analyse

5. Relevez et analysez trois métaphores du deuxième texte.

6. Que révèle chaque récit sur la personnalité de chaque narrateur ? Faites leurs portraits en quelques mots.

Vers l'écriture d'invention. À la manière de Raymond Queneau, complétez le texte de l'exercice de style intitulé « Lettre officielle ». Vous conserverez le ton du début de l'extrait.

Notion

La parodie

La parodie consiste à reprendre un texte pour le réécrire en le déformant, afin de faire rire. Elle tourne ainsi en dérision les prétentions de son auteur. La situation reste la même, mais le ton du texte et les tics de langage sont amplifiés à travers le lexique, les images et les tournures syntaxiques.

485 ■

Queneau

OBJET D'ÉTUDE 1re L Les réécritures → voir p. 412

1948 L'Instant fatal

Queneau écrit « Si tu t'imagines » en écho au célèbre poème : « Mignonne, allons voir si la rose… » de Ronsard.

Si tu t'imagines
si tu t'imagines
fillette fillette
si tu t'imagines
5 xa va xa va xa
va durer toujours
la saison des za
la saison des za
saison des amours
10 ce que tu te goures
fillette fillette
ce que tu te goures

Si tu crois petite
si tu crois ah ah
15 que ton teint de rose
ta taille de guêpe
tes mignons biceps
tes ongles d'émail
ta cuisse de nymphe
20 et ton pied léger
si tu crois petite
xa va xa va xa
va durer toujours
ce que tu te goures
25 fillette fillette
ce que tu te goures

les beaux jours s'en vont
les beaux jours de fête
soleils et planètes
30 tournent tous en rond
mais toi ma petite
tu marches tout droit
vers sque tu vois pas
très sournois s'approchent
35 la ride véloce
la pesante graisse
le menton triplé
le muscle avachi
allons cueille cueille
40 les roses les roses
roses de la vie
et que leurs pétales
soient la mer étale
de tous les bonheurs
45 allons cueille cueille
si tu le fais pas
ce que tu te goures
fillette fillette
ce que tu te goures

Raymond Queneau, « Si tu t'imagines »,
L'Instant fatal, Éd. Gallimard, 1948.

Observation

1. Quels points communs et quelles différences ce poème présente-t-il avec les formes traditionnelles de la poésie ?

2. Quelle est la situation d'énonciation ?

3. Quel est le niveau de langage du texte ? Justifiez votre réponse.

Analyse

4. Repérez et analysez le jeu des sonorités présentes en fin de vers.

5. Quel est le rôle joué par les répétitions tout au long du poème ? Relevez et analysez leurs différentes formes.

6. En définitive, quel est le message délivré par le poète ? Montrez qu'il se partage entre l'humour et la mélancolie.

Comparer deux poèmes. Comparez ce poème avec celui de Ronsard. Étudiez sous la forme d'un paragraphe argumenté en quoi « Si tu t'imagines » constitue une réécriture de « Mignonne, allons voir si la rose… ».

Notion

L'intertextualité

On appelle « intertextualité » le dialogue qu'un texte entretient avec d'autres œuvres de la littérature. On peut ainsi retrouver dans un texte des références à une œuvre antérieure, à laquelle il rend hommage en s'appuyant sur la complicité du lecteur.

Le XXᵉ siècle ■

OBJET D'ÉTUDE 1ʳᵉ Le personnage de roman ➜ voir p. 402

1959

Zazie dans le métro

Confiée à son oncle Gabriel, Zazie découvre Paris. À travers une série d'aventures burlesques, l'humour de Queneau tourne en dérision les valeurs établies. Le roman est aussi
un jeu sur l'argot, la parodie et les inventions verbales qui créent un climat de liberté.

– Alors ? pourquoi que tu veux l'être, institutrice ?

– Pour faire chier les mômes, répondit Zazie. Ceux qu'auront mon âge dans dix ans,
dans vingt ans, dans cinquante ans, dans cent ans, dans mille ans, toujours des gosses
à emmerder.

5   – Eh bien, dit Gabriel.

– Je serai vache comme tout avec elles. Je leur ferai lécher le parquet. Je leur ferai
manger l'éponge du tableau noir. Je leur enfoncerai des compas dans le derrière. Je leur
botterai les fesses. Parce que je porterai des bottes. En hiver. Hautes comme ça *(geste)*.
Avec de grands éperons pour leur larder la chair du derche.

10   – Tu sais, dit Gabriel avec calme, d'après ce que disent les journaux, c'est pas du tout
dans ce sens-là que s'oriente l'éducation moderne. C'est même tout le contraire. On va
vers la douceur, la compréhension, la gentillesse. N'est-ce pas, Marceline[1], qu'on dit ça
dans le journal ?

– Oui, répondit doucement Marceline. Mais toi, Zazie, est-ce qu'on t'a brutalisée à
15 l'école ?

– Il aurait pas fallu voir.

– D'ailleurs, dit Gabriel, dans vingt ans, y aura plus d'institutrices : elles seront rem-
placées par le cinéma, la tévé[2], l'électronique, des trucs comme ça. C'était aussi écrit
dans le journal l'autre jour. N'est-ce pas, Marceline ?

20   – Oui, répondit doucement Marceline.

Zazie envisagea cet avenir un instant.

– Alors, déclara-t-elle, je serai astronaute.

– Voilà, dit Gabriel approbativement. Voilà, faut être de son temps.

– Oui, continua Zazie, je serai astronaute pour aller faire chier les Martiens.

25 Gabriel enthousiasmé se tapa sur les cuisses :

– Elle en a de l'idée, cette petite.

Il était ravi.

– Elle devrait tout de même aller se coucher, dit doucement Marceline. Tu n'es pas
fatiguée ?

30   – Non, répondit Zazie en bâillant.

Raymond Queneau, *Zazie dans le métro*, Éd. Gallimard, 1959.

1. Marceline :
la compagne
de Gabriel.
2. la tévé :
la télévision.

1900 ▾ 2010

Observation

1. Comment le personnage de Zazie
apparaît-il au lecteur ?

2. Caractérisez en une phrase les
personnages présents dans cet extrait.

3. Relevez et expliquez l'utilisation du
langage familier.

Analyse

4. Étudiez le contraste formé par Zazie
et le couple Gabriel-Marceline. À quel

moment y a-t-il complicité totale entre
Gabriel et sa nièce ?

5. Indiquez comment l'humour de Queneau prend le contre-pied des valeurs
établies, des discours habituellement
entendus.

Recherche documentaire. Retrouvez un
extrait du film de Louis Malle adaptant le
roman de Queneau. De quelle manière le
réalisateur a-t-il su mettre en valeur les
caractéristiques originales de l'héroïne ?

Notion

**L'argot
dans le roman**

Dans le roman, l'utilisation
de l'argot permet de donner
l'illusion de la réalité en caracté-
risant les personnages par leur
milieu, ou de donner libre cours
à la fantaisie verbale de l'écrivain
pour créer des effets d'humour.

487 ■

Char

▶ René Char
▶ Né à L'Isle-sur-la-Sorgue le 14 juin 1907.
▶ Décédé à Paris le 19 février 1988.

Le paysage de la Provence, le parc des Névons, L'Isle-sur-la-Sorgue constituent les premiers repères de René Char. Mais après la mort de son père, en 1918, l'enfant est mis en pension à Avignon. En 1925, peu assidu à l'école de commerce de Marseille, Char rencontre les poètes surréalistes Breton et Eluard. Il participe alors à tous les combats du groupe, jusqu'à sa rupture avec le mouvement, en 1935. Pendant l'Occupation, Char dirige un maquis dans les Basses-Alpes. Après la guerre, il prend position contre Staline. Il dénonce les excès de la colonisation. Il se lie avec les peintres Braque, Matisse, Picasso, qui illustrent son œuvre. Le poète meurt en 1988.

ŒUVRES PRINCIPALES

Poésie
Le Marteau sans maître (1934), *Fureur et Mystère* (1948), *La Parole en archipel* (1962), *Chants de la Balandrane* (1977), *Les Voisinages de Van Gogh* (1985).

Le poète de la terre et de l'eau

René Char est le poète d'une terre qu'il faut reconquérir. Le paysage tient une place importante dans son œuvre, où il éclaire les rapports entre l'Homme, le langage et le monde. Char abandonne le surréalisme pour se présenter comme « l'Homme terrestre, l'homme qui va, le garant qui élargit ». Sa poésie préserve le mystère de la terre et de l'eau, entre la douce proximité des corps et l'énigme qu'ils semblent receler. Voilà pourquoi son œuvre fait alterner poèmes en prose et en vers, textes longs, aphorismes et fragments : il s'agit de maintenir toutes nos contradictions dans l'espace fulgurant du poème, qui restitue la plénitude de la nature et le bonheur d'être.

OBJET D'ÉTUDE 1re   Écriture poétique et quête du sens   → voir p. 408

1948 Fureur et Mystère

Sensible aux jeux de l'eau et du vent, aux partages de l'ombre et de la lumière, René Char évoque dans sa poésie les paysages de son enfance. Les poèmes de *Fureur et Mystère* restituent ainsi, dans un langage dépouillé et souvent énigmatique, une impression de dépouillement et de sensualité devant la nature.

La Sorgue

Chanson pour Yvonne

Rivière trop tôt partie, d'une traite, sans compagnon,
Donne aux enfants de mon pays le visage de ta passion.

Rivière où l'éclair finit et où commence ma maison,
Qui roule aux marches d'oubli la rocaille de ma raison.

5 Rivière, en toi terre est frisson, soleil anxiété.
Que chaque pauvre dans sa nuit fasse son pain de ta moisson.

Le XXᵉ siècle ■

Rivière souvent punie, rivière à l'abandon.

Rivière des apprentis à la calleuse condition,
Il n'est vent qui ne fléchisse à la crête de tes sillons.

10 Rivière de l'âme vide, de la guenille et du soupçon,
Du vieux malheur qui se dévide, de l'ormeau, de la compassion.

Rivière des farfelus, des fiévreux, des équarrisseurs[1],
Du soleil lâchant sa charrue pour s'acoquiner au menteur.

Rivière des meilleurs que soi, rivière des brouillards éclos,
15 De la lampe qui désaltère l'angoisse autour de son chapeau.

Rivière des égards au songe, rivière qui rouille le fer,
Où les étoiles ont cette ombre qu'elles refusent à la mer.

Rivière des pouvoirs transmis et du cri embouquant[2] les eaux,
De l'ouragan qui mord la vigne et annonce le vin nouveau.

20 Rivière au cœur jamais détruit dans ce monde fou de prison,
Garde-nous violent et ami des abeilles de l'horizon.

René Char, « La Sorgue », *Fureur et Mystère*,
Éd. Gallimard, 1948.

1. équarrisseurs : qui dépècent les animaux morts ou abattus.

2. embouquer : entrer dans un canal ou dans un détroit.

1900
▼
2010

Observation

1. Étudiez la composition du poème : mesure des vers, unité des strophes, système des rimes.

2. Quel est le rôle joué par l'anaphore au début de chaque strophe ?

Analyse

3. Relevez et classez les réseaux lexicaux dominants dans le poème. Quelles associations, quelles oppositions ce travail met-il en évidence ?

4. Confrontez la première et la dernière strophe du poème. En quoi lui donnent-elles une dimension lyrique ?

5. Selon vous, quel sens au monde et à la vie le poète trouve-t-il dans la nature ? Que lui apporte cette rivière évoquée dans le poème ?

Vers le commentaire. Dans un paragraphe rédigé et argumenté, vous ferez le commentaire de ce poème en développant les pistes de lecture suivantes : la célébration d'un thème poétique traditionnel, la nature ; l'écriture énigmatique d'un poème moderne.

Notion

L'hymne à la nature

Dans l'Antiquité, l'hymne est un poème chanté en l'honneur des dieux ou des héros. Cette forme d'éloge désigne plus généralement un poème célébrant une personne ou une chose. L'hymne permet ainsi l'expression de sentiments lyriques et retrouve sa forme de poésie chantée.

489 ■

Giono

▶ **Jean Giono**
▶ Né à Manosque le 30 mars 1895.
▶ Décédé à Manosque dans la nuit du 8 au 9 octobre 1970.

Fils unique d'une blanchisseuse et d'un cordonnier, Giono grandit en Provence. L'adolescent se passionne pour les auteurs de l'Antiquité. En 1914, il connaît brutalement l'horreur des tranchées. Il se réfugie dans l'écriture et invente un univers animé par des personnages caractéristiques de sa Provence natale. Son premier roman, Colline, en 1928, séduit par l'omniprésence de la nature, les « vraies richesses ». À partir des années 1930, Giono devient le porte-parole des pacifistes. Ses appels au « refus d'obéissance » le mènent en prison, lorsque éclate la Seconde Guerre mondiale, en 1939 ; il est libéré deux mois plus tard. Il connaît la même mésaventure à la Libération, cette fois accusé à tort de collaboration. Giono oriente dès lors son œuvre dans une direction nouvelle, en développant une vaste fresque, inquiétante et ironique, intitulée Chroniques romanesques. Parallèlement, il collabore au Dauphiné libéré, où ses textes polémiques dénoncent la société de consommation. Il adapte ses récits au théâtre et au cinéma. Il meurt à Manosque en 1970, dans la Provence qu'il a tant aimée.

ŒUVRES PRINCIPALES

Romans
Regain (1930), Le Chant du monde (1934), Un roi sans divertissement (1947), Le Hussard sur le toit (1951), L'Iris de Suse (1970).

L'exaltation du personnage épique

Pour Jean Giono, l'écrivain est un « voyageur immobile », qui entraîne le lecteur vers des « arrière-pays imaginaires ». Le roman est pour lui une machine à faire rêver, qui fait redécouvrir au lecteur des paysages et des êtres familiers. Mais alors que les premières œuvres sont marquées par le chant lyrique de la nature, Giono retient les leçons de la Seconde Guerre mondiale. Dès lors, ses romans sont peuplés de personnages héroïques qui captivent l'attention du lecteur par leur enthousiasme et leur générosité. Mais on y découvre aussi des êtres inquiétants qui mettent en lumière la lâcheté et la médiocrité des hommes. Dans tous les cas, les personnages chez Giono apprennent à travers leurs aventures à ruser avec le destin.

OBJET D'ÉTUDE 1re Le personnage de roman → voir p. 402

1951 Le Hussard sur le toit

Admirateur de Stendhal, Jean Giono s'inspire de Fabrice Del Dongo pour créer le personnage d'Angelo Pardi. Brillant cavalier, escrimeur étincelant, prompt à s'indigner devant les bassesses, celui-ci combat l'épidémie de choléra qui ravage la Provence dans la première moitié du XIXe siècle. Il se lie d'amitié avec Pauline de Théus qui est, à son tour, contaminée par la maladie.

À chaque instant depuis des heures il se posait la question : « Qu'est-ce que j'ai comme remèdes ? Qu'est-ce qu'il faut faire ? ». Il n'avait qu'une petite valise pleine de lingerie féminine, son propre porte-manteau[1], son sabre, ses pistolets. Il pensa à un moment à se servir de la poudre. Il ne savait à quel usage. Mais il lui semblait qu'il y
5 avait là-dedans une force, n'importe laquelle qui pouvait s'ajouter à la sienne. Il songea à mélanger cette poudre avec de l'eau-de-vie pour la faire boire à Pauline. Il se disait : « Ce n'est pas la première fois que je soigne un cholérique et j'aurais donné ma vie pour le petit Français[2]. Cela ne fait pas de doute. Ici, je suis entrepris... »

1. porte-manteau : nom donné au bagage du cavalier.
2. le petit Français : personnage malade qu'Angelo n'a pas réussi à sauver.

490

Le XXᵉ siècle

Il ne savait que frictionner sans arrêt. Ses mains lui en faisaient mal. Il fit des fric-
10 tions à l'eau-de-vie. Il renouvelait à chaque instant les pierres chaudes. Il tira avec précaution la jeune femme le plus près possible du feu.

La nuit était devenue extrêmement noire et silencieuse.

« Ce n'est pas la première fois, se dit Angelo, mais ils me sont tous morts dans les
mains. »

15 L'absence d'espoir, plus que le désespoir et surtout la fatigue physique le faisaient
de plus en plus maintenant tourner les regards vers la nuit. Il n'était pas en quête d'une
aide mais d'un repos.

Pauline semblait s'éloigner. Il n'osait pas l'interroger. [...]

Il s'étonnait, il s'effrayait même un peu du vide de la nuit. Il se demandait comment
20 il avait pu ne pas avoir peur jusqu'ici et surtout de choses si menaçantes. Il ne cessait
cependant de s'activer à réchauffer sous ses mains ces aines[3] en bordure desquelles le
froid et la couleur de marbre étaient toujours en repos.

Enfin, il eut toute une série de petite pensée très colorée, de lumières très vives dont
quelques-unes étaient cocasses et risibles et, à bout de forces, il reposa sa joue sur ce
25 ventre qui ne tressaillait plus que faiblement, et il s'endormit.

Une douleur à l'œil le réveilla ; il vit rouge, ouvrit les yeux. C'était le jour.

Il ne savait pas sur quoi de doux et de chaud sa tête reposait. Il se voyait recouvert
jusqu'au menton par les pans de son manteau. Il respira fortement. Une main fraîche
toucha sa joue.

30 « C'est moi qui t'ai couvert, dit une voix. Tu avais froid. »

Il fut sur pied instantanément. La voix n'était pas tout à fait étrangère. Pauline le
regardait avec des yeux presque humains.

« J'ai dormi, se dit-il, mais à voix haute et d'un ton lamentable.

– Tu étais à bout de forces », dit-elle.

Jean Giono, *Le Hussard sur le toit*, Éd. Gallimard, 1951.

3. **ces aines :** le bas du ventre.

1900
2010

Observation

1. Repérez l'écoulement du temps dans le récit. Quelles sont les différentes étapes de cette nuit de lutte contre la maladie ?

2. Par quels procédés l'auteur rend-il le lecteur sensible aux pensées, émotions et sensations du héros ?

3. Quelles sont les réactions provoquées sur Angelo par les paroles de Pauline (l. 30) ?

Analyse

4. Qu'est-ce qui, dans le premier paragraphe, souligne l'impuissance d'Angelo ?

5. Relevez les répétitions du mot « nuit » dans le passage. Analysez cette présence insistante.

6. En quoi la fin de l'extrait laisse-t-elle planer un doute sur la guérison de l'héroïne ? Commentez l'expression « des yeux presque humains » (l. 32).

7. Que signifie la reprise du dialogue à la fin de l'extrait ?

Vers le commentaire. Vous commenterez cet extrait en montrant que le personnage d'Angelo Pardi se présente à la fois comme un personnage héroïque mais aussi comme un personnage profondément humain.

Notion

le rythme du récit

Le rythme du récit est déterminé par les rapports entre le temps de la fiction (celui de la durée de l'intrigue) et le temps de la narration (celui nécessaire pour raconter l'histoire). Il s'accélère au moyen de sommaires (résumés) et d'ellipses (événements non développés). Il se ralentit dans les dialogues, les descriptions et les commentaires du narrateur.

491

Gracq

▶ **Louis Poirier**
Pseudonyme : Julien Gracq

▶ Né à Saint-Florent-le-Vieil le 27 juillet 1910.
▶ Décédé à Angers le 22 décembre 2007.

Issu d'une famille de commerçants, Louis Poirier est pensionnaire au lycée de Nantes. Là, il trouve refuge dans les livres : la lecture du roman de Stendhal *Le Rouge et le Noir* est un éblouissement. À Paris, il étudie la géographie à l'École normale supérieure, puis commence une carrière de professeur au lycée de Nantes.

En 1938, son premier roman, *Au château d'Argol*, est publié sous le pseudonyme de Julien Gracq. Le livre suscite l'enthousiasme d'André Breton, sensible à l'atmosphère envoûtante du roman. Mobilisé pendant la guerre, Gracq tombe gravement malade en Allemagne, dans un camp de prisonniers. En 1947, il est nommé dans un lycée parisien. Il poursuit son œuvre et condamne violemment, dans un essai, *La Littérature à l'estomac*, ceux qui ne voient dans le livre qu'un objet de commerce. Il refuse ainsi le prix Goncourt qu'obtient, en 1951, *Le Rivage des Syrtes*. Écrivain exigeant, Gracq est aussi un critique lucide qui consacre une grande partie de son œuvre à réfléchir sur la littérature.

ŒUVRES PRINCIPALES

Romans
Au château d'Argol (1938),
Le Rivage des Syrtes (1951),
Un balcon en forêt (1958),
La Presqu'île (1970).

Théâtre
Le Roi pêcheur (1948).

Essais
La Littérature à l'estomac (1950)
En lisant en écrivant (1980).

Le personnage face à l'attente et au mystère

À l'opposé des romans qui multiplient les péripéties et les rebondissements, ce qui compte le plus pour Julien Gracq, c'est la création d'un univers mystérieux, où les personnages – partagés entre la peur et le désir, entre le rêve et le souvenir – attendent un événement qui tarde à venir. Comme l'écrit Breton, dans *L'Amour fou* : « Indépendamment de ce qui arrive, n'arrive pas, c'est l'attente qui est magnifique. » Dans les romans de Gracq, le héros est un guetteur, attentif à tous les signes du monde, qui découvre derrière l'apparence ordinaire des choses un secret, une vie plus intense. La réalité familière prend un nouveau visage. L'univers du roman rappelle ainsi celui des contes, des légendes inquiétantes, un monde riche de symboles et ouvert à la poésie.

OBJET D'ÉTUDE 1re Le personnage de roman → voir p. 402

1951 Le Rivage des Syrtes

Le jeune héros du *Rivage des Syrtes*, Aldo, est envoyé à l'extrémité de la seigneurie d'Orsenna. Il est chargé de provoquer une guerre avec le Farghistan, qui lui fait face par-delà la mer des Syrtes. Seul ou en compagnie de Vanessa, Aldo s'enlise dans l'attente du combat.

Un froid brusque maintenant s'abattait sur l'île, le vent fraîchissait, à l'approche de la nuit les oiseaux de mer avaient cessé de crier ; j'avais hâte soudain de quitter cette île chagrine et sauvage, évacuée comme un navire qui coule. Je touchai sèchement l'épaule de Vanessa.
5 – Il se fait tard. Viens. Rentrons.
– Non, pas encore. Tu as vu ? me dit-elle en tournant vers moi ses yeux grands ouverts dans le noir.
D'un seul coup, comme une eau lentement saturée, le ciel de jour avait viré au ciel lunaire ; l'horizon devenait une muraille laiteuse et opaque qui tournait au violet

Le XXe siècle

10 au-dessus de la mer encore faiblement miroitante. Traversé d'un pressentiment brusque, je reportai alors mes yeux vers un singulier nuage. Et, tout à coup, je vis.

Une montagne sortait de la mer, maintenant distinctement visible sur le fond assombri du ciel. Un cône blanc et neigeux, flottant comme un lever de lune au-dessus d'un léger voile mauve qui le décollait de l'horizon, pareil, dans son isolement et sa 15 pureté de neige, et dans les jaillissements de sa symétrie parfaite, à ces phares diamantés qui se lèvent au seuil des mers glaciales. Son lever d'astre sur l'horizon ne parlait pas de la terre, mais plutôt d'un soleil de minuit, de la révolution d'une orbite calme qui l'eût ramené à l'heure dite des profondeurs lavées à l'affrontement fatidique[1] de la mer. Il était là. Sa lumière froide rayonnait comme une source de silence, comme une virginité 20 déserte et étoilée.

– C'est le Tängri, dit Vanessa sans tourner la tête. Elle parlait comme pour elle-même, et je doutai de nouveau qu'elle eût conscience que je fusse là.

Nous demeurâmes longtemps sans mot dire dans l'obscurité devenue profonde, les yeux fixés sur la mer. Le sentiment du temps s'envolait pour moi. La lumière de la lune 25 tirait vaguement de l'ombre la cime[2] énigmatique pour l'y replonger aussitôt, la faisait palpiter irréellement sur la mer effacée ; nos yeux fascinés s'épuisaient à suivre le déploiement de ces phases mourantes, comme aux dernières lueurs, plus louches et plus mystérieuses, d'une aurore boréale[3]. Enfin il fit nuit tout à fait, le froid nous transperça. Je relevai Vanessa sans mot dire, elle s'appuya à mon bras toute lourde. Nous marchions 30 la tête vide, les yeux douloureux de leur excès de fixité, les jambes molles. Je tenais Vanessa étroitement serrée contre moi sur le chemin périlleux et glissant que nous avions peine à suivre dans le noir, mais cet appui que je lui prêtais n'était plus en ce moment qu'un réflexe machinal et sans tendresse. Il me semblait que cette journée de douce et caressante chaleur avait passé comme un vent descendu des champs de neige, si lus-35 tral[4] et si sauvage que jamais mes poumons qu'il avait mordus n'en pourraient épuiser la pureté mortelle, et, comme pour en garder encore l'étincellement dans mes yeux et la saveur froide sur ma bouche, sur le sentier ébouleux, malgré moi, je marchais la tête renversée vers le ciel plein d'étoiles.

Julien Gracq, *Le Rivage des Syrtes,* Éd. José Corti, 1951.

---

1. fatidique : inévitable.

2. la cime : le sommet de la montagne.

3. aurore boréale : le lever du soleil, l'aurore polaire, qui se présente sous la forme d'un arc lumineux d'où s'échappent des jets de lumière.

4. lustral : qui purifie.

1900 ▼ 2010

Observation

1. Classez les termes qui renvoient aux quatre éléments – eau, terre, air et feu – dans le texte. Quelles impressions les personnages ressentent-ils devant le spectacle de la nature ?

2. Relevez le réseau lexical de la blancheur dans le texte. Quel est le sens symbolique de cette présence ?

3. Quelles relations les personnages entretiennent-ils à ce moment du récit ? Appuyez votre réponse sur des indices précis du texte.

4. Repérez et expliquez le rôle de la lune dans ce passage.

Analyse

5. Repérez les comparaisons et les métaphores. Expliquez comment elles contribuent à la dimension poétique du passage.

6. Par quel verbe de perception la description est-elle introduite (l. 11) ? Relevez les indicateurs de temps dans le passage. Quel est l'effet produit sur le rythme du récit ?

Vers le commentaire. Sous la forme d'un paragraphe rédigé, vous ferez le commentaire de la description des lignes 12 à 20 en montrant à la fois sa progression et sa fonction dans le récit.

Notion

Le personnage et le récit

L'enchaînement des actions des personnages de roman marque l'écoulement du temps dans le récit. Avec la description ou le portrait, le rythme du récit se ralentit, apportant des informations au lecteur ou s'accordant à la perception de ce que découvrent les personnages.

Ionesco

▶ **Eugène Ionesco**
▶ Né en Roumanie le 26 novembre 1912.
▶ Décédé à Paris le 28 mars 1994.

Eugène Ionesco naît en Roumanie d'un père roumain et d'une mère française. Leur séparation conduit Eugène et sa sœur à se partager, durant leur enfance, entre la France et la Roumanie. C'est à Bucarest que Ionesco assiste à la montée du nazisme. Il se marie et obtient une bourse pour étudier en France. Pendant la guerre, à Marseille puis à Paris, le couple connaît des difficultés matérielles. En 1950, Ionesco écrit *La Cantatrice chauve* qui n'a d'abord aucun succès. Mais *La Leçon*, en 1951, puis *Les Chaises*, l'année suivante, l'imposent comme un auteur d'avant-garde. Le succès vient avec *Rhinocéros* et *Le roi se meurt*. Ionesco entre à l'Académie française en 1970. Son théâtre survit à l'apparition de dramaturges nouveaux : depuis 1957, *La Cantatrice chauve* est représentée chaque soir au théâtre de la Huchette, à Paris.

ŒUVRES PRINCIPALES

Théâtre
La Cantatrice chauve (1950), *La Leçon* (1951), *Les Chaises* (1952), *Amédée ou Comment s'en débarrasser* (1954), *Rhinocéros* (1960), *Le roi se meurt* (1962).

Le dramaturge de l'absurde

C'est en prenant conscience du caractère automatique des expressions utilisées dans les méthodes d'apprentissage de langue que Ionesco écrit *La Cantatrice chauve* en 1950. Aucune cantatrice n'y figure. Le théâtre de l'absurde fait ainsi le procès du langage et de la communication. Il met en évidence la solitude des hommes. Confrontés à la mort, les personnages ne peuvent se réfugier derrière des valeurs illusoires ou des masques sociaux. C'est ainsi que l'humain prend conscience de sa faiblesse et peut alors s'opposer aux puissances politiques ou religieuses qui tentent de l'asservir. Le théâtre de Ionesco est une leçon d'humanisme fondée sur le tragique de la condition humaine.

OBJET D'ÉTUDE 1re | Le texte théâtral et sa représentation → voir p. 404

1950 — La Cantatrice chauve, anti-pièce

Inspirée d'une méthode d'apprentissage de l'anglais, *La Cantatrice chauve* développe toute la vanité d'un dialogue purement mécanique. Dans cet extrait, M. et Mme Smith enchaînent ainsi des réflexions absurdes, qui ont cependant toute l'apparence d'une conversation logique.

MME S^{MITH}. – Mrs Parker connaît un épicier roumain, nommé Popesco Rosenfeld, qui vient d'arriver de Constantinople. C'est un grand spécialiste en yaourt. Il est diplômé de l'école des fabricants de yaourt d'Andrinople. J'irai demain lui acheter une grande marmite de yaourt roumain folklorique. On n'a pas souvent des choses pareilles ici, dans les environs de Londres.
5 M. S^{MITH}, *continuant sa lecture, fait claquer sa langue.*
MME S^{MITH}. – Le yaourt est excellent pour l'estomac, les reins, l'appendicite et l'apothéose[1]. C'est ce que m'a dit le docteur Mackenzie-King qui soigne les enfants de nos voisins, les Johns. C'est un bon médecin. On peut avoir confiance en lui. Il ne recommande jamais d'autres médicaments que ceux dont il a fait l'expérience sur lui-
10 même. Avant de faire opérer Parker, c'est lui d'abord qui s'est fait opérer du foie, sans être aucunement malade.

1. apothéose : honneur, éloge, consécration.

M. Smith. – Mais alors, comment se fait-il que le docteur s'en soit tiré et que Parker soit mort ?

Mme Smith. – Parce que l'opération a réussi chez le docteur et n'a pas réussi chez Parker.

M. Smith. – Alors Mackenzie n'est pas un bon docteur. L'opération aurait dû réussir chez tous les deux ou alors tous les deux auraient dû succomber.

Mme Smith. – Pourquoi ?

M. Smith. – Un médecin consciencieux doit mourir avec le malade s'ils ne peuvent mourir ensemble. Le commandant d'un bateau périt avec le bateau, dans les vagues. Il ne lui survit pas.

Mme Smith. On ne peut pas comparer un malade à un bateau.

M. Smith. – Pourquoi pas ? Le bateau a aussi ses maladies ; d'ailleurs ton docteur est aussi sain qu'un vaisseau ; voilà pourquoi encore il devait périr en même temps que le malade comme le docteur et son bateau.

Mme Smith. – Ah ! Je n'y avais pas pensé… C'est peut-être juste… et alors, quelle conclusion en tires-tu ?

M. Smith. – C'est que tous les docteurs ne sont que des charlatans. Et tous les malades aussi. Seule la marine est honnête en Angleterre.

Mme Smith. – Mais pas les marins.

M. Smith. – Naturellement.

Eugène Ionesco, *La Cantatrice chauve, anti-pièce*, scène 1, Éd. Gallimard, 1954.

Mise en scène de *La Cantatrice chauve* par François Berreur.

Observation

1. Quelle est la situation des personnages dans cette scène ? Relevez tout ce qui lui donne un caractère banal.

2. Indiquez les sujets successivement abordés par la conversation. Montrez qu'elle progresse par associations mécaniques d'idées.

3. Relevez des exemples de formules assertives, de proverbes ou de vérités universelles. En quoi participent-ils au comique de la scène ?

Analyse

4. Relevez les termes d'articulation qui donnent une apparence logique à la conversation. En quoi renforcent-ils la dimension absurde ?

5. Justifiez le sous-titre de la pièce : « anti-pièce ». Comment un metteur en scène pourrait-il l'appliquer ?

Vers l'écriture d'invention. Imaginez le décor de cette scène. Rédigez les didascalies qui permettront au décorateur de réaliser ce décor.

Notion

La logique de l'absurde

Dans le théâtre de l'absurde, la structure du raisonnement et l'enchaînement des arguments ne sont logiques qu'en apparence. Malgré l'enchaînement des termes d'articulation logiques, ils aboutissent à des conclusions absurdes sur lesquelles les personnages s'accordent pourtant.

Ionesco

OBJET D'ÉTUDE 1ʳᵉ   **Le texte théâtral et sa représentation** → voir p. 404

1962   Le roi se meurt

Dans *Le roi se meurt*, Ionesco n'exprime pas seulement le vide du langage et de la communication, il dévoile aussi le tragique et l'absurdité de toute existence : la mort à laquelle nul n'échappe, même s'il est roi.

Le Roi. – […] Soyez gentils, ne me laissez pas mourir. Je ne veux pas.

Marie. – Que puis-je faire pour lui donner la force de résister ? Moi-même, je faiblis. Il ne me croit plus, il ne croit plus qu'eux. (*Au roi.*) Espère tout de même, espère encore.

Marguerite, *à Marie.* – Ne l'embrouille pas. Tu ne lui fais plus que du tort.

5   Le Roi. – Je ne veux pas, je ne veux pas.

Le Médecin. – La crise était prévue ; elle est tout à fait normale. Déjà la première défense est entamée.

Marie, *à Marguerite.* – La crise passera.

Le garde, *annonçant.* – Le roi passe !

10   Le Médecin. – Nous regrettons beaucoup votre majesté ! On le dira, c'est promis.

Le Roi. – Je ne veux pas mourir.

Marie[1]. – Hélas ! Ses cheveux ont blanchi tout d'un coup. (*En effet, les cheveux du Roi ont blanchi.*) Les rides s'accumulent sur son front, sur son visage. Il a vieilli soudain de quatorze siècles.

15   Le Médecin. – Si vite démodé.

Le Roi. – Les rois devraient être immortels.

Marguerite[2]. – Ils ont une immortalité provisoire.

Le Roi. – On m'avait promis que je ne mourrais que lorsque je l'aurais décidé moi-même.

20   Marguerite. – C'est parce qu'on pensait que tu déciderais plus tôt. Tu as pris goût à l'autorité, il faut que tu décides de force. Tu t'es enlisé dans la boue tiède des vivants. Maintenant, tu vas geler.

Le Roi. – On m'a trompé. On aurait dû me prévenir, on m'a trompé.

Marguerite. – On t'avait prévenu.

25   Le Roi. – Tu m'avais prévenu trop tôt. Tu m'avertis trop tard. Je ne veux pas mourir… Je ne voudrais pas. Qu'on me sauve puisque je ne peux plus le faire moi-même.

Marguerite. – C'est ta faute si tu es pris au dépourvu, tu aurais dû t'y préparer. Tu n'as jamais eu le temps. Tu étais condamné, il fallait y penser dès le premier jour, et puis, tous les jours, cinq minutes tous les jours. Ce n'était pas beaucoup. Cinq minutes tous

30   les jours. Puis dix minutes, un quart d'heure, une demi-heure. C'est ainsi que l'on s'entraîne.

Le Roi. – J'y avais pensé.

Marguerite. – Jamais sérieusement, jamais profondément, jamais de tout ton être.

Marie. – Il vivait.

35   Marguerite. – Trop. (*Au Roi.*) Tu aurais dû garder cela comme une pensée permanente au tréfonds de toutes tes pensées.

Le Médecin. – Il n'a jamais été prévoyant, il a vécu au jour le jour comme n'importe qui.

Marguerite. – Tu accordais des délais. À vingt ans, tu disais que tu attendrais la quarantième année, pour commencer l'entraînement. À quarante ans…

40   Le Roi. – J'étais en si bonne santé, j'étais si jeune !

Marguerite. – À quarante ans, tu t'es proposé d'attendre jusqu'à cinquante ans. À cinquante ans…

Le Roi. – J'étais plein de vie, comme j'étais plein de vie !

---

1. **Marie :** deuxième épouse du roi.

2. **Marguerite :** première épouse du roi.

Le XXᵉ siècle

MARGUERITE. – À cinquante ans, tu voulais attendre la soixantaine. Tu as eu soixante ans, quatre-vingt-dix ans, cent vingt-cinq ans, deux cents ans, quatre cents ans. Tu n'ajournais plus les préparatifs pour dans dix ans, mais pour dans cinquante ans. Puis, tu as remis cela de siècle en siècle.

LE ROI. – J'avais justement l'intention de commencer. Ah ! Si je pouvais avoir un siècle devant moi, peut-être aurais-je le temps !

LE MÉDECIN. – Il ne vous reste qu'un peu plus d'une heure, Sire. Il faut tout faire en une heure.

Eugène Ionesco, *Le roi se meurt*, Éd. Gallimard, 1963.

Michel Bouquet dans *Le roi se meurt*, mis en scène par Georges Werler.

1900 ▼ 2010

Observation
1. Comment le roi Béranger apparaît-il dans cette scène ?
2. Montrez que les deux épouses s'opposent à travers leurs interventions. À quel parti le médecin se range-t-il ?

Analyse
3. Commentez l'oxymore de la ligne 17 : « immortalité provisoire ».
4. Analysez tout ce qui fait de cette scène une scène tragique.
5. Quels sont les indices qui annoncent la dernière réplique ?
6. Commentez la mise en scène de l'illustration.

Vers le commentaire. Sous la forme d'un paragraphe rédigé, montrez comment *Le roi se meurt* s'appuie sur les trois unités du théâtre classique pour intensifier la dimension tragique de la pièce.

Notion
La règle des trois unités

Le théâtre classique concilie le temps de la fiction, c'est-à-dire la durée de l'intrigue, avec le temps de la représentation. C'est l'unité de temps, qui est associée à l'unité de lieu et à l'unité d'action, pour éviter les digressions inutiles. La règle des trois unités assure l'intensité dramatique de la pièce.

497

Beckett

▶ **Samuel Beckett**
▶ Né près de Dublin, le 13 avril 1906.
▶ Décédé à Paris, le 22 décembre 1989.

Né dans une famille de la petite bourgeoisie protestante de Dublin, Samuel Beckett est un étudiant studieux. Nommé assistant à l'université de Dublin, il ne supporte pas la carrière dans laquelle il s'engage. Beckett démissionne, séjourne à Londres dans la misère, puis s'installe à Paris. Pendant la Seconde Guerre mondiale, il participe à la Résistance.

À la Libération, ses romans lui sont renvoyés par les éditeurs. En 1953, après avoir été refusé par de nombreux théâtres, *En attendant Godot* est jouée à Paris. C'est un triomphe. La pièce est reprise à Londres et à New York. Beckett reçoit le prix Nobel de littérature en 1969. Ses dernières œuvres sont courtes : des pièces sans paroles, sans personnages parfois, mais ou chaque indication de mise en scène est extrêmement précise. Beckett meurt à Paris en 1989.

ŒUVRES PRINCIPALES

Romans
Murphy (1938), *Molloy* (1951), *L'Innommable* (1953).

Théâtre
En attendant Godot (1952), *Fin de partie* (1956), *Oh les beaux jours* (1963).

Le dramaturge du vide et de l'attente

L'œuvre de Beckett, dans ses romans comme dans ses pièces, met en place un univers ou l'homme échoue à communiquer avec les autres. Toutes les tentatives pour trouver un sens au monde sont vaines. Qu'il s'agisse d'*En attendant Godot*, en 1952, ou de *Oh les beaux jours* en 1963, les personnages sont condamnés à l'inertie. Rien ne vient combler leur attente. Dans l'immobilité d'un univers sans repères, les personnages parlent pour occuper le vide, maniant l'humour noir. La parole se développe dans un équilibre fragile. Les mots qui s'échangent sont dérisoires, voués à la répétition. Et cependant, c'est tout ce qui reste aux hommes : ce lien ténu sur lequel reposent le monologue romanesque et le dialogue de théâtre, qui permet d'entretenir l'illusion de l'échange, comme l'espérance d'avoir le dernier mot.

OBJET D'ÉTUDE 1re Le texte théâtral et sa représentation → voir p. 404

1952 En attendant Godot

Tout au long de la pièce, deux clochards, Estragon et Vladimir, installés au bord d'un chemin, attendent l'arrivée d'un troisième personnage, Godot. Mais celui-ci ne vient pas. Beckett renvoie ainsi aux spectateurs l'image d'une existence dérisoire et vaine.

ESTRAGON. – Je suis fatigué. (*Un temps.*) Allons-nous-en.
VLADIMIR. – On ne peut pas.
ESTRAGON. – Pourquoi ?
VLADIMIR. – On attend Godot.
5 ESTRAGON. – C'est vrai. (*Un temps.*) Alors comment faire ?
VLADIMIR. – Il n'y a rien à faire.
ESTRAGON. – Mais moi je n'en peux plus.
VLADIMIR. – Veux-tu un radis ?
ESTRAGON. – C'est tout ce qu'il y a ?
10 VLADIMIR. – Il y a des radis et des navets.

■ 498

Le XXe siècle ■

ESTRAGON. – Il n'y a plus de carottes ?

VLADIMIR. – Non. D'ailleurs tu exagères avec les carottes.

ESTRAGON. – Alors donne-moi un radis. (*Vladimir fouille dans ses poches, ne trouve que des navets, sort finalement un radis qu'il donne à Estragon qui l'examine, le renifle.*) Il est noir !

15 VLADIMIR. – C'est un radis.

ESTRAGON. – Je n'aime que les roses, tu le sais bien !

VLADIMIR. – Alors, tu n'en veux pas ?

ESTRAGON. – Je n'aime que les roses !

VLADIMIR. – Alors rends-le-moi. (*Estragon le lui rend.*)

20 ESTRAGON. – Je vais chercher une carotte. (*Il ne bouge pas.*)

VLADIMIR. – Ceci devient vraiment insignifiant.

ESTRAGON. – Pas encore assez. (*Silence.*)

VLADIMIR. – Si tu les essayais ?

ESTRAGON. – J'ai tout essayé.

25 VLADIMIR. – Je veux dire, les chaussures.

ESTRAGON. – Tu crois ?

VLADIMIR. – Ça fera passer le temps. (*Estragon hésite.*) Je t'assure, ce sera une diversion.

ESTRAGON. – Un délassement.

VLADIMIR. – Une distraction.

30 ESTRAGON. – Un délassement.

VLADIMIR. – Essaie.

ESTRAGON. – Tu m'aideras ?

VLADIMIR. – Bien sûr.

ESTRAGON. – On ne se débrouille pas trop mal, hein Didi, tous les deux ensemble ?

35 VLADIMIR. – Mais oui, mais oui. Allez, on va essayer la gauche d'abord.

ESTRAGON. – On trouve toujours quelque chose, hein Didi, pour nous donner l'impression d'exister ?

VLADIMIR, *impatiemment.* Mais oui, mais oui, on est des magiciens. Mais ne nous laissons pas détourner de ce que nous avons résolu. (*Il ramasse une chaussure.*) Viens, donne ton

40 pied. (*Estragon s'approche de lui, lève le pied.*) L'autre, porc ! (*Estragon lève l'autre pied.*) Plus haut ! (*Les corps emmêlés, ils titubent à travers la scène. Vladimir réussit finalement à lui mettre la chaussure.*) Essaie de marcher. (*Estragon marche.*) Alors ?

ESTRAGON. – Elle me va.

Samuel Beckett, *En attendant Godot*, Éd. de Minuit, 1952.

1900 ▾ 2010

Observation

1. Quelle est la situation des deux personnages ? Relevez les termes et expressions qui soulignent leur résignation au début de la scène.

2. À travers quelles répliques le vide de l'existence des deux personnages apparaît-il ? Commentez les répliques des lignes 21 et 22.

3. Repérez les didascalies et indiquez quelles sont leurs différentes fonctions.

4. Quel effet produit la brièveté des répliques ?

Analyse

5. Étudiez l'évolution du rapport entre les personnages dans cette scène.

6. Analysez le rôle des accessoires et leur importance sur le plan de la mise en scène ?

Vers l'oral. Par groupes de deux, lisez ce texte à voix haute, comme si vous le représentiez sur une scène de théâtre. Attachez-vous, par l'intonation, à mettre en valeur les moments de complicité et d'agacement des deux personnages.

Notion

L'accessoire au théâtre

Le texte théâtral peut utiliser des objets qui s'intègrent au déroulement de l'action. Ces accessoires ne prennent tout leur sens qu'au moment où ils sont utilisés par les acteurs. Ils sollicitent pleinement l'attention du metteur en scène car ils participent à la représentation.

499 ■

Beckett

OBJET D'ÉTUDE 1re **Le texte théâtral et sa représentation** → voir p. 404

1956 Fin de partie

Dans le théâtre de Beckett, l'absence d'intrigue et de destin, le dépouillement des actions et des paroles expriment la condition de l'homme. Aveugle, assis dans un fauteuil roulant, Hamm dialogue sans espoir avec Clov, qui est à son service.

1. **la lunette :** la longue-vue.
2. **mortibus :** mort.
3. **fanal :** sorte de phare guidant les navires.

HAMM. – C'est d'un triste.

Entre Clov, la lunette[1] à la main. Il va vers l'escabeau.

CLOV. – Ça redevient gai. (*Il monte sur l'escabeau, braque la lunette sur le dehors. Elle lui échappe des mains, tombe. Un temps.*) J'ai fait exprès. (*Il descend de l'escabeau, ramasse la*
5 *lunette, l'examine, la braque sur la salle.*) Je vois… une foule en délire. (*Un temps.*) Ça alors, pour une longue-vue c'est une longue-vue. (*Il baisse la lunette, se tourne vers Hamm.*) Alors ? On ne rit pas ?

HAMM, *ayant réfléchi.* – Moi non.

CLOV, *ayant réfléchi.* – Moi non plus. (*Il monte sur l'escabeau, braque la lunette sur le de-*
10 *hors.*) Voyons voir… (*Il regarde, en promenant la lunette.*) Zéro… (*il regarde*)… zéro… (*il regarde*)… et zéro. (*Il baisse la lunette, se tourne vers Hamm.*) Alors ? Rassuré ?

HAMM. – Rien ne bouge. Tout est…

CLOV. – Zér…

HAMM, *avec violence.* – Tout est… tout est… tout est quoi ? (*Avec violence.*) Tout est quoi ?
15 CLOV. – Ce que tout est ? En un mot ? C'est ça que tu veux savoir ? Une seconde. (*Il braque la lunette sur le dehors, regarde, baisse la lunette, se tourne vers Hamm.*) Mortibus[2]. (*Un temps.*) Alors ? content ?

HAMM. – Regarde la mer.

CLOV. – C'est pareil.

20 HAMM. – Regarde l'Océan !

Clov descend de l'escabeau, fait quelques pas vers la fenêtre à gauche, retourne prendre l'esca-beau, l'installe sous la fenêtre à gauche, monte dessus, braque la lunette sur le dehors, regarde longuement. Il sursaute, baisse la lunette, l'examine, la braque de nouveau.

CLOV. – Jamais vu une chose comme ça !

25 HAMM, *inquiet.* – Quoi ? Une voile ? Une nageoire ? Une fumée ?

CLOV, *regardant toujours.* – Le fanal[3] est dans le canal.

HAMM, *soulagé.* – Bah ! Il l'était déjà.

CLOV, *de même.* – Il en restait un bout.

HAMM. – La base.

30 CLOV, *de même.* – Oui.

HAMM. – Et maintenant ?

CLOV, *de même.* – Plus rien.

HAMM. – Pas de mouettes ?

CLOV, *de même.* Mouettes !

35 HAMM. – Et l'horizon ? Rien à l'horizon ?

CLOV, *baissant la lunette, se tournant vers Hamm, exaspéré.* – Mais que veux-tu qu'il y ait à l'horizon ? (*Un temps.*)

HAMM. – Les flots, comment sont les flots ?

CLOV. – Les flots ? (*Il braque la lunette.*) Du plomb.

40 HAMM. – Et le soleil ?

CLOV, *regardant toujours.* – Néant.

■ 500

Le XXᵉ siècle ■

HAMM. – Il devrait être en train de se coucher pourtant. Cherche bien.

CLOV, *ayant cherché*. – Je t'en fous.

HAMM. – Il fait donc nuit déjà ?

45 CLOV, *regardant toujours*. – Non.

HAMM. – Alors quoi ?

CLOV, *de même*. – Il fait gris. (*Baissant la lunette et se tournant vers Hamm, plus fort.*) Gris ! (*Un temps. Encore plus fort.*) GRRIS !

Il descend de l'escabeau, s'approche de Hamm par derrière et lui parle à l'oreille.

50 HAMM, *sursautant*. – Gris ! Tu as dit gris ?

CLOV. – Noir clair. Dans tout l'univers.

HAMM. – Tu vas fort. (*Un temps.*) Ne reste pas là, tu me fais peur.

Clov retourne à sa place à côté du fauteuil.

CLOV. – Pourquoi cette comédie, tous les jours ?

55 HAMM. – La routine. On ne sait jamais. (*Un temps.*) Cette nuit j'ai vu dans ma poitrine. Il y avait un gros bobo.

CLOV. – Tu as vu ton cœur.

HAMM. – Non, c'était vivant. (*Un temps. Avec angoisse.*) Clov !

CLOV. – Oui.

60 HAMM. – Qu'est-ce qui se passe ?

CLOV. – Quelque chose suit son cours.

Un temps.

HAMM. – Clov !

CLOV (*agacé*). – Qu'est-ce que c'est ?

65 HAMM. – On n'est pas en train de… de… signifier quelque chose ?

CLOV. – Signifier ? Nous, signifier ! (*Rire bref.*) Ah elle est bonne !

Samuel Beckett, *Fin de partie*, Éd. de Minuit, 1957.

1900 ▾ 2010

Observation

1. Quelles caractéristiques les deux personnages de cette scène présentent-ils ?

2. Observez les types de phrases utilisés. Quelles relations expriment-ils entre les personnages ?

3. Quels sont les accessoires utilisés dans cette scène ? Étudiez le jeu des personnages.

Analyse

4. Repérez les caractéristiques de l'univers évoqué par Clov. En quoi participe-t-il à la dimension tragique de la pièce ?

5. Quand le public est-il sollicité par les personnages ? Quel est l'effet recherché ?

6. Commentez les dernières répliques de l'extrait. De quelle manière, selon vous, la mise en scène de cet extrait peut-elle souligner le vide de la communication ?

Vers la dissertation. En vous appuyant sur les extraits du théâtre de l'absurde (p. 494 à 499), montrez dans un paragraphe argumenté que chaque pièce est une « anti-pièce », selon la formule d'Ionesco.

Notion

Le spectateur et la scène

La représentation théâtrale est fondée sur la séparation de la scène et du spectateur, qui assiste à la pièce sans y participer. Cependant, cette convention est remise en cause quand les acteurs sollicitent le public, qu'ils font intervenir dans le déroulement de l'action que ce soit pour faire rire ou créer une rupture, un malaise.

501 ■

Robbe-Grillet

▶ **Alain Robbe-Grillet**
▶ Né à Brest le 18 août 1922.
▶ Décédé à Caen le 18 février 2008.

Robbe-Grillet gardera longtemps le souvenir de sa ville natale, Brest, de son port et de ses nuits froides. Ingénieur agronome, il intègre en 1950 l'Institut des fruits et agrumes coloniaux. La publication des *Gommes* et du *Voyeur* forme un tournant dans sa vie. Les polémiques se multiplient autour du Nouveau Roman, dont il apparaît comme le chef de file. Il devient conseiller littéraire, écrit de nombreux articles pour défendre ses idées. En 1961, Robbe-Grillet collabore avec le cinéaste Alain Resnais pour un film, *L'Année dernière à Marienbad*. Il passe lui-même à la mise en scène et réalise des films complexes, qui renversent le récit traditionnel. Son œuvre romanesque se poursuit. En 1985, il écrit une autobiographie, *Le Miroir qui revient*, où vérité et fiction se mêlent subtilement. Élu à l'Académie française en 2004, il refuse d'y prononcer son discours de réception en habit et n'y siégera pas jusqu'à sa mort.

ŒUVRES PRINCIPALES

Romans
Les Gommes (1953), *Le Voyeur* (1955), *La Jalousie* (1957).

Scénario
L'Année dernière à Marienbad (1961).

Essai
Pour un nouveau roman (1963).

Le Nouveau Roman et la contestation du personnage

Le Nouveau Roman que réclame Robbe-Grillet s'affirme comme une contestation du roman traditionnel : le destin du héros, l'identité et le caractère des personnages, le développement chronologique de l'histoire, l'illusion de la réalité sont remis en cause. Pour les écrivains du Nouveau Roman, seuls le caractère énigmatique de la narration, la présence obsédante des objets, la déstructuration du récit (à travers la répétition des mêmes scènes ou les jeux sur le temps) peuvent redonner une chance à un genre littéraire usé. Le romancier a ainsi en tête « des mouvements de phrases, des architectures, des constructions grammaticales, exactement comme un peintre a en tête des lignes et des couleurs », écrit Robbe-Grillet.

OBJET D'ÉTUDE 1re **Le personnage de roman** ➜ voir p. 402

1953 Les Gommes

Wallas, le héros du roman de Robbe-Grillet, *Les Gommes*, erre dans une ville sans nom et porte un regard minutieux sur l'univers qui l'entoure. La ville est pour lui une sorte de labyrinthe froid et déshumanisé à travers lequel s'affirme l'écriture du Nouveau Roman. Dans cet extrait, Wallas pénètre dans un restaurant où les clients se servent eux-mêmes.

Wallas fait le tour des appareils. Chacun d'eux renferme – placés sur une série de plateaux de verre, équidistants[1] et superposés – une série d'assiettes en faïence où se reproduit exactement, à une feuille près, la même préparation culinaire. Quand une colonne se dégarnit, des mains sans visage complètent les vides, par derrière.

5 Arrivé devant le dernier distributeur, Wallas ne s'est pas encore décidé. Son choix est d'ailleurs de faible importance, car les divers mets proposés ne diffèrent que par l'arrangement des articles sur l'assiette ; l'élément de base est le hareng mariné.

Dans la vitre de celui-ci Wallas aperçoit, l'un au-dessus de l'autre, six exemplaires de la composition suivante : sur un lit de pain de mie, beurré de margarine, s'étale un

1. **équidistants** : situés à égale distance.

Le XXe siècle

10 large filet de hareng à la peau bleu argenté ; à droite cinq quartiers de tomate, à gauche trois rondelles d'œuf dur ; posées par-dessus, en des points calculés, trois olives noires. Chaque plateau supporte en outre une fourchette et un couteau. Les disques de pain sont certainement fabriqués sur mesure.

Wallas introduit son jeton dans la fente et appuie sur un bouton. Avec un ronron-
15 nement agréable de moteur électrique, toute la colonne d'assiettes se met à descendre ; dans la case vide située à la partie inférieure apparaît, puis s'immobilise, celle dont il s'est rendu acquéreur. Il la saisit, ainsi que le couvert qui l'accompagne, et pose le tout sur une table libre. Après avoir opéré de la même façon pour une tranche du même pain, garni cette fois de fromage, et enfin pour un verre de bière, il commence à couper
20 son repas en petits cubes.

Un quartier de tomate en vérité sans défaut, découpé à la machine dans un fruit d'une symétrie parfaite.

La chair périphérique, compacte et homogène, d'un beau rouge de chimie, est régu-
25 lièrement épaisse entre une bande de peau luisante et la loge où sont rangés les pépins, jaunes, bien calibrés, maintenus en place par une mince couche de gelée verdâtre le long d'un renflement du cœur. Celui-ci, d'un rose atténué légèrement granuleux, débute, du côté de la dépression inférieure, par un faisceau de veines blanches, dont l'un se prolonge jusque vers les pépins – d'une façon peut-être un peu incertaine.
30 Tout en haut, un accident à peine visible s'est produit : un coin de pelure, décollé de la chair sur un millimètre ou deux, se soulève imperceptiblement.

Alain Robbe-Grillet, *Les Gommes*, Éd. de Minuit, 1973.

1900
▼
2010

Observation

1. À travers quels détails le texte donne-t-il au lecteur l'impression d'un univers déshumanisé ?

2. Comment le personnage principal apparaît-il au lecteur ?

3. Relevez le réseau lexical du langage scientifique dans le texte. Comment s'explique, selon vous, cette présence ?

4. Qu'est-ce-qui, selon vous, peut dérouter dans ce texte un lecteur de romans traditionnels ? Qu'est-ce qui peut l'attacher à poursuivre sa lecture ?

Analyse

5. Étudiez la manière dont s'opère dans l'extrait le passage de la narration à la description. Quel est l'effet produit sur le rythme du récit ?

6. Montrez en quoi la description du quartier de tomate dans les lignes 21 à 31 répond à la volonté de représenter le monde de manière objective.

Vers le commentaire. Dans un paragraphe rédigé et argumenté, montrez que ce récit s'organise de manière différente d'un récit traditionnel.

Notion

Le personnage du Nouveau roman

« Nos romans n'ont pour but ni de faire vivre des personnages ni de raconter des histoires », écrit Robbe-Grillet. Le personnage devient un être anonyme, une voix ou un regard qui rapporte une perception fragmentée du monde. Cette crise du personnage est aussi celle de l'intrigue, qui laisse place à la description minutieuse des objets.

Robbe-Grillet

OBJET D'ÉTUDE 1ʳᵉ **Le personnage de roman** → voir p. 402

1957

La Jalousie

Le titre du roman, dont l'action se déroule sous les tropiques, joue sur le mot « jalousie ».
Celui-ci désigne à la fois le sentiment humain et le store qui, tantôt ouvert, tantôt fermé,
permet ou non de voir ce qui se déroule derrière les fenêtres.

Bien qu'il fasse tout à fait nuit maintenant, elle a demandé de ne pas apporter les lampes, qui – dit-elle – attirent les moustiques. Les verres sont emplis, presque jusqu'au bord, d'un mélange de cognac et d'eau gazeuse où flotte un petit cube de glace. Pour ne pas risquer d'en renverser le contenu par un faux mouvement, dans l'obscurité
5 complète, elle s'est approchée le plus possible du fauteuil où est assis Franck, tenant avec précaution dans la main droite le verre qu'elle lui destine. Elle s'appuie de l'autre main au bras du fauteuil et se penche vers lui, si près que leurs têtes sont l'une contre l'autre. Il murmure quelques mots : un remerciement, sans doute.

Elle se redresse d'un mouvement souple, s'empare du troisième verre – qu'elle ne
10 craint pas de renverser, car il est beaucoup moins plein – et va s'asseoir à côté de Franck, tandis que celui-ci continue l'histoire de camion en panne commencée dès son arrivée.

C'est elle-même qui a disposé les fauteuils, ce soir, quand elle les a fait apporter sur la terrasse. Celui qu'elle a désigné à Franck et le sien se trouvent côte à côte, contre le mur de la maison – le dos vers ce mur, évidemment – sous la fenêtre du bureau. Elle a ainsi
15 le fauteuil de Franck à sa gauche, et sur sa droite – mais plus en avant – la petite table où sont les bouteilles. Les deux autres fauteuils sont placés de l'autre côté de cette table, davantage encore vers la droite, de manière à ne pas intercepter la vue entre les deux premiers et la balustrade de la terrasse. Pour la même raison de « vue », ces deux derniers fauteuils ne sont pas tournés vers le reste du groupe : ils ont été mis de biais, orientés
20 obliquement vers la balustrade à jours et l'amont de la vallée. Cette disposition oblige les personnes qui s'y trouvent assises à de fortes rotations de tête vers la gauche, si elles veulent apercevoir A...[1] – surtout en ce qui concerne le quatrième fauteuil, le plus éloigné.

Le troisième, qui est un siège pliant fait de toile tendue sur des tiges métalliques, occupe – lui – une position nettement en retrait, entre le quatrième et la table. Mais c'est
25 celui-là, moins confortable, qui est demeuré vide.

La voix de Franck continue de raconter les soucis de la journée sur sa propre plantation. A... semble y porter de l'intérêt. Elle l'encourage de temps à autre par quelques mots prouvant son attention. Dans un silence se fait entendre le bruit d'un verre que l'on repose sur la petite table.

30 De l'autre côté de la balustrade, vers l'amont de la vallée, il y a seulement le bruit des criquets et le noir sans étoiles de la nuit.

Alain Robbe-Grillet, *La Jalousie*, Éd. de Minuit, 1957.

1. **A...** : l'épouse
du personnage
absent de la scène
et dont le fauteuil
est resté vide.

Observation

1. Quels sont les personnages présents dans cette scène ? Quels rapports semblent-ils entretenir ?

2. Faites l'inventaire des détails sur lesquels insiste la narration.

3. Comment le narrateur met-il en place une atmosphère mystérieuse ?

Analyse

4. Personnages, objets, décor : quelles différences constatez-vous avec un roman traditionnel ?

5. En définitive, qui perçoit la scène pour le lecteur ?

Vers le commentaire. Montrez, dans un paragraphe d'analyse, comment l'auteur inscrit *La Jalousie* dans les recherches du Nouveau Roman.

Le XXᵉ siècle

La présence des choses
Daniel Spoerri, *Repas hongrois, tableau-piège*

Au XIXᵉ siècle, le réalisme littéraire et artistique se traduit par la volonté de représenter la vie de l'époque telle qu'elle est. Au début des années 1960, des artistes prolongent ce projet de manière radicale en révélant le réel quotidien par sa présence objective dans l'œuvre.

Daniel Spoerri, *Repas hongrois, tableau-piège*, 1963, assemblage, métal, verre, porcelaine, tissu sur aggloméré peint.

Daniel Spoerri réalise un « tableau-piège », c'est-à-dire une œuvre accomplie ici à partir des restes d'un repas préparé par l'artiste lui-même. L'instant est fixé dans la durée, rappelant que l'objet banal constitue une part de la réalité.

Les restes du repas sont collés par les convives eux-mêmes, et le support est redressé verticalement pour permettre au spectateur de voir les éléments qui constituent l'environnement objectif des convives.

Il s'agit d'une nature morte, qui n'est pas une représentation, mais une présentation de l'objet. Les formes et les couleurs dessinent une poésie des hasards d'un repas.

Lecture d'image
1. À partir du hasard de la disposition surgissent des lignes et des équilibres. Repérez-en au moins trois.

2. Quel(s) détail(s) montre(nt) que le tableau « piège » un instant la vie des objets.

3. Le réel décrit par Robbe-Grillet semble déshumanisé. Qu'en est-il de celui figuré par Spoerri ? Justifiez votre réponse.

4. En définitive quels sont les points communs entre l'univers du romancier et celui du peintre ?

Le Nouveau Réalisme
Né en 1960, le Nouveau Réalisme réunit des artistes dont les œuvres utilisent des objets empruntés directement à la réalité quotidienne : les tableaux-pièges de Spoerri, les accumulations d'objets par Arman, les compressions de voiture par César, les affiches lacérées récoltées par Jacques Villeglé... sont autant d'exemples d'une nouvelle forme d'art centrée sur l'autonomie expressive de l'objet.

1900 ▼ 2010

Butor

▶ **Michel Butor**
▶ Né à Mons-en-Barœul le 14 septembre 1926.

Michel Butor a trois ans lorsque ses parents s'installent à Paris. Il fait des études de philosophie, écrit des poèmes, avant d'accepter un poste de professeur de français en Égypte, en 1950. Ses premiers romans, *Passage de Milan*, en 1954, et *L'Emploi du Temps*, en 1956, connaissent un succès d'estime. La célébrité vient un an plus tard avec *La Modification* : Michel Butor est alors considéré comme l'un des plus brillants représentants du Nouveau Roman. Parallèlement à son activité de romancier, il continue d'enseigner la littérature, publie des poèmes et écrit de nombreux essais sur la peinture ou encore sur Racine, Baudelaire ou Flaubert. Esprit vif et curieux, Butor touche à tous les domaines de la création et de la réflexion esthétique ; solitaire, il vit et travaille dans un village de Savoie.

ŒUVRES PRINCIPALES

Romans
L'Emploi du temps (1956),
La Modification (1957), *Degrés* (19…

Essais
Les Mots sur la peinture (1969), *Pet…
histoire de la littérature française* (2…

Poésie
Les temps suspendus (2008).

Les jeux de l'espace et du temps

Les romans de Michel Butor reposent sur l'exploration systématique d'un lieu. Il peut s'agir, comme dans *Passage de Milan*, d'un immeuble parisien dont le romancier raconte la vie pendant la durée d'une nuit, ou d'une petite ville d'Angleterre dont le héros, en quête de son passé, explore les rues, comme dans *L'Emploi du temps*. *La Modification* se déroule ainsi tout au long d'un voyage en train entre Paris et Rome. Écrit à la deuxième personne du pluriel, le récit implique le lecteur dans la modification intérieure du personnage principal, partagé entre les deux femmes qu'il aime. À l'enfermement dans un lieu unique, le compartiment du train, se mêle le jeu des souvenirs et des projections dans un futur incertain.

OBJET D'ÉTUDE 1ʳᵉ Le personnage de roman ➔ voir p. 402

1957 La Modification

L'intrigue du roman *La Modification* coïncide avec le voyage en train du personnage principal entre Paris et Rome. Dès les premières lignes du texte, le lecteur est surpris par le caractère énigmatique du mode de narration à la deuxième personne du pluriel, qui témoigne des recherches menées par les auteurs du Nouveau Roman.

Vous avez mis le pied gauche sur la rainure de cuivre, et de votre épaule droite vous essayez en vain de pousser un peu plus le panneau coulissant.

Vous vous introduisez par l'étroite ouverture en vous frottant contre ses bords, puis, votre valise couverte de granuleux cuir sombre couleur d'épaisse bouteille, votre valise
5 assez petite d'homme habitué aux longs voyages, vous l'arrachez par sa poignée collante, avec vos doigts qui se sont échauffés, si peu lourde qu'elle soit, de l'avoir portée jusqu'ici, vous la soulevez et vous sentez vos muscles et vos tendons se dessiner non seulement dans vos phalanges, dans votre paume, votre poignet et votre bras, mais dans votre épaule aussi, dans toute la moitié du dos et dans vos vertèbres depuis votre cou jusqu'aux reins.

Le XXᵉ siècle

10   Non, ce n'est pas seulement l'heure, à peine matinale, qui est responsable de cette faiblesse inhabituelle, c'est déjà l'âge qui cherche à vous convaincre de sa domination sur votre corps, et pourtant, vous venez seulement d'atteindre les quarante-cinq ans.

Vos yeux sont mal ouverts, comme voilés de fumée légère, vos paupières sensibles et mal lubrifiées, vos tempes crispées, à la peau tendue et comme raidie en plis minces,
15   vos cheveux, qui se clairsèment et grisonnent, insensiblement pour autrui mais non pour vous, pour Henriette et pour Cécile[1], ni même pour les enfants désormais, sont un peu hérissés et tout votre corps à l'intérieur de vos habits qui le gênent, le serrent et lui pèsent, est comme baigné, dans son réveil imparfait, d'une eau agitée et gazeuse pleines d'animalcules[2] en suspension.

20   Si vous êtes entrés dans ce compartiment, c'est que le coin couloir face à la marche à votre gauche est libre, cette place même que vous auriez fait demander par Marnal comme à l'habitude s'il avait été encore temps de retenir, mais non, que vous auriez demandé vous-même par téléphone, car il ne fallait pas que quelqu'un sût chez Scabelli[3] que c'était vers Rome que vous vous échappiez pour ces quelques jours.

25   Un homme à votre droite, son visage à la hauteur de votre coude, assis en face de cette place où vous allez vous installer pour ce voyage, un peu plus jeune que vous, quarante ans tout au plus, plus grand que vous, pâle, aux cheveux plus gris que les vôtres, aux yeux clignotants derrière des verres très grossissants, aux mains longues et agitées, aux ongles rongés et brunis de tabac, aux doigts qui se croisent et se décroisent
30   nerveusement dans l'impatience du départ, selon toute vraisemblance le possesseur de cette serviette noire bourrée de dossiers dont vous apercevez quelques coins colorés qui s'insinuent par une couture défaite, et de livres sans doute ennuyeux, reliés, au-dessus de lui comme un emblème, comme une légende qui n'en est pas moins explicative, ou énigmatique, pour être une chose, une possession et non un mot, posée sur le filet de
35   métal aux trous carrés, et appuyée sur la paroi du corridor.

Michel Butor, *La Modification*, Éd. de Minuit, 1957.

---

1. Henriette et Cécile : les deux femmes entre lesquelles se partage le personnage principal.

2. animalcules : animaux visibles uniquement au microscope.

3. Scabelli : entreprise où travaille le personnage principal.

1900 ▾ 2010

Observation

1. Quelles sont les informations apportées sur le personnage principal et sa situation dans cette première page de roman ?

2. Observez la construction de chaque paragraphe. En quoi est-elle originale ?

3. Étudiez l'importance accordée à la description dans cet extrait. Montrez de quelle manière elle se développe.

Analyse

4. Quels sont, selon vous, les sentiments qu'inspire au narrateur le personnage déjà installé dans le compartiment du train ?

5. Analysez le rythme du récit. En quoi le roman traditionnel est-il renouvelé par les choix effectués ?

6. Quels sont les effets produits par le mode de narration, c'est-à-dire l'usage de la deuxième personne du pluriel, choisie par l'auteur ?

Vers l'écriture d'invention. Récrivez le passage des lignes 3 à 12 en utilisant la troisième personne du singulier et les temps traditionnels du récit (imparfait, passé simple et plus-que-parfait). Expliquez quel est l'effet produit par cette transformation.

Notion

Les modes de narration

Traditionnellement, le récit utilise deux modes de narration : le narrateur raconte l'histoire à la première ou à la troisième personne du singulier. Le Nouveau Roman conteste cette conception classique du récit à travers un certain nombre de procédés, comme ici l'usage de la deuxième personne du pluriel, qui semble interpeller directement le lecteur et en faire un personnage à part entière.

507

Duras

▶ **Marguerite Donnadieu
– Pseudonyme : Duras**

▶ Né à Gia-Dinh, près de Saïgon, le 14 avril 1914

▶ Décédée, à Paris, le 3 mars 1996.

Marguerite Donnadieu naît et grandit en Indochine, avec ses deux frères. Après la mort de son père, en 1918, sa mère élève seule les trois enfants. Les économies de la famille sont englouties dans l'achat de terres incultivables. À dix-huit ans, Marguerite rejoint son frère aîné en métropole. Elle épouse en 1939 l'écrivain Robert Antelme. En 1944, alors qu'elle est dans la Résistance, son mari est arrêté et déporté. Après la Libération, la notoriété vient avec *Moderato cantabile*, salué par la critique. La romancière adhère un temps au parti communiste, s'engage contre la guerre d'Algérie et participe au mouvement de mai 68. Après avoir collaboré avec le cinéaste Alain Resnais, elle réalise ses propres films, comme *India Song* en 1975. Duras revient à une conception plus traditionnelle du roman avec *L'Amant*, qui obtient le prix Goncourt en 1984. L'écrivain meurt à Paris le 3 mars 1996.

ŒUVRES PRINCIPALES

Romans
Un barrage contre le Pacifique (1950)
Moderato cantabile (1958),
Le Ravissement de Lol V. Stein (1964)
Le Vice-Consul (1966), *L'Amant* (1984)
La Douleur (1985), *Yann Andréa Steiner* (1992).

Scénarios et films
Hiroshima mon amour (1959), auteur réalisatrice de *Détruire dit-elle* (1969)
India Song (1975), *Le Camion* (1977)

La narration énigmatique

L'œuvre de Marguerite Duras s'oriente rapidement vers une narration discontinue, qui traduit le sentiment du vide et de l'absence. Les descriptions fragmentaires, la narration elliptique, les dialogues chargés d'implicite correspondent ainsi à l'expérience d'un monde imparfait. Après le roman, ses œuvres théâtrales et cinématographiques expriment elles aussi le doute et le sentiment tragique de l'existence. L'histoire racontée compte moins que les silences et le rythme du récit qui soulignent l'écoulement désordonné du temps. Cependant, *L'Amant* réconcilie Marguerite Duras avec une forme d'écriture pleine, aux personnages plus traditionnels.

OBJET D'ÉTUDE 1re Le personnage de roman → voir p. 402

1958 Moderato cantabile

Moderato cantabile met en scène une jeune femme entraînée dans une relation ambiguë avec un personnage rencontré sur les lieux d'un crime. Le début du roman la montre avec son petit garçon venu prendre une leçon de piano.

– Veux-tu lire ce qu'il y a d'écrit au-dessus de ta partition ? demanda la dame.
– Moderato cantabile[1], dit l'enfant.
La dame ponctua cette réponse d'un coup de crayon sur le clavier. L'enfant resta immobile, la tête tournée vers sa partition.
5 – Et qu'est-ce que ça veut dire, moderato cantabile ?
– Je ne sais pas.
Une femme, assise à trois mètres de là, soupira.
– Tu es sûr de ne pas savoir ce que ça veut dire, moderato cantabile ? reprit la dame.
L'enfant ne répondit pas. La dame poussa un cri d'impuissance étouffée, tout en
10 frappant de nouveau le clavier de son crayon. Pas un cil de l'enfant ne bougea. La dame se retourna.

[1]. **moderato cantabile** : indication du rythme musical signifiant « modéré et chantant ».

508

Le XXᵉ siècle

– Madame Desbaresdes, quelle tête vous avez là, dit-elle.

Anne Desbaresdes soupira une nouvelle fois.

– À qui le dites-vous, dit-elle.

15 L'enfant, immobile, les yeux baissés, fut seul à se souvenir que le soir venait d'éclater. Il en frémit.

– Je te l'ai dit la dernière fois, je te l'ai dit l'avant-dernière fois, je te l'ai dit cent fois,
tu es sûr de ne pas le savoir ?

L'enfant ne jugea pas bon de répondre. La dame reconsidéra une nouvelle fois l'ob-
20 jet qui était devant elle. Sa fureur augmenta.

– Ça recommence, dit tout bas Anne Desbaresdes.

– Ce qu'il y a, continua la dame, c'est que tu ne veux pas le dire.

Anne Desbaresdes aussi reconsidéra cet enfant de ses pieds jusqu'à sa tête mais d'une
autre façon que la dame.

25 – Tu vas le dire tout de suite, hurla la dame.

L'enfant ne témoigna aucune surprise. Il ne répondit toujours pas. Alors la dame
frappa une troisième fois sur le clavier, mais si fort que le crayon se cassa. Tout à côté
des mains de l'enfant. Celles-ci étaient à peine écloses, rondes, laiteuses encore. Fermées
sur elles-mêmes, elles ne bougèrent pas.

30 – C'est un enfant difficile, osa dire Anne Desbaresdes, non sans une certaine timidité.

L'enfant tourna la tête vers cette voix, vers elle, vite, le temps de s'assurer de son
existence, puis il reprit sa pose d'objet, face à la partition. Ses mains restèrent fermées.

– Je ne veux pas savoir s'il est difficile ou non, Madame Desbaresdes, dit la dame.
35 Difficile ou pas, il faut qu'il obéisse, ou bien…

Dans le temps qui suivit ce propos, le bruit de la mer entra par la fenêtre ouverte. Et
avec lui, celui, atténué, de la ville au cœur de l'après-midi de ce printemps.

– Une dernière fois, tu es sûr de ne pas le savoir ?

2. une vedette : petit
bateau à moteur.

Une vedette[2] passa dans le cadre de la fenêtre ouverte. L'enfant, tourné vers sa parti-
40 tion, remua à peine – seule la mère le sut – alors que la vedette lui passait dans le sang.

Marguerite Duras, *Moderato cantabile*, Éd. de Minuit, 1958.

1900
▼
2010

Observation

1. Quelles sont les différentes étapes du récit dans ce passage. Sur quoi la tension repose-t-elle ?

2. Comment l'impatience et la colère du professeur de piano s'expriment-elles tout au long du texte ?

3. Comment la mère apparaît-elle pour la première fois ? Par quel terme est-elle désignée ?

4. Relevez les moments où s'instaure une complicité entre la mère et l'enfant. Quelles sont les caractéristiques de ces deux personnages ?

Analyse

5. Montrez que la scène se développe à travers la répétition d'un même motif.

6. Étudiez la présence du paysage à la fin de l'extrait ? Que révèle-t-elle sur la psychologie de l'enfant ?

7. Montrez que ce passage est écrit du point de vue de la focalisation externe.

Vers le commentaire. Montrez dans un paragraphe d'analyse comment se développe la tension entre le personnage de l'enfant et celui du professeur de piano.

Notion

La focalisation externe

La focalisation externe place le narrateur en témoin extérieur à l'action et aux personnages. Souvent utilisé dans les débuts de roman, ce point de vue, limité aux dialogues et aux gestes des personnages, donne au lecteur une impression d'impartialité et d'objectivité.

509

Simon

▶ **Claude Simon**
▶ Né à Madagascar, le 10 octobre 1913.
▶ Décédé à Paris le 6 juillet 2005.

Claude Simon naît à Tananarive où son père, capitaine d'infanterie, est affecté. La famille revient en métropole au moment de la Première Guerre mondiale. Son père meurt au combat près de Verdun. Claude Simon passe son enfance à Perpignan auprès de sa mère. Interne au collège, à Paris, il s'adonne après le baccalauréat à la peinture et à la photographie. En 1936, il participe brièvement à la guerre d'Espagne auprès des Républicains. Il voyage à travers l'Europe avant d'être mobilisé dans un régiment de cavalerie en 1939. Prisonnier, Simon s'évade et participe à la Résistance. En 1956, il rencontre Alain Robbe-Grillet et intègre le groupe des écrivains du Nouveau Roman. Il poursuit son œuvre romanesque et obtient le prix Nobel de littérature en 1985. Il partage sa vie entre les Pyrénées et Paris, jusqu'à sa mort, en 2005.

ŒUVRES PRINCIPALES

Romans
La Route des Flandres (1960), *Histoire* (1967), *Les Géorgiques* (1981), *L'Acacia* (1989), *Le Jardin des Plantes* (199 *Le Tramway* (2000).

La narration et la conscience du personnage

Les personnages de Claude Simon apparaissent comme des anti-héros entraînés dans les déchirements de l'Histoire ou englués dans des situations banales. Dès lors, l'épaisseur de leur existence tient à l'écriture du romancier, aux méandres de la phrase qui restituent les mouvements de la conscience dans sa complexité, à travers le va-et-vient du présent et du souvenir. L'attention du narrateur est captée par de micro-événements, décrits avec une minutie qui donne au lecteur le sentiment de la réalité perçue. Le flux de la phrase entraîne ainsi le roman dans une dilatation de l'univers, qui coïncide avec la complexité d'une conscience.

OBJET D'ÉTUDE 1re | **Le personnage de roman** | → voir p. 402

1960 — La Route des Flandres

La Route des Flandres relate la défaite de l'armée française en 1940. Le chaos de l'Histoire se communique au récit et l'identité du narrateur semble se dissoudre au fil des pages. C'est ainsi que les êtres et les choses sont emportés par les mouvements de l'écriture, par le flux de la phrase qui reproduit celui de la conscience du narrateur.

[…] À un moment j'eus faim et je me rappelai ce bout de saucisson que je trimballais dans la poche de mon manteau je le mangeai sans cesser de marcher je mangeai la peau aussi jusqu'au moignon noué par la ficelle que je jetai puis la forêt cessa buta pour ainsi dire sur le vide du ciel s'ouvrit sur un étang et quand je m'allongeai pour boire les
5 petites grenouilles plongèrent cela ne faisait pas plus de bruit que de grosses gouttes de pluie : près du bord à l'endroit où elles avaient sauté il restait dans l'eau un petit nuage de poussière de vase soulevée grise qui se dissolvait entre les joncs elles étaient vertes et guère plus grosses que le petit doigt la surface de l'eau était toute couverte de petites feuilles rondes et vert pâle de la dimension d'un confetti c'est pourquoi je ne m'aperçus
10 qu'au bout d'un moment qu'elles reparaissaient j'en vis une puis deux puis trois crevant

les confettis vert clair laissant juste dépasser le bout de leur tête avec leurs petits yeux gros comme des têtes d'épingle qui me regardaient il y avait un léger courant et j'en vis une dériver lentement se laissant entraîner entre les archipels de confettis agglutinés de la même couleur qu'elles on aurait dit un noyé écartelé la tête à demi hors de l'eau
15 ses délicates petites pattes palmées ouvertes puis elle bougea et je ne la vis plus c'est-à-dire que je ne la vis même pas bouger, simplement elle ne fut plus là sauf le petit nuage de vase qu'elle avait soulevé, l'eau était visqueuse avait un goût visqueux d'anguille je bus en écartant les confettis faisant attention de ne pas aspirer la vase qui se soulevait pour un rien le visage parmi les joncs et les larges feuilles en forme de fer de lance puis
20 je restai là assis à la lisière du bois derrière les fourrés écoutant les coucous se répondre parmi les troncs silencieux dans l'air printanier et vert regardant la route qui contournait l'étang et longeait ensuite les arbres de temps en temps un poisson sautait avec un plouf je ne réussis pas à en avoir un, seulement les cercles concentriques[1] allant s'élargissant autour de l'endroit où il avait mouché[2] à un moment des avions passèrent mais
25 très haut dans le ciel j'en vis un ou plutôt quelque chose un point argenté suspendu immobile étincelant une fraction de seconde dans un trou de bleu entre les branches puis disparaissant...

Claude Simon, *La Route des Flandres*, Éd. de Minuit, 1960.

1. concentriques : qui forment des cercles successifs.
2. où il avait mouché : où il avait gobé un insecte.

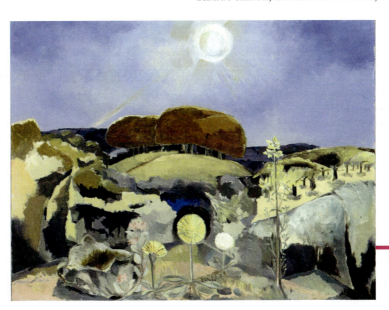

Paul Nash (1889-1946), *Paysage*, huile sur toile.

1900 ▼ 2010

Observation

1. Repérez les indicateurs spatio-temporels dans le récit. Quelles sont les étapes qui le constituent ?

2. Relevez la présence des cinq sens dans le texte. Quels sens la perception du narrateur privilégie-t-elle ?

3. De la ligne 6 à la ligne 14, relevez le champ lexical des couleurs. Comment cette présence s'explique-t-elle ?

4. Quel est l'événement qui vient interrompre la rêverie du narrateur ? À quel contexte le renvoie-t-il ?

Analyse

5. Relevez et étudiez le champ lexical de la petitesse dans le texte. À quoi correspond cette présence ?

6. En quoi cet extrait constitue-t-il un monologue intérieur ? Analysez l'effet produit sur la lecture.

Vers la dissertation. « Nos romans n'ont pour but ni de faire vivre des personnages ni de raconter des histoires », écrit Robbe-Grillet dans *Pour un nouveau roman*. Vous discuterez ce point de vue dans un paragraphe.

Notion

La conscience du personnage

L'écriture romanesque restitue à travers le monologue intérieur les mouvements de la conscience. Le lecteur ne connaît que ce que perçoit le regard du narrateur, au fur et à mesure des événements. La construction de la phrase reconstitue ce flux incessant de la perception du narrateur.

Ponge

▶ **Francis Ponge**
▶ Né à Montpellier le 27 mars 1899.
▶ Décédé à Bar-sur-Loup le 6 août 1988.

Passionné, turbulent, Francis Ponge passe son enfance à Avignon où son père est directeur d'une banque. Après des études de philosophie, Ponge publie à Paris ses premiers poèmes. Éprouvé par la mort de son père en 1923, il connaît une vie matérielle difficile. Il découvre « les douze métiers, les treize misères de l'homme ». De son mariage naît une fille, Armande. Devant l'injustice sociale et la montée du fascisme, Ponge s'inscrit au parti communiste en 1937 et participe à la Résistance pendant l'Occupation. Après la guerre, il rencontre Braque et Picasso, multiplie les lectures publiques de ses œuvres. Il quitte le parti communiste dès 1947. L'originalité de son œuvre s'affirme peu à peu auprès du grand public. Ponge voyage aux États-Unis, aux Pays-Bas, en Angleterre. Il meurt près de Grasse en 1988.

ŒUVRES PRINCIPALES

Poésie
Le Parti pris des choses (1942), *Le Grand Recueil : I Lyres, II Méthodes, III Pièces* (1961), *Le Savon* (1967).

Essais
Pour un Malherbe (1965), *L'Atelier contemporain* (1977)

Le poème et l'objet

Aux yeux de Francis Ponge, la versification classique ne permet plus de dire le monde. Ponge récuse ainsi le nom de « poète », trop souvent associé à l'expression lyrique du sentiment. Il tente de créer une langue qui se veut objective, débarrassée de l'émotion et du « message » que le poème est supposé délivrer. La description des choses simples permet ainsi de retrouver la matérialité des mots, palpables et sonores. Dans sa quête du sens, Ponge tourne autour de l'objet : un fruit (la figue, l'abricot), un oiseau (l'hirondelle), un reptile (le lézard) ou un objet ordinaire, comme le cageot. Et le poème devient lui-même un « objet » savoureux.

OBJET D'ÉTUDE 1re Écriture poétique et quête du sens ➡ voir p. 408

1961 Le Grand Recueil

Toute la poésie de Francis Ponge consiste à prendre le « parti des choses », à être au plus près des objets simples et familiers. Une cruche, une huître, un lézard deviennent objets du poème. À travers eux, Ponge éclaire les rapports complices entre les mots et les choses.

Le lézard

Lorsque le mur de la préhistoire se lézarde, ce mur de fond de jardin (c'est le jardin des générations présentes, celui du père et du fils), – il en sort un petit animal formidablement dessiné, comme un dragon chinois, brusque mais inoffensif chacun le sait et ça le rend bien sympathique. Un chef-d'œuvre de la bijouterie préhistorique, d'un
5 métal entre le bronze vert et le vif-argent, dont le ventre seul est fluide, se renfle comme la goutte de mercure. Chic ! Un reptile à pattes ! Est-ce un progrès ou une dégénérescence[1] ? Personne, petit sot, n'en sait rien, petit saurien.

Par ce mur nous sommes donc bien mal enfermés. Si prisonniers que nous soyons, nous sommes encore à la merci *de l'extérieur*, qui nous jette, nous expédie sous la porte
10 ce petit poignard. À la fois comme une menace et une mauvaise plaisanterie.

1. dégénérescence : dégradation, affaiblissement physique ou intellectuel.

512

Le XXᵉ siècle

Ce petit poignard qui traverse notre esprit en se tortillant d'une façon assez baroque, dérisoirement.

Arrêt brusque. Sur la pierre la plus chaude. Affût ? ou bien repos automatique ? Il se prolonge. Profitons-en ; changeons de point de vue.

15   Le lézard dans le monde des mots n'a pas pour rien ce *zède* ou *zèle* tortillard, et n'a pas pour rien sa désinence en *ard*, comme fuyard, flemmard, musard, pendard, hagard. Il apparaît, disparaît, réapparaît. Jamais familier pourtant. Toujours un peu égaré, toujours cherchant furtivement sa route. Ce ne sont pas insinuations trop familières que celles-ci. Ni venimeuses. Nulle malignité : aucun signe
20   d'intelligence à l'homme.

    Une sorte de petite locomotive haut-le-pied. Un petit train d'allégations[2] hâtives, en grisaille, un peu monstrueuses, à la fois familières et saugrenues – qui circule avec la précipitation fatale aux jouets mécaniques, faisant comme eux de brefs trajets à ras de terre, mais beaucoup moins maladroit, têtu, il ne va pas bu-
25 ter contre un meuble, le mur : très silencieux et souple au contraire, il s'arrange toujours, lorsqu'il est à bout de course, d'arguments, de ressort dialectique[3], pour disparaître par quelque fente, ou fissure, de l'ouvrage de maçonnerie sur lequel il a accompli sa carrière…

    Il arrive qu'il laisse entre vos doigts le petit bout de sa queue.
30   … Une simple gamme chromatique[4] ? Un simple arpège[5] ? Une bonne surprise après tout, si elle fait d'abord un peu sauter le cœur. On reviendra près de cette pierre.

Francis Ponge, « Le lézard », *Le Grand Recueil*,
Éd. Gallimard, 1961.

2. allégations : affirmations.
3. dialectique : art de la discussion.
4. gamme chromatique : gamme des couleurs.
5. arpège : accord dont on égrène les notes.

1900 ▾ 2010

Observation

1. Observez la construction du texte : pourquoi peut-on parler ici d'un poème en prose ?

2. Repérez les principales caractéristiques attribuées au lézard. Relevez les différentes images auxquelles le texte associe son apparition.

3. En quoi ce texte constitue-t-il une forme originale d'éloge ?

Analyse

4. En quoi le jeu effectué par Francis Ponge entre le signifiant et le signifié du mot « lézard » crée-t-il des effets poétiques ?

5. Relevez et analysez trois exemples de jeux sur les mots, d'allitérations ou d'assonances.

6. Justifiez l'emploi du « on » dans la dernière phrase de l'extrait.

Vers l'écriture d'invention. À la manière de Francis Ponge, écrivez un bref poème en prose que vous intitulerez « L'hirondelle ». Vous associerez la description de l'oiseau au jeu sur les mots, leurs sens et leurs sonorités.

Notion

Le signifiant et le signifié d'un mot

Le mot se compose d'un signifiant et d'un signifié : le signifiant est la forme matérielle du mot, l'agencement des lettres et des sons qui le constituent. Le signifié est le concept, l'idée, l'objet que l'on désigne par le signifiant. Alors qu'ils sont liés par une convention arbitraire, la poésie cherche à justifier le lien entre le signifiant et le signifié.

513

Beauvoir

▶ **Simone de Beauvoir**
▶ Née à Paris le 9 janvier 1908.
▶ Décédée à Paris le 14 avril 1986.

Simone de Beauvoir est élevée dans un appartement du boulevard Raspail à Paris. Étudiante en philosophie, elle rencontre Jean-Paul Sartre, avec lequel elle restera liée toute sa vie. Enseignante à Marseille puis à Rouen, celle que ses amis surnomment « le Castor » mène une vie indépendante. En 1943, son roman *L'Invitée* – qui transpose ses rapports avec Sartre – connaît un grand succès. Après la guerre, elle multiplie les voyages et connaît aux États-Unis un amour passionné avec l'écrivain Nelson Algren. En 1949, en réclamant l'émancipation de la femme, *Le Deuxième Sexe* fait scandale et devient l'ouvrage de référence du féminisme. La célébrité de Simone de Beauvoir est renforcée par le prix Goncourt pour son roman *Les Mandarins*, en 1954. Elle commence ses récits autobiographiques, qui retracent l'émancipation d'une jeune fille rangée. En 1986, six ans après la mort de Sartre, ses funérailles sont suivies par des femmes venues du monde entier.

ŒUVRES PRINCIPALES

Romans et nouvelles
L'Invitée (1943), *Le Sang des autres* (19
Les Mandarins (1954), *Une mort très douce* (1964), *La Femme rompue* (1968

Essais
Le Deuxième Sexe (1949),
La Vieillesse (1970).

Récits autobiographiques
Mémoires d'une jeune fille rangée (195
La Cérémonie des adieux (1981).

Le combat pour la liberté des femmes

En 1949, *Le Deuxième Sexe* marque l'entrée de Simone de Beauvoir dans l'un des combats les plus importants du XXe siècle, celui du féminisme. Dans son essai, elle dénonce en effet tous les préjugés de la société à l'égard des femmes et les inégalités qui en découlent. Le livre, qui annonce les mouvements d'émancipation qui se développeront à partir des années 1960, fait scandale. Mais Simone de Beauvoir devient dès lors une figure militante reconnue dans le monde entier, au même titre que son compagnon Jean-Paul Sartre. Aujourd'hui encore, la lutte menée par la philosophe sert d'exemple aux féministes qui, dans le monde, combattent contre les injustices faites aux femmes.

OBJET D'ÉTUDE 1re La question de l'Homme dans les genres de l'argumentation → voir p. 410

1963 — La Force des choses

Dans le troisième volume de son autobiographie, Simone de Beauvoir revient sur ce qui fut le grand combat de sa vie : la défense des femmes. Elle y rappelle la thèse défendue dans son essai, *Le Deuxième Sexe* : « l'égalité dans la différence » et les circonstances dans lesquelles le livre fut écrit.

1. **cosmologies** : sciences qui étudient l'évolution de l'univers.
2. **Sartre** : philosophe existentialiste, compagnon de Beauvoir.

J'ai dit comment ce livre fut conçu : presque fortuitement ; voulant parler de moi, je m'avisai qu'il me fallait décrire la condition féminine ; je considérai d'abord les mythes que les hommes en ont forgés à travers les cosmologies[1], les religions, les superstitions, les littératures. Je tentai de mettre de l'ordre dans le tableau, à première vue incohérent,
5 qui s'offrit à moi : en tout cas l'homme se posait comme le Sujet et considérait la femme comme un objet, comme l'Autre. Cette prétention s'expliquait évidemment par des circonstances historiques ; et Sartre[2] me dit que je devais aussi en indiquer les bases

Le XXe siècle

3. les bases physiologiques : les bases physiques.
4. Ramatuelle : village situé près de Saint-Tropez.

physiologiques[3]. C'était à Ramatuelle[4] ; nous en parlâmes longtemps et j'hésitai : je n'avais pas envisagé d'écrire un ouvrage aussi vaste. Mais en effet, mon étude sur les mythes restait en l'air si on ne savait pas quelle réalité ils recouvraient. Je me plongeai donc dans des livres de physiologie et d'histoire. Je ne me bornai pas à compiler ; les savants même, et des deux sexes, sont imbus de préjugés virils et j'essayai de retrouver, derrière leurs interprétations, les faits exacts. En histoire je dégageai quelques idées que je n'avais rencontrées nulle part : je liai l'histoire de la femme à celle de l'héritage, c'est-à-dire qu'elle m'apparut comme un contrecoup de l'évolution économique du monde masculin.

Je m'étais mise à regarder les femmes d'un œil neuf et j'allais de surprise en surprise. C'est étrange et c'est stimulant de découvrir soudain, à quarante ans, un aspect du monde qui crève les yeux et qu'on ne voyait pas. Un des malentendus qu'a suscité mon livre, c'est qu'on a cru que j'y niais entre hommes et femmes toute différence : au contraire j'ai mesuré en écrivant ce qui les sépare ; ce que j'ai soutenu, c'est que ces dissemblances sont d'ordre culturel et non pas naturel. J'entrepris de raconter systématiquement, de l'enfance à la vieillesse, comment elles se créent ; j'examinai les possibilités que ce monde offre aux femmes, celles qu'il leur refuse, leurs limites, leurs malchances et leurs chances, leurs évasions, leurs accomplissements.

Simone de Beauvoir, *La Force des choses*, Éd. Gallimard, 1963.

Simone de Beauvoir, lors d'une manifestation du Mouvement de Libération des femmes.

1900 ▼ 2010

Observation

1. Quelle est l'ambition première de l'écrivain, lorsqu'elle entreprend d'écrire son essai ? À quels domaines du savoir fait-elle appel ?

2. Sur quel constat cette première approche débouche-t-elle ? Expliquez l'expression « préjugés virils » (l. 12).

3. Sur quels principes repose, en définitive, la démarche adoptée par l'écrivain dans ses recherches ?

4. En vous appuyant sur la dernière phrase de l'extrait, expliquez ce que devient le projet mis en œuvre dans *Le Deuxième Sexe*.

Analyse

5. En quoi le regard porté par Simone de Beauvoir sur les femmes est-il neuf ? Montrez qu'elle allie le point de vue du philosophe et son regard personnel de femme.

6. Quelle attaque Beauvoir rejette-t-elle dans le deuxième paragraphe ? Quel contre-argument apporte-t-elle ?

Recherche documentaire. Recherchez quelles sont les luttes et les conquêtes du féminisme depuis la Seconde Guerre mondiale. Présentez votre recherche dans un paragraphe de synthèse.

Notion

Le combat des idées

Le raisonnement argumentatif implique la confrontation de thèses divergentes ou opposées. Le développement de l'argumentation passe alors par la formulation du point de vue auquel on s'oppose : les contre-arguments réfutent les arguments de l'adversaire en proposant des idées nouvelles.

Césaire

▶ **Aimé Césaire**
▶ Né à Fort-de-France, à la Martinique, le 25 juin 1913.
▶ Décédé à Fort-de-France le 17 avril 2008.

Né à la Martinique au sein d'une famille nombreuse, Aimé Césaire poursuit ses études à Paris où il se lie d'amitié avec Léopold Sédar Senghor. Il participe à la fondation de la revue *L'Étudiant noir* en 1934, et forge le néologisme « négritude » qui exprime la revendication de ses racines et la « simple reconnaissance du fait d'être noir ». Rédigé avant la guerre, le *Cahier d'un retour au pays natal* est publié en 1947, avec une préface d'André Breton. Professeur de littérature, maire de Fort-de-France, député de la Martinique, Aimé Césaire rompt en 1956 avec le parti communiste, trop modéré sur la question des colonies. Toute son œuvre, ses poèmes comme son théâtre, exprime un combat pour l'indépendance. Il contribue jusqu'à sa mort, en 2008, à faire connaître la littérature africaine et antillaise francophone.

ŒUVRES PRINCIPALES

Manifeste poétique et politique
Cahier d'un retour au pays natal (1939).

Poésie
Soleil cou coupé (1948),
Corps perdu (1949).

Théâtre
La Tragédie du roi Christophe (19..
Une saison au Congo (1966).

Le militant de la « négritude »

Avec le *Cahier d'un retour au pays natal*, Aimé Césaire lance un manifeste à la fois poétique et politique. C'est un cri de révolte et de rejet de la civilisation occidentale que pousse l'écrivain. Son œuvre prend la défense des Noirs opprimés qui refusent d'être soumis. *Soleil cou coupé* en 1948 et *Corps perdus* en 1949, d'inspiration surréaliste, engagent la poésie antillaise dans une prise de conscience militante. Au théâtre, *La Tragédie du roi Christophe* en 1963 et *Une saison au Congo* en 1966 expriment l'aspiration des peuples africains à l'indépendance et les tensions politiques qui naissent de la décolonisation. Toute sa vie, Aimé Césaire aura ainsi défendu la cause de ce qu'il appelle lui-même la « négritude ».

OBJET D'ÉTUDE 1re — Le texte théâtral et sa représentation → voir p. 404

1966 — Une saison au Congo

Une saison au Congo met en évidence les pressions économiques et les trahisons politiques qui accompagnent la décolonisation. La pièce dresse la figure de Patrice Lumumba, Premier ministre du Congo avant d'être assassiné.

1. **Rhodésie du Nord, du Sud :** aujourd'hui la Zambie et le Zimbabwé.
2. **les townships :** les ghettos noirs.

LUMUMBA. – Tu y penses à l'Afrique, quelquefois ? Tiens, regarde là ! pas besoin de carte épinglée au mur. Elle est gravée sur la paume de mes mains.
Ici, la Rhodésie du Nord[1], son cœur le Copper Belt, la ceinture de Cuivre, terre silencieuse, sauf de temps en temps, un juron de contremaître, un aboi de chien policier,
5 le gargouillement d'un colt, c'est un nègre qu'on abat, et qui tombe sans mot dire. Regarde, à côté, la Rhodésie du Sud[1], je veux dire des millions de nègres spoliés, dépossédés, parqués dans les townships[2].
Là, l'Angola ! principale exportation : ni le sucre, ni le café, mais des esclaves ! Oui, mon colonel, des esclaves ! Deux cent mille hommes livrés chaque année aux mines de

Le XXᵉ siècle

3. **Salazar :** Premier ministre du Portugal, de 1932 à 1968, au moment où l'Angola est portugaise.

4. **San Tomé :** île du golfe de Guinée qui servit de bagne.

5. **la chiourme :** les gardes-chiourme, c'est-à-dire les gardiens du bagne.

6. **Dahomey :** l'actuel Bénin.

10 l'Afrique du Sud contre du bon argent qui tombe tout frais dans les caisses vides de papa Salazar[3] !

Y pendant comme un haillon, cet îlot, ce rocher, San Tomé[4], sa petitesse bouffe du nègre que c'en est incroyable ! Par milliers ! Par millions ! C'est le bagne de l'Afrique !

15 *Il chante.*

Notre fils cadet

Ils l'ont envoyé à San Tomé

Parce qu'il n'avait pas de papiers

    Aiué

20 Notre fils n'est pas revenu, notre fils

La mort l'a enlevé

    Aiué

Ils l'ont envoyé à San Tomé.

C'est drôle, tu ne la connais pas, cette chanson ? Je te l'apprendrai Mokutu si tu
25 m'en donnes le temps ! Enfin, plus bas, l'Afrique du Sud, la chiourme[5] raciste, armée de ses tanks, de ses mitrailleuses, de ses canons, de ses avions, de sa bible, de
ses lois, de ses tribunaux, de sa presse, de sa haine, de ses mensonges. Plus encore
de son cœur dur et féroce ! Mokutu, la voilà, notre Afrique ! Terrassée, ligotée,
piétinée, couchée en joue ! Elle souffre, mais elle espère ! C'est vrai ! car, du fond
30 de l'abîme, elle voit s'embraser et rosir la surface, et qui grandit, qui grandit la
tache de lumière. Elle espère, pourquoi pas ? Il y a eu le Ghana, la Guinée, le
Sénégal, le Mali et j'en passe… Dahomey[6] ! Cameroun !… Avant-hier, le Togo !
Hier, le Congo ! Alors la prisonnière Afrique se dit : « Demain, c'est mon tour !
et demain n'est pas loin ! » Et elle serre les poings, et elle respire un peu mieux,
35 l'Afrique ! Déjà l'air de demain ! l'air du large, sain et salé !

Aimé Césaire, *Une saison au Congo*,
Éd. du Seuil, 1966, Points, 2001.

1900 ▾ 2010

Observation

1. Quels reproches Lumumba adresse-t-il à la colonisation dans ce monologue ?

2. Relevez les termes évaluatifs utilisés. Quelle est leur fonction ?

3. Repérez des exemples d'énumérations. En quoi contribuent-elles à la force de persuasion du discours ?

Analyse

4. Quel rôle la chanson joue-t-elle, selon vous, dans la dramaturgie de la pièce ?

5. En quoi ce texte peut-il être qualifié de réquisitoire ? Sur quel vœu le discours s'achève-t-il ? Étudiez sa construction.

6. Selon vous, à quel public la pièce s'adresse-t-elle ? Quelles réactions Aimé Césaire veut-il provoquer avec ce monologue engagé ?

Recherche documentaire. Recherchez des informations sur les écrivains militant pour la « négritude ». Illustrez votre synthèse par un texte littéraire (poème, extrait de roman ou d'essai).

Notion

Le théâtre engagé

La scène théâtrale permet à l'écrivain d'exprimer son point de vue, son engagement dans les combats de son temps. Il peut alors, comme Giraudoux ou Anouilh, recourir à l'Antiquité, ou, comme ici, mettre en scène des conflits contemporains.

517

Jaccottet

▶ **Philippe Jaccottet**
▶ Né à Moudon, en Suisse, le 30 juin 1925

Philippe Jaccottet est originaire de Moudon, dans le canton de Vaud, en Suisse, où il passe son enfance. Il fait ses études à Lausanne, marqué par la lecture de Baudelaire et des écrivains romantiques allemands, comme Novalis ou Hölderlin. Jaccottet étudie le grec et l'allemand. En 1946, après sa licence de lettres, il rencontre en Italie le poète Ungaretti, avec qui il se lie d'amitié. Il s'installe à Paris et mène une carrière de critique littéraire, de traducteur et de poète. Jaccottet fréquente de nombreux écrivains comme Francis Ponge, Henri Thomas ou Yves Bonnefoy. En 1953, après son mariage, il s'installe à Grignan, dans la Drôme, à l'écart des modes de la capitale. Il développe alors une intense activité, multipliant études et essais littéraires. Le poète alterne les périodes de doute et d'exaltation, poursuivant une œuvre imprégnée des émotions vécues et des paysages naturels. Il vit toujours à Grignan, et sa poésie est récompensée par de nombreux prix littéraires.

ŒUVRES PRINCIPALES

Poésie
L'Effraie (1953), *La Promen sous les arbres* (1957), *L'Ignorant* (1958), *Airs* (196 *À la lumière d'hiver* (1977), *La Semaison*, carnets 1954 1979 (1984), *Après beaucou d'années* (1994), *Le Bol du pèlerin* (2001).

Le chant du paysage

La poésie de Jaccottet se compose en partie de textes brefs. Chaque poème correspond alors à un moment d'intense émotion, liée à la perception de fruits, d'animaux et de paysages dont il restitue pleinement la beauté. Jaccottet cherche à saisir les mouvements fugitifs qui animent la nature, en mêlant « la légèreté des choses au poids du temps ». De nombreux recueils, comme *Airs*, sont ainsi portés par une profonde jubilation devant un monde que le poète nous invite à aimer. Philippe Jaccottet fait surgir ses paysages comme un peintre japonais dessine minutieusement l'arbre en fleurs sur lequel se posent un instant les oiseaux avant de reprendre leur envol.

OBJET D'ÉTUDE 1ʳᵉ Écriture poétique et quête du sens ➡ voir p. 408

1967 Airs

De recueil en recueil, Jaccottet renouvelle son inspiration, mêlant poèmes en prose et poésie versifiée. Dans le recueil intitulé *Airs*, il privilégie la forme du haïku, poème concentré apte à évoquer la beauté de la nature.

Une aigrette rose

Une aigrette rose à l'horizon
un parcours de feu

et dans l'assemblée des chênes
la huppe étouffant son nom

Feux avides, voix cachées
courses et soupirs

Le XXᵉ siècle

Oiseaux

Flammes sans cesse changeant d'aire
qu'à peine on voit quand elles passent

Cris en mouvement dans l'espace

Peu ont la vision assez claire
pour chanter même dans la nuit

Pommes éparses

Pommes éparses
sur l'aire du pommier

Vite !
Que la peau s'empourpre
avant l'hiver !

Arbres

Du monde confus, opaque
des ossements et des graines
ils s'arrachent avec patience

afin d'être chaque année
plus criblés d'air.

Philippe Jaccottet, *Airs*,
Éd. Gallimard, 1967.

1900
▾
2010

Observation

1. Indiquez quel est le thème principal de chaque poème et relevez les champs lexicaux qui s'y rattachent.

2. Étudiez la composition de chaque poème : vers, strophes, rimes. Quelles similitudes et quelles différences présentent-ils ?

3. Indiquez pour chaque poème quelle impression dominante veut fixer l'auteur.

4. Relevez les thèmes repris d'un poème à l'autre. Quels effets d'écho ces poèmes entretiennent-ils ?

Analyse

5. Relevez et étudiez les différentes métaphores présentes dans chaque poème.

6. Indiquez comment Philippe Jaccottet adapte la forme du haïku à sa propre poésie dans ces exemples.

Vers l'écriture d'invention. Recherchez des exemples de haïkus. Sur le même modèle, vous écrirez un texte qui fera la brève description poétique d'un instant vécu.

Notion

Le haïku

Philippe Jaccottet s'inspire du haïku, une forme traditionnelle de la poésie japonaise, qui consiste en un tercet composé de vers de cinq, sept et cinq syllabes. Dans sa quête du sens, le poète utilise le haïku pour fixer le caractère fugitif d'un paysage naturel.

Tournier

▶ **Michel Tournier**
▶ Né à Paris le 19 décembre 1924.

Michel Tournier naît dans une famille passionnée de musique et de littérature allemande. Chaque été, la famille se rend dans la Forêt-Noire où l'enfant se familiarise avec la mythologie et la poésie germaniques. Il étudie la philosophie et, après un échec à l'agrégation, mène une vie de bohème sur l'île Saint-Louis. Attaché de presse, directeur de collection littéraire, il écrit *Vendredi ou les Limbes du Pacifique*, qui reçoit le prix de l'Académie française en 1967. Trois ans plus tard, *Le Roi des Aulnes* est couronné par le prix Goncourt. Dès lors, élu membre de l'Académie Goncourt, il poursuit sa carrière de romancier, installé dans un vieux presbytère près de Paris. Il écrit aussi des livres pour enfants, des essais de critique littéraire et publie des albums de photographies réalisées en compagnie de son ami le photographe Édouard Boubat.

ŒUVRES PRINCIPALES

Romans
Vendredi ou les Limbes du Pacifique (1967), *Le Roi des aulnes* (1970), *Les Météores* (1975), *La Goutte d'or* (1986).

Contes et nouvelles
Le Coq de Bruyère (1978).

Un univers de mythes et de légendes

L'œuvre de Tournier marque le retour au récit traditionnel à travers l'exploration de mythes et de légendes dont le romancier donne une interprétation adaptée à notre temps. C'est ainsi qu'il procède à la réécriture du roman de Daniel Defoe, *Robinson Crusoé*, pour faire de Vendredi le personnage essentiel. De la même manière, on retrouve dans son œuvre les Rois Mages, Gaspard, Melchior et Balthazar, de même que Pierrot, le personnage de la commedia dell'arte. *Le Roi des Aulnes* reprend à son tour une légende allemande popularisée par le poète Goethe dans une ballade célèbre. Tournier confronte ainsi au contexte de la Seconde Guerre mondiale le personnage mythique de l'ogre enlevant des enfants.

OBJET D'ÉTUDE 1re | Le personnage de roman → voir p. 402

1970 Le Roi des Aulnes

Abel Tiffauges, le héros du *Roi des Aulnes*, traverse une série d'épreuves qui le conduisent au cœur de l'Allemagne nazie, dans un camp de prisonniers de guerre. Il découvre peu à peu des paysages et des animaux qui le fascinent.

Quand le train repartit au milieu de la nuit, les gardiens verrouillèrent les portes et les lucarnes des wagons. Ceux des hommes qui ne dormaient pas comprirent qu'on traversait Berlin aux arrêts et aux manœuvres qui hachèrent à nouveau la progression du train. Puis l'allure du convoi se régularisa, un rythme égal berça les corps entassés.
5 On devait filer sur une plaine immense, interminable, que seule la nuit rendait moins vertigineuse.
Le petit matin parut plus précoce et plus frais qu'à l'accoutumée. Les portes à glissière roulèrent avec des grondements sourds. Il y eut des ordres, des appels. Les hommes sautèrent hébétés hors des wagons, immédiatement saisis par une petite brise froide et cou-
10 pante. Une assez vaste baraque en planches noircies au goudron dressait une silhouette

Le xxᵉ siècle

1. en lettres gothiques : en écriture gothique, utilisée en Allemagne à partir du xIIᵉ siècle.

2. Feldwebel : soldat allemand.

qui paraissait presque imposante tant le paysage était plat. Des rafales faisaient vibrer un panneau de bois rectangulaire dressé sur deux poteaux où on lisait en lettres gothiques[1] noires sur fond blanc : MOORHOF. À perte de vue, c'était tout alentour une succession d'étangs, coupés de prairies qu'on devinait prêtes à se métamorphoser en marécages.

15 De loin en loin, un bouquet de sapins donnait l'échelle et rendait sensible l'immensité de l'horizon noyé de fumées innombrables qui couraient au ras des joncs et des hautes herbes. Tiffauges qui ne connaissait en dehors de Paris que des pays de coteaux ou des campagnes bocagères fut saisi par la grandeur de cette terre. Parce que sa vue s'étendait à l'infini de tous côtés, galopant parmi les brumes, planant au-dessus des bruyères et

20 des miroirs d'eau, il eut un sentiment de liberté qu'il n'avait jamais connu auparavant. Il sourit malgré lui de ce paradoxe en prenant la suite d'une file de marcheurs accablés, poussés vers le nord par les coups de gueule d'un Feldwebel[2].

Ils découvrirent brusquement le camp à quelques centaines de mètres de la route, alors que le village de Moorhof demeurait obstinément invisible. Ils devaient en faire

25 sans cesse l'expérience : dans ce pays plat comme la main, apparemment ouvert et sans secret, les maisons, les granges et même les miradors du camp devenaient invisibles pour peu qu'on s'éloignât, comme bus par l'épaisseur de la terre et du tapis végétal.

Il s'agissait d'un camp de dimensions modestes, puisqu'il ne comprenait que quatre doubles baraques de bois, juchées sur de courts pilotis, couvertes de toile goudronnée,

30 pouvant recevoir chacune deux cents hommes. L'effectif plein de huit cents hommes qui ne fut atteint que quelques semaines plus tard grâce à de nouveaux arrivages correspondait aux travaux à effectuer, mais il était défavorable aux prisonniers parce que trop faible pour susciter une organisation complexe, des ressources humaines riches, et la possibilité pour un solitaire de se dissimuler dans la foule. Les quatre baraques étaient

35 cernées par deux clôtures de barbelés dont l'intervalle était rempli par des chevaux de frise entremêlés. L'espace ainsi délimité pouvait couvrir un demi-hectare. Quatre miradors en marquaient les angles.

Les hommes qui pénétraient dans leur nouveau domaine ne voyaient qu'inconfort dans la légèreté des baraques, hostilité dans l'enceinte, et vigilance haineuse dans les

40 miradors. Tiffauges se trouva renforcé dans le sentiment de liberté et de disponibilité qui l'avait saisi en descendant du train.

Michel Tournier, *Le Roi des Aulnes*, Éd. Gallimard, 1970.

1900 ▾ 2010

Observation

1. Relevez les différentes étapes du récit dans cet extrait. Donnez-leur un titre.

2. Quelles sont les caractéristiques du paysage découvert par le héros ? Étudiez-en la description de la ligne 10 à la ligne 22.

3. Quels sont les détails qui donnent au lecteur le sentiment de la réalité ? Pourquoi peut-on parler d'effets de réel ?

Analyse

4. Expliquez le « paradoxe » évoqué à la ligne 21 et dans la dernière phrase.

5. Retrouvez dans ce texte ce qui renvoie à l'image des camps de prisonniers inscrite dans la mémoire collective.

Vers le commentaire. Commentez cet extrait dans un paragraphe rédigé. Vous vous appuierez sur les idées suivantes : la découverte d'un paysage inconnu ; les impressions d'un prisonnier de guerre.

Notion

L'inscription de l'Histoire dans le récit

Du roman historique au roman engagé, nombreuses sont les formes d'inscription de l'Histoire dans le roman. En plongeant son héros dans une situation historique connue du lecteur, le romancier fait appel à la mémoire collective et joue avec les formes d'implicite qui donnent sens au texte.

521

Chraïbi

▶ **Driss Chraïbi**
▶ Né à El-Jadida, au Maroc, le 15 juillet 1926.
▶ Décédé à Crest, dans la Drôme, le 1er avril 2007.

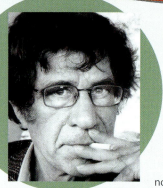

Driss Chraïbi naît dans une famille marocaine aisée. Après l'école coranique, l'enfant entre à l'école française, puis au lycée de Casablanca. En 1945, à dix-neuf ans, il quitte le Maroc pour Paris, où il étudie la chimie. Il obtient son diplôme d'ingénieur mais l'envoie à son père, préférant prendre le temps de réfléchir. C'est ainsi qu'il se retrouve en 1953 veilleur de nuit dans un hôtel, écrivant son premier roman, *Le Passé simple*. Le livre fait scandale au Maroc parce qu'il dénonce une société figée dans ses traditions. En 1957, il retourne au Maroc pour les funérailles de son père. Producteur de radio, il écrit de nombreux romans qui mêlent l'humour à la réflexion sur l'exil et l'évolution de la société marocaine. Après la mort du roi Hassan II, en 1999, l'écrivain rencontre son successeur, Mohamed VI, exprimant ses espoirs d'un renouveau pour le Maroc. Mais c'est en France qu'il meurt, en 2007, avant d'être inhumé à Casablanca.

ŒUVRES PRINCIPALES

Romans
Le Passé simple (1955),
Mort au Canada (1975),
La Civilisation, ma Mère !... (1972), *Une enquête au pa* (1981), *L'Inspecteur Ali* (19
L'Homme qui venait du pa (2004).

Autobiographie
Le Monde à côté (2001).

Le romancier de l'ouverture à l'Autre

Dans chacune de ses œuvres, Driss Chraïbi poursuit un combat commencé dès son premier roman, *Le Passé simple*. Il s'agit de remettre en question les certitudes d'une société dominée par les contraintes religieuses, la puissance de l'argent et le poids des coutumes patriarcales. Enfant terrible de la littérature marocaine, le romancier appelle de ses vœux une société libérée des carcans qui étouffent la sensibilité et la liberté des individus, mais aussi capable de garder son identité devant les modèles proposés par la société occidentale. C'est à travers l'expérience de l'exil que l'écrivain forge son regard : « J'appelle exil l'ouverture à l'Autre, le besoin de se renouveler et de se remettre en question. Les certitudes sont autant de prisons. »

OBJET D'ÉTUDE 1re Le personnage de roman ➔ voir p. 402

1972 La Civilisation, ma Mère !...

La Civilisation, ma Mère !... décrit l'éveil d'une femme marocaine qui, à trente ans, recluse dans la maison d'un homme ancré dans la tradition, se libère enfin des préjugés et de l'ignorance. Une promenade dans un parc en compagnie de ses deux fils est pour elle l'occasion de manifester la joie de cette liberté nouvelle.

Sycomores, palmiers, cèdres, pins, eucalyptus, ma mère est allée de l'un à l'autre, a embrassé tous les arbres, à pleine bouche, les a étreints, leur a parlé. Et ils lui ont répondu, ont ri et pleuré avec elle – j'en jure par cet orchestre d'oiseaux qui chantaient le brasillement du couchant dans les cimes, entre ciel et terre, dans le concert des senteurs
5 de thym, de terre et d'euphorbe. Tant de verdure ! Tant de verdure d'un seul coup ! Et toute cette liberté !

Nagib et moi, nous nous étions assis sur un banc, nous avions sorti un jeu de cartes et nous faisions une partie de poker, au ralenti, sans tricher, sans regarder une seule carte – les yeux attachés sur cette femme qui se déchaussait, se déplaçait sur la pelouse
10 avec la légèreté d'un fantôme, vers le petit ruisseau, là-bas, qui trillait[1] ses notes de perles entre les mimosas et les bourraches.

522

Le XXᵉ siècle

Ce fut là qu'elle s'assit, sur le gazon, les pieds dans l'eau. Et elle mangea de l'herbe, tout une poignée qu'elle arracha et mâcha, brin après brin, racines et humus compris. Et elle avait le regard étendu droit et loin devant elle, au-delà des massifs, des arbres et de l'horizon, derrière cet autre horizon qui s'était appelé son enfance. D'où elle avait émergé adulte à l'âge des jeux et des poupées. Poupée, on l'avait étranglée par la loi et dans le devoir. Et l'homme très intelligent qui l'avait épousée en pleine puberté, l'homme très efficace qui était capable de transformer un terrain vague en devises fortes[2] et une civilisation pétrifiée en pétrole jaillissant, l'homme conservé dans la saumure[3] de son époque, dans la morale et dans l'honneur, n'avait fait qu'appliquer la loi. Religieusement. L'avait enfermée dans sa maison depuis le jour des noces et jusqu'à cet après-midi-là où nous l'en avions fait sortir. Jamais elle n'en avait franchi le seuil. Jamais elle n'en avait eu l'idée.

Les oiseaux se sont tus, les arbres ont frissonné dans une longue étreinte, la brise du soir montée du fond de la mer vient caresser toute mélancolie, toute colère – apaise êtres et choses. Nous avons ramassé nos cartes, sans chercher à savoir qui avait gagné la partie de poker. Nous sommes allés chercher ma mère, nous l'avons aidée à se relever. Mais, avant de le faire, elle a bu un peu d'eau du ruisseau, dans le creux de sa main.

Nagib lui a remis un soulier, moi l'autre. Comme nous quittions le parc, les réverbères se sont allumés soudain le long de l'avenue, entre ciel et terre. Nous avons remarqué alors sur la robe de ma mère une tache verte, imprimée par l'herbe où elle s'était assise.

Driss Chraïbi, *La Civilisation, ma Mère !...*, Éd. Denoël, 1972.

---

1. trillait : tremblement rapide d'une note de musique à une autre.

2. en devises fortes : en monnaies fortes, comme le dollar ou l'euro aujourd'hui.

3. saumure : liquide salé servant à conserver des aliments.

1900
▼
2010

Observation

1. Étudiez la construction de l'extrait en relevant les indices qui montrent l'écoulement du temps.

2. Quel est le rôle joué par le narrateur et son frère ? Quels sentiments éprouvent-ils à l'égard de leur mère ?

3. À travers quelles remarques l'humour et la tendresse du narrateur se mêlent-ils ?

4. Que dénonce l'auteur (lignes 17 à 24) ?

Analyse

5. Analysez la présence de la nature dans le passage. Que symbolise, selon vous, la « tache verte » dans le dernier paragraphe ?

6. Étudiez le portrait psychologique du personnage de la mère.

Vers le commentaire. Sous la forme d'un paragraphe rédigé, étudiez dans ce passage l'expression lyrique des sentiments du narrateur.

Notion

Le lyrisme dans le roman

Généralement associé à la poésie, le lyrisme se retrouve aussi dans le roman. Le narrateur fait alors partager au lecteur l'intensité des sentiments et des émotions vécus par ses personnages : exclamations, lexique des sensations, procédés de l'insistance caractérisent le lyrisme romanesque.

Modiano

▶ **Patrick Modiano**
▶ Né à Boulogne-Billancourt le 30 juillet 1945.

Patrick Modiano vit une enfance marquée par de fréquents déménagements, entre la Haute-Savoie et Paris. Le divorce de ses parents mais surtout la mort de son frère Rudy, lorsqu'il a douze ans, font de lui un adolescent tourmenté. Modiano abandonne ses études après le baccalauréat pour se consacrer à la littérature. Il publie ainsi son premier roman, *La Place de l'Étoile*, au cours du printemps agité de 1968. C'est la révélation d'un écrivain qui, tournant le dos aux préoccupations de son époque, est obsédé par la période de l'Occupation, qu'il tente de reconstituer. Modiano s'interroge en effet sur les personnages troubles et inquiétants, opportunistes, collaborateurs, qui se multiplient à cette époque. Il obtient le prix Goncourt en 1978 pour *Rue des Boutiques obscures*, et poursuit l'exploration de ses souvenirs à travers chacun de ses romans, comme *L'Horizon*, en 2010.

ŒUVRES PRINCIPALES

Romans
La Place de l'Étoile (1968)
Villa triste (1975), *Rue des Boutiques obscures* (197...
La Petite Bijou (2001), *Un pédigree* (2005), *L'Horizon* (2010).

Scénarios
Lacombe Lucien, de Lou... Malle (1974), *Bon voyage*... Philippe Rappeneau (200...

Le personnage en quête d'identité

Profondément marqué par le souvenir de son père, qui menait sous une fausse identité des activités clandestines pendant la guerre, Modiano poursuit dans son œuvre une quête sur ses origines. Il recrée, dans presque tous ses romans, l'atmosphère trouble de l'Occupation où se croisent des personnages louches et des individus traqués et menacés. Le narrateur erre entre le présent et le passé, entre la réalité et l'imagination. Les hésitations, les avancées de la mémoire rythment la progression du récit, à travers une impression de mystère. Modiano développe ainsi les thèmes de la solitude, de l'absence et du souvenir. Ses personnages, à la recherche d'une identité, luttent contre l'oubli dans un univers d'ombres étranges.

OBJET D'ÉTUDE 1re Le personnage de roman → voir p. 402

1978 Rue des Boutiques obscures

Frappé d'amnésie depuis dix ans, un détective privé à la recherche de sa propre identité, Guy Roland, retrouve peu à peu les lieux et les témoins de son passé. Son enquête le mène à Rome, rue des Boutiques obscures, où il a peut-être habité.

1. **lie-de-vin** : rouge sang.

Je restai dans l'encadrement de la porte. Il faisait encore assez clair. Des deux côtés de la fenêtre pendait un rideau couleur lie-de-vin[1]. Les murs étaient recouverts d'un papier peint aux motifs bleu pâle.
– Vous reconnaissez ? me demanda-t-elle.
5 – Oui.
Un sommier contre le mur du fond. Je vins m'asseoir au bord de ce sommier.
– Est-ce que je peux rester quelques minutes seul ?
– Bien sûr.
– Ça me rappellera le « bon temps »…
10 Elle me jeta un regard triste et hocha la tête.
– Je vais préparer un peu de thé…

■ 524

Le xxᵉ siècle

Elle quitta la pièce, et je regardai autour de moi. Dans cette chambre aussi le parquet était abîmé et des lattes manquaient mais on n'avait pas bouché les trous. Sur le mur opposé à la fenêtre, une cheminée de marbre blanc et une glace,
15 au-dessus, dont le cadre doré se compliquait, à chaque coin, d'un coquillage. Je m'étendis en travers du sommier et fixai le plafond, puis les motifs du papier peint. Je collai presque mon front au mur pour mieux en discerner les détails. Scènes champêtres. Jeunes filles en perruques compliquées sur des escarpolettes[2]. Bergers aux culottes bouffantes, jouant de la mandoline. Futaies[3] au clair de
20 lune. Tout cela ne m'évoquait aucun souvenir et pourtant ces dessins avaient dû m'être familiers quand je dormais dans ce lit. Je cherchai au plafond, aux murs et du côté de la porte, un indice, une trace quelconque sans savoir très bien quoi. Mais rien n'accrochait mon regard.

Je me suis levé et j'ai marché jusqu'à la fenêtre. J'ai regardé, en bas.
25 La rue était déserte et plus sombre que lorsque j'étais entré dans l'immeuble. L'agent de police se tenait toujours en faction sur le trottoir d'en face. Vers la gauche, si je penchais la tête, j'apercevais une place, déserte elle aussi, avec d'autres agents de police en faction. Il semblait que les fenêtres de tous ces immeubles absorbassent l'obscurité qui tombait peu à peu. Elles étaient noires ces
30 fenêtres et on voyait bien que personne n'habitait par ici.

Alors une sorte de déclic s'est produit en moi. La vue qui s'offrait de cette chambre me causait un sentiment d'inquiétude, une appréhension que j'avais déjà connus. Ces façades, cette rue déserte, ces silhouettes en faction dans le crépuscule me troublaient de la même manière insidieuse qu'une chanson ou
35 un parfum jadis familiers. Et j'étais sûr que, souvent, à la même heure, je m'étais tenu là, immobile, à guetter, sans faire le moindre geste, et sans même oser allumer une lampe.

Patrick **Modiano**, *Rue des Boutiques obscures*, Éd. Gallimard, 1978.

2. escarpolettes : balançoires.
3. futaies : forêts.

1900
2010

Observation

1. Retrouvez les différentes étapes du récit.

2. Quelle est selon vous la fonction du dialogue entre les deux personnages au début de l'extrait ?

3. Sur quels détails la mémoire du narrateur s'appuie-t-elle pour retrouver le souvenir du passé ?

4. Qu'est-ce qui caractérise l'atmosphère donnée par Modiano à son récit ? Justifiez l'emploi de la première personne.

Analyse

5. Relevez les réseaux lexicaux de l'ombre et de la lumière. Quelle signification symbolique expriment-ils ?

6. À travers quels sentiments, quelles sensations le narrateur retrouve-t-il la mémoire de son passé ? Expliquez la première phrase du dernier paragraphe.

Vers l'écriture d'invention. Imaginez une suite à cet extrait dans laquelle vous raconterez brièvement le souvenir qui peut resurgir dans la mémoire du narrateur.

Notion

L'atmosphère du récit

Chaque récit, chaque roman se caractérise par une atmosphère particulière qui se développe à travers l'intrigue, les lieux et les moments de l'action. Le personnage apparaît lui-même comme imprégné du décor dans lequel il vit et se déplace. La littérature contemporaine fait de la création de cette atmosphère l'un des enjeux majeurs de l'écriture romanesque.

525

ÉVÉNEMENT littéraire

1978

La consécration du prix Goncourt

En 1903, le prix Goncourt est décerné pour la première fois. L'importance de ce prix prestigieux ne cesse de grandir au point d'apparaître aujourd'hui comme l'événement le plus important de la rentrée littéraire. Chaque romancier rêve de l'obtenir, et devant l'enjeu commercial qu'il représente, tous les éditeurs espèrent voir un de leurs auteurs récompensé.

Chronologie du prix Goncourt

- **1896.** Mort d'Edmond de Goncourt dont le testament fonde une Académie littéraire.
- **21 décembre 1903.** Attribution du premier prix Goncourt.
- **1932.** Accusations de manipulations après l'éviction du roman de Céline, *Voyage au bout de la nuit*.
- **1951.** Refus du prix par Julien Gracq.
- **1974.** *La Dentellière* de Pascal Lainé, lauréat du prix, est vendu à 1 500 000 exemplaires.
- **1975.** Attribution du prix à Émile Ajar, pseudonyme de Romain Gary, qui l'avait obtenu sous son vrai nom en 1956.
- **1978.** Patrick Modiano est récompensé pour *Rue des boutiques obscures*.
- **1988.** Naissance du Goncourt des lycéens.

■ La création du prix Goncourt

Après la mort de son frère Jules, Edmond de Goncourt décide de créer une académie littéraire pour perpétuer son nom et concurrencer l'Académie française, jugée trop conservatrice. Tout au long de leur vie, les deux frères ont réuni une collection d'œuvres d'art d'une grande valeur. C'est ainsi qu'à sa mort, en 1896, le testament d'Edmond lègue sa fortune à une académie chargée d'attribuer un prix de cinq mille francs, « au meilleur roman, au meilleur recueil de nouvelles, au meilleur volumes d'impressions, au meilleur volume d'imagination en prose, et exclusivement en prose, publié dans l'année ». C'est la naissance du prix Goncourt.

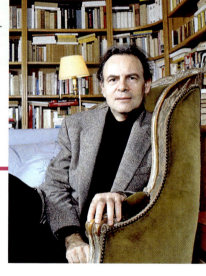

Patrick Modiano, lauréat du prix Goncourt en 1978.

■ Le fonctionnement de l'Académie Goncourt

Après un long procès, l'Académie Goncourt attribue son prix pour la première fois en 1903. Les dix membres qui la composent appartiennent alors à l'école du roman naturaliste, dont les frères Goncourt sont les précurseurs. Ils ont pour mission de consacrer l'originalité et le talent d'un jeune écrivain. Pour cela, ils se réunissent régulièrement pour dresser la liste des meilleures œuvres parues. Chaque année, au mois de décembre d'abord, puis en novembre, après un repas pris en commun dans un restaurant célèbre, le président de l'Académie proclame le résultat du vote.

Edmond de Goncourt, le fondateur du célèbre prix littéraire.

Le XXe siècle

À la surprise générale, Julien Gracq refuse, en 1951, le prix Goncourt décerné à son roman *Le Rivage des Syrtes*.

La cohue des journalistes dès l'annonce du prix Goncourt 2010, décerné à Michel Houellebecq pour son roman *La Carte et le Territoire*.

1900 ▼ 2000

■ Les scandales et les doutes

Très vite, le prix Goncourt s'impose comme le plus disputé des prix littéraires. Les éditeurs exercent leur influence pour qu'un de leurs auteurs soit désigné, et le doute entache certaines élections. En 1932 par exemple, le roman de Louis-Ferdinand Céline, *Voyage au bout de la nuit*, est écarté à la stupéfaction générale. En 1951, Julien Gracq, qui dénonce la dimension commerciale qui lui est attachée, provoque le scandale en refusant le prix Goncourt. Le romancier Romain Gary est consacré deux fois, l'une sous son propre nom, en 1956, l'autre sous le pseudonyme d'Émile Ajar en 1975. Chaque année, l'attribution du prix Goncourt s'accompagne ainsi de prévisions, de rumeurs ou de polémiques qui témoignent de sa popularité.

■ L'influence du Goncourt

Si quelques-uns des romans consacrés sont oubliés, le prix Goncourt a aussi révélé ou confirmé le talent de grands écrivains : Marcel Proust en 1919, André Malraux en 1933, Michel Tournier en 1970, Patrick Modiano en 1978, Marguerite Duras en 1984, Tahar Ben Jelloun en 1987, Michel Houellebecq en 2010. Les œuvres ainsi primées connaissent le succès auprès du grand public, les tirages atteignent des chiffres considérables. Le prix Goncourt apparaît comme un événement majeur de la vie littéraire : grâce à lui, l'ensemble des médias se fait l'écho, une fois par an, des débats qui animent le monde de la littérature et de l'édition.

■ Pour ou contre les prix littéraires ?

De nombreuses voix s'élèvent régulièrement pour dénoncer la « tyrannie » des prix littéraires, qui n'attirent l'attention du public que sur quelques auteurs, en oubliant tous les autres. À l'inverse, les défenseurs des prix littéraires soulignent leur contribution au dynamisme du monde des lettres : le prix Femina est créé dès 1905, celui de l'Académie française en 1918, le Renaudot en 1925, l'Interallié en 1930, le Médicis en 1958… En définitive, dans un monde où la lecture et le monde de l'édition semblent menacés, la rivalité entre les différents prix littéraires entretient l'intérêt du public pour la littérature. Le Goncourt des lycéens, au succès grandissant, contribue à son tour à cette effervescence qui donne envie de lire.

Comprendre l'essentiel

1. Dans quel but Edmond de Goncourt crée-t-il le prix qui porte son nom ?

2. Quel est le rôle des réunions mensuelles du jury du prix Goncourt ?

3. Quels types de problèmes l'attribution du prix Goncourt rencontre-t-elle ?

4. Pourquoi selon vous les œuvres couronnées par le prix Goncourt rencontrent-elles un succès aussi considérable ?

Perec

▶ **Georges Perec**
▶ Né à Paris le 7 mars 1936.
▶ Décédé à Ivry, près de Paris, le 3 mars 1982.

Fils unique de Polonais juifs immigrés, Georges Perec a quatre ans lorsque son père meurt à la guerre. Pour échapper aux persécutions, il est envoyé dans un pensionnat à Grenoble. Sa mère meurt en déportation en 1943. À la Libération, Perec, adopté par une tante et un oncle, revient à Paris. Après des études d'histoire et de sociologie, il devient documentaliste, mais sa seule ambition est d'être écrivain. Son premier roman, *Les Choses*, en 1965, connaît un grand succès. En 1968, Perec adhère au mouvement oulipien, dont l'influence sera déterminante sur son écriture et grâce auquel il se lie d'amitié avec Raymond Queneau. Emporté à quarante-six ans par un cancer du poumon, il laisse derrière lui de nombreux manuscrits dont la publication se poursuit après sa mort.

ŒUVRES PRINCIPALES

Romans
Les Choses (1965),
La Disparition (1969),
La Vie mode d'emploi (1978)
Tentative d'épuisement d'un lieu parisien (1982).

Autobiographie
W ou le Souvenir d'enfance (1975).

Le personnage, les lieux et les choses

La rencontre de Georges Perec avec l'OuLiPo (Ouvroir de Littérature Potentielle), où il retrouve Raymond Queneau ou Italo Calvino, le conduit à inventer des contraintes d'écriture formelles. C'est ainsi qu'il écrit *La Disparition*, en 1969, sans utiliser la lettre e. De même, le principe de l'inventaire structure *La Vie mode d'emploi*, en 1978, comme un puzzle gigantesque qui met en jeu plus de cent personnages. Les personnages, les lieux et les choses sont, dès lors, profondément liés sous le regard précis et rigoureux du romancier.

OBJET D'ÉTUDE 1re Le personnage de roman ➔ voir p. 402

1978 La Vie mode d'emploi

Le roman de Georges Perec obéit à une construction rigoureuse. L'écrivain veut raconter la vie d'un « immeuble parisien dont la façade a été enlevée ». Chaque chapitre correspond ainsi à la présentation d'un appartement ou d'une chambre de bonne, le romancier mêlant la description des lieux au récit de la vie des personnages, dont le lecteur devient le voisin. Il représente dans cet extrait l'appartement occupé par Marguerite et Gaspard Winckler.

Cette femme si précise et si mesurée avait paradoxalement un irrésistible attrait pour le fouillis.

Sa table était un éternel capharnaüm[1], toujours encombrée de tout un matériel inutile, de tout un entassement d'objets hétéroclites[2], de tout un désordre dont il lui fallait
5 sans cesse endiguer l'invasion, avant de pouvoir se mettre à travailler : lettres, verres, bouteilles, étiquettes, porte-plumes, assiettes, boîtes d'allumettes, tasses, tubes, ciseaux, carnets, médicaments, billets de banque, menue monnaie, compas, photographies, coupures de presse, timbres ; et des feuilles volantes, des pages arrachées à des bloc-notes ou à des éphémérides[3], un pèse-lettre, un compte-fil de laiton, l'encrier de gros verre taillé,
10 les boîtes de plumes, la boîte verte et noire de 100 plumes de La République n° 705 de

---

1. **capharnaüm :** endroit encombré.
2. **hétéroclites :** divers, différents.
3. **éphémérides :** calendriers dont on retire une feuille chaque jour.

■ 528

Le XXᵉ siècle

4. soliflore : petit vase destiné à ne contenir qu'une fleur.

5. godets : petits récipients.

6. Leroux : Gaston Leroux, romancier auteur des aventures de Chéri Bibi.

7. aphérèse : suppression des premières syllabes d'un mot.

8. indolemment : paresseusement.

9. courtelinesque : du nom de Courteline, dramaturge auteur de pièces comiques.

Gilbert et Blanzy-Poure, et la boîte beige et bise de 144 plumes à la ronde n° 394 de Baignol et Farjon, le coupe-papier à manche de corne, les gommes, les boîtes de punaises et d'agrafes, les limes à ongle en carton émerisé, et l'immortelle dans son soliflore[4] de chez Kirby Beard, et le paquet de cigarettes Athletic avec le sprinter au maillot blanc rayé de
15 bleu portant un dossard avec le numéro 39 écrit en rouge franchissant bien loin devant les autres la ligne d'arrivée, et les clés reliées par une chaînette, le double décimètre en bois jaune, la boîte avec l'inscription CURIOUSLY STRONG ALTOIDS PEPPERMINT OIL, le pot de faïence bleue avec tous ses crayons, le presse-papier en onyx, les petits godets[5] hémisphériques un peu analogues à ceux dont on se sert pour les bains d'yeux
20 (ou pour cuire les escargots), dans lesquels elle mélangeait ses couleurs, et la coupelle en métal anglais, dont les deux compartiments étaient toujours remplis, l'un de pistaches salées, l'autre de bonbons à la violette.

Seul un chat pouvait se mouvoir au milieu de cette accumulation sans provoquer
25 d'écroulements, et de fait, Gaspard et Marguerite avaient un chat, un grand matou roux qu'ils avaient d'abord appelé Leroux[6], puis Gaston, puis Chéri Bibi et enfin, après une ultime aphérèse[7], Ribibi, qui n'aimait rien tant que se promener au milieu de toutes ces affaires sans les déranger le moins du monde, finissant par s'y accroupir tout à fait confortablement à moins qu'il ne s'installe sur le cou de sa maîtresse en laissant pendre
30 indolemment[8] ses pattes de chaque côté.

Marguerite un jour raconta à Valène comment elle avait rencontré Gaspard Winckler. C'était en mille neuf cent trente un matin de novembre, à Marseille, dans un café de la rue Bleue, non loin de l'arsenal et de la caserne Saint-Charles. Dehors, il tombait une pluie fine et froide. Elle portait un tailleur gris et un ciré noir serré à la taille par une
35 large ceinture. Elle avait dix-neuf ans, venait de rentrer en France et debout devant le comptoir buvait un café noir en lisant les petites annonces des *Dernières Nouvelles de Marseille*. Le patron du café, un nommé la Brigue, personnage aussi peu courtelinesque[9] que possible, surveillait d'un œil soupçonneux un militaire dont il semblait avoir dé-
40 cidé par avance qu'il n'aurait pas de quoi payer son grand crème et ses tartines beurrées.

C'était Gaspard Winckler et le patron du café ne se trompait pas tellement.

Georges Perec, *La Vie mode d'emploi*, Librairie Arthème Fayard, 2010.

1900 ▸ 2010

Observation

1. Observez la composition de ce passage. Quelles en sont les deux grandes parties ? Donnez-leur un titre.

2. Quelles sont les caractéristiques de Marguerite Winckler ? Qu'est-ce que la description des lieux nous apprend de celle qui les habite ?

3. Repérez l'énumération dans le texte. Quelle est sa fonction ?

4. De quelle manière Perec renouvelle-t-il la description traditionnellement présente dans le roman ?

Analyse

5. En quoi la description peut-elle apparaître réaliste ? Montrez qu'elle s'attache aux détails les plus infimes.

6. Sur quels détails l'humour du narrateur s'exerce-t-il ?

7. Quelles fonctions essentielles du romancier cet extrait illustre-t-il ?

Vers l'écriture d'invention. Sur le modèle de Georges Perec, décrivez une pièce, réelle ou imaginaire, dont les objets refléteront votre propre personnalité.

Notion

La caractérisation des personnages

Le narrateur peut expliquer le caractère de ses personnages au moyen d'un portrait. Il peut aussi le faire moins directement, par exemple à travers les dialogues, certaines actions, ou la description des lieux où habitent ses personnages. Il appartient alors au lecteur de juger des qualités et des défauts de celui qui vit sous ses yeux.

529

Grumberg

▶ **Jean-Claude Grumberg**
▶ Né à Paris le 26 juillet 1939.

Jean-Claude Grumberg naît à Paris, quelques semaines avant le début de la Seconde Guerre mondiale. Son père et son grand-père, juifs, meurent en déportation. Sa mère et lui sont épargnés « parce que les camions étaient pleins ». Après la guerre, ils attendent en vain le retour des déportés, qui hanteront l'œuvre de Grumberg. Apprenti tailleur à l'âge de quatorze ans, Jean-Claude Grumberg devient comédien. Il écrit sa première pièce de théâtre en 1968, *Demain une fenêtre sur rue*. Mais c'est sa trilogie sur le thème du génocide qui le fait connaître du public : *Dreyfus* en 1974, *L'Atelier* en 1979 et *Zone libre* en 1990. Parallèlement, il travaille pour le cinéma, avec François Truffaut pour *Le Dernier Métro*, ou Costa-Gavras pour *La Petite Apocalypse*. Les mises en scènes de Gildas Bourdet ou Jean-Michel Ribes consacrent l'œuvre théâtrale de Jean-Claude Grumberg, qui obtient en 1999 le Molière du meilleur auteur dramatique pour *L'Atelier*.

ŒUVRES PRINCIPALES

Théâtre
Demain une fenêtre sur rue (1968), *Dreyfus* (1974), *L'Atelier* (1979), *Zone libre* (1990), *À qui perd gagne* (1994), *L'enfant D* (2002), *Mange ta main* (2004).

Scénario
Le Dernier Métro réalisé par François Truffaut (1980), *Faits d'hiver* (1999).

Le tragique et le grotesque

« La plus grande source de malentendus au théâtre, c'est le rire » : en suscitant le rire des spectateurs, les personnages cocasses qui peuplent le théâtre de Grumberg mettent à distance la violence de l'Histoire, pour mieux la dénoncer. En effet, la dimension tragique de leur existence finit toujours par resurgir. Se réclamant de Beckett ou de Ionesco, pour le dépouillement de leur écriture, Jean-Claude Grumberg veut dire « l'insaisissable » des douleurs du passé qui hantent la mémoire. Ses pièces de théâtre résonnent comme une confession autobiographique qui exprime la souffrance de la séparation et du deuil. *L'Atelier* montre ainsi les stratégies complexes mises en œuvre par les uns et les autres pour se souvenir ou, au contraire, oublier.

OBJET D'ÉTUDE 1re Le texte théâtral et sa représentation ➔ voir p. 404

1979 — L'Atelier

Dans l'atelier de confection qui sert de lieu unique à la pièce, les personnages, ouvrières ou patrons, évoquent les événements, petits et grands, qui rythment leur existence. La pièce s'achève sur l'irruption d'un client, Max, qui vient réclamer au patron de l'atelier, Léon, la marchandise qu'il lui a commandée.

MAX. – Je te jure que si tu ne me livres pas ce soir tout ce qui reste, tout, tu entends, tout, c'est fini entre nous, fini !

LÉON. – C'est fini ? Bon alors, c'est fini, qu'est-ce que je dois faire maintenant : pleurer, me pendre ?

5 MAX, *la main sur le plexus*. – Léon si un jour j'ai un ulcère…

LÉON, *le coupant*. – Un ulcère, il parle d'*un* ulcère, j'en ai déjà deux, moi, deux, et une gastrite.

MAX. – Bon c'est fini, je supporte tout, tout, excepté la mauvaise foi !

LÉON, *à Hélène*. – Où est la mauvaise foi ? Je suis pas plus malade que lui, peut-être ?

10 MAX. – Si vous vous organisiez un peu au lieu de travailler encore à la juive.

530

Le XXᵉ siècle

1. aryen : terme par lequel les nazis désignaient les populations du nord de l'Europe, présentées comme une « race supérieure », par opposition aux Juifs.

2. zone libre : la France, pendant l'Occupation, est découpée en quatre zones ; la « zone libre », jusqu'en novembre 1942, constitue un refuge pour ceux qui fuient le nazisme.

LÉON. – Ah ! je vois ce que c'est, il veut nous coller un organisateur gérant aryen[1], avec plaisir, qu'il vienne, cette fois je lui laisse les clefs et je cours en zone libre[2] sur la Côte d'Azur…

MAX. – Pourquoi j'ai eu tous les 40 ?

15 LÉON, *le coupant.* Chez moi c'est comme ça : tout ou rien !

MAX, *continuant.* – Ça ne sert à rien, tous les 40, c'est pas valable, ça, si j'ai pas un peu de chaque taille je peux pas livrer, je peux pas…

LÉON. – Vous croyez que je garde votre marchandise chez moi par vice, hein ? Livrer, livrer, qu'est-ce que j'ai d'autre comme but dans la vie, qu'est-ce que j'ai d'autre ?

20 HÉLÈNE, *à Léon.* – Léon je t'en prie. (*À Max.*) On va faire le maximum, ne vous inquiétez pas…

LÉON. – « Le maximum ! » Regardez, regardez ! (*Il désigne les ouvrières.*) Toutes les déprimées, toutes les nerveuses, toutes les instables et même les révolutionnaires viennent poser leurs fesses sur mes chaises et font semblant de travailler ; toutes, elles ont un

25 frère, un père, une mère, une sœur, des enfants, un mari et à tour de rôle ça naît, ça meurt, ça tombe malade, qu'est-ce que j'y peux hein, qu'est-ce que j'y peux ?

MAX. – Et chez moi on meurt pas, on naît pas chez moi ? Il me manque deux magasiniers et mon comptable veut devenir chanteur, il répète dans mon propre bureau, il me rend fou et moi je dois livrer pièce par pièce, courir après la marchandise qu'on

30 me donne au compte-gouttes, tenir les livres, faire les factures, les expéditions pour la province.

LÉON. – Bien sûr, mais au moins vous, vous dormez la nuit…

MAX, *vexé.* – Moi je dors la nuit ? Moi je dors la nuit ?

LÉON. – Dès que je ferme les yeux celle-là… (*Il désigne Hélène.*)… me pousse du coude :

35 tu dors ? Non bien sûr et ça y est c'est parti et tu te souviens celui-là, celle-là… comme par hasard ils sont tous morts et vous savez comment alors elle me parle d'eux et puis après elle pleure, elle pleure et puis elle s'endort mais moi c'est fini, fini, je peux plus dormir, je me lève, je vais dans la cuisine et je hurle… je ne veux rien avoir à faire avec les morts, les morts sont morts non et ceux-là sont mille fois plus morts que les autres

40 morts puisqu'on les a même pas… bon… Il faut penser aux vivants, non ? et par hasard le seul vivant proche qui lui reste c'est moi, moi, et elle, elle me tue la nuit pendant que les autres m'assassinent le jour…

Jean-Claude Grumberg, *L'Atelier*, Éd. Actes Sud-Papiers, 1979.

Observation

1. Étudiez comment Léon, en position d'infériorité au début, parvient progressivement à dominer l'échange.

2. Repérez, dans cet extrait, ce qui relève de la tonalité comique et ce qui, au contraire, relève de la tonalité tragique. Quel est l'effet produit par le passage de l'un à l'autre ?

3. Montrez que l'humour des personnages repose sur l'autodérision, c'est-à-dire la faculté de se moquer de soi.

Analyse

4. Analysez les didascalies de manière à montrer comment elles soulignent le caractère spectaculaire de la dispute entre les personnages.

5. Expliquez les derniers mots de l'extrait.

Recherche documentaire. Recherchez des photographies de mises en scène différentes de la pièce. Laquelle vous semble correspondre à l'atmosphère de cet extrait ? Justifiez votre réponse.

Notion

Le mélange des tons

En mêlant le ton comique et le ton tragique, le texte théâtral joue des contrastes pour susciter l'émotion. Cette alternance, souvent présente dans le théâtre contemporain, exprime la diversité des attitudes devant l'existence, tout en soulignant la puissance émotionnelle du langage.

1900
▼
2010

Le Clézio

▶ **Jean-Marie Gustave Le Clézio**
▶ Né à Nice le 13 avril 1940.

Enfant, Le Clézio rêve de voyages, il veut devenir marin. À sept ans, il embarque avec sa mère sur un vieux cargo pour retrouver son père, médecin de brousse au Nigeria, où il passe deux années de vie libre dans la savane. De retour en France, après le baccalauréat, il étudie et enseigne en Angleterre. En 1963, son premier roman, *Le Procès-Verbal* obtient un prix littéraire. Le Clézio, qui a fait son service militaire en Thaïlande au titre de la coopération, quitte Nice pour l'Amérique centrale. Il y partage la vie des Indiens du Panama. Désormais, il va à la rencontre des civilisations anciennes, au Mexique, au Sahara, en Afrique noire. Ses héros semblent suivre le même itinéraire, en quête d'une paix intérieure, contestant les valeurs artificielles de la civilisation moderne. Jean-Marie Gustave Le Clézio connaît une consécration mondiale lorsqu'il reçoit le prix Nobel de littérature en 2008.

ŒUVRES PRINCIPALES

Romans et nouvelles
Le Procès-Verbal (1963), *Le Livre des fuites* (1969), *Mondo et d'autres histoires* (1978), *Désert* (1980), *Le Chercheur d'or* (1985), *Onitsha* (1991), *Ourania* (2006), *Ritournelle de faim* (2008).

Essais
Le Rêve mexicain (1982), *Diego et Frida* (1997), *Ballaciner* (2007).

Le personnage face à l'exil

L'œuvre de Le Clézio se développe à travers la rencontre d'autres civilisations, éloignées des sociétés modernes. Le lecteur part avec l'écrivain à la découverte du Mexique, de l'Afrique ou de l'Orient. Les personnages de ses romans y cherchent un monde plus solidaire, le sens de leur destin, le bonheur de découvrir une terre aimée, avec ses légendes et ses mystères. Ils retrouvent une paix intérieure au terme de leur quête. C'est ainsi que le romancier met en scène l'affrontement de deux univers : celui, artificiel, des sociétés occidentales, et celui des peuples oubliés ou en péril, accordés à l'ordre profond de la nature.

OBJET D'ÉTUDE 1re Le personnage de roman → voir p. 402

1980 Désert

L'héroïne de *Désert*, Lalla, est émigrée à Marseille, où elle est employée comme femme de ménage dans un petit hôtel. Descendante des « hommes bleus » du désert, la jeune fille est avide de lumière, d'espace et de liberté.

Dans les couloirs sombres de l'hôtel, sur le linoléum[1] couleur lie-de-vin[2], et devant les portes tachées, elle est une silhouette à peine visible, grise et noire, pareille à un tas de chiffons. Les seuls qui la connaissent ici, ce sont les patrons de l'hôtel, et le veilleur de nuit qui reste jusqu'au matin, un Algérien grand et très maigre, avec un visage dur et de beaux
5 yeux verts comme ceux de Naman le pêcheur. Lui salue toujours Lalla, en français, et il lui dit quelques mots gentils ; comme il parle toujours très cérémonieusement avec sa voix grave, Lalla lui répond avec un sourire. Il est peut-être le seul ici qui se soit aperçu que Lalla est une jeune fille, le seul qui ait vu sous l'ombre de ses chiffons son beau visage couleur de cuivre et ses yeux pleins de lumière. Pour les autres, c'est comme si elle n'existait pas.

1. linoléum : revêtement de sol en matière synthétique.
2. lie-de-vin : rouge sang.

Le XXᵉ siècle

10 Quand elle a fini son travail à l'hôtel Sainte-Blanche, le soleil est encore haut dans le ciel. Alors Lalla descend la grande avenue, vers la mer. À ce moment-là, elle ne pense plus à rien d'autre, comme si elle avait tout oublié. Dans l'avenue, sur les trottoirs, la foule se presse toujours, toujours vers l'inconnu. Il y a des hommes aux lunettes qui miroitent, qui se hâtent à grandes enjambées, il y a
15 des pauvres vêtus de costumes élimés, qui vont en sens inverse, les yeux aux aguets comme des renards. Il y a des groupes de jeunes filles habillées avec des vêtements collants, qui marchent en faisant claquer leurs talons, comme ceci : Kra-kab, kra-kab, kra-kab. Les autos, les motos, les cyclos, les camions, les autocars vont à toute vitesse, vers la mer, ou vers le haut de la ville, tous chargés
20 d'hommes et de femmes aux visages identiques. Lalla marche sur le trottoir, elle voit tout cela, ces mouvements, ces formes, ces éclats de lumière, et tout cela entre en elle et fait un tourbillon. Elle a faim, son corps est fatigué par le travail de l'hôtel, mais pourtant elle a envie de marcher encore, pour voir davantage de lumière, pour chasser toute l'ombre qui est restée au fond d'elle. Le vent glacé de
25 l'hiver souffle par rafales le long de l'avenue, soulève les poussières et les vieilles feuilles de journaux. Lalla ferme à demi les yeux, elle avance, un peu penchée en avant, comme autrefois dans le désert, vers la source de lumière, là-bas, au bout de l'avenue.

Quand elle arrive au port, elle sent une sorte d'ivresse en elle, et elle titube
30 au bord du trottoir. Ici le vent tourbillonne en liberté, chasse devant lui l'eau du port, fait claquer les agrès[3] des bateaux. La lumière vient d'encore plus loin, au-delà de l'horizon, tout à fait au sud, et Lalla marche le long des quais, vers la mer.

Jean-Marie Gustave Le Clézio, *Désert*,
Éd. Gallimard, 1980.

3. les agrès : l'ensemble des cordages.

1900
▾
2010

Observation

1. Quels rapports la jeune fille entretient-elle avec son entourage ? Comment sa solitude est-elle mise en évidence par le texte ?

2. Que souligne, selon vous, la répétition du mot « chiffons » dans le premier paragraphe (l. 3 et l. 8) ?

3. Sur quelles oppositions l'extrait repose-t-il ? Relevez et étudiez les réseaux lexicaux dominants.

4. Par quoi Lalla est-elle attirée tout au long de sa promenade ? Que représente pour elle la marche vers la mer ?

Analyse

5. Retrouvez l'emploi du présent qui crée une proximité avec le lecteur. Comment s'explique l'utilisation de l'adverbe de lieu « ici » aux lignes 3 et 7 ?

6. Quelles critiques implicites le regard porté par Lalla sur le monde qui l'entoure manifeste-t-il ? Montrez que Le Clézio fait ici la critique des sociétés modernes.

Vers le commentaire. Vous ferez le commentaire de cet extrait en vous attachant à montrer : l'oppression et la lassitude du personnage errant ; la montée progressive de l'émotion.

Notion

Le présent dans la narration

L'imparfait et le passé simple sont les temps verbaux habituels pour raconter les actions du personnage. Mais la littérature contemporaine préfère le présent, qui fait du narrateur un témoin immédiat de l'action en train de s'accomplir. Il ne s'agit plus alors d'un bref moment de passage au présent dans un récit au passé, mais de l'utilisation continue du présent au long du roman.

Le Clézio

OBJET D'ÉTUDE 1re L **La question de l'Homme dans les genres de l'argumentation** → voir p. 410

2008 # Dans la forêt des paradoxes

Défenseur des valeurs humanistes, fidèle à la tradition du livre, Le Clézio s'interroge sur l'avenir de la lecture dans le discours qu'il prononce à l'occasion de la remise du prix Nobel qui lui est décerné en 2008.

1. de l'utopie :
du rêve irréaliste.

Nous vivons, paraît-il, à l'ère de l'Internet et de la communication virtuelle. Cela est bien, mais que valent ces stupéfiantes inventions sans l'enseignement de la langue écrite et sans les livres ? Fournir en écrans à cristaux liquides la plus grande partie de l'humanité relève de l'utopie[1]. Alors ne sommes-nous pas en train de créer une nouvelle
5 élite, de tracer une nouvelle ligne qui divise le monde entre ceux qui ont accès à la communication et au savoir et ceux qui restent les exclus du partage ? De grands peuples, de grandes civilisations ont disparu faute de l'avoir compris. Certes de grandes cultures, que l'on dit minoritaires, ont su résister jusqu'à aujourd'hui, grâce à la transmission orale des savoirs et des mythes. Il est indispensable, il est bénéfique de reconnaître l'ap-
10 port de ces cultures. Mais que nous le voulions ou non, même si nous ne sommes pas encore à l'âge du réel, nous ne vivons plus à l'âge du mythe. Il n'est pas possible de fonder le respect d'autrui et l'égalité sans donner à chaque enfant le bienfait de l'écriture.

Aujourd'hui, au lendemain de la décolonisation, la littérature est un des moyens pour les hommes et les femmes de notre temps d'exprimer leur identité, de revendiquer
15 leur droit à la parole, et d'être entendus dans leur diversité. Sans leur voix, sans leur appel, nous vivrions dans un monde silencieux.

La culture à l'échelle mondiale est notre affaire à tous. Mais elle est surtout la responsabilité des lecteurs, c'est-à-dire celle des éditeurs. Il est vrai qu'il est injuste qu'un Indien du Grand Nord canadien, pour pouvoir être entendu, ait à écrire dans la langue
20 des conquérants – en français, ou en anglais. Il est vrai qu'il est illusoire de croire que la langue créole de Maurice ou des Antilles pourra atteindre la même facilité d'écoute que les cinq ou six langues qui règnent aujourd'hui en maîtresses absolues sur les médias. Mais si, par la traduction, le monde peut les entendre, quelque chose de nouveau et d'optimiste est en train de se produire. La culture, je le disais, est notre bien commun, à
25 toute l'humanité. Mais pour que cela soit vrai, il faudrait que les mêmes moyens soient donnés, à chacun, d'accéder à la culture. Pour cela, le livre est, dans tout son archaïsme, l'outil idéal. Il est pratique, maniable, économique. Il ne demande aucune prouesse technologique particulière, et peut se conserver sous tous les climats. Son seul défaut
30 – et là je m'adresse particulièrement aux éditeurs – est d'être encore difficile d'accès pour beaucoup de pays.

Jean-Marie Gustave Le Clézio, *Dans la forêt des paradoxes*, discours de réception du prix Nobel, 7 décembre 2008, The Nobel Fondation, 2008.

Observation

1. Sur quel paradoxe la première phrase du discours s'interroge-t-elle ?

2. Quels dangers le premier paragraphe dénonce-t-il ?

3. Quel est, selon le deuxième paragraphe, le rôle de la littérature dans le monde ?

4. Relevez les qualités qui donnent au livre une dimension indispensable.

Analyse

5. Quelle fonction ont les questions au début de l'extrait ?

6. En quoi la littérature apparaît-elle à l'auteur comme un moyen d'exprimer son identité (l. 13 à 16) ?

Vers la dissertation. Pour vous, le livre est-il le meilleur outil pour construire une culture aujourd'hui ? Répondez dans un paragraphe argumenté et illustré d'exemples.

Le XXᵉ siècle

La richesse du livre

Rachel Whiteread, *Sans titre (histoire)*

Le livre favorise la mémoire et la transmission culturelle. Cette puissance d'émerveillement et d'enrichissement par la lecture est mise en scène dans une sculpture de l'artiste anglaise Rachel Whiteread.

Constituée de quatre parties, la sculpture est créée par moulage de livres dans une bibliothèque. La présence du livre est ainsi réduite à une empreinte, signe tangible de sa réalité, mais qui exprime aussi la possibilité de l'absence puisque les livres eux-mêmes ont disparu.

1900 ▼ 2010

La technique du moulage remplit ce qui était au départ du vide en s'appuyant sur le plein des livres. Il se produit ainsi une sorte de mouvement qui semble témoigner de la transmission culturelle du livre vers le monde.

Rachel Whiteread (née en 1963), *Sans titre (histoire)*, 2002, plâtre, polystyrène et acier.

Lecture d'image

1. Comment la sculpture témoigne-t-elle de la diversité des sources culturelles ?

2. Pourquoi peut-on dire que le spectateur exprime « le point de vue » du livre ?

3. À partir de l'étude du texte et de celle de la sculpture, expliquez comment les deux manifestent la nécessité du livre.

4. Quel est, en définitive, le message délivré par l'écrivain et l'artiste ?

Les jeux de la perception

Les artistes ont souvent joué avec la perception du spectateur : trompe-l'œil, image double, anamorphoses où le sujet déformé ne peut être reconnu qu'à travers un procédé optique, portrait composé d'éléments divers… L'art permet ainsi d'interroger le public sur sa faculté à voir autrement le monde et la réalité.

Koltès

▶ **Bernard-Marie Koltès**
▶ Né à Metz le 9 avril 1948.
▶ Décédé à Paris le 15 avril 1989.

Élevé dans une famille catholique, Bernard-Marie Koltès fréquente une école jésuite, avant de préparer le métier de journaliste. Mais il décide d'être auteur dramatique. Il entre alors à l'école du Théâtre National de Strasbourg et crée sa compagnie. En 1972, un de ses rêves se réalise : *L'Héritage* est interprété par l'actrice Maria Casarès. Cinq années plus tard, il triomphe au festival d'Avignon avec *La Nuit juste avant les forêts*. Koltès retire de ses voyages une multitude d'images. Il séjourne un mois sur un chantier en Afrique, et c'est *Combat de nègre et de chiens*. Le paysage du port de New York l'inspire pour *Quai Ouest*. À partir de 1986, atteint du sida, Koltès accélère le rythme de son écriture : il traduit le *Conte d'hiver* de Shakespeare, s'inspire d'un fait-divers pour écrire *Roberto Zucco*, l'itinéraire d'un meurtrier, mais il meurt avant que sa pièce ne soit jouée. Il a quarante et un ans.

ŒUVRES PRINCIPALES

Théâtre
La Nuit juste avant les forêts (1977), *Combat de nègre et de chiens* (1979) *Quai Ouest* (1985), *Dans la solitude des champs de coton* (1987), *Roberto Zucco* (1990, posthume).

Le théâtre du lyrisme et de la tension

En mettant en scène des situations ancrées dans le monde contemporain, Koltès représente les contradictions et les angoisses de la société moderne. La décolonisation, l'argent, la marginalité sont au cœur de son théâtre. Ses personnages sont des hommes et des femmes solitaires venant d'horizons très différents. Tous sont à la recherche d'eux-mêmes, mais leur rencontre dans des lieux sombres et abandonnés et leur tentative de dialogue sont souvent sans issue. La vérité et le réalisme des situations, la tension et le lyrisme de l'écriture de Koltès touchent les spectateurs dans leur imaginaire, dans leurs doutes et leurs inquiétudes.

OBJET D'ÉTUDE 1re Le texte théâtral et sa représentation ➔ voir p. 404

1983 Quai Ouest

Sur un quai désert de New York, un couple égaré fait la rencontre d'un groupe de marginaux. Charles, qui veut abandonner les quais grâce à la voiture des deux étrangers, affronte sa sœur Claire.

Le long du hangar. Lumière rose de l'aurore.
Fak[1] regarde Claire et Charles, de loin, en faisant semblant de ne pas les regarder.

CLAIRE (*retenant Charles par le bras*). – Est-il vrai que tu vas filer avec cette voiture sans prévenir, sans dire adieu, et laissant mère, père, et tous sans adieu ?
5 CHARLES. – Laisse-moi tranquille, je n'ai pas le temps de te parler. (*Il regarde Fak.*)
CLAIRE. – Pas le temps, pas le temps, tu n'as rien à foutre du tout et tu dis : pas le temps.
CHARLES. – Je suis très occupé, je ne peux pas te parler.
CLAIRE. – Alors donc je cours dire à maman que tu files à l'anglaise[2] avec cette voiture et ce sera un drame terrible.
10 CHARLES. – Je n'ai pas dit : je pars avec cette voiture ; je n'ai même pas dit : je pars ; je n'ai rien dit du tout et tu es trop petite.

1. **Fak** : ami de Charles, qui l'attend pour partir.
2. **filer à l'anglaise** : partir sans prévenir.

CLAIRE. – Je ne suis déjà plus petite. J'ai commencé hier à boire du café et j'en ai bu jusqu'au soir. Jamais je n'avais passé une nuit entière sans dormir. Comment fais-tu pour sans effort ne jamais dormir ni le jour ni la nuit ?

CHARLES. – Le jour, la lumière me tient réveillé et la nuit, comme il fait noir, il faut ouvrir les yeux en grand pour voir ce qui se passe, et on ne peut pas dormir avec les yeux ouverts.

CLAIRE. – Les miens se ferment tout le temps. Je veux connaître vos secrets. Emmène-moi avec toi, Charlie. Je ne veux pas rester seule ici, je ne veux pas m'occuper de maman seule ; pourquoi serait-ce aux filles d'avoir les corvées, pendant que les garçons ne foutent rien et filent dans des voitures en rigolant entre eux ? Quand vous partirez, je veux partir avec vous.

CHARLES. – Qui parle de partir ? Je n'ai pas de voiture.

CLAIRE (*montrant Fak*). – Et celui-là qui a les clés et qui t'attend ? Je connais tes secrets.

CHARLES. – Il ne m'attend pas. Ce que j'ai n'est pas à lui et ce qu'il a n'est pas à moi. Tu ne connais rien du tout.

CLAIRE. – Si, si, je vous connais ; vous êtes comme les chiens, vous vous chamaillez mais vous finissez toujours par vous lécher le cul.

CHARLES. – Dépêche-toi, Claire, de rentrer, je ne peux pas te parler, je suis trop occupé.

CLAIRE. – Occupé, toi ? Alors que tu ne travailles même plus, et maman dit que la misère a passé le corridor[3] et est à notre porte maintenant ; et bientôt elle serait sur la table de la cuisine. Les filles me racontaient que la misère et les malheurs font grossir les filles, or je ne veux pas être grosse ; alors j'ai décidé de ne plus dormir jusqu'à ce que j'aie le cœur tranquille.

Bernard-Marie Koltès, *Quai Ouest*, Éd. de Minuit, 1985.

3. **corridor** : couloir d'un immeuble.

Marion Grimault et Hammou Graia dans *Quai Ouest* mis en scène par Patrice Chéreau, 1986.

Observation

1. Qu'est-ce qui caractérise les personnages, l'époque et les lieux choisis ?

2. Quelle conséquence les lieux et la situation mis en scène ont-ils sur le niveau de langage utilisé ?

3. Que révèle l'affrontement de Claire et de Charles sur leur personnalité ?

Analyse

4. Comment Claire exprime-t-elle son désir d'échapper à l'enfance ?

5. Relevez les allusions faites à la voiture tout au long de la scène. Quelle est la fonction dramatique de celle-ci ?

6. Introduisez des didascalies dans le texte de manière à souligner le jeu des acteurs (intonation, gestes) pour aider à la mise en scène de la pièce.

Vers l'écriture d'invention. Vous poursuivrez cette scène en imaginant de quelle manière Claire pourrait convaincre son frère de rester auprès d'elle.

Notion

L'affrontement sur la scène

La scène théâtrale est le lieu privilégié de l'affrontement verbal. Le dialogue révèle les désirs, les peurs, les tensions des personnages. Il permet au dramaturge de mettre en évidence, aux yeux du spectateur, leur véritable personnalité.

Koltès

OBJET D'ÉTUDE 1ʳᵉ **Le texte théâtral et sa représentation** → voir p. 404

1979 # Combat de nègre et de chiens

L'action de la pièce *Combat de nègre et de chiens* se déroule en Afrique noire, sur un chantier dirigé par des Blancs. Alboury, un Noir qui s'est introduit sur le chantier, veut récupérer le corps de son frère, mystérieusement disparu. Il fait la rencontre de Léone, une Parisienne qui se sent immédiatement attirée par lui.

Sur le chantier, au pied du pont inachevé, près de la rivière, dans une demi-obscurité, Alboury et Léone.

LÉONE. – Vous avez des cheveux super.

ALBOURY. – On dit que nos cheveux sont entortillés et noirs parce que l'ancêtre des
5 nègres, abandonné par Dieu puis par tous les hommes, se retrouva seul avec le diable, abandonné lui aussi de tous, qui alors lui caressa la tête en signe d'amitié, et c'est comme cela que nos cheveux ont brûlé.

LÉONE. – J'adore les histoires sur le diable, j'adore comme vous les racontez ; vous avez des lèvres super ; d'ailleurs le noir, c'est ma couleur.

10 ALBOURY. – C'est une bonne couleur pour se cacher.

LÉONE. – Cela, qu'est-ce que c'est ?

ALBOURY. – Le chant des crapauds-buffles : ils appellent la pluie.

LÉONE. – Et cela ?

ALBOURY. – Le cri des éperviers. (*Après un temps*) Il y a aussi le bruit d'un moteur.

15 LÉONE. – Je n'entends pas.

ALBOURY. – Je l'entends.

LÉONE. – C'est le bruit de l'eau, c'est le bruit d'autre chose ; avec tous ces bruits, impossible d'être sûr.

ALBOURY (*après un temps*). – Tu as entendu ?

20 LÉONE. – Non.

ALBOURY. – Un chien.

LÉONE. – Je ne crois pas que j'entends. (*Aboiements d'un chien, au loin.*) C'est un roquet[1], un chien de rien du tout, cela se reconnaît à la voix ; c'est un cabot, il est très loin ; on ne l'entend plus. (*Aboiements.*)

25 ALBOURY. – Il me cherche.

LÉONE. – Qu'il vienne. Moi, je les aime, je les caresse, ils n'attaquent pas si on les aime.

ALBOURY. – Ce sont des bêtes mauvaises ; moi, elles me sentent de loin, elles courent après pour me mordre.

LÉONE. – Vous avez peur ?

30 ALBOURY. – Oui, oui, j'ai peur.

LÉONE. – Pour un roquet de rien qu'on n'entend même plus !

ALBOURY. – Nous, on fait bien peur aux poules ; c'est normal que les chiens nous fassent peur.

LÉONE. – Je veux rester avec vous. Que voulez-vous que j'aille faire avec eux[2] ? J'ai lâché
35 mon travail, j'ai tout lâché ; j'ai quitté Paris, ouyouyouille, j'ai tout quitté. Je cherchais justement quelqu'un à qui être fidèle. J'ai trouvé. Maintenant, je ne veux plus bouger. (*Elle ferme les yeux.*) Je crois que j'ai un diable dans le cœur, Alboury ; comment je l'ai attrapé, je n'en sais rien, mais il est là, je le sens. Il me caresse l'intérieur, et je suis déjà toute brûlée, toute noircie en dedans.

40 ALBOURY. – Les femmes parlent si vite ; je n'arrive pas à suivre.

LÉONE. – Vite, vous appelez cela vite ? quand cela fait au moins une heure que je ne pense qu'à cela, une heure pour y penser et je ne pourrais pas dire que c'est du sérieux,

1. roquet : petit chien hargneux.
2. eux : les Blancs du chantier.

■ 538

du bien réfléchi, du définitif ? Dites-moi ce que vous avez pensé lorsque vous m'avez vue.

ALBOURY. – J'ai pensé : c'est une pièce qu'on a laissé tomber dans le sable ; pour l'instant, elle ne brille pour personne ; je peux la ramasser et la garder jusqu'à ce qu'on la réclame.

LÉONE. – Gardez-la, personne ne la réclamera.

ALBOURY. – Le vieil homme[3] m'a dit que tu étais à lui.

LÉONE. – Biquet, c'est donc Biquet qui vous gêne ? mon Dieu ! il ne ferait pas de mal à une mouche, pauvre Biquet. Que croyez-vous que je suis, pour lui ? Une petite compagnie, un petit caprice, parce qu'il a de l'argent et qu'il ne sait qu'en faire. Et moi qui n'en ai pas, n'est-ce pas une chance terrible de l'avoir rencontré ? Ne suis-je pas une chipie d'avoir autant de chance ? Ma mère, si elle savait, oh, elle ferait les gros yeux, elle m'aurait dit : coquine, cette chance-là n'arrive jamais qu'aux actrices ou aux prostituées ; pourtant, je ne suis ni l'une ni l'autre et cela m'est arrivé. Et quand il m'a proposé de le rejoindre en Afrique, oui j'ai dit oui, je suis prête.

Bernard-Marie Koltès, *Combat de nègre et de chiens*, Éd. de Minuit, 1989.

3. le vieil homme : le chef du chantier.

Combat de nègre et de chiens dans une mise en scène de Patrice Chéreau.

Observation

1. Relevez, à travers les paroles échangées, les caractéristiques des deux personnages.

2. Montrez que leur dialogue exprime l'opposition de deux univers différents.

3. En vous référant au début du texte, expliquez la phrase de Léone (l. 37) : « Je crois que j'ai un diable dans le cœur. »

Analyse

4. Par quelle image l'auteur traduit-il l'attirance d'Alboury pour Léone ?

5. Quelle est, selon vous, la signification de la peur éprouvée par Alboury ?

6. Relevez dans le texte les sons qui renvoient au dehors de la scène. En quoi contribuent-ils à la progression du dialogue ?

7. Comment la mise en scène de Patrice Chéreau souligne-t-elle l'atmosphère de la pièce ?

8. Comment le titre de la pièce annonce-t-il un dénouement tragique ?

Vers l'oral. Le théâtre est-il, selon vous, apte à traiter des grands problèmes contemporains ? Après un temps de préparation de dix minutes, vous exposerez votre point de vue à la classe.

Notion

Le dehors de la scène

Dans le théâtre classique, les événements violents, comme un meurtre, ont lieu en dehors de la scène et sont racontés par un personnage. Dans le théâtre contemporain, de la musique, des bruits, des cris émis hors de la scène étendent l'espace scénique au-delà de ce que voit le public. Ils ouvrent ainsi l'imagination du spectateur sur un dehors qui peut être chargé de menaces ou au contraire représenter un espoir.

Michon

▶ Pierre Michon
▶ Né aux Cards, dans la Creuse, le 28 mars 1945.

Pierre Michon est le fils d'un couple d'instituteurs. Son père les abandonne, sa mère et lui, alors qu'il est âgé de deux ans. Il mène une enfance campagnarde, avant de devenir interne au lycée de Guéret. Après le baccalauréat, passionné par le théâtre, il poursuit des études de lettres à l'université de Clermont-Ferrand. Il connaît des années difficiles, partagé entre le désir d'écrire, l'obligation d'enseigner et le goût de l'errance. Il met ainsi dix-huit ans pour achever son premier livre, *Vies minuscules*, publié en 1984 : huit vies d'êtres anonymes voués au malheur. Le roman s'impose peu à peu comme une révélation de la littérature contemporaine, confirmée par *Rimbaud le fils*, en 1991. Pierre Michon, qui accède enfin au statut d'écrivain reconnu, reste toutefois à l'écart des médias. Il poursuit à Nantes une existence secrète et solitaire, auprès de sa petite-fille, Louise.

ŒUVRES PRINCIPALES

Romans et nouvelles
Vies minuscules (1984), *Vie de Joseph Roulin* (1988), *Maîtres et serviteurs* (1990), *Rimbaud le fils* (1991), *Mythologies d'hiver* (1997), *Trois auteurs* (1997), *Corps du roi* (2002), *Les Onze* (2009)

Des personnages en miniatures

À contre-courant de ses contemporains, Pierre Michon revendique le goût de la langue classique, qu'il met au service du roman. Chaque phrase est travaillée sur des brouillons, d'abord rédigés au crayon, puis raturés jusqu'à ce qu'il en soit complètement satisfait. Le romancier crée un contraste entre des situations quotidiennes, voire triviales, et un style lyrique au vocabulaire riche et recherché. Par ailleurs, l'ensemble de ses œuvres montre une volonté de brièveté et de concision. Qu'il recrée la vie d'un peintre comme Watteau ou Goya, qu'il rappelle le souvenir d'un ami oublié de Van Gogh ou qu'il crée des personnages à partir de son expérience personnelle, c'est toujours le récit d'une « vie minuscule » qui attire l'écrivain.

OBJET D'ÉTUDE 1re **Le personnage de roman** → voir p. 402

1984 Vies minuscules

À l'hôpital de Clermont-Ferrand où il est soigné, le narrateur fait la connaissance d'un homme modeste et renfermé, familièrement surnommé père Foucault. Celui-ci refuse d'aller suivre un traitement à Paris par crainte de devoir révéler son secret : en effet, il ne sait ni lire ni écrire.

Le père Foucault n'irait pas à Paris. Cette ville de province, déjà, et son village même sans doute, lui paraissaient peuplés d'érudits[1], fins connaisseurs de l'âme humaine et usagers de sa monnaie courante, qui s'écrit. Instituteurs, démarcheurs de commerce, médecins, paysans même, tous savaient, signaient et décidaient à des degrés de forfan-
5 terie[2] divers ; et il ne doutait pas de ce savoir, que les autres possédaient de si flagrante façon. Qui sait : ils connaissent peut-être la date de leur mort, ceux qui savent écrire le mot « mort » ? Lui seul n'y entendait rien, ne décidait guère ; il ne s'accommodait pas de cette incompétence vaguement monstrueuse, et non sans raison peut-être : la vie et ses glossateurs[3] autorisés lui avaient assurément fait bien voir qu'être illettré au-
10 jourd'hui c'est en quelque façon une monstruosité dont monstrueux est l'aveu. Que

1. **érudits** : savants, personnes cultivées.
2. **forfanterie** : fanfaronnade, vantardise.
3. **glossateurs** : commentateurs d'un texte.

Le XXᵉ siècle

serait-ce à Paris, où il lui faudrait chaque jour réitérer cet aveu, sans à ses côtés un jeune patron complaisant pour remplir les fameux, les redoutables « papiers » ? Quelles nouvelles hontes lui faudrait-il boire, ignare, sans un pareil, et vieux, et malade, dans cette ville où les murs mêmes étaient lettrés, historiques les ponts
15 et incompréhensibles l'achalandage et l'enseigne des boutiques, cette capitale où les hôpitaux étaient des parlements, les médecins de plus savants aux yeux des savants d'ici, la moindre infirmière Marie Curie ? Que serait-il entre leurs mains, lui qui ne savait pas lire le journal ?

Il resterait ici, et en mourrait ; là-bas, peut-être l'eût-on guéri, mais au prix de
20 sa honte ; surtout, il n'eût pas expié, magistralement payé de sa mort le crime de ne pas savoir. Cette vision des choses n'était pas si naïve ; elle m'éclairait. Moi aussi, j'avais hypostasié[4] le savoir et la lettre en catégories mythologiques, dont j'étais exclu : j'étais l'analphabète esseulé au pied d'un Olympe où tous les autres, Grands Auteurs et Lecteurs difficiles, lisaient et forgeaient en se jouant
25 d'inégalables pages ; et la langue divine était interdite à mon sabir[5].

On me disait aussi qu'à Paris m'attendait peut-être une manière de guérison ; mais je savais, hélas, que si j'y allais proposer mes immodestes et parcimonieux écrits, on en démasquerait aussitôt l'esbroufe, on verrait bien que j'étais, en quelque façon, « illettré ».

Pierre Michon, « Vie du père Foucault », *Vies minuscules*, Éd. Gallimard, 1984.

4. hypostasié : idolâtré.
5. sabir : charabia, jargon.

1900
2010

Observation

1. Quelle vision le père Foucault se fait-il des habitants de la ville dans le premier paragraphe ? En quoi peut-elle paraître exagérée ?

2. Quelles craintes la capitale suscite-t-elle en lui ? Appuyez votre réponse sur des exemples précis.

3. Justifiez la présence des questions qui rythment le début de l'extrait.

Analyse

4. Comment s'explique l'emploi du conditionnel au début du deuxième paragraphe ?

5. En quoi la vision du père Foucault éclaire-t-elle le narrateur sur sa propre situation ?

6. Expliquez la dernière phrase de l'extrait en justifiant l'utilisation du mot « illettré ».

Vers l'écriture d'invention. Le narrateur décide de persuader le père Foucault de l'accompagner à Paris en se proposant de lui servir de guide. Imaginez le dialogue argumentatif qui s'engage entre les deux hommes.

Notion

Le personnage de la parabole

La parabole est un court récit qui raconte une histoire simple dont les personnages appartiennent à la vie quotidienne pour en tirer une leçon morale. On en trouve des exemples dans les textes religieux. Ici, Pierre Michon établit un parallèle entre la « vie minuscule » du père Foucault et sa propre vie d'écrivain.

541

HISTOIRE des Arts
L'art actuel • Depuis 2000

Le paysage artistique contemporain est extrêmement varié. Les avant-gardes esthétiques qui se sont succédé depuis la fin du XIXe siècle n'ont cessé de bousculer les limites des genres établis, ouvrant définitivement l'art à l'exploration de nouveaux territoires. Dans le même temps, les progrès technologiques permettent aux artistes de faire de nouvelles propositions.

■ L'infini visuel

L'art visuel contemporain se trouve dans un dialogue permanent avec le monde des images qui est le nôtre. L'image publicitaire, les réseaux modernes de communication, la multiplicité infinie des images produites à chaque instant conduisent les artistes à questionner le statut de l'image dans nos sociétés. Cela passe par le réemploi ou le détournement d'images existantes, mais aussi par l'utilisation des médias modernes pour créer des œuvres d'art. La vidéo employée à partir du dernier tiers du XXe siècle est devenu un genre à part entière. Internet n'est plus seulement le moyen de faire connaître des œuvres existantes, mais le lieu d'une création spécifique. Le téléphone portable devient à son tour un instrument de production d'œuvres bénéficiant même d'un festival international.

Takashi Murakami, *Tongari-Kun (Mister Pointy)*, 2003-2004, fibre de verre, fer, résine synthétique, peinture, 7 x 3,5 m. Installée le temps d'une exposition au château de Versailles, cette sculpture est inspirée par des références religieuses maya et tibétaine. Mélange des inspirations, choc des cultures, multiplicité des couleurs, l'artiste n'essaye-t-il pas de donner une forme synthétique à la profusion infinie et chaotique d'une communication planétaire ?

Jean-Charles Fitoussi, *Nocturnes pour le roi de Rome*, 2006, 1h07. Cette image, tirée d'un film tourné avec un téléphone portable, propose un traitement impressionniste de l'image.

■ La culture planétaire détournée par la sculpture

La sculpture actuelle poursuit l'exploration des techniques mises en œuvre tout au long du XXe siècle, mais de nombreux artistes s'attachent à détourner les éléments d'une culture désormais planétaire. Un monde lisse, acidulé et centré sur une économie des loisirs influence Wang Du, auteur d'immenses corps en résine réalisés à partir d'images publicitaires, Jeff Koons, créateur de sculptures d'animaux inspirées de l'enfance et aux couleurs éclatantes ou encore Takashi Murakami, inventeur d'objets polis aux formes complexes et aux multiples coloris.

Le XXᵉ siècle

L'ARCHITECTURE postmoderne

La majorité des grands édifices du XXᵉ siècle appartiennent au style international. Simplification des formes, refus de tout effet décoratif, la modernité est fonctionnelle. Cette vision est remise en question depuis une trentaine d'années : on parle d'une architecture postmoderne.

▶ La liberté absolue de la forme

Le renoncement aux principes de l'architecture moderne se manifeste à la fin du XXᵉ siècle. Certains architectes s'inspirent du passé, tel Ricardo Bofill pour le quartier *Antigone* à Montpellier. La tendance actuelle s'éloigne de cet historicisme pour imaginer des bâtiments aux formes les plus insolites. Par sa volonté de casser les volumes traditionnels, cette tendance est qualifiée de « déconstructiviste ». Les matériaux modernes et l'assistance par l'ordinateur offrent une grande liberté au créateur. On peut ainsi produire des milliers d'éléments différents parfaitement adaptés à la situation qu'ils occupent dans le bâtiment.

▶ La course à la verticalité

Les progrès technologiques, les contraintes démographiques et d'espace, un esprit de compétition conduisent certains architectes et commanditaires à construire des bâtiments de plus en plus haut. Ils leur donnent des formes caractéristiques qui en font des symboles de puissance parfaitement identifiables. Prouesse technique, la haute tour est un signal à destination du monde entier. En 2009 est inauguré à Dubaï le bâtiment le plus haut jamais construit : le *Burj Khalifa* culmine à 828 m et évoque schématiquement le dessin d'une fleur à partir d'un axe central. Des projets supérieurs au kilomètre sont désormais à l'étude et attendent un financement.

Le siège de la télévision chinoise à Pékin achevé en 2010. Imaginé par Rem Koolhaas, d'une hauteur de 234 m, il semble défier la pesanteur.

1900 ▼ 2000

Le gratte-ciel *Taipei 101* à Taïwan, achevé en 2004, atteint 508 m et évoque la forme d'une pagode. Il est le deuxième plus haut édifice du monde.

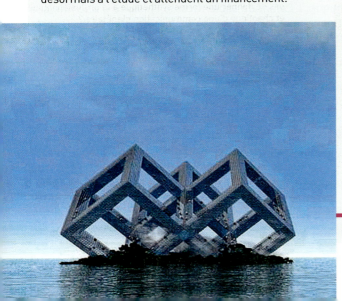
Jospeh Cory, *CT-Cube*, projet architectural.

Ben Jelloun

▶ **Tahar Ben Jelloun**
▶ Né à Fès, au Maroc, le 1er décembre 1944.

Tahar Ben Jelloun poursuit des études de philosophie à Rabat et Casablanca, avant de s'installer à Paris en 1971. Il collabore au journal *Le Monde* et publie un premier roman, *Harrouda*, en 1973. Il y exprime son attachement pour son pays natal, à travers l'évocation de deux villes, Fès et Tanger. Pour lui, écrire en français, c'est faire connaître la culture arabe, être le porte-parole des traditions et des chants de son pays. Mais le romancier décrit également la solitude et l'angoisse des êtres vulnérables, de ceux qui sont « blessés ». *L'Enfant de sable*, en 1985, illustre le thème de la recherche de l'identité féminine dans une société qui la nie. Deux ans plus tard, *La Nuit sacrée* obtient le prix Goncourt. Parallèlement à son activité d'écrivain, Tahar Ben Jelloun intervient dans l'actualité, en dénonçant l'exclusion qui frappe les immigrés. Il écrit ainsi en 1998 *Le Racisme expliqué à ma fille*. Depuis, il poursuit son œuvre romanesque malgré les polémiques qu'elle suscite parfois en France ou au Maroc.

ŒUVRES PRINCIPALES

Romans
Harrouda (1973), *Moha le Fou, Moha le Sage* (1978), *La Nuit sacrée* (1987), *Partir* (2006), *Sur ma mère* (2008), *Au pays* (2009).

Essais
Le Racisme expliqué à ma fille (1998).

Poésie
Les Pierres du temps et autres poèmes (2006).

Des personnages à l'identité déchirée

Tahar Ben Jelloun exprime dans son œuvre la confrontation de deux cultures. Il décrit à la fois la fascination, l'enthousiasme que connaissent les immigrés découvrant le monde nouveau dans lequel ils s'installent, et leur déchirement, l'expérience douloureuse de l'exil. Mais le romancier explore aussi les fractures que traverse le Maghreb contemporain. Il dénonce la perte des traditions, la situation de la femme soumise à la domination d'une société masculine, l'abandon de la mémoire d'un peuple. Le romancier allie ainsi le sens du réalisme avec une écriture poétique qui perpétue la tradition orale des conteurs : le fantastique et la sensualité s'y côtoient en créant un univers chargé de symboles.

OBJET D'ÉTUDE 1re Le personnage de roman → voir p. 402

1985 L'Enfant de sable

Inspiré d'un fait divers authentique, *L'Enfant de sable* raconte l'histoire d'une fille que son père décide de faire passer pour un garçon. Le roman explore ainsi les déchirements créés par cet absurde changement d'identité, à travers la voix d'un conteur.

1. **Hadj** : Hadj Ahmed, le père de famille qui a déjà eu sept filles.
2. **Lalla Radhia** : la sage-femme qui sera mise dans le secret.

Toute la famille fut convoquée et réunie dans la maison du Hadj[1] dès le mercredi soir. La tante Aïcha s'activait comme une folle. Les deux frères, avec femmes et enfants, étaient arrivés, inquiets et impatients. Les cousins proches et lointains furent aussi invités. Lalla Radhia[2] s'était enfermée avec l'épouse du Hadj. Personne n'avait le droit
5 de la déranger. Des femmes noires préparaient le dîner dans la cuisine. Vers minuit on entendit des gémissements : c'étaient les premières douleurs. De vieilles femmes en appelaient au Prophète Mohammed. Le Hadj faisait les cent pas dans la rue. Ses frères tenaient un conseil de guerre. Ils se parlaient à voix basse dans un coin du salon. Les enfants dormaient là où ils avaient mangé. Le silence de la nuit n'était interrompu que
10 par les cris de douleur. Lalla Radhia ne disait rien. Elle chauffait des bassines d'eau et

Le XXᵉ siècle

étalait les langes. Tout le monde dormait sauf le Hadj, la sage-femme et les deux frères. À l'aube, on entendit l'appel de la prière. Quelques silhouettes se levèrent, tels des somnambules, et prièrent. La femme hurlait à présent. Le jour se leva sur la maison où tout était dans un grand désordre. Les cuisinières noires rangèrent
15 un peu et préparèrent la soupe du petit déjeuner, la soupe de la naissance et du baptême. Les frères durent partir à leur travail. Les enfants se considérèrent en vacances et restèrent jouer à l'entrée de la maison. Vers dix heures du matin, le matin de ce jeudi historique, alors que tout le monde était rassemblé derrière les pièces de l'accouchement, Lalla Radhia entrouvrit la porte et poussa un cri où
20 la joie se mêlait aux you-you[3], puis répéta jusqu'à s'essouffler : c'est un homme, un homme, un homme… Hadj arriva au milieu de ce rassemblement comme un prince, les enfants lui baisèrent la main. Les enfants lui baisèrent la main. Les femmes l'accueillirent par des you-you stridents, entrecoupés par des éloges et des prières du genre : Que Dieu le garde… Le soleil est arrivé… C'est la fin des
25 ténèbres… Dieu est grand… Dieu est avec toi…

Il pénétra dans la chambre, ferma la porte à clé, et demanda à Lalla Radhia d'ôter les langes du nouveau-né. C'était évidemment une fille. Sa femme s'était voilé le visage pour pleurer. Il tenait le bébé dans son bras gauche et de sa main droite il tira violemment sur le voile et dit à sa femme : « Pourquoi ces larmes ?
30 J'espère que tu pleures de joie ! Regarde, regarde bien, c'est un garçon ! Plus besoin de te cacher le visage. Tu dois être fière… Tu viens après quinze ans de mariage de me donner un enfant, c'est un garçon, c'est mon premier enfant, regarde comme il est beau ! »

Tahar Ben Jelloun, *L'Enfant de sable*, Éd. du Seuil, 1985.

3. you-you : les cris traditionnels qui accompagnent les grands événements.

1900
2010

Observation

1. Relevez et donnez un titre aux différentes étapes de cet épisode.

2. Repérez l'ensemble des membres de la famille présents dans cette scène. Commentez la phrase : « Toute la famille fut convoquée » (l. 1).

3. À travers quels détails le romancier souligne-t-il l'importance de la naissance dans le contexte de la société marocaine ?

4. Montrez la présence de la nuit tout au long du premier paragraphe. Relevez les termes qui se rapportent au déroulement temporel de l'accouchement.

Analyse

5. Quelles sont les caractéristique du Hadj, le père de l'enfant, dans cet extrait ?

6. Commentez l'attitude du père et de la mère dans le dernier paragraphe. Expliquez les réactions de chacun devant cette naissance.

Vers le commentaire. Vous commenterez cet épisode romanesque en un paragraphe rédigé et illustré d'exemples : vous étudierez d'abord l'atmosphère enfiévrée qui entoure la naissance ; vous analyserez ensuite les réactions surprenantes de ce père de famille.

Notion

L'identité brisée

Pour se développer, chaque individu doit forger sa personnalité. De la construction de son identité dépend son épanouissement affectif et sexuel. Et la famille constitue un élément déterminant dans l'affirmation de son « moi ». La situation de *L'Enfant de sable* est d'autant plus tragique que c'est son propre père qui brise l'identité de sa fille en la faisant passer pour un garçon. Dès lors, son développement ne pourra être que chaotique et livré à la souffrance.

545

Vinaver

▶ **Michel Vinaver**
▶ Né à Paris en 1927

Après des études en France et aux États-Unis, Michel Vinaver publie deux romans chez Gallimard, *Lataume* et *L'Objecteur*, en 1950 et 1951. Recruté comme stagiaire par la filiale française de la multinationale américaine Gillette en 1953, il travaille au sein du groupe jusqu'en 1980. En parallèle, sa pièce, *Les Coréens*, est portée à la scène avec succès. Il écrit alors *Les Huissiers* et *Iphigénie Hôtel*. Avec *La Demande d'emploi* et *Par-dessus bord*, ses pièces développent les thèmes du travail et de son corollaire, le chômage. À partir de 1982, Michel Vinaver se consacre entièrement au théâtre. Il écrit notamment *Les Voisins*, *Portrait d'une femme*, *11 septembre 2001*, traduit l'écrivain russe Maxime Gorki et l'auteur de tragédies de l'Antiquité Euripide. En 2006, Le Grand Prix du théâtre lui est attribué par l'Académie française, récompensant une œuvre inventive, créée par des metteurs en scène prestigieux : Roger Planchon, Jean-Marie Serreau, Antoine Vitez, Christian Schiaretti, Patrice Chéreau, Jacques Lasalle ou Jean-Pierre Vincent.

ŒUVRES PRINCIPALES

Théâtre
Les Coréens (1956),
Les Huissiers (1958),
Iphigénie Hôtel (1960),
La Demande d'emploi (1973),
L'Émission de télévision (1990),
11 septembre 2001 (2001)

Essai
Le Compte-rendu d'Avignon (1987).

L'écrivain de théâtre

Vinaver insiste sur la dimension littéraire du texte théâtral, qui doit pouvoir être apprécié indépendamment de toute représentation, comme un roman ou un poème. Alternant les pièces brèves du « Théâtre de chambre » avec des pièces fleuves comme *Par-dessus bord*, qui présente soixante personnages pour sept heures de représentation, le théâtre de Vinaver se nourrit de l'actualité, s'immerge dans le monde du travail, étudie les tensions familiales ou sociales. Mais derrière les problèmes du quotidien, ce sont les drames de la grande Histoire qui sont visés : les guerres de Corée et d'Algérie, les crises politiques de la France contemporaine, les attentats de septembre 2001. Vinaver redonne ainsi au théâtre son usage originel qui est d'« émouvoir l'homme, c'est-à-dire de le faire bouger ».

OBJET D'ÉTUDE 1re Le texte théâtral et sa représentation → voir p. 404

1988 L'Émission de télévision

Cadre dans une entreprise, Nicolas Blache, cinquante-deux ans, a été mis au chômage à la suite d'une restructuration. Contacté pour en parler dans une grande émission de télévision, il prépare son intervention avec sa femme, Caroline.

Séjour pavillon Blache. Soir.
Blache debout, madame Blache assise, devant une grande glace. À proximité, un magnétophone. Azur, la chienne.

MADAME BLACHE. – C'était bien Nicolas
5 BLACHE. – Pas trop long ?
MADAME BLACHE. – Moi j'ai été prise
Tu vois j'ai les larmes aux yeux
BLACHE. – Pour eux c'est toujours trop long j'ai une hantise Caroline
Ce qu'il y a de vital à leur dire si je le dis tout de suite ça va cueillir les gens à froid ça
10 ne portera pas

546

Le XXe siècle

Si je commence plus en sourdine comme je viens de le faire et si je laisse progressivement s'installer l'émotion

Au moment de dire ce qu'il y a de vital on me coupe la parole

Dans toutes ces émissions ils coupent toujours la parole

15 MADAME BLACHE. – Il y a tant à dire

Essaie de raccourcir

BLACHE. – C'est infernal

MADAME BLACHE. – Ne t'énerve pas il suffit quelquefois de dire une chose

La chambre à gaz

20 Quand tu as dit que bien des fois tu as pensé à la chambre à gaz à nous supprimer tous les deux

BLACHE. – Mais c'est une catastrophe si tout de suite après ils m'interrompent tu imagines

MADAME BLACHE. – Et le sida quand il est sorti de ta bouche ça vous ronge de l'intérieur chômage sida même combat

25 BLACHE. – C'est peut-être toi qui devrais dire ça

MADAME BLACHE. – Ça n'aurait pas la même force

Seulement tu devrais le dire un peu moins lentement et chercher tes mots

Tu sais comment les gens regardent

BLACHE. – En mangeant

30 MADAME BLACHE. – Nous on le fait bien

BLACHE. – Attends que je réécoute

Il branche le magnétophone sur « play ». Voix de Blache, enregistrée.

Mais c'est des coups d'épée dans l'eau on ne veut plus de nous on ne sert plus à rien notre matière grise on la met au placard on est en dehors du coup les autres vous ont

35 mis à part sur la touche au fil du temps

Il appuie sur « stop ».

Qu'est-ce que c'est que ça ?

MADAME BLACHE. – Mais c'est vrai

BLACHE. – Ce n'est pas ça qu'il faut dire

40 *Il appuie sur « rec » et parle.*

Vieux ? C'est les autres qui le disent ce chœur insidieux[1] de voix pernicieuses[2] qui comme un virus vous attaquent la moelle des os

Vieux ? Allons donc vieux non mais naufragé il faut survivre on s'organise sur son île déserte en fonction de ce but unique je reprends

45 En fonction de ce triple but garder la forme envoyer des signaux et capter les

Il appuie sur « stop ».

MADAME BLACHE. – C'est beaucoup mieux Nicolas pourquoi tu t'arrêtes ?

BLACHE. – Trop long

Michel Vinaver, *L'Émission de télévision*, scène 10, 1988, Éd. Actes Sud, 2002.

1. insidieux : qui tend des pièges, sournois

2. pernicieux : dangereux pour la santé physique ou morale

1900 ▼ 2010

Observation

1. Quels accessoires sont nécessaires à la représentation de la scène ?

2. Le dialogue ne comporte que quelques signes de ponctuation. Lesquels ?

3. À quels moments les personnages prennent-ils la place de spectateurs ?

Analyse

4. Comment est évoquée l'expérience du chômage ?

5. Quelle « hantise » envahit Blache ? Comment se marque son angoisse ?

Vers le commentaire. Montrez, dans un paragraphe rédigé, l'intérêt du théâtre dans le théâtre dans cette scène.

Notion

Le théâtre dans le théâtre

Il y a théâtre dans le théâtre quand une pièce ou une scène théâtrale est introduite à l'intérieur de la pièce. Les personnages en scène deviennent acteurs ou spectateurs de cette nouvelle pièce, qui permet des dédoublements pour mettre en lumière des angoisses ou des secrets.

Reza

▶ **Yasmina Reza**
▶ Née le 1er mai 1959, à Paris.

Née d'une mère violoniste hongroise et d'un père ingénieur russe d'origine iranienne, Yasmina Reza est élevée dans un milieu passionné par les arts. Après des études de sociologie, elle s'oriente vers le monde du théâtre et, comédienne, interprète de nombreux spectacles. Mais elle se consacre également à l'écriture et sa première pièce, *Conversations après un enterrement*, reçoit le Molière du meilleur auteur en 1987. Elle écrit aussi des textes romanesques et des scénarios de film. Avec « *Art* » représentée en 1994, Yasmina Reza obtient un nouveau Molière. Le théâtre de Yasmina Reza, adapté dans plus de trente-cinq langues, est produit à la Royal Shakespeare Compagny, au Théâtre National de Londres, au Burgteater de Vienne ainsi que dans les théâtres les plus renommés. Des réalisateurs prestigieux, comme Roman Polanski, adaptent aujourd'hui ses œuvres pour le cinéma.

ŒUVRES PRINCIPALES

Théâtre
« *Art* » (1994), *Trois version de la vie* (2001), *Le Dieu du carnage* (2007), « *Comment vous raconter la partie* » (2011).

Roman
Une désolation (2001), *Adam Haberberg* (2003) ;

Essai
L'Aube le soir ou la nuit (2007).

La nouvelle comédie de mœurs

La comédie de mœurs, dont Yasmina Reza reprend le principe, met en scène des caractères, des types humains et sociaux. L'irruption d'un événement lance l'intrigue au sein d'un milieu fermé, régi par des rapports bien rodés. Dans « *Art* », sa pièce la plus célèbre, l'achat d'un tableau, une « toile blanche », déclenche la tension entre les personnages. Dès lors, les frustrations, les jalousies apparaissent au grand jour et l'action progresse à travers l'enchaînement de conversations de plus en plus tendues. Yasmina Reza fait ainsi, dans le contexte de discussions sur l'art, la satire des mœurs contemporaines, des passions et des pulsions enfouies au cœur de l'homme.

OBJET D'ÉTUDE 1re Le texte théâtral et sa représentation → voir p. 404

1994 « Art »

Créée en 1994 à Paris, « *Art* » représente l'affrontement de trois personnages, Marc, Serge et Yvan. Au début de la pièce, Serge achète un tableau d'un peintre contemporain : une toile blanche qui va révéler les tensions entre les trois amis.

MARC, *seul*. – Mon ami Serge a acheté un tableau.
C'est une toile d'environ un mètre soixante sur un mètre vingt, peinte en blanc. Le fond est blanc et si on cligne des yeux, on peut apercevoir de fins liserés[1] blancs transversaux.
Mon ami Serge est un ami depuis longtemps. C'est un garçon qui a bien réussi, il est
5 médecin dermatologue et il aime l'art.
Lundi, je suis allé voir le tableau que Serge avait acquis samedi mais qu'il convoitait depuis plusieurs mois.
Un tableau blanc, avec des liserés blancs.

*

Chez Serge.
10 Posée à même le sol, une toile blanche, avec de fins liserés blancs transversaux.
Serge, réjoui, regarde son tableau.

1. **liserés** : raies, fines lignes.

548

Le XXe siècle

« Art », mise en scène de Patrice Kerhrat, théâtre Hébertot, Paris, 1998

1900 ▼ 2010

Marc regarde le tableau.
Serge regarde Marc qui regarde le tableau.
Un long temps où tous les sentiments se traduisent sans mot.

15 MARC. – Cher ?
SERGE. – Deux cent mille.
MARC. – Deux cent mille ?....
SERGE. – Handtington me le reprend à vingt-deux.
MARC. – Qui est-ce ?
20 SERGE. – Handtington ? !
MARC. – Connais pas.
SERGE. – Handtington ! La galerie Handtington !
MARC. – La galerie Handtington te le reprend à vingt-deux ?....
SERGE. – Non, pas la galerie. Lui. Handtington lui-même. Pour lui.
25 MARC. – Et pourquoi ce n'est pas Handtington qui l'a acheté ?
SERGE. – Parce que tous ces gens ont intérêt à vendre à des particuliers. Il faut que le marché[2] circule.
MARC. – Ouais...
SERGE. – Alors ?
30 MARC. – ...
SERGE. – Tu n'es pas bien là. Regarde-le d'ici. Tu aperçois les lignes ?
MARC. – Comment s'appelle le...
SERGE. – Peintre. Antrios.
MARC. – Connu ?
35 SERGE. – Très. Très ! *Un temps.*
MARC. – Serge, tu n'as pas acheté ce tableau deux cent mille francs ?
SERGE. – Mais mon vieux, c'est le prix. C'est un ANTRIOS !
MARC. – Tu n'as pas acheté ce tableau deux cent mille francs !
SERGE. – J'étais sûr que tu passerais à côté.
40 MARC. – Tu as acheté cette merde deux cent mille francs ? !

2. le marché : le commerce des œuvres d'art.

549

Reza

*

SERGE, *comme seul.*– Mon ami Marc, qui est un garçon intelligent, garçon que j'estime depuis longtemps, belle situation, ingénieur dans l'aéronautique, fait partie de ces intellectuels, nouveaux, qui, non contents d'être ennemis de la modernité, en tirent une vanité incompréhensible.

45 Il y a depuis peu, chez l'adepte du bon vieux temps, une arrogance vraiment stupéfiante.

*

Les mêmes.
Même endroit.
Même tableau.

50 SERGE. (*après un temps*). –... Comment peux-tu dire « cette merde » ?

MARC. – Serge, un peu d'humour ! Ris !... Ris, vieux, c'est prodigieux que tu aies acheté ce tableau !

Marc rit.

Serge reste de marbre.

55 SERGE. – Que tu trouves cet achat prodigieux tant mieux, que ça te fasse rire, bon, mais je voudrais savoir ce que tu entends par « cette merde ».

MARC. – Tu te fous de moi !

SERGE. – Pas du tout. « Cette merde » par rapport à quoi ?

Quand on dit telle chose est une merde, c'est qu'on a un critère de valeur pour estimer 60 cette chose.

MARC. – À qui tu parles ? À qui tu parles en ce moment ? Hou hou !....

SERGE. – Tu ne t'intéresses pas à la peinture contemporaine, tu ne t'y es jamais intéressé. Tu n'as aucune connaissance dans ce domaine, donc comment peux-tu affirmer que tel objet, obéissant à des lois que tu ignores, est une merde ?

65 MARC. – C'est une merde. Excuse-moi.

*

Serge, seul.

SERGE. – Il n'aime pas le tableau.

Bon...

Aucune tendresse dans son attitude.

70 Aucun effort.

Aucune tendresse dans sa façon de condamner.

Un rire prétentieux, perfide.

Un rire qui sait tout mieux que tout le monde.

J'ai haï ce rire.

Yasmina Reza, « *Art* », © Y. Reza/Albin Michel, 1998.

Observation

1. Quels liens unissent les deux personnages ? Relevez dans leurs répliques et dans les didascalies ce qui les caractérise.

2. Comment les deux amis s'opposent-ils dans cette scène ? Qu'est-ce qui déclenche leur dispute ?

3. Lequel des deux personnages tente d'apporter des arguments à l'appui de son point de vue ? Relevez ces arguments.

Analyse

4. Étudiez la montée de l'agressivité entre les deux hommes, à travers l'échange des répliques.

5. Analysez la fonction des monologues.

6. En quoi la polémique qui oppose les deux amis est-elle le reflet de la société contemporaine ?

Vers l'écriture d'invention. Les deux hommes se retrouvent chez leur ami Yvan. Imaginez le dialogue qui s'engage, Yvan cherchant à les réconcilier en invoquant la diversité des goûts, l'amitié, la tolérance, etc.

Le XXᵉ siècle

Les couleurs du noir
Pierre Soulages, *Peinture*

Le tableau évoqué par le texte de Yasmina Réza n'utilise que le blanc. L'artiste français Pierre Soulages a longuement exploré les effets du noir. Pour lui, « le noir n'existe jamais dans l'absolu » car son intensité varie selon sa texture, son exposition à la lumière ou la forme du tableau.

Le côté gauche du tableau est travaillé avec une forte épaisseur de peinture. La texture accroche la lumière et laisse apparaître des gris qui varient selon l'orientation de la lumière et la position du spectateur.

1900 ▼ 2010

Les lignes épaisses de la partie gauche se prolongent par des traces blanches. Il s'agit du fond du tableau qui, différent du noir de la partie droite, accentue par contraste la blancheur des lignes.

Pierre Soulages (né en 1919), *Peinture 300 x 235 cm*, 9 juillet 2000, huile sur toile.

Du texte à l'image
1. Le peintre abstrait travaille ici la peinture pure, indépendamment de tout sujet représenté. En quoi le titre du tableau exprime-t-il cet aspect ?
2. Quel effet produit le format du tableau ?
3. À partir de l'étude de ce tableau, dégagez les arguments qu'un admirateur peut avancer pour rendre compte de sa valeur artistique auprès du personnage de Marc mis en scène dans le texte de Yasmina Réza.

La peinture monochrome
L'adjectif « monochrome » désigne l'usage d'une seule couleur pour représenter un sujet. Mais le nom « monochrome » renvoie à un genre de la peinture abstraite né au XXᵉ siècle, avec Malevitch (*Carré blanc sur fond blanc*, 1918), poursuivi avec Rothko ou Yves Klein (monochromes bleus dans les années 1950).

Djebar

▶ **Fatima-Zohra Imalayene**
— **Pseudonyme : Assia Djebar**

▶ Née à Cherchell, en Algérie, le 4 août 1936.

Fatima-Zohra Imalayene est encouragée par son père, instituteur, dans ses études qui la conduisent de l'école primaire de Mouzaïa aux lycées de Blida puis d'Alger. En 1955, la jeune fille intègre l'École normale supérieure de Sèvres, mais la guerre d'Algérie bouleverse ses projets et, après avoir participé à la grève des étudiants algériens, elle arrête ses études en 1956. L'année suivante, elle publie un premier roman, *La Soif*, sous le nom d'Assia Djebar. Mariée, elle suit en Tunisie son époux entré dans la clandestinité et y multiplie les enquêtes auprès des réfugiés algériens. Après l'indépendance de l'Algérie, Assia Djebar mène une carrière universitaire, à Rabat puis à Alger, où elle enseigne l'Histoire, le cinéma, la littérature française. Ses activités sont nombreuses : elle collabore à la radio et à la télévision, réalise des films, couronnés par des prix internationaux. En 1980, elle s'installe à Paris. Elle y développe une œuvre considérable, récompensée par des prix littéraires, traduite dans de nombreuses langues. Assia Djebar est élue à l'Académie française le 16 juin 2005.

ŒUVRES PRINCIPALES

Romans et nouvelles
La Soif (1957),
Femmes d'Alger dans leur appartement (1980),
L'Amour, la fantasia (1985),
Vaste est la prison (1995),
Nulle part dans la maison de mon père (2007).

Théâtre
Aïcha et les femmes de Médine (2001).

Film
La nouba des femmes du mont Chenoua (1978).

La mémoire des femmes

L'œuvre littéraire d'Assia Djebar garde la mémoire d'un univers de douceur et de sensualité où se mêlent les souvenirs de l'enfance et l'évocation de la beauté des paysages algériens. L'écrivain revient sur son histoire personnelle, qui s'intègre dans de vastes fresques romanesques consacrées à la mémoire des femmes algériennes, femmes anonymes de tous âges et de toutes conditions. Cependant, les bouleversements causés par la guerre, les souffrances endurées, les deuils ont profondément marqué cet univers riche et complexe. Les romans d'Assia Djebar reposent ainsi sur le contraste de la joie et du chagrin, sur le va-et-vient permanent entre le passé et le présent, entre la nostalgie et l'engagement féministe.

OBJET D'ÉTUDE 1re Le personnage de roman → voir p. 402

1995 Vaste est la prison

En 1985, avec *L'Amour, la fantasia*, Assia Djebar commence une vaste fresque romanesque autobiographique composée de quatre volets. Dans *Vaste est la prison*, elle raconte l'histoire de femmes algériennes partagées entre leur volonté d'émancipation et la force des traditions.

À cette époque, il y a presque quinze ans de cela, je fréquentais, chaque samedi après-midi, un hammam qui se trouvait dans le cœur ancien d'une petite ville algérienne, au pied de l'Atlas.

J'y allais avec ma belle-mère qui y rencontrait, au milieu des vapeurs d'étuve et
5 des criailleries d'enfants dans la chambre chaude, ses amies, certaines, des matrones paradant dans leurs tuniques rayées, faisaient de la cérémonie du bain un rituel interminable dont la liturgie[1] grave se chargeait de quelques langueurs.

On y rencontrait aussi des mères de famille humbles et usées, entourées de leur marmaille ; parfois aussi des jeunes femmes à la beauté violente (et dont les bourgeoises
10 méfiantes suspectaient la vertu) : elles s'épilaient tout le corps avec une impudeur

1. **liturgie** : rituel, cérémonie.

■ 552

ostentatoire, mais gardaient à leur cou et sur leurs bras nus et mouillés des bijoux lourds d'un or étincelant... Je me retrouvais alors seule à échanger avec ces dernières, dans la salle froide, des dialogues conventionnels.

Le plaisir pour moi, comme pour beaucoup de femmes, s'avivait à la sortie du bain. L'antichambre, tapissée de matelas, de nattes, où l'on vous servait à satiété oranges épluchées, grenades ouvertes et du sirop d'orgeat, devenait havre des délices. Les parfums se mêlaient au-dessus des corps des dormeuses, ou autour de celles qui, frémissantes, s'habillaient lentement tout en dévidant de menus commérages.

Je m'allongeais, je somnolais, j'écoutais. Ma belle-mère déployait son linge de satin et ses robes de taffetas. Elle veillait maternellement sur moi, tout en saluant telle voisine qui passait, telle belle qui entrait. Elle m'informait ensuite à voix basse du détail de leur généalogie[2]. Je m'abandonnais au brouhaha et à cette tiédeur murmurante. Quand enfin ma parente commençait à déplier son voile de laine blanc écru pour s'en emmitoufler, je m'apprêtais à mon tour. Il nous fallait partir. J'allais jouer alors la suivante muette. Dévoilée certes, mais taciturne. À l'écoute, tandis que la lourde porte du fond, en s'entrouvrant par intermittence, laissait échapper le halo des vapeurs, et la rumeur lointaine, exhalée comme d'un antre magique...

Assia Djebar, *Vaste est la prison*, Éd. Albin Michel, 1995.

2. généalogie : origines familiales.

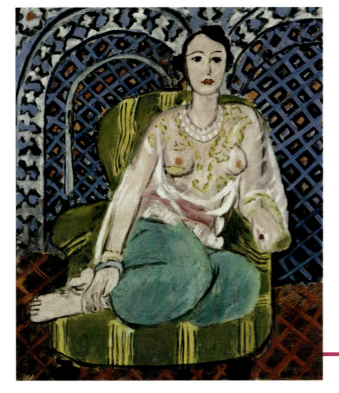

Henri Matisse (1869-1954), *Odalisque assise*, 1926.

Observation

1. Repérez les deux principaux personnages. Quels sont leurs rapports ?

2. Comment le hammam est-il présenté ? Relevez tout ce qui en fait un lieu magique et protecteur.

3. Quel est, d'après cet extrait, la fonction sociale du hammam ? Identifiez les différentes catégories de femmes qui y sont présentes et les rapports qu'elles entretiennent.

4. Comment la narratrice s'inscrit-elle dans cet univers ? Montrez qu'elle occupe essentiellement une position d'observatrice.

Analyse

5. Analysez la présence des cinq sens dans le passage. Montrez que c'est à travers eux que la narratrice reconstruit son souvenir.

6. Commentez l'expression « un rituel interminable » (ligne 6).

7. Relevez et commentez les marques de l'autobiographie dans le texte. Quel intérêt présente l'usage de la première personne ?

Vers le commentaire. Montrez dans un paragraphe rédigé comment le personnage du narrateur connaît dans ce passage un moment de bonheur.

Notion

La reconstruction du souvenir

L'autobiographie mêle le récit d'événements précis, qui ont marqué la mémoire de l'auteur, avec l'évocation d'atmosphères, de sensations, d'impressions qu'il s'agit de reconstituer. La reconstruction du souvenir s'appuie alors sur l'importance des cinq sens qui permettent de faire partager au lecteur un moment intensément vécu.

Echenoz

▶ **Jean Echenoz**
▶ Né à Orange, dans le Vaucluse, le 26 décembre 1947.

Le père de Jean Echenoz est directeur de l'hôpital psychiatrique d'Aix-en-Provence. À l'âge de sept ans, l'enfant découvre *Ubu roi* d'Alfred Jarry, qui lui laisse une profonde impression. Pendant son adolescence, Jean Echenoz se passionne pour le jazz – il adore la contrebasse – et les différentes formes de romans policiers : le roman d'espionnage, le roman noir, le récit à intrigue… Après des études de sociologie et de génie civil, il s'installe à Paris en 1970. Mais il décide de se consacrer à l'écriture. Soutenu par le directeur des Éditions de Minuit, Jérôme Lindon, son premier roman, *Le Méridien de Greenwich*, paraît en 1979 et connaît immédiatement le succès. Quatre ans plus tard, le prix Médicis couronne *Cherokee*, qui se présente comme un roman policier « déhanché ». Désormais, éloigné de toute mondanité, Echenoz poursuit la construction d'une œuvre originale et décalée : le prix Goncourt lui est décerné en 1999 pour *Je m'en vais*.

ŒUVRES PRINCIPALES

Romans
Le Méridien de Greenwich (1979), *Cherokee* (1983), *L'Équipée malaise* (1986), *Lac* (1989), *Les Grandes Blondes*, (1995), *Un an* (1997) ; *Je m'en vais* (1999), *Au piano* (2003), *Courir* (2008), *Des éclairs* (2010).

Le personnage en quête de lui-même

D'emblée, les romans de Jean Echenoz déroutent le lecteur par des personnages solitaires, mystérieux ou inquiétants, auxquels le romancier refuse toute épaisseur. Le regard ironique et désinvolte de l'écrivain, tout en s'appuyant sur des détails concrets et souvent cocasses, crée des êtres à la limite du fantastique. La sobriété de l'écriture joue des décalages et manipule les formes convenues du roman policier et du roman d'aventures : on trouve bien dans *Je m'en vais* une disparition, un criminel, un trésor ; et cependant, l'intrigue n'est que le prétexte qui permet à l'écrivain de faire évoluer son lecteur dans des territoires étranges. Autour de Ferrer, le héros de *Je m'en vais*, les paroles gelées du Grand Nord deviennent le symbole d'une langue qui se ressource dans une volonté de dépaysement.

OBJET D'ÉTUDE 1re **Le personnage de roman** → voir p. 402

1999 Je m'en vais

Marchand d'art, Félix Ferrer quitte Paris pour aller à la recherche d'un trésor. Des objets inuits gisent abandonnés dans la cale d'un navire pris dans les glaces du Grand Nord. C'est le début d'une aventure aux nombreux rebondissements qui le mène dans de nombreux pays.

À la sortie de Port Radium, on s'engagea d'abord dans un petit défilé. Des affaissements de glace neigeuse, de part et d'autre, s'éparpillaient sur les roches comme un reliquat de mousse au flanc d'un bock vidé. On avançait plutôt vite, chacun sèchement secoué sur son traîneau par les accidents de terrain. Ferrer essaya d'échanger au début
5 quelques propos avec ses guides, surtout Angoutretok qui possédait un peu d'anglais, Napaseekadlak ne s'exprimant que par sourires. Mais les paroles, une fois émises, sonnaient trop brièvement avant de se solidifier : comme elles restaient un instant gelées au milieu de l'air, il suffisait de tendre ensuite une main pour qu'y retombent, en vrac, des mots qui venaient doucement fondre entre vos doigts avant de s'éteindre en chu-
10 chotant.

Le XXᵉ siècle

Tout de suite les moustiques passèrent à l'attaque mais par bonheur ils étaient très faciles à tuer. Sous ces latitudes en effet, l'homme est pratiquement inconnu des animaux qui ne se méfient pas de lui : on les abat d'un revers de main, les moustiques, sans même qu'ils cherchent à fuir. Ce qui ne les empêchait pas de
15 rendre l'existence intenable, attaquant par dizaines au mètre cube et piquant au travers des vêtements, spécialement aux épaules et aux genoux sur lesquels l'étoffe se tend. Eût-on voulu prendre une photo que leurs essaims, voltigeant devant l'objectif, eussent obscurci la vue mais on n'avait pas d'appareil, on n'était pas là pour ça. Ayant bouché les trous d'aération de son couvre-chef, on
20 avançait en se battant les flancs. Une fois on aperçut un ours blanc, trop éloigné pour être hostile.

Ce fut aux chiens de poser toute sorte de problèmes. Par exemple un matin, comme Ferrer se trouvait éjecté de son traîneau sur une arête de neige rugueuse, le véhicule privé de maîtrise commença de bringuebaler en tous sens. Mais, au
25 lieu de s'arrêter, les animaux se croyant libres détalèrent à toute allure et dans plusieurs directions à la fois. Le traîneau finit par verser et se coincer en travers de la piste, immobilisant au bout de leurs courroies les chiens qui se mirent aussitôt à s'engueuler bruyamment entre eux. Cependant Ferrer tâchait de revenir à lui sur le bas-côté de la piste en se massant la hanche. L'ayant remis sur
30 pieds, Angoutretok entreprit d'apaiser les bêtes à coups de fouet mais ne parvint qu'à envenimer les choses : loin de se calmer, le premier chien fouetté réagit en mordant son voisin, qui en mordit un suivant, qui en mordit deux autres qui réagirent de même avant que tout cela dégénérât en vaste conflit, dans une confusion totale. À grand-peine on parvint à les maîtriser. Puis on repartit. L'été
35 boréal progressait. La nuit ne tombait jamais.

Jean Echenoz, *Je m'en vais*, Éd. de Minuit, 1999.

1900
▾
2010

Observation

1. Relevez les difficultés successivement rencontrées par les personnages. Donnez un titre à chaque paragraphe de manière à mettre en évidence la nature de ces difficultés.

2. Quelle atmosphère est ainsi mise en place ? Qualifiez celle-ci en une phrase.

Analyse

3. Analysez les images, comparaisons et métaphores présentes dans le premier paragraphe. Comment se justifient-elles ?

4. Justifiez l'emploi du pronom « on » dans le texte. Quel effet cet emploi produit-il dans un récit à la troisième personne ?

5. Montrez que les péripéties vécues par le personnage principal ne suffisent pas à faire de lui un héros, au sens traditionnel du terme.

Vers l'écriture d'invention. Poursuivez le récit sous la forme d'un paragraphe descriptif. Vous y montrerez le personnage et ses guides confrontés à une tempête de neige.

Notion

Le personnage principal

Jouant sur les formes du roman d'aventures ou du roman policier, le roman contemporain refuse de faire de ses personnages des « héros », au sens traditionnel du terme. Le personnage principal en devient plus complexe et se trouve dépossédé des péripéties ou des adversaires qui pourraient lui permettre de se dépasser.

555

Houellebecq

▶ Michel Thomas – Pseudonyme : Houellebecq

▶ Né à l'île de La Réunion le 26 février 1958.

Né à La Réunion d'un père guide de haute montagne et d'une mère médecin anesthésiste, Michel Thomas rejoint à six ans la métropole, où il est confié à sa grand-mère. Ingénieur agronome en 1980, il se marie la même année. Confronté à l'épreuve du chômage, le couple traverse alors une période difficile. Michel Thomas connaît à la suite de son divorce une profonde dépression. Il publie des poèmes et, en 1991, une biographie de l'écrivain de science-fiction Howard P. Lovecraft. Il devient secrétaire administratif à l'Assemblée nationale. La notoriété vient en 1994 avec *Extension du domaine de la lutte*, son premier roman. En 1998, le deuxième roman de Michel Houellebecq, *Les Particules élémentaires*, fait scandale et lui apporte la célébrité. L'écrivain s'adonne à la photographie, chante ses textes sur scène et adapte lui-même l'un de ses romans pour le cinéma. *La Carte et le Territoire*, où le romancier fait de lui-même l'un des personnages centraux de son intrigue, obtient le prix Goncourt en 2010.

ŒUVRES PRINCIPALES

Romans
Extension du domaine de la lutte (1994), *Les Particules élémentaires* (1998), *Plateforme* (2001), *La Carte et le Territoire* (2010) ;

Poésie
Le Sens du combat (1996).

Essai
Contre le monde, contre la vie (1991).

Le personnage perdu devant les mutations du monde

L'œuvre de Michel Houellebecq brasse les préoccupations de la civilisation occidentale, en mêlant souvenirs personnels, réflexion philosophique et analyse sociologique. Ses personnages, qui apparaissent comme des antihéros, dressent le bilan de la société contemporaine. Le romancier s'interroge sur la recherche effrénée du plaisir sexuel, l'ennui et la solitude, le désarroi devant les découvertes scientifiques. Son ton grinçant provoque le scandale en mettant à nu les frustrations et l'absence d'idéal de la société de consommation. Il provoque le lecteur par ses attaques contre la famille, le féminisme ou l'art contemporain, dont il dénonce le caractère artificiel. Son réalisme cru crée l'événement à la parution de chacun de ses romans.

OBJET D'ÉTUDE 1re Le personnage de roman → voir p. 402

2010 La Carte et le Territoire

Jed Martin est un artiste solitaire, désenchanté devant le vide de son existence. C'est presque malgré lui qu'il rencontre le succès en peignant une série de tableaux représentant différents métiers qui symbolisent la diversité de la société contemporaine. Il offre à Michel Houellebecq le portrait qu'il a fait de lui.

Il était à peu près midi lorsqu'il atteignit le village où vivait Houellebecq, mais il n'y avait personne dans les rues. Y avait-il jamais quelqu'un, d'ailleurs, dans les rues de ce village ? C'était une alternance de maisons en pierres calcaires, aux toits de tuiles anciennes, qui devaient être typiques de la région, et d'autres à colombages[1], blanchis
5 à la chaux, qu'on se serait plutôt attendu à rencontrer dans la campagne normande. L'église, aux arcs-boutants recouverts de lierre, portait les traces d'une rénovation menée avec ardeur ; manifestement, ici, on ne plaisantait pas avec le patrimoine. Partout il y avait des arbustes ornementaux, des pelouses ; des pancartes de bois brun invitaient le visiteur à un circuit aventure aux confins de la Puisaye. La salle culturelle polyvalente

1. à colombages : aux charpentes apparentes.

556

Le xxᵉ siècle

10 proposait une exposition permanente d'artisanat local. Il n'y avait probablement plus ici, depuis longtemps, que des résidences secondaires.

La maison de l'écrivain était située un peu en dehors du village ; ses indications avaient été exceptionnellement claires lorsqu'il avait réussi à le joindre au téléphone. Il avait fait une longue promenade en compagnie de son chien, lui avait-il dit, une longue 15 promenade dans la campagne gelée ; il se réjouissait de l'inviter à déjeuner.

Jed se gara devant le portail d'une vaste longère² en L, aux murs chaulés³. Il détacha le coffret contenant son tableau, puis tira la poignée de la sonnette. Des aboiements éclatèrent aussitôt dans la maison. Quelques secondes plus tard, la porte s'ouvrit, un grand chien noir, hirsute, se précipita vers le portail en aboyant. L'auteur des *Particules* 20 *élémentaires* apparut à son tour, vêtu d'une canadienne et d'un pantalon de velours. Il avait changé, réalisa aussitôt Jed. Plus robuste, plus musclé probablement, il marchait avec énergie, un sourire de bienvenue aux lèvres. En même temps il avait maigri, son visage s'était creusé de fines rides d'expression, et ses cheveux, coupés très court, avaient blanchi. Il était, se dit Jed, comme un animal qui a revêtu son pelage d'hiver.

25 Un grand feu brûlait dans la cheminée de la salle de séjour ; ils s'installèrent sur des canapés de velours vert bouteille. « Il restait quelques meubles d'origine… », dit Houellebecq, « j'ai acheté les autres dans une brocante. » Sur une table basse il avait disposé des rondelles de saucisson, des olives ; il ouvrit une bouteille de chablis. Jed sortit le portrait de son coffret, le posa contre le dossier du canapé. Houellebecq lui jeta 30 un regard un peu distrait, puis son regard se promena autour de la pièce. « Au-dessus de la cheminée il irait bien, vous ne trouvez pas ? » demanda-t-il finalement. C'était la seule chose qui paraissait l'intéresser. C'est peut-être bien comme ça, se dit Jed ; qu'est-ce qu'un tableau au fond, sinon un élément d'ameublement particulièrement onéreux ? Il buvait son verre à petites gorgées.

35 « Vous voulez visiter ? » proposa Houellebecq.

Michel Houellebecq, *La Carte et le Territoire*, Éd. Flammarion, 2010.

---

2. longère : bâtiment de forme basse et allongée.

3. chaulés : couverts de chaux.

1900 ▸ 2010

Observation

1. Quelles sont les caractéristiques du village où réside l'écrivain ? Relevez les détails sur lesquels s'arrête le regard du personnage.

2. Comment le portrait de l'écrivain s'organise-t-il ? Quelle image le lecteur se fait-il de lui ?

3. Quelle définition le peintre donne-t-il de l'art à la fin du texte ? Que révèle-t-elle sur le caractère du personnage ?

Analyse

4. En quoi le regard est-il important dans cet extrait ? Montrez que toute la scène est perçue du point de vue de Jed.

5. Pourquoi peut-on dire que le narrateur fait preuve d'ironie dans la description du premier paragraphe ? Appuyez votre réponse sur des exemples précis.

6. Comment peut-on, selon vous, expliquer la présence de l'écrivain en tant que personnage, dans son propre récit ? Quel effet ce procédé produit-il sur le lecteur ?

Vers la dissertation. La critique littéraire voit dans l'introduction du romancier présent dans son œuvre en tant que personnage une des caractéristiques du roman au xxᵉ siècle. En vous appuyant sur des exemples précis, vous justifierez cette affirmation dans un paragraphe rédigé.

Notion

Un regard désabusé sur le monde

Michel Houellebecq s'inscrit dans la lignée des romanciers qui portent un regard amer et désabusé sur le monde et la société. Narrateur et personnages expriment le malaise qu'ils éprouvent vis-à-vis des valeurs et des comportements de leurs contemporains. Ils invitent ainsi le lecteur à réfléchir sur l'époque dans laquelle il vit, avec ses hypocrisies et ses mensonges.

SUJET VERS LE BAC

OBJET D'ÉTUDE 2ⁿᵈᵉ ▶ **La poésie du XIXᵉ au XXᵉ siècle : du romantisme au surréalisme**

TEXTES

Texte A : Victor Hugo, *Les Feuilles d'automne*, 1831.
Texte B : Paul Verlaine, « Soleil couchant », *Poèmes saturniens*, 1866.
Texte C : Paul Eluard, *Mourir de ne pas mourir*, 1924.

Texte A

Parfois, lorsque tout dort, je m'assieds plein de joie
Sous le dôme étoilé qui sur nos fronts flamboie ;
J'écoute si d'en haut il tombe quelque bruit ;
Et l'heure vainement me frappe de son aile
Quand je contemple, ému, cette fête éternelle
Que le ciel rayonnant donne au monde la nuit !

Souvent alors j'ai cru que ces soleils de flamme
Dans ce monde endormi n'échauffaient que mon âme ;
Qu'à les comprendre seul j'étais prédestiné ;
Que j'étais, moi, vaine ombre obscure et taciturne,
Le roi mystérieux de la pompe nocturne[1] ;
Que le ciel pour moi seul s'était illuminé !

1. la pompe nocturne : le faste, la beauté puissante et solennelle de la nuit

Victor Hugo, *Les Feuilles d'automne*, 1831.

Texte B

Soleils couchants

Une aube affaiblie
Verse par les champs
La mélancolie
Des soleils couchants.
La mélancolie
Berce de doux chants
Mon coeur qui s'oublie
Aux soleils couchants.
Et d'étranges rêves
Comme des soleils
Couchants sur les grèves,
Fantômes vermeils,
Défilent sans trêves,
Défilent, pareils
À des grands soleils
Couchants sur les grèves.

Paul Verlaine, *Poèmes saturniens*, 1866

Le XXᵉ siècle

Texte C

Mascha riait aux anges

L'heure qui tremble au front du temps tout embrouillé

Un bel oiseau léger plus vif qu'une poussière
Traîne sur un miroir un cadavre sans tête
Des boules de soleil adoucissent ses ailes
Et le vent de son vol affole la lumière

Le meilleur a été découvert loin d'ici.

Paul Eluard, *Mourir de ne pas mourir*, Éd. Gallimard, 1924.

1900
2010

---

1 **Vous répondrez aux questions suivantes (6 points).**

1. Dites, en justifiant rapidement votre réponse, à quel mouvement poétique appartiennent les trois poèmes proposés (textes A, B et C).

2. Indiquez la composition générale de chaque poème : strophe, mesure du vers, rimes.

2 **Vous traiterez au choix un des sujets suivants (14 points).**

1. Vers le commentaire
Dans un paragraphe qui s'appuiera sur des citations précises, vous expliquerez comment Verlaine crée un paysage mélancolique dans « Soleils couchants » (texte B).

2. Vers la dissertation
La véritable poésie réside pour les poètes surréalistes dans l'éblouissement que provoquent des images étonnantes. Qu'en pensez-vous ?

3. Vers le sujet d'invention
Écrivez un poème surréaliste en vous appuyant sur la composition du poème de Paul Eluard (texte C). Vous pourrez commencez par le vers suivant : « Le soleil qui sourit dans les plis de son rêve. »

SUJET DU BAC *Séries L*

OBJET D'ÉTUDE 1re ▶ **Les réécritures, du XVIIe siècle jusqu'à nos jours**

TEXTES

Texte A : Homère, *Odyssée*, vers 700 av. J.-C.
Texte B : Fénelon, *Les Aventures de Télémaque*, 1699.
Texte C : Louis Aragon, *Les Aventures de Télémaque*, 1922.

Texte A

L'*Odyssée* d'Homère raconte les aventures d'Ulysse retenu prisonnier sur l'île de la déesse Calypso. Zeus envoie son messager Hermès pour demander à la nymphe qu'elle laisse partir le héros.

> Mais quand il approcha de l'île si distante,
> Quittant pour le sol plat l'océan violet,
> Il atteignit la grotte où régnait à son aise
> La Nymphe[1] aux longs cheveux : elle était au dedans.
> Dans le vaste foyer brûlaient des feux ardents ;
> Le cèdre, les thuyas, alimentant la braise,
> Au loin parfumaient l'air ; la dive, en gazouillant,
> D'une navette[2] d'or se tissait des tuniques.
> Son séjour s'abritait d'un rideau scintillant
> D'aulnes, de peupliers, de cyprès balsamiques[3].
> Là nichaient des oiseaux à vol impétueux,
> Chouettes, éperviers, corneilles poissonnières,
> Peuple criard épris des choses marinières.
> Autour de la caverne, en rameaux tortueux,
> Serpentait une vigne aux grappes transparentes.
> Quatre sources de front donnaient leurs clairs débits
> Par des canaux suivant des routes différentes.
> L'ache[4] et la violette émaillaient cent tapis
> De verdure : un dieu même, arrivant de la nue[5],
> Aurait eu l'œil charmé, le cœur épanoui.

Homère, *Odyssée*, Livre V, vers 700 av. J.-C., traduction Séguier, 1895.

1. La Nymphe : Calypso.

2. une navette : instrument à tisser.

3. balsamiques : qui embaument.

4. L'ache : plante à petites fleurs blanches.

5. la nue : le ciel.

Texte B

S'inspirant d'Homère, Fénelon raconte les aventures du fils d'Ulysse, Télémaque, parti à la recherche de son père. Dans ce passage, il aborde l'île de Calypso, rencontre la déesse immortelle et découvre la grotte dans laquelle son père a séjourné.

Calypso, étonnée et attendrie de voir dans une si vive jeunesse tant de sagesse et d'éloquence, ne pouvait rassasier ses yeux en le regardant ; et elle demeurait en silence. Enfin elle lui dit :

– Télémaque, nous vous apprendrons ce qui est arrivé à votre père. Mais l'histoire en est longue : il est temps de vous délasser de tous vos travaux. Venez dans ma demeure, où je vous recevrai comme mon fils : venez ; vous serez ma consolation dans cette solitude ; et je ferai votre bonheur, pourvu que vous sachiez en jouir.

Télémaque suivait la déesse environnée d'une foule de jeunes nymphes, au-dessus desquelles elle s'élevait de toute la tête, comme un grand chêne dans une forêt élève ses branches épaisses au-dessus de tous les arbres qui l'environnent. Il admirait l'éclat de sa beauté, la riche pourpre de sa robe longue et flottante, ses cheveux noués par-derrière négligemment mais avec grâce, le feu qui sortait de ses yeux et la douceur qui tempérait cette vivacité. Mentor[1], les yeux baissés, gardant un silence modeste, suivait Télémaque.

1. Mentor : le précepteur de Télémaque, qui est en réalité la déesse de la sagesse, Minerve.

■ 560

Le XXe siècle

On arriva à la porte de la grotte de Calypso, où Télémaque fut surpris de voir, avec une apparence de simplicité rustique, tout ce qui peut charmer les yeux. On n'y voyait ni or, ni argent, ni marbre, ni colonnes, ni tableaux, ni statues : cette grotte était taillée dans le roc, en voûte pleine de rocailles et de coquilles ; elle était tapissée d'une jeune vigne qui étendait ses branches souples également de tous côtés. Les doux zéphyrs conservaient en ce lieu, malgré les ardeurs du soleil, une délicieuse fraîcheur. Des fontaines, coulant avec un doux murmure sur des prés semés d'amarantes[2] et de violettes, formaient en divers lieux des bains aussi purs et aussi clairs que le cristal ; mille fleurs naissantes émaillaient les tapis verts dont la grotte était environnée. Là on trouvait un bois de ces arbres touffus qui portent des pommes d'or, et dont la fleur, qui se renouvelle dans toutes les saisons, répand le plus doux de tous les parfums ; ce bois semblait couronner ces belles prairies et formait une nuit que les rayons du soleil ne pouvaient percer. Là on n'entendait jamais que le chant des oiseaux ou le bruit d'un ruisseau, qui, se précipitant du haut d'un rocher, tombait à gros bouillons pleins d'écume et s'enfuyait au travers de la prairie.

> Fénelon, *Les Aventures de Télémaque*, 1699.

2. amarantes : plante aux fleurs rouges.

Texte C

En réécrivant les aventures de Télémaque, Aragon s'appuie sur le roman de Fénelon pour introduire dans son récit des descriptions proches de l'imaginaire surréaliste.

La grotte de la déesse s'ouvrait au penchant d'un coteau. Du seuil, on dominait la mer, plus déconcertante que les sautes du temps multicolore entre les rochers taillés à pic, ruisselants d'écume, sonores comme des tôles et, sur le dos des vagues, les grandes claques de l'aile des engoulevents[1]. Du côté de l'île, s'étendaient des régions surprenantes : une rivière descendait du ciel et s'accrochait en passant à des arbres fleuris d'oiseaux ; des chalets et des temples, des constructions inconnues, échafaudages de métal, tours de briques, palais de carton, bordaient, soutache[2] lourde et tordue, des lacs de miel, des mers intérieures, des voies triomphales ; des forêts pénétraient en coin dans des villes impossibles, tandis que leurs chevelures se perdaient parmi les nuages ; le sol se fendait par-ci par-là au niveau de mines précieuses d'où jaillissait la lumière du paysage ; le grand air disloquait les montagnes et des nappes de feu dansaient sur les hauteurs ; les lampes-pigeons[3] chantaient dans les volières et, parmi les tombeaux, les bâtiments, les vignobles, des animaux plus étranges que le rêve se promenaient avec lenteur. Le décor se continuait à l'horizon avec des cartes de géographie et les portants peu d'aplomb d'une chambre Louis-Philippe[4] où dormaient des anges blonds et chastes comme le jour.

> Louis Aragon, *Les Aventures de Télémaque*, Éd. Gallimard, 1922.

1. engoulevents : oiseaux.
2. soutache : tresse de tissu, galon qui orne les costumes.
3. les lampes-pigeons : lampes à essence de la fin du XIXe siècle.
4. Louis-Philippe : roi de France de 1830 à 1848.

1900 ▾ 2010

❶ Vous répondrez d'abord à la question suivante (4 points).

Dites en quoi le texte B s'inspire du texte A et le texte C du texte B. Votre réponse n'excédera pas une vingtaine de lignes.

❷ Vous traiterez au choix un des sujets suivants (16 points).

1. Commentaire
Vous commenterez le texte de Fénelon.

2. Dissertation
À quelles conditions la réécriture d'une œuvre littéraire devient-elle une création à part entière ? Vous construirez votre réponse en vous appuyant sur les textes du corpus ainsi que sur vos connaissances et lectures personnelles.

3. Invention
Imaginez le dialogue qui s'engage entre Télémaque et Mentor, qui incarne la sagesse. Celui-ci met en garde son jeune élève contre les dangers de la séduction de cette île et de cette déesse, auxquels a déjà succombé Ulysse, son père.

561

INDEX DES AUTEURS

En gras la page avec la biographie de l'auteur.

A

Adler (Jules), 379
Alain-Fournier, **428**
Alembert (Jean Le Rond d'), 266
Anouilh (Jean), **474**
Antelme (Robert), 510
Apollinaire (Guillaume), **420**, 424
Aragon (Louis), **476**, 561
Aubigné (Théodore Agrippa d'), 112

B

Balzac (Honoré de), **308**, 392, 416
Barbey d'Aurevilly (Jules), **342**
Baudelaire (Charles), **344**, 350
Beaumarchais (Pierre Augustin Caron de), **248**
Beauvoir (Simone de), **514**
Beckett (Samuel), **498**
Ben Jelloun (Tahar), **544**
Bernardin de Saint-Pierre (Jacques Henri), **256**
Béroul, 58
Berreur (François), 495
Bodel (Jehan), 64
Boileau (Nicolas), **178**
Bossuet (Jacques Benigne), **182**
Boucher (François), 203
Breton (André), **434**
Bruegel l'Ancien, 71
Butor (Michel), **506**

C

Camus (Albert), 267, **466**
Céline (Louis-Ferdinand), **450**
Cendrars (Blaise), **426**
Césaire (Aimé), **516**
Chaplin (Charles), 480
Char (René), **488**
Chateaubriand (François René de), **284**
Chénier (André), **262**
Chraïbi (Driss), **522**
Chrétien de Troyes, **52**
Claudel (Paul), **444**
Colette (Gabrielle), **456**
Condorcet (Jean Antoine Nicolas de Caritat, marquis de), **260**
Corneille (Pierre), **142**, 148

D

Dali (Salvador), 107
Degas (Edgard), 371
Delacroix (Eugène), 295
Diderot (Denis), **224**, 228, 265
Djebbar (Assia), **552**
Du Bellay (Joachim), **92**
Duchamp (Marcel), 481
Dumas (Alexandre), **334**
Duras (Marguerite), 195, 395, **508**

E

Echenoz (Jean), **554**
Eluard (Paul), **438**, 559
Ésope, 61
Estes (Richard), 473

F

Fénelon, 560
Flaubert (Gustave), **352**, 416
Fontenelle (Bernard le Bovier de), 200
Fragonard (Jean-Honoré), 203, 255
Friedrich (Caspar David), 287
Fromentin (Eugène), 395

G

Garin, 64
Gide (André), **442**
Giono (Jean), **490**
Giraudoux (Jean), **458**
Goffette (Guy), 115
Golovin (Alexander), 251
Goncourt (Edmond et Jules de), **360**, 526-527
Gracq (Julien), **492**
Greuze (Jean-Baptiste), 229
Grumberg (Jean-Claude), **530**
Guillaume d'Aquitaine, 46, **50**
Guys (Constantin), 351

H

Homère, **22**, 560
Horace, **34**
Houellebecq (Michel), **556**, 527
Hugo (Victor), 72, 114, **292**, 300, 558

I

Ionesco (Eugène), **494**

J

Jaccottet (Philippe), **518**
Jarry (Alfred), **390**

K

Kandinsky (Wassily), 480
Koltès (Bernard-Marie), **535**

L

Labé (Louise), 104
Labiche (Eugène), **340**
La Boétie (Etienne de), 108
La Bruyère (Jean de), **192**, 264, 266
Laclos (Pierre Choderlos de), **252**
Lafayette (Marie-Madeleine, née Pioche de la Vergne, comtesse de), **188**
La Fontaine (Jean de), **162**, 166, 197, 264
Lamartine (Alphonse de), **290**
La Rochefoucauld (François de), **168**, 195
Lautréamont, 366,
Le Clézio (Jean-Marie Gustave), **532**
Leconte de Lisle (Charles Marie), **356**
Le Grix (Cyril), 159
Le Lorrain, 185
Le Nain (Antoine, Louis), 165
Le Nain (Mathieu), 117
Lesage (Alain-René), **212**
Lucrèce, **30**

M

Malherbe (François de), **132**
Mallarmé (Stéphane), **388**
Malraux (André), **462**
Man Ray, 441
Marie de France, **60**
Marivaux (Pierre Carlet de Chamblain de), **218**
Marot (Clément), 72, **84**
Maupassant (Guy de), **382**, 386
Mauriac (François), **448**
Mérimée (Prosper), **316**
Michaux (Henri), **446**
Michon (Pierre), **540**
Modiano (Patrick), **524**, 526
Molière, **154**, 160
Monet (Claude), 268, 385
Montaigne, **108**
Montesquieu (Charles-Louis de Secondat), **214**
Murakami (Takashi), 542
Musset (Alfred de), **326**

N

Nash (Paul), 511
Nerval (Gérard de), **324**

O

Olympe de Gouges, **258**
Orléans (Charles d'), **66**
Oudry (Jean-Baptiste), 221

P

Pascal (Blaise), **150**, 196
Perec (Georges), **528**
Picasso (Pablo), 398, 423, 481
Pindare, 70
Pinter (Harold), 499
Ponge (Francis), 115, **512**
Poussin (Nicolas), 171
Prévert (Jacques), **482**
Prévost (Antoine-François), **222**, 394
Proust (Marcel), **414**

Q

Queneau (Raymond), **484**

R

Rabelais (François), **86**, 90
Racine (Jean), **172**, 194
Reza (Yasmina), **548**
Rigaud (Yacinthe), 118
Rimbaud (Arthur), 73, **368**, 372
Robbe-Grillet (Alain), **502**
Ronsard (Pierre de), **98**, 114
Rosso Fiorentino, 89
Rousseau (Jean-Jacques), **240**
Rubens (Pierre Paul), 135
Rutebeuf, 64

S

Saint-Amant, **140**
Saint Augustin, **40**
Saint-Cloud (Pierre de), **56**
Sand (George), **338**
Sappho, **26**
Sartre (Jean-Paul), **470**
Sénèque, **38**
Senghor (Léopold Sédar), **478**
Sévigné (Marie, née de Rabutin-Chantal, marquise de), **186**
Simenon, **454**
Simon (Claude), **510**
Sophocle, **28**
Sorel (Charles), **138**
Soulages (Pierre), 551
Spoerri (Daniel), 505
Staël (Anne Louise Germaine, née Necker, baronne de), **288**

Stendhal, **318**
Sue (Eugène), **332**

T

Tati (Jacques), 403
Tournier (Michel), **520**
Turold (ou Théroulde), **48**

V

Valotton (Félix), 433
Valéry (Paul), **430**
Vanloo (Carle), 198
Verlaine (Paul), **362**, 558
Viau (Théophile de), **136**
Villon (François), **68**
Vinaver, **546**
Virgile, **32**
Voltaire, **232**, 238

W

Wace (Robert), 55
Weber (Jacques), 177
Whiteread (Rachel), 535

Z

Zola (Émile), **374**, 380, 392

INDEX DES ŒUVRES

A

Ab la dolchor del temps novel, 50
Accordée de village (L'), 229
Adolescence clémentine (L'), 72, 84, 85
Affaire Saint-Fiacre (L'), 455
Âges de l'amour (Les), 255
Âges de la vie, 287
Aigrette rose (Une), 518
Airs, 518
À la Recherche du temps perdu, 414-415
Albatros (L'), 347
Album de vers anciens, 430
Alcools, 420, 422
Allée du Luxembourg (Une), 325
Allégorie de la Paix, 135
Allégorie des cinq sens, 106
Amant (L'), 395
Amoureuse (L'), 438
Amours (Les), 99
Andromaque, 173
Andromaque s'évanouissant en apprenant la mort d'Hector, 107
Animaux malades de la peste (Les), 166
Antigone, 28, 474
Antiquités de Rome (Les), 92, 93
Apollon servi par les Nymphes, 170
Apparition, 388
Arbres, 519
« Art », 548
Art d'être grand-père (L'), 114
Assommoir (L'), 376
Atelier (L'), 530
Aube, 373
Au Cabaret-Vert, 372
À une aimée, 26
À un poète ignorant, 72
Autre Monde (L'),
Avant-propos de la Comédie humaine, 309
Avare (L'), 161
Aventures de Télémaque (Les), 560

B

Baigneurs à la Grenouillère, 385
Bal à la cour des Valois, 103
Ballade des dames du temps jadis, 69
Ballade des pendus (La), 70
Ballades et rondeaux, 66
Barbier de Séville (Le), 248
Bel-Ami, 386
Bérénice, 175, 194
Bête humaine (La), 380
Boule-de-Suif, 383
Bouteille de Vieux-Marc, verre et journal, 423
Bouvard et Pécuchet, 357
Brise marine, 389
Britannicus, 174
Bûcheron et la Mort (Le), 164

C

Calligrammes, 406, 424
Candide, 235
Cantatrice chauve, anti-pièce (La), 494
Capitale de la douleur, 440
Caprices de Marianne (Les), 326
Caractères ou mœurs de ce siècle (Les), 192, 264, 266
Carte et le Territoire (La), 556
César Birotteau, 314
Césarée, 195
Chants d'ombre, 478
Chanson, 302
Chanson de Roland (La), 48
Chants de Maldoror (Les), 366
Chapeau de paille d'Italie (Un), 340
Chartreuse de Parme (La), 319
Châtiments (Les), 302
Chatte (La), 456
Chêne et le Roseau (Le), 163
Chouans (Les), 310
Cid (Le), 144, 146-147
Cimetière de Châlons-sur-Marne (Le), 433
Cinna, 149
Civilisation, ma mère !... (La), 522
Clair de lune, 294
Clair de Terre, 436
Colloque sentimental, 364
Combat de nègre et de chiens, 538
Comédiens italiens dans un parc, 221
Comme on voit sur la branche..., 101
Comme le champs semé..., 93
Comme on passe en été..., 92

Comte de Monte-Cristo (Le), 336
Concert (Le), 116
Confessions (Les), 40, 245
Conscience (La), 306
Contemplations (Les), 303
Continuation des Amours, 100
Corbeau et le Renard (Le), 60, 61
Corinne ou l'Italie, 288
Courbe de tes yeux... (La), 440
Crise de l'esprit (La), 432
Curée de Tours (Le), 392
Cygne et le Cuisinier (Le), 197

D

Dans la forêt des paradoxes, 534
Dans la rue, 351
De celui qui est demeuré, et s'amie s'en est allée, 85
Déclaration des droits de la femme et de la citoyenne, 258
Défense et illustration de la langue française (La), 96
De la nature, 30
De l'art de persuader, 196
De l'esprit des lois, 217
Délices, 115
Demain dès l'aube..., 303
Désert, 532
Dessein de quitter une dame qui ne le contentait que de promesse, 132
Diane française (La), 476
Dictionnaire philosophique, 239
Discours à l'Assemblée, 266, 300
Discours sur la misère, 300
Discours sur la peine de mort, 300
Discours sur l'origine et les fondements de l'inégalité parmi les hommes, 241
Dominique, 395
Dom Juan, 158
Dormeur du val (Le), 369
Du contrat social, 244
Du côté de chez Swann, 417-419

E

Éclaircie en hiver, 115
École des femmes (L'), 156

563

Éducation sentimentale (L'), 356
Électre, 460
Élégie à une dame, 136
Eliezer et Rebecca, 171
Éloge de la sincérité, 215
Elsa au miroir, 476
Émission de télévision (L'), 546
Emportez-moi, 446
En attendant Godot, 498
Encyclopédie, 225, 226-227, 266
Énéide (L'), 32
Enfant de sable (L'), 544
Ensorcelée (L'), 342
Entrée d'Alexandre le Grand dans Babylone (L'), 171
Espoir (L'), 462, 463-464
Esquisse d'un tableau historique des progrès de l'esprit humain, 260
Essais, 109, 110, 111
Étranger (L'), 466
Exercices de style, 484

F

Fables, 163, 164, 166
Familiale, 482
Famille de paysans dans un intérieur, 165
Fantaisie, 324
Faux-Monnayeurs (Les), 442
Femmes d'Alger dans leur appartement, 295
Femme nue femme noire, 478
Fenêtre, cour de Rohan (La), 443
Fenêtres ouvertes, 114
Fêtes galantes, 364-365
Feuilles d'automne (Les), 558
Fileuse (La), 430
Fin de partie, 500
Fleurs du mal (Les), 345-349
Fonction du poète, 72
Force des choses (La), 514
Fortune des Rougon (La), 375
France, mère des arts..., 94
François le Champi, 338
Fumeur (Le), 141
Fureur et Mystère, 488

G

Gargantua, 90
Germinal, 378
Germinie Lacerteux, 360
Gil Blas de Santillane, 212
Gommes (Les), 502

Grand Meaulnes (Le), 428
Grand recueil (Le), 512
Grève au Creusot (La), 379
Guerre de Troie n'aura pas lieu (La), 458
Guitare, 481

H

Halte de chasse, 198
Hernani, 296, 298-299
Heureux qui, comme Ulysse..., 95
Hirondelles (Les), 114
Histoire comique de Francion, 138
Hiver (L'), 74
Homme révolté (L'), 267
Horace, 148
Huis clos, 470
Hussard sur le toit (Le), 490

I

Icebergs, 447
Ignorance chassée (L'), 89
Illiade, 23
Illuminations, 373
Illusion comique (L'), 143
Impression, soleil levant, 330
Instant fatal (L'), 486

J

J'accuse...!, 381
Jacques le fataliste, 230
Jalousie (La), 504
Jaune-rouge-bleu, 480
Je m'en vais, 554
Je ne veux point fouiller..., 94
Jeu de construction (Le), 439
Jeu de l'amour et du hasard (Le), 220
Jeune captive (La), 262
Je vis, je meurs..., 105
Je vous envoie un bouquet..., 100
Justes (Les), 469

L

Lac (Le), 290
Légende des siècles (La), 306
Lettres à Luculius, 38
Lettre à madame de Grignan, 186
Lettre à Paul Demeny, 73
Lettres persanes, 216
Lettre sur les spectacles, 242
Lézard (Le), 512

Liaisons dangereuses (Les), 252, 254
Liberté, 408
Lucien Leuwen, 322

M

Madame Bovary, 353-355
Maison Tellier (La), 384
Manifeste du surréalisme, 434
Manon Lescaut, 203, 222, 394
Mariage de Figaro (Le), 250
Mateo Falcone, 316
Maximes et réflexions morales, 196
Méditations poétiques, 290
Mémoires d'outre-tombe, 286
Mes Propriétés, 446
Métamorphoses (Les), 36
Milan et le Rossignol (Le), 197
Misanthrope (Le), 160
Misérables (Les), 304
Moderato cantabile, 508
Modification (La), 506
Mon oncle, 403
Mon rêve familier, 363
Mort à crédit, 452
Mort et le Bûcheron (La), 164
Mort des amants (La), 346
Mourir de ne pas mourir, 439-440
Muses ralliées (Les), 132
Mystères de Paris (Les), 332

N

Ne reprenez..., 105
Noces de Mars et de Vénus (Les), 18
Nœud de vipères (Le), 448
Noire et blanche, 441
Nouvelle Héloïse (La), 243
Nuit de décembre (La), 328
Nuit remue (La), 447

O

Ô beaux yeux bruns, 104
Odelettes, 324, 325
Odes, 114, 262
Odes et Épodes, 34
Odyssée, 24, 560
Oiseaux, 519
Oraison funèbre d'Henriette d'Angleterre, 182
Orientales (Les), 294

P

Pantagruel, 88
Parfum exotique, 346
Paroles, 482
Partie de campagne (Une), 384
Pastiches et mélanges, 416
Paul et Virginie, 256
Pêcheur d'eau (Le), 115
Peintre de la vie moderne (Le), 350
Peintre et son modèle (Le), 399
Peinture, 551
Pensées, 151, 152, 153
Pensées philosophiques, 265
Père Goriot (Le), 312
Peste (La), 468
Phèdre, 176
Pièces, 115
Pierre et Jean, 387
Poèmes barbares, 358-359
Poèmes saturniens, 362-363, 558
Poème sur le désastre de Lisbonne, 234
Pommes éparses, 519
Pont Mirabeau (Le), 420
Port maritime à l'aube, 185
Portrait d'une jeune fille, 27
Préface de La Fortune des Rougon, 375
Préface de Pierre et Jean, 387
Prière pour le roi allant en Limousin, 134
Princesse de Clèves (La), 188, 190, 191
Prose du Transsibérien et de la petite Jehanne de France, 426
Prudhomme qui sauva son compère (Le), 64

Q

Quai ouest, 535

R

Rayons et les Ombres, 72
Réflexions ou Sentences et Maximes morales, 168
Règles de la guerre (Les), 483
Regrets (Les), 94, 95
René, 285
Repas hongrois, tableau piège, 505
Rêve du jaguar (Le), 358
Rivage des Syrtes (Le), 492

564

Roi des aulnes (Le), 520
Roi se meurt (Le), 496
Roman, 371
Romances sans paroles, 365
Roman de Brut, 54
Roman de Renart (Le), 56
Roman expérimental (Le),
Rondeau parfait à ses amis après sa délivrance, 84
Roue de bicyclette, 481
Rouge et le Noir (Le), 318
Route des Flandres (La), 510
Rue des Boutiques obscures, 524

Saison au Congo (Une), 516
Salons, 228
Sans titre (histoire), 535
Sarrasine, 311
Satires, 178
Second livre des Amours, 101
Sierra de teruel, 410
Situations III, 472
Soirées de Médan, 383
Soleils couchants, 362
Solitude, 140
Solstice d'été : paysage, 511
Sommeil de Leïlah (Le), 359
Sonnets pour Hélène, 102
Sorgue (La), 488
Soulier de satin (Le), 445
Spleen, 345
Stances, 137
Street Manhattan, looking East (34th), 473
Supplément au voyage de Bougainville, 231
Surprise de l'amour (La), 218

Tartuffe ou l'Imposteur, 157
Tentation de saint Antoine (La), 107
Testament (Le), 69
Thérèse Raquin, 392
Tongari-Kun (Mister Pointy), 542
Tragiques (Les), 112
Traité de la concupiscence, 184
Traité sur la tolérance à l'occasion de la mort de Jean Calas, 236-238
Très riches heures de Jean de France, duc de Berry (Les), 42
Triomphe de la mort (Le), 71
Tristan et Yseut, 58
Trois Mousquetaires (Les), 33

Ubu roi, 390

Vaste est la prison, 553
Vie de saint Alexis, 54
Vie du père de Foucault, 540
Vie mode d'emploi (La), 528
Vies minuscules, 540
Villageois et le Serpent (Le), 269
Voyage au bout de la nuit, 450

Yvain, le chevalier au lion, 52
Ysopet, 60

Zazie dans le métro, 487
Zone, 422

INDEX DES NOTIONS

absurde, 466, 495
Académie, 171
accessoire, 499
adaptation, 413
alexandrin, 303
anaphore, 439
Anciens et Modernes, 180-181
anti-héros, 403, 451
antiphrase, 217
apologue, 65
apostrophe, 238, 447
architecture gothique, 63
architecture moderne, 331
architecture postmoderne, 543
architecture romane, 63
argot, 377, 487
argument, 515
argumentation, 167
argumentation directe, 209
argumentation indirecte, 208
article d'encyclopédie, 209, 225
art classique, 170
art musical, 62
assertion, 259
atmosphère romanesque, 524
auteur, 402
autobiographie, 240, 245
avant-garde, 406, 420

ballade, 47, 67
baroque, 135
bienséances, 173
blason féminin, 437
bouffonnerie, 391

calligramme, 425
caractère, 192
caractérisation, 383, 529
carpe diem, 35
censure, 349
césure, 303
champ lexical, 243, 319
chanson, 302
chanson courtoise, 46, 51
chanson de geste, 48
chanson populaire, 207
chiasme, 307

chœur antique, 475
christianisme, 41
chute, 137, 317
comédie-ballet, 155
comédie de mœurs, 548
comédie satirique, 248
comique, 123
condition humaine, 172
conflit théâtral, 175, 445
conte philosophique, 233, 235
contrat social, 211
critique esthétique, 74
cubisme, 423

début de roman, 230, 315, 357
décor, 341
description, 310
description réaliste, 353
destinataire, 100, 152
détournement, 413
dialogue argumentatif, 468
dialogue réaliste, 314
dialogue romanesque, 457
didactique, 128
discours direct, 321
discours indirect libre, 354
discours intérieur, 449
discours politique, 209, 300
double énonciation, 249
dramaturge, 498
drame romantique, 280, 327

écriture poétique, 46, 78, 206, 278, 408
écrivain engagé, 236
élégie, 263
éloge, 215
éloge poétique, 479
éloquence, 182, 381
encyclopédie, 226-227
engagement, 464-465, 477
enjambement, 369
énumération, 261
envoi, 69
épopée, 46, 49
essai, 108, 209, 282
esthétique réaliste, 273
exagération comique, 156

fable, 47, 61, 129
fabliau, 64
fantastique, 343

565

féminisme, 514
féodalité, 45
focalisation, 313
focalisation externe, 509
focalisation interne, 323
forme poétique, 47
fresque, 89

G

galerie, 106
genres picturaux, 171
genres théâtraux, 122
grâce, 131
grande comédie, 154
grotesque, 530
groupement binaire, 101

H

haïku, 519
héroïne, 25
héroïne désenchantée, 275
héroïne tragique, 29, 222
héroïne vertueuse, 121, 256
héros ambitieux, 274, 354, 386
héros collectif, 378
héros comique, 120
héros de roman policier, 455
héros édifiant, 305
héros engagé, 402, 463
héros épique, 23
héros hors du commun, 275, 335
héros parvenu, 202
héros picaresque, 213
héros précieux, 121
héros romantique, 274, 285
héros vertueux, 256
Honnête homme, 131
huis clos, 471
humanisme, 82-83, 91, 95, 469
humour, 85
hymne, 489
hyperréalisme, 473

I

idéal, 111
image poétique, 345
image symbolique, 373
imitation, 99, 181
impressionnisme, 385
incipit, 230, 315
interpellation, 301
intertextualité, 486
ironie, 217

J

jeu sur le langage, 407, 484

L

lettre familière, 187
lettre ouverte, 381
libertin, 203, 252
lyrisme, 46, 98, 262
lyrisme mélancolique, 290, 421
lyrisme romanesque, 523
lyrisme romantique, 276

M

maniérisme, 103
manifeste littéraire, 96, 435
marivaudage, 218
maxime, 129, 169
médias, 411
méditation, 291
mélodrame, 280
mémoires, 286
metteur en scène, 404
mise en abyme, 443
mise en scène, 281
mode de narration, 507
modernité, 277, 330, 344, 350
monarchie absolue, 118
monde médiéval, 45
monologue, 161, 251
monologue intérieur, 511
moralité, 163
musique du vers, 277, 362
musique profane, 106
mystère, 62
mythe, 177, 520
mythe d'Orphée, 37

N

narrateur, 313, 402,
naturalisme, 273, 360, 374, 382
négritude, 516
nouveau réalisme, 505
Nouveau Roman, 503, 528
nouvelle, 316

O

odelette, 325
opinion publique, 283
oraison funèbre, 183
oralité, 453
orientalisme, 295

P

pamphlet, 209, 233
parabole, 541
paradoxe, 242
parchemin, 45
Parnasse, 276, 359
parodie, 485
passion romantique, 289
pastiche, 414, 416
pathétique, 234
patois, 339
peinture abstraite, 480
peinture antique, 27
peinture baroque, 135
peinture classique, 185
peinture cubiste, 423
peinture de genre, 165
peinture hyperréaliste, 473
peinture impressionniste, 385
peinture monochrome, 551
peinture naturaliste, 379
peinture réaliste, 229
peinture rococo, 221, 255
peinture romantique, 287
peinture surréaliste, 441
personnage, 555
personnage comique, 143
personnage déraciné, 403
personnage désabusé, 557
personnage de roman-feuilleton, 333
personnage du Nouveau Roman, 503, 528
personnage en quête d'identité, 524
personnage épique, 491
personnage réaliste, 274
personnage-type, 274
personnification, 380
philosophie politique, 214
plaidoyer, 209, 240, 282, 467
Pléiade, 96-97, 99
poème en prose, 367
poème matérialiste, 31
poésie baroque, 141
poésie de la révolte, 278
poésie de l'avant-garde, 406, 420
poésie didactique, 206
poésie dramatique, 145
poésie engagée, 79, 477
poésie italienne, 95
poésie lyrique, 78, 93
poésie mondaine, 126
poésie narrative, 372
poésie populaire, 207
poésie religieuse, 127
poésie romantique, 278

poésie satirique, 68
poésie surréaliste, 406, 434
poésie symboliste, 279, 388
poète maudit, 349
polémique, 97, 149, 239
portrait, 129, 192, 285
portrait satirique, 418
préface, 309, 375
présent de narration, 533
prix littéraires, 526-527
projet littéraire, 375
public, 124

Q

querelle littéraire, 146-147, 180-181, 298-299
quête, 53, 554
quiproquo, 218

R

réalisme, 272, 311, 387
réalisme fantastique, 343
rebondissement, 337
récit, 57
réécriture, 412-413
règles théâtrales, 122
Renaissance, 76-77, 82
répétition, 363
représentation théâtrale, 159, 461
représentation de la mort, 71
réplique, 219
réquisitoire, 231
rime, 431
rococo, 255
roman, 52, 54-55
roman autobiographique, 419
roman d'analyse, 189
roman d'apprentissage, 354, 429
roman engagé, 463
roman en vers, 59
roman épistolaire, 253
romanesque, 190
roman feuilleton, 332
roman historique, 334
roman libertin, 138
roman policier, 454
romantisme, 288, 327
rondeau, 47, 67
rythme du récit, 481
rythme du vers, 363

S

salon de peinture, 228
satire, 157, 179, 216

■ 566

scène théâtrale, 501, 536, 539
sculpture, 481
siècle des Lumières, 200-201, 210-211
signifiant, 513
signifié, 513
situation tragique, 148
somme romanesque, 414
sonnet, 105
sonorités, 113
spectateur, 501
stoïcisme, 39
style, 160, 352

style direct, 321
surréalisme, 406, 434, 441
symbole, 347
symbolisme, 277

temps romanesque, 223, 355
thèse, 241
théâtre classique, 204
théâtre contemporain, 405
théâtre dans le théâtre, 547
théâtre de boulevard, 280
théâtre de l'absurde, 405
théâtre engagé, 517
théâtre romantique, 298-299, 327
théâtre symboliste, 404
thème poétique, 364
tirade, 129, 297
tradition, 364
tragédie, 459
tragédie classique, 149
tragique, 123, 459, 530
traité, 236

unités, 497

valeurs, 244, 483
variation, 414
vaudeville, 340
versification, 206
vers libre, 427

CREDIT PHOTOGRAPHIQUE

couv de g à d et de h en b ROGER-VIOLLET / Lipnitzki ; BIS / Ph. X - Archives Larbor - DR ; BIS / Ph. H. Josse © Archives Larbor ; Collection ROGER-VIOLLET ; ROGER-VIOLLET / Harlingue ; ROGER-VIOLLET / Martinie ; ROGER-VIOLLET / Lipnitzki ; RUE DES ARCHIVES / René Saint Paul ; 4ème de couv de d à g et h en b BIS / © Archives Nathan ; BIS / Ph. J.L. Charmet © Archives Larbor ; BIS / Ph. Coll. Archives Larbor ; SIPA PRESS / Ph.Gauthier ; RUE DES ARCHIVES / Louis Monier ; ROGER-VIOLLET / Lipnitzki ; 18 -19 THE PICTURE DESK /© Dagli-Orti / Maison de Marcus Lucretius Frontone, Pompéï ; 20 bas LEEMAGE / Costa ; 20 ht SCALA ; 21 bas d SCALA ; 21 bas g BIS / Ph. Gustavo Tomsich © Archives Bordas ; 21 ht RUE DES ARCHIVES / The Granger Collection NYC ; 22 bas THE PICTURE DESK /© Dagli-Orti / Musée national archéologique de Naples ; 22 ht THE PICTURE DESK / © Dagli-Orti / Musée Archéologique de Naples ; 25 THE PICTURE DESK / © Dagli-Orti / Musée du Bardo, Tunis ; 26 Archivio L.A.R.A /Planeta ; 27 THE PICTURE DESK /© Dagli Orti ; 28 THE PICTURE DESK / © Dagli-Orti ; 30 AKG / Sciences Photo Library ; 32 BRIDGEMAN - GIRAUDON / Musei Capitolini, Rome ; 33 THE PICTURE DESK / © Dagli-Orti / Musée National du Bardo, Tunis ; 34 SCALA / Courtesy Ministero Beni e att. Culturali ; 36 ARCHIVES NATHAN ; 37 AKG / © E. Lessing ; 38 AKG / © E.Lessing ; 39 AKG / © E.Lessing ; 40 AKG / © E. Lessing ; 42 et 43 LEEMAGE / H.Josse ; 44 d BIS / Ph. Coll. Archives Larbor ; 44 g BIS / Ph. Coll. Archives Larbor ; 45 bas BIS / Collection Archives Nathan ; 45 ht BIS / Ph. Coll. Archives Nathan ; 46 bas d BIS / Ph. Coll. Archives Larbor ; 46 bas g BIS / Ph.Coll. Archives Bordas ; 46 ht BIS / Ph. Coll. Archives Larbor ; 46 m BIS / Ph. Collection Archives Bordas ; 47 bas d BIS / Ph. Coll. Archives Larbor ; 47 bas g BIS / Ph. Coll. Archives Larbor ; 47 ht d BIS / Ph. Coll. Archives Nathan ; 47 ht g BIS / Ph. Coll. Archives Bordas ; 47 m BIS / Ph. Coll. Archives Nathan ; 48 BIS / Ph. Coll. Archives Larbor ; 50 BIS / Ph. Coll. Archives Larbor ; 52 BIS / Ph. Coll. Archives Larbor ; 54 d BIS / Ph. Coll. Archives Larbor ; 54 g BIS / Ph. Coll Archives Nathan ; 55 bas BIS / Ph. Coll. Archives Larbor ; 55 ht BIS / Collection Archives Larbor ; 56 BIS / Ph. Coll. Archives Nathan ; 58 BIS / Ph. Coll. Archives Nathan ; 60 BIS / Ph. Coll. Archives Larbor ; 62 bas BIS / Ph. Coll. Archives Larbor ; 62 ht PHOTO12.COM-Oronoz ; 63 bas AN / coll. Part. ; 63 ht ROLLINGER / COLORISE ; 63 m d La Collection/Jean-Paul Dumontier ; 63 m g AGE FOTOSTOCK ; 64 THE PICTURE DESK / © Dagli-Orti / Jérôme Bosh, L'Avarice, Musée du Prado, Madrid ; 66 BIS / Ph. Hubert Josse © Archives Larbor ; 68 bas BIS / Ph. Hubert Josse © Archives Larbor ; 68 ht BIS / Ph. Coll. Archives Larbor ; 71 Archivio L.A.R.A. /PLANETA ; 74 -75 RMN / Alinari ; 76 d BIS / Ph. Coll. Archives Larbor ; 76 g BIS / Ph. Coll. Archives Nathan ; 77 bas BIS / Ph. Hubert Josse © Archives Larbor ; 77 ht BIS / Ph. Coll. Archives Larbor ; 78 bas BIS / Ph. Coll. Archives Larbor ; 78 ht BIS / Ph. Luc Joubert © Archives Larbor ; 78 m BIS / Ph. H. Josse © Archives Larbor ; 79 bas d BIS / © Archives Larbor ; 79 bas g BIS / © Archives Larbor ; 79 ht d BIS / © Archives Larbor ; 79 ht g BIS / Ph. Coll. Archives Larbor ; 79 m BIS / Ph. Hubert Josse © Archives Larbor ; 80 bas d BIS / Ph. Coll. Archives Larbor ; 80 bas g Archivio L.A.R.A. / PLANETA ; 80 ht BIS / © Archives Larbor ; 81 Archivio L.A.R.A. / PLANETA ; 81 bas d BIS / © Archives Larbor ; 81 ht BIS / Ph. Lou © Archives Larbor ; 81 m d BIS ; 81 m g BIS / Ph. G. Tomsich © Archives Bordas ; 82 bas d Archivio L.A.R.A. / PLANETA ; 82 bas g BIS / Ph. Coll. Archives Larbor ; 82 ht BIS / Ph. Jean-Loup Charmet © Archives Larbor ; 82 m SCALA / Morgan Pierpont Library ; 83 bas d Archivio L.A.R.A. / PLANETA ; 83 bas g BIS / © Archives Larbor ; 83 ht d Archivio L.A.R.A. / PLANETA ; 83 ht g BIS / Ph. Coll. Archives Nathan ; 83 m BIS / Ph. © Archives Nathan ; 84 BIS / Ph. Jean-Loup Charmet © Archives Larbor ; 86 bas BIS / Ph. Coll. Archives Larbor ; 86 ht BIS / Ph. H. Josse © Archives Larbor ; 86 m PHOTO12. COM / Musée nat. Des chateaux de Versailles et de Trianon ; 87 bas BIS / Ph. Léonard de Selva © Archives Larbor ; 87 ht AKG / E.Lessing ; 87 m BIS / Ph. Jeanbor © Archives Larbor ; 89 RMN / Peter Willi ; 92 BIS / Ph. Coll. Archives Nathan ; 95 BIS / Ph. Coll. Archives Nathan ; 96 bas BIS / Ph. Jeanbor © Archives Larbor ; 96 bas g ARCHIVES NATHAN ; 96 ht BIS / Ph. Coll. Archives Nathan ; 97 bas THE PICTURE DESK / © Dagli-Orti / Raphaël, Chambre de la Signiature , Vatican ; 97 ht d AKG / E.Lessing / Détail de Tommaso Inghirami par Raphaël, Palais Pitti, Florence ; 97 ht g BIS / Ph. Coll. Archives Larbor ; 97 ht m ARCHIVES NATHAN ; 98 bas BIS / © Archives Larbor ; 98 ht BIS / Ph. Studio J.J. Morlan © Archives Larbor ; 103 ©Photo Josse/ Leemage ; 104 BIS / Ph. Coll. Archives Larbor ; 106 bas AKG / E.Lessing ; 107 bas d RMN / Droits réservés / Dame à sa toilette, détail. ; 107 g BIS / Ph. K.G. Meyer © Kunsthistorisches Museum - Archives Larbor ; 107 ht Centre des monuments nationaux ; 108 bas BIS / Ph. Coll. Archives Larbor ; 108 ht BIS / Ph. © Archives Nathan ; 108 m BIS / Ph. © Archives Nathan ; 112 ARCHIVES NATHAN ; 116 -117 BIS / © Archives Larbor ; 118 bas BIS / Ph. Hubert Josse © Archives Larbor ; 118 ht BIS / Ph. H. Josse © Archives Larbor ; 119 bas BIS / Ph. Hubert Josse © Archives Larbor ; 119 ht BIS / © Archives Larbor ; 120 ht AKG ; 120 m d BIS / Ph. Coll. Archives Bordas ; 120 m g BIS / Ph. Coll. Archives Larbor ; 120 bas BIS / Ph. © Archives Nathan ; 121 ht BRIDGEMAN ART LIBRARY ; 121 m g Collection Dagli Orti ; 121 bas g RMN/Daniel Arnaudet ; 121 bas BIS / Ph. Coll. Archives Larbor ; 122 ht BIS / Ph. Coll. Archives Larbor ; 122 m BIS / Ph. Luc Joubert © Archives Larbor ; 122 bas g BIS / Ph. Luc. Joubert, Coll Archives Larbor ; 122 bas d BIS / Ph. Coll Archivs Larbor ; 123 ht g BIS / Ph. Coll. Archives Nathan ; 123 ht d BIS / Ph. Luc Joubert © Archives Larbor ; 123 m d BIS / Ph. © Musée des Beaux-Arts, Lille ; 123 m g BIS / Ph. Coll. Archives Larbor ; 123 bas BIS / Ph. Jeanbor © archives Larbor ; 124 ht BIS / Ph. Coll. Archives Larbor ; 124 m LEEMAGE/ JOSSE ; 124 bas g BIS / Ph. Coll. Archives Nathan © Adagp, Paris 2011 ; 124 bas d Leemage/Aisa ; 125 ht BIS / Ph. Coll. Archives Larbor ; 125 m LEEMAGE/ JOSSE ; 125 bas g BNF ; 125 bas d BIS / Ph. Jeanbor © Archives Larbor ; 126 ht BIS / Ph. Oronoz © Archives Larbor ; 126 m g BIS / Ph. Coll. Archives Larbor ; 126 m d BIS / Ph. Coll. Archives Bordas ; 126 bas g BIS / Ph. Hubert Josse © Archives Larbor ; 126 bas d Archivio L.A.R.A./PLANETA ; 127 ht g BIS / © Archives Larbor ; 127 ht m BIS / © Archives Larbor ; 127 ht d LEEMAGE/ JOSSE ; 127 bas g BIS / Ph. H. Josse © Archives Larbor ; 127 bas d LEEMAGE/JOSSE ; 128 ht BRIDGEMAN-

GIRAUDON ; 128 m BIS / © Archives Larbor ; 128 bas m BIS / Ph. Coll. Archives Larbor ; 128 bas g BIS / Ph. H. Josse © Archives Larbor ; 129 ht g Archivio L.A.R.A./PLANETA ; 129 ht d Archivio L.A.R.A./PLANETA ; 129 m LEEMAGE/JOSSE ; 129 bas g BIS / Ph. H. Josse © Archives Larbor ; 130 ht BIS / Ph. L. L. © Archives Larbor ; 130 m RMN/Gérard Blot ; 130 bas g BIS / Ph. Coll. Archives Larbor ; 130 bas d BIS / © Archives Larbor ; 131 ht BIS / Ph. H. Josse © Archives Larbor ; 131 m d BIS / Ph. H. Josse © Archives Larbor ; 131 m d BIS / © Archives Larbor ; 131 bas g BIS / Ph. Hubert Josse © Archives Larbor ; 131 bas d BIS / Ph. Jeanbor © Archives Larbor ; 132 BIS / Ph. H.Josse © Archives Bordas ; 135 akg-images ; 136 BIS / Ph. Coll. Archives Bordas ; 138 BIS / Collection Archives Labor ; 140 BIS / Ph. Coll. Archives Larbor ; 142 BIS / Ph. H. Josse © Archives Larbor ; 146 bas BIS / Ph. Luc Joubert © Archives Bordas ; 147 ht LEEMAGE/LEBRECHT ; 147 m RUE DES ARCHIVES/PVD ; 150 bas BIS / Ph. Luc Joubert © Archives Larbor ; 150 ht BIS / Ph. © Archives Nathan ; 154 ht BIS / Ph. H. Josse © Archives Larbor ; 154 m Bridgeman Giraudon /Archives Charmet ; 154 bas G BIS / Ph. A.B. © Archives Larbor ; 154 bas BIS / Ph. G.C. Costa © Archives Larbor ; 155 ht BRIDGEMAN - GIRAUDON ; 155 m BRIDGEMAN - GIRAUDON ; 155 bas g BRIDGEMAN - GIRAUDON ; 155 bas d Lessing / akg-images ; 159 WIKISPECTACLE/PACOME POIRIER ; 162 BIS / Ph. J. Arland © Archives Larbor ; 162 bas PHOTO12.COM ; 165 BIS / © Archives Larbor ; 168 BIS / Ph. H. Josse © Archives Larbor ; 170 ht LEEMAGE/JOSSE ; 170 bas LEEMAGE/SUPERSTOCK ; 171 ht BIS / © Archives Larbor ; 171 m LEEMAGE/JOSSE ; 171 bas © PHOTO RMN / THIERRY LE MAGE ; 172 ht BIS / Ph. Canonge © Archives larbor ; 172 bas BIS / Ph. Coll. Archives Larbor ; 176 CDDS/ENGUERAND/BERNAND ; 177 Pascal Victor/ARTCOMART ; 178 RMN ; 180 ht BIS / Ph. H. Josse © Archives Larbor ; 180 bas BRIDGEMAN - GIRAUDON ; 181 ht BRIDGEMAN - GIRAUDON ; 181 m g BIS / Ph. © Archives Nathan ; 181 bas d DAGLI ORTI / THE PICTURE DESK ; 182 BIS / Ph. H. Josse © Archives Larbor ; 185 akg-images ; 186 BIS / Ph. Jeanbor © Archives Larbor ; 188 BIS/coll. Archives Larbor ; 192 BIS / Ph. Hubert Josse © Archives Larbor ; 198 -199 BIS / Ph. Hubert Josse © Archives Larbor ; 200 ht BIS / © Archives Larbor ; 200 bas BIS / Ph. Jeanbor © Archives Larbor ; 201 ht BIS / Ph. © Archives Larbor ; 201 bas d et g BIS / Ph. Coll. Archives Nathan ; 202 m g BIS / Ph. Coll. Archives Larbor ; 202 ht BIS / Ph. Coll. Archives Larbor ; 202 bas BIS / Ph. Coll. Archives Larbor ; 203 bas d BIS / © Archives Larbor ; 203 ht d BIS / Ph. © Archives Larbor ; 203 ht g BIS / Ph. Coll. Archives Larbor ; 203 bas g BIS / © Archives Larbor ; 204 g BIS / Ph. Coll. Archives Larbor ; 204 d LEEMAGE/Angelo ; 205 ht g LEEMAGE/AISA ; 205 ht d BIS / Ph. Coll. Archives Larbor ; 205 bas g BIS / Ph. Coll. Archives Larbor ; 205 bas m AKG/CDA/GUILLEMOT ; 205 bas d LEEMAGE/Selva ; 206 ht BIS / Ph. © Archives Nathan ; 206 m g BIS / © Archives Larbor ; 206 m RUE DES ARCHIVES/ The Granger Collection, NYC ; 206 bas g LEEMAGE/Lisa Riccianini ; 207 ht g BIS / © Archives Larbor ; 207 m d AKG/E. E. LESSING ; 207 bas BIS / Ph. Franz Jupp © Archives Larbor ; 208 ht BIS / Ph. Coll. Archives Larbor ; 208 m BIS / Ph. Coll. Archives Larbor ; 208 bas d KHARBINE-TAPABOR/Jean Vigne ; 208 m d BIS / Ph. Coll. Archives Larbor ; 208 bas d BIS / Ph. © Musées de la Ville de Paris -Archives Larbor ; 208 bas BIS / Ph. © Archives Nathan ; 209 ht AKG/E.LESSING ; 209 m g BIS / Ph. H. Josse © Archives Larbor ; 210 ht BIS / © Archives Larbor ; 210 m g BIS / Ph. Coll. Archives Larbor ; 210 m d BIS / Ph. J.L. Charmet © Archives Larbor ; 210 bas d BIS / © Archives Larbor ; 211 ht BIS / Ph. Coll. Archives Nathan ; 211 ht g BIS / Ph. Jean-Loup Charmet © Archives Larbor ; 211 m g BIS / Ph. Coll. Archives Larbor ; 211 bas g BIS / Ph. Jeanbor © Archives Larbor ; 211 bas d LEEMAGE/Selva ; 212 BIS/collection Archives Labor ; 214 ht BIS / Ph. Jeanbor © Archives Larbor ; 214 ht BIS/Archives LABOR ; 218 BIS / Ph. H. Josse © Archives Larbor ; 221 BRIDGEMAN - GIRAUDON ; 222 BIS/collection Labor ; 224 ht BIS / Ph. Scala © Archives Bordas ; 224 bas RUE DES ARCHIVES/The Granger Collection NYC ; 226 bas THE PICTURE DESK/DAGLI ORTI ; 226 ht d BIS / Ph. Chardon © Archives Nathan ; 227 ht g et d THE PICTURE DESK/Dagli Orti ; 227 bas BIS / Ph. © Archives Nathan ; 229 BIS / Ph. Luc Joubert © Archives Larbor ; 232 ht BIS / © Archives Larbor ; 232 bas BIS / Ph. Fr. Martin © Archives Larbor ; 233 ht BIS / Ph. Coll. Archives Nathan ; 233 m Dagli Orti ; 233 bas BIS / Ph. Coll. Archives Larbor ; 236 ht RMN/G. BERIZZI ; 236 bas BIS / Ph. Coll. Archives Nathan ; 237 ht BRIDGEMAN - GIRAUDON ; 237 m BIS / © Archives Larbor ; 237 bas BIS / Ph. Coll. Archives Larbor ; 240 ht BIS / Ph. Jean Tarascon © Archives Larbor ; 240 bas BIS / Ph. Jeanbor © Archives Larbor ; 244 BIS / Ph. Coll. Archives Larbor ; 246 ht LEEMAGE/AISA ; 246 bas BRIDGEMAN - GIRAUDON ; 247 ht g BIS / Ph. H. Josse © Archives Larbor ; 247 ht d LA COLLECTION ; 247 bas BIS / © Archives Larbor ; 248 BIS / Ph. Guiley-Lagache © Archives Larbor ; 251 LEEMAGE/Fine Art Images ; 252 BIS / Ph. H. Josse © Archives Larbor ; 253 BIS / Ph. Coll. Archives Larbor ; 255 Francis G. Mayer/CORBIS ; 256 PHOTO12.COM/ARJ ; 258 BRIDGEMAN - GIRAUDON ; 260 BIS / Ph. H. Josse © Archives Larbor ; 262 BIS / Ph. Jeanbor © Archives Larbor ; 268 -269 BIS / © Archives Larbor ; 270 bas BIS / Ph. Léonard de Selva © Archives Larbor - DR ; 270 ht BIS / Ph. Hubert Josse © Archives Larbor ; 271 bas BIS / Ph. Jeanbor © Archives Larbor ; 271 ht BIS / Ph. Coll. Archives Nathan-DR ; 272 bas d BIS / © Archives Larbor ; 272 bas g BIS / Ph. Jeanbor © Archives Larbor ; 272 ht LEEMAGE / © Photo Josse ; 273 bas BIS / Ph. H. Josse © Archives Larbor ; 273 ht KHARBINE-TAPABOR / © Coll.Jonas ; 273 m d BIS / Ph. Jeanbor © Archives Larbor ; 273 m g BNF ; 274 bas d BIS / Ph. © Musée de l'Affiche, Paris - Archives Larbor ; 274 bas g BIS / Ph. Jeanbor © Archives Larbor ; 274 ht BIS / Ph. Jeanbor © Archives Larbor ; 274 m BRIDGEMAN - GIRAUDON / Keats-Shellay Memorial House, Rome ; 275 bas RUE DES ARCHIVES / © The Granger Collection NYC ; 275 ht LEEMAGE / © Lee ; 275 m d BIS / Ph. Ralph Kleinhempel © Archives Larbor ; 275 m g RUE DES ARCHIVES / © Lebrecht ; 276 bas d BIS / Ph. Coll. Archives Larbor ; 276 bas g BPK, Berlin / Dist.RMN / Jörg P.Anders ; 276 ht Archivio L.A.R.A. / PLANETA ; 277 bas d BIS / Ph. Coll. Archives Nathan ; 277 bas g BIS / Ph. Coll. Archives Nathan - DR ; 277 ht BIS / Ph. Luc Joubert © Archives Larbor ; 277 m d RMN (Musée d'Orsay) / Hervé Lewandowski / © Adagp, Paris ; 277 m g LEEMAGE /

© Bianchetti ; 278 bas Alain BEXON ; 278 ht BIS / © Archives Larbor ; 278 m d BIS / Ph. Coll. Archives Larbor ; 278 m g BIS / Ph. Ralph Kleinhempel © Archives Larbor ; 280 bas RMN / © Agence Bulloz ; 280 ht RMN (Musée d'Orsay) / Hervé Lewandowski ; 280 m AKG ; 281 bas d DelawarevArt Museum, Wilmington. Visual Art Library, London. Samuel and Mary R.Bancroft Memorial / Bridgeman-Giraudon ; 281 bas g RMN (Musée d'Orsay / Hervé Lewandowski ; 281 ht d BIS / Ph. Hubert Josse © Archives Larbor ; 281 ht g BIS / Ph. Hubert Josse © Archives Larbor ; 282 bas d BIS / Ph. Jean-Loup Charmet © Archives Larbor ; 282 bas g BIS / Ph. Hubert Josse © Archives Larbor ; 283 bas BIS / Ph. Jeanbor © Archives Larbor ; 283 ht d BIS / Ph. Coll. Archives Larbor ; 283 ht g BIS / Jean Loup Charmet © Archives Larbor ; 283 m LEEMAGE / © MI ; 284 bas BIS / Ph. Coll. Archives Larbor ; 284 ht BIS / Ph. S. Guiley-Lagache © Archives Larbor ; 287 AKG ; 288 BIS / Ph. Coll. Archives Larbor ; 290 RUE DES ARCHIVES ; 292 bas BIS / Ph. Coll. Archives Larbor ; 292 ht BIS / © Archives Nathan ; 293 BIS / Ph. © Archives Nathan ; 295 RMN / Thierry Le Mage ; 298 bas LEEMAGE / © Lee ; 298 ht BIS / Ph. Jeanbor © Archives Larbor ; 299 bas BIS / Ph. Jeanbor © Archives Larbor ; 299 ht BIS / Ph. Jeanbor © Archives Larbor © Adagp, Paris ... ; 299 m Archivio L.A.R.A. / PLANETA ; 307 LEEMAGE / © Photo Josse ; 308 bas BIS / Ph. Coll. Archives Bordas ; 308 ht BIS / Ph. © Archives Nathan ; 313 LEEMAGE / © Selva ; 316 BIS / Ph. Jeanbor © Archives Larbor ; 318 BIS / Ph. H. Josse © Archives Larbor ; 321 Archivio L.A.R.A. / PLANETA ; 324 BIS / Ph. Coll. Archives Larbor ; 326 BIS / Ph. Hubert Josse © Archives Larbor ; 330 bas © Musée d'Orsay, Dist. RMN / Alexis Brandt ; 330 ht BIS / © Archives Larbor ; 331 bas © Musée Carnavalet / ROGER-VIOLLET ; 331 ht BRIDGEMAN - GIRAUDON ; 331 m © MUSEE D'ORSAY ; 332 BIS / Ph. J.L. Charmet © Archives Larbor ; 334 BIS / © Archives Nathan ; 338 BIS / Ph. J.L. Charmet © Archives Larbor ; 340 RMN / Gérard Blot ; 342 BIS / Ph. © Archives Nathan ; 344 bas BIS / Ph. O'Sughrue © Archives Larbor ; 344 ht RMN (Musée d'Orsay) / Hervé Lewandowski ; 348 d BIS / Ph. Coll. Archives Larbor ; 348 g AKG ; 349 bas BIS / Ph. Coll. Archives Nathan ; 349 ht AKG ; 349 m BIS / Ph. Coll. Archives Larbor. ; 351 RMN (Musée d'Orsay) / Hervé Lewandowski ; 352 bas BIS / Ph. Coll. Archives Nathan ; 352 ht BIS / Ph.© Archives Nathan ; 358 RMN / Gérard Blot ; 360 BIS / Ph. Coll. Archives Larbor ; 362 BIS / Ph. X - Archives Larbor - DR ; 366 BIS / Ph. Jeanbor © Archives Larbor ; 368 bas BIS / Ph. Jeanbor © Archives Larbor ; 368 ht ARCHIVES NATHAN / DR ; 371 LEEMAGE / © Photo Josse ; 374 bas RUE DES ARCHIVES / © Mary Evans ; 374 ht ARCHIVES NATHAN ; 379 RMN / Agence Bulloz / © Adagp, Paris 2011 ; 382 bas BIS / Ph. Coll. Archives Larbor ; 382 ht BIS / Ph. Coll. Archives Larbor ; 385 BIS / © Archives Larbor ; 388 RMN / P.Bernard ; 390 RMN / DR/ Musée Picasso, Paris / JG.Berizzi ; 393 RMN / Agence Bulloz ; 396 h et bas CHRISTOPHE L ; 398 -399 SCALA / © The Museum of Modern Art / © Succession Picasso, Paris 2011 ; 400 g BIS / Ph. L. de Selva © Archives Larbor © Adagp, Paris 2011 ; 400 d CIEL ET ESPACE/NASA ; 401 bas ROGER-VIOLLET / © TopFoto ; 401 ht BIS / Ph. Coll. Archives Larbor ; 402 bas AFP ; 402 ht Louis Ferdinand Céline, Jacques Tardi, Voyage au bout de la nuit, Ed.

Futuropolis,© Gallimard, 1992 ; 402 m BIS / Ph. Coll. Archives Larbor ; 403 bas Collection CHRISTOPHE L © Les Films de Mon Oncle ; 403 ht BRIDGEMAN - GIRAUDON / © Gérard Fromanger ; 403 m bg RMN / Michèle Bellot / © Estate Brassaï-RMN ; 403 m hd © Photothèque R.Magritte-ADAGP, Paris 2011 ; 403 m hg Collection CHRISTOPHE L ; 404 bas LEEMAGE / © Gusman ; 404 ht KHARBINE-TAPABOR / Collection IM ; 404 m bd © Bernard CDDS / ENGUERAND/ BERNAND ; 404 m ht © Pascal Gely CDDS / ENGUERAND-BERNAND ; 405 bas ARTCOMART / © Pascal Victor ; 405 ht POUPENEY Agathe ; 405 m bd CIT'IMAGES/CIT'EN SCENE / © Pascal Chantier ; 405 m hg ARTCOMART / © Pascal Victor ; 406 bas © L&M SERVICES B.V. The Hague 20110318 / Archivio L.A.R.A. / Planeta ; 406 ht © éditions GALLIMARD ; 407 m g Archives Labor ; 407 ht Bibliothèque Littéraire Jacques Doucet, Paris. Archives Labor ; 407 m d Centre Pompidou - MNAM-CCI, Paris. Ph. CNNAC/MNAM Dist. RMN © ADAGP, Paris 2011 ; 407 bas LA COLLECTION/ ARTOTHEK. © Salvador Dali, Fondation Gala-Salvador Dali ADAGP, Paris 2011 ; 408 bas d BIS / Ph. X. NRF - Coll. Archives Larbor ; 408 bas g © L&M SERVICES B.V. The Hague 20110318 / Leemage ; 408 ht BIS / Ph. Coll. Archives Larbor - Adagp, Paris 2011 ; 409 bas BIS / Ph. Coll. Archives Bordas DR ; 409 bas g BIS / Ph. Jeanbor © Archives Larbor © Successio Miro / Adagp, Paris 2011 ; 409 ht BIS / © by Jean-Michel Place, 1978 Ph. Michel Renaudeau - Hoa Qui © Archives Bordas © ADAGP, Paris 2011 ; 409 m bas ROGER-VIOLLET / © Studio Lipnitzki ; 409 m ht BIS / Ph. Raymond Lalance © Archives Larbor © Adagp, Paris 2011 ; 410 bas AFP / INP ; 410 ht BIS / Ph. Coll. Archives Larbor ; 410 m d LEEMAGE / © Selva ; 410 m g BIS / Ph. Jeanbor © Archives Larbor ; 411 bas Berlin, Dist. RMN / Photographe inconnu / © Adagp, Paris 2011 ; 411 ht d PLANTU ; 411 ht g © François Guenet ; 411 m OPALE / © Paola ; 411 m d MAGNUM / © Bruno Barbey ; 412 bas d LEEMAGE / © MP ; 412 bas g BIS / Ph. © Archives Nathan ; 412 ht CDDS / ENGUERAND-BERNAND / © Marc Enguerand ; 412 m MAGNUM / © Martine Franck (détail) ; 413 bas d SIPA PRESS / Dalmas ; 413 bas g BIS / Ph. Coll. Archives Bordas ; 413 ht d Collection CHRISTOPHE L ; 413 ht g BIS / © Editions Gallimard / Ph. Coll. Archives Nathan / © Adagp, Paris 2011 ; 414 bas BIS / Ph. Coll. Archives larbor ; 414 ht ARCHIVES NATHAN ; 415 LEEMAGE/JOSSE © ADAGP, Paris 2011 ; 415 ht BIS / Ph. Coll. Archives Larbor ; 420 ARCHIVES NATHAN ; 423 BIS / Ph. Luc Joubert © Archives Larbor © Succession Picasso, Paris 2011 ; 426 ROGER-VIOLLET ; 428 BIS / Ph. Coll. Archives Larbor ; 430 BIS / Ph. Michel Didier © Archives Larbor - DR ; 433 BDIC ; 434 ARCHIVES NATHAN ; 438 ROGER-VIOLLET / Martinie ; 441 © MAN RAY TRUST / ADAGP / Telimage - 2011 ; 442 CORBIS / Bettman ; 443 © Photothèque R.Magritte, ADAGP, Paris 2011 ; 444 RUE DES ARCHIVES / TAL ; 446 RUE DES ARCHIVES / TAL ; 448 BIS / Ph. Henri Manuel - Coll Archives Larbor ; 454 ROGER-VIOLLET / Horst Tappe ; 456 ROGER-VIOLLET ; 458 RUE DES ARCHIVES / TAL ; 461 © CDDS / ENGUERAND/BERNAND ; 462 SIPA PRESS / Dalmas ; 464 bas BIS / Ph. Centro d'Estudio d'Historia Contemporania © Archives Larbor © Successo Miro / Adagp, Paris 2011 ; 464 m d AFP ; 464 m g BIS / Coll.

Archives Larbor-DR ; 465 bas BIS / Ph. Coll. Archives Nathan ; 465 ht ROGER-VIOLLET / © Lapi ; 465 m AKG / Ullstein bild ; 466 RUE DES ARCHIVES / René Saint Paul ; 470 ROGER-VIOLLET / Martinie ; 473 Sotheby's © 2011 Marlborough Gallery / All Rights Reserved. ; 474 RUE DES ARCHIVES / Louis Monier ; 476 RUE DES ARCHIVES ; 478 AFP ; 479 © Béatrice Soulé / ROGER-VIOLLET © ADAGP, Paris 2011 ; 480 ht LEEMAGE/ JOSSE © ADAGP, Paris 2011 ; 480 bas coll. CHRISTOPHEL ; 481 BRIDGEMAN - GIRAUDON ; 481 m g Gilbert & George ; 481 ht The Museum of Modern Art, New York/Scala © Succession Picasso 2011 ; 481 m d Archivio L.A.R.A./PLANETA ©Succession Marcel Duchamp/ ADAGP, Paris 2011 ; 482 SIPA PRESS / Ozkok ; 483 © Fatras ; 484 ROGER-VIOLLET / Martinie ; 488 ROGER-VIOLLET / Martinie ; 490 RUE DES ARCHIVES / Agip ; 492 BIS / Ph. Patrice Pascal © Archives Larbor ; 494 ROGER-VIOLLET / Lipnitzki ; 497 ARTCOMART / © Pascal Victor ; 498 ROGER-VIOLLET / Lipnitzki ; 502 ROGER-VIOLLET / Lipnitzki ; 505 CNAC/MNAM Dist. RMN - Philippe Migeat © ADAGP, Paris 2011 ; 506 AFP ; 508 ROGER-VIOLLET / Lipnitzki ; 510 SIPA PRESS / Andersen ; 511 BRIDGEMAN - GIRAUDON / National Gallery of Victoria, Melbourne, Australia ; 512 ROGER-VIOLLET / Lipnitzki ; 514 ROGER-VIOLLET / Lipnitzki ; 515 © Janine Niepce / ROGER-VIOLLET ; 516 ROGER-VIOLLET / Martinie ; 518 SIPA PRESS / Villard ; 520 RUE DES ARCHIVES / Louis Monier ; 522 ROGER-VIOLLET / Horst Toppe ; 524 SIPA PRESS / Ph.Gauthier ; 526 bas BIS / Ph. Dornac © Archives Larbor ; 526 ht OPALE / © Hannah Assouline ; 527 bas OPALE / © Philippe Matsas ; 527 ht ROGER-VIOLLET / Lapi ; 528 AFP / UPI ; 530 RUE DES ARCHIVES / © Louis Monier ; 531 CDDS / Enguerand-Bernand / © Marc Enguerand ; 532 GAMMA RAPHO /© Louis Monier ; 535 National Museum of Wales © Rachel Whiteread ; 536 RUE DES ARCHIVES / © Louis Monier ; 540 DR ; 542 bas © Aura été / Jean-Charles Fitoussi. ; 542 ht © 2011 Takashi Murakami / Kaikai Kiki Co., Ltd. ; 543 IMAGINE CHINA ; 543 bas Joseph Cory - Geotectura ; 543 bas d Lim ChewHow/Shutterstock ; 544 SIPA PRESS / Andersen ; 546 SIPA PRESS / IBO ; 548 ARTCOMART / © Pascal Victor ; 551 estampes.com@ archive Pierre Soulages © ADAGP, Paris 2011 ; 552 OPALE / © Annabelle Guerrero Mendez ; 553 © Succession H. Matisse Photo © The Metropolitan Museum of Art. Distr. RMN / image of the MMA ; 554 GAMMA RAPHO / © Frédéric Reglain ; 556 SIPA PRESS / Andersen

N° de projet : 10185451 - Nord Compo
Dépôt légal : Août 2012
Imprimé en Italie par Rotolito Lombarda